東京学芸大学附[illegible]校

〈収録内容〉

2024 年度 ……………………………… 数・英・理・社・国

2023 年度 ……………………………… 数・英・理・社・国

2022 年度 ……………………………… 数・英・理・社・国
※国語の大問二は、問題に使用された作品の著作権者が二次使用の許可を出していないため、問題を掲載しておりません。

2021 年度 ……………………………… 数・英・理・社・国

2020 年度 ……………………………… 数・英・理・社・国

DL 2019 年度 ……………………………… 数・英・理・社

DL 平成 30 年度 ……………………………… 数・英・理・社

便利な DL コンテンツは右の QR コードから

解答用紙　過去年度　解説+α　非対応 リスニング ⇒

※データのダウンロードは 2025 年 3 月末日まで。
※データへのアクセスには、右記のパスワードの入力が必要となります。 ⇒ 806081

〈合格最低点〉

	男子	女子
2024年度	453点	453点
2023年度	427点	427点
2022年度	442点	442点
2021年度	437点	435点
2020年度	431点	421点
2019年度	451点	444点
2018年度	449点	426点

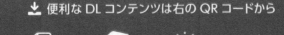

本書の特長

実戦力がつく入試過去問題集

- ▶ 問題 …………… 実際の入試問題を見やすく再編集。
- ▶ 解答用紙 …… 実戦対応仕様で収録。
- ▶ 解答解説 …… 詳しくわかりやすい解説には、難易度の目安がわかる「基本・重要・やや難」の分類マーク つき（下記参照）。各科末尾には合格へと導く「ワンポイントアドバイス」を配置。採点に便利な配点つき。

入試に役立つ分類マーク

基本 確実な得点源！
受験生の90％以上が正解できるような基礎的、かつ平易な問題。
何度もくり返して学習し、ケアレスミスも防げるようにしておこう。

重要 受験生なら何としても正解したい！
入試では典型的な問題で、長年にわたり、多くの学校でよく出題される問題。
各単元の内容理解を深めるのにも役立てよう。

やや難 これが解ければ合格に近づく！
受験生にとっては、かなり手ごたえのある問題。
合格者の正解率が低い場合もあるので、あきらめずにじっくりと取り組んでみよう。

合格への対策、実力錬成のための内容が充実

- ▶ 各科目の出題傾向の分析、合否を分けた問題（過去３年分）の確認で、入試対策を強化！
- ▶ その他、学校紹介、過去問の効果的な使い方など、学習意欲を高める要素が満載！

解答用紙ダウンロード 解答用紙はプリントアウトしてご利用いただけます。弊社ＨＰの商品詳細ページよりダウンロードしてください。トビラのＱＲコードからアクセス可。

＋α ダウンロード 2021年度以降の数学の解説に ＋α が付いています。弊社ＨＰの商品詳細ページよりダウンロードしてください。トビラのＱＲコードからアクセス可。

UD FONT 見やすく読みまちがえにくいユニバーサルデザインフォントを採用しています。

東京学芸大学附属高等学校

▶交通　東横線学芸大学駅下車徒歩15分
田園都市線三軒茶屋駅下車徒歩20分
渋谷駅，目黒駅，三軒茶屋駅よりバスの便あり

〒154-0002　東京都世田谷区下馬4-1-5
☎　03-3421-5151
https://www.gakugei-hs.setagaya.tokyo.jp

沿　革

旧師範学校の青山，豊島，大泉，竹早の各付属小・中学校が母体となり，昭和29年新教育制度に基づく初の新設国立附属高校として創立された。従来3カ所（下馬，竹早，世田谷）にあった高校を，昭和36年よりここに統合し，現在に至る。

特　色

東京学芸大学の附属校の一つとして，大学の教員養成や教育研究・実践などに深く関わり，文部科学省等の各種の研究・調査依頼への協力等にも携わってきた。また，長年に渡る教科研究・カリキュラム開発等においては，多くの先導的研究と実践を行い，多くの成果を得ている。

教育方針

民主的で文化的な国家を建設して，世界の平和と人類の福祉に貢献しようとするわが国の理想を実現できる健康な身体と，高い知性と，豊かな情操とを持ち，清純な気品の高い，大樹のように大きく伸びる，世界性の豊かな人間を育成する。

進　路

トップレベルの難関校であり，生徒の全員が進学し，有名大学への進学率が非常に高い。東京学芸大学への優先入学制度はないが，3年間を通して成績が優秀な者は，早稲田大，慶應義塾大，東京女子大などへ推薦される。2024年3月，卒業生の主な合格実績は，東大21名，京都大5名，東京工業大9名，一橋大5名，東京外国語大4名，東京学芸大11名，東京農工大5名，早稲田大97名，慶應義塾大86名，上智大43名など。

学校行事

4月　入学式
5月　遠足　3年球技大会
6月　体育祭　1年地理実習　2年球技大会
　　　2年進路講演会
7月　1年林間学校
9月　辛夷祭　2年進路講演会
10月　1年野外実習
11月　2年学習旅行　1年球技大会
12月　1年プラネタリウム見学
　　　1年スキー学校　2年スキー教室
1月　1年スキー学校　歌留多会
2月　1年科学見学実習　2年社会見学実習
　　　1年・2年マラソン記録会
3月　卒業式

◎入試選抜状況◎

年度	募集数	志願者数	受験者数	合格者数	倍率
2019	106/15	979/90	884/57	160/34	5.5/1.7
2020	106/15	858/66	781/42	200/26	4.1/1.6
2021	120/15	762/89	683/56	221/33	3.1/1.7
2022	120/15	919/90	825/64	240/30	3.4/2.1
2023	120/15	1076/73	922/45	266/28	3.5/1.6
2024	120/15	1176/71	1023/42	274/30	3.7/1.4

一般/帰国生

東京学芸大の数学
——出題傾向と対策 合否を分けた問題の徹底分析——

出題傾向と内容

〈出題形式〉

本年度の出題数は，大問が5題，設問数にして17題で，ほぼ例年並みであった。[1]は基本を重視した4題の小問群，[2]以降が2～4題の小問で構成される大問という形式が多い。出題範囲は広く，単年度でみても中学数学のほぼ全域からバランスよく出題されている。本年度出題されなかった事柄もあるが，数年分でみるとどこかで扱われている。大問では最後の問題に難しいものが置かれているが，小問を順に解くことで解法にたどりつけるように工夫されている。

〈本年度の出題内容〉

[1]　独立した4題の小問群で，〔1〕は平方根を用いた式の展開。〔2〕は2次方程式で，ていねいに展開して整理していけば解ける。〔3〕は$y=ax^2$の関数の変化の割合を問う問題。〔4〕はさいころを振って出た目に応じて碁石を動かす確率問題。いずれも基本的な問題である。

[2]　単位の換算の問題である。〔1〕はkmで表されている速さと時間と道のりの関係をマイルに直して表す問題。〔2〕はgとcmで表されたおもりとばねの長さの関係をポンドとインチで表す問題で，換算する単位が2種類になるのでやや複雑である。

[3]　座標平面上を動く線分を用いての関数・グラフと図形の融合問題。条件に合った図を書いて，角度の関係をつかんでいかないと混乱する。一見難しそうに見える問題であるが，題意に沿って進めていくと，典型的な直角三角形が登場するようになっている。

[4]　座標平面上の相似な2つの三角形の位置関係を考えさせる問題である。元になる三角形の辺の長さを三平方の定理を用いて求めながら，2つの三角形の関係から角度や辺の長さを求めさせ，最終的には頂点の座標を求めさせている。

[5]　〔1〕で三角錐の体積の比を辺の比を用いて表すやり方を練習させている。〔2〕は比較的簡単な平面図形の面積の比の問題が登場しているが，〔1〕と合わせて〔3〕の問題の伏線になっていて，たいへんによく工夫された問題だといえる。

〈全体的な傾向〉

[1]，[2]で数量分野の問題を配置した後は，関数・グラフとの融合問題を含めて図形分野からの出題が多い。ただし，図形問題の中で，長さ，面積，体積などを求める際には，文字式の計算，式の展開，因数分解，方程式の解法など，数量分野の高度な技量が必要とされているものが混じっている。説明する問題，証明問題が出題されることもよくある。整数・自然数の性質や規則性に関しての思考力・応用力を必要とする問題が出題されたこともあった。関数・グラフ，図形を中心としながらも，中学数学の全分野からの出題といえる。

来年度の予想と対策

来年度も大問5題，小問数15～18題という出題形式は変わらないだろう。関数・グラフや図形分野で思考力・応用力を必要とするものが総合問題の形で出題されることが予想されるが，確率や資料の整理を含めて中学数学の全範囲からの出題と考えておくとよい。基礎となる解法や定理などをしっかりと身につけて，やや高度な問題集などで応用力を養っておこう。

年度別出題内容の分析表 数学

出題内容		28年	29年	30年	2019年	2020年	2021年	2022年	2023年	2024年
数・用語	整数・自然数の性質		○						○	
	倍数・約数					○				
	用語の意味									
	規則性・新しい記号		○						○	
計算問題	数・式の計算・式の値	○					○	○		○
	分数・小数を含む数・式の計算							○	○	
	平方根	○	○		○	○	○	○	○	○
	多項式の展開・因数分解							○		
方程式・不等式	連立方程式を含む一次方程式	○			○		○	○		
	二次方程式								○	○
	不等式									
	等式の変形									
	方程式・不等式の応用				○					
関数・グラフ	比例・反比例									
	一次関数	○			○	○	○	○	○	○
	$y=ax^2$の二次関数		○		○	○	○	○		○
	その他の関数									
	座標・式を求める問題	○	○		○	○	○	○		
	グラフの作成									
大問で使われる計算等	複雑な数・式の計算		○		○	○	○	○	○	○
	平方根の計算		○		○	○	○	○	○	○
	因数分解				○	○				
	やや複雑な方程式・不等式		○		○	○	○	○	○	○
	その他の計算									
図形の性質	平行線の性質					○	○	○	○	○
	多角形の性質		○							
	円の性質	○	○		○	○	○	○	○	○
	合同	○			○	○		○	○	
	相似・平行線と線分の比	○	○		○	○	○	○	○	○
	三平方の定理	○	○		○	○	○	○	○	○
	動点							○	○	
	立体の切断・位置関係								○	○
	図形の移動・回転									○
	説明・証明・作図		○		○	○	○		○	
図形の計量	角度	○							○	
	長さ・面積・体積	○	○		○	○	○	○	○	○
	面積・体積の比		○				○	○		○
確率・統計	場合の数・確率	○	○		○	○	○		○	○
	資料の整理・代表値・平均				○	○	○		○	
	標本調査									
融合問題	関数・グラフと図形	○	○		○	○	○	○	○	○
	関数・グラフと確率・場合の数							○		
	図形と確率・場合の数								○	
	その他の融合問題		○		○	○				
記述問題										
その他の問題		○						○	○	○

東京学芸大学附属高等学校

2〔2〕　本文解説のように，xとw，yとℓの関係からxをwの式で表し，yをℓの式で表して与えられたxとyの関係式に代入すれば，wとℓの関係式が得られる。

次のように適当なxとyの値を求め，それらの数値をwとℓに換算して関係式を作ることもできる。

$x=90$(g)のとき$y=6$(cm)，$x=180$(g)のとき$y=7$(cm)　1ポンドは450gだから，90gは$\frac{90}{450}=\frac{1}{5}$(ポンド)，180gは$\frac{180}{450}=\frac{2}{5}$(ポンド)　1インチは2.5cmだから，6cmは$\frac{6}{2.5}=\frac{12}{5}$(インチ)，7cmは$\frac{7}{2.5}=\frac{14}{5}$(インチ)　よって，$(w,\ \ell)=\left(\frac{1}{5},\ \frac{12}{5}\right)$，$\left(\frac{2}{5},\ \frac{14}{5}\right)$　よって，ℓをwの式で表すときの傾きは，$\left(\frac{14}{5}-\frac{12}{5}\right)\div\left(\frac{2}{5}-\frac{1}{5}\right)=\frac{2}{5}\div\frac{1}{5}=2$　$\ell=2w+b$とおいて$\left(\frac{1}{5},\ \frac{12}{5}\right)$を代入すると，$\frac{12}{5}=\frac{2}{5}+b$　$b=2$　したがって，$\ell=2w+2$

3〔3〕　△OBCが直角二等辺三角形なので45°の角度が登場する。そこに15°の角が登場すれば，45°−15°＝30°，45°＋15°＝60°　内角の大きさが30°，60°，90°の直角三角形が作られて，3辺の比が$2:1:\sqrt{3}$となる。

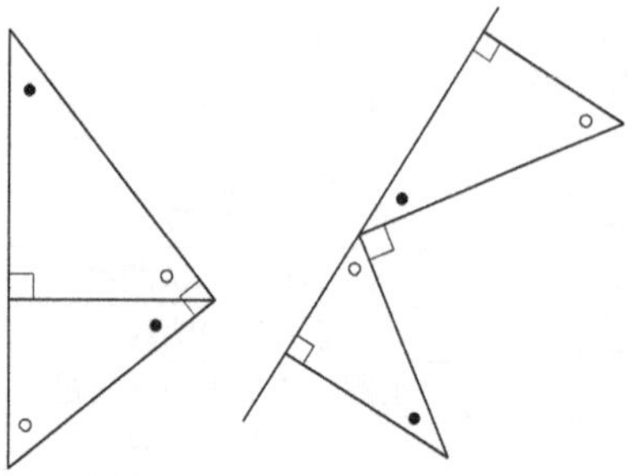

4　3でも5でも内角の大きさが30°，60°，90°の直角三角形の辺の比，直角二等辺三角形の辺の比を使う問題が出題されている。すぐ使えるように身につけておこう。

直角に関して等しい角が作れることもさまざまな場で使われる。一目で等しい角を見抜き，合同な三角形や相似な三角形を見つけられるように研究しておこう。

5　高さが等しい三角形では面積の比は底辺の比に等しい。また，底辺が等しい三角形では面積の比は高さの比に等しい。図1で，△ADEの面積は△ABCの面積の$\frac{p}{q}\times\frac{s}{t}$である。〔1〕はそのことが学べるように問題が作られている。右図の場合，△ADE＝$\frac{p}{q}$△ABE…①　△ABE＝$\frac{s}{t}$△ABC…②　②を①に代入することで，△ADE＝$\frac{ps}{qt}$△ABC

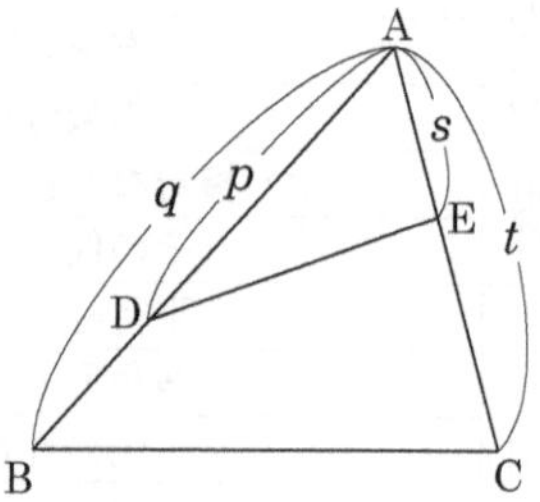

立体では，底面積が等しい場合には体積の比は高さの比に等しい。また，底面積の比が$a:b$で高さの比が$c:d$のとき，体積の比は$ac:bd$となる。右図で，△ADE：△ABC＝$ps:qt$　点Oから底面に引いた垂線の比は$v:w$なので，三角錐OADEと三角錐OABCの体積の比は，$psv:qtw$となる。

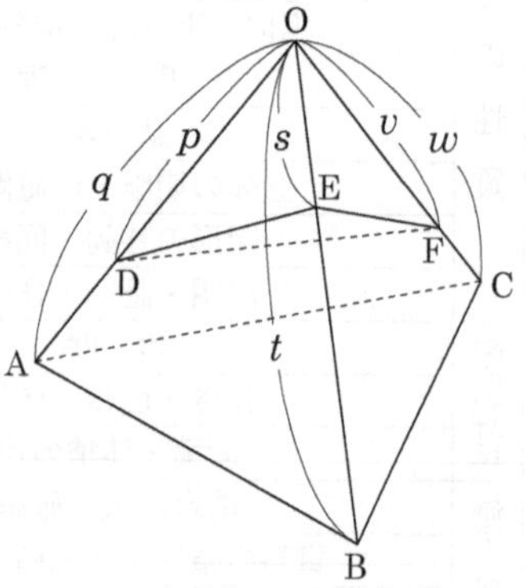

◎　本校の過去問題集は数学研究の格好の参考書である。徹底して取り組んでおこう。

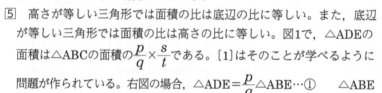

2023年度　東京学芸大学附属高等学校　合否を分けた問題　数学

A＼B	4	5	6	7	8	9
1	4×	5×	6○	6○	6○	6○
2	4×	5×	6○	6○	6○	6○
3	4×	5×	6○	6○	6○	6○
4	4×	5×	6○	6○	6○	6○
5	5×	5×	6○	6○	6○	6○
6	6○	6○	6○	6○	6○	6○

1〔4〕　本問題は資料の数が5と少なく，しかもそのうちの3つの数値がわかっている問題なので取り組みやすい。右表のようにまとめると確実にわかる。なお，資料の個数が偶数の場合には中央に来る値が2つあり，その平均値が中央値となる。本問題は資料の個数が5であるので，小さい方(または大きい方)から3番目が中央値である。

2　正八面体の対称の面のうち，4つの頂点を通るもの，つまり四角形BCDE，四角形ABFD，四角形ACFEは正方形である。そのことに気づけばすぐ進めていけるが，見取り図から「四角形BCDEが正方形であること」しか気づかなかったとすると，$BD=2\sqrt{2}$，BDとCEの交点をOとして△AOBで三平方の定理を使って，$AO=\sqrt{AB^2-BO^2}=\sqrt{2}$　$AF=2\sqrt{2}$ とやってみて，四角形ABFD，四角形ACFEが正方形であることに気づくかも知れない。

〔3〕　単独の問題であったとするとやや難しい。線分BFと線分ACはねじれの位置にあるから4点B，F，A，Cは同一平面上にはない。BF，ACの中点M，Nについて考えるときには，それらの4点から3点をとって三角形を作って考えることになる。△AMC，△FNBなどを考える。このとき，$AM=FN=\sqrt{5}$，$MC=NB=\sqrt{3}$，$AC=FB=2$，△AMC≡△FNBであることも確認しておこう。

3〔3〕　△PQRの面積を求めるときに，どれかの辺を底辺とみて考えていく方法もあるが，本問題で辺の長さを文字で表そうとしたら大変なことになる。本文解説のように，「△PQRを含む大きな図形から不要の部分を除く」と考える。

4〔3〕　頂角が36°の二等辺三角形は底角の二等分線を引くことで相似な三角形ができる。また，本文解説で説明したように二等辺三角形の性質や三平方の定理を用いることで3辺の長さの比を表すことができる。また，この二等辺三角形は正五角形の対角線を引くことでできる形でもあり，様々なタイプの問題に使われる。

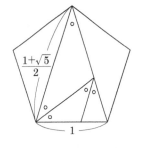

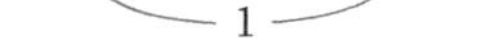

AとBが等しくないことを証明するには$A<B$，または，$A>B$がいえればよく，AとBの大小関係を考えるときに他のものと比較することもある。つまり，$A<C$，$C<B$がいえれば$A<B$である。この当たり前のことも使っている問題である。

5〔2〕(ii)　文字式の計算で考えていくこともできる。$\{1,\ n\}=n^2$，$\{1,\ n-1\}=(n-1)^2$　$a=n^2-m$とすると，$c=(n-1)^2-m-1$　よって，$a+c=1000$となるとき，$(n^2-m)+\{(n-1)^2-m-1\}=1000$　$2n^2-2n+1-2m-1=1000$　$2n^2-2n=1000+2m$　$n^2-n=500+m$　$n(n-1)=500+m$　1違う自然数の積でこの式に当てはまりそうなものを求めると，$23\times22=506$　よって，$n=23$，$m=6$　したがって，$a=23^2-6=529-6=523$

◎　本校の過去問題集は数学研究の格好の参考書である。徹底して取り組んでおこう。

2022年度　東京学芸大学附属高等学校　合否を分けた問題　数学

1〔1〕　本文解説のように置き換えて計算することを期待する問題だが，{　}の中を計算して進めてもよい。$\left\{3\left(\frac{\sqrt{5}+\sqrt{3}}{4}\right)+\frac{\sqrt{5}-\sqrt{3}}{4}\right\}^2=\left\{\frac{4\sqrt{5}+2\sqrt{3}}{4}\right\}^2=\frac{16\times5+16\sqrt{15}+12}{16}=\frac{23+4\sqrt{15}}{4}$
$\left\{\frac{\sqrt{5}+\sqrt{3}}{4}+3\left(\frac{\sqrt{5}-\sqrt{3}}{4}\right)\right\}^2=\left(\frac{4\sqrt{5}-2\sqrt{3}}{4}\right)^2=\frac{16\times5-16\sqrt{15}+12}{16}=\frac{23-4\sqrt{15}}{4}$　　$\frac{23+4\sqrt{15}}{4}-\frac{23-4\sqrt{15}}{4}=2\sqrt{15}$

2　問題文に最初に載せてあるグラフに惑わされないように気をつけよう。$-2\leqq t\leqq2$の範囲ではtの値の変化によって三角形の底辺も高さも変化するので，$S=at^2$の形の式になる。PQの長さと点OからPQまでの距離をtで表して式を作る。〔3〕については，〔1〕で正しく選んだグラフに変化の様子を書き込みながら考えるとよい。

3〔3〕　4点A，E，G，Oが同一円周上にあることに気づくかどうか。また，△AEH∽△OEG，△AHE∽△EHGに気づくかどうか。そこが問題解決のポイントになる。

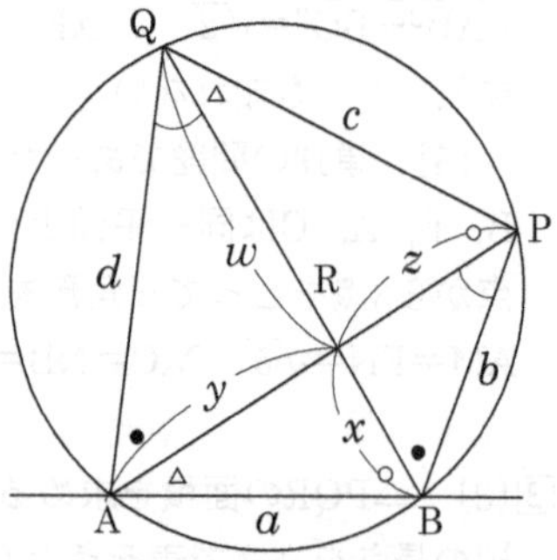

右図で，∠APBと∠AQBが直線ABについて同じ側にあって，∠APB＝∠AQBであれば，4点A，B，P，Qは同一円周上にあるといえる。次に，この円の中に交わる2つの弦があるとき，相似な三角形ができることに気づくかどうか。同じ弧に対する円周角なので，図で同じ印をつけた角の大きさは等しい。よって，△ARQ∽△BRP，△ARB∽△QRP

AB，BP，PQ，QAの長さがわかっているとき，ARとBR，QRとPR，ARとQR，BRとPRの比はすぐに表せるが，ARとPR，BRとQRの比については一工夫が必要である。図に書き込んだように，AB＝a，BP＝b，PQ＝c，QA＝dとする。QR＝w，BR＝x，AR＝y，PR＝zとすると，$w:y=c:a$　　$y=\frac{aw}{c}$…①　　$w:z=d:b$　　$z=\frac{bw}{d}$…②　　①，②から，AR：PR＝$\frac{aw}{c}:\frac{bw}{d}=\frac{a}{c}:\frac{b}{d}=ad:bc$となる。この公式を利用すると，本問題のGH：AHは，GO×GE：AO×AE＝$\frac{3\sqrt{2}}{4}\times\frac{7\sqrt{2}}{4}:3\times2=7:16$と求められる。

4〔3〕　〔2〕で直線DFの式を求めたのと同じようにやろうとすると，複雑な文字式の計算が出てきて混乱する。本文解説のように，進んできた光の方向も反射後の光の方向も〔2〕の場合と並行であることに気づくことで簡単に求めることができる。

5　本問題では，弦，直径，中心などの位置関係について，図形に関する様々な性質が見いだされる。ABの垂直二等分線はACと垂直には交わらないが，ACの中点，つまり元の円の中心をOとすると，点Oを通る。よって，ABの中点をMとするとOM＝3.5　　本文解説のP_2について，P_2M＝16だから，P_2O＝16－3.5＝12.5　　円Oの半径が12.5なので，P_2は円Oの円周上にあるといえる。この他にも様々な考え方があるので研究しておこう。

◎　本校の過去問題集は数学研究の格好の参考書である。徹底して取り組んでおこう。

東京学芸大の英語

――出題傾向と対策
合否を分けた問題の徹底分析――

出題傾向と内容

[1] 聞き取りの問題。まとまった文章を聞いて，その内容に関する質問に対する答えを選ぶ形式で，問題は5問であった。放送される文章は決して難しいものではないが，話の流れを正しくつかむことがポイント。

[2]，[3]，[4]はいずれも語句補充，文整序，語句整序，内容吟味などから成る総合的な長文読解問題で，記述形式の問題も4題出題された。[2]は，フルートを吹くのが上手な少女と，彼女の演奏に合わせて踊る鳥が王の城で演奏する機会を得て，その結果，城で音楽家としての地位を得る物語。物語の展開を問う問題が中心である。英文は比較的容易である。[3]は56歳のときに脳卒中で倒れ，しばらく目が見えない状態だった女性が，彼女を支える男性と結婚することになるまでを描いた物語。「目が見えない」というやや特殊な状況を正しく細かい点まで押さえないと簡単に正解できない問題も多い。4は文字に対応する数字の扱いによって人の性格を表す数秘術についての説明文。述べられている事実や仕組みを正しく理解できているかを問う問題が中心である。

学習のポイント

文法事項や語彙力を直接問う問題より，長文を通しての思考力を問う問題が多いので，文章が長めの長文問題を数多くこなすことが重要。さまざまなジャンルの長文を読む必要がある。

来年度の予想と対策

来年度も，聞き取りの問題と長文読解問題で構成される傾向は変わらないと思われる。

長文については，長めの文章を早く正しく読み取る力をつける必要がある。例年，文章中に特別難しい語句はあまり出てこないが，知らない語句が出ても最初は前後関係から意味を推測しながら最後まで読み進めるようにしよう。長文読解問題で出題される形式はさまざまだが，特に文章中の英文を正しく並べかえる語句整序問題は例年出題されているので，同じ形式の問題には特に慣れておこう。段落ごとに内容を簡単にまとめる練習も有効である。

文法事項については，独立した文法問題として出題されることはないと思われるが，文章中での語句整序問題への対策，また，正しく読むためには当然必要な知識であり，かなり高度な文法事項も含まれるので，中学学習範囲を超えた範囲の学習は欠かせない。また，過去には英作文の問題も出題されているので，日本語の内容を正しくつかんで英語で表現する練習も必要である。

聞き取り問題の難易度はそう高くはないが，長めの文章を数多く聞き，話の展開を正しくつかむ訓練をしておこう。

年度別出題内容の分析表 英語

		出 題 内 容	28年	29年	30年	2019年	2020年	2021年	2022年	2023年	2024年
設問形式	話し方・聞き方	単語の発音									
		アクセント									
		くぎり・強勢・抑揚									
		聞き取り・書き取り	○	○	○	○	○	○	○	○	○
	語彙	単語・熟語・慣用句									
		同意語・反意語									
		同音異義語									
	読解	内容吟味	○	○	○	○	○	○	○	○	○
		要旨把握					○				
		語句解釈		○	○			○			
		段落・文整序			○			○			○
		指示語	○	○	○	○		○	○	○	
		会話文									
		文補充・選択								○	
	文法・作文	和文英訳									
		語句補充・選択	○	○	○	○	○	○	○	○	○
		語句整序	○	○	○	○	○	○	○	○	○
		正誤問題									
		言い換え・書き換え					○	○			
		語形変化									
		英問英答				○			○		○
		自由・条件作文	○	○	○					○	
		英文和訳(記述・選択)									
文法事項		文 型									○
		時 制									○
		間接疑問文			○	○	○	○	○		
		進行形			○						
		助動詞		○			○	○			
		付加疑問文									
		感嘆文									
		命令文									
		不定詞	○	○	○	○	○	○	○		
		分 詞					○	○		○	
		動名詞									
		比 較								○	
		受動態									
		完了形									
		前置詞							○	○	○
		接続詞	○	○		○					
		代名詞									○
		関係代名詞	○	○		○	○			○	

東京学芸大学附属高等学校

2024年度　東京学芸大学附属高等学校　合否を分けた問題　英語

4の問6は，本文中の語句整序問題で，長めの1文の途中の部分を並べかえる問題。このような本文中の語句整序問題では日本語の意味が与えられていない場合が多く，前後の内容をしっかり読み取れているかどうかを問う問題であるとも言える。当然，難易度は上がり，正解率も下がるため，ここで正解できるかどうかは1つの大きな合否の分かれ目となる。ここではこの問題を詳しく検討して，難易度の高い語句整序問題への対応のし方を磨いていく。

まず，並べかえる箇所の前後の内容を確認しよう。下線部を含む文の前では，数秘術に対して懐疑的な人がいることが述べられている。その内容を受けて，For example, they ask, に続けて下線部の英文が続くので，少なくともこの段階で，下線部では数秘術を疑う人の考えが疑問文の形で述べられていることをつかむ必要がある。下線部の後の内容は，それでも数秘術は興味深いものだということなので，ここではあまり気にする必要はない。下線部の大まかな内容を推測できれば十分だろう。

次に，下線部で並べかえる箇所の前後を確認する。If ～ the world までは「数秘術が全世界で本当ならば」，つまり，数秘術が全世界で通用する，信頼できるものならば，という条件を述べている。また，この部分の後に then how とつながること，下線部の英文が数秘術に対して懐疑的な人の問いかけであることから，how で始まる疑問文が続くことが予測される。下線部の後は or a person と続き，この直前に person「人」と並列されるものが置かれることが予測できる。これらのことを踏まえたうえで，文法的な側面の考察を重ねて並べかえる部分を考えよう。

how で始まる疑問文ということがわかれば，その後は疑問文の語順になるので，与えられている語句から < does ＋主語＋動詞の原形>の形が続くはずである。does に対する主語になりうるのは an object，it，the number である。このうち，an object は or の後の a person と「物あるいは人」と並列されるものとして適しているので，除外しよう。it が指すものを同じ文の前半にある numerology とすれば，「数秘術が全世界で本当ならば，それではそれ(＝数秘術)はどのようにして～するのだろうか」という疑問文が考えられる。語句整序問題である程度意味のまとまりが作れるのであれば，それを信じてその先を考えるのが定石だ。how does it に動詞 explain を続ければ，how does it explain ～「それ(＝数秘術)はどのようにして～を説明するのだろうか」という文の骨組みが見える。

ここから先は品詞の知識が重要になる。まず，explain の目的語が必要になる。残っている語句で考えられるのは an object と the differences だが，an object は前述のとおり an object or a person と組み立てる可能性が大である。そこで how does it explain the differences として残った in the number を続ける。これで，how does it explain the differences in the number「どのようにして数字においての違いを説明するのだろうか」という大きな意味のまとまりができる。後は残った for an object とすれば，how does it explain the differences in the number for an object or a person「それはどのようにして物あるいは人を表す数字の違いを説明するのだろうか」と意味の通る文ができる。下線部全体としては，「数秘術が全世界で本当ならば，それは，異なる言語間にある世界を訳すことから生じる，物や人を表す数字の違いをどう説明するのか」という意味の英文になる。これで並べかえる部分が完成したが，この場合の from は出所や出身を表す意味で，「異なる2つの言語の間にあるものを訳すことから生じる物や人を表す数字の違い」ということを述べている。

この問題のような語句整序問題では，まず前後の内容から並べかえる部分の大まかな内容を推測し，次に文法の決まりにしたがって語句レベルのつながりを考える，という手順が不可欠である。やみくもに与えられている語句だけを見て強引に文を作ろうとするのは時間を短縮できそうだが，逆に余分な時間をとることになる。

2023年度　東京学芸大学附属高等学校　合否を分けた問題　英語

4の問6は，与えられた6語にさらに4語を加えて英文を完成させる問題で，与えられている語はそのままの順番で使う，語形はそのままの形で使う，という条件がある。長文の中の1文を完成させる形式で，日本語の意味も与えられていないので，短時間で正解するのは難しい。文章中の1文を完成させるので，当然ながらその前後の内容をある程度つかめていないとさらに対応が難しくなる。さらに，この問題では熟語の知識も問われており，ここで使われる熟語の知識の有無も正解できるかどうかに大きく影響する。しかし，実際の試験で自分の知らない語句や熟語が出てくることは当然のことであり，知らない語句や熟語が含まれていても，基本的な文法事項の知識を駆使して対応するしかない。ここでは語句・熟語の知識はさておき，文法的な考え方にしたがって正解にたどり着く過程を検討し，英文を完成させる問題への対応力を磨こう。

1　前後関係を把握する

このような問題では，完成させる英文の前後の内容をある程度正しくつかんでおく必要があり，文章を読みながら，完成させる英文の大まかな内容をつかめれば理想的である。下線部を含む文の前後の内容を確認しよう。この前の部分では，ライアンがものを捨てる際に，「なぜそれを取っておくのか。それは本当に自分にとって価値があるのか」といったことを自問して，本当に捨てるべきなのか，捨てずに残しておくべきなのかを熟考したことが述べられている。また，この後では，残った持ち物を売ったり，他人に譲ったり，捨てたりしていった結果，家の様子も変わり，初めて自分は豊かであると感じたことが述べられている。この下線部を含む文の前後の，「本当に捨てるべきかどうか考える」→「ものを捨てたりすることで豊かさを感じられた」という流れから，完成させる英文では，その途中の段階の状況なり，ものを捨て始めてからよい結果が出るまでのライアンの考えなりが述べられていることが予測できるだろう。まずはこのことを把握したうえで，英文を完成させる作業に取りかかろう。

2　英文を組み立てる

下線部を含む文は，前半が与えられているので，まずはその内容を確認する。下線部の前は，decided that ～「～であると決めた」の後に it is ～ to …「…することは～だ」の形が続いている文で，「彼はとても気に入っているセーターを3着持っている方がよいと決めた」という意味。この部分で着目したいのは，better という比較級が使われていることで，「何よりもよいのか」ということを念頭に置いて考えると，さらに取り組みやすくなる。続いて，下線部の語句を見てみよう。このままの順番で使うので，ぞれぞれの意味をざっとつかむ必要がある。細かく分けてみると，instead「代わりに」，a closet「衣装棚」，filled「満たされている」，sweaters「セーター」，use「使う」となるが，まずはこれらの与えられている語句の instead を見て，instead of ～「～の代わりに」という熟語を思い出せるかどうかが大きなポイントである。単純に，instead of a closet で「衣装棚の代わりに」という意味のまとまりができ，「衣装棚の代わりにお気に入りのセーターを3着持っている方がよい」という内容がつかめ，better と比較級を使う意味も明らかになるだろう。つまり，衣装棚を残すことと，お気に入りのセーターを3着持っていることを比較しているわけだ。ここでは instead of ～ の知識が問われているが，この表現を知らない場合は closet 以下の部分の構成を先に考えよう。

closet 以下は，filled の前に何か語が入るかどうかが1つのポイントになる。これを決めるには，filled という語の働きを考える必要がある。fill は「～を満たす」という意味の動詞だが，この英文の構成上，この filled が過去形だとすると a closet が主語で「衣装棚が～を満たした」となり不自然である。この filled は名詞 closet を修飾する過去分詞と判断しよう。つまり，a closet filled で「満たされている衣装棚」となるわけだ。さらに，filled から filled with ～「～でいっぱいだ」という表現を思いつくのはそう難しくないだろう。これが出れば a closet filled with sweaters「セーターでいっぱいの衣装棚」というまとまりができる。

最後に残った use の使い方を考えるが，この段階では better が使われている意味と「セーターでいっぱいの衣装棚」というまとまりがわかっていることが重要である。「お気に入りの3着のセーター」と，「セーターでいっぱいの衣装棚」を比べていることから，衣装棚に残るセーターは「お気に入り」ではないことになる。これを use を使って表現することから，sweaters which he didn' t use「彼が使っていないセーター」と組み立て，加える語数の関係で which は省略する。

これで，He decided that it was better to own three sweaters that he loved, instead of a closet filled with sweaters he didn't use.「彼は使っていないセーターでいっぱいの衣装棚の代わりに，とても気に入っているセーターを3着持っている方がよいと決めた」という英文が完成する。文章の流れと文法的な知識から，a closet 以下の部分は対応可能だが，instead of ～ の知識がないと正解するのはきわめて難しいと言える。instead a closet filled with sweaters he didn't use と組み立てられて，instead の後に何か入るのではないかというところまでわかっても，of が入るかどうかは完全に知識によることだからだ。

このように，知識の有無によって正解できない問題は必ずあるものだが，語句，熟語の知識は多いほどよいのは当然である。文法的な思考を磨くことはもちろん重要だが，地道に語い力をつけていく努力は語学学習には欠かせないということである。

2022年度　東京学芸大学附属高等学校　合否を分けた問題　英語

3の問6の英文を完成させる問題は，長文の中の1文を完成させる形式で，日本語の意味も与えられていないうえ，文末に！(エクスクラメーション・マーク)があるだけで，与えられている語だけで1文全体を作るもの。組み立てる文の前後の内容を理解することに加え，並べかえる部分の前後にヒントとなる語句がないので，<主語＋動詞>，目的語，補語，修飾語句など，あらゆる可能性を検討しなければならないので簡単には正解できない。したがって，この問題で得点できたかどうかは1つの合否の分かれ目となったと思われる。また，この問題では熟語の知識も問われており，ここで使われる熟語を知っているか知らないかによって正解できるかどうかが大きく左右される。しかし，試験ではこのようなことはよくあることで，知らない熟語や表現が含まれていても，基本的な文法事項の知識がしっかり定着していれば対応は十分に可能だ。ここでは「知っているか知らないか」ということは置いて，文法的な考え方を使って正解にたどり着く過程を検討していこう。そうした考え方に慣れることで，語句整序問題への対応力にさらに磨きがかかり，知らない語句が少々あっても正解できる力も身につくはずである。

1　場面を把握する

物語文の一部なので，語句を並べかえる前にその前後の流れを押えておく必要がある。ここは市場にやって来た筆者が古い物を売っている少年と話している場面で，下線部の直前で，筆者は「人が捨てた物でどうやってお金を稼ぐことができるんだい？」，「これらの物のいくつかは壊れているよ！」と，どうしてそのような物が売れるのか疑問を投げかけている。それを聞いた少年は驚いたような表情をして，組み立てる文に続く。さらにそのあとでは，「ヘアードライヤー，CD プレーヤー，ラジオ，携帯電話，電灯，ソファ…」と自分たちが拾い集めてきて売っている物を具体的に挙げている。この流れの中で，まずは「人が捨てた物を売ってお金を稼ぐ」ことが話題になっていることを押えておくことが重要である。また，組み立てる文で与えられている語に着目しよう。下線部の3文前にある throw out「捨てる」と同じ throw と out があることがわかる。こうしたことも大きなヒントになる。

2　英文を組み立てる

「捨てられた物」が話題になっていること，組み立てる英文でも throw out を使うことが予測されること，この2つを足がかりに英文を組み立てる。まずは主語と動詞。主語になりうる語としては，順に what，people，you とある。動詞は have と throw の2つがある。また，文末が！であることから感嘆文の可能性もある。これらをひとつひとつ検討しなくてはならないが，感嘆文だとすると<What ＋形容詞＋名詞>という組み合わせにならないといけないので，感嘆文の可能性は消えて肯定文の形で文末が！である文ということになる。疑問文でもないので，what が主語ということもない。つまり，最初に予測した throw out を使うとすると，people have ~，people throw out ~，you have ~，you throw out ~ のいずれかの形になることになる。

次の段階として，語と語のつながりを考えよう。語句整序問題では，小さな意味のまとまりを作る作業も重要だ。例えば no があることから< no ＋名詞>を考えると no idea と組み立てることができる。これで「考えがない」ということだから，have no idea で「考えがない」とすることができる。また，throw out の目的語も必要であることに着目すると，「ゴミ」などの意味の語がないので what を目的語と考える。what ~ throw out とすれば「~が何を捨てるか」という意味のまとまりができる。

ここまで来れば，文の主語が you か people のいずれか，もう一方が間接疑問の主語になり，全体の形が決まる。それぞれ組み立てて意味が自然な方にすればよいのだが，最初に見たように，筆者がここで「人が捨てた物でどうやってお金を稼ぐことができるんだい？　これらの物のいくつかは壊れているよ！」という疑問を持っていること，組み立てる文はそれを聞いた少年の反応であることを考えると，You have no idea what people throw out! とするのが適切である。You have no idea「あなたには考えがない」＋ what people throw out「人々が何を捨てるのか」で，「あなたは人々が何を捨てるのか知らない」といった文意であることが推測できるだろう。have no idea は「知らない，わからない」という意味で用いられ，あとに間接疑問を続けて使うこともできる。

このように，have no idea という熟語の知識がなくても，正解することは十分に可能である。本文中の英文を組み立てる問題では，前後関係や話の流れを正しくつかむことが第一であるが，文法事項については知っているつもりのものについてもさらに深い理解を求める姿勢で学習に臨もう。知らない熟語や表現が問われたときには品詞の働きや修飾関係の仕組みなどについての深い理解が大いに役立つ。

東京学芸大の理科

——出題傾向と対策
合否を分けた問題の徹底分析——

出題傾向と内容

大問数は例年8～10題で，物理，化学，生物，地学の4分野からほぼ均等に，広範囲からバランスよく出題される。マークシート式で実施され，マーク数は年度によるが40～60程度，これに，記述式が加わる年度では，語句，化学式，数値，文記述，描図などがあわせて数問加わる。多くの年度で，50分間の解答数が50前後かそれ以上，試験時間に対してやや過剰な分量である。マークの手間を考えると，かなりの処理スピードが要求される試験といえよう。

出題内容は，基礎基本を重視した問題が大半であり，難問は多くない。とはいえ，丸暗記で答えられる問題も少なく，文選択や図選択の問題では，根本からの理解を求められたり，問題文や図表の読解や考察が必要であったりするため，時間内に正解を重ねていくには，なかなか苦労する。計算問題は多くないものの，ある程度は出題されるため，短時間で方針を定めててきぱきと処理しなければならない。年度によっては，文記述や描図も出題されるのでハードな試験である。

物理分野　力学系と電気系が1大問ずつの年度が多いが，どちらかが出題されず，光などが出題されることもある。計算問題も出題されるが，原理やしくみを本質から問う設問が多く，パターン訓練だけに頼ると高得点は取りにくい内容である。

化学分野　さまざまな化学変化の中から2項目が出題される年度が多いが，多くの化学反応を総合的に考えたり，状態変化や物質の密度を扱ったりする年度もある。グラフの読み書きや，実験操作の理解など，実験室の場面をふまえた出題が多い。

生物分野　動物系と植物系が1大問ずつの年度が多いが，生態系などを主題にした大問が出題されることもある。また，顕微鏡など実験や観察の操作も頻出である。扱われる知識は広範にわたるため，必ず図表を利用して，確かな理解に基づいた知識を増やしておきたい。

地学分野　地球科学，気象，天文の3単元から，2大問が出題されるが，複数の単元が横断的な大問として出題されることもある。難問ではないものの，各種データや写真を読み取って，それをもとに考察する問題が多く，試験時間を消費するので，手際よく解きたい。

学習のポイント

基礎知識の暗記だけではなく，根本からの理解を心がけ，問題演習を繰り返し積んでおこう。

来年度の予想と対策

今後も広範囲から，多目の分量の出題が続くであろう。問題文や図表を読んで，選択肢を検討し，マークシートを塗りつぶすのは，思いのほか時間がかかる。一問一答ではない標準的なレベルの問題を多数解いて，スピード感を身に付けておかねばならない。

一方で，実験や観察を素材にした，考察力の必要な問題も多い。結果だけでなく原理やしくみを重んじられる。そこで，やや込み入った問題をじっくり考える練習も必要である。

つまり，緩急両方のタイプの学習を効果的に組み合わせることが必要である。実際の試験では，易しい問題を手早く正解し，考察力の必要な問題にいかに時間を掛けられるかが勝負の分かれ目となる。これを意識して，本校の過去問題を中心に，問題練習を豊富にこなしたい。

年度別出題内容の分析表 理科

		出題内容	28年	29年	30年	2019年	2020年	2021年	2022年	2023年	2024年
第1分野	物理分野	光	○								
		音									
		熱					○				
		電気・電流回路		○	○	○	○		○	○	○
		磁界						○	○		○
		力のはたらき	○		○	○	○	○	○	○	○
		物体の運動	○	○					○	○	○
		エネルギー	○								
	化学分野	物質の性質・状態変化	○		○		○	○			○
		気体		○	○	○		○	○	○	
		水溶液	○		○	○		○	○	○	
		原子・分子・イオン					○	○	○	○	○
		化合・分解		○	○			○		○	
		酸化・還元		○	○					○	
		電気分解・電池		○			○	○	○		
		酸・アルカリ・中和	○	○			○				○
第2分野	生物分野	生物の観察		○			○	○	○	○	
		植物の種類		○			○	○	○		○
		植物のからだ	○		○		○	○	○	○	
		動物の種類・進化				○			○	○	○
		ヒトのからだ		○	○			○	○		○
		細胞	○					○			
		生殖・遺伝					○			○	
		生態系・環境	○			○				○	○
	地学分野	地層と地史		○	○	○		○			○
		火山と火成岩			○		○	○	○	○	○
		地震					○			○	
		大気中の水蒸気					○			○	
		気象・天気	○	○	○			○	○	○	○
		地球の自転と公転	○	○	○	○	○				
		太陽系	○	○	○	○	○			○	○
		恒星・宇宙	○						○		○
その他		時事						○			
		文記述，論述				○	○				
		描図，作図	○	○	○	○	○				
		その他									

東京学芸大学附属高等学校

2024年度　東京学芸大学附属高等学校　合否を分けた問題　理科

■この大問で、これだけ取ろう！

1	火山と火成岩	やや難	(1)は，マグマのねばりけと火山に関する問題，(2)は「火砕流」に関する知識問題，(3)と(4)は，地層の傾きなどに関する思考力を試す問題，(5)は，フズリナに関する知識問題であった。4問は解きたい。
2	水の状態変化	標準	(1)は，氷がとけるときの水面の高さに関する知識問題，(2)～(4)は，丸底フラスコ内の空気の膨張に関する問題，(5)は，水の移動に関する思考力を試す計算問題，(6)は，湯気の様子に関する知識問題であった。4問以上は解きたい
3	コイルのまわりの磁力線，電磁誘導とLED	やや難	(1)は，導線の周りの磁力線に関する問題，(2)は，コイルの周りの磁力線に関する問題，(3)と(4)は，フレミングの左手に関する問題，(5)～(7)は，電磁誘導とLEDの点灯に関する思考力を試す問題であった。4問以上は解きたい
4	炭素の循環，植物の分類路	標準	(1)は，「生態系」に関する知識問題，(2)は，呼吸に伴う炭素の移動に関する問題，(3)は，生産者に関する問題，(4)は，二酸化炭素の濃度に関する計算問題，(5)は，単子葉類と双子葉類の体のつくりに関する問題であった。4問は解きたい。
5	天気と天気図，天体	標準	(1)は，停滞前線に関する問題，(2)は，台風に関する問題，(3)はフェーン現象に関する問題，(4)は「天の川」に関する知識問題，(5)は北の空の星の動きに関する問題，(6)は月・金星・火星の満ち欠けに関する問題であった。4問以上は解きたい。
6	中和の実験	やや難	(1)は，電解質水溶液に関する問題，(2)は，塩酸や硫酸とマグネシウムの反応に関する問題，(3)は，塩酸や硫酸中での水素イオンの個数に関する問題，(4)は，塩酸の濃度を硫酸の濃度にそろえるための思考力を試す問題，(5)は，塩酸と硫酸を中和するのに必要な水酸化ナトリウム水溶液の量に関する問題であった。
7	定滑車と力のつり合い，台車の運動	やや難	(1)は，力のつり合いに関する問題，(2)は，「慣性」に関する知識問題，(3)は，台車の運動と慣性に関する思考力を試す問題であった。3問以上は解きたい。
8	ヒトとコウジカビの消化，進化	標準	(1)は，「菌糸」に関する知識問題，(2)と(3)は，ヒトとコウジカビのアミラーゼに関する問題，(4)は，鳥類とホニュウ類が出現した時期に関する知識問題，(5)は，鳥類とホニュウ類の心臓のつくりに関する問題であった。3問以上は解きたい。

■鍵になる問題は3だ！

3では，導線の周りの磁力線・コイルの周りの磁力線・フレミングの左手の法則・電磁誘導に関して，しっかり理解しておく必要があった。特に，電磁誘導に関しては，コイルの中を磁石が通過するときに，コイルに流れる電流の向きなどについても，しっかりと理解しておく必要があった。また，LEDを用いた回路と電流の関係についてもしっかり理解しておく必要があった。

2023年度　東京学芸大学附属高等学校　合否を分けた問題　理科

■この大問で、これだけ取ろう！

1	火星の地震と火山・惑星の見え方	標準	火震を素材にした珍しい内容だが，設問は標準的である。図をよく読み，全問正解したい。
2	エタノールの燃焼・金属の酸化	やや難	(1)・(2)がやや難しく時間を要する。手早く規則性を見つけて立式しよう。失点は2つまで。
3	イカのからだ，遺伝と進化，生態系	標準	(1)～(3)は，実際の経験や，図表と写真を使った学習が必要である。(4)～(6)は標準的。失点は1つまで。
4	手回し発電機と回路	標準	(3)～(5)が考えにくいが，電流計と電圧計の特徴を踏まえて考えよう。失点は2つまで。
5	山の気象	標準	気象に関する基本的な理解があれば難しくない。(2)を短時間で解き上げたい。全問正解したい。
6	石灰石をめぐる反応	標準	(1)は，知らない反応があっても，化学反応式と選択肢を照らし合わせれば推測できる。失点は1つまで。
7	蒸散量の測定・エンドウの遺伝	標準	(1)・(4)は設問文や図をていねいに読む必要がある。(2)は単位に注意する。失点は2つまで。
8	ブロックの運動	標準	物体の運動と力に関する根本的な理解が必要である。グラフの縦軸が速さか距離かに注意。失点は1つまで。

■鍵になる問題は6だ！

本年度は，記述式の設問がなく，すべてマーク式で，マーク数は58個であった。試験時間内で解き上げるには厳しい分量である。単純な設問だけでなく，思考力や計算力，考察力の必要な問題がいくつも混ざっており，なかなか大変である。知識の問題は手早く済ませ，考察問題で問題文を読む時間を十分に確保したい。

6を取り上げる。石灰石(炭酸カルシウム$CaCO_3$)に関わるさまざまな化学反応の問題である。できあがる化学反応式を挙げておく。

実験1　$CaCO_3 \rightarrow CaO + CO_2$　生石灰ができる。
実験2　$CaO + H_2O \rightarrow Ca(OH)_2$　消石灰，石灰水ができる。
実験3　$Ca(OH)_2 + CO_2 \rightarrow CaCO_3 + H_2O$　石灰水に二酸化炭素を通じる。
実験4　$CaCO_3 + H_2O \rightarrow CO_2 + Ca(HCO_3)_2$　石灰石が溶ける。
実験5　$Ca(HCO_3)_2 \rightarrow CaCO_3 + H_2O + CO_2$　石灰石ができる。

炭酸カルシウム$CaCO_3$は石灰石とよばれ，水に溶けない。水酸化カルシウム$Ca(OH)_2$は消石灰とよばれ，水に少し溶けて石灰水になる。実験3は石灰水に二酸化炭素を通じたときの反応で，実験4はさらに二酸化炭素を吹き込み続け，炭酸カルシウムが溶ける反応である。実験5は実験4の液から再び炭酸カルシウムが析出する反応である。鍾乳洞では，石灰岩が実験4の反応で一度溶けるものの，再び実験5の反応で石灰岩に戻ることで，石筍などの独特の光景ができる。

2022年度　東京学芸大学附属高等学校　合否を分けた問題　理科

■ この大問で，これだけ取ろう！

[1]	電池のしくみ	標準	2021年度から中学校の教科書に入ったダニエル電池がさっそく出題された。標準的な内容であり，全問正解したい。
[2]	抵抗のつなぎ方，導線のまわりの磁界	やや難	(1)(2)(3)が連動しており，得点差がつきやすい。問題の図を，簡単な図に描き換えた方が考えやすい。失点は2つまで。
[3]	植物の生活と分類	標準	(5)が曖昧でわかりにくいが，他は難しくない。ていねいに考えたい。失点は1つまで。
[4]	詩歌に読まれた地学現象	標準	問題文が長いが，設問に直接関係する部分は少ない。個々の基本事項に忠実に考え，全問正解を狙いたい。
[5]	力と加速度	やや難	(3)までは難しくない。(4)(6)は基本に忠実に考えたい。(5)はやや難しい。失点は2つまで。
[6]	気体や水溶液の性質と区別	標準	(4)は，2種類が混ざっていることに気を付け，整理しながら論理的に考えよう。失点は1つまで。
[7]	火山岩と火山活動	標準	図2と同様の実物を実際に手に取ったことがある受験生は有利。(6)が考えにくい。失点は2つまで。
[8]	さまざまな動物のからだ	標準	節足動物や軟体動物まで含めた広い知識と理解が必要。(5)は題意をよく把握すること。全問正解を狙いたい。

■ 鍵になる問題は[5]だ！

本年度は，マーク数と記述数をあわせると49個で，広い範囲から偏りなく出題された。試験時間を考えると例年通り厳しい試験内容である。しかし，文記述や描図が混ざったり，計算が多かったりする年度に比べると，まだ取り組みやすい。どの大問でも，表面的な知識だけでなく，基礎事項の根本的な理解を問う設問が並ぶため，丸暗記だけで合格点を取るのは不可能である。

[5]を取り上げる。まず，基本事項は次のとおりである。

物体にかかる力がつりあっている場合　…　物体は静止，または，等速直線運動
物体にかかる力が一定の場合　…　物体は一定の加速度での加速運動
物体にかかる力が一定ではない場合　…　物体の加速度も変化する

(4)(6)で，一定ずつ加速するときには力が大きくなる，という間違いをしてはいけない。

(5)は，静止しているときは力がつりあっているが，加速し始めるとつりあっていないことに注意する。おもりにかかる重力の大きさをW，糸にかかる力をT，T′とする。

静止しているときは，W＝T＝Xである。

動き始めたとき，おもりは下向きに加速するから，おもりにかかる力はつりあっておらず，下向きの力の方が大きい。つまり，W＞T′である。糸にかかる力は糸の両側で同じなので，T′＝Yである。まとめると，W＞T′＝Yであり，X＞Yとなる。

東京学芸大の社会

――出題傾向と対策 合否を分けた問題の徹底分析――

出題傾向と内容

例年，大問は5題前後出題される。マークシート形式で数字を選ぶ問題が大部分で，全体の8割以上を占めている。残りは語句記入問題で，漢字指定の問題が多い。記述問題は出題されないものの，小問が45問前後と多く，迅速かつ正確に解き進めることが要求される。

地理は，日本地理と世界地理の両方から出題されるが，地図や表などを使った問題が多い。世界地理は特に難易度が高く，本文や選択肢から手がかりを探して正解を出す練習を心がけたい。日本地理は世界地理ほど難問の数は多くないものの，それでも初見の資料に関する問題などは攻略に時間がかかるだろう。歴史や公民に比べて時間を要する問題が多いので，その場合は後回しにしておくとよい。読解力・思考力を試す問題が多いのも，本校の地理の特色の一つである。

歴史は，地理同様に地図や写真，表を多用した出題が例年多く，初見となる史料を使った問題もある。資料文から読み取れる内容を選ぶ問題は読解力・速読力が要求される。日本史も世界史も，歴史的事項の年号を知らなければ解けない問題が必ず出題されているので，年表を使った学習を意識的に行いたい。

公民は，日本国憲法や基本的人権，日本の政治のしくみに関する問題が多く，消費生活など経済の問題や，環境についての問題も例年出題されやすい。政治のしくみや法律の内容についてはかなり深い知識を問われてくるため，マークシート形式の問題が多いといえども油断はできない。

本年度の出題項目は以下の通りである。

1 世界の地理－アフリカ大陸に関する地形や気候，産業などの問題
2 日本の地理－京都府に関する人口や産業などの問題
3 公民－政党や政党政治，選挙制度などに関する問題
4 公民－家計や消費生活，環境に関する問題
5 日本史－宗教に関連する古代から近代までの問題
6 世界史・日本史－近現代の政治・外交史などの問題

学習のポイント

- 初見の問題でも焦らない。いったん飛ばして後でじっくり考えよう。
- 年号だけでなく，前後関係も押さえる。図表にも目を通そう。
- 文章を迅速かつ正確に読み取る練習を行おう。

来年度の予想と対策

初見の資料を多用して，読解力や速読力を試す問題が多い傾向は変わらないだろう。純粋な知識で解ける問題を優先的に解き，時間がかかりそうな読み取り問題は後回しにする練習を重ねたい。

地理では，日本地理でも世界地理でも位置関係をしっかり把握しておく。生産量や輸出入額などの統計資料はできるだけ最新のものにアップデートしておきたい。

歴史では，世界史よりも日本史の割合が多くなる。まずは日本史の全ての時代を通して学習したうえで，この時世界では何が起きていたのか，という学習がおすすめである。年号を押さえるために年表を使った学習はもちろん，資料集もできるだけ目を通して写真や図表の問題に備えよう。

公民では，日本国憲法や政治の仕組み，基本的人権は出題される可能性が非常に高い。また，経済分野でも消費活動や為替については要注意である。流行語など，時事に関する問題も見られるので，日ごろからニュースやインターネットでチェックをしておこう。

年度別出題内容の分析表 社会

		出題内容	28年	29年	30年	2019年	2020年	2021年	2022年	2023年	2024年
地理的分野	日本の地理	地形図の見方			○					○	
		日本の国土と自然	○	○		○		○	○	○	○
		人口・都市	○	○	○	○	○	○	○	○	○
		農林水産業	○	○		○	○		○	○	○
		鉱工業・エネルギー問題	○		○				○	○	
		交通・通信・貿易		○				○		○	
		諸地域の特色		○					○		○
	世界の地理	世界地図と地球儀	○	○	○		○	○	○		○
		地形・気候	○	○	○			○		○	○
		人口・都市	○						○		
		産業・エネルギー問題					○	○	○	○	
		交通・通信・貿易						○			○
		生活・文化		○				○	○		
		諸地域の特色	○		○	○	○				
	公害・環境問題		○					○		○	○
歴史的分野	日本史	政治・外交史	○	○	○	○	○	○	○	○	○
		社会・経済史	○	○	○	○	○	○	○	○	○
		文化史	○	○	○	○		○	○	○	○
		各時代の特色									
		日本史総合									
	世界史	政治・外交史	○	○	○	○	○	○	○	○	○
		社会・経済史	○		○		○	○	○	○	
		文化史				○		○	○		
		各時代の特色									
		世界史総合									
	日本史と世界史の関連			○	○	○	○				
公民的分野		憲法の原理・基本的人権	○	○		○	○	○	○	○	
		国の政治のしくみと働き	○				○	○		○	○
		地方自治	○	○	○			○	○		
		国民生活と社会保障	○	○	○		○				○
		財政・消費生活・経済一般	○	○	○	○	○	○	○	○	○
		国際社会と平和	○							○	○
時事問題									○	○	
その他											

東京学芸大学附属高等学校

2024年度　東京学芸大学附属高等学校　合否を分けた問題　社会

■各大問の難易度と注意を要する問題

1	世界地理	やや難	アフリカについて，細かな知識が問われた。 問1・問4・問5は難しめ。失点は3つ以内に。
2	日本地理	標準	初見の資料に戸惑わないこと。 問6・問7は難しめ。失点は3つ以内に。
3	公民－政治	標準	戦後の選挙・政治に関する問題。 問2・問6は要注意。失点は2つ以内に。
4	公民－経済	標準	消費活動・SDGsなどについての問題。 問2は難しめ。失点は2つ以内にしたい。
5	日本史	基本	明治時代までの宗教に関する問題。 問7以外は基本問題と言える。失点は1つ以内。
6	世界史・日本史	標準	近現代が中心。問4に時間をかけすぎない。 問6が正確に書けるまで練習を。失点は3つまで。

■合否を分けた問題

2　問6

日本を訪れる外国人旅行客は，2019年に過去最多の3188万人を記録したが，2020年から2022年は新型コロナウイルス感染症の影響で激減した。本問題は2019年度のデータに基づいている。

	韓国	中国	台湾	アメリカ合衆国
①	1,332	556	679	78
②	1,719	7,042	2,141	3,434
③	348	2,454	839	982
④	950	1,147	1,789	277

単位は千人泊。従業員10人以上の施設に限る。中国は台湾，香港を除く。

官公庁　宿泊旅行統計調査より作成。

宿泊者数が多い都道府県の特徴として，

A.　交通機関が発達し，宿泊施設が多いため，観光旅行の拠点になりやすいこと。

B.　日本独自の歴史・文化に触れられること。

C.　自国(地域)から近く，費用が安く済むこと。

などが挙げられる。京都府，東京都，福岡県，沖縄県のうち，外国人延べ宿泊者数は，東京都→京都府→沖縄県→福岡県の順に多いが，これを知識として知っていた受験生はわずかだっただろう。東京都は上のAの理由でどの国でも宿泊者数が最も多く，②となる。また，Cの観点から考えると，韓国は①が，台湾は④がそれぞれ②(東京都)に次いで多い。韓国に近いのは福岡県，台湾に近いのは沖縄県であるので，①が福岡県，④が沖縄県である。最後に残った③が京都府である。

まったく同じ問題が出ることはないが，類題は今後も出る可能性がある。初見の資料からわずかなヒントを見つけ，それを手がかりに正解を出す分析力・思考力を鍛える訓練を心がけてほしい。

2023年度　東京学芸大学附属高等学校　合否を分けた問題　社会

6問8

地形図の断面図として正しいものを選択する問題。ここでは，解説で説明しきれなかった断面図を判定する上でのポイントを示しておきたい。

なお，図1のFの島は，北大東島。沖縄県東部，那覇市から東方約360kmの太平洋上にある島で，北大東村に属する。サンゴ礁が隆起した石灰岩から成る。断崖が島を取り囲むが，中央部は平坦で，さとうきびの栽培が行われ，製糖工場もある。

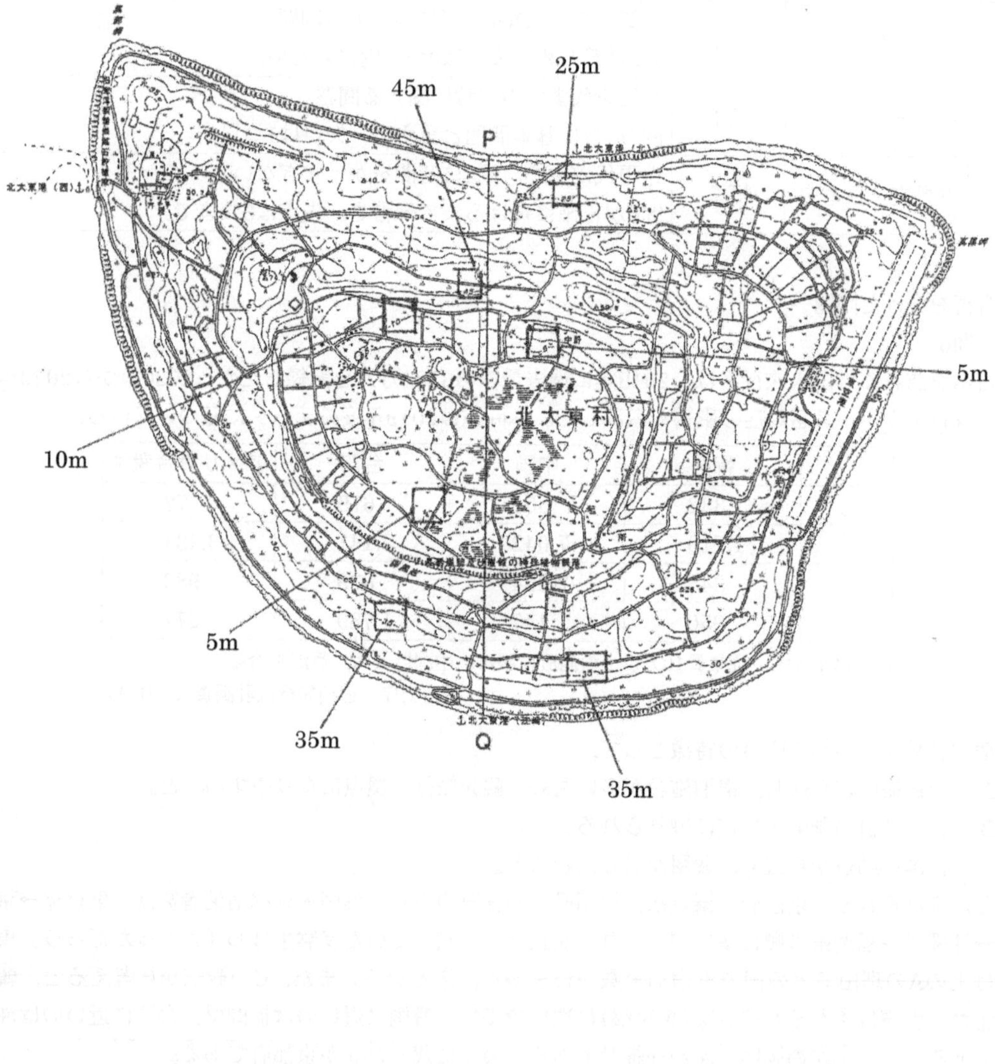

2022年度　東京学芸大学附属高等学校　合否を分けた問題　社会

6問5

地方公共団体の首長に関する記述として最も適切なものを選択する問題。本校では，地方自治に関する出題が近年見られるが，やや難問が多い。そこで，ここでは解説で触れることができなかった地方公共団体の首長について解説をしておきたい。

地方公共団体の首長とは，都道府県知事と市(区)町村長の総称である。国の内閣総理大臣が国会で指名されるのに対し，地方公共団体の首長は，住民から直接選挙によって選ばれる。このように，住民が首長と地方議会の議員という 2種類の代表を選ぶことが地方自治の大きな特徴となっている。

首長は，その地方公共団体の予算案をつくって地方議会に提出し，地方議会によって議決された予算を実施したり，地方の税金を集めたりする仕事を行う。

地方公共団体における議会と首長も，国会と内閣の関係と同じように，互いに抑制し合い，均衡を保つ関係にある。首長は，議会が議決した条例や予算を拒否して審議のやり直しを求めたり，議会を解散することができる。これに対して，議会は，首長の不信任決議を行うことができる。

なお，地方自治の主なしくみについては，以下の図を参照のこと。

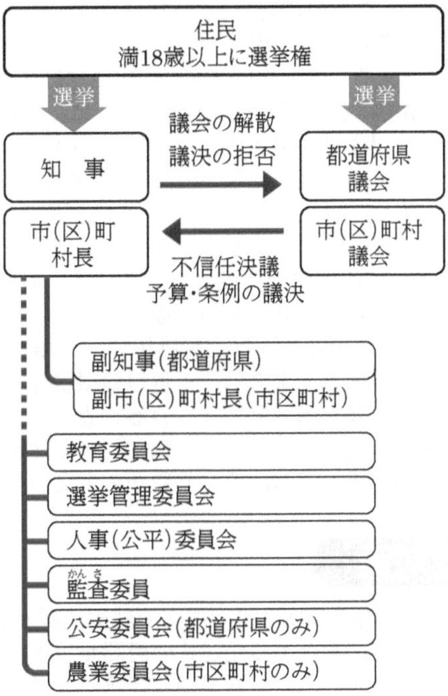

東京学芸大の国語

——出題傾向と対策　合否を分けた問題の徹底分析——

出題傾向と内容

現代文の読解問題が2題と古文の読解問題が1題という構成が続いている。本年度も，論理的文章の読解問題，文学的文章の読解問題，古文の読解問題がそれぞれ1題ずつの計3題の大問構成であった。

現代文の論理的文章では論説文が採用されることが多く，内容吟味と，指示語や言い換え，脱語補充を通した文脈把握が主に問われている。文学的文章では小説が採用され，情景・心情の理解や，文章や表現の特徴を問う設問が中心となっている。その他，大問に含まれる形で，漢字の読み書きや語句の意味，品詞の識別が問われている。

古文の読解問題では，漢文や故事成語の知識が必要なものが出題されることがある。語句の意味や文脈把握，口語訳や主題に関わるものが出題されている。

解答形式は，記号選択式が中心で，漢字の書き取りと一部記述式が併用されている。

論説文　市橋伯一の『増えるものたちの進化生物学』からの出題。筆者の市橋伯一は進化合成生物学を専門とする研究者で，「どうやって物質から生命が誕生したのか」をテーマに研究を進めている。本文も生物の「増える能力」について論じるもので，特別に難解な用語が含まれているわけではないが，理科の学習内容なども想起して対応したい。例示や説明の部分と筆者の考えを述べる部分とを区別して，正確に内容を理解することが求められている。選択問題では，文脈をていねいにとらえること，言い換えの表現に注目することが重要である。漢字の読み書きや語句の意味も難解ではないが，普段から正確さにこだわることを心がけておきたい。

小　説　川上弘美の『真面目な二人』からの出題。作者の川上弘美は1996年に『蛇を踏む』で芥川賞を受賞しており，日常的な生活の中に幻想的な世界が持ち込まれた作品が多い。本文は，カウンター機を介在した二人の大学生の姿を描き，題名にあるように「真面目な二人」が気持ちは分類できないと知って，気持ちを表すために用いたカウンター機をそれぞれのペンケースにしまう最終場面が印象的な作品となっている。設問は，情景描写や心情の変化，理由，表現や構成の特徴をとらえさせるものとなっている。

古　文　『十訓抄』は鎌倉時代中期の少年に向けた説話集で，十項目の徳目についての約二八〇の例話を挙げて説明したものである。本文は，十番目の項目「才能・芸業を庶幾すべき事」に含まれており，蹴鞠の上達を願う内容となっている。設問は，語句の意味や指示語や，古文の解釈を通しての内容理解が問われている。問題文の後に注釈は付されているが，出来事と筆者の感想という構成に対応するためには，普段から古文を読み慣れておきたい。

来年度の予想と対策

論説文の読解問題が1題，小説の読解問題が1題，古文の読解問題が1題の計3題の構成で，記号選択式を中心に，抜き出しや簡潔に短文にまとめる記述式の設問が予想される。

論理的文章の読解問題では，文脈把握や内容吟味を通して筆者の考えを正確にとらえる練習が必須となる。ふだんから難解な内容を含む問題にも積極的に取り組みたい。

文学的文章の読解問題では，情景や登場人物の心情の理解が中心となる。現代の文章だけではなく少し時代を経た文章にも触れ，表現に慣れておこう。小説だけでなく随筆の出題も予想されるので，幅広いジャンルの文章の問題で実力を養っておくことが大切になる。

古文や漢文に関しても，標準的な内容の問題集などを用いてできるだけ多くの問題を解き，古文や漢文に慣れておきたい。

漢字の書き取りや語句の意味，文法などの国語の知識問題も，知識があやふやなものは辞書で調べたり，まとめて覚えたりという工夫をして確実な得点源としよう。

学習のポイント

> 論説文，小説ともにかなり紛らわしい選択肢が含まれている。解説をよく読み，ふだんから正確な読み取りをすることを心がけよう。

年度別出題内容の分析表 国語

		出題内容	28年	29年	30年	2019年	2020年	2021年	2022年	2023年	2024年
内容の分類	読解	主題・表題				○		○			
		大意・要旨				○	○	○	○	○	○
		情景・心情	○	○	○	○	○	○		○	○
		内容吟味	○	○	○	○	○	○	○	○	○
		文脈把握	○	○	○	○	○	○	○	○	○
		段落・文章構成									○
		指示語				○	○	○		○	○
		接続語	○						○		○
		言い換え				○		○	○		○
		脱文・脱語補充		○	○		○	○	○	○	○
	漢字・語句	漢字の読み書き	○	○	○	○	○	○	○	○	○
		筆順・画数・部首									
		語句の意味	○		○	○	○	○	○	○	○
		同義語・対義語									
		三字・四字熟語								○	
		熟語の構成									
		ことわざ・慣用句・故事成語				○					
	記述	作　文									
		要約・説明									
		書き抜き					○	○			
		その他									
	文法	文と文節・品詞分類				○					
		品詞・用法	○	○	○	○	○	○		○	
		敬　語									
		仮名遣い			○						
		返り点・書き下し文	○					○			
	古文・漢文の口語訳		○	○	○	○	○	○		○	○
	古文の省略に関する問題				○						
	表現技法										
	文学史										
問題文の種類	散文	論説文・説明文	○	○	○	○	○	○	○	○	○
		小説・物語	○	○	○	○	○	○		○	○
		随筆・紀行・日記									
	韻文	詩									
		和歌・短歌									
		俳句・川柳									
	古　文			○	○	○	○	○	○	○	○
	漢文・漢詩		○								

2024年度　東京学芸大学附属高等学校　合否を分けた問題　国語

[二]　問9　★　合否を分けるポイント

[1]段落で提起されている生物の「増殖する環境が整えば限界まで増え」ようとする能力について論じる文章である。筆者は，この生物の「増える能力」を「恐ろしい能力」と述べているが，この「恐ろしい」にはマイナスの意味とプラスの意味の両方があるととらえることがポイントだ。それぞれの選択肢は長文であるが，段落番号が付されているので，全体の構成を意識しながら素早く正誤を判断していこう。

★　こう答えると「合格できない！」

設問の「二つ」という条件には意味があると同時に，波線部「恐ろしい能力です」の前後の構成を把握していないと，選択肢を一つずつ丁寧に確認しなくてはならなくなり，時間が足りなくなってしまうだろう。「恐ろしい能力です」を含む[6]段落の内容と，「恐ろしい能力です」の後の「次にこの能力の成り立ちと影響について説明してみたいと思います」という表現に注目することから始めよう。

★　これで「合格」！

波線部の「恐ろしい能力」について，同じ[6]段落で「増える能力」を持ったことで「生物はみんな，生き残り，繁殖することに必死で……大きな問題を引き起こすこともいとわない」困った存在になったと述べている。まず，この内容を述べている①の理由を選ぼう。「増える能力」をマイナスの意味で「恐ろしい」としている部分だ。また，波線部「恐ろしい能力です」の後に「次に」とあるので，この後から「恐ろしい能力」について別の面から述べる構成となっていることを見抜きたい。[7]段落以降で「増える能力の成り立ちと影響」について説明した後，[18]段落で「現在の私たち人間や，現在生きているすべての生物のような複雑な生物へと進化していった」，さらに[19]段落で「進化が起こるには増える能力が前提として必要」とまとめており，ここから「増える能力」を「恐ろしい能力」とする驚嘆するプラスの理由が読み取れる。この内容を述べている⑤を選ぼう。②の「神秘的な能力」，③の「他の仮説を駆逐してしまうような絶対的なもの」，④の「悲惨な運命をたどる」，⑥の「この先どんな存在になるか想像もつかない」ことが読み取れる記述がないことを確認すれば，「合格」だ！

[三]　問8　★合否を分けるポイント

「本文の表現」を問われているが，主題に通じる問題でもある。正解の選択肢を選び出す過程で，作者が意図した情景の描写や小道具の働きに気づくことができる。その上で，主人公の内面の変化をとらえられるかどうかが，合否を分けるポイントだ。選択肢に素早く目を通して，少しでも違和感がある言葉が含まれているものを外すことで，時間短縮を図ろう。

★こう答えると「合格できない！」

登場人物の会話から「価値観の衝突」とある①や，「性格の違い」とある②を安易に選んでしまうと，「合格」できない。題名にある「真面目な二人」がカウンター機を用いることによって，どのような心境の変化を得ることになったのかが，本文の主題に通じる。二人の心境の変化が読み取れる印象的な表現に注目しよう。

★これで「合格」！

小説の冒頭の「隣の席に座っている女の子が，銀色の小さな機械を押しているのだった。午後いちばんの授業で……さっぱり理解できない講義内容，という三つがかさなって，眠さは頂点に達していた」と，最後の「あたしと上原菜野は，カウンター機をそれぞれのペンケースにしまった……教科書とノートを，いそいでかばんから取り出し，午後いちばんの眠くてわかりにくい授業にそなえた」とを比較しよう。「気持ちは，分類できない」ことを受け入れた二人にとって，もはやカウンター機は不要なものだ。この変化を同じ「午後いちばんの授業」の場面で描くことで印象的に表現していることに気づけば，正答の⑤を選べ「合格」だ！　①の若者世代と親世代の価値観の違いについては話題となっているが，「衝突」が読み取れる描写はない。「島島」という名字は，②にあるように「性格の違い」を意味するものではない。③の上原菜野の瞳の色と「あたし」が白と黒に分類しようとしたことは関係がない。また，主人公の自分勝手さは感じられないので，④も適切ではないことを確認しよう。

2023年度　東京学芸大学附属高等学校　合否を分けた問題　国語

二　問8　★合否を分けるポイント

傍線部E「自らが二足歩行する生き物であることを，あらためて考え直しても良いのかもしれない。」とあるが，その理由として最も適切なものを選ぶ選択問題である。本文全体の論の流れをつかみ，筆者の考えを的確に読み取れているかがポイントだ。

★　具体例→筆者の考え，という流れを丁寧につかんでいく

本文は，蒸気機関の発明によって高速大量輸送を可能にする鉄道が世界に広がったことを導入として，鉄道という近代交通システムの考察→時間感覚や空間の変容など，鉄道は私たちの生活経験を刷新した，きわめてパワフルなメディアだった→このことと引き換えになったものとして「途中」に対する私たちの認識の希薄化があり，現代の巨大交通システムがどこまで私たちを自由にしたのかという問題提起→自らつくりだしたつもりの「近代」に飼育され，飼いならされていることも認めねばならず，現代の交通システムは便利である一方，私たちを強く拘束し，自然災害等の要因により唐突に大規模に停止しかねない代物でもある→現代的な移動手段を信頼せず，犬ぞりを操るイヌイットを挙げ，人と犬が一体となった彼らの移動手段は圧倒的に安全である→便利だが脆弱な巨大交通システムを手に入れた私たちは，自らが二足歩行する生き物であることを，あらためて考え直しても良いのかもしれないという結論，といった流れになっている。前半で近代交通システムについて詳細に述べた上で，そのシステムが私たちを強く拘束し，唐突に大規模に停止するという問題点を指摘し，イヌイットの例はEの考えをわかりやすく伝えるために提示しているので，2が正解となる。「鉄道」や「イヌイット」といった具体例を通して，筆者が何を述べようとしているのかを読み取っていくことで，本文全体の論の流れをつかむことができ，この設問のような内容真偽の精度も増す。正解を見極められたら，他の選択肢のどこが合致しないかも忘れずに確認することも重要だ。

三　問7　★合否を分けるポイント

傍線部E「彼僧肝をつぶし」とあるが，その理由として最も適切なものを選ぶ選択問題である。古語や文脈をふまえ，内容を正確にとらえられているかがポイントだ。

★　古文本文の内容を的確に読み取るには

本文は，「名誉なる軽口の人」である僧が，一休が軽口名人ということを聞いて「しゆかう」すなわち趣向を仕掛けて一休を試そうとし，こっそりたくらんでおいた難句で，「紫」と「丹」の二つの色と「紫野」と「丹波」の二つの地名を詠み込んだ「紫野丹波近」を発句として詠むと，一休はすぐに「白」と「黒」，「白河」と「黒谷」を詠み込んだ「白河黒谷隣」と脇句を詠んだことで，渋ることなく句を付けた一休に「肝をつぶし」，尻をからげてお逃げになった，という内容である。これらの内容から，Eの理由は5が正解となる。

古文では，波線部アの「すましゐける」・イの「空うそぶひて」，傍線部Aの「心みん」といった古語の意味を始めとして，傍線部C・Dのような主語の省略といった古文特有の文脈などを，丁寧に読み取っていくことが本文全体の内容読解にもつながる。大まかであっても，その文章の大意や要旨をとらえることで，解答の精度は格段に上がるので，教科書で扱われた古語や基本的な文法は，もれなく積み上げておくことが重要だ。

□二 問8 ★ 合否を分けるポイント

最終段落の内容を問うていることから，筆者の主張に通じる設問である可能性が高い。選択肢は五択でそれぞれの選択肢も長文であることから，この設問を落ち着いて解けるかどうかが合否を分ける。傍線部E「不平等意識やその不満が，うまくその行き場を見つけられずにいる」とはどういうことか，最終段落からははっきりとした答えが読み取れない。傍線部Eと同様の内容を述べている部分を探すことから始めよう。

★ こう答えると「合格できない！」

それぞれの選択肢は長文で，時間は限られている。それぞれの選択肢の一語一語を本文と照らし合わせるようなやり方では，時間が足りなくなってしまい「合格」できない。それぞれの選択肢に含まれている「閉じた共同体的空間」とはどのようなものか，現代日本では「閉じた共同体的空間」はどのような状態になっているのかを正確にとらえなくてはならない。

★ これで「合格」！

傍線部E「不平等意識やその不満が，うまくその行き場を見つけられずにいる」とはどういうことか，最終段落には書かれていない。「不平等意識」という語をキーワードに探すと，直前の段落に「現代日本における不平等意識の爆発」とあるのに気づく。傍線部Eの「行き場を見つけられずにいる」を「爆発」と喩えているので，その後に注目しよう。「現代日本で進行しているのは……これまでそれなりに機能してきた『閉じた共同的空間』が解体するというゲンショウ」で，「結果として見えるようになってきたのは……『閉じた共同体的空間』の外部にあるより大きな不平等」である「にもかかわらず，議論は，かつての『閉じた共同体的空間』内部における横並び意識の批判とコンドウされ，教育における平等・不平等の議論をさらに迷走させている」と説明している。「『閉じた共同体的空間』の外部にあるより大きな不平等」に気づいても，従来の「『閉じた共同体的空間』内部における横並び意識の批判」と混同して迷走しているというのであるから，現代日本の教育において不平等の解決の糸口が見つからないとある②を選ぼう。①の「これまで見えにくかった『閉じた共同体的空間』」は，本文の内容に合わない。「このような」で始まる段落に「『閉じた共同体的空間』が解体」とはあるが，③の「近代的な組織が解体」とは述べていない。④の「内部における横並び意識に関して従来のほうが平等であった」という叙述は見られない。⑤の「個性的な主張を抑えるような結果の平等が重視される」のは，「閉じた共同体的空間」の中においてだ。他の適切ではないことを確認すれば，「合格」だ！

□三 問3 ★ 合否を分けるポイント

抜き出しではなく，自分で言葉を補って簡潔にまとめる唯一の記述式の問題で，過不足なくまとめ上げることができるかどうかが合否を分けることになる。傍線部B「いとくるし。」の直前の内容を読み取り「その」が指示する内容を加えてまとめることがポイントだ。

★ こう答えると「合格できない！」

直前の「そのみじかきところを引き延ばへんとする」を，「引き延ばす」という語を用いて答えようとすると，わかりやすい内容にはならず，「合格」できない。「そのみじかきところを引き延ばへんとする」の「みじかき」の意味を考えることから始めよう。

★ これで「合格」！

「くるし」は「不快だ」という意味であることを確認しよう。たいそう不快なのは，直前の「そのみじかきところを引き延ばへんとする」ことだ。直前の文の「このひと，このところは長じぬれど，ここはいとみじかし」という文脈から，「長じ」は長所を，「みじかきところ」を「短所」を意味すると判断し，短所を長所へ引き延ばす，つまり，短所を直そうとすると説明しよう。この内容に，「その」が指し示す「友」を加えることも忘れてはならない。「何が」と問われているので，「～こと。」の形でまとめ，指定字数に合うことを確認すれば「合格」だ！

2024年度

★★★★★★★★★★★★★★★★★★★★★★★

入　試　問　題

2024年度

東京学芸大学附属高等学校入試問題

【数　学】（50分）　＜満点：100点＞

【注意】 円周率はπを用いなさい。

1　次の各問いに答えなさい。

〔1〕　$(\sqrt{2}+\sqrt{3})(\sqrt{3}+\sqrt{5})-(\sqrt{2}-\sqrt{3})(\sqrt{3}-\sqrt{5})+(\sqrt{2}-\sqrt{5})^2$ を計算しなさい。

〔2〕　次の2次方程式を解きなさい。

$$\frac{(3x+1)^2}{2}=4x^2+\frac{2+11x}{3}$$

〔3〕　関数$y=ax^2$（aは定数）について，$x=4$のとき$y=-8$である。xの値が-4から2まで増加するときの変化の割合を求めなさい。

〔4〕　図のように円周上に5点A，B，C，D，Eがあり，これら5つの点上で碁石《ごいし》を動かす。碁石は最初点Aの位置にある。

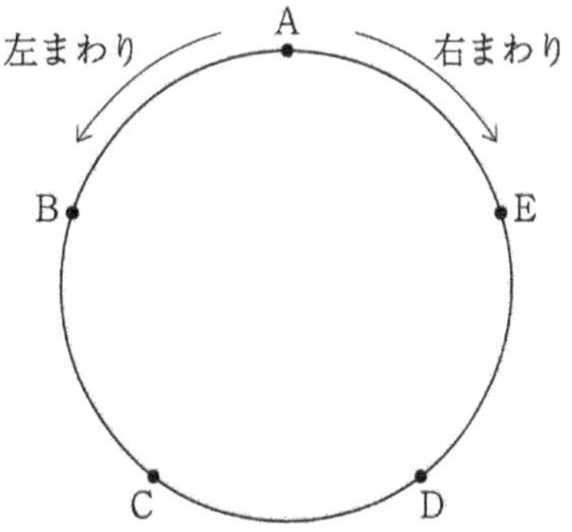

　1個のさいころを投げて，出た目の数が奇数のときは左まわりに，出た目の数が偶数のときは右まわりに，碁石が置かれている点から出た目の数だけ点から点へ1つずつ順に動かす。

　さいころを2回投げて碁石を動かしおわったとき，碁石が点Dの位置にある確率を求めなさい。ただし，さいころは1から6までのどの目が出ることも同様に確からしいものとする。

2　アメリカなどの国では日本とは異なる単位が使われることがある。これについて，次の各問いに答えなさい。

〔1〕　時速40km で進む自動車Aがx時間進んだときの道のりを$y$kmとして，yをxの式で表すと$y=40x$である。

　自動車Aと同じ速さで進む自動車Bがx時間進んだときの道のりをzマイルとして，zをxの式で表しなさい。ただし，1マイルは1.6km であるとする。

〔2〕　図のようなばねについて，x gのおもりをつるしたときのばねの全長をy cmとして，yをxの式で表すと$y=\frac{1}{90}x+5$である。

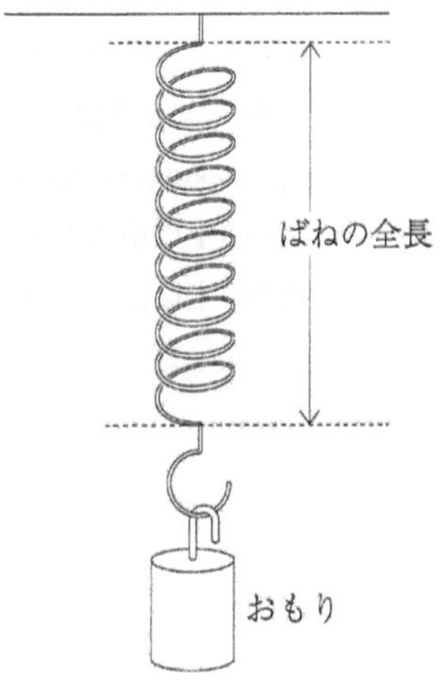

　このばねにwポンドのおもりをつるしたときのばねの全長をℓインチとして，ℓをwの式で表しなさい。ただし，1ポンドは450 g，1インチは2.5cmであるとする。

3 図のように4点O（0，0），A（0，6），B（0，4），C（4，0）がある。点Oから点（1，0）までの距離，および点Oから点（0，1）までの距離をそれぞれ1㎝とする。

最初，点Pは点Bに，点Qは点Cにあり，線分PQはx軸の正の向きに毎秒1㎝の速さで平行移動する。このとき，点P，Qのy座標はどちらも変化しない。また，直線APとx軸の交点をRとする。

線分PQが移動し始めてからt秒後について，次の各問いに答えなさい。ただし，$t>0$とする。

［1］ $t=3$のときの線分QRの長さを求めなさい。

［2］ $t>2$において△PQRの面積が△AORの面積の$\frac{1}{5}$になるときのtの値を求めなさい。

［3］ ∠QPR＝15°となるときのtの値をすべて求めなさい。

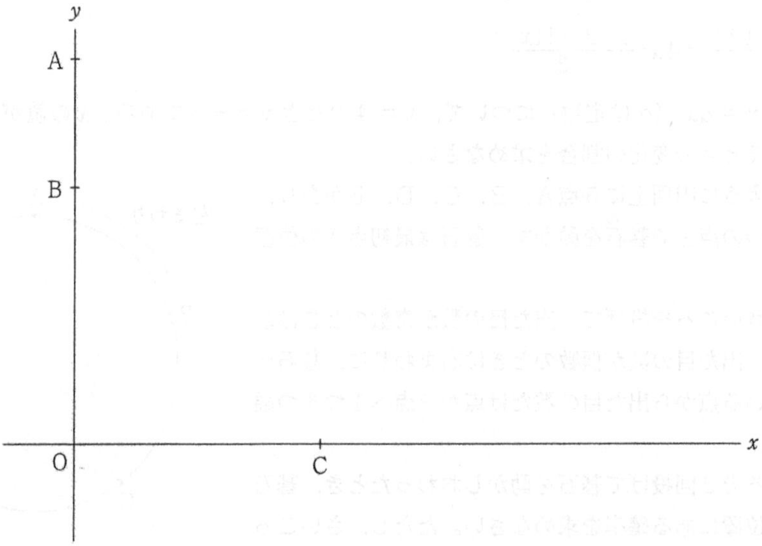

4 次のページの図1のように，5点O(0，0)，A(5，0)，B(3，6)，C(5，10)，D(5，－5)がある。

また，次のページの図2のように，線分CD上を動く点Pに対し，△OAB∽△OPQとなる点Qをとる。ただし，点Pのy座標は0ではなく，点Qのy座標は点Pのy座標より大きいとする。

このとき，次の各問いに答えなさい。

［1］ 点Oから直線ABにひいた垂線と直線ABの交点をHとするとき，線分AHの長さを求めなさい。

［2］ 辺PQ上に点Aがあるとき，点Qの座標を求めなさい。

［3］ 辺PQ上に点Bがあるとき，点Qの座標を求めなさい。

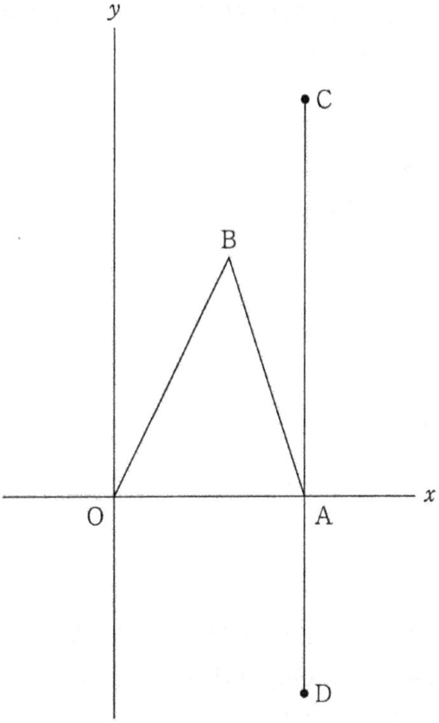

図1

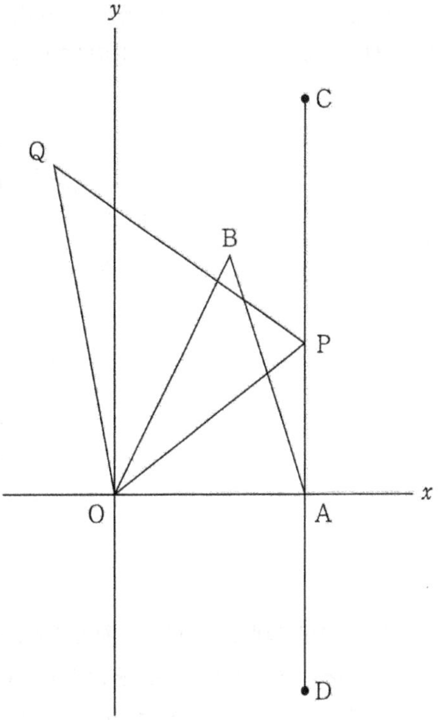

図2

5 次の各問いに答えなさい。

〔1〕 図1のように，三角錐《すい》ABCDにおいて，辺AB，AC，AD上にそれぞれ点X，Y，Zがあり，AX：AB＝1：3，AY：AC＝1：2，AZ：AD＝4：5である。

三角錐ABCDの体積と三角錐ABCZの体積の比は [ア]：[イ] であり，三角錐ABCZの体積と三角錐AXYZの体積の比は [ウ]：[エ] であるから，三角錐ABCDの体積をVとするとき，三角錐AXYZの体積をVを用いて表すと [オ] Vとなる。

[ア] から [オ] にあてはまる数をそれぞれ求めなさい。

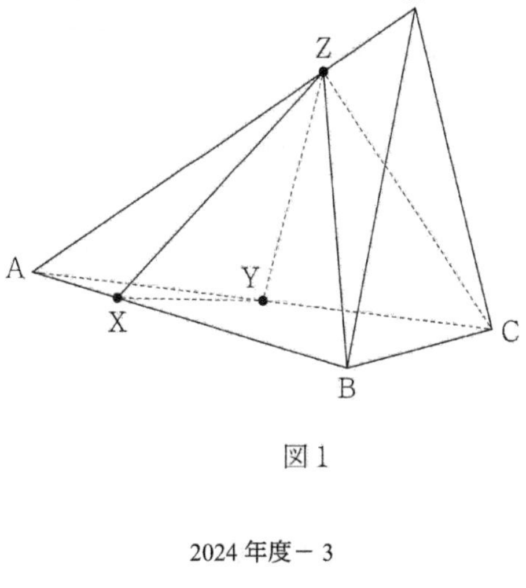

図1

〔2〕 図2のように，3つの角が30°，60°，90°である2つの合同な直角三角形を合わせて四角形EFGHを作る。このとき，△EFHの面積と△FGHの面積の比を求めなさい。

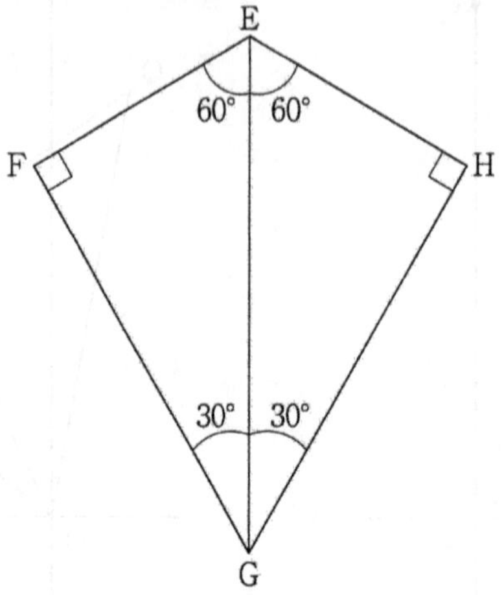

図2

〔3〕〔2〕の四角形EFGHを底面とする，図3のような四角錐OEFGHにおいて，辺OE，OF，OG上にそれぞれ点P，Q，Rがあり，OP：OE＝2：5，OQ：OF＝3：4，OR：OG＝2：3である。また，点Sは3点P，Q，Rを通る平面と辺OHの交点である。

OS：OH＝x：1とするとき，xの値を求めなさい。

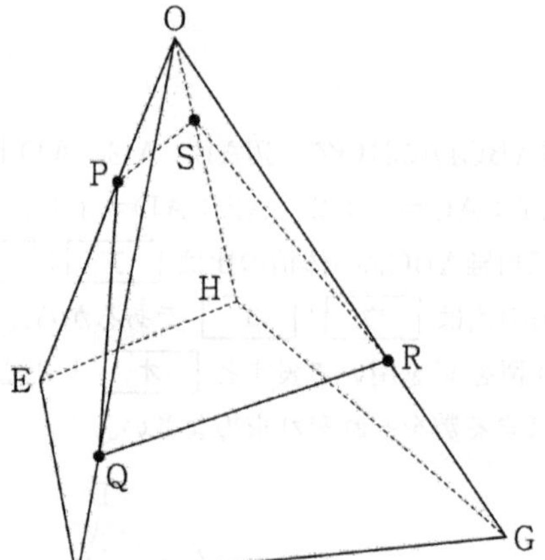

図3

【英　語】（50分）　＜満点：100点＞

1 **リスニングテスト**

問いを読む時間が与えられたあと，音声が１回放送されます。１～５の問いの答えとして最も適切なものを次の①～④からそれぞれ１つ選び，その番号を答えなさい。

1　Who did Mrs. Ikeda work for? [1]

① The supermarket near her house
② The university in Tokyo
③ The TV broadcasting company
④ The local school

2　What type of essays did Mrs. Ikeda usually like the most? [2]

① Essays with perfect grammar and vocabulary
② Essays that discussed recent events in society
③ Essays that told personal stories about students
④ Essays that made people laugh

3　What did the mother of the student usually watch on TV? [3]

① Dramas
② Documentaries
③ Music programs
④ News

4　Why did the student in the essay wish to be a television? [4]

① To watch more Korean drama
② To avoid doing homework
③ To get the attention of his parents
④ To become famous

5　What did Mr. and Mrs. Ikeda like to do in their free time? [5]

① To read their son’s essay
② To watch their own favorite programs on TV
③ To talk about other parents of their son’s school
④ To be with their family in the living room

＜リスニング放送英文＞

Chihiro Ikeda was an English teacher at a junior high school in Tokyo. She was going through her student’s essays. She would give them each a grade and also make corrections to the grammar and vocabulary. Usually, the essays she liked best were the ones that told her more about a student’s life. The essay she was looking at now was like that, but she wasn’t enjoying it at all. “Listen to this,” she said to Masahiro, her husband. “This student writes that he wishes he were a television. Can you imagine why he says so? His mother seems always busy, but when she has any free time she watches Korean dramas on the television, and at those times she looks happy.

The boy's father is the same. He works long hours, but when he gets home, he loves watching the news with a beer in front of the TV. The boy says that if he were a television his parents would pay attention to him and love him."

"Oh, what terrible parents!", said Mr. Ikeda. "What an awful story! How sad!"

"Yes, it is sad," said his wife. "Sadder than you think. It was written by our son."

2 次の英文を読んで，あとの問いに答えなさい。

Once upon a time, in a small village, there was a young girl named Lee. She likes playing the flute.

One day, Lee was walking in the woods when she found a small, injured bird. It had a broken wing and couldn't fly. Lee took the bird home and took care of it (あ) it got better. She fed it, and kept it warm for many days.

A

B

C

D

While they traveled together, the man taught Lee all about rules of music, how to write music, and how to play different instruments, such as trumpet, piano, and saxophone. Lee was a quick learner, and soon she (い).

One day, the man received a letter from the King. The King was holding a grand festival, and he wanted the man to perform at it. The man was honored, but he knew that he needed something special to make his performance impressive. He came up with (う) an idea.

He asked Lee to play her flute while the bird danced to the music. Lee hesitated at first, but the man told her that it would be an amazing sight. They practiced for weeks, and soon they had a performance that would impress the crowds.

Finally, the day of the festival arrived. Thousands of people gathered to watch the performances, and the man and Lee were nervous. They appeared on the stage, and Lee began to play her flute. The bird hopped onto her shoulder and began to dance.

The crowd was silent and was amazed by the beautiful sight before them. As the music picked up, the bird began to move its wings, as if it was flying. The crowd got excited and clapped their hands, and Lee and the man bowed to the audience.

After the performance, the King approached them. He was so impressed that he offered Lee a position in his castle as a musician. Lee was very happy and accepted the suggestion.

And so, Lee became the castle musician. She played the flute for the King and his guests at grand events and parties. She never forgot her beginnings, and she always remembered the little bird that helped her find her passion for music.

（注） honored：光栄に思う　pick up：盛り上がる　bow：おじぎをする

問1 （あ）に入る語として最も適切なものを以下から1つ選び，その番号を答えなさい。 [6]

① like　② since　③ while　④ until

問2 [A] ～ [D] に入る最も適切なものを，以下からそれぞれ1つずつ選び，その番号を答えなさい。

[A] … [7]　[B] … [8]　[C] … [9]　[D] … [10]

① Lee was excited, and she played her flute and watched the bird's dance for hours. The two became really close friends, and the villagers often saw them when they were playing together in the fields.

② The man came up to Lee and asked her to join him on his travels. He promised to teach her everything he knew about music and to help her become a great musician like him. Lee was very happy and agreed to go with him.

③ One day, a man arrived in the village. He bought and sold goods as he traveled around the world. He was also a famous musician. He was known all over the world for his beautiful melodies. When he heard the sound of Lee's flute, he was amazed. He never heard such a beautiful sound before.

④ As the bird got better, Lee began to notice something strange. Every time she played her flute, the bird became active and listened carefully. She decided to try an experiment and played music on her flute. To her surprise, the bird began to move its wings, as if it tried to dance!

問3 （い）に入る表現として最も適切なものを以下から1つ選び，その番号を答えなさい。 [11]

① gave up her dream of getting a job in the village
② left the village to search for the bird's original home
③ started teaching the bird how to play the flute
④ became a famous performer with the bird

問4 下線部（う）の内容として最も適切なものを以下から1つ選び，その番号を答えなさい。 [12]

① to perform with Lee and her bird
② to need something special
③ to ask the King for a prize
④ to have a grand festival at night

問5 What did the King want the man to do at the grand festival? [13]

① Play with colorful balls　② Perform a magic trick

③ Play a musical instrument　　④ Show him the famous bird

問6 Why did Lee decide to participate in the concert? [14]

① The man said that it was the King's command.

② The man told her that it would be a fantastic sight.

③ The man said that the audience would be disappointed if she refused.

④ The man said the King would give her a job.

問7 What did the bird do to Lee's flute music during the performance? [15]

① It fell asleep on her shoulder.

② It started singing along.

③ It came onto her shoulder and danced.

④ It flew away from the stage.

問8 Why was the crowd silent at the performance? [16]

① The performance was wonderful.

② The crowd was too nervous.

③ The crowd couldn't hear anything.

④ The music was sad.

問9 What was the result of the performance at the festival? [17]

① The crowd didn't like it and left the festival.

② The man and Lee got nervous and left the stage.

③ The King liked it but the crowd got bored at it.

④ The crowd was happy and Lee received a job from the King.

問10 本文の内容と一致するものを以下から２つ選び，その番号を答えなさい。 [18] [19]

① Lee found two birds with broken legs while she was walking in the woods.

② When Lee found the bird in the woods, both of its wings were injured.

③ The man was amazed by Lee's guitar-playing skills.

④ The man promised Lee to teach the bird everything he knew about music.

⑤ The man taught Lee how to paint.

⑥ Lee and the man practiced their performance for weeks before the festival.

⑦ The King himself also played a musical instrument.

⑧ Lee was very happy when the King asked her to perform for him in the future.

[3] 次の英文を読んで，あとの問いに答えなさい。

When Pamela Claypole was 56 years old, her whole life changed. She was working in her garden on a Saturday morning when suddenly she felt dizzy. That's all she remembers. Neighbors found her. She was lying on the ground. At a nearby hospital, doctors said that it was a stroke. [A] Little by little she got better. [B] [C] [D]

Pamela was not married and lived alone. She began learning to live while she couldn't see anything, but it was difficult. Sometimes, she regretted surviving the stroke. But as time went on, she began to adjust. There were just a few things she couldn't do. When something broke, for example, her friends helped her.

One morning about three years after her stroke, Pamela was washing dishes and realized that the water wasn't going out of her kitchen sink. It was probably blocked. "Call Mitch," her friend told her. Mitch was the local repair person. He fixed things for people and helped them with jobs around the house. He was about fifty years old and not married. He loved his work.

Pamela called Mitch. "I hear you are good at fixing things," she said. "I've got a problem with my kitchen sink. Can you come over?"

"I'll be right there," Mitch told her. He fixed the sink in just a few minutes. "All done," he said.

"Thank you. How much do I have to pay?" Pamela asked.

"Nothing," Mitch said. "But a cup of tea would be nice."

Pamela made some tea, and she and Mitch sat at her kitchen table and talked. He told her he would be happy to help her anytime.

Over the next two years, Mitch came to Pamela's house often to fix something or to work with her in the garden. But ＿＿(E)＿＿. He said a cup of tea and a little conversation were enough. The truth was that Mitch was in love with Pamela. He never told her, though. Mitch was not an attractive man. "If she could see me," he thought, "she [F]."

One morning Pamela woke up early. She turned her head on the pillow and saw the hands of the alarm clock next to her bed: 5:30 a.m. She could see! She ran to the front door of her house and looked outside. She could see the flowers, the trees, and the houses across the street. She cried for joy. Then she went to the phone and called her best friend, Mitch.

"Hello. Mitch," she said. "[G]"

Mitch thought about Pamela's phone call. What kind of emergency could there be at 5:30 in the morning? Was there water everywhere? Was someone trying to enter her house and steal something? He hurried to Pamela's house.

Pamela opened the front door. "[H]" Mitch said. Pamela smiled and said, "[I]"

"What? Can you see?"

"Yes!" Pamela said and threw her arms around Mitch. Mitch was happy for Pamela, and he was also happy for himself. "She can see me, and [J]," he thought.

A few weeks later, Mitch asked Pamela to marry him, and she said yes. He said, "I have loved you since I first came to repair your sink."

"Why didn't you ever tell me?" Pamela asked him.

"I thought you wouldn't accept me because I'm not [K]," Mitch said.

"I don't care what you look like," Pamela told Mitch. "I've loved you for years."

"Well, why didn't you tell me?" he asked.

"I thought you wouldn't want me," she answered, "because I was [L]."

(注) stroke：脳卒中

問1 [A] ～ [D] には以下の英文が入る。最も適切なものをそれぞれ番号で答えなさい。

[A] … [20]　[B] … [21]
[C] … [22]　[D] … [23]

① In a few months, she was able to use the left side of her body again, and she was able to hear and speak.
② Her doctors told her she might not be able to see for the rest of her life.
③ She couldn't move the left side of her body, and she couldn't see, hear, or speak.
④ But she still couldn't see.

問2 下線部(E)には以下の英文が入る。文脈に合うよう空所に適切な1語をそれぞれ答えなさい。 [記述]

he ＿＿＿＿ accepted ＿＿＿＿ from Pamela for the work he did

問3 [F] に入る表現として最も適切なものを以下から1つ選び，その番号を答えなさい。 [24]

① loved me　② did not love me
③ would love me　④ would not love me

問4 [G] ～ [I] に入る表現として最も適切なものを以下から1つずつ選び，その番号を答えなさい。ただし，同じ選択肢を2度使ってはいけない。

[G] … [25]
[H] … [26]
[I] … [27]

① Pamela, are you okay?
② Did you do it by yourself?
③ It's an emergency! Come quick!
④ Your eyes are brown.
⑤ There is water everywhere!

問5 物語の流れを踏まえて，[J] にあてはまる表現として最も適切なものを以下から1つ選び，その番号を答えなさい。[28]

① she still likes me
② I have to leave her
③ now I want to get married to her
④ she still needs me to fix her things

問6 [K] には物語中に出てくる1語が入る。その語を答えなさい。[記述]

問7　物語の流れを踏まえて，[L] にあてはまる語（句）として最も適切なものを以下から１つ選び，その番号を答えなさい。[29]

①　alone　②　too old　③　married　④　blind　⑤　not so beautiful

問8　物語の内容と一致するものを以下から２つ選び，その番号を答えなさい。[30] [31]

① Pamela felt dizzy, lay on the ground, and was taken to the hospital when she was a child.

② When they met, Pamela was 56 years old, and Mitch was about fifty and didn't have a wife.

③ A few months after the stroke, Pamela recovered well, but not hearing.

④ The experience after the stroke was so hard that Pamela felt sad about her survival.

⑤ After the first repair, Mitch told Pamela that she could always ask him for assistance.

⑥ Sometimes Mitch washed dishes for Pamela because she couldn't do it after she lost her sight.

⑦ All 5:30 one morning, Mitch hurried to Pamela with joy that she could see again.

[4]　次の英文を読んで，あとの問いに答えなさい。

Do you believe that some numbers are lucky or unlucky? If you do, you are not alone. Superstitions about numbers are (あ) in many societies. For example, a lot of people in Western countries believe that the number 13 is (い). They believe that terrible things will happen on Friday the 13th. Some buildings do not even have a 13th floor. [I], in Chinese and Japanese cultures, the number 4 sounds like the word for "death" and is often considered unlucky. [II], 7 is considered a lucky number in Western countries. In China, 8 is a lucky number because it sounds like the word "rich."

In ancient times, people believed that numbers had (う). And some numbers could let you know the future or show the hidden side of a person's character. Numerology, the art of reading the power in numbers, was often used in Jewish tradition and among Greek mathematicians. Today, many people who still practice numerology use a system – each letter of the alphabet equals one of the numbers 1 through 8.

Here is one example of how this system of numerology works. In order to find the number related to a person's name, first give the correct number to each letter of the name, by using the following chart.

1＝A・I・Q・J・Y	2＝B・K・R	3＝C・G・L・S	4＝D・T・M
5＝E・H・N	6＝U・V・W・X	7＝O・Z	8＝F・P

Then add the numbers together to get the number 1 through 9 that represents the name – for numbers larger than 9, add the two (え) numbers together.

For example, take the name James: J = 1, A = 1, M = 4, E = 5, and S = 3. Add these numbers together and you get a total of 14. Because 14 is larger than 9, add the two (え) numbers and you find 5(1 + 4) is the number that represents the name James.

Each number from 1 to 9 shows a (お) type of character. One is the number of a leader, someone who is ambitious, confident, and self-sufficient, but who will probably tell other people what to do. Two represents a person who supports others, communicates well, and thinks carefully. This person makes a good partner but may feel lonely. Three is a social person who is outgoing, eager, friendly, and enjoy life. On the negative side, this person may not have self-control. Four is the number of someone who is practical, traditional, and serious. They work hard but may be uncomfortable when they don't have a routine. Five is someone who likes adventure, and a friendly person who is good at having good relationships with other people. However, they sometimes get bored easily. Six is a "happy" number. This type of person is peaceful, cares about others. On the negative side, they may sometimes feel that others have used them. Seven is the number for a person who prefers to be alone. This kind of person is a person who thinks deeply about things. On the other side, he or she may be worried about not being good enough. Eight shows a person who is good with money, and can be quite good at making decisions quickly. On the other hand, this kind of person doesn't understand other people's feelings. Nine is the number of someone who is creative and has many talents, and wants to improve the world. This person may become a good community leader but needs (か)to take care of small details as well as look at the big picture.

Is there any truth to numerology? Although it is very popular, there is no scientific proof, and skeptics doubt if it is true at all. For example, they ask, (き)"If numerology is true all over the world, then how [① an object / ② does / ③ explain / ④ for / ⑤ in / ⑥ it / ⑦ the differences / ⑧ the number] or a person, from translating a world between different languages?" Still, for a lot of people, numerology remains a very interesting way to get some clear understanding into your character.

（注） superstition: a strong feeling that some objects or actions are lucky or unlucky
art: a skill in a particular activity
Greek: of Greece or ancient Greece
practice: to do something according to a custom, or rules
equal: to be as good as something else
self-sufficient: to provide for all your own needs without help from other people

self-control: the ability to control your feelings and actions although you are very angry, upset, etc.

proof: a fact or a piece of information that shows something is true

skeptic: someone who doesn't easily believe in something

問1 （あ）～（お）に入る最も適切な語（句）を以下から1つずつ選び，その番号をそれぞれ答えなさい。ただし，同じ記号には，同じ語が入る。

（ あ ）… 32

① strange ② difficult ③ mysterious ④ common

（ い ）… 33

① natural ② unlucky ③ wild ④ lucky

（ う ）… 34

① unique talent ② a magical power ③ much information
④ a long history

（ え ）… 35

① magical ② single ③ double ④ meaningful

（ お ）… 36

① new ② positive ③ negative ④ different

問2 Ⅰ ，Ⅱ に当てはまる表現を以下からそれぞれ1つ選び，その番号を答えなさい。

Ⅰ … 37

Ⅱ … 38

① By the way ② In a similar way ③ In addition
④ Of course ⑤ On the other hand ⑥ In short

問3 次の人名は，本文を参考にして数字で表すといくつか。その数字を答えなさい。算用数字で書くこと。 記述

Elizabeth

問4 次の特徴をもつ人の名前の数字はいくつか。その数字を解答欄にマークしなさい。 39

The person who follows social customs and does the things that he or she is told to do.

問5 下線部(か)はどのようなことか。以下の中から適するものを**全て**選び，その記号を答えなさい。 記述

ア to understand the situation well
イ to look after the forest to preserve nature
ウ to take a wide view without paying attention to details
エ to see small things and have the greater point of view
オ to pay attention to trivia and see things from a wide perspective

問6 下線部(き)が意味の通る英文になるように［ ］内を並べかえ，以下の 40 ～ 43 に入るものの番号をそれぞれ答えなさい。

If numerology is true all over the world, then how

［ _____ 40 _____ 41 _____ 42 _____ 43 ］

or a person, from translating a world between different languages?

① an object ② does ③ explain ④ for
⑤ in ⑥ it ⑦ the differences ⑧ the number

問7 本文の内容と一致するものを以下から2つ選び，その番号を答えなさい。 44 45

① In Japan, the number 4 is thought as unlucky while 8 is considered lucky.
② People believed that numbers were able to tell the future in the old days.
③ In the system of numerology, you first have to change each letter of the person's name into a number.
④ People representing three and seven like being with people.
⑤ A person representing the number five likes to do the same things for a long period of time.
⑥ A person who represents the number eight can take leadership and make a better world.
⑦ There are scientific facts behind numerology, so some people think it is true.

問題の作成上，原文の一部を改変したところがある

【理　科】（50分）　＜満点：100点＞

1　次の〔Ⅰ〕，〔Ⅱ〕を読み，後の(1)～(5)の問いに答えなさい。

〔Ⅰ〕　太郎さんは火山について興味を持ち，マグマのねばりけが小さい火山Ｐと，マグマのねばりけが大きい火山Ｑの火山灰を観察しスケッチした。

(1)　次の図は太郎さんが観察した火山灰のスケッチである。火山Ｐの火山灰のスケッチはどちらか。また，そのように判断できる理由を選べ。さらに，火山Ｐの噴火の様子はどのようであったと考えられるか。

【スケッチ】　1

①

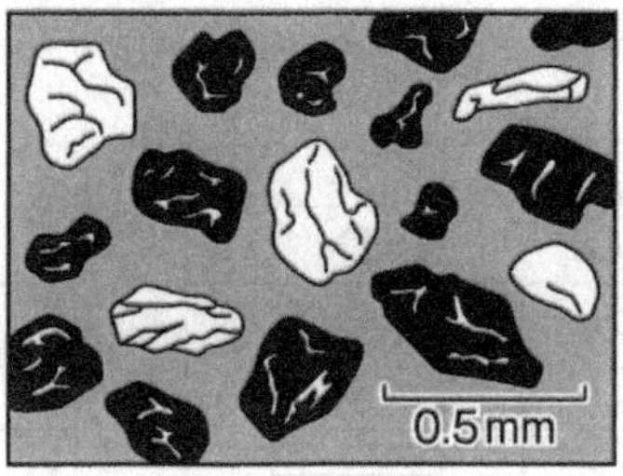

主に観察される鉱物は
長石《ちょうせき》，輝石《きせき》

②

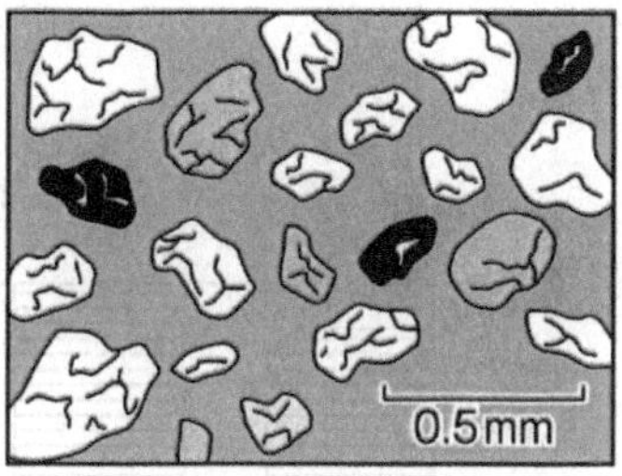

主に観察される鉱物は
長石，角閃石《かくせんせき》，石英《せきえい》

【理由】　2

①　黒っぽい鉱物より白っぽい鉱物の割合が大きいため

②　白っぽい鉱物より黒っぽい鉱物の割合が大きいため

③　鉱物に角ばっているものが多いため

④　鉱物に丸みをおびているものが多いため

【噴火の様子】　3

①　おだやかな噴火

②　爆発的な噴火

(2)　火山Ｑのようなマグマのねばりけが大きい火山が噴火し，高温の火山灰や火山ガス，火山由来の岩石などが高速で流れくだる現象を何というか。**漢字**で答えよ。　記述

〔Ⅱ〕　図１はある地域の地形図である。図２は図１中の地点Ａ～Ｄにおける地層の重なりを表す柱状図である。この地域の地層にはしゅう曲や断層がなく，同じ厚さで同一方向に傾いていた。柱状図中の凝灰岩はすべて同じ時期に堆積したものである。（図１・図２は次のページにあります。）

(3)　この地域の地層はある方向に向かって低くなっていた。その方向はどれか。　4

①　東　　②　西　　③　南　　④　北

(4)　地点Ｃでは，地表から真下に何ｍのところで石灰岩の地層と花こう岩の地層の境界に到達するか。　5

①　40　　②　50　　③　60　　④　70　　⑤　80　　⑥　90

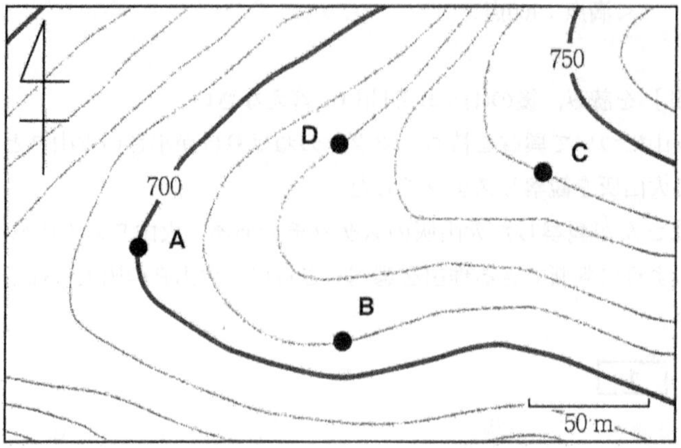

図 1

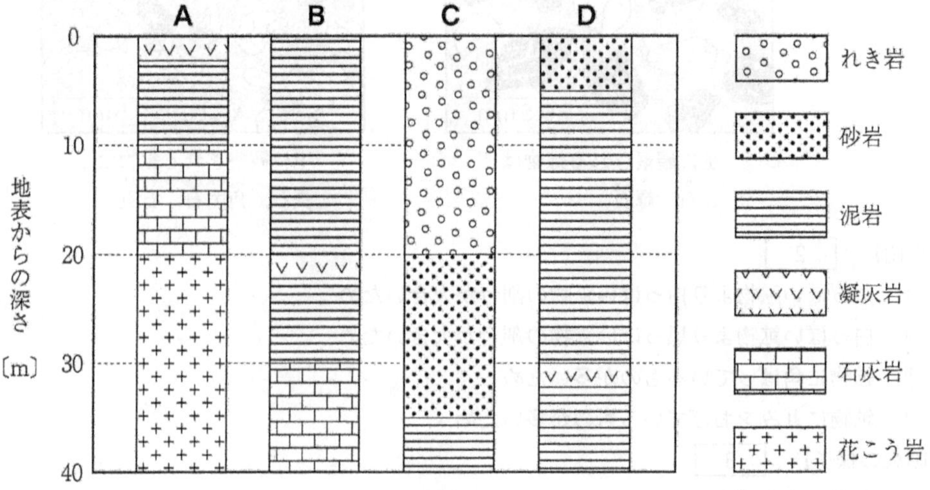

図 2

(5) 図 3 は石灰岩のスケッチであり，石灰岩は生物の死がいが集まってできていた。この生物は何か。また，石灰岩が堆積した年代はどれか。

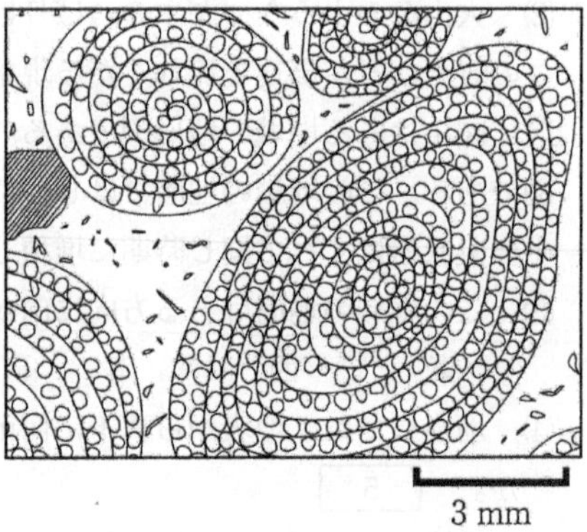

図 3

【生物】 6

① アンモナイト　② サンヨウチュウ

③ フズリナ　④ サンゴ

⑤ ビカリア

【年代】 7

① 古生代　② 中生代　③ 新生代

2 図１のように，容積500cm^{3}の丸底フラスコに300ｇの砕いた氷を入れて加熱した。加熱には，時間あたりに一定の熱量を加えることができる加熱装置を用いた。

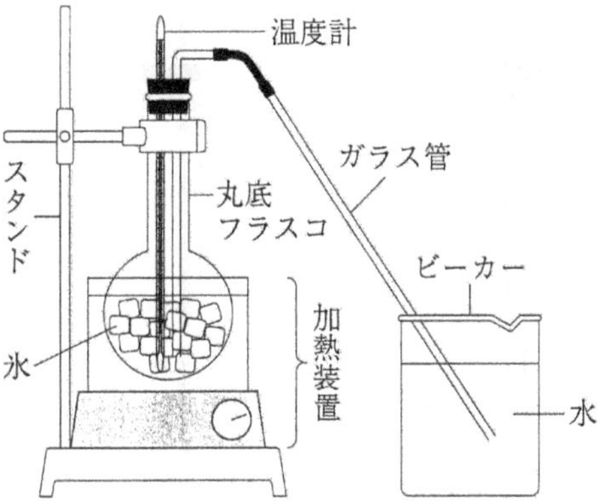

図１

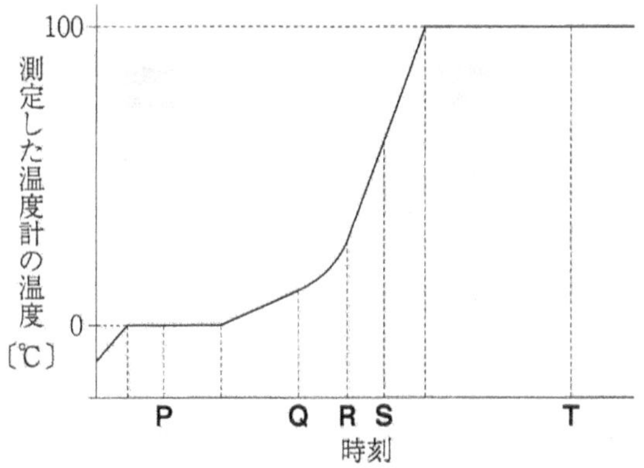

図２

図２は実験をしている際の加熱時間と温度計の温度変化の様子を示していて，図中Ｐ～Ｔは実験中の時刻を示している。

温度０℃で氷がとけはじめた。

時刻Ｑ～Ｒで，ア丸底フラスコ内の水がビーカーに流れ出た。

時刻Ｒのとき，水の移動はおさまった。

時刻Ｒ～Ｓで，イビーカーの中のガラス管の先から気泡がたくさん出てきた。ウこの間の４分間で20℃の温度上昇があった。

時刻Ｓ以降，ビーカーの中のガラス管の先から気泡はみられなくなった。しばらくすると，丸底フラスコ内の水が沸き立ってきた。

時刻Ｔのとき，ガラス管をビーカーから出すと，エガラス管の先から白い湯気が出てきた。

後の(1)～(6)の問いに答えなさい。

(1) 図３は時刻Ｐのときの丸底フラスコの様子である。このときの水面の高さをＸとする。完全に氷がとけ，０℃の水になったとき，水面の高さはどのようになるか。 **8**

① Ｘより高くなる
② Ｘと同じ高さ
③ Ｘより低くなる

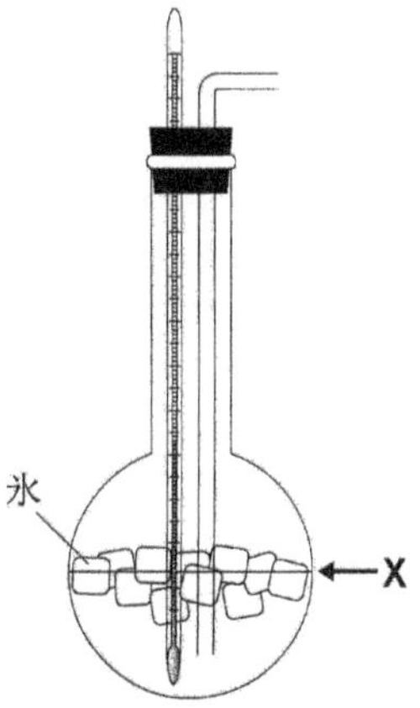

図３

(2) 下線部アについて，丸底フラスコ内の水がビーカーに流れ出た理由として正しいものを選べ。 **9**

① 温められた水の体積が大きくなり，水が押し出されたから。
② 丸底フラスコが温められて丸底フラスコの容積が小さくなったため，水が押し出されたから。
③ 丸底フラスコ内の空気が温められて圧力が上がり，水が押し出されたから。
④ ガラス管が温められ，ガラス管が膨張することで水を吸い上げたから。

⑶　時刻Rで水の移動がおさまった時点でのフラスコの様子を選べ。 10

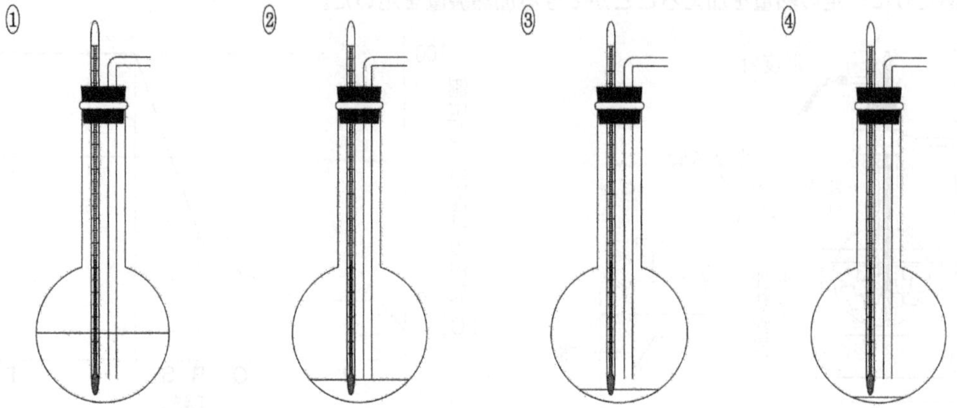

⑷　下線部**イ**のときガラス管の先から出てきた気泡は何か。 11

①　丸底フラスコの中の空気
②　丸底フラスコの周りの空気
③　温められた水が変化した水蒸気
④　ビーカーの中の水が変化した水蒸気

⑸　下線部**ウ**の温度変化を参考にして，時刻Q～Rでの水の移動がどれだけだったかを求めたい。同じ加熱装置を用いて100gの水を温めた。この実験では水の移動は無く，10℃から60℃の温度変化までに5分かかった。時刻Q～Rでおこった水の移動は何gか。なお，水の温度上昇は，加熱した時間に比例し，水の量に反比例する。 12

①　10g　　②　20g　　③　50g　　④　80g　　⑤　100g

⑹　図4のYは，下線部**エ**でのガラス管から出た湯気の様子を示しているが，Zの部分に湯気はみられなかった。YとZの水の状態の組合せとして正しいものはどれか。 13

	①	②	③	④	⑤	⑥
Y	液体	気体	液体	気体	液体	気体
Z	液体	液体	気体	気体	固体	固体

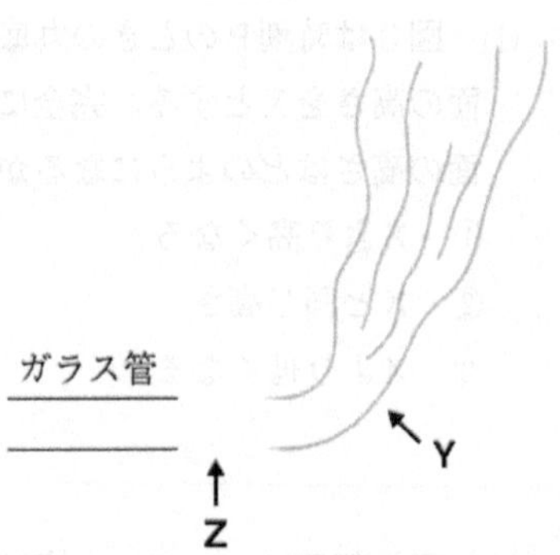

図4

[3] 次の(1)～(7)の問いに答えなさい。

(1) プラスチック板の中心を通る，直線状の導線の周りに磁針を置いたところ，磁針は図1のような向きであった。導線に上から下向きに電流を流したとき，4つのうち3つの磁針でN極の指す向きが変わった。電流を流す前後で，磁針のN極の指す向きが変わらなかったものはどれか。プラスチック板は地面と平行で，導線はプラスチック板と垂直な向きであるとする。 [14]

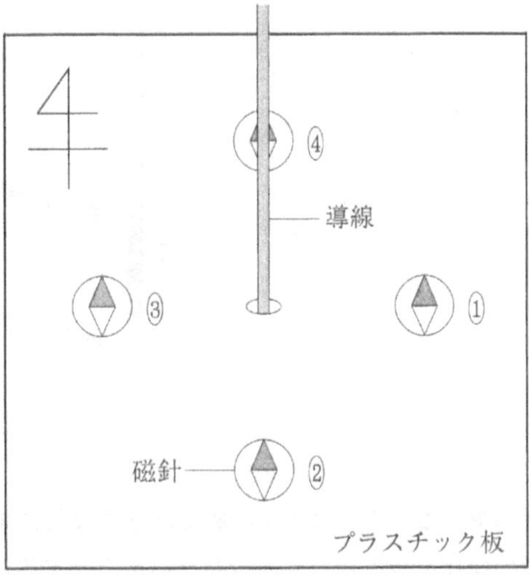

図1

(2) 導線で一巻きのコイルを作り，導線に電流を流した。図2はこれを横から見たときの様子を表している。コイルの中心に電流がつくる磁界の向きとして正しいものはどれか。 [15]

① 右　② 左　③ 上　④ 下　⑤ 紙面奥から手前　⑥ 紙面手前から奥

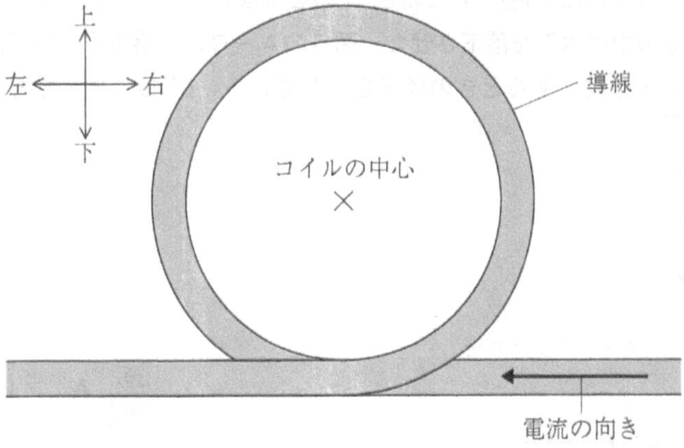

図2

(3) 次のページの図3のように，コイルに直流電源装置をつないで電流を流しながら，そのコイルの中心に向かって磁石のN極をゆっくりと近づけたところ，コイルが動いた。コイルの動いた向きとして正しいものはどれか。 [16]

① 磁石に近づく向き　② 磁石から遠ざかる向き

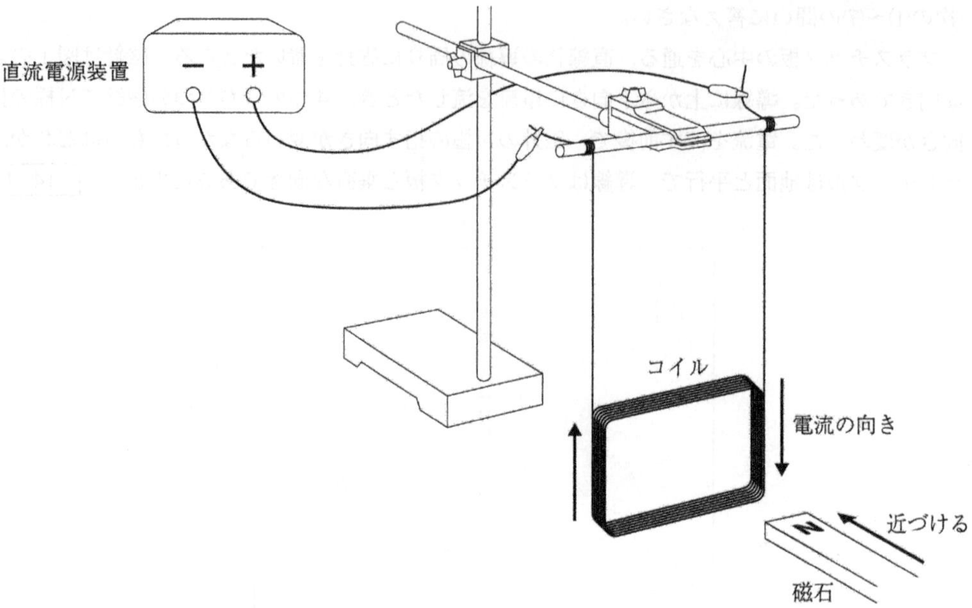

図3

⑷　⑶の実験において，次のア～エのうちコイルの動く向きを反対にする操作をすべて選んだものはどれか。ただし，複数の操作を組み合わせて行わないものとする。　17

ア　電流を大きくする　　　　イ　電流の向きを反対にする
ウ　磁石をより強いものにする　　エ　近づける磁石の極をＳ極にする

①　アのみ　②　イのみ　③　ウのみ　④　エのみ　⑤　ア，イ
⑥　ア，ウ　⑦　ア，エ　⑧　イ，ウ　⑨　イ，エ　⓪　ウ，エ

⑸　図４のように，コイルに赤色LEDと緑色LEDをつなぎ，コイルの中心に透明なプラスチックの管を通して，その中に磁石を落下させた。図５のＡ～Ｃは，落下中の磁石がコイルの上部，中心，下部それぞれの位置にあるときの様子を表している。LEDの光り方を正しく述べたものはどれか。　18

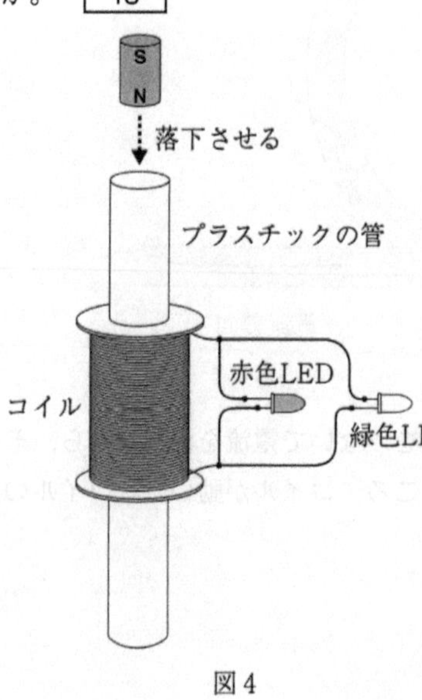

図４

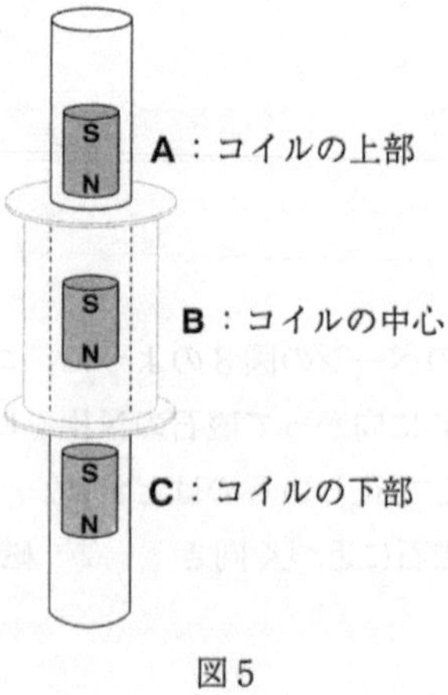

図５

① 磁石の位置がAのときのみ，赤と緑の両方が光る
② 磁石の位置がBのときのみ，赤と緑の両方が光る
③ 磁石の位置がCのときのみ，赤と緑の両方が光る
④ 磁石の位置がAとCのとき，赤と緑の両方が光る
⑤ 磁石の位置がAのとき赤か緑の一方が光り，Bのときもう一方が光る
⑥ 磁石の位置がAのとき赤か緑の一方が光り，Cのときもう一方が光る
⑦ 磁石の位置がBのとき赤か緑の一方が光り，Cのときもう一方が光る

(6) (5)の実験において，次の**ア**～**エ**のうちLEDの光をより明るくする操作をすべて選んだものはどれか。ただし，複数の操作を組み合わせて行わないものとする。 19

ア 磁石の極を反対にする　　**イ** 磁石をより強いものにする
ウ コイルの巻き数をより多くする　　**エ** 赤色ＬＥＤと緑色ＬＥＤの場所を入れ換える

① **ア**のみ　② **イ**のみ　③ **ウ**のみ　④ **エ**のみ　⑤ **ア**，**イ**
⑥ **ア**，**ウ**　⑦ **ア**，**エ**　⑧ **イ**，**ウ**　⑨ **イ**，**エ**　⓪ **ウ**，**エ**

(7) (5)の実験において，LEDのつなぎ方を図6のように変えた。LEDの光り方を正しく述べたものはどれか。 20

① (5)のときと同じ光り方をする
② 赤か緑のどちらか一方のみが光る
③ (5)のときとは逆の順番で赤と緑が光る
④ どちらも光らない

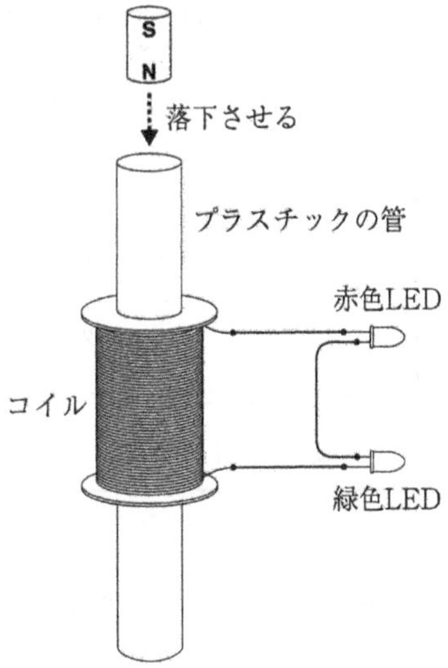

図6

4 次の〔Ⅰ〕，〔Ⅱ〕を読み，後の(1)～(5)の問いに答えなさい。

〔Ⅰ〕 図1は，自然の中での炭素の循環について示したものである。

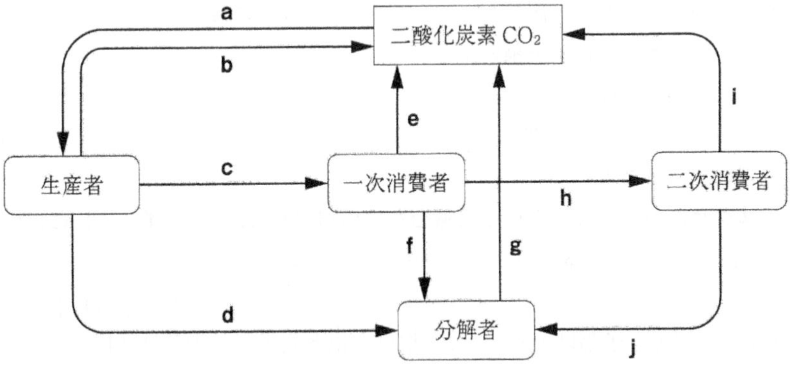

図1

⑴ ある地域に生息・生育しているすべての生物と，それらを取り巻く環境を何というか。**漢字**で答えよ。 [記述]

⑵ 図１の矢印のうち，生物の行う呼吸による炭素の移動を示す組合せはどれか。 [21]

① a，c，d　② a，c，h　③ e，i　④ b，e，i　⑤ e，g，i　⑥ b，e，g，i

⑶ 次の生物のうち，生産者にふくまれるものはいくつあるか。 [22]

・スギナ　・ゼニゴケ　・ミジンコ　・酵母　・シイタケ　・ミカヅキモ

① 1個　② 2個　③ 3個　④ 4個　⑤ 5個　⑥ 6個

⑷ 人間の活動による石油や石炭などの化石燃料の使用の増加により，大気中の二酸化炭素が増加している。大気中の二酸化炭素濃度は大気中に占める二酸化炭素の体積の割合で表される。今，ある地点の二酸化炭素濃度が0.04％であったとすると，それは何ppmか。ただし，１ppmは100万分の１の意味である。 [23]

① 40000ppm　② 4000ppm　③ 400ppm　④ 40ppm　⑤ 4ppm
⑥ 0.4ppm　⑦ 0.04ppm　⑧ 0.004ppm　⑨ 0.0004ppm

〔Ⅱ〕 図２は，４月から９月までの校庭の植物を観察した結果の一部を示した観察カードである。

ヒマワリ
- 多数の花が集まっている。
- 葉脈は網状である。

エンドウ
- 花弁は５枚で，それぞれ離れている。
- 葉脈は網状である。

ツユクサ
- 花弁は３枚あり，それぞれ離れている。
- 葉脈は平行である。

アサガオ
- 花弁はつながっている。
- 葉脈は網状である。

図２

以下は，京子さんと学さんが観察カードを確認している場面である。

京子さん：花弁や葉脈には，それぞれ特徴があるね。

学さん　：本当は根のつくりも調べたかったけれども，根を抜くことができなかったんだ。枯れてしまうといけないから。

京子さん：子葉のようすは観察できたの。

学さん　：花が咲いているときに観察したから，わからないんだ。

京子さん：葉脈のようすから根や子葉のようすがわからないかな。

（図書館にて二人で調べた後で）

学さん　：ヒマワリ，エンドウ，アサガオは，網状の葉脈をもつ植物だから，（　ア　）と本に書いてあったよ。

京子さん：ツユクサについては，平行な葉脈をもつ植物だから，（　イ　）と書いてあったよ。

⑸ （ア）と（イ）にあてはまるものとして，正しいものはどれか。

（ア） [24]　（イ） [25]

① 根は主根と側根で，子葉は１枚　② 根は主根と側根で，子葉は２枚
③ 根はひげ根で，子葉は１枚　④ 根はひげ根で，子葉は２枚

5 科学部の気象観測班と天文観測班の生徒がそれぞれに活動を行った。次の〔Ⅰ〕,〔Ⅱ〕の文章を読み，後の(1)～(6)の問いに答えなさい。

〔Ⅰ〕 次の会話は，気象観測班の生徒と先生が気象災害と天気図について話しているものである。

ウミノ先生：災害が発生した際の天気図をよく見てみましょう。まず，図1の天気図は平成24年7月に起きた洪水災害のときのものです。

ソラさん　：図1の中央に見える停滞前線に沿って非常に湿った空気が流れ込み，九州北部地方を中心に記録的な大雨になったようだよ。(　X　)。

ウミノ先生：そうですね。次に，図2の天気図は平成16年8月に起きた高潮災害のときのものです。高潮災害の原理は分かりますか？

ダイチさん：図2のあとに台風が瀬戸内海を通過したことで，(　Y　)ために，海水面が高くなってしまい，家屋が浸水したんですよね。

ウミノ先生：そうですね。遠浅な湾などでは高潮が起きやすい傾向があるのです。
最後に，図3の天気図は令和元年8月に起きたフェーン現象により(　A　)が高温になったときのものです。

ソラさん　：フェーン現象ってどんな現象ですか？

ダイチさん：冬に起こるフェーン現象は授業でも習ったよね。冬に湿潤な風が吹いて，(　B　)が豪雪になって，山脈を越えた乾燥した暖かい風が(　C　)に晴天をもたらすんだよね。

ウミノ先生：そうですね。図3の場合は，夏に起こったもので，風上側の(　D　)では雨が降り，風下側の(　A　)では40℃を越える高温になったそうだよ。自然のことをよく学んで，自然と共に安全に生きていくことが必要ですね。

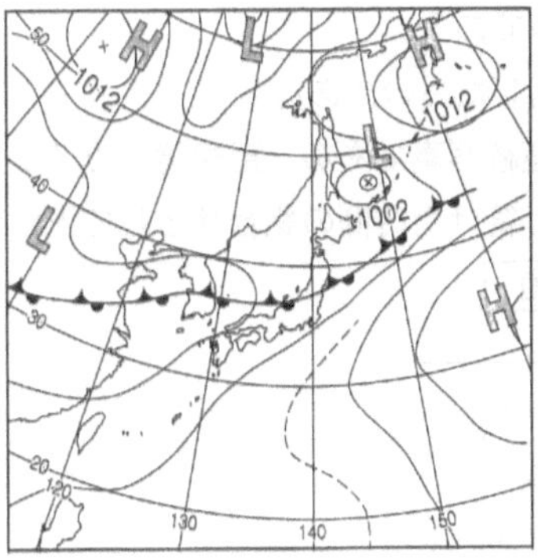

図1

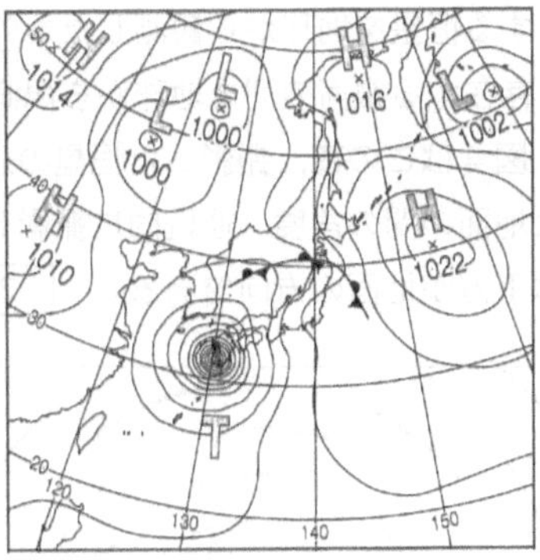

図2

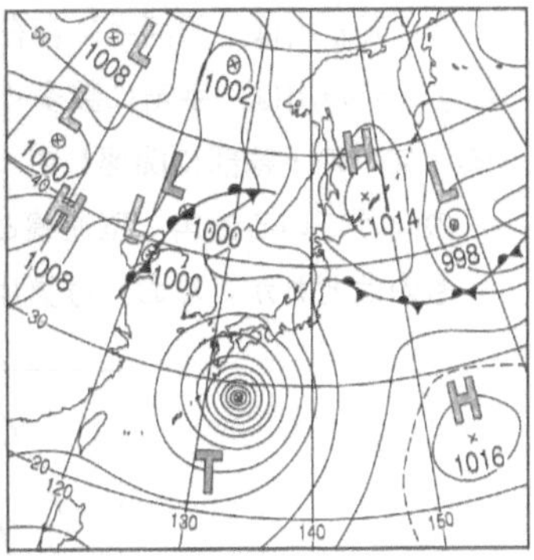

図3

※天気図中の H は高気圧，L は低気圧，T は台風の意味である。

(1) 文中の(X)には，停滞前線について説明した文が入る。文中に空欄に入る文として**誤っているもの**はどれか。 26

① 寒気と暖気の勢力が拮抗《きっこう》すると，前線が同じところに停滞するので，長雨になるよ

② 梅雨や秋雨による長雨は停滞前線によることが多いよ

③ 温帯低気圧が消滅するときには，寒冷前線が温暖前線に追いついて停滞前線が生じるね

④ 太平洋（小笠原）高気圧の勢力が増すとともに，梅雨の停滞前線は北に追いやられて，夏が始まるね

⑵ 文中の（Y）に入る理由として正しいものはどれか。 27

① 気温が高くなる　② 気圧が低くなる

③ 海水の塩分濃度が低くなる　④ 相対湿度が高くなる

⑶ 文中の（A）～（D）に入る語の組合せとして正しいものはどれか。 28

	A	B	C	D
①	太平洋側	太平洋側	日本海側	日本海側
②	太平洋側	日本海側	太平洋側	日本海側
③	日本海側	太平洋側	日本海側	太平洋側
④	日本海側	日本海側	太平洋側	太平洋側

〔Ⅱ〕 次の文章は，日本のある地点で，天文観測班の生徒が夏の夜に行った観測の様子を説明したものである。

この日は月の条件が良く，夜空は暗かったので，天体観測には適していた。望遠鏡にカメラを取り付け，北極星に向けて固定した。そして連続的に夜空の写真を撮影した。夜空には天の川がきれいに見え，いくつかの惑星も観測できた。金星は日没直後から観測でき，火星も比較的長い時間，夜空に見られた。

⑷ 「天の川」とはどのようなものか。説明した文として正しいものはどれか。 29

① 天の川は，火星と木星の間に多く存在する小惑星を地球から観測したものである。

② 天の川は，太陽系の外側に位置する小天体を地球から観測したものである。

③ 天の川は，銀河系に存在する恒星を地球から観測したものである。

④ 天の川は，宇宙に数多く存在する銀河の列を地球から観測したものである。

⑸ 文中の下線部に関連して，図４はこの夜，撮影した恒星の連続写真である。望遠鏡（カメラ）の向けている方角，望遠鏡と地面の間の角度，連続的に撮影し続けた時間の組合せとして正しいものはどれか。なお，写真は下方が地面の方向である。 30

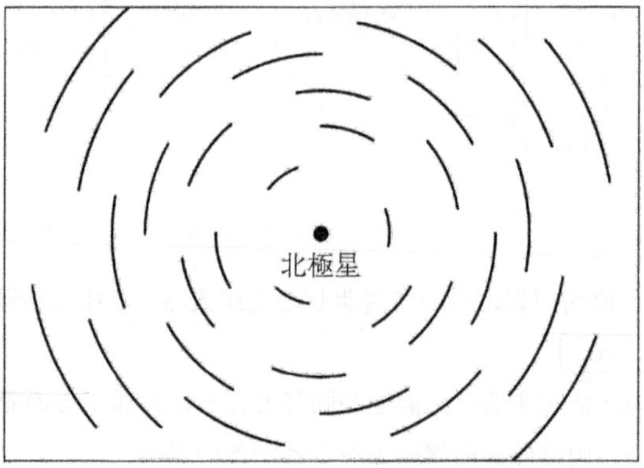

図４

	①	②	③	④	⑤	⑥	⑦	⑧
方角	北	北	北	北	南	南	南	南
角度	約35°	約35°	約55°	約55°	約35°	約35°	約55°	約55°
時間	1時間	2時間	1時間	2時間	1時間	2時間	1時間	2時間

(6)　この日の月の満ち欠け，金星の満ち欠け，火星の地球に対する位置関係の組合せとして正しいものはどれか。金星の図においては下方が地面の方向である。また，図は金星の明るい部分を示している。火星の図においては，地球の北極上方側から見たものである。 31

【金星】

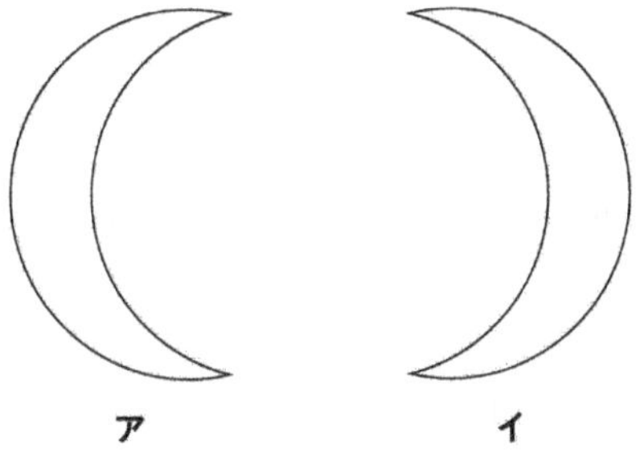

【火星】

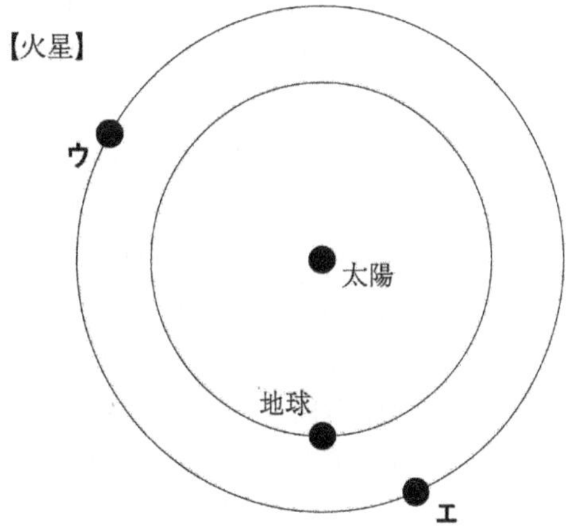

	①	②	③	④	⑤	⑥	⑦	⑧
月	満月	満月	満月	満月	新月	新月	新月	新月
金星	ア	ア	イ	イ	ア	ア	イ	イ
火星	ウ	エ	ウ	エ	ウ	エ	ウ	エ

6　酸とアルカリについて学習したジロウさんとヒカリさんは，酸とアルカリが中和反応するときの量の関係に興味を持ち，ミナミ先生と探究活動を行った。次のジロウさん，ヒカリさん，ミナミ先生の会話文を読み，後の(1)～(5)の問いに答えなさい。

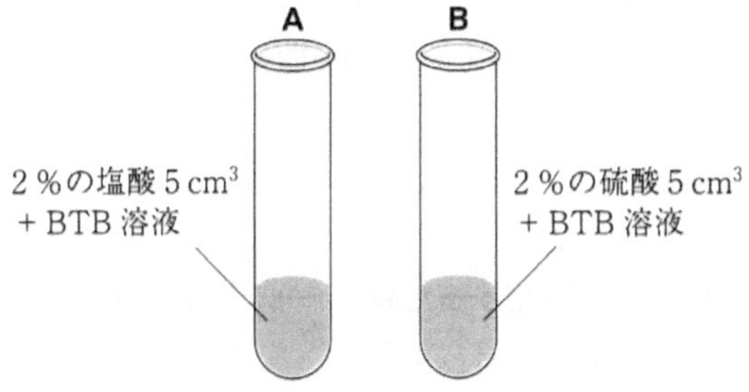

図1

表1

	試験管A	試験管B
加えた水酸化ナトリウム水溶液の体積〔cm^3〕	5.5	4.1

ジロウさん：図1のように，質量パーセント濃度が2％の塩酸，硫酸をそれぞれ5 cm^3とって，BTB溶液を入れた試験管A，Bを用意したよ。それぞれに，質量パーセント濃度が2％の

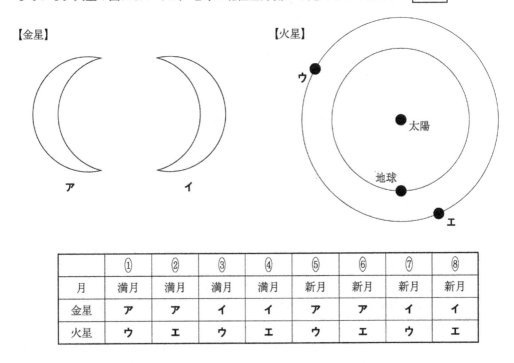

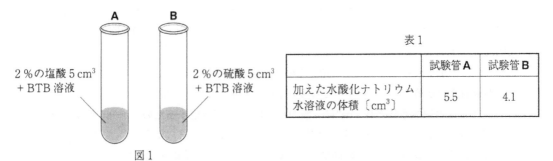

水酸化ナトリウム水溶液を，BTB溶液の色が緑色になる（酸が中和する）まで加えたら，表1のようになったよ。

ヒカリさん：同じ質量パーセント濃度の塩酸と硫酸を使ったのに，酸が中和するまでに必要な水酸化ナトリウム水溶液の体積には差がでたね。同じ質量の塩化水素や硫酸が水溶液にあるはずなのになぜだろう？

ジロウさん：ミナミ先生，どうしてですか。

ミナミ先生：化学反応式を思い出してください。化学反応式は，分子やイオンが何個ずつ反応するかを示しています。例えば，中和反応は次のような反応式で書くことができます。

$$H^{+} + OH^{-} \rightarrow H_2O$$

中和反応では，水素イオンH^{+} 1個に対して，水酸化物イオンOH^{-}は何個反応しますか？

ジロウさん：H^{+} 1個に対してOH^{-}は1個反応します。

ミナミ先生：また，分子1個は固有の質量をもつと考えることができて，塩化水素の分子1個と硫酸の分子1個の質量は異なります。塩化水素の分子1個の質量は，硫酸の分子1個の質量の$\frac{3}{8}$倍になります。

ヒカリさん：そうか。質量パーセント濃度が同じでも，水溶液に含まれる塩化水素や硫酸の分子の個数は同じではないんだ。だから，水溶液中のH^{+}の個数が異なることで，中和するまでに必要な水酸化ナトリウムからのOH^{-}の個数も異なるので，必要な水酸化ナトリウム水溶液の体積が違ったんだ。

ジロウさん：けれど，質量から分子の個数がわかるのかな？

ミナミ先生：物質の質量と個数は比例関係にあります。つまり，分子1個の質量がわかると，個数を求めることができます。例えば，実験で用いた塩化水素の質量を，塩化水素の分子1個の質量で割れば，実験で用いた塩化水素の個数が求められます。

ヒカリさん：確かに～！

ミナミ先生：さらに，塩化水素や硫酸が電離して生じるH^{+}の個数について考えましょう。塩化水素は電離してCl^{-}を，硫酸は$SO_4{}^{2-}$を生じるから，塩化水素は1分子あたり（　**ア**　）個，硫酸は1分子あたり（　**イ**　）個のH^{+}を生じます。これも中和するまでに必要な水酸化ナトリウム水溶液の体積が異なることに関係しそうですね。

ジロウさん：よし，だったら次は，塩化水素と硫酸の分子の個数をそろえて実験してみたいね。どのような条件で実験すれば良いだろう。高校に入学後に探究したいと思います。

⑴　実験後のBTB溶液の色が緑色になった水溶液に，豆電球を用いた適切な回路を組んで5Ｖの電圧を加えたとき，豆電球が光るものはどれか。 [32]

①　どちらの水溶液も光る　　②　試験管Ａの水溶液

③　試験管Ｂの水溶液　　④　どちらの水溶液も光らない

⑵　2％の塩酸と硫酸それぞれ5㎤に，酸からのH^{+}が全て反応するために十分な質量のマグネシウムリボンを入れたとき，反応するマグネシウムの質量は，どちらが多いか。 [33]

①　塩酸のほうが多い　　②　硫酸のほうが多い　　③　同じ質量が反応する

⑶　会話文中の（**ア**），（**イ**）にあてはまるものはどれか。　（**ア**） [34]　（**イ**） [35]

①　0.5　②　1　③　1.5　④　2　⑤　2.5　⑥　3

(4) ジロウさんとビカリさんは下線の実験のために，硫酸の濃度は変えずに，塩酸の濃度を変えることにした。塩化水素と硫酸の分子の個数をそろえるために，塩酸の濃度を何倍にすればよいか。 36

① 2倍　② $\frac{1}{2}$倍　③ $\frac{3}{8}$倍　④ $\frac{8}{3}$倍　⑤ $\frac{41}{55}$倍　⑥ $\frac{55}{41}$倍

(5) 下線の条件で実験を行うとき，塩酸を中和するのに必要な水酸化ナトリウム水溶液の体積は，硫酸を中和するのに必要な水酸化ナトリウム水溶液の体積の何倍になるか。 37

① 2倍　② $\frac{1}{2}$倍　③ $\frac{3}{8}$倍　④ $\frac{8}{3}$倍　⑤ $\frac{41}{55}$倍　⑥ $\frac{55}{41}$倍　⑦ 1倍

7 次の(1)～(3)の問いに答えなさい。

(1) 図1と図2のように，軽く回る定滑車に軽い糸をかけ，糸におもりをつるし，おもりが静止するように，おもりの重さをそれぞれ調節した。おもりが静止しているとき，おもりを重い順に並べたものはそれぞれどれか。

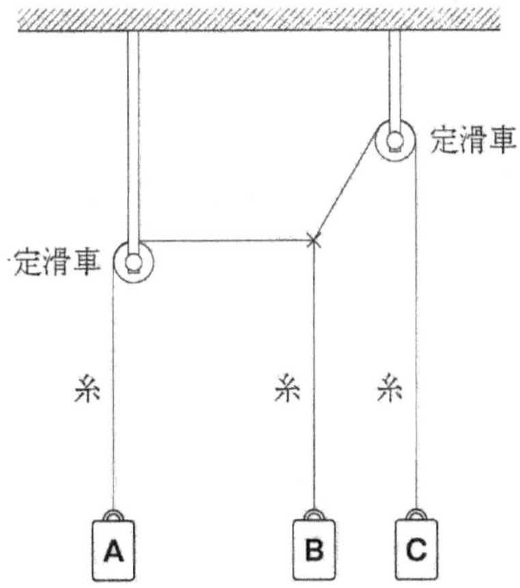

図1

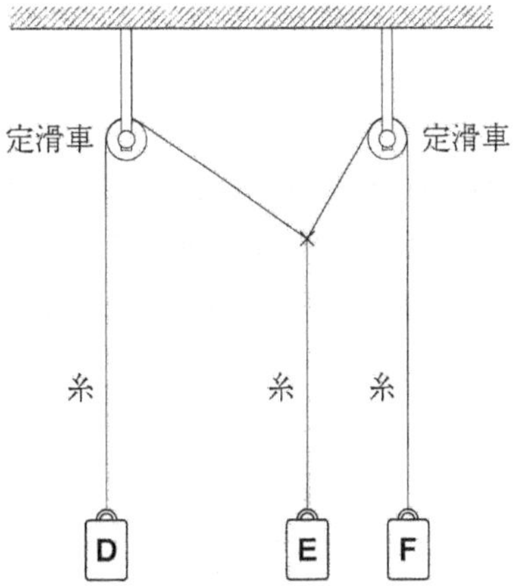

図2

図1 38

① A，B，C　② A，C，B　③ B，A，C
④ B，C，A　⑤ C，A，B　⑥ C，B，A

図2 39

① D，E，F　② D，F，E　③ E，D，F
④ E，F，D　⑤ F，D，E　⑥ F，E，D

(2) 水平な実験台上で静止している台車は，静止を続けようとする。水平な実験台上で等速直線運動している台車は，等速直線運動を続けようとする。全ての物体がもつこのような性質を何というか，**漢字**で答えよ。 記述

(3) なめらかに動く200 gの台車に100 gの棒磁石を取り付け，左右の2台の台車の先端をそれぞれ点aと点eに合わせ，棒磁石のN極とS極を向かい合わせにして置いてから同時に手を放した（次のページの図3）。台車は引き合って動き，aとeの中点cでぶつかって止まった（次のページの図4）。

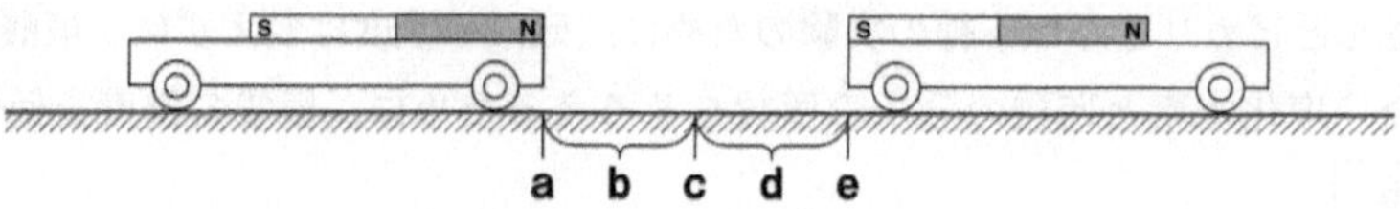

図3

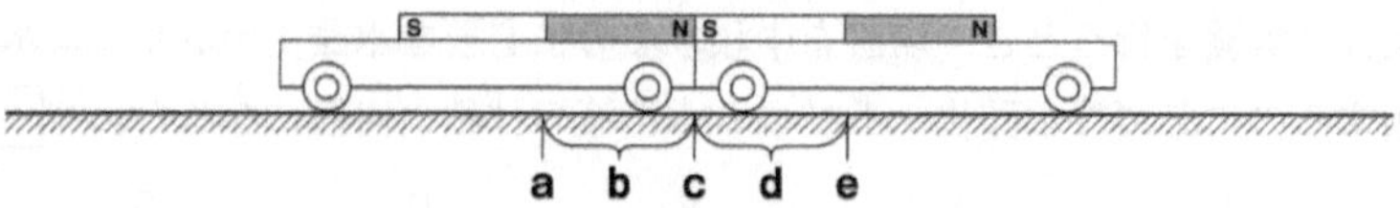

図4

左の台車の棒磁石を２本にし，左右２台の台車の先端をそれぞれ点ａと点ｅに合わせ，棒磁石のＮ極とＳ極を向かい合わせにして置いてから同時に手を放した（図５）。台車は引き合って動き，ａとｃの間のｂでぶつかって止まった。

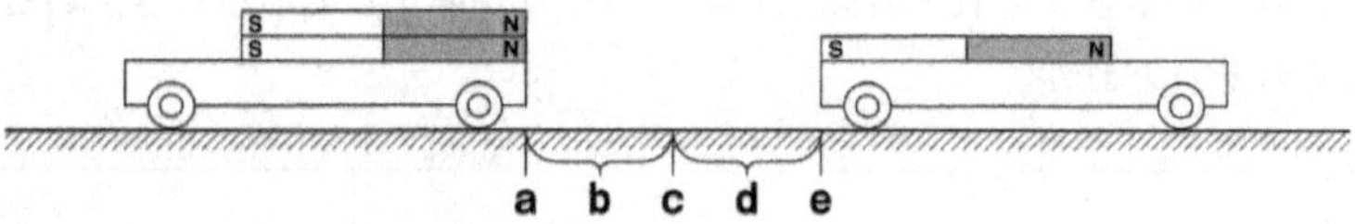

図5

同じ磁石と100ｇのおもりを用いた次の実験１と実験２の場合，同時に台車から手を放すと，台車は引き合って動き，台車はぶつかって止まった。台車がぶつかったのはａ～ｅのどこか，それぞれ答えよ。ただし，ｃとｅの間をｄとする。

実験１　　　　100ｇのおもりを１個のせる

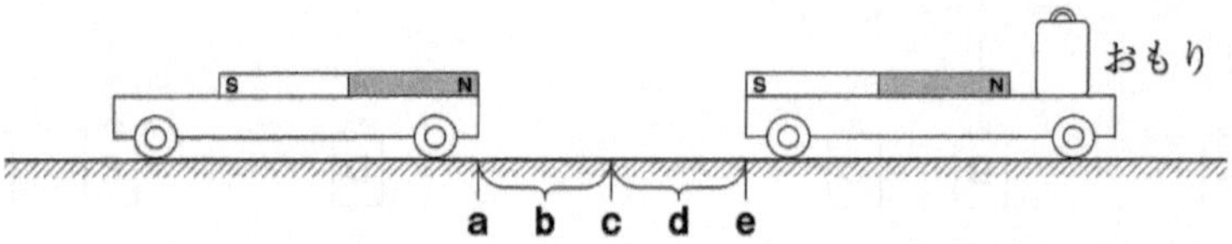

実験２　　磁石を２本にする　　　　100ｇのおもりを１個のせる

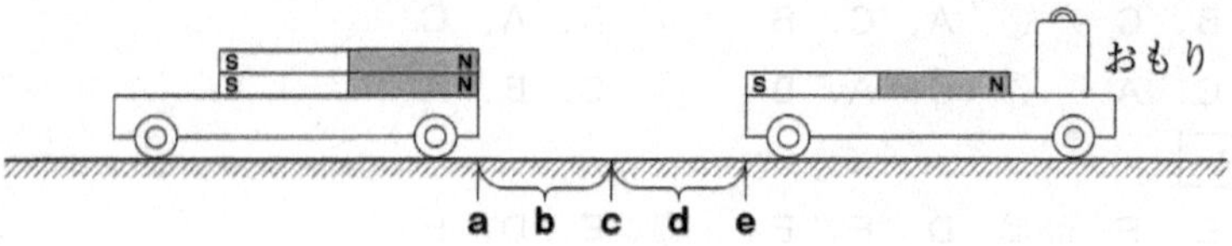

実験１ **40**　　実験２ **41**

① a　② b　③ c　④ d　⑤ e

8 次の〔Ⅰ〕，〔Ⅱ〕の文を読み，後の⑴～⑸の問いに答えなさい。

〔Ⅰ〕 ヒトの消化では，消化管に消化液が出されることで物質の分解が起こる。口の中では，だ液せんから出されるアミラーゼがデンプンを分解する。アミラーゼなどの酵素のはたらきで食物中の物質が吸収されやすい状態になる。米こうじ，塩こうじなど食品に利用されるコウジカビは菌類のなかまであり，アミラーゼのほか様々な酵素をもっている。ヒトとコウジカビのアミラーゼの性質を調べるため，以下の**実験１～３**を行った。

実験１　デンプンを含む寒天の上に，水，だ液，コウジカビを含む液（以下，「コウジ液」とする）のそれぞれをつけた綿棒で文字を書いた。その後，ヨウ素液をたらしたところ，水の場合は文字を書いた部分も含めて全体が青紫色に変化したが，だ液，コウジ液の場合は，文字を書いた部分が透明になり，そのほかの部分は青紫色に変化した（図１）。

図１

実験２　コウジカビのアミラーゼがはたらく場所を調べるため，次の実験を行った。コウジカビをデンプンを含む寒天で２日間育てた後，ヨウ素液をたらしたところ，コウジカビの増殖した部分（図２のＸ）とその周り（図２のＹ）は透明になり，そのほかの部分（図２のＺ）は青紫色に変化した。Ｘの縁を拡大してみると，細長い細胞がつながったものが見え，細胞内とその周囲は透明であった（図３）。

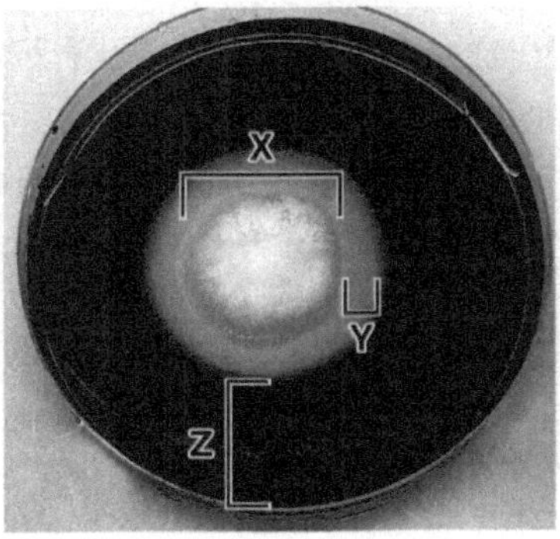

図２

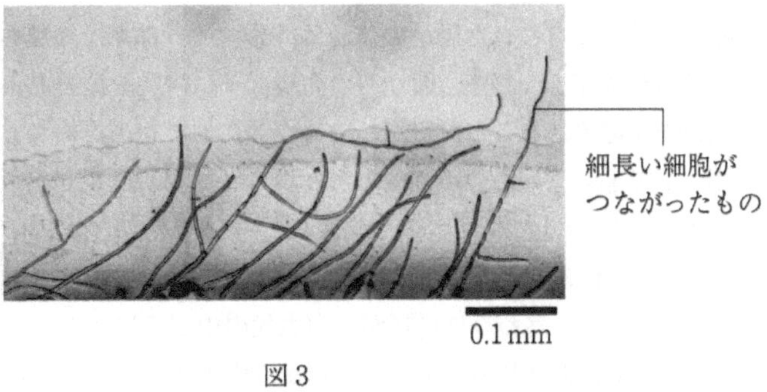

図３

実験３　ヒトとコウジカビのアミラーゼの温度による影響を調べるため，実験を行った。試験管Ａ～Ｆを用意し，次のページの表１のようにだ液またはコウジ液を入れて，25℃，60℃，90℃にそれぞれ30分間保った。その後，デンプン溶液と混ぜ，10分間37℃に置いた後，ヨウ素液をたらして色の変化を調べた。そして，実験結果をデンプン溶液のみにヨウ素液をたらした試験管と比較したところ，次のページの図４のようになった。

(1)　**実験２**について，下線部の細長い細胞がつながったものを何というか。**漢字**で答えよ。

記述

表1

試験管	アミラーゼを含む液	30分間保つ温度〔℃〕
A	だ液	25
B	だ液	60
C	だ液	90
D	コウジ液	25
E	コウジ液	60
F	コウジ液	90

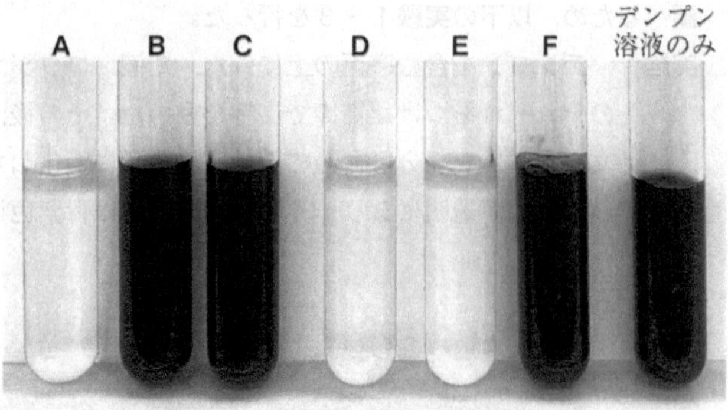

図4

⑵ **実験1，2**の結果から，ヒトとコウジカビのアミラーゼについて述べた次の文が正しければ①を，誤りであれば②をマークしなさい。

ヒトのアミラーゼは体外に取り出すとはたらきを失う。 42

コウジカビのアミラーゼは細胞外に出て，体外でデンプンを分解する。 43

⑶ **実験3**からわかるアミラーゼがデンプンを分解する性質について，ヒトとコウジカビの場合で，正しいものはそれぞれどれか。 ヒト 44 コウジカビ 45

① 温度が低ければ低いほどよくはたらく。

② 温度が高ければ高いほどよくはたらく。

③ 体温付近で最もよくはたらく。

④ 60℃以上に30分間保つとはたらきを失う。

⑤ 60℃で30分間保ってもはたらきを失わないが，90℃で30分間保つとはたらきを失う。

〔Ⅱ〕 進化の道すじをたどる重要な証拠として，２つのなかまの中間的な特徴をもつ生物や化石がある。羽毛におおわれた恐竜の化石は，恐竜の一部がa鳥類へと進化したことをあらわしている。カモノハシは卵をうむが，卵からかえった子には乳を飲ませる。カモノハシは骨格のつくりや体温調節が未発達であることから，ハチュウ類に似た特徴をもつbホニュウ類であると考えられている。

⑷ 下線部a，bについて，鳥類とホニュウ類が出現したとされる時期について，正しく述べた文はどれか。 46

① 古生代の中ごろにホニュウ類が，中生代の終わりに鳥類が出現した。

② 古生代の終わりに鳥類が，中生代の中ごろにホニュウ類が出現した。

③ 中生代のはじめにホニュウ類が，中生代の中ごろに鳥類が出現した。

④ 中生代のはじめに鳥類が，中生代の終わりにホニュウ類が出現した。

⑸ 鳥類とホニュウ類の心臓はつくりが似ていて，左右の心房と心室に分かれている。ヒトの心臓について，正しく述べた文はどれか。 47

① 心臓に血液が流れ込むときには，右心房だけが広がって血液が流れ込む。

② 肺から戻ってきた血液は，全身から戻ってきた血液と混じり合う。

③ 左右の心房が縮んで，血液が心室へ流れ込む。

④ 血液が全身に送り出されるときには，左心室だけが縮む。

【社　会】(50分)　　＜満点：100点＞

1　アフリカ大陸に関連して，後の問いに答えなさい。各略地図には省略されている部分がある。

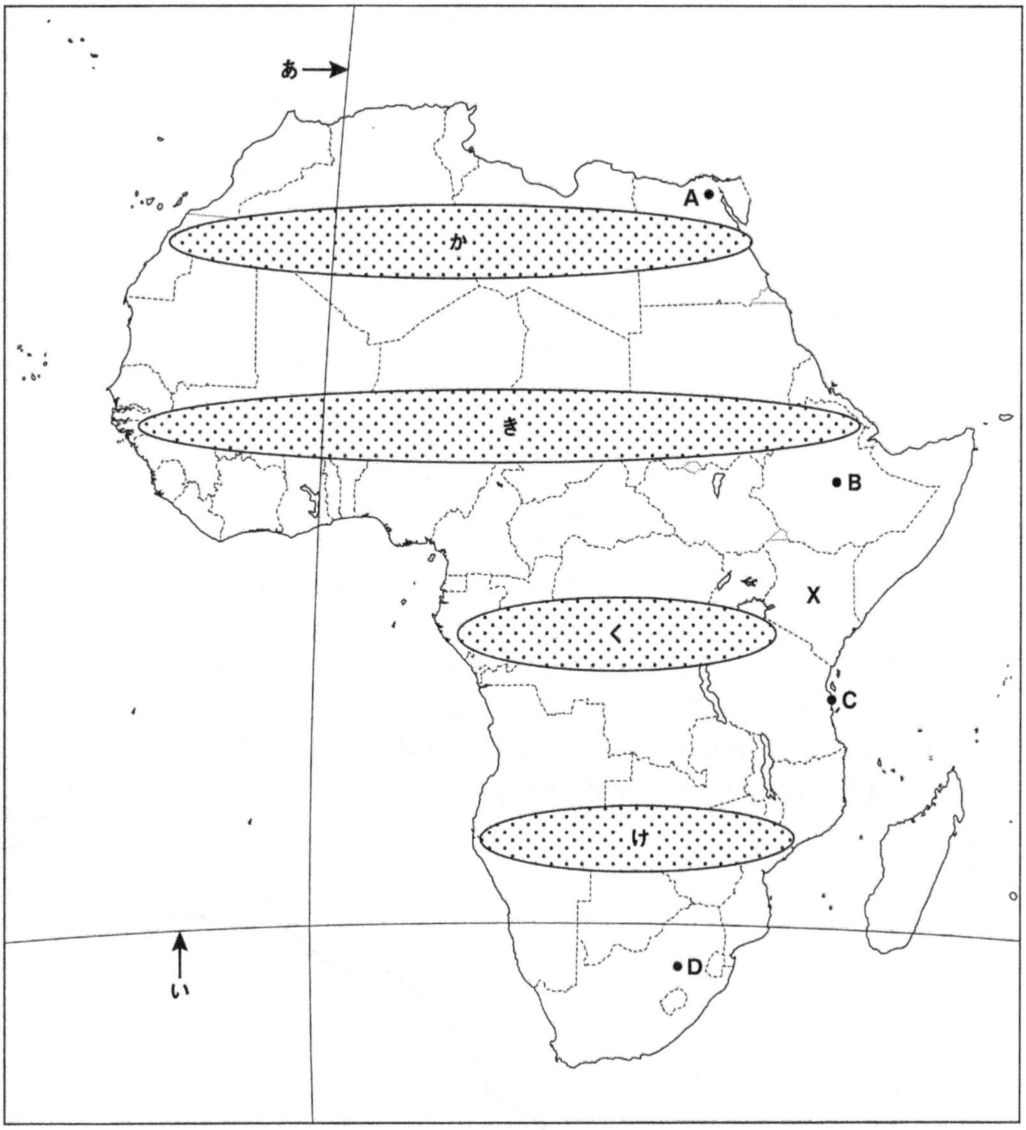

図1

問1　図1の経線**あ**および緯線**い**がそれぞれ通過する国の組合せを，次の①～④のうちから1つ選びなさい。　1

	①	②	③	④
経線**あ**	イタリア	スペイン	ドイツ	フランス
緯線**い**	インドネシア	ニュージーランド	オーストラリア	ブラジル

問２　次の雨温図は図１の都市Ａ～Ｄのものである。ＢとＣの雨温図の組合せを，下の①～④のうちから１つ選びなさい。 2

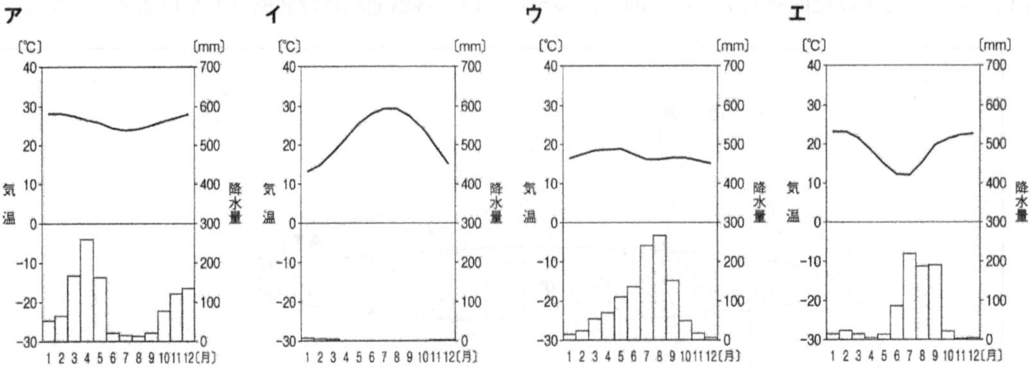

気温・降水量ともに1991～2020年の30年間のデータの平均をもとに算出。

気象庁資料ほかにより作成。

	①	②	③	④
Ｂ	イ	イ	ウ	ウ
Ｃ	ウ	エ	ア	イ

問３　図１の首都Ｂには，アフリカ州の54か国と１地域が加盟する国際的な地域機関の本部がある。この組織は2002年に発足し，政治・経済・教育・文化・科学・防衛などの各分野で協力することを目的としている。この組織の略称を**アルファベット２字**で書きなさい。 記述

問４　図２と次のページの文章は，日本が海外から輸入しているある作物の国・地域別の輸入金額の推移について説明したものである。該当する作物と図１のＸの国でその作物がさかんに栽培されている理由を説明したものとして最も適切なものを，下の①～⑥のうちから１つ選びなさい。 3

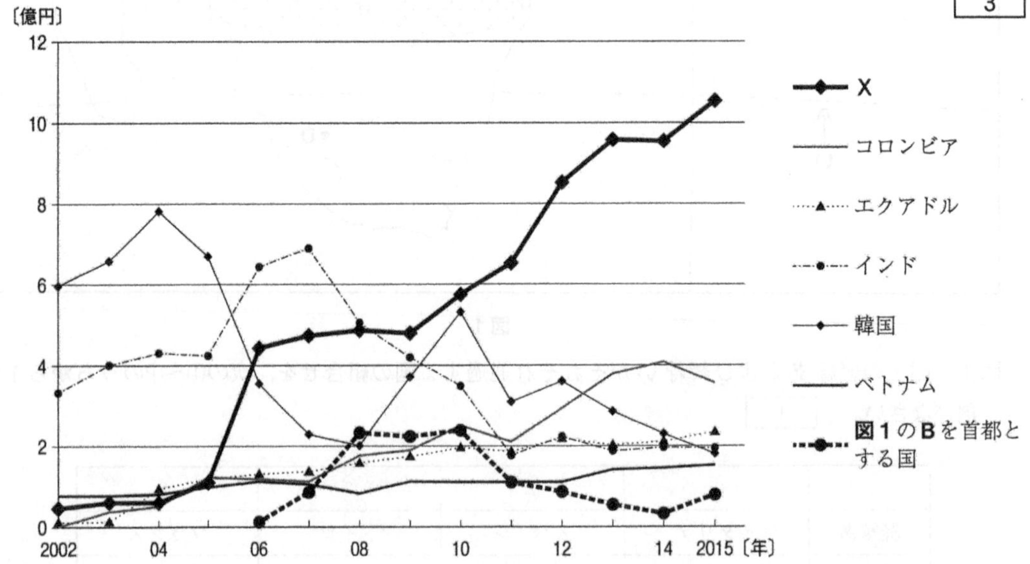

東京税関Webページによる。

図２

> この作物の日本の輸入金額に占める割合を見ると，**図1**の**X**（44.2%），コロンビア(14.9%)，エクアドル（9.8%）などが増えている（統計年次は2015年）。また，2006年以降は**B**を首都とする国からの輸入も始まっており，2019年には輸入金額の6割以上がアフリカ州からの輸入となっている。

① この作物はキャッサバであり，標高が低く，年中高温多湿であることが栽培に適している。
② この作物はバラであり，標高が高く，年中温暖であることが栽培に適している。
③ この作物はカカオであり，標高が低く，年中乾燥していることが栽培に適している。
④ この作物はコーヒーであり，標高が高く，年中温暖であることが栽培に適している。
⑤ この作物はバニラであり，標高が低く，年中高温多湿であることが栽培に適している。
⑥ この作物は茶であり，標高が高く，年中乾燥していることが栽培に適している。

問5 **図3**は，輸出金額1位の品目が同じ鉱産資源で，その輸出金額に占める割合が60%以上の国々を示したものである（統計年次は2018年）。その鉱産資源を，下の①～④のうちから1つ選びなさい。 [4]

UN Comtradeにより作成。

図3

① ダイヤモンド　② 金　③ 原油　④ 銅

問6　図4は，アフリカの栄養不足人口[注]の割合（統計年次は2018～2020年）を示したものである。この図から読み取れることを説明したものとして最も適切なものを，下の①～④のうちから1つ選びなさい。ただし，「データなし」の地域については考えないものとする。 5

注　国連食糧農業機関（FAO）によれば，栄養不足人口とは，健康的で活動的な生活を送るために十分な食物エネルギー量を継続的に入手することができない人口のことである。

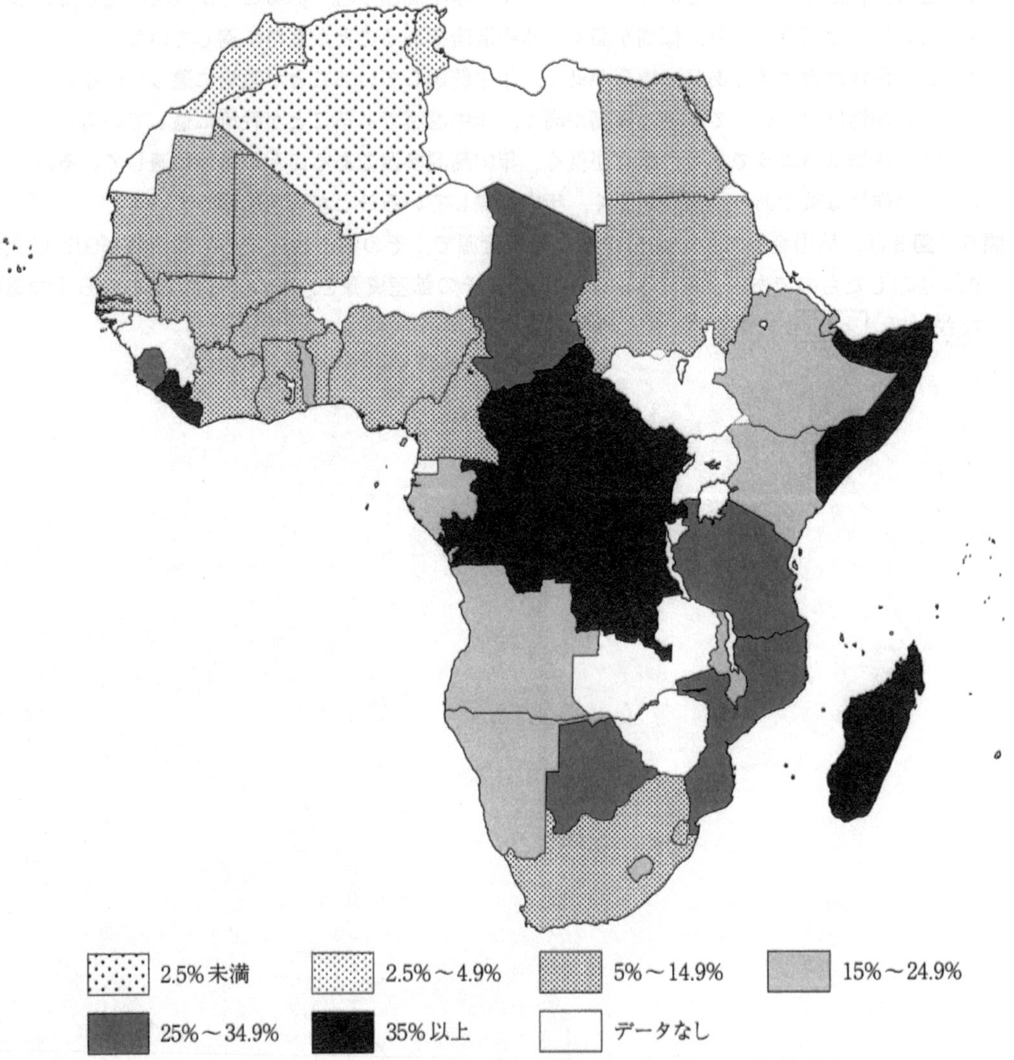

国連世界食糧計画（WFP）Webページにより作成。

図4

① サハラ砂漠が広がる地域は，栄養不足人口の割合が35%以上である。

② 熱帯雨林が広がる地域は，栄養不足人口の割合が15～24.9%である。

③ 南半球に位置する地域は，栄養不足人口の割合が5%以上である。

④ 標高が2,000mを超える地域は，栄養不足人口の割合が2.5%未満である。

問７　次の写真と文章は，図１（31ページ）の**か**～**け**のいずれかの地域にみられるグレート・グリーン・ウォールのようすについて示したものである。グレート・グリーン・ウォールの対象となった地域を含むものとして適切なものを，下の①～④のうちから１つ選びなさい。　6

グレート・グリーン・ウォールとは，東西8,000キロメートルにおよぶ荒廃した地帯の緑地化計画のことである。2007年に始まったアフリカ主導の砂漠化の拡大防止のための施策であり，単に緑化するだけではなく，人々を結びつけ，荒廃した土地を回復させ，持続可能な開発を促進することを目的としている。「緑の長城」は2030年の完成を予定しており，荒廃していた１億ヘクタールの土地に植樹することで，2億５千万トンの炭素を吸収し，1千万人の新たな「緑の雇用」を創出すると推定されている。

国連砂漠化対処条約（UNCCD）Webページによる（一部改変）。

①　**か**　　②　**き**　　③　**く**　　④　**け**

2 京都府に関する後の問いに答えなさい。

問1 **図1**は京都府とその周辺について示したものである。**A**の府県名を**漢字**で答えなさい。

記述

注 一部の離島は省略してある。

図1

問2 世界遺産「古都京都の文化財」の１つである，天台宗総本山の延暦《りゃく》寺がある比叡《えい》山の位置を，**図1**の①～④のうちから１つ選びなさい。 **7**

問3 次のページの３枚の図は，**図1**に示した京都市左京区，木津川市，伊根町[注]のいずれかの2020年の５歳ごとの年齢別人口構成を示したものである。図の**あ**～**う**にあてはまる市区町の組合せを，下の①～⑥のうちから１つ選びなさい。 **8**

注 京都市左京区には，銀閣寺や平安神宮などの寺社のほか，京都大学や京都工芸繊維大学などの大学がある。木津川市は近年宅地開発が行われていて，大都市近郊のベッドタウンとなっている。伊根町は自然豊かな農山漁村で，舟屋の景観で広く知られている。

あ

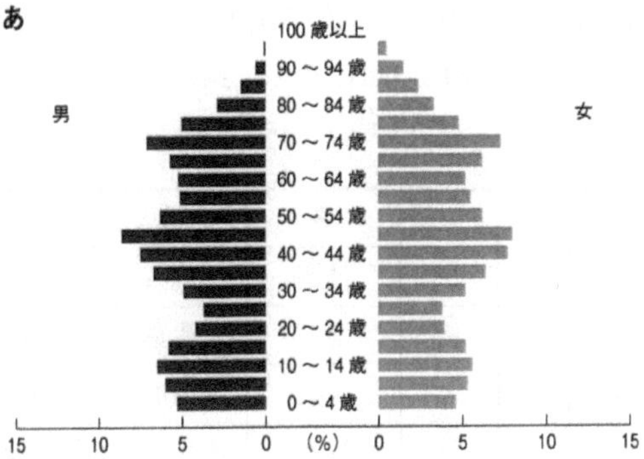

い

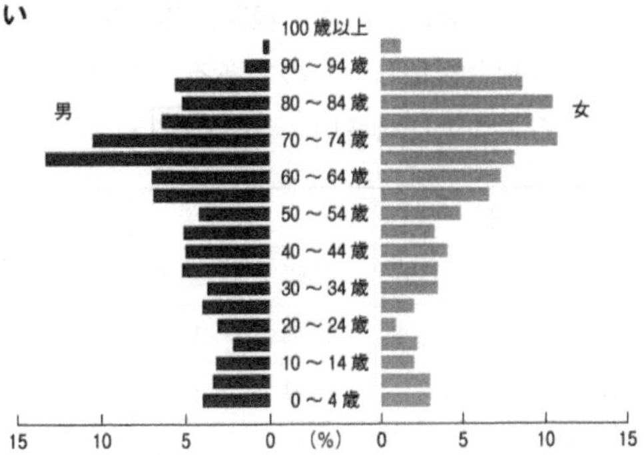

う

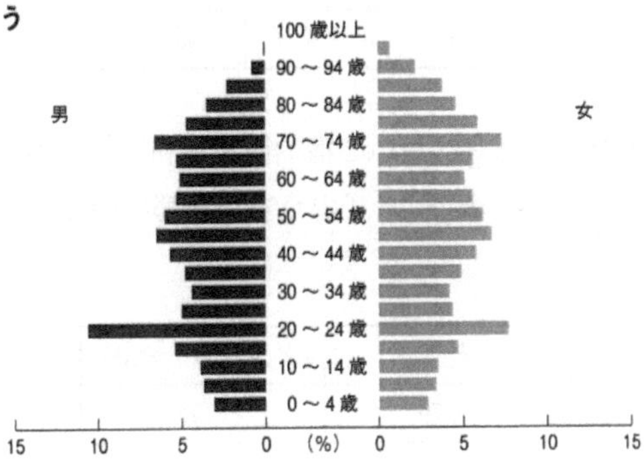

e-Statより作成。

	あ	い	う
①	京都市左京区	木津川市	伊根町
②	京都市左京区	伊根町	木津川市
③	木津川市	京都市左京区	伊根町
④	木津川市	伊根町	京都市左京区
⑤	伊根町	京都市左京区	木津川市
⑥	伊根町	木津川市	京都市左京区

問4　次の表は，2015年における京都府と**図1**（36ページ）の**B**～**D**の府県に居住する就業者・通学者の就業先・通学先の府県別割合を示したものである。表の**か**～**く**にあてはまる府県の組合せを，表の右の①～⑥のうちから1つ選びなさい。　9

居住する府県	居住する府県内で就業・通学する人の割合（%）	他の府県に就業・通学する人の割合（%）			
		京都府	か	き	く
京都府	85.1		1.4	7.4	1.8
か	70.7	3.0		22.1	0.3
き	90.0	2.1	0.7		0.3
く	86.7	7.7	0.1	2.9	

e-Statより作成。

	か	き	く
①	B	C	D
②	B	D	C
③	C	B	D
④	C	D	B
⑤	D	B	C
⑥	D	C	B

問５　次の表は，清酒，緑茶，和生菓子の2019年における出荷金額上位５府県と全国出荷金額に占める割合を示したものである。表のさ～すが示している品目の組合せを，表の右の①～⑥のうちから１つ選びなさい。　10

さ		し		す	
静岡	55.6	兵庫	21.6	京都	6.8
京都	13.4	京都	13.0	愛知	6.2
愛知	6.3	新潟	11.2	三重	4.8
福岡	3.8	秋田	4.4	神奈川	4.8
鹿児島	3.6	山口	4.2	千葉	4.7

数値の単位は％。従業員４名以上の事業所のものに限る。
経済産業省　2020年工業統計表・品目別統計表より作成。

	さ	し	す
①	清酒	緑茶	和生菓子
②	清酒	和生菓子	緑茶
③	緑茶	清酒	和生菓子
④	緑茶	和生菓子	清酒
⑤	和生菓子	清酒	緑茶
⑥	和生菓子	緑茶	清酒

問６　次の表は，2019年に京都府，東京都，福岡県，沖縄県において宿泊施設を利用した外国人の延べ宿泊者数を国籍（出身地）別に示したものである。表の①～④のうち，京都府のものを１つ選びなさい。　11

	韓国	中国	台湾	アメリカ合衆国
①	1,332	556	679	78
②	1,719	7,042	2,141	3,434
③	348	2,454	839	982
④	950	1,147	1,789	277

単位は千人泊。従業員10人以上の施設に限る。中国は台湾，香港を除く。
観光庁　宿泊旅行統計調査より作成。

問７　日本では，国にとって歴史上，芸術上，学術上価値の高い建造物，美術工芸品を有形文化財と呼び，そのうち重要なものを重要文化財に指定し，世界文化の見地から特に価値の高いものを国宝に指定して保護している。次の表は，2023年10月１日における京都府，東京都，大阪府，奈良県のいずれかにおける国宝および重要文化財の件数を示したものである。表の①～④のうち，京都府のものを１つ選びなさい。　12

都府県	国宝		重要文化財	
	美術工芸品	建造物	美術工芸品	建造物
①	142	64	1,067	267
②	57	5	582	101
③	289	2	2,761	88
④	185	52	1,911	301

注　重要文化財の件数には国宝の件数が含まれている。美術工芸品とは絵画，彫刻，工芸品，書跡・典籍，古文書，考古資料，歴史資料を指す。
文化庁Webページ資料より作成。

問８　京都市の中心部では，東西方向と南北方向にのびる通りの名称を活用した住所表示が多く用いられ，それぞれの地点がわかりやすくなっている。京都の町のつくりを考慮して，次の①～④の地点のうち，住所が「烏丸《からすま》通二条上る」に該当するものを１つ選びなさい。　13

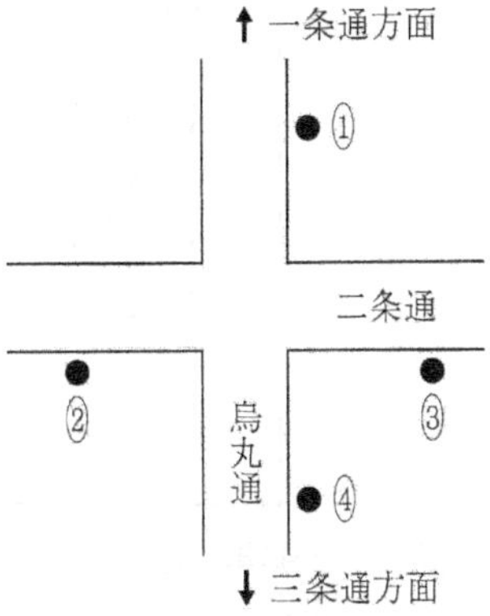

3　政党や戦後の日本の政党政治に関する後の問いに答えなさい。

問１　政党と政治制度に関する次の**あ**～**う**の説明の正誤の組合せとして適切なものを，下の①～⑧のうちから１つ選びなさい。　14

あ　日本国憲法では，内閣総理大臣は衆議院の中で最も多くの議席を占める政党の中から選ばれると明記されている。

い　日本の衆議院で最も多くの議席を占める政党と参議院で最も多くの議席を占める政党は，異なることがあり得る。

う　大統領制のもとで，大統領が政党に所属している場合，その政党は議会で最も多くの議席を占める政党と一致するとは限らない。

	①	②	③	④	⑤	⑥	⑦	⑧
あ	正	正	正	正	誤	誤	誤	誤
い	正	正	誤	誤	正	正	誤	誤
う	正	誤	正	誤	正	誤	正	誤

問２　日本の政党に関する記述として最も適切なものを，次の①～④のうちから１つ選びなさい。　15

①　政党に対しては政党助成法に基づいて政党交付金が給付されていたが，その使途が問題視され，2023年に廃止された。

②　政党に対する献金は法律で禁止されているため，政治家は企業や団体から直接献金を受け取ることによって政治活動を行っている。

③　衆議院議員選挙では，各政党は政策の目標数値や達成期限などが明示された選挙公約を選挙前に有権者に公示することが，法律で義務づけられている。

④　参議院議員選挙の比例代表制では，政党は特定枠制度を使い優先的に当選させたい候補者を順位を決めて名簿に記載することで，特定枠の候補者を優先的に当選させることができる。

問３　次のページの年表のＡ～Ｃには，Ⅰ～Ⅲのいずれかが入る。この年表において，日本で自由民主党が結党された時期として適切なものを，後の①～④のうちから１つ選びなさい。　16

年表

	⇦①
【 A 】	
↓	⇦②
【 B 】	
↓	⇦③
【 C 】	
	⇦④

Ⅰ　サンフランシスコ平和条約が結ばれる。
Ⅱ　安保闘争が起こる。
Ⅲ　朝鮮戦争が勃発する。

問４　1993年には，戦後の日本の政党政治の大きな転換が起きた。1993年７月に日本で行われた衆議院議員選挙後の議員の所属政党の比率を示したグラフと，この選挙の結果成立した内閣の内閣総理大臣の組合せとして適切なものを，下の①～⑥のうちから１つ選びなさい。　17

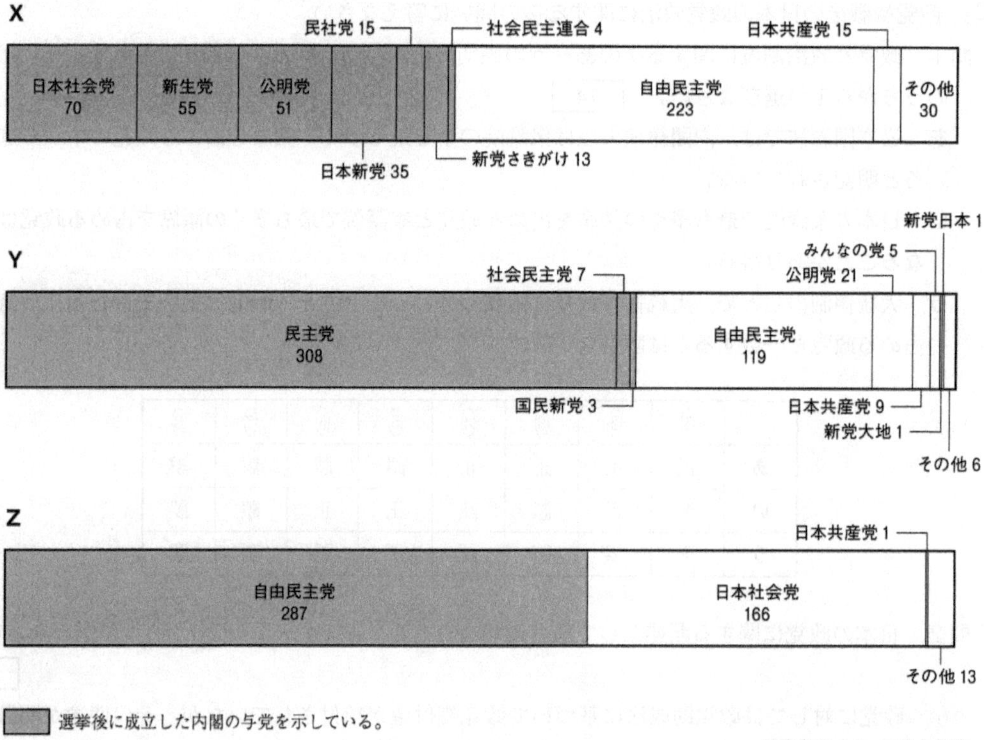

総務省Webページより作成。

注　数値は議席数を示している。

	グラフ	内閣総理大臣
①	X	細川護熙《もりひろ》
②	X	鳩《はと》山由紀夫
③	Y	細川護熙
④	Y	鳩山由紀夫
⑤	Z	細川護熙
⑥	Z	鳩山由紀夫

問５　1994年に行われた選挙制度改革では，衆議院の選挙制度が小選挙区比例代表並立制へ移行した。これに関連して，大選挙区制（中選挙区制）から小選挙区制に変更するメリットと，この選挙制度改革によって期待されたことの組合せとして最も適切なものを，次の①～④のうちから１つ選びなさい。 18

	メリット	期待されたこと
①	死票が少なくなり，有権者の意見がより国会に反映されること。	政権交代可能な二大政党制を実現すること。
②	死票が少なくなり，有権者の意見がより国会に反映されること。	衆議院議員に占める女性の割合を高め，男女平等を実現すること。
③	大政党に有利に働くため，政治が安定すること。	政権交代可能な二大政党制を実現すること。
④	大政党に有利に働くため，政治が安定すること。	衆議院議員に占める女性の割合を高め，男女平等を実現すること。

問６　選挙制度改革を背景として，小泉純一郎内閣や安倍晋《しん》三内閣は比較的長期にわたり政権を維持したといわれている。小泉内閣及び安倍内閣のときに行われた施策をまとめた次の表を見て，これらの内閣のときにおきた出来事や施策に関する説明として最も適切なものを，下の①～④のうちから１つ選びなさい。 19

小泉内閣	歴代首相として初めて北朝鮮を訪問
	イラク人道復興支援特別措置法の制定
安倍内閣	安全保障関連法の制定
	特定秘密保護法の制定

①　小泉内閣のときに首相が自ら北朝鮮を訪問し，国交を正常化させた。

②　小泉内閣はイラク人道復興支援特別措置法を制定し，自衛隊を戦闘地域へ派遣できるように法律を変え，イラクでは自衛隊は最前線でアメリカとともに武力の行使を行った。

③　安倍内閣のもとで集団的自衛権の行使を限定的に認める閣議決定が行われ，これに伴い安全保障関連法が制定された。

④　安倍内閣のもとで特定秘密保護法が制定され，日本が有する安全保障に関する情報について国民が請求した際には，国は開示することが義務づけられた。

4　次の文章を読んで，後の問いに答えなさい。

私たちは家計としての立場から財やサービスを消費し，日々の生活を営んでいる。その際，賢い消費者として経済に関わることが大事である。1960年代，企業の経済活動によって消費者が被害を被る，いわゆる「消費者問題」が日米両国において深刻化した。アメリカでは1962年に(ア)ケネディ大統領が「消費者の四つの権利」をかかげたことにより，世界各国での消費者保護政策に影響を与えた。日本でも消費者問題は時代の変化とともに様々な形であらわれてきており，問題解決のために政府は様々な法律で(イ)消費者を守るための制度を作ってきた。もちろん私たち自身もただ保護されることだけでよしとせず，(ウ)消費者としての意識を変えていかなければならない。それこそが真の意味での賢い消費者である。また，消費者としては自分の消費行動だけではなく，購入する製品を生産している(エ)企業の活動と，それによって引き起こされる(オ)環境問題についても意識したい。これらの意識や課題解決については(カ)持続可能な開発目標（SDGs）にも多く取り入れられている。

問１　下線部(ア)について，「消費者の四つの権利」として**不適切なもの**を，次の①～④のうちから１つ選びなさい。 20

①　安全を求める権利　　②　消費者教育を受ける権利

③　選択する権利　　④　意見を反映させる権利

問２　下線部(イ)について，消費者問題に対応するための諸制度に関する説明として最も適切なものを，次の①～④のうちから１つ選びなさい。 21

①　消費者契約法において，契約締結から５年以内で，違法と気づいてから１年以内であれば契約を取り消すことができる。

②　製造物責任法は，製品の欠陥によって当該の製品が故障した場合の企業の責任について定めた法律である。

③　クーリング・オフ制度とは訪問販売や電話勧誘，インターネット通販などで商品を購入した場合，購入後８日以内であれば購入者が無条件で契約を破棄できるものである。

④　消費者の権利を明確にした消費者基本法は2004年に改正され，国や地方公共団体が消費者の受けた被害を救済するという考え方に基づく消費者保護基本法になった。

問３　下線部(ウ)に関する次の**あ**～**う**の文章の正誤の組合せとして適切なものを，下の①～⑧のうちから１つ選びなさい。 22

あ　エシカル消費とは，消費者それぞれが各自にとっての社会的課題の解決を考慮したり，そうした課題に取り組む事業者を応援しながら消費活動を行うことである。

い　３Ｒとは廃棄物を減らすための事業者及び消費者それぞれの取り組みであり，使えるものを繰り返し使うリユース（Reuse），ゴミを資源として活用するリサイクル（Recycle），一人ひとりが購入せずに借りることで資源使用量を控えるレンタル（Rental）の頭文字から名付けられている。

う　契約の一種である「商品を買う」という行為について，民法の改正によって成人年齢が18歳に引き下げられたことから，学生であっても18歳であれば保護者の同意がなくとも売買の契約を締結することが可能になった。

	①	②	③	④	⑤	⑥	⑦	⑧
あ	正	正	正	正	誤	誤	誤	誤
い	正	正	誤	誤	正	正	誤	誤
う	正	誤	正	誤	正	誤	正	誤

問４　下線部(エ)に関連して，企業には法令を守り必要な情報を公開することだけではなく，教育や文化的活動の支援，環境保護など社会に対して積極的に貢献することが求められている。このような企業のあり方に関する考え方を何と呼ぶか，その略称を**アルファベット３字**で答えなさい。

記述

問５　下線部(オ)についての説明として最も適切なものを，次の①～④のうちから１つ選びなさい。

23

① 人類の経済活動に伴い排出された二酸化炭素がオゾン層を破壊することにより地球温暖化が深刻化した。

② 温暖化による異常気象により予測できない豪雨が世界各地で増えた結果として，太平洋の島国であるツバルが雨によって水没する危険が指摘されている。

③ 排出されたフロンガスが酸性雨を発生させ，ドイツなどでは大規模な森林の立ち枯れなどの問題が発生した。

④ ゴミとして排出されたプラスティックは自然界では分解されないため，特に回収が困難な直径5㎜以下のマイクロプラスティックが海洋の生態系に影響を与えている。

問6 下線部(カ)に関する次の**か**～**く**の説明の正誤の組合せとして適切なものを，下の①～⑧のうちから1つ選びなさい。 24

か SDGsは2015年の国連サミットにおいて，全ての国連加盟国が賛成して採択された。

き SDGsは2030年までに達成することを目指した17の目標を挙げている。

く SDGsは持続可能な開発を実現するために，先進国が途上国に対して支援すべき169のターゲットが示されている。

	①	②	③	④	⑤	⑥	⑦	⑧
か	正	正	正	正	誤	誤	誤	誤
き	正	正	誤	誤	正	正	誤	誤
く	正	誤	正	誤	正	誤	正	誤

5 次の文章を読んで，後の問いに答えなさい。

仏教をはじめとした宗教は，日本の政治や社会，文化に大きな影響を与えた。仏教の伝来については諸説あるが，現在のところ朝鮮半島から【 あ 】世紀に伝わったとの考えが有力である。その後，日本で最初の仏教文化である飛鳥《あすか》文化が栄えた。奈良時代になると，(ア)仏教は政治と密接に関わり国の政策にも大きな影響を与えた。桓《かん》武天皇は，仏教勢力の政治への介入を嫌い，平城京から長岡京，さらに平安京へ都を移した。

平安時代後期になると，上皇や貴族だけでなく寺社も荘園を持つようになった。荘園が増加するなかで，土地の権利や境界をめぐる争いが多発した。荘園領主となった寺社は，争いがおこると，僧兵を出動させ自らの要求を通そうとした。朝廷は(イ)武士を動員して，このような動きを抑えようとした。

鎌倉時代には，戦乱や飢饉《きん》，災害が相次いだ。そのため，救いを求める人々にこたえる新しい仏教がおこった。これらの仏教のうち禅宗は，鎌倉幕府や室町幕府の保護を受け，その結果，(ウ)禅僧は政治や外交，文化に大きな影響を与えた。応仁の乱後，浄土真宗（一向宗）が盛んだった(エ)加賀国では，信者が団結して一向一揆《き》を起こすと守護大名をたおし100年近く自治を行った。

戦国時代には，イエズス会の宣教師フランシスコ＝ザビエルが来日し，キリスト教が西日本を中心に急速に広まった。戦国大名のなかにも，貿易の利益を期待し，キリスト教の信者となるものも現れた。江戸時代になると，幕府は(オ)キリスト教を禁止し，貿易の統制を強めたりした。

明治新政府は，江戸幕府同様，キリスト教を禁止する高札を掲げた。しかし，欧米諸国との間で外交問題が起こると，政府はこの高札を撤去した。その後，(カ)大日本帝国憲法では信教の自由について規定された。

問１　【あ】にあてはまる数字を，次の①～④のうちから１つ選びなさい。　25

①　2　②　4　③　6　④　8

問２　下線部(ア)に関する次の資料（部分要約）について，(1)および(2)に答えなさい。

> 朕[注1]は徳の薄い身でありながら，かたじけなくも天皇の位をうけつぎ，その志は広く人民を救うことにあり，努めて人々をいつくしんできた。国土の果てまで，すでに思いやりとなさけ深さの恩恵をうけているけれども，天下のもの一切がすべて仏の法恩に浴しているとはいえない。そこで本当に仏・法・僧の威光と霊力に頼って，天地共に安泰になり，将来にわたる幸せを願う事業を行なって，生きとし生けるもの悉《ことごと》く栄えんことを望むものである。
>
> ここに……盧舎那《るしゃな》仏[注2]の金銅像一体をお造りすることとする。国中の銅を尽くして像を鋳造し，大きな山を削って仏堂を構築し，広く全世界に仏法をひろめ，人々を自分の仏道修行の同志としたい。
>
> 天下の富を所持する者は朕である。天下の権勢を所持する者も朕である。この富と権勢をもってすれば，この大仏をつくることは，大事業であっても容易になしとげることができるであろう。しかし，こうした富と勢力にまかせてつくるというやり方をするならば，かえって造像の精神に沿わないものとなるであろう。……もし更に一枝の草や一握りの土のような僅かなものでもささげて，この造仏の仕事に協力したいと願う者があれば，欲するままにこれを許そう。国・郡などの役人はこの造仏のために，人民のくらしを侵し困らせ，無理に物資を取り立てたりすることがあってはならぬ。国内の遠近にかかわらず，あまねくこの詔を布告して，朕の意向を知らしめよ。
>
> 注１　天皇や国王の自称。　注２　全宇宙をあまねく照らす仏。華厳経の本尊。

(1)　資料から読み取れる内容として最も適切なものを，次の①～④のうちから１つ選びなさい。　26

①　この資料では，大仏をつくることは大事業であるが，人民のくらしを侵し困らせ，無理に物資を取り立てたりすることがあってはならないと命じている。

②　この資料には，天皇の位を受けついで人々をいつくしんできた自分の子孫が皇位につけることを願って，盧舎那仏を造りたいと記されている。

③　この資料では，国中の銅を尽くして像を鋳造しているが，銅が不足しているので，人民に一握りの土のような，わずかな銅でも探すことを命じている。

④　この資料には，天皇自身の富と権勢によって大仏を造るやり方をするならば，速やかに大仏を完成でき，造像の精神に沿うことができると記されている。

(2)　資料に記された事業に関係した人物として最も適切なものを，次の①～④のうちから１つ選びなさい。　27

①　空海　②　運慶　③　重源　④　行基

問３　下線部(イ)に関する説明として最も適切なものを，次の①～④のうちから１つ選びなさい。　28

①　源頼朝が征夷《い》大将軍に任じられたのは，北関東で平将門が，瀬戸内地方で藤原純友が大きな反乱をおこしてから約100年後のことだった。

② 後鳥羽上皇が幕府を倒すため兵をあげたのは，源頼朝が征夷大将軍に任じられてから約50年後のことだった。

③ 御家人の権利や義務，裁判の基準などをまとめた御成敗式目が定められたのは，後鳥羽上皇が幕府を倒すため兵をあげてから約10年後のことだった。

④ 新田義貞・足利尊氏などによって鎌倉幕府が滅ぼされたのは，元と高麗の軍が初めて九州北部に攻め込んだ約30年後のことだった。

問４ 下線部(ウ)によって右の絵画が描かれた時期に関する説明として最も適切なものを，下の①～④のうちから１つ選びなさい。 29

① この絵画が描かれた時期には，妙喜庵《あん》待庵がつくられ，小さな茶室で質素な風情を工夫して楽しむわび茶が完成された。

② この絵画が描かれた時期には，陶磁器や掛軸などをかざる床の間を設ける書院造が生まれた。

③ この絵画が描かれた時期には，浮世絵が盛んになり，ゴッホやモネなどのヨーロッパの画家に大きな影響を与えた。

④ この絵画が描かれた時期には，村や寺社などで民衆によって行われていた猿楽・田楽などをもとにした能が大成された。

問５ 下線部(エ)の範囲として適切なものを，右の略地図の①～④のうちから１つ選びなさい。 30

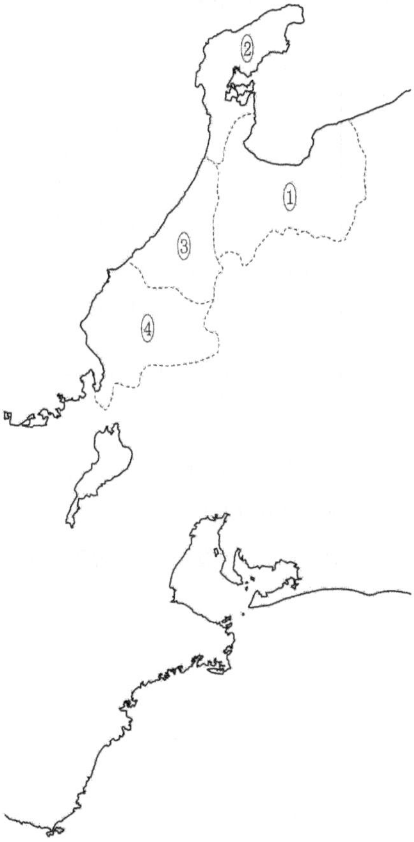

問６　下線部(オ)に関する次の⑴および⑵に答えなさい。

⑴　戦国時代から江戸時代にかけて支配者は，海外渡航や領地給付，貿易許可などのために次のような文書を発した。このような形式の文書を何とよぶか，漢字３字で答えなさい。 記述

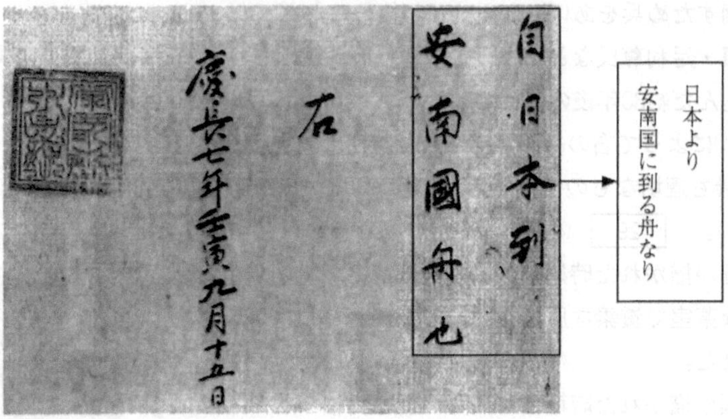

⑵　次の年表は，江戸時代初期の幕府の対外政策に関する出来事を古い順に並べたものである。下のⅠ～Ⅲの出来事は，年表中の【A】～【C】のいずれかにあてはまる。【A】～【C】とⅠ～Ⅲの組合せとして適切なものを，下の①～⑥のうちから１つ選びなさい。 31

将軍	年号	出来事
		幕府がオランダとの貿易を許可する。
	1612	【　A　】
秀忠		幕府がイギリスとの貿易を許可する。
		ヨーロッパ船の来航地を長崎と平戸に制限する。
		イギリスが平戸の商館を閉じる。
		スペイン船の来航を禁止する。
		【　B　】
家光	1637	島原・天草一揆が起こる。
		【　C　】
		平戸のオランダ商館を出島に移す。

注　年号を一部省略してある。

Ⅰ　ポルトガル船の来航を禁止する。

Ⅱ　幕府領にキリスト教の禁教令を出す。

Ⅲ　日本人の海外渡航・帰国を禁止する。

	A	B	C
①	Ⅰ	Ⅱ	Ⅲ
②	Ⅰ	Ⅲ	Ⅱ
③	Ⅱ	Ⅰ	Ⅲ
④	Ⅱ	Ⅲ	Ⅰ
⑤	Ⅲ	Ⅰ	Ⅱ
⑥	Ⅲ	Ⅱ	Ⅰ

問7　下線部(カ)の次の条文の【X】にあてはまる語句を**漢字2字**で答えなさい。 記述

> 第二十八条　日本【　X　】ハ安寧秩序ヲ妨ケス及【　X　】タルノ義務ニ背カサル限ニ於《おい》テ信教ノ自由ヲ有ス

6 次の文章を読んで，後の問いに答えなさい。

福井県敦《つる》賀市は，荒波の影響を受けにくい天然の良港である敦賀港を擁しており，古くからほかの地域との交流拠点として栄えてきた。江戸時代には，北前船の中継地となり，各地の米や産物が盛んに取り扱われてにぎわいを見せた。1869年には琵琶《びわ》湖・敦賀間の(ア)鉄道建設が決定され，1882年に日本海側初の線路が敦賀に敷かれた。1912年に欧亜国際連絡列車の運行が始まり，新橋（東京）・金ヶ崎（敦賀）間を直通列車が走り，敦賀港から連絡船で【　あ　】へ渡り，そこからシベリア鉄道などを経由して(イ)パリまで行く路線が確立された。

(ウ)ロシア革命の際には，混乱の中で家族を失ったポーランドの子どもたちが日本赤十字社などの活動により救済され，敦賀港に上陸した。1940～41年には，ナチス・ドイツの迫害等から逃れてきた(エ)ユダヤ人難民が(オ)リトアニアの日本領事館で領事代理を務めていた【　A　】が発給したビザを携え，リトアニアから【　あ　】を経て敦賀港に迎えられた。このような歴史をふまえて，敦賀市は「人道の港」としての観光開発に力を入れている。

問1 **【あ】**にあてはまる都市として適切なものを，次の①～④のうちから1つ選びなさい。 32

①　上海　　②　モスクワ　　③　釜山　　④　ウラジオストク

問2　下線部(ア)に関する次の説明文の**【か】**と**【き】**にあてはまる語句の組合せを，下の①～④のうちから1つ選びなさい。 33

> 新橋・横浜間に日本で初めて鉄道が開通すると，その後全国的に鉄道網が広がった。【　か　】後には，軍事輸送などの目的から主要な鉄道が【　き　】化された。

①　**か**－日清戦争　　**き**－国有　　②　**か**－日清戦争　　**き**－民営

③　**か**－日露戦争　　**き**－国有　　④　**か**－日露戦争　　**き**－民営

問3　下線部(イ)およびその郊外における出来事として**不適切なもの**を，次の①～④のうちから1つ選びなさい。 34

①　フランス革命の際には，圧政の象徴とされたバスチーユ牢《ろう》獄が民衆によって襲撃された。

②　国際紛争を平和的に解決する世界初の組織である国際連盟の本部が置かれた。

③　フランスに勝利したプロイセンの国王が，ベルサイユ宮殿でドイツ皇帝に即位した。

④　第一次世界大戦終結後，戦勝国とドイツなどの敗戦国との講和条件を話し合う会議が開かれた。

問4　下線部(ウ)に関連する次の資料（一部改変）について，この資料から読み取れることとして最も適切なものを，下の①～④のうちから1つ選びなさい。 35

> すべての交戦諸民族とその政府に対して，公正で民主的な講和についての交渉を即時に開始することを提議する。……政府がこのような講和とみなしているのは，無併合，無賠償の

即時の講和である。

政府が併合または他国の土地の略奪と理解しているのは，民主主義一般，とくに勤労者階級の法意識に従って，弱小民族が同意または希望を正確に，明白に，自由意志で表明していないのに，強大な国家が弱小民族を統合することである。その際，その強制的な統合がいつ行われたか，また強制的に統合される，あるいは強国の領域内に強制的にひきとめられる民族がどれだけ発展しているか遅れているかにはかかわりない。さらに，その民族がヨーロッパに住んでいるか，遠い海外諸国に住んでいるかにもかかわりない。……

政府は秘密外交を廃止し，自らすべての交渉を全人民の前で，完全に公然と行う確固たる意向を表明し，1917年２月から10月25日までに地主と資本家の政府によって確認または締結された秘密条約の，完全な公開にただちに着手する。……

① 発展が遅れている民族は，強大な国家に併合されるべきである。

② 交戦国は一刻も早く戦争を終結させて講和を結び，敗戦国は戦勝国に対して賠償金を支払うべきである。

③ 条約を締結する際には，他国やその国の人々に公開せずに交渉するべきである。

④ ヨーロッパだけでなくその他の地域の民族も，その希望や意志が尊重されるべきである。

問５ 下線部(エ)に関連して，ユダヤ教の聖地「嘆きの壁」が位置する場所を，次の略地図中の①～④のうちから１つ選びなさい。 36

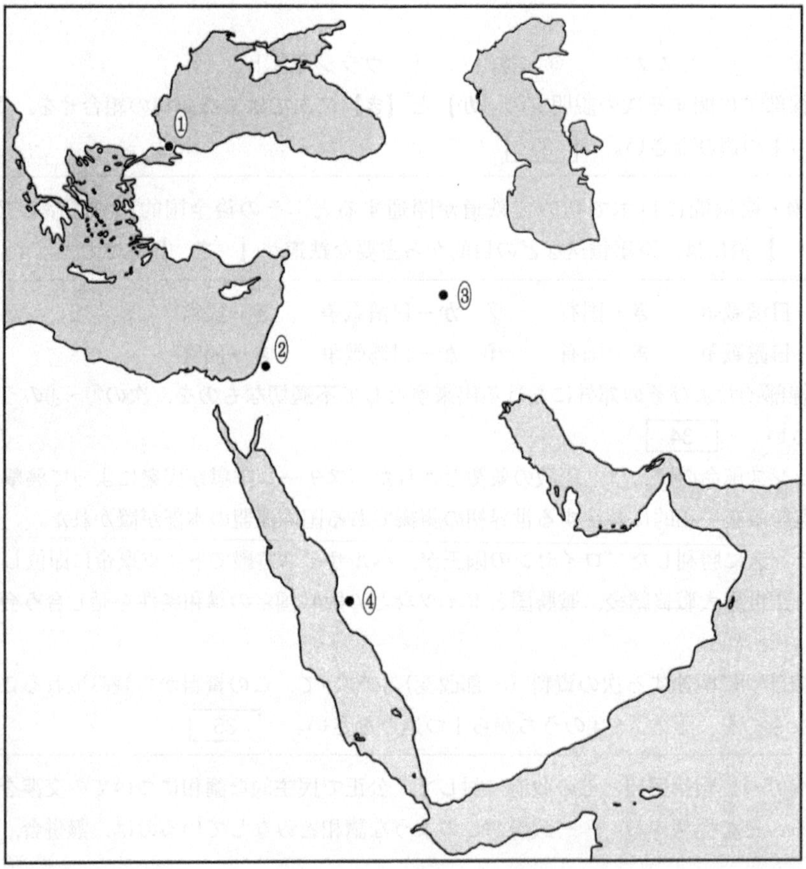

問６　【A】にあてはまる人物を**漢字４字**で答えなさい。 記述

問７　下線部(オ)は，ソ連を構成していた共和国の一つである。ソ連が解体した後の出来事を次のX～Zからすべて選んだとき，その選び方として適切なものを，下の①～⑧のうちから１つ選びなさい。 37

X　地中海のマルタ島で，冷戦の終結が宣言された。

Y　ヨーロッパ連合（EU）が，東ヨーロッパに拡大した。

Z　「ベルリンの壁」が取り壊され，その後東西ドイツが統一された。

①　XとYとZ　②　XとY　③　XとZ　④　YとZ

⑤　X　⑥　Y　⑦　Z　⑧　該当するものはない

る。

⑤ 成通のように何事にも挑戦することで思いがけず頭角を現すこともあるが、実直に努力を重ねることで身に付くことの方が多いものである。

［問8］ 本文と同様のエピソードが他の資料にも記されている。次に示す【資料】は、鞠の精が「蹴鞠を好むと後世への幸せにつながる」という考えを述べた部分である。この【資料】から読み取れることとして最も適切なものを、次の①～⑤のうちから一つ選んでマークしなさい。 28

【資料】

人の身には一日の中《うち》にいくらともなきおもひ、みな罪なり。鞠を好ませ給ふ人は、庭にたたせ給ひぬれば、鞠の事より外に思《おぼ》しめす事なければ、自然に後世の縁となり、功徳《くどく》すすみ候《さぶら》へば、必ず好ませ給ふべきなり。

（『古今著聞集《ここんちょもんじふ》』による）

① 人間には数えきれないほどの欲念があり、それは罪深いことである。しかし、蹴鞠をしている時は心を散らさずに済むため、成通のように蹴鞠を好むことが功徳となるのである。

② 人間は自分のことばかり考えがちであり、それは罪にあたる。しかし、自分のことよりも蹴鞠のことを優先すれば、成通のように徳が積もり積もって才能として現れるのである。

③ 人間が様々に物思いをすることは、すべて罪である。しかし、成通のように並々ならぬ思いがあればそれは徳となるため、来世でも諸芸に秀でた人物として生まれ変わるのである。

④ 人間が一つのことに執着するのは罪である。しかし、蹴鞠を好む人は庭に立てば鞠への執着も忘れ自然と功徳を積むことができるため、成通のような不思議な縁につながるのである。

⑤ 人間が抱く思いは全て欲望であり、それは罪にあたる。しかし、蹴鞠においては自らの力量を周囲に誇示しさえしなければ、おのずと成通のような霊験あらたかな出来事も生じるのである。

問題の作成上、原文の一部を改変したところがある。

のを、次の①～⑤のうちから一つ選んでマークしなさい。 22

① 成通卿の生まれもった性格や人柄が人よりもたいそう優れていたからだろうか。

② 成通卿の神仏を信じる気持ちの強さがどれほどかを試そうとしたからだろうか。

③ 成通卿の蹴鞠の神様に会いたいという強い願いが聞き入れられたからだろうか。

④ 成通卿の蹴鞠の技術や才能が周囲であまりにも評判になっていたからだろうか。

⑤ 成通卿の蹴鞠への思いや取り組みがこのうえなく素晴らしかったからだろうか。

〔問3〕 傍線部B「かやうのしるし」とはどのようなことを指すか。最も適切なものを、次の①～⑤のうちから一つ選んでマークしなさい。 23

① 美しい少年が青い装束を着て成通を迎えに来たこと。

② 春の精が蹴鞠をする成通を木の上から見ていたこと。

③ 美しい少年のような姿をした鞠の精が姿を現したこと。

④ 蹴鞠がうまくいかない成通を鞠の精が励ましに来たこと。

⑤ 柳の木の上にたくさんの少年の姿をした鞠の精が現れたこと。

〔問4〕 傍線部C「学ぶ者は牛毛のごとし。得る者は麟角のごとし」とあるが、ⅰ「牛毛」とⅱ「麟角」はそれぞれどのようなことを指しているか。最も適切なものを、次の①～⑥のうちからそれぞれ一つずつ選んでマークしなさい。 ⅰ 24 ・ⅱ 25

① 柔軟であること　② 多才であること

③ 怠惰であること　④ めずらしいこと

⑤ 意志が固いこと　⑥ 多数であること

〔問5〕 傍線部D「げにもとおぼゆるためしありけり。」の解釈として最も適切なものを、次の①～⑤のうちから一つ選んでマークしなさい。 26

① なるほど確かに、その通りだと思われる例はあるものだ。

② まったく本当に、不思議に感じられる前例があるものだ。

③ 覚えておいて紹介したいと思う、優れた前例があるものだ。

④ いかにもこの例に当てはまる、巧みな言い回しがあるものだ。

⑤ まさか実際にはあり得ないだろう、と感じる例もあるものだ。

〔問6〕 この本文は、「出来事」と「筆者の感想」の大きく二つの部分から構成されている。「筆者の感想」はどこから始まるか。最初の三字を抜き出しなさい。（句読点を含む。） 記述

〔問7〕 この文章における筆者の考えに合致するものとして最も適切なものを、次の①～⑤のうちから一つ選んでマークしなさい。 27

① 成通のように信仰心や人徳をもって自分の願いや目標を貫き通すことができれば、おのずと才能や努力は認められるものである。

② 成通のように物事を徹底的にやり通すことが大切であるが、成通ほどに何かを成し遂げるのは難しく簡単にはできないことである。

③ 成通のように多方面の才能を持った人物は世間にはなかなかおらず、諸芸に秀でるというのは並大抵の努力ではできないものである。

④ 成通のように霊験あらたかな経験をすることは賞賛されるべきことであり、このような出来事は後世まで語り継がれるべきことであ

場することによって、真面目に授業に出席する若者世代と、不真面目でも学生生活を謳歌《おうか》していた親世代との価値観の衝突が示されている。

②「島島」という同じ漢字が連なる一風変わった主人公の名字は、上原菜野との性格の違いを表現しており、全く異なる二人の間に奇妙な友情が成り立つという小説の展開を支えている。

③　上原菜野が左右でそれぞれ色の違う目をしていることは、主人公が、二つのカウンター機を用いて自分の感情を白と黒の二つに分類しようと思いつくことになる原因として機能している。

④「ばかばかばか。」など感情を露《あら》わにした独白を多用することによって、思い込みが激しく、自分の至らないところをすぐ他人のせいにしてしまう主人公の自分勝手な性格が表現されている。

⑤　小説の冒頭と最後で「午後いちばんの授業」という同じ場面が設定されることによって、表面上の大学生活に何ら違いはないものの、主人公の内面は大きく変化しているということを際立たせている。

三　次の文章を読んで、後の問いに答えなさい。

*成通卿《なりみちきやう》、ア年ごろ*鞠《まり》を好み給《たま》ひけり。Aその徳やいたりにけむ、ある年の春、鞠の精、*懸《かけ》りの柳の枝にあらはれて見えけり。*みづら結ひたる小児、十二三ばかりにて、青色の*唐装束して、いみじくうつくしげにぞありける。

なにごとをも始むとならば、底をきはめて、Bかやうのしるしをもあらはすばかりにぞ、*せまほしけれど、かかる*ためし、いとイありがたし。

されば、

C学ぶ者は牛毛のごとし。得る者は*麟角《りんかく》のごとし

ともあり。

また、

することかたきにあらず。よくすることのかたきなり

ともいへる。Dげにもとおぼゆるためしありけり。

（『十訓抄《じっきんせう》』による）

（注）　*成通卿＝藤原成通《ふじわらのなりみち》（一〇九七～一一五九？）。平安時代の貴族。

*鞠＝蹴鞠《けまり》のこと。庭で鞠を蹴って勝敗を競うもの。

*懸り＝蹴鞠の場の四隅《よすみ》に植えた木。

*みづら＝平安時代の少年の髪型。

*唐装束＝中国風の服装。

*せまほしけれど＝したいものであるが。

*ためし＝例。

*麟＝想像上の動物の名。

〔問1〕　波線部ア「年ごろ」・イ「ありがたし」の本文中の意味として最も適切なものを、次の①～⑤のうちからそれぞれ一つずつ選んでマークしなさい。ア 20 ・イ 21

ア　年ごろ
① 時折
② 最近
③ 以前
④ 長年
⑤ 一年間

イ　ありがたし
① 不思議だ
② 心ひかれる
③ めったにない
④ 驚きあきれる
⑤ あってはならない

〔問2〕　傍線部A「その徳やいたりにけむ」の解釈として最も適切なも

に共感を示すため。

③　無理に自分の気持ちを数値化しない方が気楽に生きられると「あたし」を諭すため。

④　結局は「あたし」と同じくカウンター機で気持ちを分類してしまう自分を卑下するため。

⑤　もっと不真面目になれという母親の言葉には従わなくてよいと「あたし」を慰めるため。

〔問6〕　傍線部Ｅ「あたしは片方のカウンター機を、机の奥深くにしまった。」とあるが、なぜ「あたし」はこのような行動をとったのか。その理由として最も適切なものを、次の①～⑤のうちから一つ選んでマークしなさい。 17

①　本来気持ちというものは常にぐるぐると動き続けるもので、自分でも正確に把握することが難しいため、これからはもう心の動きをいちいち数えたり、それに振り回されたりするのはやめようと決意したから。

②　自分を裏切ったハルオのことがどうしても許せなかったものの、それも愛ゆえの感情であると気づき、これからは嫌な気持ちは数えることなく、前向きな気持ちだけを大切にしていきたいと思うようになったから。

③　はじめは真面目に数を使って気持ちを分類しようとしたものの、人の感情のとらえどころのなさに気づき、今後はカウンター機の示す数字には頼らず目の前にいる人間との心のやりとりを大事にしたいと感じたから。

④　好きという気持ちと嫌いという気持ちはどちらかに仕分けられるものではなく、両方ともハルオに執着する心の表れであると言え、ハルオに対する諦めきれない気持ちを、いっそのこと封印してしまいたいと思ったから。

⑤　相反するように見える感情も、どこかでつながっているように思われてきたため、たとえ自分の気持ちを自覚することはできても、それを効率よく分類できるほど人の心というものは単純ではないのだと気づかされたから。

〔問7〕　二重傍線部Ｘ「だけど、結局あたしは、上原菜野に助けられることになる。」とあるが、この一文が本文中で果たしている役割について説明したものとして最も適切なものを、次の①～⑤のうちから一つ選んでマークしなさい。 18

①　二つのカウンター機がこの後、上原菜野と本当の意味での友人になるための仲立ちとなることを象徴している。

②　上原菜野と親しくなることで、結果的にハルオと別れることに成功したことを、現在の視点から振り返っている。

③　上原菜野と同様にカウンター機を使い、恋愛の複雑さを受け止められるようになるという、後の展開を示している。

④　誰にも恋愛相談をすることができない孤独な状況から解放されたきっかけが、上原菜野にあることを示唆している。

⑤　上原菜野の真似をしたことでかえってハルオとの恋愛が失敗に終わってしまうことを、皮肉を込めて表現している。

〔問8〕　本文の内容と表現について説明したものとして最も適切なものを、次の①～⑤のうちから一つ選んでマークしなさい。 19

①　小説全体を通じて「真面目」「不真面目」という言葉が繰り返し登

葉に対し相手がどう応えるかわからず不安な気持ち。

④　教室で出会った個性的な女の子と友人になることで、つまらない日常を変えてくれるのではないかと期待する気持ち。

⑤　親しい友人でもない女の子の言動を盗み見ようとしていたことを、周りから責められるのではないかと恐れる気持ち。

〔問3〕　傍線部B「新緑が、目に痛いようだった。」とあるが、この情景描写から読み取れる「あたし」の気持ちとして最も適切なものを、次の①～⑤のうちから一つ選んでマークしなさい。　14

①　一方的に話しかけてくる女の子をはじめは迷惑だと思っていたが、自分の冷たい態度のせいで女の子が離れていってしまい、友人になる好機を失ってしまったようで、寂しさを感じている。

②　真面目なところが自分と似ており、この先仲良くなれるかもしれないと期待していたにもかかわらず、突然女の子が「あたし」への関心を失い去っていってしまったことで、拍子抜けしている。

③　気づかないうちに自分の隣に立っていたり、カウンター機で得体の知れないものを計測したりしているなど、女の子の予測不能な様子にどこか違和感を覚え、なるべく距離を置こうとしている。

④　家庭の様子を持ち出して積極的に話しかけてくるかと思えば、途中で気分が変わり、今度は「あたし」を無視しようとしてくる女の子に振り回され、自分のペースで行動できず、不快に感じている。

⑤　それほど言葉を交わしたわけでもないのに急に友達のように振舞う女の子に戸惑いを覚えたものの、かといって「あたし」に執着する様子も見せず自由に行動する女の子に、強烈な印象を抱いている。

〔問4〕　傍線部C「しんとした感慨深い気持ちになった。」とあるが、それはなぜか。その理由として最も適切なものを、次の①～⑤のうちから一つ選んでマークしなさい。　15

①　ハルオと一緒にいることでいやな気持ちになることの方が圧倒的に多かったということがわかり、これまでその気持ちに向き合うことをしてこなかった自分に気づかされたから。

②　カウンター機を使うことで自分の気持ちが数値化され、ハルオが嫌いだということが自覚されたが、そんな自分の気持ちにハルオはまるで気づいていなかったのだとわかったから。

③　今までは自分でも本当にハルオのことが好きなのかどうかがわからなかったが、カウンター機の数字を根拠にすることで、やっとハルオと別れる口実ができたと思い、ほっとしたから。

④　ハルオを本心では嫌っていながらも、自分の存在価値を認めてもらいたいがために、無理して彼と付き合いを続けていた自分のことが打算的に思われてきて、嫌になってしまったから。

⑤　ハルオを嫌いな気持ちが大きいことがわかり自分でも驚いたが、ハルオの知らぬ間に彼を評価し別れを切り出すことで、浮気して自分を傷つけた彼を出し抜くことができると思ったから。

〔問5〕　傍線部D「照れたようにほほえんだ。」とあるが、上原菜野がここで「ほほえんだ」のはなぜか。その理由として最も適切なものを、次の①～⑤のうちから一つ選んでマークしなさい。　16

①　自分の気持ちを「あたし」に正直に打ち明けてしまった気まずさを取り消すため。

②　つい真面目に自分の気持ちを仕分けようとしてしまう「あたし」

なるほど。
あたしは思った。
気持ちは、分類できない。それなら、カウンター機を二つも持ってても、しょうがないんだな。
Eあたしは片方のカウンター機を、机の奥深くにしまった。

ハルオとは、今も時々会う。映画を見たり、カラオケに行ったり、たまには手をつないだりする。
「やっぱり、気持ちって、分類できないね」
あたしは上原菜野に言った。
「ねえ、島島さん」
「なあに」
「島島っていう名字、わたしとっても、好き」
そう言って、上原菜野はカウンター機を、かち、と鳴らした。
「うれしい」
あたしも答え、カウンター機を、かち、と鳴らした。
うしろの席から、顔見知りの中文の女の子が、聞いた。
「それ、何するもの。かち、かち、って、いい音だね」
あたしと上原菜野は、しばらく顔を見合わせていた。
それから、同時に答えた。
「ただの、おまじない」
授業の始まりを告げる鐘が鳴った。あたしと上原菜野は、カウンター機をそれぞれのペンケースにしまった。それから、教科書とノートを、いそいでかばんから取り出し、午後いちばんの眠くてわかりにくい授業にそなえた。

（川上弘美《かわかみひろみ》「真面目な二人」による）

（注）＊日文＝日本文学専攻の略。この後に出てくる「英文」は英米文学専攻の略、「中文」は中国文学専攻の略である。

〔問1〕空欄 i ～ iv に当てはまる語句の組み合わせとして最も適切なものを、次の①～⑤のうちから一つ選んでマークしなさい。 12

① [i ほのぼのと ii じっくり iii ぼそりと iv 大袈裟《おおげさ》に]
② [i うらうらと ii ふつふつ iii しょんぼりと iv 悠長に]
③ [i ぬくぬくと ii いらいら iii しっかりと iv 正確に]
④ [i ぽかぽかと ii しみじみ iii こくりと iv 律儀《りつぎ》に]
⑤ [i さんさんと ii つくづく iii しんしんと iv 静かに]

〔問2〕傍線部A「あたしはどきどきしながら、答えた。」とあるが、この時の「あたし」の気持ちの説明として最も適切なものを、次の①～⑤のうちから一つ選んでマークしなさい。 13

① 女の子の挙動が気になるものの、授業中に関係のない話をすれば教授から注意されるのではないかと警戒する気持ち。
② 普通は交通調査員しか使用しないカウンター機を、大学の講義でいったいどのように使うのだろうかと怪しむ気持ち。
③ ぶしつけに見つめていたことを気づかれ、とっさに出た自分の言

う確定的になったような気がした。

　あたしは翌日、静かにハルオに言った。別れよ。

　うん。ハルオは答えた。そして、さみしそうに、［iii］頷《うなず》いた。

　カウンター機を持っているあたしを見て、上原菜野は目をまるくした。

「それって」

　上原菜野は言った。

「うん。上原さんの真似《まね》して、あたしも数えてみることにしたの」

「でも、二つある」

　あたしは、左手の機械に白い気持ち、右手の機械に黒い気持ちを担当させていることを、告げた。上原菜野は、首をかしげた。

「島島さんは、真面目なんだね」

「えっ、どうして」

「気持ちを、ちゃんと分類しようとするなんて、真面目だよ」

「上原さんは、白黒わけないの」

「うん。だって、いい気持ちがほんとうはいやな気持ちだったり、反対に、いやな気持ちが、後で考えると、楽しい気持ちとつながってたりするから、わたしは、自分の気持ちをちゃんと分類するのが、めんどくさいって思っちゃうんだ」

　気持ちを分類するのって、めんどくさい。

　上原菜野の言葉に、あたしはちょっとショックを受けた。

「でも、わたしだってやっぱり、島島さんと同じように、真面目なんだね。その証拠に、こうやって［iv］自分の気持ちを数えてるわけだし。なかなか母親の言うようには、不真面目になれないよね、わたしたち世代は」

　上原菜野は、なぐさめともぼやきともつかないことを言い、カウンター機を、かち、かち、かち、と押した。

「三回ぶんのカウントのうちわけ。かわいそう。でもわかる。ちょっとしょんぼり」

　上原菜野は、言った。そして、D照れたようにほほえんだ。

　五対十八。

　その数を、あたしはその夜もう一度、考えてみた。

　ハルオを嫌おうとして、あえて黒い気持ちをどんどんつのらせていったのかな。

　いやいや、やっぱりいやな感じ方面の気持ちが、ハルオと会っている間に自然にやってきたのは事実だし。

　でももしかすると、上原菜野の言うように、いやな感じ方面の気持ちが、実はハルオ大好きっていう気持ちと遠くでつながっているっていう可能性も。

　いやいやいや、ハルオってようするに、少しもてるからってすぐに浮《うわ》気《き》しちゃうような男だよ。

　ああ、やっぱりあたしまだ、ハルオが好きみたい。

ばか。

ばかばかばか。

もう、ほんとに、ばか。

　あたしの気持ちは、ぐるぐるとまわり、あっちへ行き、こっちへ戻り、裏も表も白も黒もごっちゃになっていった。

砂糖がたくさん入ったのを、選んだ。コーヒーを飲みながら、上原菜野は二回カウンター機を押した。

「あのね、これ」

上原菜野は言った。

「気持ちが動いた時に、押すの」

ふうん、と、あたしは答えた。

「今は、どんなふうに気持ちが動いたの」

そう聞くと、上原菜野は少し考えてから、こう答えた。

「うれしい、と、おいしい」

そのころあたしは、ちょっとややこしい恋愛をしていた。

ずっとつきあっていたハルオが、よその子を好きになって、別れたのはいいんだけれど、すぐにまた戻ってきてしまった、という状態だったのだ。

ごめん、許してほしい、やりなおしたい。

ハルオは拝むようにして、頼んだ。

あたしは、ふられて、ものすごく傷ついていた。ようやく忘れかけていたところだった。でも、ハルオに拝まれて、あたしは嬉《うれ》しくなってしまった。よりは戻った。

けれど、ものごとは、そううまくは運ばない。せっかくハルオとつきあっても、前とは何かが違ってしまっていた。好き。でも、もどかしい。だけど、好き。

恋愛の相談は、あたしは誰にもしない。

親しい友だちにもしないし、むろん知り合ったばかりの上原菜野にもしなかった。

X だけど、結局あたしは、上原菜野に助けられることになる。

カウンター機方式を、あたしは試してみることにしたのである。

ハルオといる時に、どのくらい気持ちが動くか。それを、数えてみることにしたのだ。

びっくりした。

白、五。黒、十八。

それが、ハルオと過ごした五時間のあいだの結果だった。

白は、楽しい方に気持ちが動いた回数。

黒は、いやな感じ方面に気持ちが動いた回数。

あたしは、カウンター機を二つ用意したのだ。

左右の手に一つずつ握りこんで、かち、かち、と、押していった。左手は、白い気持ち。右手は、黒い気持ち。ハルオがいくら訊《たず》ねても、何を数えているのかは教えてあげなかった。

その夜、カウンター機の数字をじいっと見ながら、あたしは［ ii ］思った。

十八回も、いやな気持ちになったんだ。

あんまり黒い気持ちの方が多かったので、げんなりするよりも前に、C しんとした感慨深い気持ちになった。

「こりゃ、だめだ」

あたしは、声に出して言ってみた。

五対十八。その数字を見た瞬間に、すでにハルオとのつきあいはやめようと思っていたけれど、こうやって声に出してみると、そのことはもとつぶやき、カウンター機をまた一回押した。

教壇に立っている教授が、ちらりとこちらを見る。

かち。

授業が終わってから、あたしと女の子はなんとなく一緒に教室を出た。あたしは、掲示板の方へと歩いていった。休講のお知らせがないかと思って。

明日の授業は全部、変わりなく平常どおりおこなわれるようだった。

「昔は、大学って、もっとばんばん休講になってたんだって」

という声が隣から聞こえてきて、あたしはびっくりした。あの女の子だった。まだいたのだ。

「そうなんだ」

あたしは慎重に答えた。

「母親が言ってた。で、学生も、どんどんさぼったんだって。あんたは真面目すぎるって、よく言われる」

「そうなんだ」

あたしはあいまいに繰り返した。女の子は、あたりまえのようにあたしの横に立って、これから先もずっと一緒にいるのだというように、親しげにほほえんでいる。

(どうしよう、このままついてきちゃったら)

けれど、女の子はあたしの予想に反して、すぐに、

「じゃ」

と言い、あたしに背を向け、すたすたと歩いていってしまった。

途中で、かち、というカウンター機を押す音が、またした。日ざしが強かった。B新緑が、目に痛いようだった。

次の週の同じ時間、あたしはまた教室で女の子に会った。

「あっ、こんにちは」

女の子は言い、カウンター機を一回かち、と鳴らした。

「それ、何を数えてるの」

あたしが聞くと、女の子は小さく笑った。何を数えているかについては答えないまま、女の子は反対に聞き返してきた。

「わたし、＊日文の二年生。あなたは」

「英文。二年生」

あたしたちは、なんとなくほほえみあった。ほとんど意味のないほほえみ。でも、それ以来あたしたちは、授業が終わった後には、一緒に駅まで歩くようになった。

女の子の名前は、上原菜野《なの》といった。

「あなたは」

そう聞かれて、あたしは少しためらった。

「島島英世《ひでよ》」

しまじまひでよ。上原菜野は、つぶやいた。

「へんな名前でしょ」

早口で言うと、上原菜野は首をかしげ、

「でも、あたしの、違う色の両方の瞳よりは、へんじゃないよ」

と言った。

その日はじめて、あたしたちはすぐに電車に乗らないで、駅前でコーヒーを飲んだ。自動販売機で、あたしは微糖のを、上原菜野はミルクと

かりが残って、多様性が回復しないから。

⑤　増える能力がないと、環境に適した性質がその個体のみにとどまり、次の世代へ受け継がれていかないから。

〔問9〕　破線部「恐ろしい能力です。」とあるが、筆者が「増える能力」を「恐ろしい能力」だと述べるのはなぜか。本文から読み取れるその理由として適切なものを、次の①～⑥のうちから**二つ**選んでマークしなさい。（解答の順番は問わない。）［10］・［11］

①　［4］～［6］段落にあるように、すべての生物は子孫を増やすことに必死で、環境破壊などの問題を引き起こしてしまう困った存在だが、それは生物が「増える能力」を持ったことの必然的な帰結だから。

②　［7］～［9］段落にあるように、「増える能力」は、いつどのようにして獲得されたのかは全く不明だが、原始地球の過酷な環境下でも生命をつないだ神秘的な能力であることは間違いないから。

③　［11］段落にあるように、生命の成り立ちについての仮説は様々あるなかで、「増える能力」を獲得した物質が生命の元となったという説は、他の仮説を駆逐してしまうほどの絶対的なものだから。

④　［16］・［17］段落にあるように、「増える能力」によって生物は進化することができるが、そのためには自然選択が働く必要があり、選ばれなかった生物は死滅するという悲惨な運命をたどるから。

⑤　［18］・［19］段落にあるように、生物は「増える能力」を持ったことで進化という驚くべきプロセスをたどり、その結果、現在のように複雑で多様な生物が地球上に現れることになったから。

⑥　［21］・［22］段落にあるように、1億年前からほとんど変わらない岩石に比べて、「増える能力」を持つ生物は環境に合わせてどんどん性質を変化させ、この先どんな存在になるか想像もつかないから。

［二］　次の文章を読んで、後の問いに答えなさい。

かち、かち、という音がするので見ると、隣の席に座っている女の子が、銀色の小さな機械を押しているのだった。

午後いちばんの授業でお腹《なか》はいっぱい、よく晴れていて［ i ］あたたかい五月の陽気、さっぱり理解できない講義内容、という三つがかさなって、眠さは頂点に達していた。教室のほとんどの学生が、うつらうつらしていた。教授の声が遠くのさざなみのように引いては寄せ、寄せては引いてゆく。

あ、もう眠る、と、気が遠くなりかけた瞬間に、かち、かち、という音は聞こえてきたのである。

じっと見ているあたしに気づいたのだろう、女の子はこちらを振り向いた。

「なあに」

女の子は聞いた。

「いや、その、銀色の」

A あたしはどきどきしながら、答えた。

女の子の瞳は、片方が水色だった。そして、もう片方が茶色。

「これ？　カウンター機。ほら、交通調査とかに使う」

女の子は言い、それからすぐに、

「うん」

④　シアノバクテリアが大繁殖した結果、地球の二酸化炭素濃度が大幅に上昇して環境破壊につながった。

⑤　自らが招いた環境破壊によってシアノバクテリアが数を減らし、代わって巨大な節足動物が地球上に繁栄した。

⑥　真菌（白色腐朽菌）が繁殖して植物を分解した結果、大気中の酸素濃度が現在の水準まで下げられた。

〔問6〕　傍線部B「生命の誕生の元は、自らを増やす能力を獲得した何かだったと考えられています。」とあるが、それはなぜか。その理由として最も適切なものを、次の①～⑤のうちから一つ選んでマークしなさい。　7

①　38億年くらい前、落雷や放射線、隕石等の要因で有機物質が一気に増え、そのごった煮の中から原始的な生命が生まれたと考えられるから。

②　生命の始まりは、原始地球において複数の物質がお互いを増やし合いながら増殖する分子の集合体になっていった現象だとする説が有力だから。

③　複雑なしくみを持つ現在の生物の姿から、生命は進化という過程を経て今に至っていると考えられ、進化を起こすためには増える能力が不可欠だから。

④　自らを増やす能力を持った物質でなければ、現在の地球に見られるように多様な生命が花ひらいている現象を作り出すことはできないと考えられるから。

⑤　生命をつなぐためには環境に順応できる生物集団である必要があるが、環境に合う遺伝子を持つ個体が自らを増やすことでそのような集団が形成されるから。

〔問7〕　空欄 X に入る文として最も適切なものを、次の①～⑤のうちから一つ選んでマークしなさい。　8

①　しだいに池に生息する生物の中でミジンコ集団の優位が確立していくことでしょう。

②　次の世代のミジンコ集団では泳ぐのが速いミジンコの割合が増えていることでしょう。

③　餌が足りなくなってそれ以上増殖できなくなるまで際限なく増え続けることでしょう。

④　子孫を残しやすい遺伝子をもつ種が、食物連鎖の世界で生き残っていくことでしょう。

⑤　長い年月を経てミジンコの能力が他の種に比べて優れたものとなっていることでしょう。

〔問8〕　傍線部C「増えなかったら進化することはあり得ません。」とあるが、筆者がそのように考えるのはなぜか。その理由として最も適切なものを、次の①～⑤のうちから一つ選んでマークしなさい。　9

①　増える能力がないと、自分の力で変化していくことができず、進化に必要な多様性が生まれないから。

②　増える能力がないと、次世代へと生命が連鎖する現象が起きず、進化に特有の自然選択が生じないから。

③　増える能力がないと、進化に必要な気が遠くなるほどの年数を経るうちに、風化して消滅してしまうから。

④　増える能力がないと、自然選択が起きたあと特定の性質の個体ば

＊DNA＝デオキシリボ核酸。二重らせん構造をしていて、多くの生物で遺伝情報の継承と発現を担《にな》う。

〔問1〕 二重傍線部ⓐ～ⓔのカタカナは漢字に書き改め、漢字は読みをひらがなで記しなさい。（一点一画を正確に書くこと。） 記述

〔問2〕 波線部ア「危惧される」・イ「いとわない」の本文中における意味として最も適切なものを、次の①～⑤のうちからそれぞれ一つずつ選んでマークしなさい。ア 1 ・イ 2

ア 危惧される
① 指摘される
② 心配される
③ 注目される
④ 当然視される
⑤ 重要視される

イ いとわない
① 理解しない
② 考慮しない
③ 想像できない
④ いやがらない
⑤ がまんしない

〔問3〕 空欄 i ～ iii に当てはまる語句の組み合わせとして最も適切なものを、次の①～⑤のうちから一つ選んでマークしなさい。 3

① 〔i そもそも　ii また　iii 一方で〕
② 〔i つまり　ii すなわち　iii ところで〕
③ 〔i まず　ii つまり　iii たとえば〕
④ 〔i すなわち　ii 一方で　iii そして〕
⑤ 〔i たとえば　ii むしろ　iii また〕

〔問4〕 傍線部A「それは人間も例外ではありません。」とあるが、「それ」はどのようなことか。その説明として最も適切なものを、次の①～⑤のうちから一つ選んでマークしなさい。 4

① 生物は子孫を残そうとする本能を持ち、環境が許す限界まで増えてしまうものだということ。
② 生物は子孫を残したいという欲求から、とめどなく増えて最終的に自滅するものだということ。
③ 生物は子孫を残したいという欲求に歯止めが効かず、増殖と減衰の波をくり返すものだということ。
④ 生物は子孫を残したいという欲求を持つが、餌の量などの条件に生息数を限定されるものだということ。
⑤ 生物は子孫を残そうとする本能に忠実で、際限なく増殖して地球環境まで変えてしまうものだということ。

〔問5〕 4 ・ 5 段落の内容として**間違っているもの**を、次の①～⑥のうちから**二つ**選んでマークしなさい。（解答の順番は問わない。） 5 ・ 6

① 約27億年前、地球で最初に光合成を始めた生物はシアノバクテリアだと考えられている。
② シアノバクテリアが光合成を始める前の地球大気に、酸素はほとんど存在しなかった。
③ 栄養の乏しかった当時の地球において、光合成は光のエネルギーを使って大気中の二酸化炭素から栄養を作り出す画期的なしくみだった。

ます。

17 このように集団の性質がどんどん変わっていくことが生物学的な「進化」と呼ばれます。自然選択が起こると特定の性質が選ばれるので、一時的に多様性は小さくなってしまいますが、そのうち遺伝子に突然変異が起きてまたいろいろ性質の違う個体が生まれると多様性は回復します。そしてまた自然選択が起こり、進化が続いていくことになります。

18 ここで例として挙げた進化では泳ぐのが速くなるくらいの小さな変化ですが、おそらくこれを気の遠くなるほど続けた結果が、私たち人間を含む現在に生きる生物たちです。私たちの祖先は細菌のような単細胞生物だったと言われていますが、このような多様性と自然選択を気の遠くなるような数だけ繰り返して、より生き残りやすい性質を生み出し選んできました。その結果、現在の私たち人間や、現在生きているすべての生物のような複雑な生物へと進化していったと考えられています。

19 増える能力の話に戻ります。実は、進化が起こるには増える能力が前提として必要です。つまり、C増えなかったら進化することはあり得ません。

20 たとえば、増える能力を持たない岩石を考えてみましょう。岩石にも多様性があります。河原にある様々な石を思い浮かべてみてください。丸い石、ごつごつした石、平べったい石など形もいろいろですし、石のでき方によって種類も、チャート、砂岩、石灰石、蛇紋岩など様々です。この違いによって、石ごとに硬い、柔らかい、脆《もろ》いなど性質が異なります。つまり性質に多様性があります。この性質の違いにより自然選択がおこり、何年も経《た》ったあとの残りやすさに違いが生まれます。たとえば、砂岩などは比較的柔らかいので他の岩石よりも早く風化してなくなり、ほかのもっと硬い岩石はずっと形を保って残り続けることになるでしょう。

21 ここまでの現象は、必要な時間は違いますがミジンコと同じです。しかし、ミジンコとは違って岩石は自らを増やすことはありません。したがって、どんなに生き残りやすい丈夫な性質を持っていたとしても、その性質が次世代に受け継がれることはありませんし、集団内に広がることもありません。いつかは砕けてしまって、また上流から新しい石が流れてきて、元の状態に戻るだけです。

22 ここに増えるものと増えないものの違いがあります。ミジンコは増えて、どんどん性質がその環境に適したものに変化していきます。1億年前のミジンコは現在のミジンコときっと異なる性質を持っていました（少なくとも＊DNA配列は大きく異なるはずです）。一方で増えない岩石は変化することはありません。1億年前の河原にあった石の性質は、現在の河原にある石の性質と変わることはないはずです。

（市橋伯一《いちはしのりかず》『増えるものたちの進化生物学』による）

（注）＊シアノバクテリア＝光合成を行う原核生物。ラン藻とも呼ばれる。
＊古生代ペルム紀＝古生代最後の紀。シダ植物や裸子植物が繁栄し、巨大な両生類やは虫類が生息した。
＊ダーウィン＝チャールズ・ダーウィン（一八〇九～一八八二）。イギリスの地質学者・生物学者。
＊種＝生物群の分類学上の基本単位。
＊ミジンコ＝池や沼に生息する小さな甲殻類。

立ちと影響について説明してみたいと思います。

7　この増えるという能力はいったいいつ生物に与えられたのでしょうか？　それは生命の誕生以前だと考えられています。ただし、生物に増える能力が与えられたというよりは、増える能力を持った物質が生物になったと言うほうが正しいでしょう。

8　最初の生命はおそらく38億年くらい前に生まれたと言われています。生命が生まれる前の原始地球の環境は、まだ大陸はなく、ほとんどが海で覆われているような状態だったようです。

9　そんな環境で、落雷やⓓウチュウからの放射線、隕石《いんせき》、鉱物による反応、地下からの熱水など、いろいろな過程でアミノ酸など最初の生物の材料となるような有機物質が生まれました。有機物質はそのうち地球上のどこかで濃縮されて「*ダーウィンのスープ」と呼ばれる有機物質のごった煮のようなものが生まれました。そのごった煮の中で増える能力を持った原始的な生命の元が誕生したと想像されています。

10　しかし、それがどんな物質からできていたのかもわかっていませんし、どこでそれが起きたのかもわかっていません。一応、今のところ一番人気のある説は「リボヌクレオチド」（ＲＮＡ）と呼ばれる物質が、海底の熱水噴出孔（溶岩で温められた水が噴き出しているところ、要するに海底にある温泉です）か、地上の熱水噴出孔で生まれたとする説ですが、いまだにだれも再現できていません。また、増える能力を持った物質は1種類ではなくて、複数の物質がお互いを増やしあいながら全体として増える分子の集合体だったという説もあります。

11　いずれにせよ、B生命の誕生の元は、自らを増やす能力を獲得した何かだったと考えられています。この説以外にも生命の起源の仮説は様々あるのですが、増える能力を持った物質が生命の元となっているのはほぼすべての仮説で共通するところです。

12　生命誕生がどこでどんな物質から起きたのかも分からないのに、どうして「増える能力をもっていた」なんてことが断言できるのでしょうか。それは今の生物の姿を考えると、進化というしくみなしでは達成できないはずで、そして進化を起こすためには「増える能力」がどうしても必要だからです。

13　すべての生物は進化をします。「進化」という言葉はいろいろな分野で少し違った意味で使われていますが、ここでの「進化」は生物学的な進化を指します。すなわち、ダーウィンが述べた「多様性を持つ集団が自然選択を受けることによって起こる現象」のことです。

14　この進化の原理はとても単純です。［ i ］、生物は同じ*種であっても個体ごとに少しずつ遺伝子が違っていて、その能力にも少しだけ違いがあること、［ ii ］能力に多様性があることを前提とします。

15　［ iii ］、池の中に*ミジンコがたくさんいて、みんな少しずつ泳ぐ速さが違うといった状況をイメージしてください。泳ぐのが速いミジンコは、泳ぐのが遅いミジンコよりもきっと餌を多く手に入れることができるでしょうし、ヤゴなどのⓔテンテキから逃げやすいので長く生き残ってたくさんの子孫を残すでしょう。そして［ X ］

16　この子孫を残しやすい性質が集団内で増えていく現象が「自然選択」と呼ばれます。多様性があってそこに自然選択が働くと、より子孫を残しやすい性質がその生物集団に自然に広がっていくことになり

【国　語】（五〇分）〈満点：一〇〇点〉

一　次の文章を読んで、後の問いに答えなさい。（1～22は段落番号である。）

1　生物の振る舞いを見ていると、何としても子孫を残してやろうとする恐ろしいほどの強い意志のようなものを感じます。もちろんほとんどの生物には人間のような脳はないので人間の意思とは違うでしょう。「本能」と呼んだ方が良いかもしれません。ほとんどすべての生物はこの本能に忠実で、子を残す欲求には自制が効きません。たとえばカメムシやガの大量発生のニュースを聞いたことはないでしょうか。多くの生物は増殖する環境が整えば限界まで増えてしまいます。そして餌が足りなくなったり、ウイルスにやられたりして再び減っていきます。

2　Aそれは人間も例外ではありません。たとえば、現在でこそ少子化が問題になっていますが、過去１００年間で地球上の人間の数は約16億人ほどから約80億人へと約5倍に増えています。これは化学ⓐヒリョウが開発されて食料生産量が上昇したからだと言われています。そして今や人口が増加しすぎて食料不足がア危惧されるようになっています。これはつまり、知能が高いとされる人間であっても生殖に自制が働かず、食料が許す限界まで増えてしまうことを意味しています。そして増えすぎた人間は、森林を伐採し化石燃料を消費し温暖化を引き起こし、地球環境すら変えてしまっています。

3　地球環境を変えるくらい極端に増えてしまったのは人間だけではありません。最初に地球の大気を変えた生物は単細胞で光合成を行《おこ》なう＊シアノバクテリアだと言われています。

4　シアノバクテリアは約27億年前に光のエネルギーを使って大気中の二酸化炭素から酸素と糖をつくる光合成を最初に始めたと考えられています。このしくみは画期的で、光と二酸化炭素さえあればいくらでも栄養（糖）を作ることができてしまいます。そのため、栄養のⓑ乏しかった当時の地球で大繁殖し、その結果もともと地球大気にはほとんどなかった酸素の濃度が、恐竜が出てくる少し前の＊古生代ペルム紀には35％近くまで上昇してしまったとⓒスイテイされています。現在、大気中の二酸化炭素濃度が０・０１％上がっただけで温暖化が問題になっていることを考えると、これは恐ろしい環境破壊です。

5　このときの酸素濃度は現在の酸素濃度（約20％）よりもずいぶん高いですが、そのおかげで巨大な節足動物が繁栄できたといわれています。さらにこの後、次に出現した植物を分解できる真菌（白色腐朽菌）が大繁殖してくれたおかげで現在の濃度にまで下げられたと言われています。生物は、増えられる環境があると後先かまわず限界まで増えてしまう性質を持っているように見えます。

6　このように私たち生物はみんな、生き残り、繁殖することに必死です。そのためには手段も選ばず、それによって大きな問題を引き起こすこともイいとわないように見えます。なぜこんな恐れを知らない困った存在が地球上に生まれたのでしょうか。これは私たちの祖先となる最初の生命（まだ生命と呼べないものだったかもしれません）が増える能力を持ったことの必然的な結果です。増えるという能力は、生物にとっては当たり前の能力ですが、生物以外ではちょっと他に例がないくらい珍しく、そして恐ろしい能力です。次にこの能力の成り

2024年度

解　答　と　解　説

《2024年度の配点は解答欄に掲載してあります。》

＜数学解答＞

[1]　〔1〕　13　　〔2〕　$(x=)\dfrac{2\pm\sqrt{7}}{3}$　　〔3〕　1　　〔4〕　$\dfrac{5}{36}$

[2]　〔1〕　$(z=)25x$　　〔2〕　$(\ell=)2w+2$

[3]　〔1〕　2cm　　〔2〕　$\dfrac{40}{11}$　　〔3〕　$\dfrac{2\sqrt{3}}{3}$，$2\sqrt{3}$

[4]　〔1〕　$\dfrac{\sqrt{10}}{2}$　　〔2〕　Q(5，5)　　〔3〕　Q(−3，9)

[5]　〔1〕　ア　5　　イ　4　　ウ　6　　エ　1　　オ　$\dfrac{2}{15}$　　〔2〕　1：3

〔3〕　$(x=)\dfrac{6}{19}$

○配点○

[1]　各5点×4　　[2]　各7点×2　　[3]　〔3〕　8点　　他　各7点×2

[4]　〔3〕　8点　　他　各7点×2

[5]　〔1〕　ア・イ　2点　　ウ・エ　2点　　オ　3点　　〔2〕　7点　　〔3〕　8点　　計100点

＜数学解説＞

基本 [1]　（小問群－平方根の計算，2次方程式，関数・変化の割合，確率）

〔1〕　$(\sqrt{2}+\sqrt{3})(\sqrt{3}+\sqrt{5})-(\sqrt{2}-\sqrt{3})(\sqrt{3}-\sqrt{5})+(\sqrt{2}-\sqrt{5})^2=(\sqrt{6}+\sqrt{10}+3+\sqrt{15})-(\sqrt{6}-\sqrt{10}-3+\sqrt{15})+(2-2\sqrt{10}+5)=\sqrt{6}-\sqrt{6}+\sqrt{10}+\sqrt{10}-2\sqrt{10}+\sqrt{15}-\sqrt{15}+3+3+2+5=13$

〔2〕　$\dfrac{(3x+1)^2}{2}=4x^2+\dfrac{2+11x}{3}$　　$\dfrac{9x^2+6x+1}{2}=4x^2+\dfrac{2+11x}{3}$　　$27x^2+18x+3=24x^2+4+22x$　$3x^2-4x-1=0$　　$x=\dfrac{4\pm\sqrt{16+12}}{2\times3}=\dfrac{4\pm2\sqrt{7}}{2\times3}=\dfrac{2\pm\sqrt{7}}{3}$

〔3〕　$y=ax^2$に$x=4$，$y=-8$を代入すると，$-8=16a$　$a=-\dfrac{1}{2}$　　よって，この関数の式は$y=-\dfrac{1}{2}x^2$　　$x=-4$のとき$y=-8$，$x=2$のとき$y=-2$　　よって，xの値が-4から2まで変化するときの変化の割合は，$\dfrac{-2-(-8)}{2-(-4)}=1$

〔4〕　さいころを2回投げたときの目の出方の総数は$6^2=36$　右の表はそれぞれの出方について碁石がどの点に来るかを示したものである。点Dに来る場合が5通りあるので，その確率は$\dfrac{5}{36}$

1回目＼2回目	1	2	3	4	5	6
1	C	E	E	C	B	A
2	E	B	B	E	Ⓓ	C
3	E	B	B	E	Ⓓ	C
4	C	E	E	C	B	A
5	B	Ⓓ	Ⓓ	B	A	E
6	A	C	C	A	E	Ⓓ

[2]　（関数－単位の換算，速さ，ばねの伸び）

基本　〔1〕　1マイルを1.6kmとしたので40kmは40÷1.6＝25(km)である。よって，時速25マイルでx時間進んだときの道のりzマイルは，$z=25x$

〔2〕　1ポンドは450gなので，wポンドのときにxgであるとすると，$1:450=w:x$　　$x=450w$

1インチは2.5cmだから，ℓインチのときに$y$cmだとすると，$1:2.5=\ell:y$　$y=2.5\ell=\frac{5}{2}\ell$

これを$y=\frac{1}{90}x+5$に代入すると，$\frac{5}{2}\ell=\frac{1}{90}\times450w+5$　$5\ell=10w+10$　$\ell=2w+2$

3 （平面図形－移動，平行線と線分の比，三角形の外角，三平方の定理，方程式）

基本　〔1〕 BP//ORなので，BP：OR＝AB：AO＝2：6＝1：3　$t=3$のときBP＝3だから，OR＝9　OQ＝4＋3＝7なので，QR＝9－7＝2(cm)（図1参照）

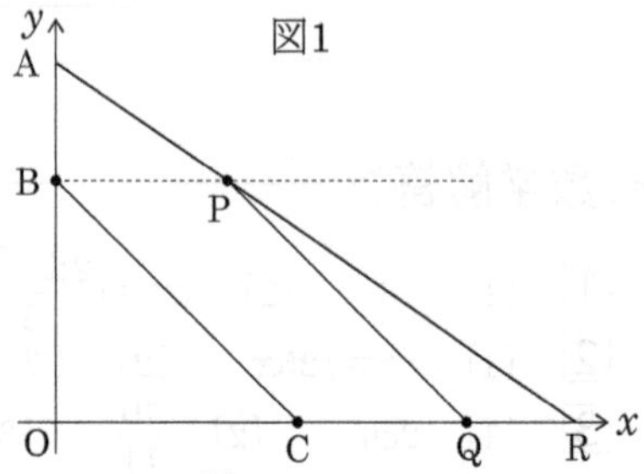

〔2〕 $t>2$のとき，BP＞2，OR＝$3t$，OQ＝$4+t$，QR＝$3t-(4+t)=2t-4$　$2t>4$なので，点Rのx座標は点Qのx座標より大きい。△PQRの面積が△AORの面積の$\frac{1}{5}$になるとき，△AORの面積は△PQRの面積の5倍になるから，$\frac{1}{2}\times3t\times6=\frac{1}{2}\times(2t-4)\times4\times5$　$18t=40t-80$　$22t=80$　$t=\frac{40}{11}$

重要　〔3〕 $0<t<2$のときには，図2のような位置に∠QPRができる。△OBCは直角二等辺三角形なので，∠BCO＝45°　BC//PQなので，∠PQO＝∠BCO＝45°　∠PROは△PRQの外角なので，∠PRO＝∠QPR＋∠RQP＝60°　△AROは内角の大きさが30°，60°，90°の直角三角形となるので，OR：AO＝$1:\sqrt{3}$　OR＝$\frac{6}{\sqrt{3}}=2\sqrt{3}$　BP＝$\frac{1}{3}$OR＝$\frac{2\sqrt{3}}{3}$　$2<t$のときには，図3のような位置に∠QPRができる。∠PQO＝∠BCO＝45°　∠PQOは△PQRの外角なので，∠PRQ＝∠PQO－∠QPR＝30°　よって，△RAOは内角の大きさが30°，60°，90°の直角三角形となるので，OR：AO＝$\sqrt{3}:1$　OR＝$6\sqrt{3}$　BP＝$\frac{1}{3}$OR＝$2\sqrt{3}$　したがって，$t=\frac{2\sqrt{3}}{3}$，$2\sqrt{3}$

図2

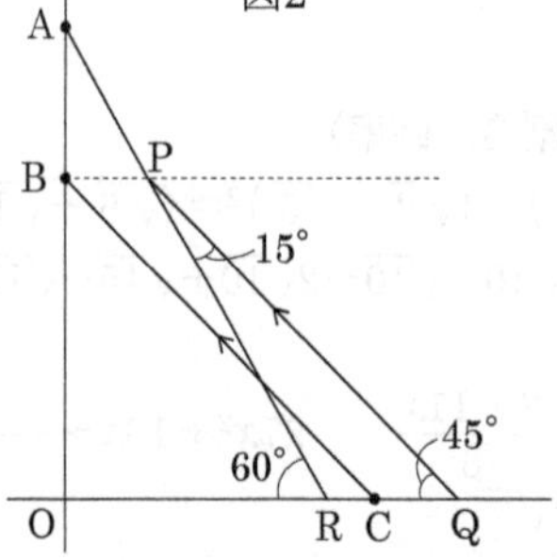

図3

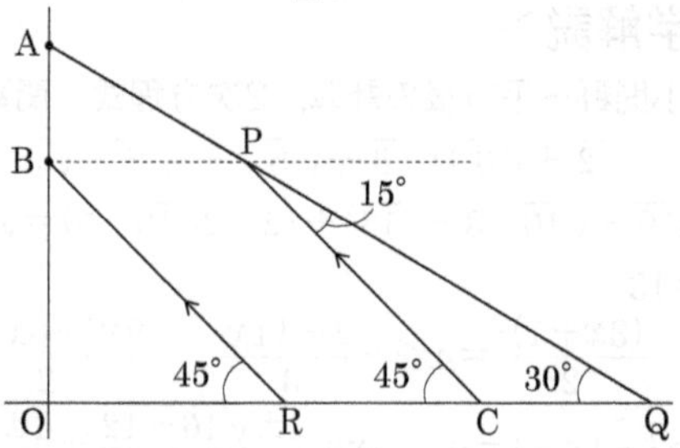

4 （平面図形－面積と長さ，三平方の定理，面積と長さ，図形の移動，相似，円の性質）

〔1〕 点BからOAに垂線を引き，OAとの交点をIとする。BI＝6なので，△OABの面積は$\frac{1}{2}\times5\times6=15$　△OABの面積を，ABを底辺として求めることもできる。IA＝2，BI＝6だから，AB＝$\sqrt{4+36}=2\sqrt{10}$　$\frac{1}{2}\times2\sqrt{10}\times$OH＝15　OH＝$\frac{15}{\sqrt{10}}$　△AHOで三平方の定理を用いると，$AH^2=OA^2-OH^2=25-\frac{225}{10}=\frac{5}{2}$　AH＝$\frac{\sqrt{5}}{\sqrt{2}}=\frac{\sqrt{10}}{2}$

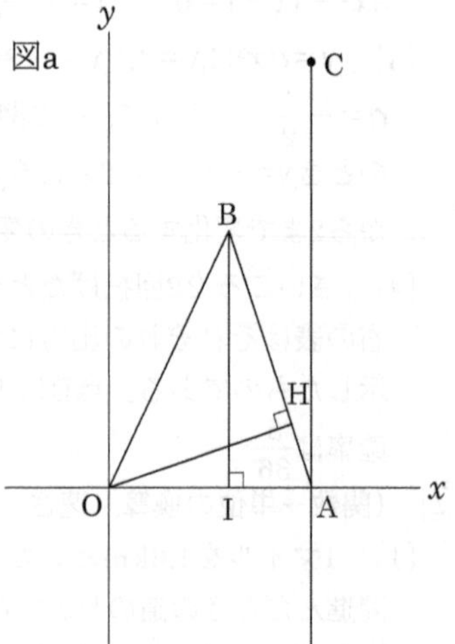

〔2〕 BH＝AB－AH＝$2\sqrt{10}-\frac{\sqrt{10}}{2}=\frac{3\sqrt{10}}{2}$　OH＝$\frac{15}{\sqrt{10}}=\frac{15\sqrt{10}}{10}=\frac{3\sqrt{10}}{2}$　よって，△OHBは直角二等辺三角形である。△OAB∽△OPQなので，∠OBA＝∠OQP　△OHBと

△OAQは相似な直角二等辺三角形となる。よって，
QA＝OA＝5　　Q(5, 5)

図b

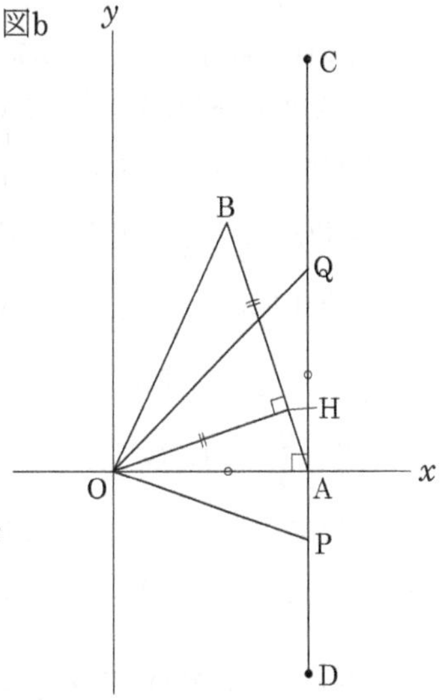

やや難 〔3〕 △OAB∽△OPQだから∠OAB＝∠OPQ　直線OBについて同じ側にある角が等しいから，4点O, A, P, Bは同一円周上にあり，∠OAP＝90°なので，OPはその円の直径である。よって，∠OBP＝90°　　したがって，∠OBQ＝90°となり，△OBQは△OHBと同様に直角二等辺三角形である。よって，∠QOH＝90°　　点Qからx軸に垂線QJを引くと，∠QOJ＝90°−∠AOH＝∠OAH　　よって，△QOJ∽△OAH　　QJ：OH＝JO：HA＝QO：OA　　QJ：$\frac{3\sqrt{10}}{2}$＝JO：$\frac{\sqrt{10}}{2}$＝QO：5　　ところで，△QOBは直角二等辺三角形だから，QO＝$\sqrt{2}$OB　　OB＝$\sqrt{OI^2+BI^2}$＝$\sqrt{9+36}$＝$3\sqrt{5}$なので，QO＝$3\sqrt{10}$　　よって，JO：$\frac{\sqrt{10}}{2}$＝$3\sqrt{10}$：5から，JO＝3　　QJ：$\frac{3\sqrt{10}}{2}$＝$3\sqrt{10}$：5から，QJ＝9　　したがって，Q(−3, 9)

図c

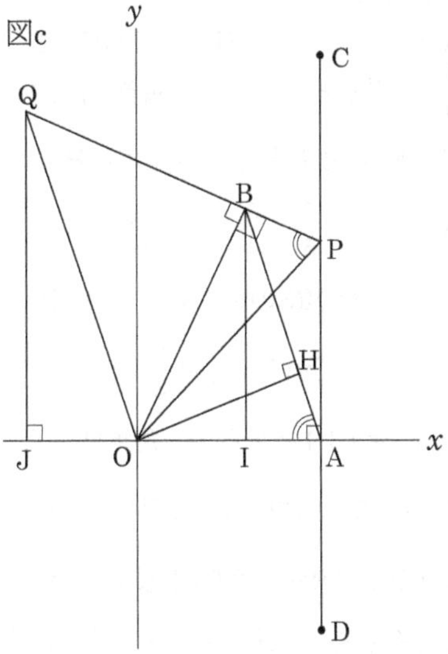

＋α 5 **(空間図形ー辺の比と面積・体積，三平方の定理，線対称，相似，面積の比，長さ)**

重要 〔1〕 ADを通る面ABCに垂直な平面が面ABCと交わる直線をℓとし，点Z, Dから直線ℓに垂線ZT, DUを引くと，ZT：DU＝AZ：AD＝4：5　　三角錐ABCDと三角錐ABCZは底面が等しいので体積の比は高さの比に等しい。よって，三角錐ABCDと三角錐ABCZの体積の比はDU：ZT＝5：4　三角錐ABCZと三角錐AXYZは高さが△ABCと△AXYを底面とみたときの高さが共通だから，△ABCと△AXYの面積の比が体積の比となる。線分BYを引くと，高さが共通な三角形の面積の比が底辺に等しいことを用いて，△AXY＝$\frac{1}{3}$△ABY，△ABY＝$\frac{1}{2}$△ABC　　よって，△AXY＝$\frac{1}{3}$×$\frac{1}{2}$△ABC＝$\frac{1}{6}$△ABC　　三角錐ABCZと三角錐AXYZの体積の比は6：1　　三角錐AXYZの体積は三角錐ABCZの体積の$\frac{1}{6}$であり，三角錐ABCZの体積は三角錐ABCDの体積の$\frac{4}{5}$だから，三角錐AXYZの体積は三角錐ABCDの体積の$\frac{1}{6}$×$\frac{4}{5}$＝$\frac{2}{15}$　　したがって，三角錐AXYZの体積は$\frac{2}{15}$Vと表せる。

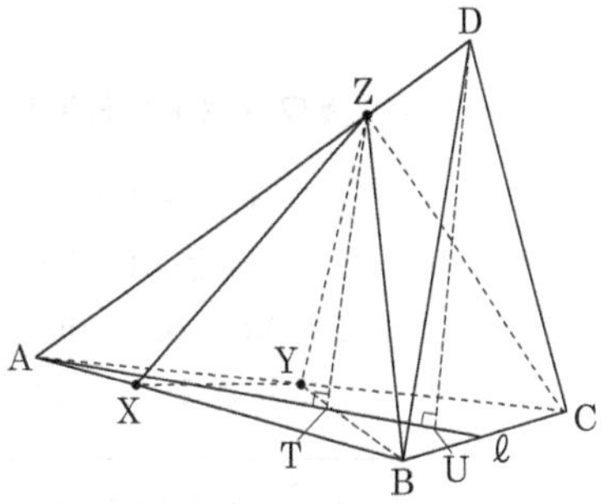

〔2〕 内角の大きさが30°，60°，90°の直角三角形の辺の比は2：1：$\sqrt{3}$である。EGとFHの交EGとFHの交点をMとすると，点Fと点Hは直線EGについて対称なので，FM＝HM，FH⊥EG　よって，∠EFM＝30°，∠GFM＝60°となり，△EFM∽△FGM　EF：FG＝1：$\sqrt{3}$であり，相似な図形の面積の比は相似比(辺の

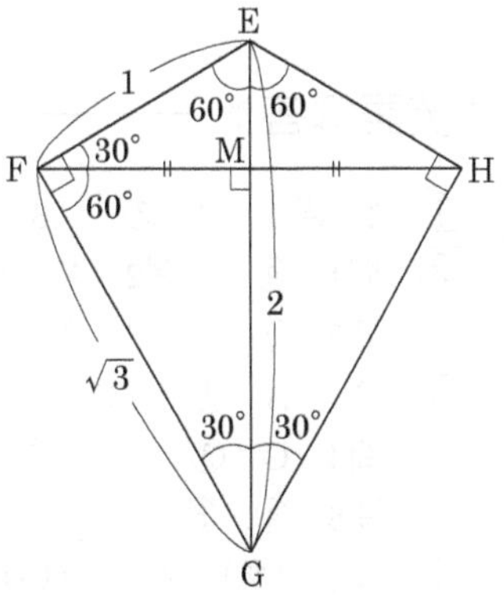

長さの比)の2乗に等しいから，△EFMと△FGMの面積の比は$1^2:(\sqrt{3})^2=1:3$　よって，△EFHの面積と△FGHの面積の比は1：3

やや難 〔3〕 四角錐OEFGHの体積をVとすると，△EFH：△FGH＝1：3だから，三角錐OEFH，三角錐OFGHの体積はそれぞれ，$\frac{1}{4}$V，$\frac{3}{4}$Vと表せる。三角錐OPQSの体積は，底 面をOPQとすると，△OPQ＝$\frac{2}{5}\times\frac{3}{4}$△OEF，点Sから面OEFまでの距離は点Hから面OEFまでの距離の$\frac{x}{1}=x$なので，$\frac{2}{5}\times\frac{3}{4}\times x\times\frac{1}{4}\mathrm{V}=\frac{3}{40}x\mathrm{V}$…①　同様にして，三角錐OQRSの体積は，△OQR＝$\frac{3}{4}\times\frac{2}{3}$×△OFG，高さの比が$x$：1だから，$\frac{3}{4}\times\frac{2}{3}\times x\times\frac{3}{4}\mathrm{V}=\frac{3}{8}x\mathrm{V}$…②　△EFG：△EHG＝1：1だから，三角錐OEFG＝三角錐OEHG＝$\frac{1}{2}$V　三角錐OPQRの体積は，底面を△OPQとすると，△OPQ＝$\frac{2}{5}\times\frac{3}{4}$△OEF，点Rから面OEFまでの距離は点Gから面OEFまでの距離の$\frac{2}{3}$なので，$\frac{2}{5}\times\frac{3}{4}\times\frac{2}{3}\times\frac{1}{2}\mathrm{V}=\frac{1}{10}\mathrm{V}$…③　三角錐OPRSの体積は，底面を△OPSとすると，△OPS＝$\frac{2}{5}\times\frac{x}{1}$△OEH，点Rから面OEHまでの距離は点Gから面OEHまでの距離の$\frac{2}{3}$なので，$\frac{2}{5}\times\frac{x}{1}\times\frac{2}{3}\times\frac{1}{2}\mathrm{V}=\frac{2}{15}x\mathrm{V}$…④　四角錘OPQRSの体積なので，①＋②＝③＋④　$\frac{3}{40}x\mathrm{V}+\frac{3}{8}x\mathrm{V}=\frac{1}{10}\mathrm{V}+\frac{2}{15}x\mathrm{V}$　$\frac{9}{20}x\mathrm{V}=\frac{1}{10}\mathrm{V}+\frac{2}{15}x\mathrm{V}$　両辺を60倍して，$27x\mathrm{V}=6\mathrm{V}+8x\mathrm{V}$　$19x\mathrm{V}=6\mathrm{V}$　$x=\frac{6}{19}$

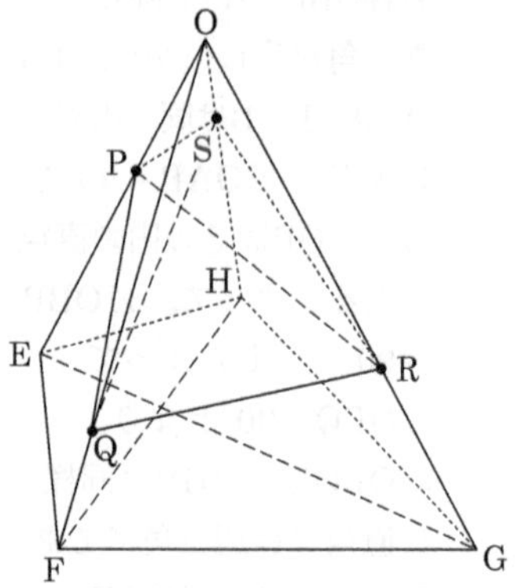

★ワンポイントアドバイス★

1の〔4〕は表を作ると手際よくできる。2の〔2〕はxとyの値の組を2組作って，それぞれをwとℓに直すとよい。3の〔3〕は，三角形の外角の定理を用いると内角の大きさが30°，60°，90°の直角三角形ができていることに気づく。4はともかく図を書いてみること。5の〔3〕は前の小問をどう利用するかを考える。

+α は弊社HP商品詳細ページ(トビラのQRコードからアクセス可)参照。

＜英語解答＞

1　1 ④　2 ③　3 ①　4 ③　5 ②

2　問1 ④　問2 A ④　B ①　C ③　D ②　問3 ④　問4 ①
問5 ③　問6 ②　問7 ③　問8 ①　問9 ④　問10 ⑥，⑧

3　問1 A ③　B ①　C ④　D ②　問2 never，money　問3 ④
問4 G ③　H ①　I ④　問5 ①　問6 attractive　問7 ④
問8 ④，⑤

4　問1 (あ) ④　(い) ②　(う) ②　(え) ②　(お) ④　問2 I ②

Ⅱ ⑤　問3 6　問4 ④　問5 ア，エ，オ　問6 40 ⑥　42 ⑦
42 ⑧　43 ①　問7 ②，③

○配点○

1 各3点×5　2 問2 4点(完答)　他 各2点×10

3 問1・問2・問6 各4点×3(問1・問2各完答)　他 各2点×8

4 問3・問5・問6 各4点×3(問5・問6各完答)　問4 3点　他 各2点×9　計100点

＜英語解説＞

1 リスニング問題解説省略。

2 **(長文読解問題・物語文：語句選択補充，文整序，内容吟味，英問英答)**

(全訳) 昔，ある小さな村に，リーという名の若い少女がいた，彼女はフルートを吹くことが好きだ。

ある日，リーが森の中を歩いていると，小さなけがをした鳥を見つけた。それは傷ついた羽があって飛ぶことができなかった。リーはその鳥を家に連れて行って，良くなる(あ)まで世話をした。彼女は何日もえさを与え，暖かくしてやった。

Aその鳥が良くなるにつれて，リーは何か妙なことに気づき始めた。彼女がフルートを吹くたびに，その鳥は活発になって注意深く聞くのだ。彼女はある実験をしてみることにしてフルートで音楽を演奏した。驚いたことに，その鳥は羽を動かし始めたのだ，踊ろうとしているかのように！

Bリーはわくわくして，何時間もフルートを吹いてその鳥の踊りを見守った。2人は本当に親しい友人になり，村人たちは彼女たちが一緒に野原で遊んでいるときにしばしば彼女たちを見かけた。

Cある日，ある男性が村に到着した。彼は世界を旅しながら商品を買ったり売ったりしていた。彼は有名な音楽家でもあった。彼はその美しいメロディーで世界中に知られていた。彼がリーのフルートの音を聞いたとき，彼は驚いた。彼はそれまでにそのような美しい音を聞いたことがなかった。

Dその男性はリーのところへやって来て，彼の旅に加わるように頼んだ。彼は音楽について自分が知っているすべてのことを教え，彼女が彼のような立派な音楽家になる手助けをすることを約束した。リーはとてもうれしくなって，彼と一緒に行くことに同意した。

彼女たちが一緒に旅をしている間，男性はリーに音楽の決まりすべてを，作曲のし方を，そしてトランペット，ピアノ，サックスフォンなどのいろいろな楽器の弾き方を教えた。リーは覚えが早く，すぐに(い)鳥を連れた有名な演奏家になった。

ある日，その男性は王から手紙を受け取った。王は大きな祭りを行おうとしていて，そこでその男性に演奏してほしかったのだ。男性は光栄に思ったが，自分の演奏を感動的なものにするために何か特別なものが必要であることがわかっていた。彼はある考えが浮かんだ。

彼はリーに，鳥が音楽に合わせて踊る間にフルートを吹いてくれるように頼んだ。リーは最初ためらったが，男性は彼女にそれは驚くような光景になるだろうと言った。彼女たちは何週間も練習し，やがて群衆を感動させるであろう演奏を行っていた。

ついに，祭りの日がやって来た。何千人もの人々が演奏を観に集まり，男性とリーは緊張していた。彼らは舞台にあがり，リーがフルートを吹き始めた。鳥が彼女の肩に飛び乗って踊り始めた。

群衆は静かにしていて，目の前の美しい光景に驚いていた。音楽が盛り上がるにつれて，鳥は飛んでいるかのように羽を動かし始めた。群衆は興奮して拍手をし，リーと男性は聴衆におじぎをした。

演奏の後，王が彼らに近寄った。彼はとても感動していたので，リーに音楽家としての彼の城での地位を申し出た。リーはとても喜んで，その提案を受け入れた。

そうしてリーは城の音楽家になった。彼女は王と盛大な行事やパーティーのためにフルートを吹いた。彼女は決して初めのころを忘れず，彼女が自分の音楽への情熱を見つける助けをしてくれた小鳥をいつも忘れずにいた。

基本 問1　空所の前の「それ(＝鳥)の世話をした」と，後の「それは良くなった」のつながりとしてuntil「～するまで」を入れると文意が成り立つ。

重要 問2　全訳を参照。　A　直前で，連れ帰って世話をしていた鳥が良くなってきたことが述べられているので，鳥が回復しつつあるときのことを述べた④を続けると話の流れが自然になる。

B　鳥がフルートの音色に合わせて踊るようにして羽を動かせる様子に対するリーの反応を述べた①が適切。　C，D　話が展開し，ある男性が登場する。ここで初めて登場するので，a manと表されて男性がどのような人物であるかを説明している③を入れ，その男性を指してThe manと表されてリーの村に来てどうしたのかを説明している②を続ける。

問3　空所を含む文のquick learnerは「早く学ぶ人，学ぶのが早い人」という意味。空所を含む段落で有名な音楽家の男性が音楽についてさまざまなことをリーに教えたことが述べられているので，リーは教えられたことを学び取ることが早かったと考えられる。したがって，その結果として適切な④「鳥を連れた有名な演奏家になった」が適する。

問4　下線部an idea「ある考え」の具体的な内容は次の段落で，「彼はリーに，鳥が音楽に合わせて踊る間にフルートを吹いてくれるように頼んだ」と述べられているので，①「リーと鳥と一緒に演奏する」が適切。　②「何か特別なことを必要とする」は演奏以外の特別なことについての具体的な記述がないので不適切。③「王に賞品を求める」，④「夜に盛大な祭りを催す」は，物語の流れとして不自然。

問5　質問は，「王はその男性に盛大な祭りで何をしてほしかったのですか？」という意味。王の城で演奏した後，王はリーに音楽家としての彼の城での地位を申し出て，リーはそれを受け入れて王と盛大な行事やパーティーのためにフルートを吹いたことから，③「楽器を演奏する」が適切。　①「色鮮やかなボールを使って演奏する」，②「手品をする」，④「彼に有名な鳥を見せる」はいずれも本文中に該当する記述がない。

問6　質問は，「リーはなぜコンサートに参加することを決心したのですか？」という意味。第8段落に男性が王から祭りで演奏することを依頼されたことが述べられ，続く第9段落第1，2文で男性がリーにフルートを吹いてくれるように頼んだこと，リーは最初ためらったが，男性が彼女にそれは驚くような光景になるだろうと言ったことが述べられている。この後，2人は何週間も練習したことが述べられているので，リーがコンサートに出る決心をしたのは男性の言葉がきっかけだったとわかる。したがって，②「男性が彼女にそれはすばらしい光景になるだろうと言った」が適切。①「男性は，それは王の命令だと言った」，③「男性は，彼女が拒否すれば聴衆はがっかりするだろうと言った」は本文中に記述がない。リーは祭りの後で王から城で音楽家としての地位を与えられるが，これはコンサートの結果としてのことなので，④「男性は，王が彼女に仕事を与えるだろうと言った」も不適切。

問7　質問は，「演奏の間，鳥はリーのフルートの音楽に合わせて何をしましたか？」という意味。第10，11段落にコンサートでのリーの演奏の様子が述べられている。第10段落最後の2文で鳥がリーの演奏が始まると彼女の肩に乗って踊り始めたことが述べられているので，③「それは彼女の肩に乗って踊った」が適切。①「それは彼女の肩で眠った」，②「それは1匹だけで歌い出した」，④「それは舞台から飛び去った」はいずれも本文中に記述がない。

問8　質問は，「群衆は演奏のときになぜ静かにしていたのですか？」という意味。第11段落第1文に「群衆は静かにしていて，目の前の美しい光景に驚いていた」とあるので，群衆は演奏のすばらしさに驚いて何も言えず静かにしていたと考えられる。したがって，①「演奏がすばらしかった」が適切。②「群衆はあまりに緊張していた」，③「群衆には何も聞こえなかった」，④「音楽が悲しげなものだった」はいずれも第11段落第1文の内容に合わないし，そのような記述もない。

問9　質問は，「祭りでの演奏の結果は何でしたか」という意味。第11段落最終文から群衆が演奏を聞いて興奮して拍手を送ったことが述べられている。また，第12段落に，演奏の後で王がリーのところへ来て，彼の城の音楽家にすることを申し出ているので，④「群衆は喜び，リーは王から仕事を受けた」が適切。①「群衆はそれが気に入らず，祭りを去った」，②「男性とリーは緊張して舞台を去った」，③「王はそれが気に入ったが，群衆はそれに退屈していた」はいずれも第11，12段落の内容に合わない。

問10　①「リーは森を歩いているときに，脚をけがしている2羽の鳥を見つけた」(×)　第2段落第1文参照。リーが見つけた鳥は1羽で，けがをしていたのは脚ではなく羽である。②「リーが森で鳥を見つけたとき，その両方の羽が傷ついていた」(×)　第2段落第2文参照。It had a broken wing と wing に a がついているので，傷ついていた羽は片方のみである。③「男性はリーのギターの技術に驚いた」(×)　空所 C に入る段落から，男性が驚いたのはリーのギターの技術ではなく，フルートの技術だったことがわかる。④「男性はリーに，彼が音楽について知っているすべてのことを鳥に教えると約束した」(×)　空所 D に入る段落の第2文参照。男性が音楽について自分の知っているすべてを教える約束をした相手はリーである。⑤「男性はリーに絵の描き方を教えた」(×)　第7段落に男性がリーに教えたことが述べられているが，絵の描き方については述べられていない。⑥「リーと男性は，祭りの前に何週間も演奏の練習をした」(○)　第9段落最終文の内容に合う。⑦「王自身も楽器を演奏した」(×)　王が楽器を演奏したという記述はない。⑧「リーは，王が彼女にこの先も彼のために演奏してくれるように頼んだときとてもうれしかった」(○)　第12段落の内容に合う。

3　**(長文読解問題・物語文：文整序，語句補充，語句選択補充，内容吟味)**

(全訳)　パメラ・クレイポールが56歳のとき，彼女の全人生が変わった。突然めまいを感じたとき，彼女は庭で作業をしていた。彼女が覚えているのはそれがすべてだ。近所の人たちが彼女を見つけた。彼女は地面に横になっていた。近くの病院で，医者たちはそれは脳卒中だと言った。A彼女は左半身を動かすことができず，見たり聞いたり話したりすることができなかった。彼女は少しずつ良くなった。B数か月で，彼女は再び左半身を使えるようになり，聞いたり話したりすることができるようになった。Cしかし，まだ見ることはできなかった。D彼女の医者たちは，生涯見ることはできないかもしれないと言った。

パメラは結婚しておらず，1人で暮らしていた。彼女は何も見えない間に生きるすべを学び始めたが，それは難しかった。ときどき，彼女は脳卒中から生き残ったことを後悔した。しかし，時が経つにつれて彼女は適応するようになった。彼女にできないことはほんの少ししかなかった。例えば，何かが壊れれば，彼女の友人たちが手伝った。

脳卒中から3年ほど経ったある日の朝，パメラは皿を洗っていて水が台所の流しから出て行かないことに気づいた。たぶん詰まっていたのだろう。「ミッチに電話して」と彼女の友人が彼女に言った。ミッチは地元の修理工だった。彼は人々のために物を修理し，彼らの家中の仕事の手伝いをした。彼は50歳で結婚していなかった。彼は自分の仕事が大好きだった。

パメラはミッチに電話をした。「あなたは物の修理が得意だそうですね。台所の流しのことで困っているんです。来てもらえますか」と彼女は言った。

「すぐに行きますよ」とミッチは彼女に言った。彼は数分で流しを直した。「すべて終わりました」と彼は言った。

「ありがとうございます。いくらお支払すればいいですか」とパメラは尋ねた。

「いりませんよ。でもお茶でも一杯いただければ」とミッチは言った。

パメラはお茶を入れて，彼女とミッチは台所のテーブルについて話をした。彼は彼女にいつでも喜んで手伝うと言った。

それから2年にわたり，ミッチは物を修理したりパメラと一緒に庭仕事をするために彼女の家にしばしばやって来た。しかし，(E)彼は一度もやった仕事に対してパメラからお金を受け取らなかった。彼は，一杯のお茶と少し話ができれば十分だと言った。実は，ミッチはパメラに恋をしていたのだ。しかし彼は決して彼女に言わなかった。ミッチは魅力的な男性ではなかった。「彼女に私が見えたらF私を好きにならないだろう」と彼は思っていた。

ある朝，パメラは早く目が覚めた。彼女が枕の上で頭の向きを変えると，ベッドの隣の目覚まし時計の2つの針が見えた。午前5時30分だった。見えたのだ！　彼女は家の玄関へ走って行き，外を見た。花々，木々，そして通りの向こうの家々が見えた。彼女は喜んで泣いた。それから電話のところへ行って最良の友，ミッチに電話をした。

「もしもし，ミッチ」と彼女は言った。「G緊急事態よ！　すぐに来てちょうだい！」

ミッチはパメラの電話の呼び出しのことを考えた。朝の5時30分にどんな緊急事態があるというのだろうか。水だらけになっているのか。誰かが何かを盗みに家に入ろうとしているのか。彼はパメラの家に急いだ。

パメラが玄関のドアを開けた。「Hパメラ，大丈夫かい？」とミッチが言った。パメラはほほえんで，「Iあなたの目は茶色いのね」と言った

「何だって？　見えるのかい？」

「そうよ！」パメラはそう言ってミッチに両腕をかけた。ミッチはパメラのことでうれしく，自分のことでもうれしかった。「彼女には私が見えて，Jそれでも私のことが好きなんだ」と彼は思った。

数週間後，ミッチはパメラに結婚してくれと頼み，彼女は受け入れた。彼は，「私は初めて流しを修理しに来たときからずっとあなたが好きだったんだ」と言った。

「一体どうして言ってくれなかったの？」とパメラは彼に尋ねた。

「私はK魅力的ではないから，あなたは私を受け入れてくれないだろうと思っていたんだ」とミッチは言った。

「私はあなたの見た目なんか気にしないわ」とパメラはミッチに言った。「私は何年もの間あなたが好きだったのよ」

「ええと，どうして私に言ってくれなかったんだい？」と彼は尋ねた。

「あなたは私を望まないだろうと思っていたの。L私は目が見えないから」と彼女は答えた。

重要 問1　全訳を参照。　④に「しかし，まだ見ることはできなかった」とあることから，この前ではパメラの健康状態が良くなっていったことが述べられていると考えられる。したがって，健康状態が良くなっていく過程を順に述べるように，A，Bに③，①と入れ，A「最初は左半身を動かすことができず，見たり聞いたり話したりすることができなかった」→「少しずつ良くなった」→B「数か月で，左半身を使えるようになり，聞いたり話したりすることができるようになった」という流れにする。②は目の状態に関する医者の発言内容なので，④の後に入れるのが適切。

問2　下線部の直前で，ミッチは物を修理したり庭仕事をするためにパメラの家にしばしばやって来たことが述べられ，下線部は But で始まっている。また，ミッチが初めてパメラの家に来て

流しを修理した場面では，修理代を受け取らなかったことが述べられていること，下線部の直後では，ミッチは仕事の後で，お茶を飲んで話をするだけで十分だと言ったことが述べられていることから，下線部を，ミッチが金銭を受け取らなかったという内容にするとこの流れに合う。最初の空所の直後が過去形 accepted なので，最初の空所に didn't は入れられない。強い否定の意味を表す副詞 never が適切。2つ目の空所は accepted の目的語なので，money「お金」が適切。

問3　空所を含むミッチの発言は，ミッチがパメラに恋をしていたがそのことを彼女に言わなかったという状況に続いて述べられたもの。ミッチの発言の直前で，ミッチが魅力的な男性ではなかったことが述べられ，それに続いて「もし彼女が私を見ることができたなら」と言っていることから，ミッチにとっては好ましくない結果である④が入る。空所を含む文は仮定法の文なので，過去形の助動詞 would を使う必要がある。

問4　全訳を参照。　空所G以降は，パメラの目が見えるようになってからの2人の対話。まだパメラの目が見えるようになったことを知らないミッチは，パメラが電話で言った emergency「緊急事態」という言葉を気にかけているので，Gに入るパメラの発言としては③「緊急事態よ！すぐに来てちょうだい！」が適切。Hはパメラが玄関のドアを開けたときのミッチの発言。まだミッチはパメラの目のことを知らず，緊急事態と聞いて心配していたと考えられるので，①「パメラ，大丈夫かい？」が入る。Iの発言を聞いて初めてミッチはパメラの目が見えるようになったことを知るので，そのことがわかる④「あなたの目は茶色いのね」が適切。

問5　空所Jを含む文の直前で，パメラはミッチに抱きついて好意を示し，ミッチは目が見えるようになったパメラと自分自身のことを喜んでいる。また，空所を含むミッチの発言の前半「彼女には私が見える」と and でつながれることから，肯定的な内容である①「今も彼女は私を好きだ」が適切。

問6　空所を含むミッチの発言は，ミッチがパメラに好意を持っていることを話さなかった理由を述べたもの。パメラがまだ目が見えなかったときに，ミッチは自分が attractive「魅力的」ではないために，パメラが自分を見ることができたら自分を好きにならないだろうと考えていたので，attractive を入れると物語の内容に合う。

問7　空所を含む文で，パメラがミッチは自分を望まないだろうと考えた理由が述べられているので，空所にはパメラにとって不都合となることや事情が入る。①「一人だ[独身だ]」はむしろ好都合と言えることなので不適切，③「結婚している」は物語の内容に反するので不適切，⑤「あまりきれいではない」は物語の中で述べられていないことなので不適切。②「年をとり過ぎている」と④「目が見えない」が考えられるが，空所の直前の動詞が was と過去形であることから，②も不適切である。正解は④。

問8　①「パメラは子供のときにめまいを感じて地面に横になり，病院へ連れて行かれた」(×)　第1段落第1文を参照。パメラがめまいを感じて倒れたのは56歳のときだった。　②「2人が出会ったとき，パメラは56歳，ミッチは50歳くらいで妻はいなかった」(×)　第3段落第1文から，パメラが56歳で脳卒中で倒れてから3年ほど経ったことがわかる。ミッチがパメラに会ったのはこの頃のことなので一致しない。　③「脳卒中から数か月後，パメラは良くなったが耳が聞こえなかった」(×)　第1段落最後の3文を参照。パメラは耳は聞こえたが目がまだ見えなかった。　④「脳卒中の後の経験はとても大変だったので，パメラは自分が生き延びたことを悲しく思った」(○)　第2段落第1～3文を参照。パメラは最初，目が見えない生活が大変で，脳卒中で死なずに済んだことを後悔していたので一致する。　⑤「最初に修理をした後，ミッチはパメラにいつでも助けを求めてよいと言った」(○)　第8段落でミッチがパメラにいつでも喜んで手伝うと言ったことが述べられているので一致する。 ⑥「ときどきミッチは，パメラが視力を失ってからできなくなったので，彼女のために皿を洗った」(×) 第3段落第1文を参照。パメラは目が見えなかったが，皿を洗うことはできた。 ⑦「ある日の朝5時30分に，ミッチはパメラが再び目が見えるようになったことを喜んで彼女のところへ急いだ」(×) ミッチがパメラの視力が回復したことを知ったのは，早朝にパメラを訪ねたときのこと。パメラに会うまではそのことを知らなかった。

4 (長文読解問題・説明文：語句選択補充，内容吟味，語句整序)

(全訳) ある数字が縁起が良いか縁起が悪いかということを信じるだろうか。もしそうなら，それはあなただけではない。数字に関する迷信は多くの社会で(あ)共通している。例えば，西洋の多くの人々は数字の13は(い)縁起が悪いと信じている。彼らは13日の金曜日にはひどいことが起こるものだと信じている。中には13階がない建物もある。I同様に，中国と日本では数字の4が「死」を表す語と似た音で，しばしば縁起が悪いと考えられる。II一方，7は西洋では縁起の良い数字と考えられている。中国では，「裕福だ」という語と似た音なので8が縁起が良い数字である。

古代には，人々は数字には(う)魔法の力があると信じていた。そして，ある数字は未来を知らせてくれたり，人の性格の隠れた部分を示すことができた。数秘術は数字の力を読み取る技術で，ユダヤ人の伝統やギリシャの数学者たちの間でしばしば用いられた。今日，今でも数秘術を練習している多くの人々は，アルファベットのそれぞれの文字が1から8までの数字の1つに等しいというある仕組みを使う。

この仕組みの働きを示す一例がある。ある人物の名前に関連する数字を見つけるために，まずその名前のそれぞれの文字に適する数字を次の表を使って与える。

1=	A・I・Q・J・Y	2=	B・K・R	3=	C・G・L・S
4=	D・T・M	5=	E・H・N	6=	U・V・W・X
7=	O・Z	8=	F・P		

それからそれらの数字を加えると，名前を表す1から9までの数字が得られる――9よりも大きい数字については(え)それぞれの2つの数字を加える。

例えば，Jamesという名前を例に取ろう：J = 1，A = 1，M = 4，E = 5，S = 3である。これらの数字を合わせると合計14が得られる。14は9よりも大きいので，(え)それぞれの2つの数字を加えて5(1+4)がジェームズという名前を表す数字であることがわかる。

1から9までのそれぞれの数字が性格の(お)異なるタイプを示している。1は指導者の数字で，野心的で自信があり，自分のことは自分でできるが，おそらく他人に何をすべきか言う人である。2は他人を支え，よくコミュニケーションをとり，慎重に考える人を表す。この人物は良きパートナーを作るが孤独を感じるかもしれない。3は交際好きで，熱心で，友好的で人生を楽しむ社交的な人物である。負の面では，この人物は自制ができないかもしれない。4は実践的で，伝統的で，まじめな人の数字である。彼らは熱心に働くが，決まってすることがないと不快に感じるかもしれない。5は冒険を好む人で，他人と良い関係を持つのが上手な友好的な人物である。しかし，彼らはときに簡単に飽きてしまう。6は「幸せな」数字である。このタイプの人物は平和的で他人を気遣う。負の面では，彼らは他人が自分を利用していると感じるかもしれない。7は孤独を好む人物の数字である。この種の人は物事を深く考える人物だ。他方，その人は満足がいかないことを心配するかもしれない。8はお金に恵まれて，すばやく判断するのがとても得意な可能性がある。その一方で，この種の人は他人の感情を理解しない。9は創造的で才能豊かで世界を改善したいと思う人の数字である。この人物は共同体の良き指導者になるかもしれないが，大きな絵を見るのと同様に細かいことも気にかける必要がある。

数秘術にはなにがしかの真実があるだろうか。それはとても人気があるが，科学的な証拠はなく，懐疑的な人はいったいそれが本当かどうか疑っている。例えば，彼らは「(き)数秘術が全世界で本当ならば，それは，異なる言語間にある世界を訳すことから生じる，物や人を表す数字の違いをどう説明するのか」と問いかける。それでも，数秘術は自分の性格をはっきりと理解するためのとても興味深い方法である。

基本 問1 (あ) 空所を含む文の後に，地域の中で数字に関する迷信が同じである例が挙げられているので，④「共通している」が適切。①「不思議な，妙な」，②「難しい」，③「謎めいている」。(い) 13という数字に関して西洋で広く信じられている内容なので，②「縁起が悪い，不吉だ」が適切。①「自然な」，③「野生の」，④「幸運な」。(う) 空所を含む文の直後に「ある数字は未来を知らせてくれたり，人の性格の隠れた部分を示すことができた」とある。こうした人間の能力を超えるような数字の性質を表すものとして適切なのは，②「魔法の力」。①「独特の才能」，③「多くの情報」，④「長い歴史」。(え) 文字に対応する数字を足して9よりも大きな数字になった場合の対応法を説明している部分。空所を含む文で14という9よりも大きい数を，1と4を足して5という結果を出していることから，14のそれぞれ1と4を足すということがわかる。「それぞれの」の意味を持つ②が適切。①「魔法の」，③「二重の」，④「意味のある」。(お) 空所を含む文の後で，1から9までの数字が表すそれぞれ異なる性格について説明されているので，④「異なる」が適切。

問2 Ⅰ 空所の前後で，西洋と中国や日本で縁起が悪いとされる数字について述べられている。同様の例を並べているので，②「同様に」が適切。Ⅱ 空所を含む文の直前では縁起が悪いと考えられている数字について述べられているが，空所の後では逆に縁起が良いと考えられている数字について述べられているので，⑤「その一方(で)」が適切。①「ところで」，③「さらに」，④「もちろん」，⑥「簡単に言えば」。

問3 最初に Elizabeth という語のそれぞれの文字に対応する数字を加える。E =5，l = 3，i = 1，z = 7，a = 1，b = 2，e = 5，t = 4，h = 5で，合計すると33で9よりも大きいので3と3を足して6となる。

問4 英語の説明は，「社会の慣習に従い，言われたことをする人物」という意味で，当てはまるのは④の「実践的で，伝統的で，まじめな人」。

やや難 問5 下線部は「大きな絵を見るだけでなく，その細かいところにも気をつける」という意味で，広い考え方ができるし，細かいことにも気をつけて考えることができることを表している。小さなことについても大きなことについても考えられるという内容に合うものとしては，ア「状況をよく理解する」，エ「小さな物事を見て大きな考え方をする」，オ「つまらないことに注意を払い，広い視点から物事を見る」。イ「自然を保護するために森の手入れをする」，ウ「細かいことには注意を払わずに広い考え方をする」。

重要 問6 (If numerology is true all over the world, then how) does it explain the differences in the number for an object (or a person, from translating a world between different languages?) 疑問詞 how の後は疑問文の語順になるので，does it explain とする。この it は文前半の numerology を指す。the difference と an object と a person が or でつながれることが考えられることから，「物事あるいは人物を表す数字の違い」という意味のまとまりを explain の目的語にする。

問7 ①「日本では，数字の8が幸運と考えられているが，4は縁起が悪いと考えられている」(×)

第1段落最終文を参照。8が幸運の数字と考えられているのは日本ではなく中国である。 ②「昔，人々は，数字は未来を予測できると信じていた」(○) 第2段落第1，2文の内容に合う。 ③「数秘術の仕組みでは，最初に人の名前のそれぞれの文字を数字に変えなくてはならない」(○) 第3段落，第4段落の内容に合う。 ④「3と7を代表する人々は人と一緒にいることを好む」(×) 第6段落で，7は孤独を好む人物の数字であると述べられているので一致しない。 ⑤「数字の5を代表する人は長い期間にわたって同じことをするのを好む」(×) 第6段落で，5は冒険を好む人であり，ときに簡単に飽きてしまうことがあると述べられているので一致しない。 ⑥「数字の8を代表する人はリーダーシップをとってより良い世界を作ることができる」(×) 第6段落で，8を代表する人について，お金に恵まれて，すばやく判断するのがとても得意だが，他人の感情を理解しないと述べられているので一致しない。リーダーの資質を持つのは1を代表する人物である。 ⑦「数秘術の背後には科学的な事実があるので，中にはそれが本当であると信じる人もいる」(×) 最終段落第2文に，数秘術には科学的な証拠はないと述べられているので一致しない。

★ワンポイントアドバイス★

2の問2の文整序問題では，与えられている選択肢にある a man など，物語で初めて出てくる名詞に着目しよう。特に，a や an がついた名詞が次に the がついて出てきていればおのずと並べる順番が決まる。

＜理科解答＞

1 (1) 1 ① 2 ② 3 ① (2) 火砕流 (3) ① (4) ⑤ (5) 6 ③ 7 ①

2 (1) ② (2) ③ (3) ② (4) ① (5) ⑤ (6) ③

3 (1) ③ (2) ⑥ (3) ① (4) ⑨ (5) ⑥ (6) ⑧ (7) ④

4 (1) 生態系 (2) ⑥ (3) ③ (4) ③ (5) 24 ② 25 ③

5 (1) ③ (2) ② (3) ④ (4) ③ (5) ② (6) ⑧

6 (1) ① (2) ① (3) 34 ② 35 ④ (4) ③ (5) ②

7 (1) 38 ⑥ 39 ④ (2) 慣性 (3) 40 ④ 41 ③

8 (1) 菌糸 (2) 42 ② 43 ① (3) 44 ④ 45 ⑤ (4) ③ (5) ③

○配点○

1 各2点×6((1)完答) 2 (6) 3点 他 各2点×5

3 (7) 3点 他 各2点×6 4 各2点×6 5 (6) 3点 他 各2点×5

6 (1)・(2) 各2点×2 (3) 各1点×2 他 各3点×2 7 各2点×5

8 (2) 3点(完答) 他 各2点×5 計100点

＜理科解説＞

1 (火山と火成岩，地層と地史－火山と火成岩，地層と柱状図)

重要 (1) スケッチ①の火山灰には，有色鉱物の割合が多いので，マグマのねばりけが小さく，おだやかな噴火をする火山である。一方，スケッチ②の火山灰には，無色鉱物の割合がが多いので，マグマのねばりけが大きく，爆発的な噴火をする火山である。

重要 (2)　火砕流は，溶岩ドームがくずれるなどして発生する。

やや難 (3)　南北に位置している標高が710mの地点Bと標高が720mの地点Dの地層を比べると，図aのように，地点Dの10m下の地層と地点Bの地表の地層が一致するので，地層は南北は水平になっていることがわかる。一方，東西に位置している標高が740mの地点Cと標高が720mの地点Dの地層を比べると，図bのように，地点Cの20m下の地層が地点Dの地表の地層より10m下がっているので，地層は東に下がるように傾いていることがわかる。

図a　　図b　　図c

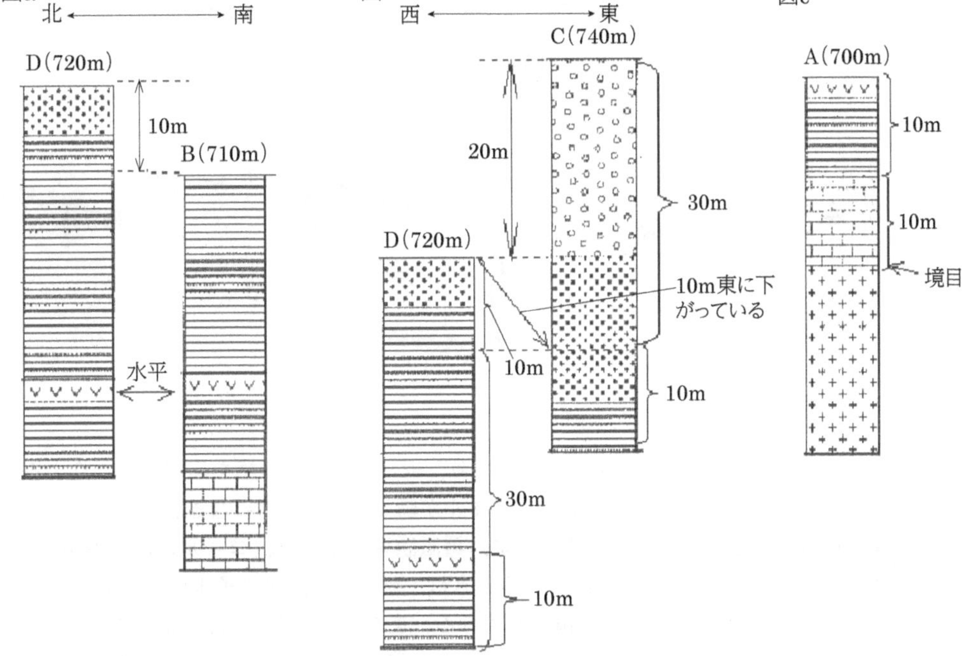

やや難 (4)　図bからもわかるように，地点Cの最も下の10mの地層と地点Dの最も上の10mの地層は同じである。また，図cのように，地点Dの最も下の10mの地層は地点Aの最も上の10mの地層と同じになっていて，石灰岩の地層と花こう岩の地層の境目が，さらに10m下にあるので，地点Cでは，40(m)＋30(m)＋10(m)＝80(m)下に石灰岩の地層と花こう岩の地層の境目がある。

重要 (5)　フズリナは，古生代の暖かくて浅い海に繁殖し，その後絶滅した原生生物の仲間である。

[2] (物質の性質・状態変化ー水の状態変化)

重要 (1)　氷が水に浮かんでいる場合，水がこおって膨張した部分が水面から上に出ているので，氷がとけても水面の高さは変わらない。

(2)・(3)　時刻Q～Rでは，丸底フラスコ内の水と空気の両方があたためられて温度がしだいに上がるので，空気が大きく膨張して水を押すため，水だけが出ていく。

(4)　時刻R～Sでは，ガラス管からは水は出ていかなくなり，膨張した空気だけが出ていく。

やや難 (5)　同じ加熱装置を用いて100gの水を温めたところ，5分で温度上昇が，60(℃)－10(℃)＝50(℃)だったので，1分で，50(℃)÷5＝10(℃)上昇したことになる。一方，時刻R～Sでは，4分で温度上昇が20℃だったので，1分で，20(℃)÷4＝5(℃)になる。また，水の温度上昇は，水の量に反比例するので，このとき，丸底フラスコの中に残っていた水は，$100(\mathrm{g})\times\frac{10(℃)}{5(℃)}=200$

(g)である。したがって，時刻Q～R間で移動した水は，300(g)－200(g)＝100(g)である。

基本 (6) ガラス管の先からは水蒸気が出てくるので無色であるが，まわりの空気によって冷やされることで水滴になり，少し離れた所では，湯気が見える。

3 (磁界－コイルのまわりの磁力線，電磁誘導とLED)

基本 (1) 導線の周りには，図dのように，右回りの磁力線ができる。

基本 (2) 図2のように右回りの電流が流れると，コイルの中心には，紙面の手前から奥に向かって磁力線が生じる。

(3) 図eのように，コイルの上側の部分には左側から右側に向かって電流が流れ，磁力線が上向きになるので，フレミングの左手の法則により，コイルの上側の部分は右側に力を受ける。同様に他の部分も同じ向きに力を受けるので，コイル全体としては，磁石に近づくように，右側に動く。

図 d

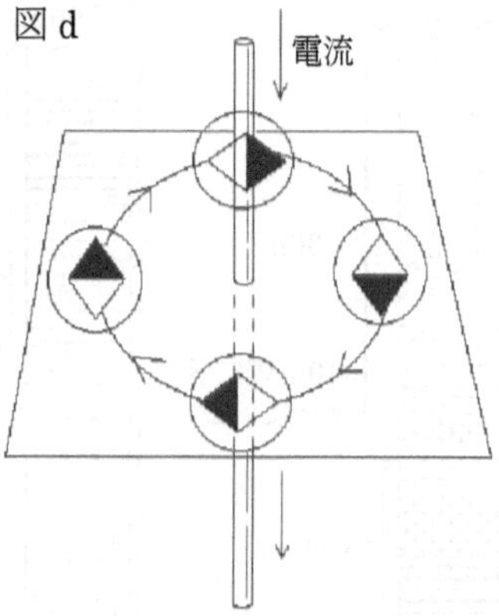

図 e

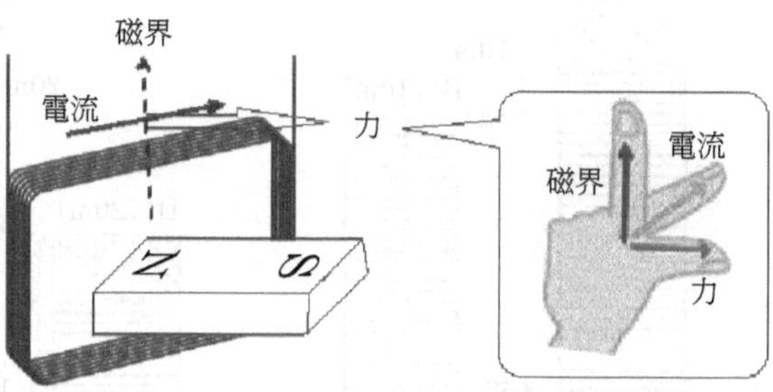

(4) コイルに流れる電流の向きを反対にしたり，近づける磁石の極を反対にしたりすると，コイルに加わる力の向きが反対になるので，コイルが動く向きも反対になる。

やや難 (5) コイルの近くで磁界が変化するときに，電磁誘導によって，コイルには誘導電流が流れる。この場合，図5で，磁石がAの位置にあるときは，磁石のN極がコイルに近づくので，コイルの上端から磁力線が出ていくように電流が流れる。また，磁石がCの位置にあるときは，磁石のS極がコイルから遠ざかるので，コイルの下端から磁力線が出ていくように電流が流れる。さらに，図4では，赤色LEDと緑色LEDがコイルに並列につながり，あしの長い方が反対につながっているので，赤色LEDが光るときは緑色LEDは光らず，反対に，緑色LEDが光るときは赤色LEDは光らない。

重要 (6) 磁力を強くしたり，コイルの巻き数を多くすると，コイルに流れる誘導電流も大きくなる。

(7) 図6では，赤色LEDと緑色LEDがコイルに直列につながり，あしの短い方どうしがつながっているので，電流の向きがどちらであっても，赤色LEDと緑色LEDのどちらにも電流が流れず，どちらも光らない。

重要 4 (生態系・環境，植物の種類－炭素の循環，植物の分類)

(1) ある地域において，生息しているすべての生物と取り巻く環境を合わせて生態系という。

(2) すべての生物は呼吸を行うことで，酸素を吸い，二酸化炭素を排出する。

(3) シダ植物のスギナ，コケ植物のゼニゴケ，藻類のミカヅキモは光合成を行うので，生産者の仲間である。なお，甲殻類のミジンコは消費者であり，菌類の酵母とシイタケは分解者の仲間である。

(4) 0.04％は，$\frac{0.01}{100}\times1000000=400$(ppm)である。

(5) 双子葉類のヒマワリなどは，子葉が2枚・主根と側根・網状の葉脈であり，ツユクサなどの単子葉類などは，子葉が1枚・ひげ根・平行な葉脈である。

5 （気象・天気，恒星・宇宙－天気と天気図，天体観測）

重要 (1) 図1に見られる停滞前線は，太平洋高気圧とオホーツク海高気圧がぶつかってでき，梅雨や秋雨のときに見られる。なお，寒冷前線が温帯前線に追いついてできるのは閉塞《へいそく》前線である。

重要 (2) 台風は熱帯低気圧が発達したもので，中心に向かって左回りに風が吹きこむので，台風の右側の風が強くなる。また，台風が近づくと気圧が低くなるので，海水面が高くなる。実際に，図2の台風によって，瀬戸内海側で高潮による被害があった。

(3) 冬に起こるフェーン現象では，北西の季節風が吹くことで，日本海側に雪や雨が降り，太平洋側には乾燥した暖かい風が吹く。一方，図3のように夏に起こるフェーン現象では，風上側の太平洋側では湿った暖かい風が吹き，風下側の日本海側は乾燥した高温の風が吹く。

基本 (4) 天の川は，地球が属している銀河系の中心付近に見える恒星の集まりである。

重要 (5) 北極星は真北に見える。また，北極星が見える高さはその地点の緯度に等しい。さらに，北極星を中心とする各恒星が動いた角度が約30°なので，撮影にかかった時間は，$30° \div 15° = 2$(時間)である。

(6) この日は月の条件が良く，夜空は暗かったことから新月であったことがわかる。また，金星は日没後の西の空に見えたので，太陽の方角の右側が光って見える。さらに，火星は比較的長い時間見えたので，地球の真夜中に見えるエの位置にある。

6 （酸・アルカリ・中和－中和）

基本 (1) 塩酸と水酸化ナトリウム水溶液の中和によって生じる塩化ナトリウムと硫酸と水酸化ナトリウムの中和によって生じる硫酸ナトリウムはどちらも電解質なので，水溶液は電流が流れる。

(2) どちらの水溶液も2%で$5cm^3$なので，中和する水酸化ナトリウム水溶液の量が多い塩酸の方が水素イオンH^+の量も多い。

(3) 塩化水素HClと硫酸H_2SO_4は次のように電離するので，1分子あたりに生じる水素イオンH^+の数の比が1：2になる。$HCl \rightarrow H^+ + Cl^-$　　$H_2SO_4 \rightarrow 2H^+ + SO_4^{2-}$

(4) 塩化水素の分子1個の質量は，硫酸の分子1個の質量の$\frac{3}{8}$倍なので，塩酸の濃度を$\frac{3}{8}$倍にすれば，塩化水素と硫酸の分子の個数を同じにすることができる。

やや難 (5) (4)で，塩化水素と硫酸の分子の個数をそろえたので，(3)より，塩酸を中和するのに必要な水酸化ナトリウム水溶液の体積は，硫酸を中和するのに必要な水酸化ナトリウム水溶液の体積の半分である。

7 （力のはたらき，物体の運動－定滑車と力のつり合い，台車の運動）

(1) 図1　図eのように，おもりCの重さとつり合う力の分力を作図すると，おもりの重さは，C>B>Aの順になることがわかる。
図2　図fのように，おもりEの重さとつり合う力の分力を作図すると，おもりの重さは，E>F>Dの順になることがわかる。

図e

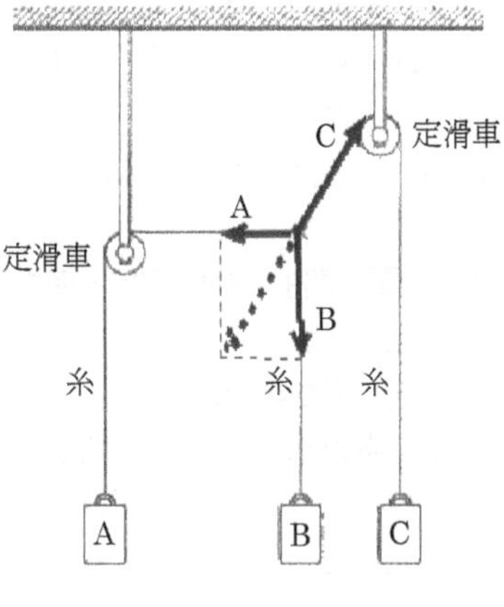

図f

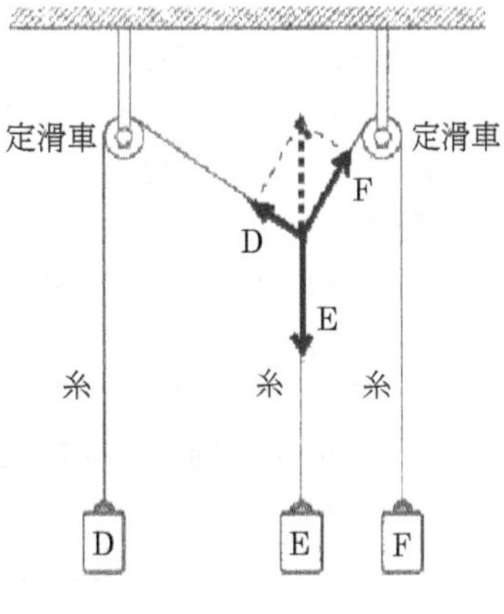

基本 (2) 静止している物体は，外から力を加えなければ

静止し続け，運動している物体は，外から力を加えない限り等速直線運動を続けようとする。物体がもつこのような性質を慣性という。

(3)　実験1　左側の台車には棒磁石だけで100g，右側の台車には100gの棒磁石と100gのおもりで合計200gになる。したがって，右側の方が慣性が大きくなり，動きにくくなるので，台車がぶつかるのはcとeの間のdである。　実験2　左側の台車には棒磁石が2本で200g，右側の台車には100gの棒磁石と100gのおもりで合計200gになる。したがって，両方の慣性は同じなので，台車は真ん中のcでぶつかる。

8 （ヒトのからだ，動物の種類・進化－ヒトとコウジカビの消化，進化）

基本 (1)　カビの体は菌糸からできていて，胞子でふえる。

(2)　実験1と実験2の結果から，ヒトとコウジカビのアミラーゼは，ヒトの体外やコウジカビの細胞外でもはたらくことがわかる。

(3)　ヒト　表1の結果から，だ液は25℃ではたらき，デンプンを別の物質に変えることがわかるが，60℃と90℃でははたらかず，デンプンはそのまま残っている。　コウジカビ　表1の結果から，コウジ液は25℃と60℃ではたらき，デンプンを別の物質に変えることがわかるが，90℃でははたらかず，デンプンはそのまま残っている。

(4)　ホニュウ類は中生代のはじめに出現し，鳥類はその後中生代の中頃に出現した。

重要 (5)　鳥類とホニュゥ類の心臓は2心房2心室であり，心房と心室は交互に収縮することで，血液を肺や全身に送っている。

★ワンポイントアドバイス★

すべての分野で基本問題をしっかり練習しておくこと。その上で，計算問題や思考力を試す問題にも取り組んでおくこと。

＜社会解答＞

1　問1　④　問2　③　問3　AU　問4　②　問5　③　問6　③　問7　②

2　問1　兵庫県　問2　②　問3　④　問4　④　問5　③　問6　③　問7　④
問8　①

3　問1　⑤　問2　④　問3　③　問4　①　問5　③　問6　③

4　問1　②　問2　①　問3　③　問4　CSR　問5　④　問6　②

5　問1　③　問2　(1)　①　(2)　④　問3　③　問4　②　問5　③
問6　(1)　朱印状　(2)　④　問7　臣民

6　問1　④　問2　③　問3　②　問4　④　問5　②　問6　杉原千畝　問7　⑥

○配点○

1　問3　3点　他　各2点×6　2　問3・問4・問6・問7　各3点×4　他　各2点×4
3　問3～問5　各3点×3　他　各2点×3
4　問3・問4・問6　各3点×3　他　各2点×3
5　問6(1)・問7　各3点×2　他　各2点×7　6　問6　3点　他　各2点×6
計100点

＜社会解説＞

1 （地理－アフリカ大陸に関する地形や気候，産業などの問題）

やや難 問1　経線あは経度0度の本初子午線で，イギリスやフランス，スペインなどを通る。また，緯線いは南緯約23.5度の南回帰線で，オーストラリアやチリ，ブラジルなどを通る。

問2　Aはエジプトのカイロ，Bはエチオピアのアディスアベバ，Cはタンザニアのダルエスサラーム，Dは南アフリカ共和国のプレトリアである。BとCは赤道に近いため，年間気温がほとんど一定だが，Bは標高の高いエチオピア高原に位置するので気温は10度台の高山気候，Cは標高が低いため気温は20度台のサバナ気候である。なお，Aはイ，Dはエである。

基本 問3　アフリカ州でさまざまな分野で協力し合うことを目的に2002年に発足したのはAU(アフリカ連合)である。なお，2024年現在，55か国・地域が加盟している。

やや難 問4　Xの国はケニアである。ケニアや北のエチオピア，南のタンザニアなど，アフリカ大陸中東部は標高が高く，赤道付近ながら気温は年間を通して温暖である。よって，この時点で②か④に絞られる。④のコーヒーは，ブラジル，ベトナム，コロンビアの順に生産量が多いため，②が正答となる。なお，①のキャッサバはナイジェリア，コンゴ民主共和国，③のカカオはコートジボアール，ガーナ，⑥の茶は中国，インドの順に生産が多い(2020年)ことはおさえておきたい。

重要 問5　網がけの国は，北からリビア，ナイジェリア，ガボン，アンゴラである。この4か国はともに輸出金額1位の品目が原油なうえ，その占める割合も60%を超えている(2018年)。また，アンゴラ以外はOPEC(石油輸出国機構)加盟国である(アンゴラは2023年12月に脱退)。

問6　南半球に位置する地域には，5%未満の地域がないので③が正しい。なお，①について，サハラ砂漠が広がる北アフリカでは，最も高いチャドでも25%～34.9%である。②について，熱帯雨林が広がるのはアフリカ中部のコンゴ盆地周辺だが，コンゴ民主共和国は35%以上である。④について，アフリカ最高峰のキリマンジャロ山(5895m)はタンザニアにあるが，タンザニアは25%～34.9%であるので，それだけで誤りだとわかる。

重要 問7　グレート・グリーン・ウォールは砂漠化の拡大防止のための施策だが，砂漠化はサハラ砂漠南縁のサヘルで特に進行が著しい。よってきが正しい。

2 （日本の地理－京都府に関する人口や産業などの問題）

基本 問1　京都府の西側に接しているのは兵庫県である。

重要 問2　比叡山は，京都府とその東に位置する滋賀県の府県境にある山である。なお，平安時代初期，唐から帰国した最澄は比叡山の延暦寺を総本山として天台宗を開いた。

基本 問3　京都市左京区には大学があることから，20～24歳の割合が特に高いのでう，木津川市は大都市近郊のベッドタウンなので，生産年齢人口の割合が高く，子どもの割合も高いあ，残るいが伊根町である。

問4　Bは滋賀県，Cは奈良県，Dは大阪府である。このうち，居住府県内で就業・通学する人の割合が最も高く，他の府県から就業・通学する人の割合も高いきが地方中枢都市のある大阪府である。残るかとくのうち，大阪府に隣接しているため，ベッドタウンの役割を持つ奈良県がか，離れた大阪府より隣接する京都府に就業・通学する人が多い滋賀県がくとなる。

重要 問5　清酒は兵庫県の灘や京都府の伏見などが有名なうえ，原料となる米の生産量が多い府県で生産が盛んなのでし，緑茶は茶の栽培が盛んな静岡県が1位であるさ，残るすが和生菓子である。

やや難 問6　都道府県の中で，外国人の延べ宿泊数が最も多いのは東京都である(2019年)。よって②が東京都である。また，①は韓国の宿泊者数が多いことから韓国に近い福岡県，④は台湾の宿泊者数が多いことから台湾に近い沖縄県となり，残る③が京都府になる。なお，外国人宿泊者数は東京都，大阪府，京都府，千葉県，北海道，福岡県，沖縄県の順に多い(2022年)。

やや難 問7 古代の都があった京都府と奈良県は建造物の指定件数が多いうえ，京都府は美術工芸品の数も多いので④となる。なお，2023年10月時点で，東京都，京都府，奈良県，大阪府の順に国宝の指定件数が多い。よって，①は奈良県，②は大阪府，③は東京都である。

問8 現在の京都市は，平安京の条坊制により碁盤目状に区切られた区画となっている。「烏丸通二条」は二つの通りの交差点を意味し，「上る」は北に向かうことを表す。よって①が正しい。なお，南に向かうときは「下る」，東西に向かうときは「東入ル」「西入ル」と表す。

3 (公民－政党や政党政治，選挙制度などに関する問題)

重要 問1 あ 日本国憲法第67条では，内閣総理大臣は国会議員の中から国会の議決で指名するとあるので誤り。 い 最も多くの議席を占める政党が衆議院と参議院でそれぞれ異なることはあり，この状態を一般に「ねじれ」というので正しい。 う 大統領制では，大統領と議会はそれぞれ独立した関係にあるため，大統領の所属政党と議会で最も多くの議席を占める政党が必ずしも一致するとは限らないので正しい。

重要 問2 2019年の第25回参議院議員通常選挙より，参議院の比例代表制では特定枠の制度が導入された。特定枠は，優先的に当選させたい候補者を各政党が事前に指定できる仕組みである。なお，①に関して，政党交付金は2024年時点では廃止されていない。②に関して，政治資金規正法によって禁止されているのは政治家個人への献金であるが，政党や政治団体への献金は制限があるものの禁止されていない。③に関して，政策の目標数値や達成期限などの具体的な選挙公約(マニフェスト)を表明することで有権者からの支持を得ようとするが，法律で義務づけられてはいない。

基本 問3 Ⅲの朝鮮戦争勃発は1950年でAに，Ⅰのサンフランシスコ平和条約締結は1951年でBに，Ⅱの安保闘争が起こったのは1959年でCにそれぞれ入る。日本で自由民主党が結党されたのは1955年のことなので，BとCの間に入る。

問4 1993年7月の衆議院議員総選挙の結果，自民党は過半数を大きく下回り，「55年体制」が終焉した。そして日本新党党首の細川護熙を首相とする連立内閣が組織された。よって①が正しい。なお，Yは2009年に民主党が政権交代を実現した時の，Zは1958年の自由民主党と日本社会党による二大政党制の時のグラフである。また，鳩山由紀夫は2009年に民主党が政権交代を実現した時の党首である。

基本 問5 小選挙区制は，1つの選挙区から1名を選出する制度である。そのため，知名度の高い大政党の候補者が当選しやすく，結果として二大政党制になり政治が安定する。また，選挙費用が大選挙区制(中選挙区制)よりも安くすむ長所もある。一方で，小選挙区制は落選した候補者への票である死票が多く，民意が反映されづらいという短所もある。

問6 2015年，安倍内閣のもとで安全保障関連法が成立し，集団的自衛権の行使を限定的に認められるようになった。よって③が正しい。なお，①について，小泉内閣は2002年に北朝鮮を訪問したが国交は正常化されず，2024年時点でも国交は結ばれていない。②について，2003年のイラク戦争後，自衛隊はイラクへ派遣されたが，武力の行使ではなく人道復興支援活動が目的であった。④について，2013年に安倍内閣のもとで特定秘密保護法が成立したが，この法律は日本の安全保障に関する重大な情報が漏えいすることを防ぐものである。

4 (公民－家計や消費生活，環境に関する問題)

基本 問1 1962年にアメリカのケネディ大統領がかかげた「消費者の四つの権利」は，安全への権利，情報を与えられる権利，選択をする権利，意見を反映させる権利の4つである。

やや難 問2 2000年に成立した消費者契約法では，消費者が事業者と結んだ契約は，締結から5年以内ないしは違法と気づいてから1年以内であれば取り消すことができると定めている。なお，②の製造物責任法(PL法)は，製品の欠陥によって使用者に損害が生じた場合の企業の責任について定めた法である。③のクーリング・オフ制度では，訪問販売や電話勧誘などに対しては一定期間内であれば契約の解除が認められているが，インターネット通販など消費者の方が積極的に購入申し込みを行う場合は認められていない。④に関して，1968年に成立した消費者保護基本法が大幅に改正され，2004年に消費者基本法となった。

重要 問3　あ　エシカル消費とは，消費者が各自の社会的課題の解決を考慮したり，そうした課題に取り組む事業者を応援しながら消費活動を行ったりすることであるので正しい。　い　3Rとは，ゴミを減らすリデュース(Reduce)，ものを繰り返し使うリユース(Reuse)，ゴミを資源として活用するリサイクル(Recycle)の3つであるので誤り。　う　2020年4月に民法が改正され，成人年齢が満18歳に引き下げられたが，これにより満18歳以上であれば保護者の同意がなくても売買の契約を締結することが可能になったので正しい。

基本 問4　企業は利潤を追求するだけでなく，社会に対して企業としての責任を果たし，積極的に貢献することが求められるが，このような考え方をCSR(企業の社会的責任)という。

問5　人工物であるプラスティックは自然界では分解されず，特に微細なマイクロプラスティックは海洋の生態系に影響を与えているので④が正しい。なお，①に関して，オゾン層の破壊は地球温暖化と直接関連はない。②に関して，ツバルが水没の危険に瀕している原因は，温暖化による豪雨ではなく，海水面の上昇である。③に関して，酸性雨の原因はフロンガスではなく，大気中の硫黄酸化物や窒素酸化物である。

問6　か　SDGs(持続可能な開発目標)は，2015年の国連サミットで全加盟国が賛成して採択されたので正しい。　き　SDGsは，2030年までに達成することを目指した17の目標を挙げているので正しい。　く　SDGsの169のターゲットとは，17の目標を達成するためのより具体的な目標であり，先進国が途上国に対して支援するものではないので誤り。よって②となる。

5　**(日本の歴史－宗教に関連する古代から近代までの問題)**

基本 問1　仏教は，朝鮮半島の百済から日本に538年ないしは552年に伝来したという説が有力である。このどちらも6世紀である。

問2　(1)　資料の後半部分に，「国・郡などの役人はこの造仏のために，人民のくらしを侵し困らせ，無理に物資を取り立てたりすることがあってはならぬ。」とあるので①が正しい。

(2)　大仏の建立に協力し，その後大僧正となったのは行基である。なお，①の空海は平安時代初期に真言宗を開いた僧，②の運慶は鎌倉時代に東大寺南大門金剛力士像を作った仏師，③の重源は平安時代末期から鎌倉時代初期にかけて東大寺を再建した僧である。

基本 問3　後鳥羽上皇が幕府を倒すために挙兵した承久の乱は1221年のことで，御成敗式目が3代執権北条泰時によって制定されたのが1232年のことなので，③が正しい。なお，①に関して，源頼朝が征夷大将軍に任じられたのは1192年のことで，平将門の乱が935年，藤原純友の乱が939年のことである。④に関して，鎌倉幕府が滅ぼされたのは1333年のことで，元と高麗の軍が初めて九州北部に攻め込んだ文永の役は1274年のことである。

重要 問4　この絵画は「秋冬山水図」で，水墨画を大成した雪舟が室町時代後半の15世紀末ごろに描いたものである。この時期には，現在の和室の原型となった書院造の様式が生まれたので，②が正しい。なお，①は安土桃山時代，③は江戸時代後半，④は15世紀前半のことである。

基本 問5　加賀国は，現在の石川県南部の部分であるので③が正しい。なお，①は越中国，②は能登国，④は越前国である。

重要 問6　(1)　戦国時代から江戸時代初期，支配者は貿易許可などのための許可証を発行した。これを朱印状という。　(2)　AにはⅡの禁教令が入り，1637年より前のBにはⅢの海外渡航禁止令(1635年)が，後のCにはⅠのポルトガル船の来航禁止(1639年)が入る。よって，④が正しい。

問7　1889年に発布された大日本帝国憲法では，主権は天皇にあり，民衆は君主に支配される対象という意味を含んだ臣民という立場であった。

6　（日本と世界の歴史－近現代の政治・外交史などの問題）

問1　日本海に面した福井県敦賀市に近く，シベリア鉄道の駅がある都市はウラジオストクである。なお，①は中国南部，②はロシア西部，③は韓国の南東部にある都市である。

問2　1872年に日本初の鉄道が新橋・横浜間で開通すると，その後全国的に鉄道網が広がったが，日露戦争後の1906年，鉄道国有法により主要な鉄道が国有化された。

基本　問3　国際連盟は1920年，アメリカ大統領ウィルソンが提唱して作られた。国際連盟の本部はスイスのジュネーブにあったので②は不適切である。なお，①のフランス革命は1789年，Ⅲのドイツ皇帝即位は1871年，④のパリ講和会議は1919年のことである。

問4　資料では，「強国が弱小民族を同意なく統合すること」を「併合または他国の土地の略奪」とみなしており，「その民族がヨーロッパに住んでいるか，遠い海外諸国に住んでいるかにもかかわりない」とあるので，④が正しい。

問5　ユダヤ教の聖地である嘆きの壁は，イスラエルが実効支配している都市エルサレムにある。イスラエルは地中海に面した中東地域の国なので②が正しい。

重要　問6　1940年～1941年にリトアニアの日本領事館で領事代理を務め，ユダヤ人難民にいわゆる「命のビザ」を発給した人物は，杉原千畝である。

基本　問7　ソ連が解体し，ロシア連邦とCIS(独立国家共同体)などに分離したのは1991年のことである。Xの米ソ首脳マルタ会談は1989年のことで，Yのヨーロッパ連合(EU)の成立は1993年のことである。また，Zのベルリンの壁崩壊は1989年で，翌年1990年に東西ドイツが統一された。よって，ソ連解体後の出来事はYだけとなる。

★ワンポイントアドバイス★

問題数が多いため，スピーディに解くことが大切になってくる。資料やグラフの読み取り問題に時間がかかり，難しい問題とやさしい問題の差が大きいため，時間がかかりそう・難しそうと判断した場合はいったん飛ばそう。

＜国語解答＞

一　問1　ⓐ　肥料　ⓑ　とぼ(し)　ⓒ　推定　ⓓ　宇宙　ⓔ　天敵　問2　1　②　2　④　問3　③　問4　①　問5　④・⑤　問6　③　問7　②　問8　⑤　問9　①・⑤

二　問1　④　問2　③　問3　⑤　問4　①　問5　②　問6　⑤　問7　③　問8　⑤

三　問1　20　④　21　③　問2　⑤　問3　③　問4　24　⑥　25　④　問5　①　問6　なにご　問7　②　問8　①

○配点○

一　問1　各1点×5　問2・問3　各2点×3　問6～問8　各4点×3　他　各3点×5

二　問1　2点　問8　5点　他　各4点×6　三　問1・問4　各2点×4　問3・問6　各3点×2　問8　5点　他　各4点×3　計100点

＜国語解説＞

[一]　(論説文―大意・要旨，内容吟味，文脈把握，指示語，接続語，言い換え，脱文・脱語補充，漢字の読み書き，語句の意味)

問1　ⓐ　植物の成長のために土壌に施す栄養物質。「肥」の訓読みは「こえ」「こ(える)」。　ⓑ　音読みは「ボウ」で，「窮乏」「欠乏」などの熟語がある。　ⓒ　ある事実をもとにおしはかること。「推」の訓読みは「お(す)」。　ⓓ　すべての天体を含む空間。　ⓔ　ある生物に対して，捕食者となる他の生物。「敵」の訓読みは「かたき」。

問2　ア　「危惧」の読みは「きぐ」。　イ　「いとう」は，嫌って避けること。

問3　i　この後から「進化の原理」についての説明を始めているので，最初にという意味を表す語句が当てはまる。　ii　前の「能力にも少しだけ違いがある」を後で「能力に多様性がある」と言い換えているので，説明の意味を表す語句が当てはまる。　iii　前の「能力に多様性がある」例として，後で「ミジンコ」を挙げているので，例示の意味を表す語句が当てはまる。

問4　直前の「多くの生物は増殖する環境が整えば限界まで増えて……再び減ってい」くことを示しているので，①が最も適切。④の「条件に生息数を限定される」や⑤の「地球環境まで変えてしまう」ことを示しているわけではない。②「最終的に自滅する」③「増殖と減衰の波をくり返す」とは述べていない。

問5　[4]段落に，シアノバクテリアの大繁殖によって上昇したのは「酸素の濃度」とあるので，「二酸化炭素濃度が大幅に上昇」とある④は間違っている。[4]段落に，シアノバクテリアが環境破壊を招いたとあるが，⑤「シアノバクテリアが数を減らし」たという記述はないので，⑤も間違っている。

問6　直後の[12]段落で，「どうして『増える能力をもっていた』なんてことが断言できるのでしょうか」という問いかけがあるので，その後に理由が書かれていると推定する。「今の生物の姿を考えると，進化というしくみなしでは達成できないはずで，そして進化を起こすためには『増える能力』がどうしても必要だから」に③が最も適切。他の選択肢は，この理由に合わない。

問7　直前に，前に引き続いて起こる事柄を後に述べるという意味の「そして」があるので，直前の文の「泳ぐのが速いミジンコ」と「泳ぐのが遅いミジンコ」が次の世代ではどうなるのかを述べる②が入る。「進化の原理」を説明するもので，④の「食物連鎖」を説明するものではない。他の選択肢は，「泳ぐのが速いミジンコ」と「泳ぐのが遅いミジンコ」について述べていない。

やや難　問8　後の[20]段落で「岩石」の例を挙げ，[21]段落で「岩石は自らを増やすことはありません……その性質が次世代に受け継がれることはありません」と筆者の考えを述べている。[22]段落の「ミジンコは増えて，どんどんその性質がその環境に適したものに変化していきます」を踏まえて理由としている⑤を選ぶ。「進化」には「増えること」が必要だという考えに，「進化に必要な多様性」とある①は合わない。[17]段落の「自然選択が起こり，進化が続いていく」から，進化には自然選択が必要だと読み取れるが，「進化に特有の自然選択」と自然選択が進化の性質のように説明している②も適切ではない。③の「風化して消滅してしまう」とは述べていない。④は[17]段落の内容に合わない。

重要　問9　波線部「恐ろしい能力」について，[4]～[6]段落でシアノバクテリアが環境破壊を引き起こした例を挙げ，生物が「増える能力」を持ったことで「恐れを知らない困った存在」になったと述べている。ここから①の「増える能力」を「恐ろしい能力」とする理由が読み取れる。また，[19]段落に「増える能力」によって「進化」が起こり，[18]段落「現在の私たち人間や，現在生きているすべての生物のような複雑な生物へと進化していった」から，⑤の「増える能力」を「恐ろしい能力」とする理由が読み取れる。

二 （小説―情景・心情，内容吟味，文脈把握，段落・文章構成，脱文・脱語補充）

問1　ⅰは，直後の「あたたかい五月の陽気」に①②④が考えられるが確定できない。ⅱは，直前の「じいっと見ながら」から，ある程度の時間をかけて思う様子だと考えられる。④か⑤が当てはまるので，ⅰと両方当てはまる④を選ぶ。ⅲは，直後の「頷いた」に④の「こくりと」が当てはまる。ⅳは直前の文の「真面目」や，カウンター機を使って自分の気持ちを数える様子に実直な様子を意味する④の「律儀な」が当てはまることを確認する。

問2　「じっと見ているあたしに気づいた」女の子から「なあに」と聞かれた時の「あたし」の気持ちを想像する。「いや，その，銀色の」という会話の調子や「どきどき」という様子からは，相手の反応がわからない不安が感じられるので，③が最も適切。④の「期待」は感じられない。①の「教授」や⑤の「周り」を気にする様子は読み取れない。この時点で「あたし」は「銀色の小さな機械」が何かは知らないので，②も適切ではない。

問3　「あたし」は，カウンター機を持つ「女の子」と「なんとなく一緒に教室を出」て，「女の子」が「あたりまえのようにあたしの横に立って，これからもずっと一緒にいるのだというように，親しげにほほえんでいる」ことに戸惑ったが，「女の子」は「『じゃ』と言い，あたしに背を向け，すたすたと歩いていってしまった」場面での情景である。傍線部Bの「目に痛い」という描写から，「あたし」はこの「女の子」に強烈な印象を抱いたとする⑤が適切。「あたし」は「(どうしよう，このままついてきちゃったら)」と思っているので，「寂しさ」とある①や「仲良くなれるかもしれないと期待」とある②は合わない。「あたし」は「女の子」が気になっているので③の「距離を置こうとしている」は合わない。「女の子」の描写に，④の「無視しようとしてくる」は合わない。

問4　「あたし」はハルオとよりを戻したが，ハルオに対して「前とは何かが違ってしまっていた。好き。でも，もどかしい。だけど好き」とはっきりしない気持ちを抱えている。傍線部Cは，カウンター機で数えることで，「あたし」はハルオと付き合うことでいやな気持ちになることの方が圧倒的に多いと気づいた時の気持ちであることから①が最も適切。しみじみと心に感じるという意味の「感慨深い」という表現に，③の「口実ができた」や，④の「打算的に思われて」，⑤の「出し抜くことができた」は合わない。ハルオに対する気持ちではないので，②も適切ではない。

問5　前の「でも，わたしだってやっぱり島島さんと同じように，真面目なんだね……不真面目になれないよね，わたしたち世代は」という上原菜野の言葉からは，「あたし」に対する共感が読み取れるので，②が最も適切。この言葉や「照れたように」という様子に③の「諭す」や④の「卑下」はそぐわない。菜野は「あたし」の気持ちに共感しただけで，①「気まずさを取り消」そうとしたり，⑤「慰め」ようとしているわけではない。

問6　直前の「なるほど。あたしは思った。気持ちは，分類できない……カウンター機を二つ持ってても，しょうがない」から理由を読み取る。「気持ちは，分類できない」と納得する気持ちを，「人の心というものは単純ではない」と言い換えて理由としている⑤を選ぶ。①の「決意」という強い気持ちは読み取れない。②の「前抜きな気持ちだけを大切にしたい」や，③の「心のやりとりを大事にしたい」，④の「諦めきれない気持ち」に通じる描写はない。

やや難　問7　直後の文に「カウンター機方式を，あたしは試してみることにした」とあるので，「あたし」が「カウンター機方式」を試したことで「助けられる」展開がこの後に続くと予想される。「あたし」は，カウンター機を使うことでハルオに対する気持ちの複雑さに気づき，複雑さを受け入れることでハルオと新しい関係を築く様子が描かれているので，③の説明が最も適切。「助けられる」という表現に①の「仲立ちとなる」は合わない。「ハルオとは，今も時々会う」に，②

と⑤は合わない。「あたし」には「親しい友だち」もいるので，恋愛の相談はしないといっても，④「孤独な状況」に悩んでいたわけではない。

重要 問8　小説の冒頭と最後では同じ「午後いちばんの授業」の様子が描かれているが，冒頭では「銀色の小さな機械を押している」「女の子」が，最後はいっしょに「カウンター機をそれぞれのペンケースにしま」う関係になったことが描かれている。この表現に⑤が最も適切。

三 （古文―大意・要旨，内容吟味，文脈把握，段落・文章構成，指示語，語句の意味，口語訳）

〈口語訳〉　成通卿は，長年蹴鞠を好んでいらっしゃった。その思いや取り組みがこのうえなく素晴らしかったからだろうか，ある年の春に，鞠の精が，蹴鞠の場の四隅に植えた柳の枝に現れたのが見えた。みずらを結った少年で，十二,三歳ほどで，青色の中国風の服装をして，たいそうかわいらしい様子であった。

何事も始めようとするならば，奥義を極めると，このような霊験を現すほどにまで，したいものであるが，このような例は，めったにないことだ。

だから，

学ぶ者は牛の毛のよう(に多い)。(奥義を)得る者は麟の角のよう(に珍しい)

ともある。

また，

することが難しいのではない。よくする事が難しいのだ

とも言える。なるほど確かに，その通りだと思われる例はあるものだ。

問1　ア　これまでの何年かの間という意味がある。　イ　漢字で書くと「有り難し」となる。

やや難 問2　傍線部Aの「その徳」は，直前の「年ごろ鞠を好み給ひけり」によって得られたものである。ここでの「いたる」は，極限に達するという意味であることから考える。

問3　傍線部Bの「しるし」は，神仏の霊験という意味で，直前の段落の「鞠の精，懸りの柳の枝にあらはれて見えけり……いみじくうつくしげにぞありける」を指す。「あらはれて見えけり」というのであるから，「姿を現した」とある③が最も適切。①の「迎えに」，②の「春の精」，④の「励ましに」，⑤「たくさんの」の部分が適切ではない。

問4　傍線部Cは，直前の段落に「かかるためし，いとありがたし」を受けた言葉である。「ありがたし」はめったにないという意味で，「牛毛」はたくさんあること，「麟角」はめずらしいことを指している。

問5　傍線部Dの「げにも」は，その通りだ，なるほど，という意味。「おぼゆる」は思われるという意味なので，①が最も適切。②の「不思議に」，③の「覚えておいて紹介したい」，④の「巧みな」，⑤の「まさか実際にはあり得ない」の部分が適切ではない。

問6　成通卿の元に鞠の精が現れたという「出来事」から，筆者は何かを始めたら奥義を極めたいものだが，奥義を極められる者はめったにいないという「感想」を抱いている。

重要 問7　筆者の感想を述べている部分の「なにごとも始むとならば，底をきはめて，かやうのしるしをもあらはすばかりにぞ，せまほしけれど，かかるためし，いとありがたし」に②が合致する。筆者は，①の「才能や努力は認められる」，③の「多方面の才能」，④の「後世まで語継がれるべき」，⑤の「思いがけず頭角を現す」ことについては述べていない。

やや難 問8　【資料】〈口語訳〉　人間には一日のうちでも数えきれないほどの思い(があり)，それは罪深いことである。蹴鞠をお好みになられる人は，蹴鞠の庭にお立ちになれば，蹴鞠のこと以外はお思いになる事がないので，おのずから極楽往生の縁となって，功徳も進みますので，必ずお励みになられるべきだ。

★ワンポイントアドバイス★

選択肢は長文で迷いやすいが，指示語の指し示す内容や，前後の文脈を丁寧に追うという基本を大切にすることで，正答を選び出せる。

2023年度

★★★★★★★★★★★★★★★★★★★★★★★

入　試　問　題

2023年度

東京学芸大学附属高等学校入試問題

【数　学】（50分）　　＜満点：100点＞

【注意】　円周率はπを用いなさい。

1　次の各問いに答えなさい。

〔1〕　$\dfrac{\sqrt{(-2)^2}\,(\sqrt{2}+\sqrt{3})^2}{\sqrt{2}}+\dfrac{(3-\sqrt{6})^2}{\sqrt{3}}$ を計算しなさい。

〔2〕　次の２次方程式を解きなさい。

$(x-3)^2-(3x+2)(x-2)=12+x$

〔3〕　図のように円周上に５点A，B，C，D，Eがあり，∠BAC＝23°である。また，点Cを含む弧BDの長さと円周の長さの比は１：３である。このとき，∠CEDの大きさを求めなさい。

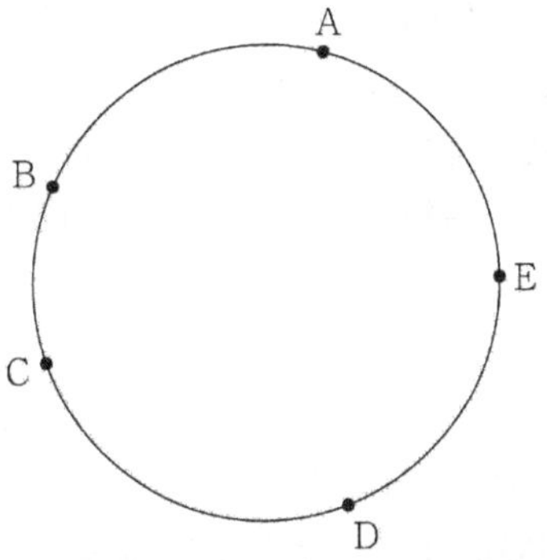

〔4〕　1, 2, 3, 4, 5, 6の数が１つずつ書かれた６枚のカードが箱Aに入っており，4, 5, 6, 7, 8, 9の数が１つずつ書かれた６枚のカードが箱Bに入っている。それぞれの箱からカードを１枚ずつ取り出す。箱Aから取り出したカードに書かれている数をa，箱Bから取り出したカードに書かれている数をbとする。このとき，3, 6, 7, a, bの５つの数の中央値が６になる確率を求めなさい。

　ただし，箱Aからどのカードが取り出されることも同様に確からしく，箱Bからどのカードが取り出されることも同様に確からしいとする。

2　次のページの図のように，１辺の長さが２㎝の正八面体ABCDEFがあり，辺BFの中点をM，辺ACの中点をNとする。

　このとき，次の各問いに答えなさい。

〔1〕　△ABFの面積を求めなさい。

〔2〕　線分AMの長さを求めなさい。

〔3〕　線分MNの長さを求めなさい。

〔4〕　△AMNの面積を求めなさい。

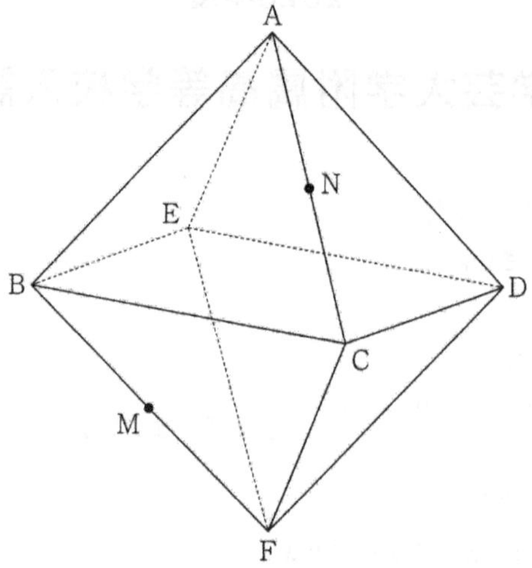

3 次の図のように，点O(0, 0)，点A(2, 0)，点B(1, 0) がある。また，直線ℓと直線mがあり，直線ℓの式は$x=2$，直線mの式は$x=1$である。点Oから点(1, 0) までの距離，および点Oから点(0, 1) までの距離をそれぞれ1㎝とする。

点Pは点Oを出発し，x軸上をx座標が増加する方向に毎秒1㎝の速さで動く。点Qは，点Pが出発するのと同時に点Aを出発し，直線ℓ上をy座標が増加する方向に毎秒1㎝の速さで動く。点Rは，点Pが出発してから$\frac{3}{10}$秒後に点Bを出発し，直線m上をy座標が増加する方向に毎秒1㎝の速さで動く。

点Pが点Oを出発してからt秒後について，次の各問いに答えなさい。ただし，$\frac{3}{10}<t<1$とする。

〔1〕 $t=\frac{1}{2}$のときの直線QRの傾きを求めなさい。

〔2〕 3点P，Q，Rが1つの直線上にあるときのtの値を求めなさい。

〔3〕 △PQRの面積が$\frac{1}{10}$㎠になるときのtの値をすべて求めなさい。

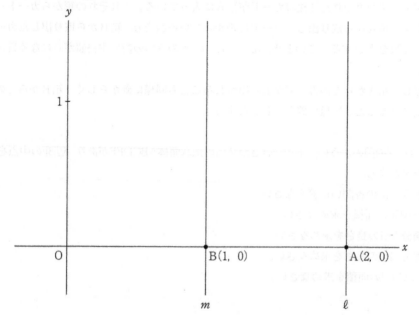

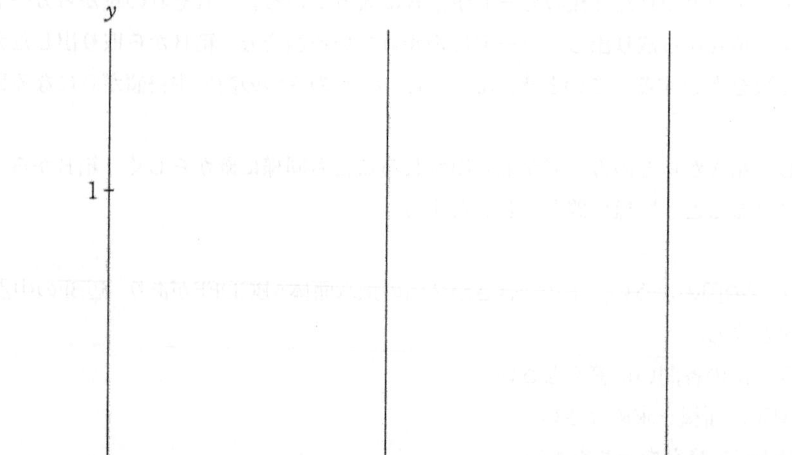

4 $\angle$BAC＝90° である直角二等辺三角形ABCを次の【手順】で折り，図１のように折り目をつける。ただし，折り目をつけたら，そのたびに元の形に広げる。

【手順】
① 点Ｂが点Ｃに重なるように折り，できた折り目と線分BCの交点をＤとする。
② 点Ａが点Ｄに重なるように折り，できた折り目と線分ADの交点をＥとする。
③ 点Ａが点Ｅに重なるように折り，できた折り目と線分AB，ACの交点をそれぞれＦ，Ｇとする。
④ 線分DFと線分DGに折り目をつける。
⑤ 線分DBが直線DF上にくるように折り，できた折り目と線分ABの交点をＨとする。
⑥ 線分DCが直線DG上にくるように折り，できた折り目と線分ACの交点をＩとする。

ここで，$\angle$BDH，$\angle$HDF，$\angle$FDG，$\angle$GDI，$\angle$IDCの大きさが等しいかどうかについて考える。【手順】より，$\angle$BDH＝$\angle$HDF＝$\angle$GDI＝$\angle$IDCが成り立つ。さらに，$\angle$BDH＝$\angle$FDGが成り立つかどうかについて，次の【考察】のようにまとめた。

【考察】
AB＝AC＝$4\sqrt{2}$㎝，BC＝８㎝とする。△DFGについて，DF＝x㎝とすると，【手順】よりx＝［あ］である。
また，△DFGとの比較のため，図２のようにQR＝２㎝，$\angle$QPR＝36°，PQ＝PRである△PQRを考える。$\angle$PQRの二等分線と辺PRの交点をＳとする。PQ＝y㎝とすると，△PQR∽△QSRよりy＝［い］である。xとyの値を比較すると，［う］＜0.1×［え］＜［お］である。
したがって，$\angle$BDH，$\angle$FDG，$\angle$QPRの大きさについて，［か］＜［き］＜［く］となるので，$\angle$BDH＝$\angle$FDGは成り立たない。

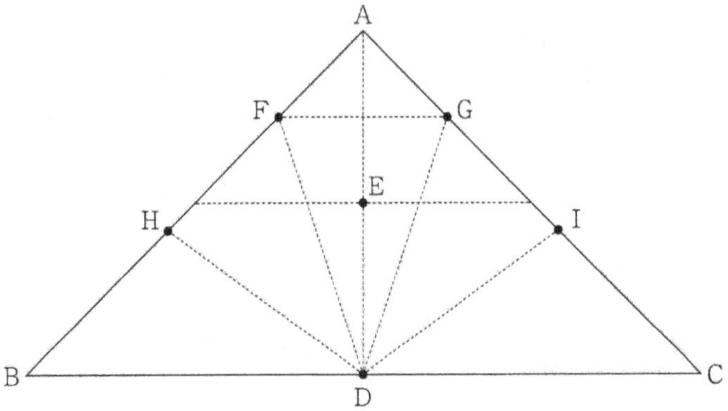

図１

図２

このとき，あとの各問いに答えなさい。
〔１〕 ［あ］にあてはまる値を求めなさい。
〔２〕 ［い］にあてはまる値を求めなさい。

［3］ [う] ～ [く] について，次の各問いに答えなさい。

(i) [え] にあてはまる整数を求めなさい。

(ii) [う]，[お]，[か]，[き]，[く] にあてはまる組み合わせとして最も適切なものを次のア～シから１つ選びなさい。

	[う]	[お]	[か]	[き]	[く]
ア	x	y	∠BDH	∠FDG	∠QPR
イ	x	y	∠BDH	∠QPR	∠FDG
ウ	x	y	∠FDG	∠BDH	∠QPR
エ	x	y	∠FDG	∠QPR	∠BDH
オ	x	y	∠QPR	∠BDH	∠FDG
カ	x	y	∠QPR	∠FDG	∠BDH
キ	y	x	∠BDH	∠FDG	∠QPR
ク	y	x	∠BDH	∠QPR	∠FDG
ケ	y	x	∠FDG	∠BDH	∠QPR
コ	y	x	∠FDG	∠QPR	∠BDH
サ	y	x	∠QPR	∠BDH	∠FDG
シ	y	x	∠QPR	∠FDG	∠BDH

5 次のページの図１は，連続する自然数をある規則にしたがって，1から小さい順に書き並べたものである。左から x 番目で，下から y 番目の自然数の位置を $\{x,\ y\}$ と表すことにする。例えば，8の位置は $\{2,\ 3\}$ である。

このとき，次の各問いに答えなさい。

［1］ 2023の位置を求めなさい。

［2］ 次のページの図２のように，$\begin{array}{|c|c|}\hline 8 & 7 \\ \hline 3 & 6 \\ \hline\end{array}$ や $\begin{array}{|c|c|}\hline 20 & 29 \\ \hline 19 & 28 \\ \hline\end{array}$ のような図１の中にある自然数を四角で囲んでできる４つの自然数の組 $\begin{array}{|c|c|}\hline a & b \\ \hline c & d \\ \hline\end{array}$ について，$a + d = b + c$ が成り立つかどうかを考える。

$a + d = b + c$ が成り立つとき，その値を E とする（$E = a + d = b + c$）。

例えば，$\begin{array}{|c|c|}\hline 8 & 7 \\ \hline 3 & 6 \\ \hline\end{array}$ について，$a = 8$，$b = 7$，$c = 3$，$d = 6$ であり，$a + d = 14$，$b + c = 10$ であるから，$a + d = b + c$ は成り立たない。

また，$\begin{array}{|c|c|}\hline 20 & 29 \\ \hline 19 & 28 \\ \hline\end{array}$ について，$a = 20$，$b = 29$，$c = 19$，$d = 28$ であり，$a + d = 48$，$b + c = 48$ であるから，$a + d = b + c$ が成り立つ。このとき，$E = 48$ である。

(i) E の値が50以下となるときの a の値の個数を求めなさい。

(ii) $E = 1000$ となるときの a の値を求めなさい。

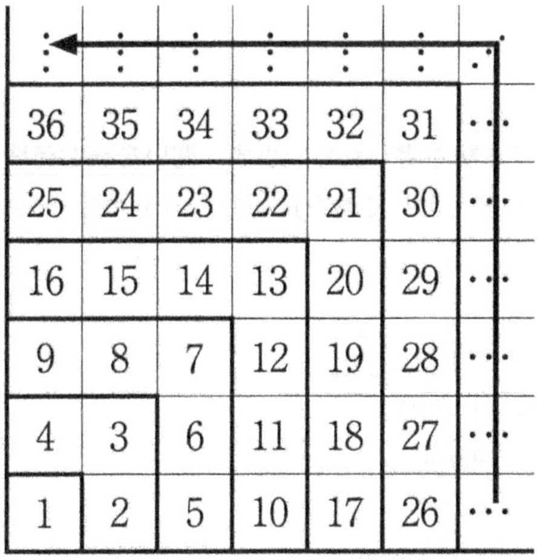
36 35 34 33 32 31
25 24 23 22 21 30
16 15 14 13 20 29
9 8 7 12 19 28
4 3 6 11 18 27
1 2 5 10 17 26

図1

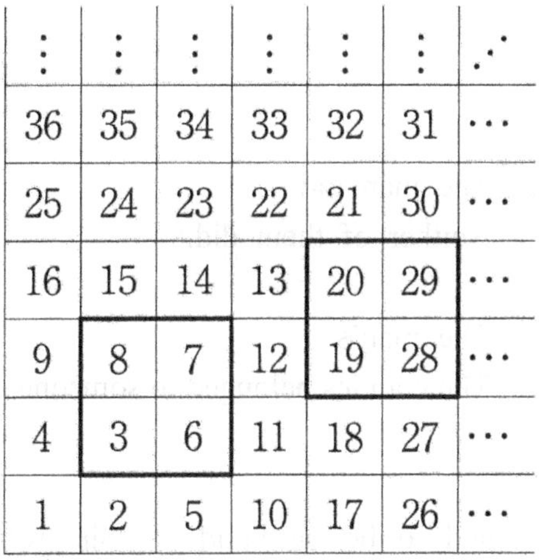
36 35 34 33 32 31
25 24 23 22 21 30
16 15 14 13 20 29
9 8 7 12 19 28
4 3 6 11 18 27
1 2 5 10 17 26

図2

【英　語】（50分）　＜満点：100点＞

1　**リスニングテスト**

放送を聞いて，問いに答えなさい。物語の場面が日本語で書かれています。**問いを読む時間が与えられたあと，音声が１回流れます。**１～５の問いの答えとして最も適切なものを次の①～④からそれぞれ１つ選び，その番号を答えなさい。

ある女性が旅行に出かけた時の話です。

1　What do we know about Ms. Gunnerson's trip? [1]

①　She wanted to visit her friends in the country.
②　She wanted to enjoy her time at the seaside.
③　She wanted to spend her vacation abroad.
④　She wanted to carry her old car to sell overseas.

2　Why did the man share his last cookie with Ms. Gunnerson? [2]

①　He thought she wanted some.　②　She asked him to.
③　He did not like it very much.　④　They became friends with each other.

3　Why did Ms. Gunnerson throw the bag? [3]

①　The cookies were finished.
②　It belonged to the man.
③　There was a bee on the man's head.
④　She was angry at the man's behavior.

4　Who made the mistake? [4]

①　Ms. Gunnerson did.　②　The man did.
③　Ms. Gunnerson and the man did.　④　Neither of them did.

5　Whose cookies did they eat? [5]

①　Ms. Gunnerson's.　②　The man's.
③　They ate each other's.　④　The cookies belonged to someone else.

〈リスニング放送英文〉

Kristina Gunnerson, a Swedish lady, was excited to be on holiday. She was in her car that was parked inside the bottom of a ferry on its way to Denmark. A ferry is a boat that carries cars and people across the sea. She had a magazine and a bag of cookies, and she thought she would go upstairs and relax with them in the sunshine while she was getting some fresh air.

She went up to the roof, sat on a comfortable seat and started to read her magazine. A young man came and sat down in the seat next to her, the bag of cookies between them. She kept reading and put her hand down to take a cookie from the bag. It was delicious, but then a most awful thing happened. The man put down his hand and took a cookie for himself! How terrible for poor Ms. Gunnerson. She felt very upset. She took another cookie from the bag—the man did the same.

She started to get more and more angry. When she took a cookie, the man took one too. She wanted to say something rude to him, but she still couldn't decide on what to say when they came to the last cookie in the bag.
The man picked it up, broke it in half and gave one half to Ms. Gunnerson. How rude! What an awful man. She quickly took the cookie, threw the bag into his face and went back to her car. She then started to feel better as the young man was clearly quite shocked. Ha!
Unfortunately for poor Ms. Gunnerson, when she got back to the car she found that her bag of cookies was still on the seat. She never took them out of the car.

2 次の英文を読んで，あとの問いに答えなさい。

John and Rosie had a little cat. It was three months old, black, with eyes as green as a cucumber. It was the happiest, lovingest, and warmest little cat you can imagine, and the two children loved it with all their hearts.

It was called Fluffy, and she always came when she heard her name. She enjoyed playing tricks, and loved to hide under the beds or under the chairs and jumped to people's toes. Fluffy loved everyone and everyone loved Fluffy.

And then one day she disappeared. It was the strangest thing. She was playing with the two children in the kitchen and was gone the next minute!

Mother was busy. It was Monday morning and she had a lot to do. She did the laundry, and put the dirty sheets and towels into the big basket. Later she would give it to the laundry man. She made the beds and cut up some potatoes for dinner. And all the time Fluffy played around with the children, sometimes she jumped up at Mother, and sometimes tried to catch her apron as she moved here and there.

Then she was gone!

"Mother, where is Fluffy?" said Rosie, and looked around.

"Hiding somewhere, I expect," said Mother. She was fastening up the laundry basket in a hurry because she saw the laundry man from the kitchen window. He was coming down the path.

"Fluffy, Fluffy!" called John, and they heard an answering mew from somewhere and it was very tiny.

"MiaOOOW!"

"She's somewhere!" said John, and the children began to look under the cabinet and under the heater. The laundry man rang the bell, and Mother gave him the laundry basket. She shut the door because [あ]. John called again.

"Fluffy, Fluffy!"

But he couldn't hear another mew even if he listened carefully. No, Fluffy didn't answer at all. Rosie hunted under the bottom shelf which the newspapers were kept on. But Fluffy wasn't anywhere!

"Oh, Mother, Fluffy has quite, quite disappeared!" said Rosie, and she was almost crying.

"[い]" said Mother. "She is somewhere around. She is hiding. Perhaps she has climbed the stairs and gone under one of the beds."

"But Mother, the kitchen door was shut all the time," said John. "She simply should be in the [う] if she is anywhere."

"Well, she'll turn up all right," said Mother. "Don't worry. I don't have time to help you hunt now, but when I've finished making this pudding for your dinner, I will have a look around. But I expect by that time that Fluffy will come and dance out from somewhere!"

But, she didn't! So when Mother finished making the pudding and put it into the oven to cook, she had a look around for Fluffy too. She put down the dish of milk and fish for the cat, and called her.

"Fluffy, Fluffy, Fluffy! Dinner, dinner, dinner!"

But still Fluffy didn't come out! Rosie cried badly.

"Mother, it's magic! Some fairy has taken Fluffy away!"

"That's impossible!" said Mother. She laughed and said, "The fairies never (1) do such an unkind thing. Fluffy may be in the garden."

So, they put on their coats and hunted all around the garden. No Fluffy. They went to the house next door, but Mrs. Brown didn't see their cat at all. They went to Mrs. White's too, but she didn't see Fluffy since the day before.

Well, the children hunted and called all morning, but Fluffy was not found. They had their dinner, and then hunted again.

"[え]" said Mother. "Fluffy will come in when she is hungry."

"Mother, I don't think she went out," said John. "I don't really. She was playing hide-and-seek with us, and the kitchen door was shut. I know she disappeared the next minute."

Although Mother put a dish of fish and milk in the garden as well as in the kitchen, Fluffy didn't come to eat it and Mother began to get worried too. She loved the little black cat and she could not think where it was. But at last she knew!

There was a ring at the kitchen door. Mother went to open it and the laundry man stood there, and was smiling all over his red cheerful face. He held a box in his hand.

"Good afternoon, Mrs. Jones," he said. "I just wanted to tell you that you sent this to the laundry, but it seems quite clean. Do you really want me to wash this?"

He opened up the little box he carried. Everybody was surprised! There was Fluffy and she was peacefully sleeping. The children shouted and danced for joy!

Mother looked at Fluffy in surprise.

The man said, “Well, madam, when we opened your laundry basket at the laundry, this little black cat was sleeping inside!”

“Oh no!” said Mother. (ア)“Maybe she jumped inside when she was playing hide-and-seek with the children and (イ)I noticed her and shut down the lid! (ウ)Then you took the basket away and Fluffy was inside! (エ)We heard a small mew from somewhere. I guess she was in the basket!”

“Oh, Mother! We sent our cat to the laundry!” said Rosie. “Imagine if she was washed and ironed, I wonder what she thought!”

It’s a good thing that the laundry man didn’t wash and iron Fluffy, isn’t it?

（注） mew：猫の鳴き声　　purr：猫が喉を鳴らす音

問1　空所 [あ] に入る最も適切なものを次の①～④から１つ選び，その番号を答えなさい。 [6]

① she wanted to move on to another work she had to do
② she didn’t want Fluffy to run out if she was hiding somewhere
③ she thought it was dangerous to keep the door open
④ she didn’t want others to know that Fluffy was gone

問2　空所 [い] に入る最も適切なものを次の①～④から１つ選び，その番号を答えなさい。 [7]

① Guess what,　② I love it,　③ Don’t be silly,　④ So far, so good,

問3　空所 [う] に入る最も適切なものを次の①～④から１つ選び，その番号を答えなさい。 [8]

① bathroom　② bedroom　③ kitchen　④ living room

問4　下線部(1)が表す最も適切な意味を次の①～④から１つ選び，その番号を答えなさい。 [9]

① fly away　② play hide-and-seek
③ put down the saucer of milk　④ take Fluffy away

問5　空所 [え] に入る最も適切なものを次の①～④から１つ選び，その番号を答えなさい。 [10]

① Here she is,　② I don’t think so,　③ Never mind,　④ My pleasure,

問6　下線部(ア)～(エ)について，内容的な誤りが一箇所ある。該当箇所を含むものを次の①～④から１つ選び，その番号を答えなさい。 [11]

① (ア)　② (イ)　③ (ウ)　④ (エ)

問7　本文の内容と一致するものをあとの①～⑧から３つ選び，その番号を答えなさい。

[12] [13] [14]

① John and Rosie couldn’t find Fluffy before the laundry man left their house in the morning.
② John thought Fluffy might be on the first floor because Fluffy cannot climb stairs.
③ Mother didn’t have time to look around their house at first because she was cooking dinner.
④ Mrs. Brown and Mrs. White heard Fluffy’s voice but didn’t see her.
⑤ Mother put food outside for Fluffy because she thought Fluffy left their house to find something to eat.

⑥ The laundry man came back to the house because he left an important thing in the house.

⑦ Fluffy was sleeping well when she finally came back home.

⑧ Rosie was very sorry for Fluffy because Fluffy got bad treatment from others.

3 次の英文を読んで，あとの問いに答えなさい。

The Grand Tour was a long foreign trip made by English gentlemen to finish off their education. It was popular from the mid-17th century until the end of the 18th century. At that time, wars broke out and stopped foreign travel.

In the early 19th century, after peace was established after the wars in Europe, the Grand Tour became popular again. However, as travel became cheaper and easier, and in particular with the development of the railways, visiting the European continent was not limited to the elite people; the days of the Grand Tour were (あ).

The Grand Tour was something very special and only carried out by very rich men, mainly the sons of aristocrats. This was because travel was both difficult and expensive. Travelers carried little money in case of emergency. Instead, they took special letters from their London banks which (1) they then showed in major cities.

Another good point of sending young gentleman abroad was that they were able to do "bad" things somewhere else. So, the trouble they caused to their families was (い) (う) as possible. In fact, the young travelers experienced greater freedom on the continent, and also experienced their first taste of drinking, gaming and romance.

Gentlemen often traveled abroad under the care of a tutor. Georgette Heyer called the tutor a "bear-leader." In her novel, *Devil's Cub*, the Marquis of Vidal discovers an English clergyman traveling in France:

"There is a guide who lately passed through Paris and he led some groups of gentlemen. They are bound for Italy."

The clergyman goes on to describe him as "a very poor guide... who was lucky to be in charge of a young gentleman making the Grand Tour."

Originally, the Grand Tour was expected to last about three and a half years: six months of traveling and three years of living abroad. Gentlemen joining the Grand Tour were expected to enjoy the cultures they were visiting and improve their language skills. The period of time spent abroad gradually got (え) until most traveled for only two years.

The most popular place they visited was France as French was the most commonly spoken second language. It was also the easiest place to get to. The fastest crossing was from Dover to Calais and the roads to Paris were very good.

From Paris, travelers usually moved to the Alps and then by boat on the

Mediterranean to Italy. They usually visited Rome and Venice but their tour might also include Spain, Portugal, Germany, Eastern Europe, and the Baltic.

Samuel Johnson said:

(2) A man who has not been to Italy always feels a little sad because he hasn't seen the things everyone must see.

Many people on the Grand Tour visited the great cities of the Renaissance with their remains of classical civilizations. They would often visit Herculaneum and Pompeii.

Classical statues were very popular, such as the Nile and the Tiber — statues of river gods — which were discovered in Rome in the 16th century and formed part of the Pope's collection. They were on display in the Museo Pio-Clementino from the 1770s.

People on the Grand Tour commonly visited the French and Italian royal families and the British envoys, such as Sir William Hamilton. He was the British ambassador from 1764 to 1800.

One of the aims of the Grand Tour was to give gentlemen (お) education. It was good to have an interest in French and Italian (お). In fact, travelers typically came home with boxes full of souvenirs that they collected, such as paintings, sculptures and fine clothes. Canaletto, Vernet and Panini all painted for the 18th century tourist market.

It was also common to ask professional painters to draw their own pictures, usually at the end of the Tour. Pompeo Batoni (1708-1787) painted over 175 paintings of travelers in Rome.

Although the Grand Tour was mostly taken by gentlemen, a lot of ladies also traveled abroad. The author Hester Piozzi was especially well-known for her travels in the 1770s and 1780s.

Women who were separated from their husbands often traveled abroad as they were welcomed on the continent. A famous aristocrat, Georgiana Cavendish, left her hometown after having a child in the early 1790s, while Caroline, Princess of Wales, traveled abroad from 1814 to 1820.

A group of women such as Jane Parminter and her cousin Mary made the Grand Tour in the 1780s. When they returned in 1795, they built the sixteen-sided house, A la Ronde, to remind them of their travels and display their collections including several Bartolozzi prints and a shell picture.

(注) aristocrat(s)：貴族　clergyman：牧師　elite：エリートの　tutor：家庭教師
envoy：使節　Dover：ドーバー（イギリスの地名）　Calais：カレー（フランスの地名）
the Alps：アルプス山脈　the Mediterranean：地中海　Portugal：ポルトガル
the Baltic：バルト海諸国　Renaissance：ルネサンス時代（の）　civilization：文明
Herculaneum and Pompeii：古代ローマ遺跡のある地名
the Nile and the Tiber：有名な彫刻の名前　Pope：ローマ教皇

問1　空所（あ）に入る最も適切なものを次の①～④から1つ選び，その番号を答えなさい。[15]

① again　② good　③ over　④ up

問2　下線部(1)は具体的に何をすることか。以下の文の空所を補う形で説明するとき，空所に入る最も適切なものを次の①～④から1つ選び，その番号を答えなさい。[16]

They showed the special letters in major cities to (　　).

① buy souvenirs for their families
② get money when they needed it
③ give money to people who supported the tour
④ pay money to get into the cities

問3　空所（い）（う）に入る最も適切な1語をそれぞれ答えなさい。[記述]

問4　空所（え）に入る最も適切なものを次の①～④から1つ選び，その番号を答えなさい。[17]

① longer　② later　③ shorter　④ wider

問5　下線部(2)が表す最も適切な意味を次の①～④から1つ選び，その番号を答えなさい。[18]

① All men should visit Italy because there are many important things to see there.
② People in Europe do not have to visit Italy because it costs a lot to visit it.
③ Italian people should know about their own country by traveling through Europe.
④ People joining the Ground Tour have visited Italy many times, so they already know too much about it.

問6　空所（お）に入る最も適切なものを次の①～④から1つ選び，その番号を答えなさい。[19]

① art　② food　③ nature　④ philosophy

問7　本文後半に登場する人物をまとめた下表の [20] ～ [22] に入る人名を次の①～⑥からそれぞれ1つずつ選び，その番号を答えなさい。

[20]	the British ambassador from 1764 to 1800
[21]	a famous painter who painted travelers
[22]	a female traveler and author who traveled abroad in 1770s and 1780s

① Georgiana Cavendish　② Hester Piozzi　③ Pompeo Batoni
④ Sir William Hamilton　⑤ Jane Parminter　⑥ Samuel Johnson

問8　本文の内容と一致するものをあとの①～⑦から2つ選び，その番号を答えなさい。

[23] [24]

① At the end of the 18th century, people could not travel abroad because of wars.
② People joining the Grand Tour were not allowed to enjoy their freedom because their parents were worried about their young children.
③ In the novel called *Devil's Cub*, an English clergyman and his followers

started to travel from Italy.

④ France was a popular place for the Grand Tour because there were many people who could speak English.

⑤ People on the Grand Tour visited many countries including Asian countries.

⑥ Young gentlemen joining the Grand Tour could not bring souvenirs of their trip back to their home countries.

⑦ A la Ronde is a special shaped house with souvenirs which Jane Parminter and Mary got from their Grand Tour.

4 次の英文を読んで，あとの問いに答えなさい。

Ryan Nicodemus was in his 20s, and very successful. He had everything: an important job that paid him well, and a large house full of expensive things. But he always felt frustrated and miserable. To cheer himself up, he kept buying more and more: a big car, new electronic devices, fashionable clothes, and beautiful items that he never used. In other words, he [あ]. All this stuff did not make things better, however; instead, it made things worse. Ryan paid for everything with his credit cards, went into debt, and this went on for many years. He was living for his material things, and his heart was empty. He had no time to think about his health, relationships, or passions. (1)In the end, [① became ② speak ③ Ryan ④ he ⑤ so ⑥ finally decided ⑦ miserable ⑧ that ⑨ to] to his also wealthy best friend, Joshua Millburn. He seemed truly happy.

Joshua told Ryan about a new movement called minimalism. "Everything I owned wasn't making me happy, and to tell the truth I began to dislike the things that once brought me happiness," Joshua said. To move beyond this materialism, he decided to set a few clear, simple goals for himself and create a meaningful new life in order to be a true minimalist.

This was difficult at first. [い] [う] Gradually, it became easier to decide which item was truly necessary for him and which was not. [え] [お]

The most important idea of minimalism is "less is more." If we have fewer things with us, we spend less time and energy to clean and organize all the things that we own, and we are no longer frustrated with them. When we make space for things that are important to us, we get more: more time, more meaningful relationships, more experiences, more personal growth, more opportunities to follow our passions.

Ryan wanted to change, so he packed everything he owned into big boxes and gave himself three weeks to check them all and make up his mind. (2)Every day, from the boxes, [① used ② like ③ removed ④ he really ⑤ he ⑥ his shoes ⑦ those items], some knives and forks, towels, his favorite clothes, and some furniture. When he threw away something, he asked himself three questions: Why does he have to keep it? Is it truly valuable for him? [か] He decided that it was better to own three sweaters that he loved, (3)[instead / a closet filled / sweaters / use]. In three weeks, 80 percent of Ryan's things were still in boxes. So he sold some, gave some to others, and threw away the rest. His house was changed into a warm home with lots of open space. For the first time, Ryan felt truly rich.

Joshua and Ryan became famous as minimalists. There is no correct way to be a minimalist. Minimalism is not against having stuff or about throwing away everything you own. It is about owning the right stuff and making your life simple. We usually do not realize the amount of time, energy, and money that is needed to [き] a big house, fashionable clothes, and all the other items that we buy. Minimalism is quite popular among people in their 20s and 30s, perhaps because they want to be different from their parents, or perhaps because they don't agree with other people in the society. But minimalism is also popular among older generations - they throw away their "stuff" in order to travel and do other exciting things.

Minimalism may clear your mind and your life! After you say goodbye to the things you do not need, your life has space for something new. Your life becomes fuller, and this is the true meaning of "[く]"

（注） credit cards：クレジットカード　went into debt：借金をかかえた　minimalism：ミニマリズム

materialism：物質主義　minimalist(s)：ミニマリスト

問１　空所[あ]に入る最も適切なものを次の①～④から１つ選び，その番号を答えなさい。[25]

① kept buying things for other people
② tried to buy happiness with money
③ became more successful than before
④ never filled his house with his dreams

問２　下線部(1)が意味の通る英文になるように［ ］内の語句を並べかえ，以下の[26]～[28]に入るものの番号をそれぞれ答えなさい。

In the end, [_____ [26] _____ _____ [27] _____ _____ [28] _____] to his also wealthy best friend, Joshua Millburn.

① became　② speak　③ Ryan　④ he　⑤ so　⑥ finally decided
⑦ miserable　⑧ that　⑨ to

問３　空所[い][う][え][お]に入る最も適切なものをあとの①～④からそれぞれ１つずつ選び，その番号を答えなさい。

[い]…[29]　[う]…[30]　[え]…[31]　[お]…[32]

① He threw away one thing a day for a month and soon realized that he didn't need lots of things to feel happy.
② He now became more grateful for the items that remained.

③ Eventually, he was able to say goodbye to over 90 percent of everything he owned.

④ It was especially hard to separate himself from the things he owned.

問4　下線部(2)が意味の通る英文になるように［　］内の語句を並べかえ，以下の 33 ～ 35 に入るものの番号をそれぞれ答えなさい。

Every day, from the boxes, [_____ 33 _____ 34 _____ 35 _____], some knives and forks, towels, his favorite clothes, and some furniture.

① used　② like　③ removed　④ he really

⑤ he　⑥ his shoes　⑦ those items

問5　空所 か に入る最も適切なものを次の①～④から1つ選び，その番号を答えなさい。 36

① Do other people like to imitate him?

② Does it bring joy to his life?

③ Will it make him wealthy?

④ Will his family agree with him?

問6　下線部(3)が話の流れに合う表現になるように［　］内の6語に4語を補いなさい。ただし，与えられた語句はそのままの形で，与えられた順にすべて用いること。 記述

[instead / a closet filled / sweaters / use]

問7　空所 き に入る最も適切なものを次の①～④から1つ選び，その番号を答えなさい。 37

① make use of　② come up with　③ take care of　④ go away with

問8　空所 く に入る最も適切なものを次の①～④から1つ選び，その番号を答えなさい。 38

① less is more　② health, relationships, and passions

③ we are minimalists　④ simple and rich life

問9　本文の内容と一致するものを次の①～⑤から1つ選び，その番号を答えなさい。 39

① It is important for minimalists to give, sell, or throw away everything you have.

② If you have more items in the house, you usually spend less time on organizing them.

③ The only way to be a minimalist is to have just enough stuff to lead a simple lifestyle.

④ Saying goodbye to some old things may make your life simple, happy, and rich.

⑤ Teenagers enjoy being minimalists as well as people among older generations.

【理　科】（50分）　＜満点：100点＞

1　タケルさんは，「火震（marsquake）」のニュースを見て，興味を持った。「火震」とは火星で起こる地震のような現象である。次の［Ⅰ］，［Ⅱ］を読み，後の⑴～⑹の問いに答えなさい。

［Ⅰ］　タケルさんは，火震と地球の地震とを比較して理解を深めようとした。火震の存在が明らかになったのは，地球の地震と同じような$_A$大地のゆれが観測されたためである。地球での地震は，プレート運動によって引き起こされるもので，$_B$日本の近辺でも多発している。$_C$火星には地球のようなプレート運動がないことは知られており，火震の原因は諸説あり，現在調査中である。

⑴　下線部Aに関連して，次の図は地球における地震計の記録を模式的に表したものである。図中で初期微動に相当するのはどの部分か。 **1**

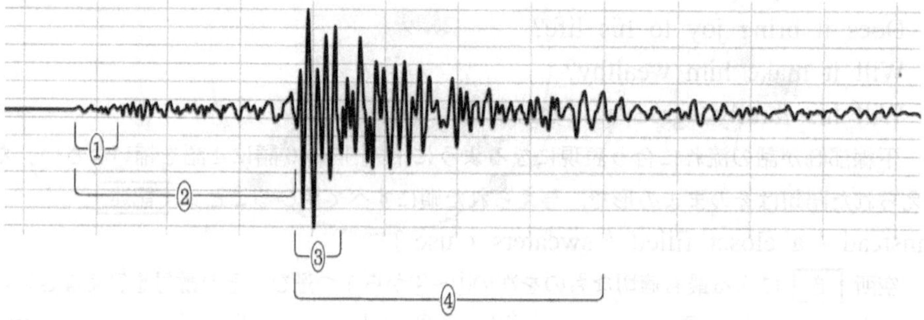

⑵　下線部Bに関連して，次の文の（ア），（イ）にあてはまるものはそれぞれどれか。

ア **2** 　イ **3**

日本列島は複数枚のプレートの境界部分に位置する。2011年に発生した東北地方太平洋沖地震は，（　ア　）が（　イ　）の下に沈み込んでいることで発生したものである。

①　北アメリカプレート　　②　ユーラシアプレート
③　太平洋プレート　　④　フィリピン海プレート

⑶　下線部Cに関連して，火星にプレート運動がないと考えられている根拠の一つに，標高約27㎞にもなるオリンポス山の存在がある。これだけ大きな火山ができるのは，プレート運動が無く，同じ位置からマグマが供給されたためと考えられる。このオリンポス山は玄武岩質のマグマでできていることがわかっている。このような玄武岩の火山は，どのような噴火により，どのような形をしていると考えられるか。　噴火の様子 **4** 　火山の形 **5**

噴火の様子　①　爆発的な激しい噴火　　②　おだやかに大量の溶岩を噴き出す噴火
火山の形　①　傾斜がゆるやかな形の火山　　②　盛り上がったドーム状の形の火山

［Ⅱ］　タケルさんは，地球から火星がどのように見えるのかを知るために，金星と比較して考えることにした。図1（次のページ）のように，太陽から惑星までの距離に比例して地球と金星・火星の公転軌道を描いた。太陽の位置に電球を，金星（V_1～V_3）と火星（M_1～M_4）の位置にボールを置いて，地球の位置に置いたカメラから同じ倍率で写真を撮って，地球から惑星がどのように見えるのかを観察した。

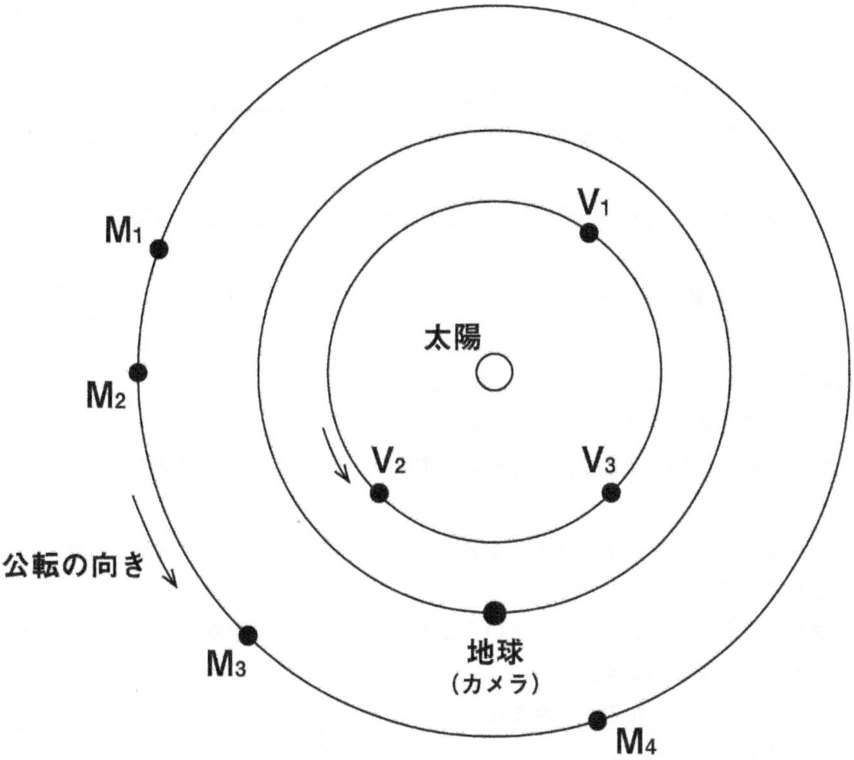

図１

また，図２の４つの図は，順にM_1～M_4の位置にボールがあるときのものである。以下の図ではカメラで撮影した写真をもとに，照らされた部分を白で，影の部分を黒で示している。

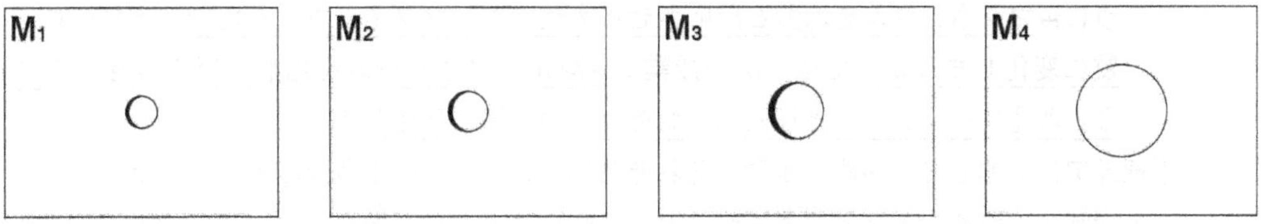

図２

⑷　実際にV_3の位置に金星があるとき，金星はいつ，どの方角に見えるか。 [6]

①　夜明け前後，東の空　　②　正午前後，南の空

③　日の入り前後，西の空　④　深夜前後，南の空

⑸　次の３つの図はV_1～V_3の位置にボールがあるときのものである。ボールがV_2の位置にあるときの図はどれか。 [7]

①　②　③

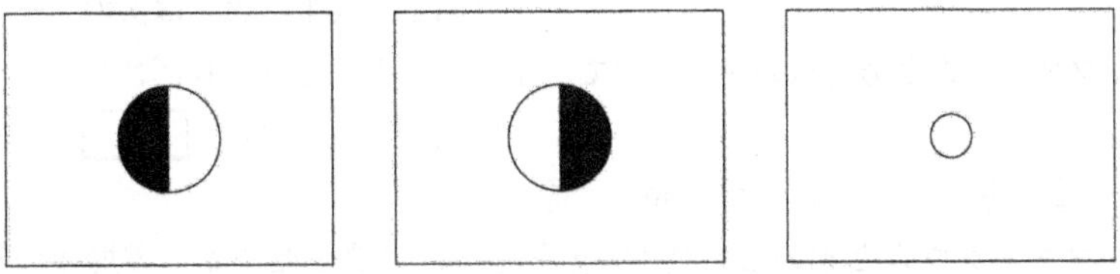

(6) 以上の結果をふまえて考えたとき，次のⅰ～ⅳの文が正しければ①を，誤っていれば②をマークせよ。

ⅰ　金星も火星も地球からの見かけの大きさは変化する。 [8]

ⅱ　金星は満ち欠けして見える形が大きく変わるが，火星は見える形がほとんど変わらない。 [9]

ⅲ　実際にM_1とM_3の位置に火星があるときを比較すると，M_1のほうが南中する時刻は遅い。 [10]

ⅳ　実際にM_4の位置に火星があるとき，真夜中に観察することができる。 [11]

2　次の会話を読み，後の(1)～(3)の問いに答えなさい。

先生　：物質が燃えるということについて先日勉強しましたね。

学さん：はい。物質が燃えるとき，空気中の酸素が用いられることを学びました。物質が酸素と結びつくことを酸化といいました。

先生　：そうですね。では，エタノールやガスバーナーのガスのような有機物が燃えると何ができましたか？

学さん：はい，二酸化炭素と水です。ということは，それぞれに炭素原子，水素原子が含まれていると考えてよいのですか？

先生　：そうですね。アそれぞれに含まれている原子が，燃焼して酸素と結びついているのです。

学さん：イマグネシウムや銅を燃焼させたとき，質量が変化する様子をくわしく調べる実験もしました。このとき気体の発生はなかったのですが，マグネシウムや銅が別の物質に変化したと考えてよいのですか？

先生　：その通りです。マグネシウムは酸化マグネシウムに，銅は酸化銅になったのです。同じようにウマグネシウムを塩酸と反応させる実験でも，マグネシウムと塩酸はそれぞれ別の物質に変化しました。では，次の授業でエ酸化マグネシウムを塩酸と反応させてみましょう。酸化マグネシウムと塩酸もそれぞれ別の物質に変化します。

(1) 下線部アに関連して，炭素，水素をそれぞれ燃焼させ，次のような結果となった。

・炭素３ｇを酸素８ｇと燃焼させると，二酸化炭素が11ｇ得られた。

・水素１ｇを酸素８ｇと燃焼させると，水が９ｇ得られた。

エタノールは炭素原子，水素原子，酸素原子でできている有機物である。エタノール23ｇを酸素と燃焼させると，二酸化炭素が44ｇ，水が27ｇ発生した。エタノール23ｇに含まれる酸素原子は何ｇか。 [12]

①　6ｇ　②　8ｇ　③　10ｇ　④　14ｇ　⑤　16ｇ

(2) 下線部イでは，図１のような装置を用いて，いろいろな質量のマグネシウムと銅の粉末をそれぞれ完全に燃焼させたところ，表１，表２のような結果が得られた。

（図１，表１，表２は次のページにあります。）

(i) 酸化マグネシウムと酸化銅の色について，正しいものはそれぞれどれか。

酸化マグネシウム [13]　酸化銅 [14]

①　赤　②　黒　③　白　④　黄　⑤　青

(ii) 次に，マグネシウムと銅の混合物3.00ｇを完全に燃焼させると，燃焼後の質量が4.47ｇと

なった。この混合物に含まれていた銅は何gか。 15

① 1.00 g　② 1.20 g　③ 1.40 g　④ 1.60 g　⑤ 1.80 g

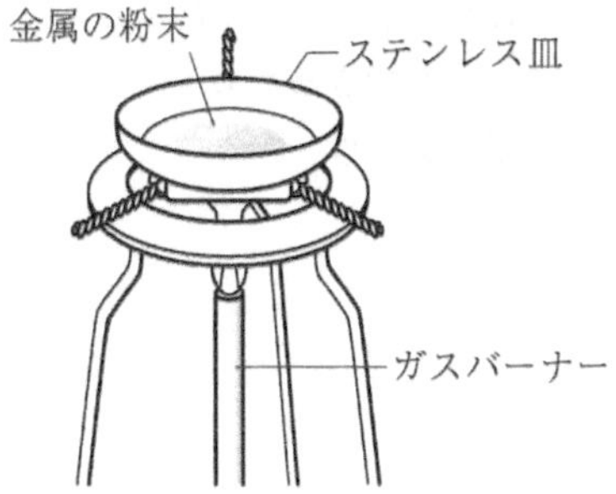

図1

表1

マグネシウムの質量〔g〕	0.20	0.40	0.60	0.80	2.00
加熱後の質量〔g〕	0.33	0.66	0.99	1.32	3.30

表2

銅の質量〔g〕	0.20	0.40	0.60	0.80	2.00
加熱後の質量〔g〕	0.25	0.50	0.75	1.00	2.50

(3) 下線部**ウ**，下線部**エ**の反応を化学反応式で表すと次のようになる。どちらの反応でも，物質Aができる。

下線部**ウ**　Mg　＋　（ **X** ）HCl　→　物質A　＋　H_2

下線部**エ**　MgO　＋　（ **X** ）HCl　→　物質A　＋　H_2O

(i) （**X**）にあてはまる数値をマークせよ。ただし，あてはまる数値が1の場合は，省略せずに①をマークすること。 16

(ii) 物質Aの成分を調べるため，反応後の溶液をビーカーに入れ，炭素電極で電気分解を行った。気体B，気体Cがそれぞれの極板から発生したが，そのうち，気体Cには色があり，刺激のあるにおいがした。気体Cの化学式と気体Cが発生する極板の組合せとして正しいものはどれか。 17

	①	②	③	④	⑤	⑥	⑦	⑧
化学式	H_2	NH_3	Cl_2	O_2	H_2	NH_3	Cl_2	O_2
極板	陽極	陽極	陽極	陽極	陰極	陰極	陰極	陰極

3 次の生物に関する〔Ⅰ〕～〔Ⅲ〕の問いに答えよ。

〔Ⅰ〕 イカの解剖と観察を行った（図1（次のページ））。(1)～(3)の各問いに答えよ。

(1) ピペットを使って口から色水を入れると，胃の位置を確認できた。胃の位置は図1のどこか。 18

① **A**　② **B**　③ **C**　④ **D**

(2) イカのからだの構造について述べた文のうち，正しいものはどれか。 19

ア 外とう膜には，頭部を包む役割がある。

イ ろうとは水をはき出すところである。

ウ 背側にあるかたくて細長い透明なものは，背骨が痕跡的に残ったものである。

エ イカの口はあし（うで）のつけ根にある。

① **ア**のみ　② **イ**のみ　③ **ウ**のみ　④ **エ**のみ　⑤ **ア**，**イ**

⑥ **ア**，**ウ**　⑦ **ア**，**エ**　⑧ **イ**，**ウ**　⑨ **イ**，**エ**　⓪ **ウ**，**エ**

(3) イカのからだのある構造をより詳しく観察するために，双眼実体顕微鏡を使用した。双眼実体

顕微鏡を使う理由として，正しいものはどれか。 [20]

ア　からだの異なる部分を同時に１つの視野で観察できるため。

イ　ルーペの倍率は５倍～10倍であるが，双眼実体顕微鏡の倍率は100倍～400倍であるため。

ウ　うすく切ったり，表皮をはがしたりせずに，表面を拡大することができるため。

①　アのみ　②　イのみ　③　ウのみ　④　ア，イ　⑤　ア，ウ
⑥　イ，ウ　⑦　ア，イ，ウ

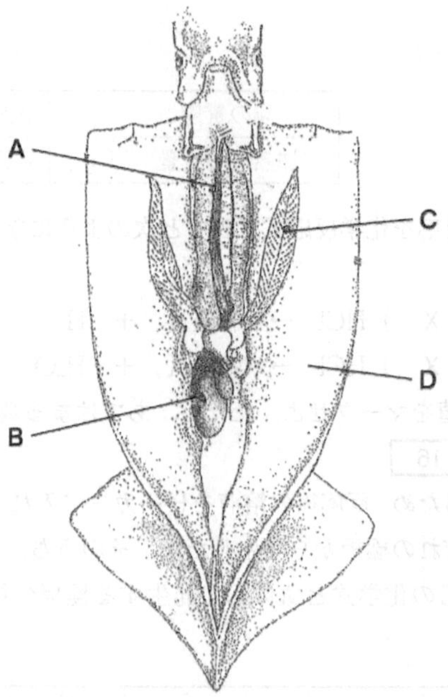

図１

［Ⅱ］　遺伝子と進化に関する⑷，⑸の各問いに答えよ。

⑷　次の文のうち，下線部 a ～ e の内容について，正しいものはいくつあるか。 [21]

生物の種類によって染色体の数は決まっている。エンドウの染色体の数は14本であり，キイロショウジョウバエの染色体の数は８本である。また，ヒトの染色体の数は$_{a}$44本である。

細胞が分裂する前に，それぞれの染色体と同じ染色体がもう１つずつつくられる。このことを染色体の$_{b}$複製という。体細胞分裂によって生じた２個の細胞では，それぞれの細胞がもつ染色体の数は，細胞分裂する前の細胞がもつ染色体の数の$_{c}$２倍になる。一方，生殖細胞がつくられる細胞分裂で生じた卵では，細胞分裂する前の細胞がもつ染色体の数と比べ，染色体の数が$_{d}$半減する。

染色体には親から子へと形質を伝える遺伝子が含まれている。その遺伝子の本体は$_{e}$タンパク質である。

①　１つ　②　２つ　③　３つ　④　４つ　⑤　５つ　⑥　すべて誤り

⑸　次の文のうち，進化について正しく述べたものはどれか。 [22]

ア　スポーツ選手がボールの速さなどの変化にすばやく対応できるようになった。

イ　チョウが幼虫から成虫になった。

ウ　遺伝子を組換える操作によって青色のバラができた。

エ　クジラは陸上で生活していたホニュウ類から長い年月をかけて変化した。

①　**アのみ**　②　**イのみ**　③　**ウのみ**　④　**エのみ**　⑤　**ア，イ**

⑥　**ア，ウ**　⑦　**イ，ウ**　⑧　**ウ，エ**　⑨　**ア，イ，ウ**　⓪　**イ，ウ，エ**

〔Ⅲ〕　生態系に関する⑹の問いに答えよ。

⑹　生態系について述べた文のうち，正しいものはどれか。　[23]

ア　菌類のなかまであるシイタケは，無機物から有機物を合成し，生産者とよばれる。

イ　生産者には，光合成と呼吸を行う生物と光合成のみを行う生物がいる。

ウ　カモメ，イワシ，植物プランクトン，小エビがいるとき，もっとも上位の消費者はカモメである。

①　**アのみ**　②　**イのみ**　③　**ウのみ**　④　**ア，イ**　⑤　**ア，ウ**

⑥　**イ，ウ**　⑦　**ア，イ，ウ**

4　手回し発電機を使った実験について，次の〔Ⅰ〕，〔Ⅱ〕を読み，後の⑴～⑺の問いに答えなさい。

〔Ⅰ〕　図1～図3の手回し発電機，抵抗R，電流計，電圧計は，それぞれ同じものである。どの場合も，手回し発電機のハンドルを同じ一定の速さで回すと，同じ電圧が発生するものとする。

図1のように，手回し発電機に抵抗Rと電流計をつなぎ，手回し発電機のハンドルを一定の速さで時計回りに回すと，電流計の指針は右に振れ，100mAを示した。

図2のように，手回し発電機に抵抗Rと電圧計をつなぎ，手回し発電機のハンドルを図1と同じ一定の速さで時計回りに回すと，電圧計の指針は右に振れ，2.0Vを示した。

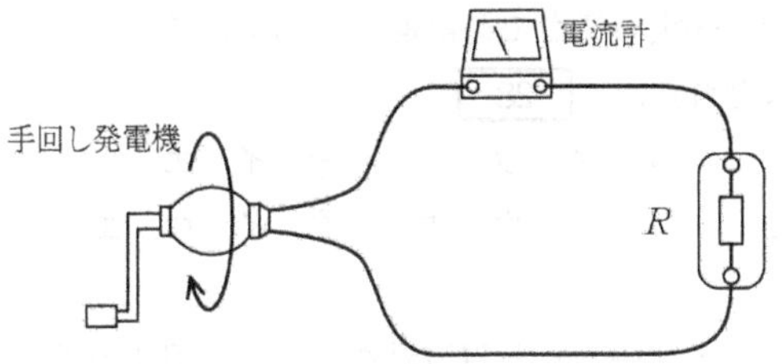

図1

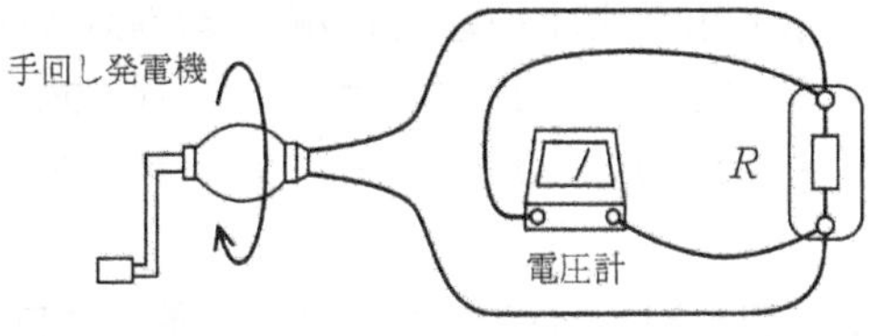

図2

⑴　抵抗Rは何Ωか。　[24]　Ω

①　0.05　②　0.1　③　0.2　④　0.5　⑤　1

⑥　2　⑦　5　⑧　10　⑨　20　⓪　50

⑵　図1の抵抗Rの消費電力は何Wか。　[25]　W

①　0.05　②　0.1　③　0.2　④　0.5　⑤　1

⑥　2　⑦　5　⑧　10　⑨　20　⓪　50

次に，手回し発電機に抵抗Rと電流計と電圧計をつなぎ，図3（次のページ）の**ア**～**エ**の回路をつくった。

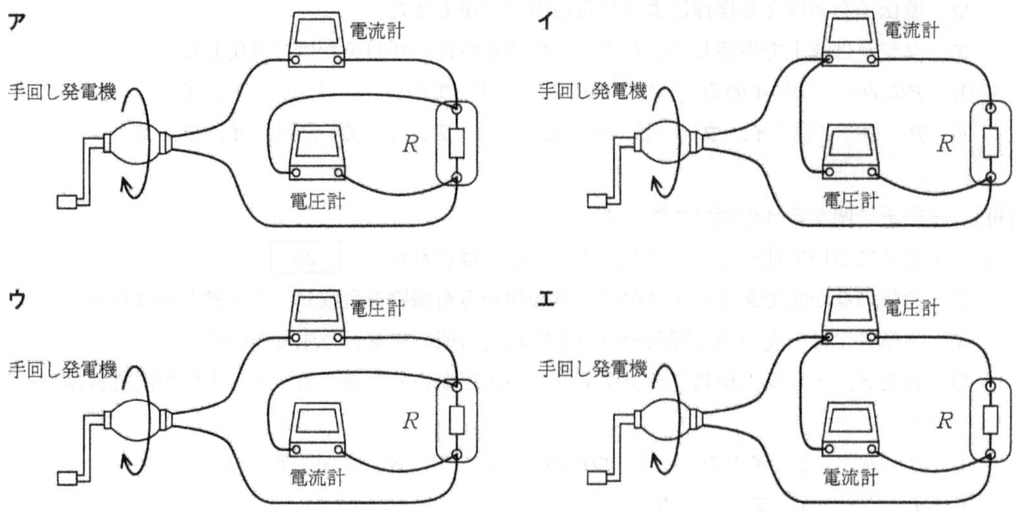

図3

⑶　ア～エの回路の手回し発電機のハンドルを，同じ一定の速さで時計回りに回すとき，ハンドルの手ごたえが最も大きいものはどれか。 26

①　ア　②　イ　③　ウ　④　エ

⑷　ア～エの回路の手回し発電機のハンドルを，同じ一定の速さで時計回りに回すとき，電流計の示す値が，図1の電流計の値とほぼ等しい回路はどれか。 27

①　ア，イ　②　ア，ウ　③　ア，エ　④　イ，ウ　⑤　イ，エ

⑥　ウ，エ　⑦　ア，イ，ウ　⑧　ア，イ，エ　⑨　ア，ウ，エ　⓪　イ，ウ，エ

⑸　ア～エの回路の手回し発電機のハンドルを，同じ一定の速さで時計回りに回すとき，電圧計の示す値が，図2の電圧計の値とほぼ等しい回路はどれか。 28

①　ア，イ　②　ア，ウ　③　ア，エ　④　イ，ウ　⑤　イ，エ

⑥　ウ，エ　⑦　ア，イ，ウ　⑧　ア，イ，エ　⑨　ア，ウ，エ　⓪　イ，ウ，エ

〔Ⅱ〕 図4と図5のように手回し発電機にLED（発光ダイオード）と電流計をつなぎ，図4の手回し発電機のハンドルを，同じ一定の速さで時計回りに回すと，LEDが点灯した。図5の手回し発電機のハンドルを，同じ一定の速さで時計回りに回す場合，LEDに加わる電圧は（　オ　），電流計の値は（　カ　）なる。

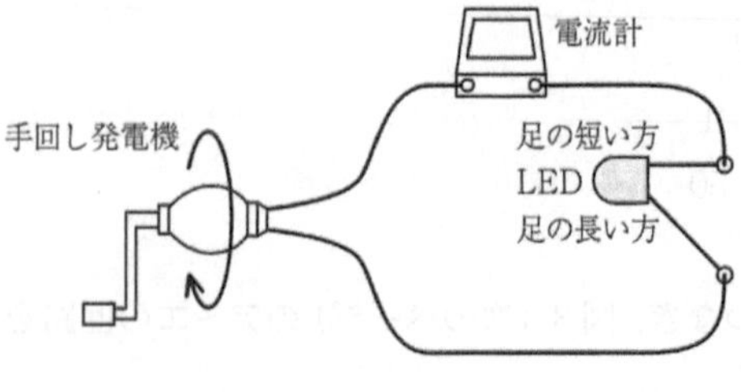

図4

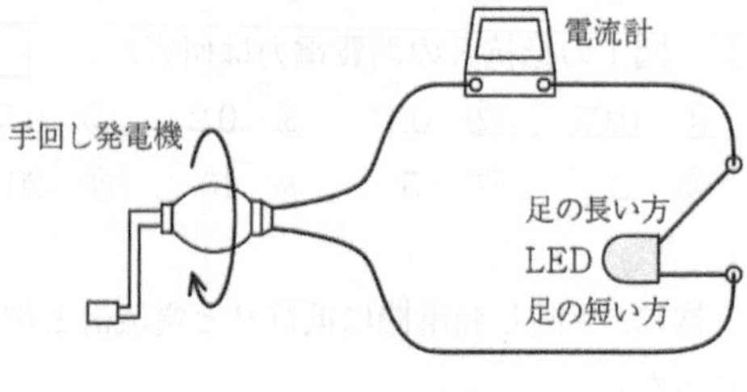

図5

⑹　（オ）にあてはまるものはどれか。 29

① 図４のときと比べて大きくなり　② 図４のときと比べて小さくなり
③ 図４のときとほぼ同じで

(7) (カ) にあてはまるものはどれか。 30

① 図４のときと比べて大きく　② 図４のときと比べて小さく
③ 図４のときとほぼ同じに　④ ほぼゼロに

5 京子さんたちは昨年の夏に，富士山に登った。そのときのようすを述べた次の文章を読み，後の(1)〜(5)の問いに答えなさい。

京子さんは，山に詳しい両親，兄とともに，富士山の山頂を目指した。登り始めて１時間ほどで，A地点に着いたとき，父が高度計を見せてくれた。2400mであった。その後の地点と高度は，表１の通りであった。途中の山小屋で宿泊し，翌朝，山頂につくことができた。

表１

地点	高度
A地点	2400 m
B地点	2700 m
C地点	3100 m
D地点	3400 m
山頂	3776 m

山頂に着いたとき，持っていた未開封のポテトチップスの袋は，ふもとの時と比べて（ a ）。その理由を父に聞いたところ，山頂とふもととの（ b ）の違いが理由だと教えてくれた。しかも，（ b ）の違いを使って測定する高度計もあるという。

また，山頂で飲み終えてしまったペットボトルのキャップをきつくしめて，ふもとに持っていったところ，ペットボトルは（ c ）。

(1) 文中の（a）〜（c）にあてはまるものの組合せとして正しいものはどれか。 31

	①	②	③	④
a	ふくらんでいた	ふくらんでいた	ふくらんでいた	ふくらんでいた
b	気温	気温	気圧	気圧
c	ふくらんでいた	つぶれていた	ふくらんでいた	つぶれていた

	⑤	⑥	⑦	⑧
a	つぶれていた	つぶれていた	つぶれていた	つぶれていた
b	気温	気温	気圧	気圧
c	ふくらんでいた	つぶれていた	ふくらんでいた	つぶれていた

(2) 同じ時刻に気温を測定したら，A地点が16℃，D地点が10℃であった。この割合で気温が変化するとしたら，海面の高さでは何℃であると考えられるか。小数第一位まで求めよ。なお，十の位の値は 32 に，一の位の値は 33 に，小数第一位の値は 34 にマークせよ。十の位がない場合は⓪をマークせよ。

(3) 富士山の山頂の気圧を測定したら640hPaであった。気圧について述べたあとの文で正しいものを２つ選べ。ただし，解答の順序は問わない。 35 ， 36

① 富士山の山頂は，海面と同じ高さの地点と比べると，上に積み重なっている空気の量が少ないので，気圧が低い。

② 富士山の山頂では，640hPaが１気圧に相当する。

③　一般的に，気圧は晴れのときには低く，雨のときには高い。

④　高気圧とは，中心の気圧が1013hPaより高い場合をいう。

⑤　気圧の同じ地点をなめらかな線でつないだものを等圧線という。

⑥　風は気圧の低いところから高いところへ向かって吹く。

(4)　天気について述べた次の文で正しいものはどれか。 37

ア　くもりは多少の降水をともなうことがある。

イ　快晴とは空全体に雲がまったくないことをいう。

ウ　くもりは空全体で９割以上雲がおおっている場合をいう。

エ　太陽が雲でかくれている場合は，雲量が空全体の５割くらいでもくもりとする。

①　アのみ　②　イのみ　③　ウのみ　④　エのみ　⑤　ア，イ

⑥　ア，ウ　⑦　ア，エ　⑧　イ，ウ　⑨　イ，エ　⓪　ウ，エ

(5)　冷たい水をコップに入れると，コップの表面がくもり，しばらくすると，くもっていた部分が次第に大きな水滴になった。コップの表面がくもった理由を正しく説明したものはどれか。 38

①　コップの表面付近の空気の温度が露点に達したから。

②　コップの中の水とコップの表面付近の空気との間に密度の差があったから。

③　冷たい水がコップのすきまをしみ出したから。

④　冷たい水がコップの表面付近の空気を冷やし，湿度をほぼ０％にしてしまったから。

6　炭酸カルシウム（$CaCO_3$）は石灰岩（石灰石）の主成分で，白色の固体である。［Ⅰ］，［Ⅱ］の文章を読み，後の(1)～(4)の問いに答えなさい。

［Ⅰ］　炭酸カルシウムを用いた以下の実験１～５を行い，結果１～５をそれぞれ得た。

実験１：炭酸カルシウムを蒸発皿に入れて，十分に加熱した。

実験２：実験１で得られた白色の固体の少量を，水の入った試験管に入れてよく振った。

実験３：実験２の水溶液に，気体Xを少量通じた。

実験４：実験３の水溶液に，気体Xをさらに十分な量通じた。

実験５：実験４の水溶液が入った試験管を，ガスバーナーの炎で加熱した。

結果１：炭酸カルシウムはすべて反応し，白色の固体（物質A）と気体Xが発生した。

結果２：白色の固体は全て水に溶けて，無色透明の水溶液となった。

結果３：すみやかに白色の沈殿が生じた。

結果４：白色の沈殿が溶けて，無色透明の水溶液となった。

結果５：気体が発生して，白色の沈殿が生じた。

(1)　実験１～５の化学変化を次に示すとき，気体X，物質A，物質Bにあてはまる化学式はそれぞれどれか。

実験１：$CaCO_3$　→　物質A　＋　気体X

実験２：物質A　＋　H_2O　→　物質B

実験３：物質B　＋　気体X　→　$CaCO_3$　＋　H_2O

実験４：$CaCO_3$　＋　H_2O　＋　気体X　→　$Ca(HCO_3)_2$

実験５：$Ca(HCO_3)_2$　→　$CaCO_3$　＋　H_2O　＋　気体X

気体X [39]　物質A [40]　物質B [41]

① H_2　② O_2　③ SO_2　④ CO_2　⑤ NH_3　⑥ H_2CO_3

⑦ $Ca(OH)_2$　⑧ CaO　⑨ $CaSO_4$

⑵ 気体Xが溶けた水溶液の性質はどれか。 [42]

① 酸性　② 中性　③ アルカリ性

⑶ 実験1において，炭酸カルシウム2.00gを完全に反応させたとき，残った物質Aは1.12gであった。炭酸カルシウムと発生した気体Xの質量比を表すものはどれか。 [43]

① 25：11　② 50：11　③ 25：22　④ 25：6　⑤ 50：6　⑥ 50：3

〔Ⅱ〕〔Ⅰ〕における実験のいくつかの反応は，自然の中でも起きている。代表的な例は鍾乳洞《しょうにゅうどう》である。鍾乳洞の中で形成される鍾乳石《しょうにゅうせき》は，長い年月をかけて次のようにつくられる。

a　石灰岩の大地に気体Xが溶け込んだ雨が降り，石灰岩の大地の一部が溶けだす。

b　水溶液として動いている過程で，そのときに気体Xが発生して固体が再び析出し，図1の鍾乳石が形成される。

図1

⑷ a，bと同様の化学反応は，〔Ⅰ〕の実験1～5のそれぞれどれか。a [44]　b [45]

① 実験1　② 実験2　③ 実験3　④ 実験4　⑤ 実験5

7 次の〔Ⅰ〕，〔Ⅱ〕の文章を読み，後の(1)～(4)の問いに答えなさい。

〔Ⅰ〕 ほぼ同じ大きさのアジサイの葉を4枚使って，そのまま何もぬらないもの，おもてにワセリンをぬったもの，裏にワセリンをぬったもの，両面にワセリンをぬったものを用意した。葉の柄《え》の部分をチューブAにつなぎ，さらに，内側の直径が1mmのチューブBにつないだ（図1）。両方のチューブ内は水を満たしておき，接続部分にも空気が入らないようにした。水の端のはじめの位置を記録しておき，時間の経過にともなって，水の端が移動する距離を調べた。経過した時間を横軸に，移動距離を縦軸にとってグラフにあらわすと，図2のようになった。

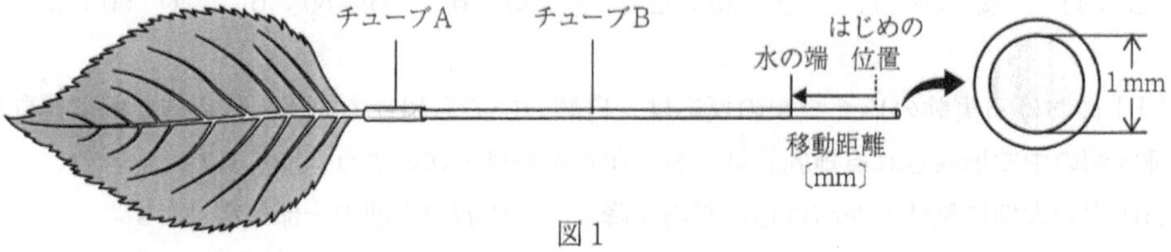

図1

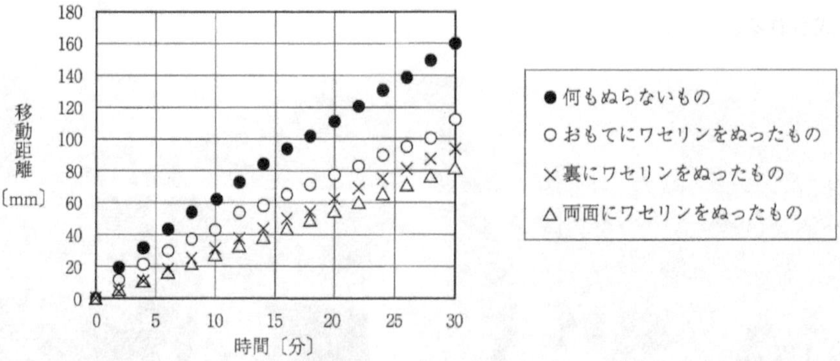

図2

(1) この実験の結果と考察についての下の文のうち，正しいものはどれか。 46

ア 何もぬらない葉での移動距離が最も大きく，両面にワセリンをぬった葉の約2倍の吸水が起こっている。

イ 葉のおもて側にワセリンをぬっても，ぬらないときと比べて水の移動距離は変わらない。

ウ 葉のおもて側よりも裏側の方がさかんに蒸散を行っている。

① アのみ　② イのみ　③ ウのみ　④ ア，イ　⑤ ア，ウ
⑥ イ，ウ　⑦ ア，イ，ウ

(2) 何もぬらない葉において，30分間にチューブから移動した水の質量はおよそ何gか。ただし，水の密度は1g/cm^3，円周率は3.14とする。 47

① 0.013g　② 0.026g　③ 0.13g　④ 0.26g　⑤ 0.35g
⑥ 0.45g　⑦ 0.5g　⑧ 1.3g　⑨ 2.6g

〔Ⅱ〕 エンドウの種子の形質では，丸が顕性《けんせい》形質，しわが潜性《せんせい》形質である。丸としわのエンドウを親として交配したところ，a生じた種子（子にあたる個体）はすべて丸であった。この丸の種子を育てて，自家受粉させたところ，b生じた種子（孫にあたる個体）には丸としわの両方があった。しかし，1つの果実内の種子で見ると，すべてしわのものもあった（図3（次のページ））。

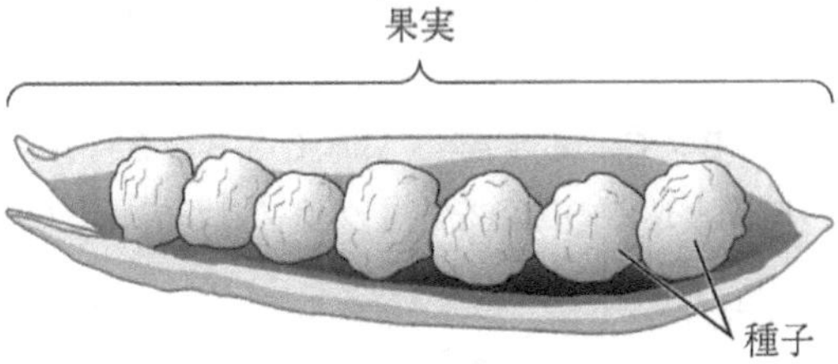

図3

(3) エンドウの果実と種子の部分はそれぞれ，花のどの部分が変化してできたものか。それぞれ選べ。　果実 48　種子 49

① がく片　② 花弁　③ おしべ　④ 柱頭　⑤ 子房　⑥ 胚珠

(4) 図3の果実内の種子がすべてしわであったことの説明は，次のように考えられる。空欄にあてはまるものを後の選択肢から選べ。

下線部bを数多く調べると，丸としわの形質をもつ種子の数の比は（　キ　）に近づくはずであるが，図3のように7個という少数の種子で見れば，すべてがしわの種子ということも起こりうる。しわの種子は，下線部aの（　ク　）をもつ個体の細胞が減数分裂して生じた生殖細胞のうち，（　ケ　）をもつ卵細胞と精細胞が受精したものである。

(i) （キ）の選択肢 50

① 1：1　② 1：0　③ 0：1　④ 3：1　⑤ 1：3

(ii) （ク）・（ケ）にあてはまる語の組合せの選択肢 51

	ク	ケ
①	丸・しわ両方の遺伝子	丸・しわ両方の遺伝子
②	丸・しわ両方の遺伝子	しわの遺伝子のみ
③	しわの遺伝子のみ	丸・しわ両方の遺伝子
④	しわの遺伝子のみ	しわの遺伝子のみ

8 図1はそれぞれ一定の規則性で右向きに運動しているブロックA～Cの様子を，0.2秒ごとに表したものである。図1の横軸は，測定開始点のブロックAの場所を原点として，そこからの距離（単位は㎝）を示している。ブロックAが原点にあったとき，同じ瞬間，ブロックBとブロックCはそれぞれ原点から右向きに2㎝，5㎝の場所にあった。ブロックAが原点にあった瞬間を0秒として，その瞬間から0.8秒間の運動について，次のページの(1)～(7)の問いに答えなさい。

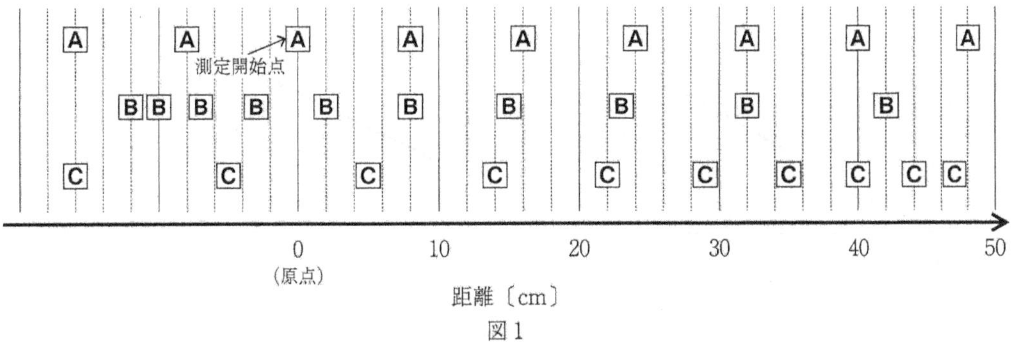

図1

⑴　0秒からの0.8秒間でブロックA～Cが移動した距離の大小関係として正しいものはどれか。 52

①　C＜B，B＝A　②　B＜C，C＝A　③　C＝B，B＜A　④　A＝B，B＜C

⑵　ブロックAについて，時間と速さの関係を表すグラフとして正しいものはどれか。 53

①

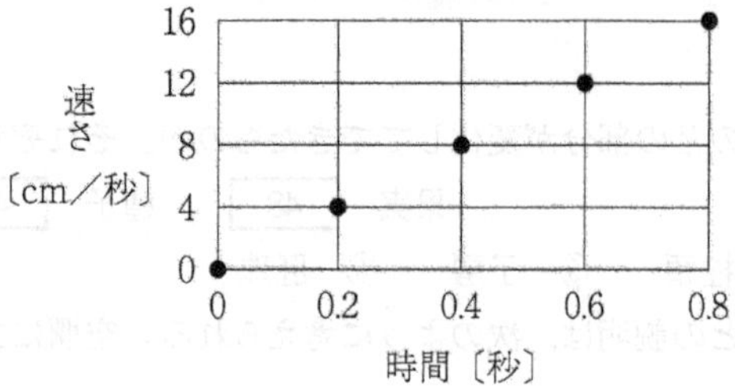

②

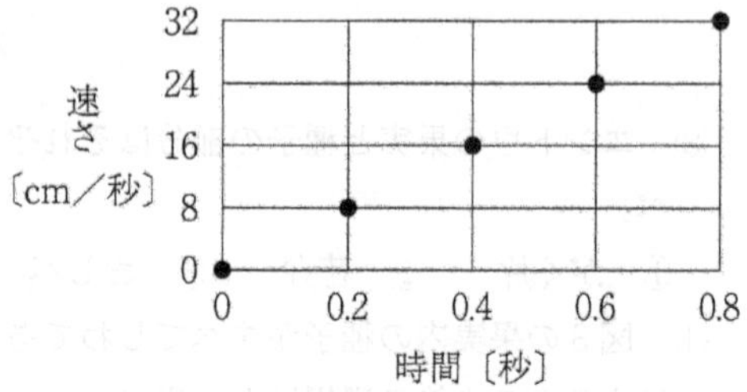

③

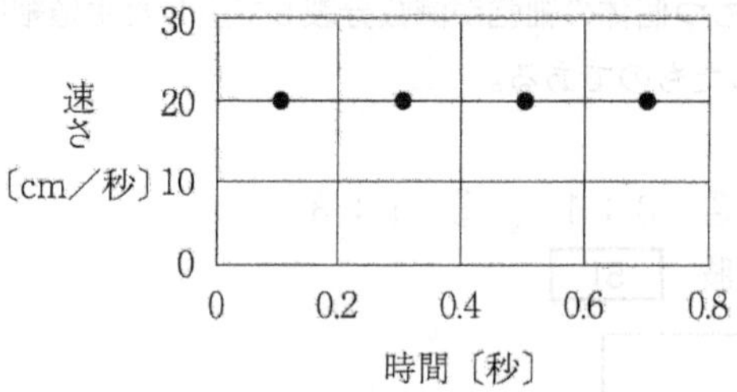

④

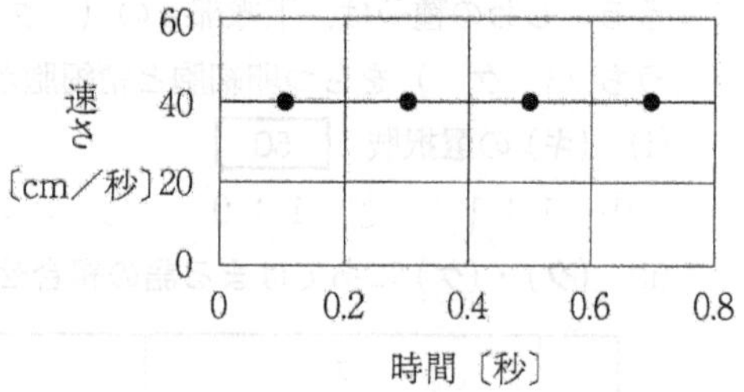

⑶　ブロックAが受けている力の合力について正しく述べたものはどれか。 54

①　ブロックAに加わる力の合力はゼロである。

②　ブロックAに加わる力の合力は，右向きに一定の大きさである。

③　ブロックAに加わる力の合力は，右向きにだんだん大きくなる。

④　ブロックAに加わる力の合力は，左向きに一定の大きさである。

⑤　ブロックAに加わる力の合力は，左向きにだんだん大きくなる。

⑷　ブロックBについて，時間と速さの関係を表すグラフのおおよその形として，正しいものはどれか。 55

①

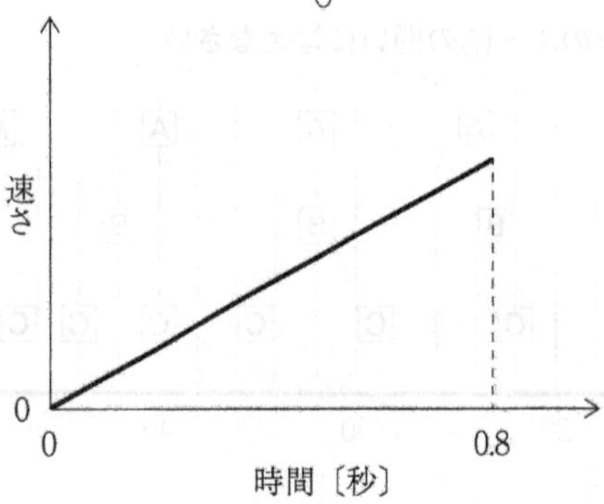

②

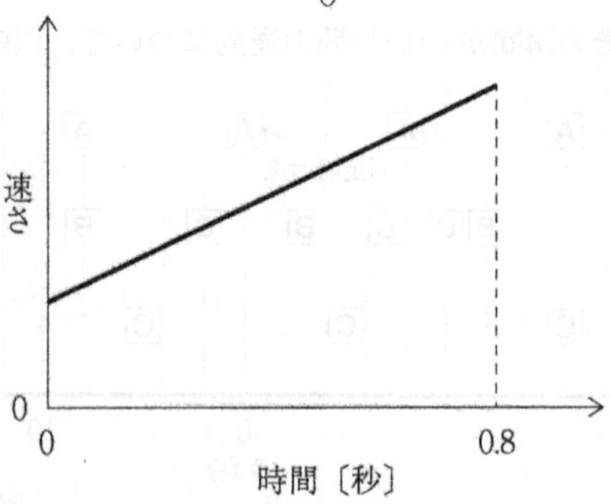

③

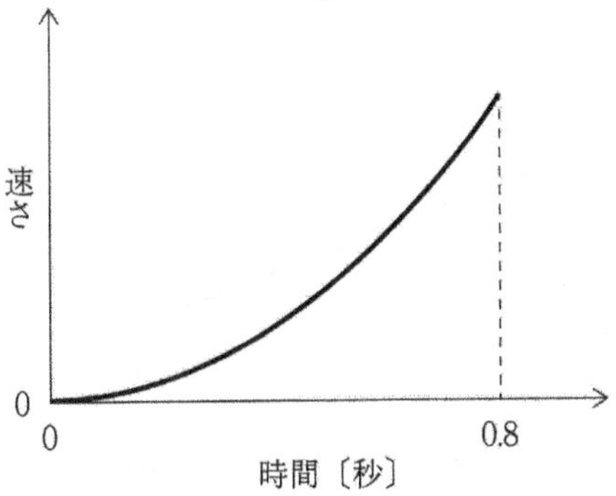

④

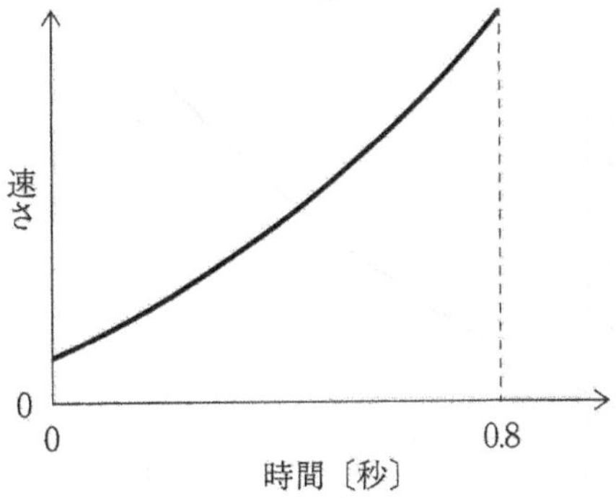

(5) ブロックAの速さとブロックBの速さが同じになることはあるか。あるとしたらどの時点か。 56

① 同じになることはない
② 0.2秒経過した時点
③ 0.8秒経過した時点
④ 0.2秒経過した時点と0.8秒経過した時点
⑤ 0.4秒経過した時点から0.6秒経過した時点の間のどこか

(6) ブロックCが受けている力の合力について正しく述べたものはどれか。 57

① ブロックCに加わる力の合力はゼロである。
② ブロックCに加わる力の合力は，右向きに一定の大きさである。
③ ブロックCに加わる力の合力は，右向きにだんだん大きくなる。
④ ブロックCに加わる力の合力は，左向きに一定の大きさである。
⑤ ブロックCに加わる力の合力は，左向きにだんだん大きくなる。

(7) ブロックCについて，時間と原点からの距離の関係を表すグラフのおおよその形として，正しいものはどれか。 58

①

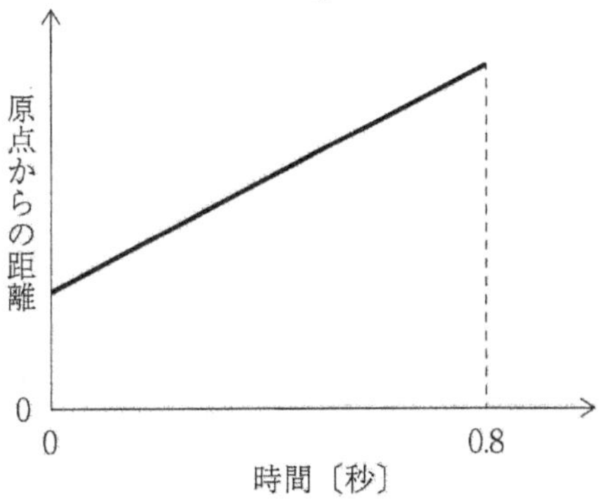

②

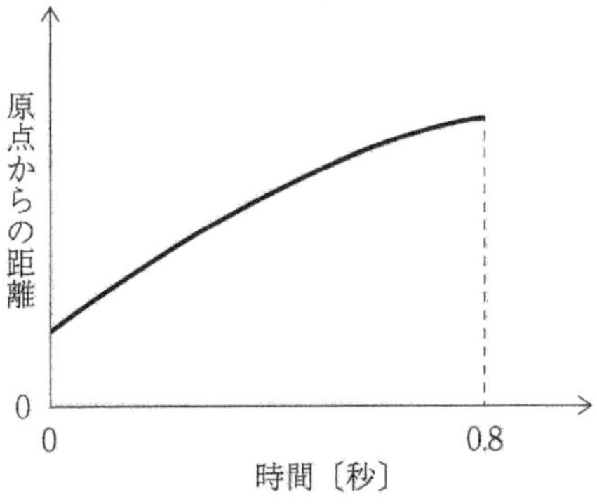

③

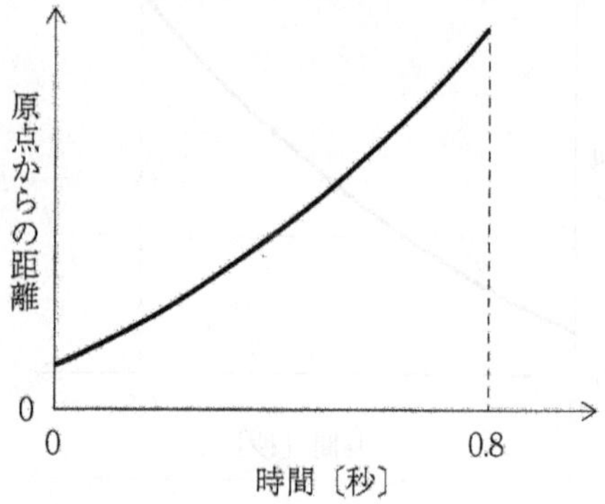

④

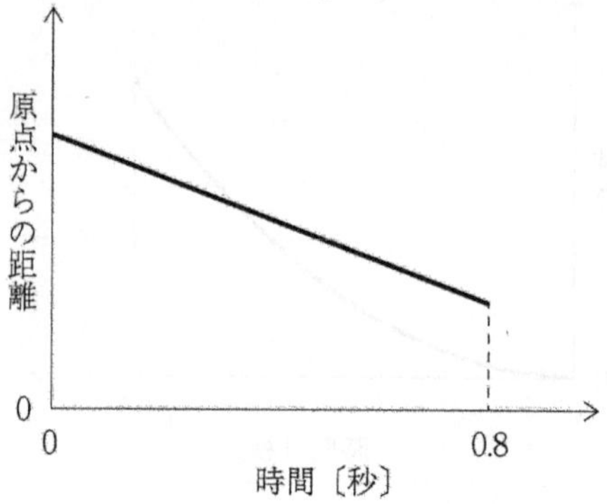

【社　会】（50分）　＜満点：100点＞

1　次の文章を読んで，後の問いに答えなさい。

地域紛争や感染症などの社会的混乱が続くなかで，公権力による私権の制限を正当化する主張もあり，国民の権利保障への不安感が高まっている。権利保障は(ア)権力分立と並んで民主政治を支える重要な原理である。日本国憲法においても(イ)自由権，社会権など侵すことのできない永久の権利として保障されている。それに加え，国家権力を立法権，(ウ)行政権，司法権と分立させ権力間の抑制と均衡を図り，公権力の暴走による権利侵害から国民を守る権力分立も採用されている。(エ)憲法において権利保障と権力分立は不可欠なものである。

また，人権保障は一つの国家の問題ではなく，国境を越えた問題も無視できない。だからこそ，多様な価値観が併存する国際社会において国際連合を中心とする諸機関は，(オ)人権を世界共通の価値として保障すべく努力を続けている。

問1　下線部(ア)について，国家権力を担う機関に対して，主権者である国民が権力の行使について監視することが大事である。この監視についての説明として最も適切なものを，次の①～④のうちから1つ選びなさい。 [1]

① 天皇の地位は日本国憲法第1条の規定にあるように国民の総意に基づくものなので，次の天皇を国民投票で選ぶ。
② 国会に対して，選挙に立候補することで国民の代表者としての意思を示す。
③ 内閣を構成する国務大臣に対して，有権者の3分の2以上の有効署名によって解職請求を行う。
④ 最高裁判所裁判官に対して，「法の番人」として適切な人物であるかとうかを国民審査で判断する。

問2　下線部(イ)について，身体の自由を守るための法定手続きの一つとして令状をとることが原則とされている。この令状についての説明として最も適切なものを，次の①～④のうちから1つ選びなさい。 [2]

① 令状は司法官憲，すなわち裁判官または裁判員が発行する。
② 警察官が逮捕する場合，逮捕状（逮捕令状）がなければいかなる場合であっても逮捕することができない。
③ 所持品を押収せずに家宅捜索するときであっても，令状が必要である。
④ 何が押収できるか分からないので，押収令状の内容は白紙で請求し，あとから押収した物を書き込むことが日本国憲法で認められている。

問3　下線部(ウ)について，国民生活への影響が非常に大きい行政に対してこれまでさまざまな形で行政改革が行われ，無駄のない効率的な行政が目指されてきた。これに関する説明として最も適切なものを，次の①～④のうちから1つ選びなさい。 [3]

① 効率的な仕事の実現のため国家公務員の数を増やしてきた。
② 業務の効率化のために，複数の中央省庁を統合するなどして再編し，数を減らした。
③ 選挙区の区割りを見直すなどして国会議員の定数を削減した。
④ 経済活動に対する規制緩和のために，中央省庁による許可権や認可権を増やした。

問4　下線部(エ)について，この思想は18世紀後半に採択された次のページの文書（部分要約）の第

16条にも明記されており，文書を採択した国の憲法にも採用された。この文書の通称を答えなさい。 **記述**

> 第１条　人は，自由かつ諸権利において平等なものとして生まれ，そして生存する。社会的区別は，公共の利益への考慮にもとづいてしか行うことはできない。
> 第２条　すべての政治的結合の目的は，人の自然かつ消滅しえない諸権利の保全にある。これらは，自由，所有権，安全および圧政に対する抵抗である。
> 第３条　あらゆる主権の原理は本質的に国民に存する。いかなる団体，いかなる個人も，国民から明示的に発するものではない権威を行使することはできない。
> 第16条　諸権利の保障が確保されず，権力の分立も定められていない社会には，憲法は存在しない。

問５　下線部(オ)について，人権の国際的保障に関する次のあ～うの文章の正誤の組合せとして適切なものを，下の①～⑧のうちから１つ選びなさい。 **4**

あ　世界人権宣言は条約としての効力はないが，世界各国の人権保障の模範となるものである。

い　国際人権規約は条約として締約国に対して人権保障の義務づけと，違反した場合の罰則を定めている。

う　2006年に設置されたUNHRC（国連人権理事会）は，国連加盟国の人権保障状況の調査を行い，違反があった場合に国際司法裁判所への提訴を行っている。

	①	②	③	④	⑤	⑥	⑦	⑧
あ	正	正	正	正	誤	誤	誤	誤
い	正	正	誤	誤	正	正	誤	誤
う	正	誤	正	誤	正	誤	正	誤

問６　人権に配慮し，共生を目指す活動について新たな概念を表す用語が登場してきている。次のあ～うの用語の説明の正誤の組合せとして適切なものを，下の①～⑧のうちから１つ選びなさい。 **5**

あ　フェアトレード　…公正な社会を目指すNPOやNGOなどの非経済的活動。

い　インクルージョン…さまざまな違いや障がいの有無などによって排除されることなく生活できること。

う　ダイバーシティ　…言語や性別，障がいの有無に関わらず誰もが生活しやすいように工夫された都市。

	①	②	③	④	⑤	⑥	⑦	⑧
あ	正	正	正	正	誤	誤	誤	誤
い	正	正	誤	誤	正	正	誤	誤
う	正	誤	正	誤	正	誤	正	誤

2　次の文章を読んで，後の問いに答えなさい。

人類が発展してきた背景には，エネルギーの存在がある。しかし人口増加や経済成長にともない，世界のエネルギー消費量は増加し続けている。一方で世界的な天候不順や災害，ロシアのウクライナ侵攻などの要因が重なり，近年は(ア)エネルギー供給が安定せず，(イ)歴史的なエネルギー価格の高騰も生じている。エネルギーは国民生活や(ウ)企業の生産活動に欠かせないものであり，エネルギー価格が継続的に高い水準で推移すれば，製品価格の上昇や購買力の低下などを通じて，政治や経済に悪影響を及ぼす可能性がある。

エネルギー消費の問題は，二酸化炭素などの温室効果ガスの排出量を増やし，地球温暖化をもたらすことにも繋がる。各国政府は(エ)温室効果ガスの削減のために国際協力を進めている。

日本の将来のエネルギー政策のあり方については，私たち一人一人が考えていかなければならない。その際には(オ)日本だけでなく世界全体の利益も考え，また現在の私たちの幸福だけではなく将来世代の幸福も考慮して，持続可能な社会のあり方を考えていくことが大切である。

問１　下線部(ア)に関連して，次の表は日本・ドイツ・フランス・ブラジルの発電エネルギー源別割合の内訳（統計年次は2019年）を示している。Ａ～Ｄの項目はそれぞれ火力，原子力，水力，風力・太陽光・地熱等のいずれかである。Ａ～Ｄの項目の組合せとして正しいものを，下の①～⑧のうちから１つ選びなさい。　6

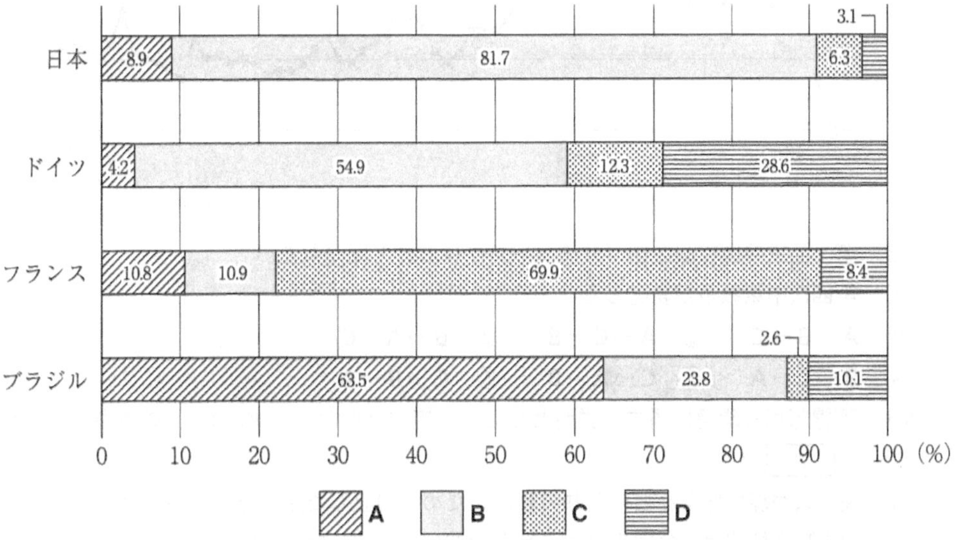

『世界国勢図会　2022/2023』より作成

	A	B	C	D
①	水力	火力	原子力	風力・太陽光・地熱等
②	水力	火力	風力・太陽光・地熱等	原子力
③	水力	原子力	火力	風力・太陽光・地熱等
④	水力	原子力	風力・太陽光・地熱等	火力
⑤	火力	水力	原子力	風力・太陽光・地熱等
⑥	火力	水力	風力・太陽光・地熱等	原子力
⑦	火力	原子力	水力	風力・太陽光・地熱等
⑧	火力	原子力	風力・太陽光・地熱等	水力

問２　下線部(イ)に関連して，次のグラフは2020年を基準とした日本における消費者物価指数の前年比の推移を1960年から2020年まで示している。Aの年にはエネルギー価格の高騰をきっかけに物価が上昇した。グラフ中のAの年，および下のBとCのできごとを古いものから順に並べかえたものとして最も適切なものを，下の①～⑥のうちから１つ選びなさい。 7

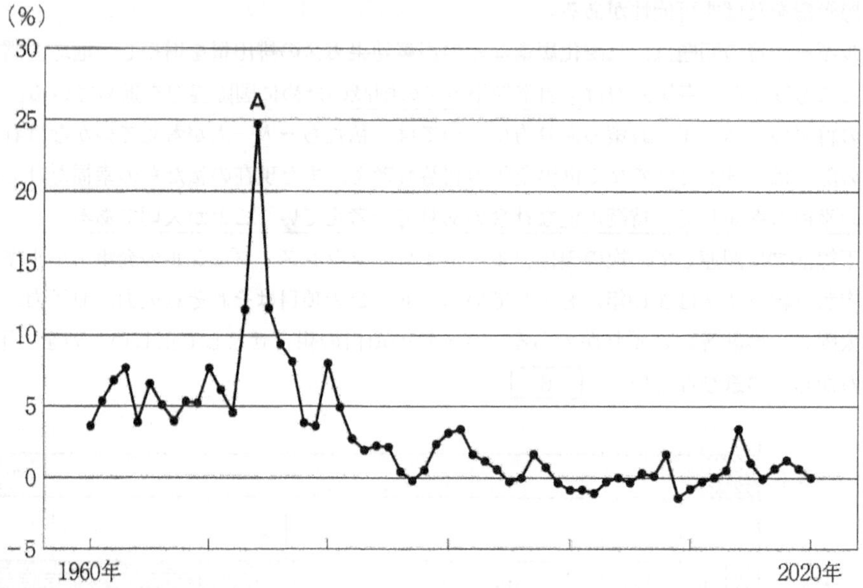

e-Stat Webページより作成

B　第１回主要国首脳会議（サミット）がはじめて開かれた。

C　第四次中東戦争が勃発した。

①　A→B→C　　②　A→C→B　　③　B→A→C

④　B→C→A　　⑤　C→A→B　　⑥　C→B→A

問３　下線部(ウ)と環境に関する説明として最も適切なものを，次の①～④のうちから１つ選びなさい。 8

①　民間人が環境保全などの公共の目的のために設立した企業を，公企業という。

②　製造物責任法は，公害を発生させた企業に公害防止設備の設置を義務づけている。

③　企業などの事業者が大規模な開発を行う際には，事前に環境への影響を調査し評価することが義務づけられている。

④　企業の生産活動に際して，オゾン層を破壊するフロンガスの使用を制限する法律や条約はないが，条例で規制されている。

問４　下線部(エ)に関連して，後の⑴および⑵に答えなさい。

⑴　次のページのグラフは2019年の世界における国別の二酸化炭素排出量の割合を示しており，A～Cはアメリカ合衆国・中国・インドのいずれかである。A～Cの組合せとして正しいものを，次のページの①～⑥のうちから１つ選びなさい。 9

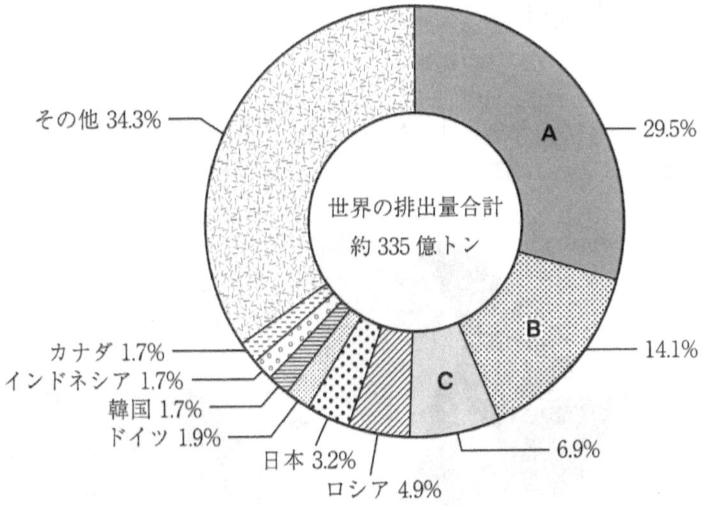

全国地球温暖化防止活動推進センターWebページより作成

	A	B	C
①	アメリカ合衆国	中国	インド
②	アメリカ合衆国	インド	中国
③	中国	アメリカ合衆国	インド
④	中国	インド	アメリカ合衆国
⑤	インド	アメリカ合衆国	中国
⑥	インド	中国	アメリカ合衆国

⑵　次の**あ**～**う**は，環境問題への取組みに関わる京都議定書やパリ協定に関する説明である。その正誤の組合せとして適切なものを，下の①～⑧のうちから1つ選びなさい。　10

あ　京都議定書では，中国・インドには温室効果ガス排出量の削減義務がなかった。

い　パリ協定では，すべての締約国に温室効果ガス排出量の削減目標の提出が義務づけられている。

う　アメリカ合衆国・中国・インドは，京都議定書からもパリ協定からも途中離脱しなかった。

	①	②	③	④	⑤	⑥	⑦	⑧
あ	正	正	正	正	誤	誤	誤	誤
い	正	正	誤	誤	正	正	誤	誤
う	正	誤	正	誤	正	誤	正	誤

問5　下線部㈲を実現するために，2015年に国連総会では持続可能な開発のための17の国際目標である「持続可能な開発目標」（SDGs）が設定された。学芸さんは，授業の最後のまとめとしてSDGsを1つ選び調べてみることにした。すると学芸さんは，それぞれの目標が相互に結びついていることに気がついた。次のページの**図1**は，SDGsの中でも言及されている，ある資源を安全に手に入れることができる人口の割合を示したものである。また**説明**は，この資源について学芸さんが調べたWebページの一部であり，文章中【**X**】にはこの資源の名称が入る。この資源は

何か，答えなさい。 記述

図1

着目したSDGs

作問の都合上，上記マークは一部改変している。

安全な【　X　】を利用できる人口の割合（2020年）

99％より高い　76～99％　51～75％　26～50％　0～25％　データなし

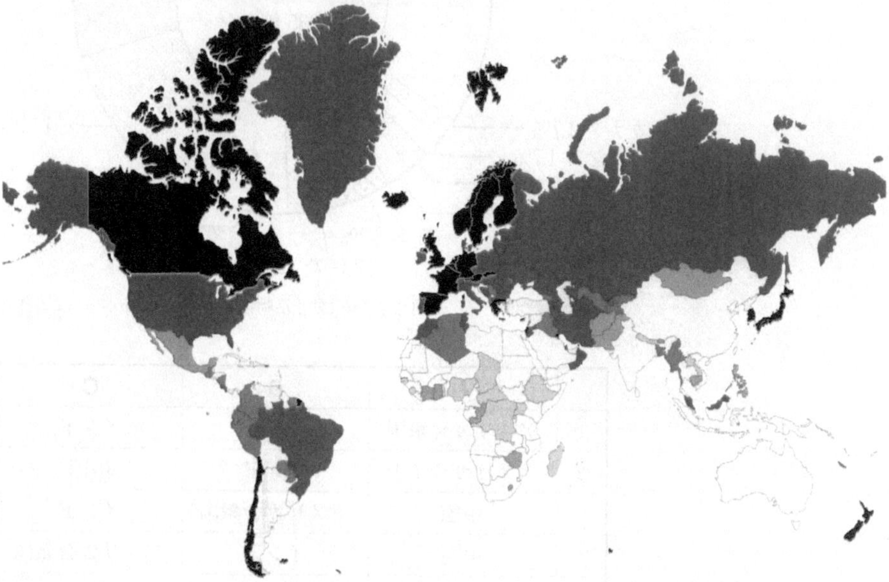

UNICEF Webページより作成

説明

着目したSDGs

【　X　】へのアクセスが，子供の就学や女性の社会進出を支える！

発展途上国では，安全な【　X　】を手に入れるというのが重労働であり，それが子供や女性の仕事とされている実情があります。いまも，【　X　】を自宅に運ぶというそれだけのために一日に何時間も費やしている人々が世界には大勢いるのです。【　X　】は生命の維持には欠かせませんし，日々の生活を文化的に暮らすにも欠かせません。そうすると，【　X　】を手に入れる労働はあらゆる活動に優先することになるわけです。その結果，【　X　】が不足した社会では，子供や女性は他の活動に関わる機会が奪われてしまいます。

JICA Webページより作成

3 次の文章を読んで，後の問いに答えなさい。

2022年は，日本と中国が(ア)国交正常化をしてから50年の節目の年であった。しかし言うまでもなく，日中の間には古来，交流と衝突の歴史が存在する。

中国の『漢書』によると，（　あ　）世紀ごろの日本列島には倭人がおり，100ほどのクニに分かれていたと記されている。6世紀末に隋が，7世紀初めに唐が中国を統一すると，日本は政治のしくみや進んだ文化を取り入れるため遣隋使や(イ)遣唐使を派遣した。その後，唐が国内反乱で衰退し滅亡すると，中国は宋によって統一された。宋との貿易は民間の商人によりおこなわれた。(ウ)平清盛は日宋貿易の利益に着目し，航路や港を整えた。宋が滅亡し，元が成立した後も，民間の商人による貿易は継続した。

17世紀に明に代わり清が成立した。江戸時代には，日本と清の正式な国交は結ばれなかったが，(エ)長崎に清の商人が来航し貿易が行われ，幕府によって中国の人々の居住地区が造られた。

(オ)19世紀後半，日本で新政府が成立すると日清修好条規が結ばれ，日本と清の正式な国交が開かれた。日清戦争後，中国では清をたおし近代国家の建設を目指す運動が高まった。その結果，中華民国が成立し清は滅亡した。日本は第一次世界大戦がおこると，日英同盟を理由として連合国側で参戦し，(カ)中国におけるドイツの拠点である青島《チンタオ》などを占領した。さらに日本は，中国政府に二十一か条の要求を突きつけた。

満州事変によって中国東北部を占領した日本は満州国を建国した。その後，日本が中国の北部にも軍隊を進めると(キ)盧溝橋《ろこうきょう》事件をきっかけとして日中戦争が始まり，1945年の終戦まで続いた。

問１　下線部(ア)を実現した取り決めと当時の日本の首相の組合せとして適切なものを，次の①～④のうちから１つ選びなさい。 11

① 日中共同声明－佐藤栄作
② 日中平和友好条約－佐藤栄作
③ 日中共同声明－田中角栄
④ 日中平和友好条約－田中角栄

問２　（あ）に入る語句を，次の①～④のうちから１つ選びなさい。 12

① 紀元前１　② １　③ ２　④ ３

問３　下線部(イ)にしたがい唐にわたって仏教を学び，新しい教えを日本に伝えた人物を，次の①～④のうちから１つ選びなさい。 13

① 法然　② 鑑真　③ 行基　④ 空海

問４　下線部(ウ)があつく信仰し整備した寺社に関する図版として最も適切なものを，後の①～④のうちから１つ選びなさい。 14

①

②

③

④

問５　下線部(エ)の居住地区の名称を**漢字**で答えなさい。 **記述**

問６　下線部(オ)におこった**あ**～**う**のできごとについて，古いものから順に並べかえたものを，下の①～⑥のうちから１つ選びなさい。 **15**

あ　浦賀に来航したアメリカの東インド艦隊司令長官ペリーは，日本に開国を求める大統領の国書を差し出した。

い　銀の不足やアヘンの害が深刻になった清がアヘンを厳しく取り締まると，イギリスは清と戦争をはじめた。

う　明治政府の進める政策に反対する鹿児島の士族らが，西郷隆盛を指導者として蜂起した。

①　**あ→い→う**　　②　**あ→う→い**　　③　**い→あ→う**

④　**い→う→あ**　　⑤　**う→あ→い**　　⑥　**う→い→あ**

問７　下線部(カ)に関する次の資料（部分要約）について，(1)および(2)に答えなさい。

> 青島陥落が私の予想よりはるかに早かったのは，同時に戦争の不幸がまた意外に少なかったという意味で，国民とともに深く喜ぶところである。しかし，こうして我が軍の手に入った青島は，結局どのように処分するのがもっとも得策とすべきだろうか。これは実にもっとも熟考を必要とする問題である。この問題に対する私の立場は明白である。「アジア大陸に領土を拡張すべきではない」「満州もできるだけ早く放棄すべきである」というのは私のかねてからの持論である。さらに新たに中国の山東省の一角に領土を獲得するようなことは，害悪に害悪を重ね，危険に危険を加えるものであって，断じて反対せざるをえない。……そればかりでなく，さらに一歩を進めて考えてみると，イギリス・フランス・アメリカの諸国が，中国領土を割いて取ろうとするという野心がないことは天下の認める所であり，いや，この三国は心の奥底より，他国による，中国分割を恐れ，あれこれその防止に努力しつつある。そうして，とかく中国の領土に野心を持ち続けることを認められつつあるのは，ロシア・ドイツ・日本の三国である。この点において，我が日本は深く中国人に恐れられ，排斥を受け，さらにアメリカには危険視され，同盟国のイギリス人にすら大いに疑われている。しかるに，今もしドイツを中国の山東より追い払ったにせよ，ただそれだけでも，日本の中国における満州の領有は，著しく目立ち，その上，さらに青島を根拠として，山東の地に，領土的経営を行えば，その結果は果たしてどのように思われるだろうか。中国における日本の侵入はいよいよ明白となっており，世界列強の注目を集め，恐れおののかせるにちがいないことは言うまでもない。

⑴　資料から読み取れる内容として最も適切なものを，次の①～④のうちから１つ選びなさい。

16

①　この資料で筆者は，イギリス・フランス・アメリカが中国領土を割いて取ろうという野心を持ち続けているので，日本は中国分割の防止に努力すべきと述べている。

②　この資料で筆者は，日本が青島を手に入れたことは，ドイツを危険視するアメリカや同盟国のイギリス人から大いに支持されるはずだと述べている。

③　この資料の筆者は，日本の中国における満州の領有は著しく目立っているので，その領土的経営はロシア・ドイツと共同で行うべきだと述べている。

④　この資料で筆者は，日本が中国の領土に野心を持ち続けることは，中国人に深く恐れられ，排斥を受けることになるので，青島を領有することには反対だと述べている。

⑵　前のページの資料中の青島の場所として最も適切なものを，次の略地図の①～④のうちから１つ選びなさい。　17

問８　下線部㈭以前の日本のできごとの説明として適切なものを，次の①～④のうちから１つ選びなさい。　18

①　ほとんどの政党や政治団体は解散し，大政翼賛会に合流した。

②　陸軍の青年将校が大臣などを殺害する，二・二六事件をおこした。

③　北方の安全を確保するため，ソ連と日ソ中立条約を結んだ。

④　ヨーロッパとアジアにおける三国の指導的地位を互いに認めた，日独伊三国同盟を結んだ。

4 次の文章を読んで，後の問いに答えなさい。

古代には，広大な地域を支配下におさめ，さまざまな人々の集団の上に君臨する帝国が世界各地に形成された。(ア)その周辺の人々は，帝国の制度や文化を選択的に導入しながら国家形成を進めた。古代帝国の存在は，遠隔地の間の交易にもつながった。古代帝国が崩壊した後，中世においても，地域間の文物の交流は盛んであり，その中で(イ)新たな政治的なまとまりや社会のあり方，信仰のかたちが形成されていった。例えば，15世紀の(ウ)沖縄島では３つの王国が統一された。近世になると，世界的な交易の網はアメリカ大陸にまでおよび，(エ)大陸をこえて求められる商品の取引が発展し，上層のみでない一般の人々の生活も国際的な商業と結びついたものになっていった。この時代には，世界のさまざまな地域で軍事技術も進歩し，経済力をのばして軍備を整えた新興政権が現れた。それらの政権の中には，(オ)独自の貿易政策をとるものもあった。近世のヨーロッパは宗教戦争の時代を迎え，(カ)諸国家の内外の争いから主権国家が並び立つ体制が形成されていくことになった。近代になると資本主義のもとで，世界的な分業のしくみが形成されていく。そこでは，欧米を中心とする(キ)帝国主義諸国による世界の一体化が進められた。(ク)20世紀の２つの世界大戦を経た後，脱植民地化が本格的に進んだが，独立が必ず経済の成長と政治の安定に直結したわけではない。人々モノの動きのグローバル化は一段と進む一方で，国境をこえた普遍的な人権保障の実現は人類の課題でありつづけている。

問１ 下線部(ア)に関連して，新羅《しらぎ》《シルラ》では国家的に仏教が受容され首都などに寺塔が建立された。新羅の首都の位置を，次の略地図の①～④のうちから１つ選びなさい。 **19**

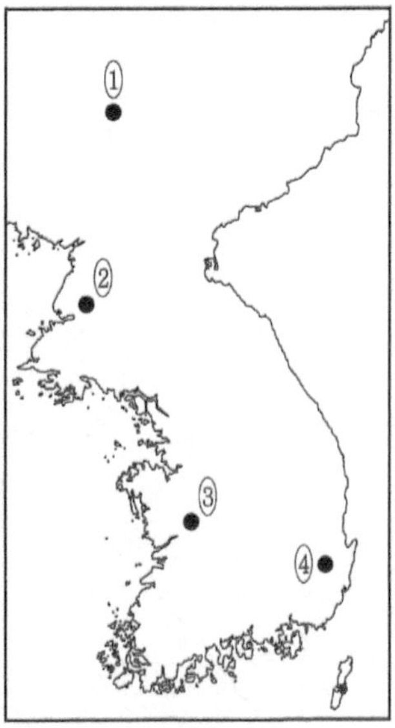

問２ 下線部(イ)に関連して，アイヌ社会は中世から近世にかけて大きな文化変容を経験したといわれる。そのなかで形成された，アイヌが口伝えにしてきた神や英雄の物語のことをアイヌ語で何というか，次の①～④のうちから１つ選びなさい。 **20**

① ウポポイ　③ カムイ　③ コタン　④ ユカラ

問３ 下線部(ウ)について，沖縄の歴史に関する説明として最も適切なものを，次の①～④のうちから１つ選びなさい。 **21**

① ３つの王国の成立前には，按司《あじ》とよばれる豪族たちが勢力争いをしていた。

② ３つの王国は，名護を最初の都とした中山王の尚氏によって統一された。

③ 琉球王国の港であった那覇は，地元特産のこんぶの輸出港として繁栄した。

④　琉球王国の首都に築かれた首里城は，21世紀に初めて焼失した。

問4　下線部(エ)について，17世紀に東南アジアの交易の実権を握ったプロテスタントの多い国の名称と，その国が独占しようとした東南アジアの産品の写真の組合せとして適切なものを，下の①～⑥のうちから1つ選びなさい。 **22**

あ

い

う

	国名	産品の写真
①	オランダ	あ
②	オランダ	い
③	オランダ	う
④	ポルトガル	あ
⑤	ポルトガル	い
⑥	ポルトガル	う

問5　下線部(オ)について，江戸時代に田沼意次が専売制をしいて，日本から盛んに輸出された金属の名称を**漢字1字**で答えなさい。 **記述**

問6　下線部(カ)について，次の文書(部分要約)はイギリスの名誉革命にかかわるものである。【X】にあてはまる最も適切な語句を**漢字2字**で答えなさい。 **記述**

> 国王は，王権により，【　X　】の承認なしに法律を停止し，また法律の執行を停止し得る権限があると称しているが，そのようなことは違法である。……
>
> 大権に名を借り，【　X　】の承認なしに，……王の使用に供するために金銭を徴収することは，違法である。……
>
> 平時において，【　X　】の承認なくして国内で常備軍を徴集してこれを維持することは，法に反する。

問7　下線部(キ)に関連して，東南アジアでは大河川の下流部のデルタが輸出用の稲作地帯として開発されていった。その際，宗主国を同じくする植民地の中で，労働力として人々の移動がおこった。次のページの地図中のエーヤワディー川のデルタ開発に従事した人々の主な出身地と，その

地域を植民地化した国との組合せとして適切なものを，下の①～⑥から１つ選びなさい。 23

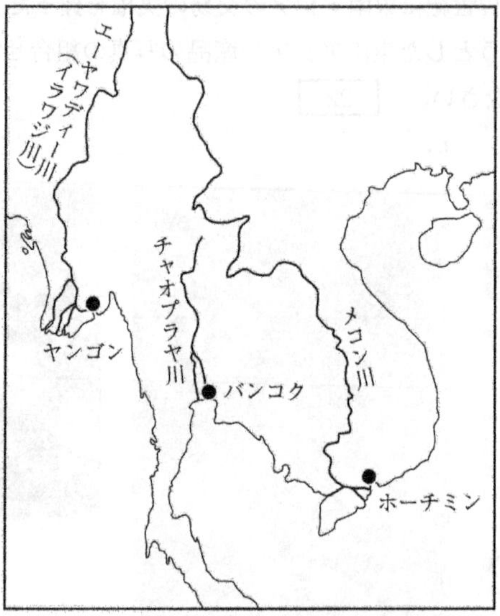

	主な出身地	植民地化した国
①	インド	イギリス
②	インド	フランス
③	タイ	イギリス
④	タイ	フランス
⑤	ベトナム	イギリス
⑥	ベトナム	フランス

問８　下線部(ク)に関連して，次の表は，州別の国際連合加盟国数の推移をあらわしたものである。か～くには，アジア，アフリカ，ヨーロッパのいずれかが入る。か～くに入る州名の組合せとして適切なものを，次のページの①～⑥から１つ選びなさい。 24

州	1945年	1950年	1955年	1960年	1965年	1970年	2011年
オセアニア	2	2	2	2	2	3	14
南北アメリカ	22	22	22	22	24	26	35
か	14	16	26	26	27	27	43
き	4	4	5	26	37	42	54
く	9	16	21	23	28	29	47

国際連合広報センターWebページより作成

	か	き	く
①	アジア	アフリカ	ヨーロッパ
②	アジア	ヨーロッパ	アフリカ
③	アフリカ	アジア	ヨーロッパ
④	アフリカ	ヨーロッパ	アジア
⑤	ヨーロッパ	アジア	アフリカ
⑥	ヨーロッパ	アフリカ	アジア

5 日本と世界各国の関わりについて，後の問いに答えなさい。

問１ 日本を含む世界各地には，火山活動や地震が活発におきている地域が多くみられる。図１のA～Dのうち，火山活動や地震が最も少ない地域を，下の①～④のうちから１つ選びなさい。 25

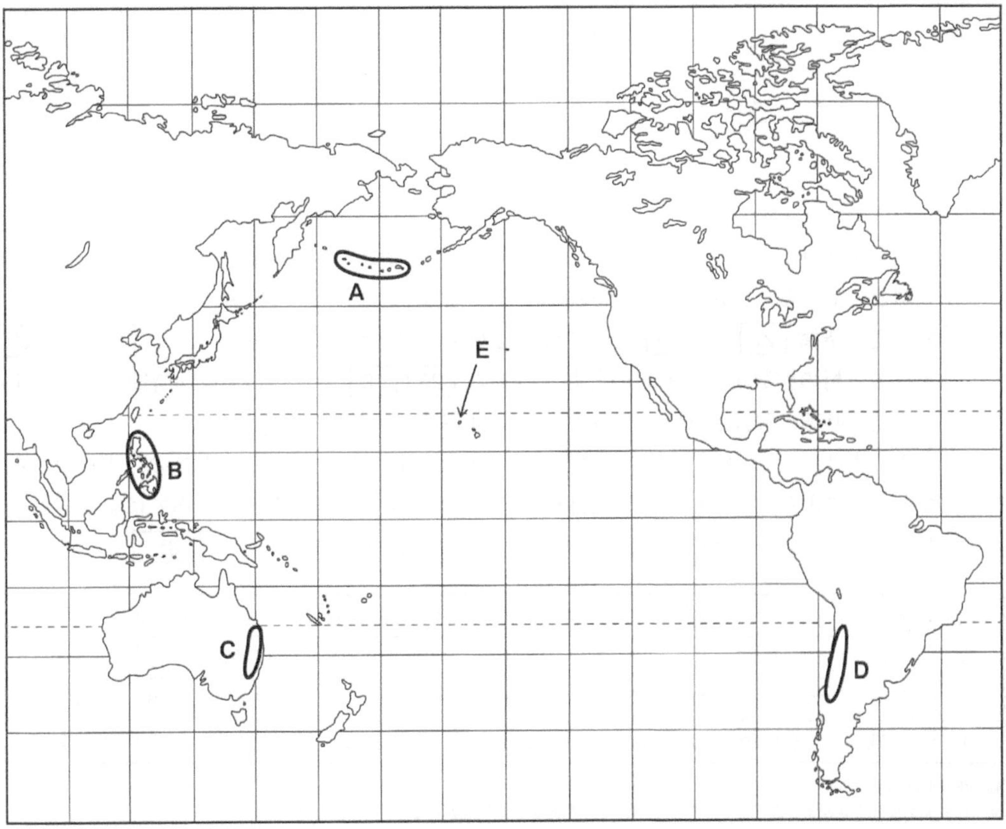

図１

① A　② B　③ C　④ D

問２ 日本を含むアジア各地では季節風（モンスーン）がみられる。７月の季節風の風向として最も適切なものを，次のページの①～④のうちから１つ選びなさい。 26

①

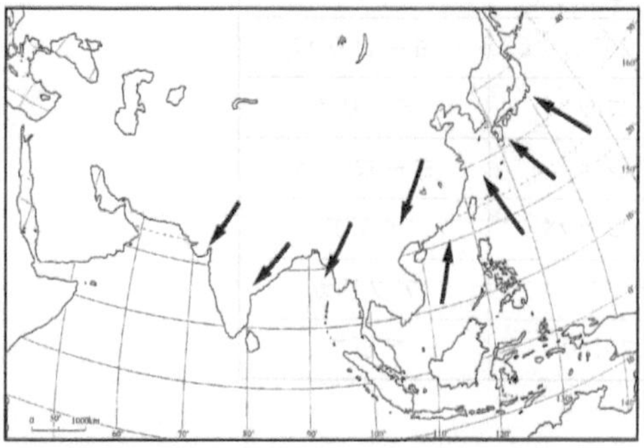

②

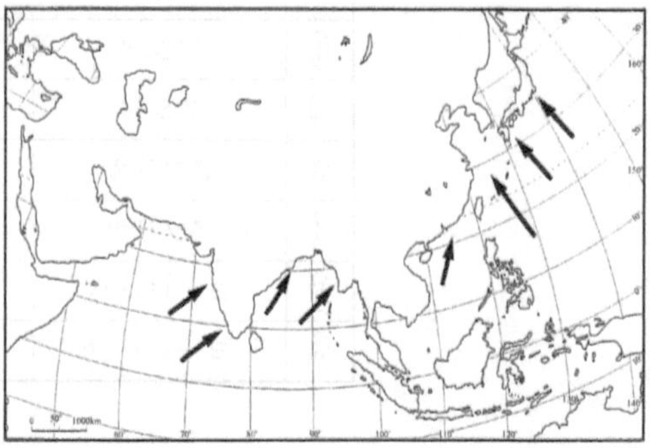

③

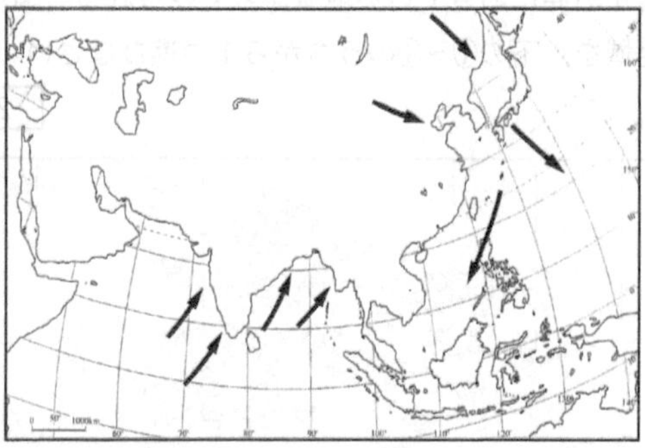

④

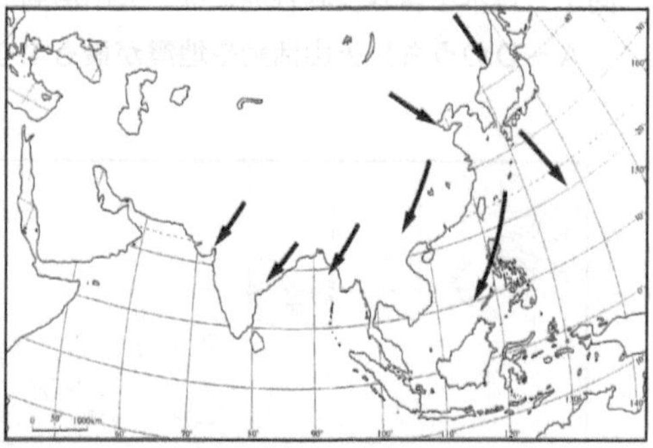

問3　東京を2月13日22時に飛び立った航空機は，所要時間7時間で図1のE（西経150度を標準時子午線としている）に到着した。到着時のEの現地時刻は 27 28 の 29 30 時であった。空欄 27 ～ 30 にあてはまる数字をマークしなさい。ただし，27 ～ 30 にはすべて1桁の整数を入れるものとし，時刻の 29 30 時については24時間制で解答すること。また，時刻の解答が0時～9時の場合は，29 に⓪をマークすること。

問4　次の表は， 2020年の日本におけるアメリカ合衆国，マレーシア，ロシアのいずれかからの輸入額と金額による輸入品目上位5品目を示したものである。表の**あ**～**う**にあてはまる国の組合せとして正しいものを，次のページの①～⑥のうちから1つ選びなさい。 31

国名	輸入額	金額による輸入品目と割合（上位5品目，割合の単位は%）									
あ	11,455	液化天然ガス	21.9	石炭	17.0	原油	16.8	パラジウム[注]	14.0	魚介類	9.0
い	17,005	電気機器	29.4	液化天然ガス	24.8	一般機械	4.0	衣類	3.9	木製品	3.2
う	74,369	一般機械	13.7	電気機械	12.1	医薬品	7.5	科学光学機器	5.3	液化石油ガス	3.9

輸入額の単位は億円。

注　レアメタル（希少金属）の1つで，貴金属や貨幣，電極などに利用される。

『データブック・オブ・ザ・ワールド』2022年版より作成

	あ	い	う
①	アメリカ合衆国	マレーシア	ロシア
②	アメリカ合衆国	ロシア	マレーシア
③	マレーシア	アメリカ合衆国	ロシア
④	マレーシア	ロシア	アメリカ合衆国
⑤	ロシア	アメリカ合衆国	マレーシア
⑥	ロシア	マレーシア	アメリカ合衆国

問５　次の表は，2020年の日本におけるコーヒー豆，木材，鉄鉱石のいずれかの輸入額上位５か国とその割合を示したものである。表の**か**～**く**にあてはまる品目の組合せとして正しいものを，下の①～⑥のうちから１つ選びなさい。 32

品目	輸入額	金額による輸入相手国との割合（上位５か国，割合の単位は％）				
か	1,133	ブラジル 28.6	コロンビア 19.9	ベトナム 15.5	グアテマラ 9.3	エチオピア 7.1
き	2,790	アメリカ合衆国 20.9	カナダ 19.7	ロシア 14.1	フィンランド 8.5	スウェーデン 8.4
く	10,308	オーストラリア 52.2	ブラジル 29.6	カナダ 7.2	南アフリカ共和国 3.6	インド 2.0

輸入額の単位は億円。

『データブック・オブ・ザ・ワールド』2022年版より作成

	か	き	く
①	コーヒー豆	木材	鉄鉱石
②	コーヒー豆	鉄鉱石	木材
③	木材	コーヒー豆	鉄鉱石
④	木材	鉄鉱石	コーヒー豆
⑤	鉄鉱石	コーヒー豆	木材
⑥	鉄鉱石	木材	コーヒー豆

問６　次の表は，2002年，2008年，2014年，2020年のイギリス，オーストラリア，韓国，ベトナムのいずれかにおける日本企業の外国における現地法人[注1]の数[注2]について示したものである。表の①～④のうちベトナムにあてはまるものを１つ選びなさい。 33

注１　企業が海外に進出する際に，現地の法律に基づいて設立される子会社。

注２　日本企業の出資比率の合計が10％以上の現地法人の数。

国	2002年	2008年	2014年	2020年
①	880	785	871	967
②	550	701	904	976
③	452	410	510	644
④	187	358	804	1,358

『データブック・オブ・ザ・ワールド』2004年版，2010年版，2016年版，2022年版より作成

6 九州地方について，**図１**を見て，あとの問いに答えなさい。

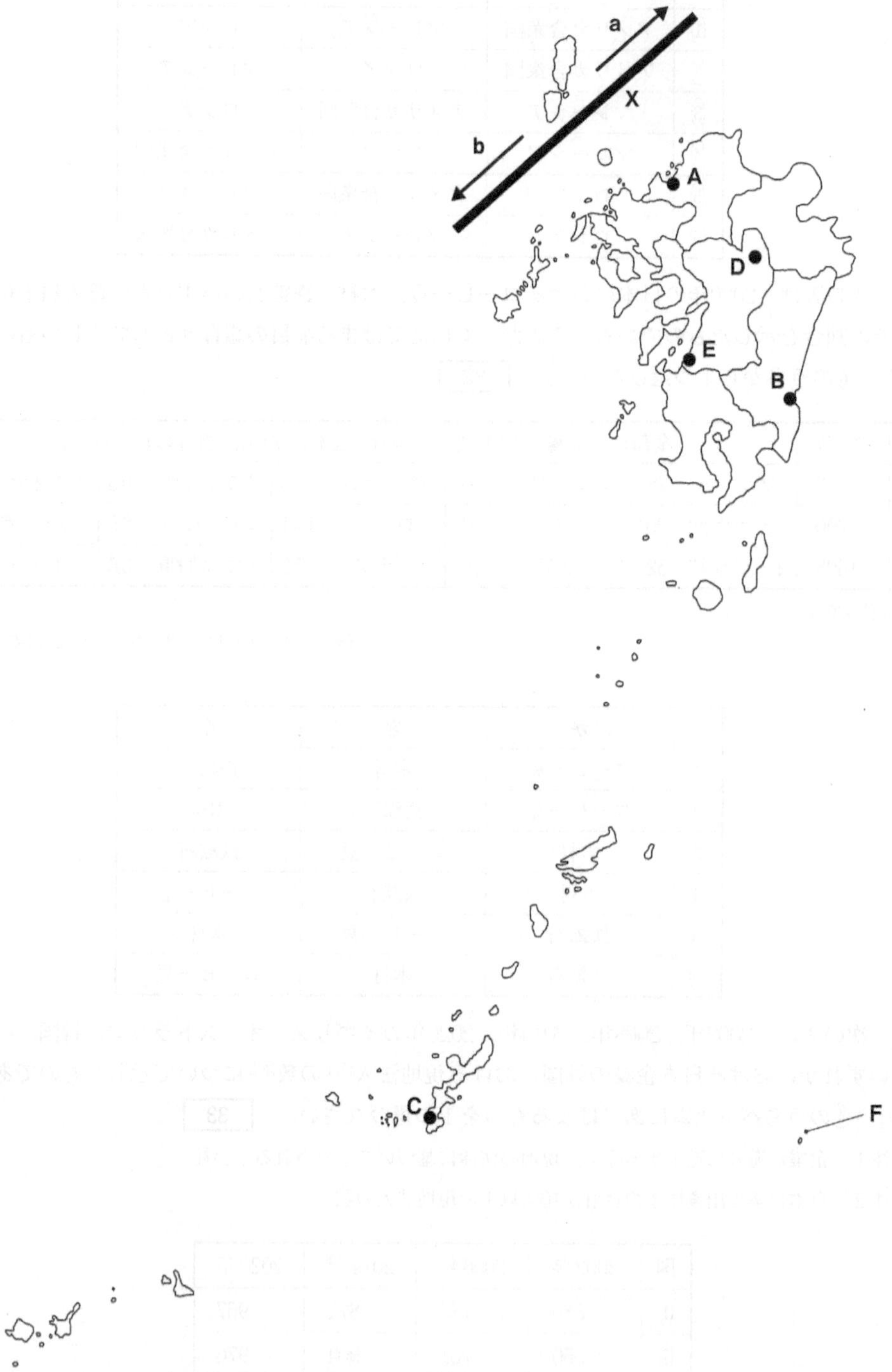

図１

問１　次のページの**あ**～**う**の図は，**図１**の**A**～**C**のいずれかの地点の雨温図である。それぞれの図にあてはまる地点の組合せとして正しいものを，次のページの①～⑥のうちから１つ選びなさい。 34

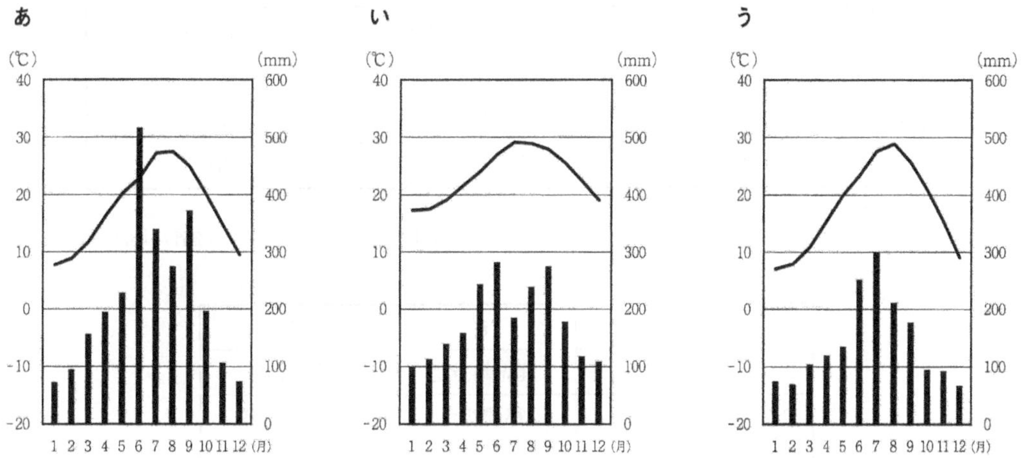

気象庁Webページより作成

	あ	い	う
①	A	B	C
②	A	C	B
③	B	A	C
④	B	C	A
⑤	C	A	B
⑥	C	B	A

問２　図１のXの海流の流れている方向と，暖流か寒流のどちらかについて，最も適切な組合せを，次の①～④のうちから１つ選びなさい。 35

	流れる方向	暖流か寒流か
①	a	暖流
②	a	寒流
③	b	暖流
④	b	寒流

問３　図１のDの付近には，火山の爆発や噴火による陥没でできた大きな窪《くぼ》地《ち》が見られる。この地形の名称を答えなさい。 記述

問４　次のページの表は，2022年３月～５月における，宮崎空港，鹿児島空港，那覇空港（沖縄県）のいずれかから，福岡県の福岡空港，大阪府の大阪空港（伊丹空港）・関西空港，東京都の羽田空港に向かう航空便の便数を示したものである。表のか～くにあてはまる空港の組合せとして正しいものを，次のページの①～⑥のうちから１つ選びなさい。 36

	福岡空港行	大阪空港行・関西空港行	羽田空港行
か	13	13	17
き	1	18	22
く	23	22	34

単位は便。

『JTB時刻表』（2022年４月１日発行）より作成

	か	き	く
①	宮崎空港	鹿児島空港	那覇空港
②	宮崎空港	那覇空港	鹿児島空港
③	鹿児島空港	宮崎空港	那覇空港
④	鹿児島空港	那覇空港	宮崎空港
⑤	那覇空港	宮崎空港	鹿児島空港
⑥	那覇空港	鹿児島空港	宮崎空港

問５　次の３枚の図は，九州地方（沖縄県を除く）の各県における米（水稲），きゅうり，みかんのいずれかの収穫量（統計年次は2020年）を示したものである。さ～すの図にあてはまる農作物の組合せとして正しいものを，下の①～⑥のうちから１つ選びなさい。 37

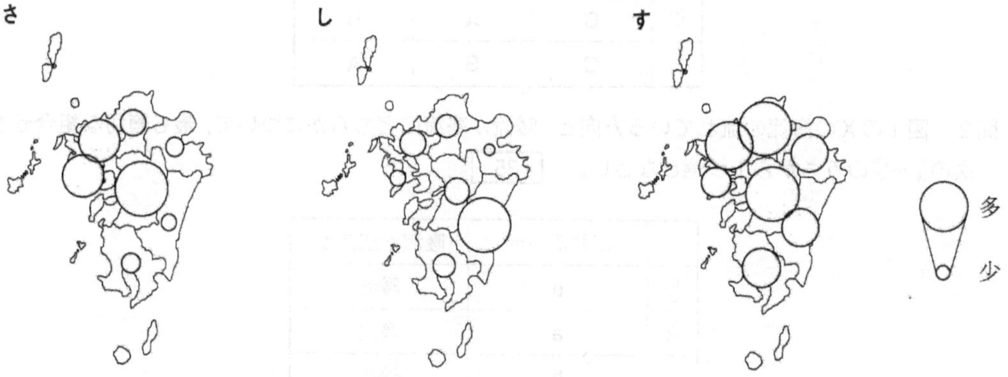

農林水産省「作物統計」より作成

	さ	し	す
①	米	きゅうり	みかん
②	米	みかん	きゅうり
③	きゅうり	米	みかん
④	きゅうり	みかん	米
⑤	みかん	米	きゅうり
⑥	みかん	きゅうり	米

問６　図１のＥの都市で1950年代以降にみられた公害について述べたものとして最も適切なものを，次の①～④のうちから１つ選びなさい。 38

① 大気汚染物質が石油化学コンビナートから出されたことにより，それを吸った周辺の住民の中で気管支炎やぜんそくなどの呼吸器系の病気にかかった人が多くみられた。

② 鉱毒を含む水が銅を産出する鉱山から河川に流されたため，その河川の下流で氾濫がおこり鉱毒が水田に流入すると，稲が育たなくなる被害が出た。

③ 有機水銀を含む水が化学工場から海に排出されたため，その海でとれた魚介類を食べた沿岸住民の中で神経系の病気にかかった人が多くみられた。

④ カドミウムを含む水が鉱山から河川に流されたため，その河川の水を利用して育てた米や野菜などを食べた下流域の住民の中で中毒症状を発した人が多くみられた。

問７　次の図は，福岡県，熊本県，沖縄県における，1955年の人口を100としたときの2020年までの５年ごとの人口の比率を示したものである。図の**た**～**つ**にあてはまる県の組合せとして正しいものを，下の①～⑥のうちから１つ選びなさい。 39

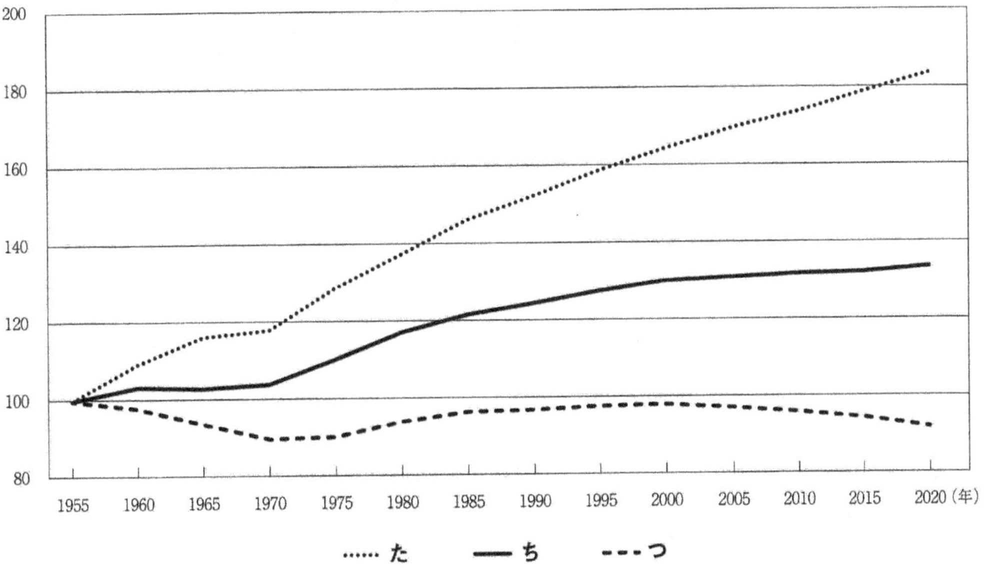

『数字でみる日本の100年』改訂第７版および『データでみる県勢』2021年版より作成

	た	ち	つ
①	福岡県	熊本県	沖縄県
②	福岡県	沖縄県	熊本県
③	熊本県	福岡県	沖縄県
④	熊本県	沖縄県	福岡県
⑤	沖縄県	福岡県	熊本県
⑥	沖縄県	熊本県	福岡県

問８　次の図は，図１のＦの島の１：25000地形図（80％に縮小してある）である。地形図の**Ｐ－Ｑ**を結ぶ線の断面図として最も適切なものを，下の①～④のうちから１つ選びなさい。　**40**

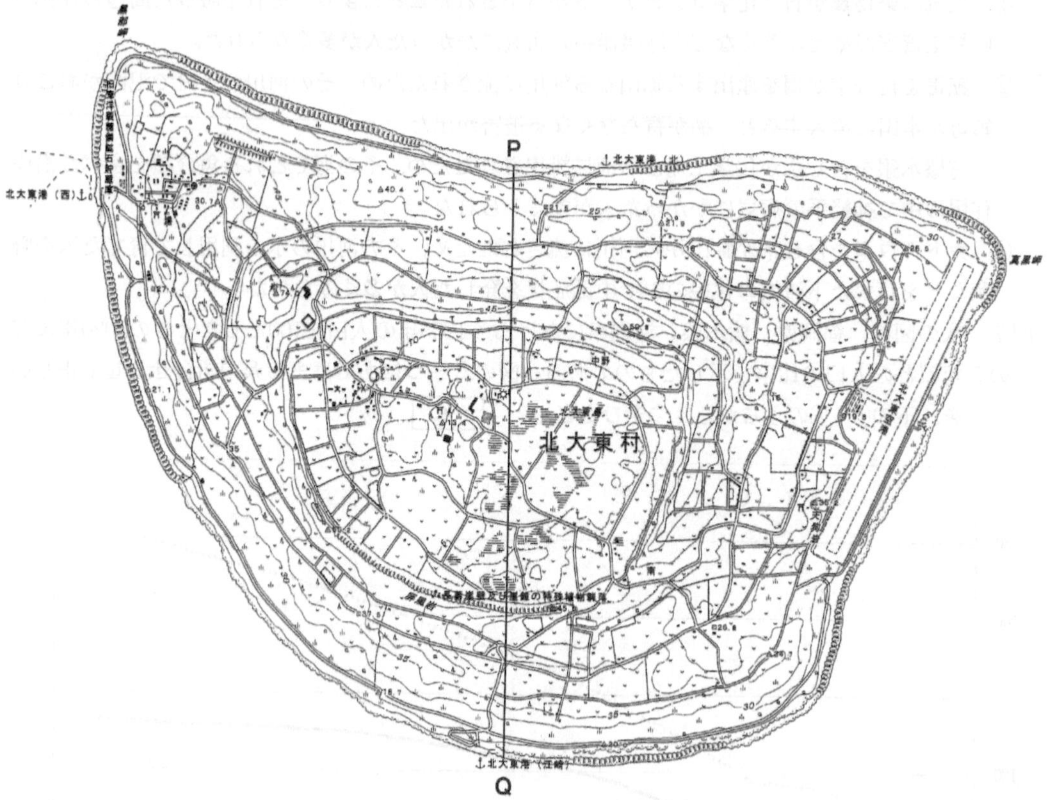

①

②

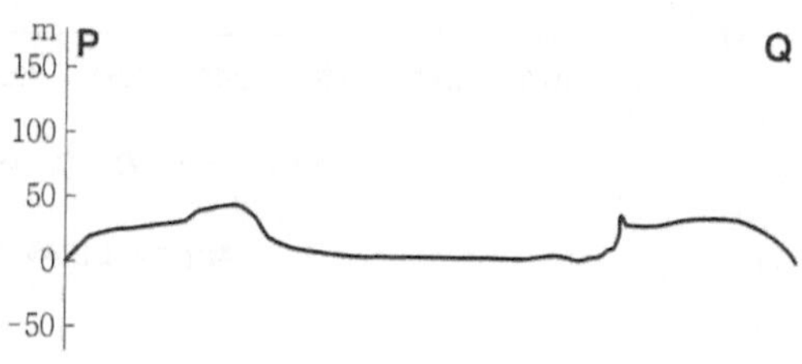

③

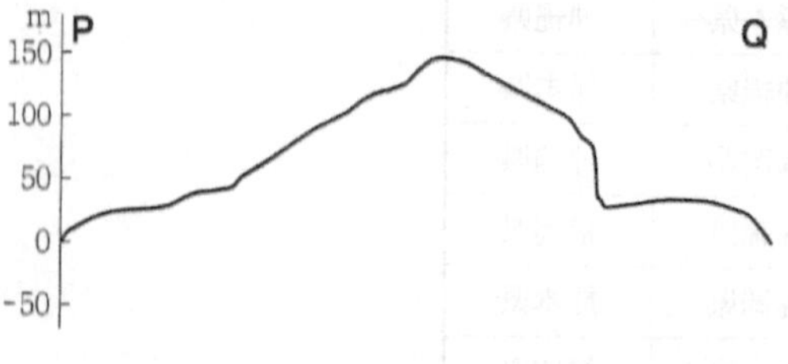

④

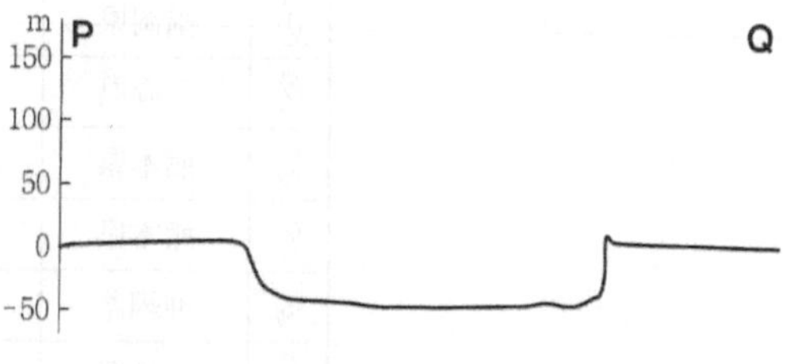

〔問2〕 空欄 X に入る語として最も適切なものを、「早々に逃げ出す」という意味の慣用句となるように、次の①～⑤のうちから一つ選んでマークしなさい。 19

① へそ　② すね　③ 鼻　④ 首　⑤ 尻

〔問3〕 傍線部A「いつぞは行て難句をしかけて心みん」の解釈として最も適切なものを、次の①～⑤のうちから一つ選んでマークしなさい。 20

① いつかは行って一休の作った難句をぜひ一度聞いてみたい。
② いつかは行って自分の詠んだ難句を一休に添削してもらおう。
③ いつかは行って難句を詠み聞かせて、一休の知恵を試してみよう。
④ いつかは行って難句を一緒に作ってみようと、一休に呼びかけよう。
⑤ いつかは行って一休の作った難句の意味するところを解き明かそう。

〔問4〕 傍線部B「ふと思ひあたりたるしゅかう有ければ」について、「しゅかう」とは「趣向」のことである。どのような趣向を「ふと思ひあたりたる」のか。その説明として最も適切なものを、次の①～⑤のうちから一つ選んでマークしなさい。 21

① 一句の中に、二つの色名と二つの地名を詠み込むこと。
② 一句の中に、息もつけないほどの早口言葉を入れ込むこと。
③ 一句の中に、田舎の風物と都会の風景を違和感なく配置すること。
④ 一句の中に、亭主が先に詠みたくなるようなテーマを設定すること。
⑤ 一句の中に、「へうたん」や「あま」などの言葉遊びを盛り込むこと。

〔問5〕 空欄 I に当てはまる語句として最も適切なものを、次の①～⑤のうちから一つ選んでマークしなさい。 22

① 軽口の人侍り　② 一休も庵にまし〱
③ 御しる人になり　④ 内々たくみ
⑤ 彼僧申され

〔問6〕 傍線部C「此所は何と申す」、D「そなたはいづくの人ぞ」は、それぞれ誰の発言か。僧ならば①、一休ならば②をマークしなさい。

C 23 ・D 24

〔問7〕 傍線部E「彼僧肝をつぶし」とあるが、それはなぜか。その理由として最も適切なものを、次の①～⑤のうちから一つ選んでマークしなさい。 25

① 一休は軽口の名人だという噂《うわさ》を聞いていたのに、実際は思った以上に下手だったため。
② 自分が先に詠もうと思っていたのに、一休が間髪を入れずに先に詠んでしまったため。
③ 自分がどこから来たのか一休は知らないはずなのに、正確に出身地を言い当てたため。
④ せっかく一休を打ち負かせると思ったのに、返された句があまりにも難しすぎたため。
⑤ 自分が仕掛けた知恵試しに対し、一休が少しも渋るところを見せず見事に応えたため。

三 次の文章を読んで、後の問いに答えなさい。

*白河の辺《あたり》にアすまゐしける*桑門《よすてびと》に、名誉なる軽口の人侍《はべ》りけるが、*一休の軽口なることを聞及《ききおよ》びて、「Aいつぞは行《いき》て*難句をしかけて心みん」と、常々心がけられけるが、Bふと思ひあたりたるしゆかう有《あり》ければ、「さらば一休へ参りて、御知人《しるひと》にもなり、扨《さて》一句してみん」と、はるゞゝと白河*辺土《へんど》より*紫野《むらさきの》へとぞ、いそがれける。

折節一休も庵《いほり》にましくて、御しる人になり、とかくふるほどに、内々たくみし一句の句作も出来《いでき》ければ、彼《かの》僧申されけるは、「うけ給《たまは》り及びし御軽口を、何にても一句あそばせかし。何とぞ付《つけ》て見侍らん」と申されければ、一休仰《おほせ》らるるは、「*客発句に亭主脇とこそ申せ。先其方《まづその》あそばせ」とありしかば、 I をきしことなれば、「さらば申《まうし》て見ん」とて、難句をこそは出《いだ》されけるが、「C此《この》所は何と申す」。「むらさき野」と仰《おほせ》られければ、

紫野《むらさきの》*丹波近《たんばにちかし》

とせられければ、いまだ息もひき入《いら》ぬに、はやつけられけるが、「Dそなたはいづくの人ぞ」。「白河の者也《なり》」と申されければ、

白河黒谷隣《しらかわくろだにのとなり》

とあそばしければ、E彼僧肝をつぶし、「さしもむつかしき*章句なり。一句の内に二つの色字、二つの所の名、いかなる*へうたんの川ながれなる軽口も、少《すこし》は*しぶりこぶりし給ふべしと思ひしに、貝とる*あまならで、息もつぎあへず付給ふ。かかる名対《めいつい》ある上は、*はちやこはし」とて、イ空うそぶひて、 X をからげてにげられけると也《や》。

（『一休《いっきう》ばなし』による）

（注） *白河＝京都市左京区の地名。
*桑門＝僧侶。
*一休＝室町中期の、とんちで有名な僧。
*難句＝詩文や連歌などでつけにくい句。
*辺土＝片田舎。
*紫野＝京都市北区の地名。
*客発句に亭主脇とこそ申せ＝連歌で、客に発句を作らせ亭主が脇をつけて、客に花を持たせる。
*丹波＝現在の京都府と兵庫県にまたがる地名。「丹」は赤色を意味する。
*章句＝連句の第一句目。
*へうたん＝瓢箪《ひょうたん》。軽いさまのたとえ。
*しぶりこぶり給ふ＝渋りなさる。
*あま＝海に潜って漁をする海女《あま》。「息もつきあへず」にかかる。
*はちやこはし＝蜂《はち》だ、怖いよ。

〔問1〕 波線部ア「すまゐしける」・イ「空うそぶひて」の本文中における意味として最も適切なものを、次の①～⑤のうちからそれぞれ一つずつ選んでマークしなさい。ア 17 ・イ 18

ア すまゐしける
① 住んでいた
② 気取っていた
③ 心の澄んでいた
④ 負けず嫌いだった
⑤ 熱心に修行していた

イ 空うそぶひて
① うそをついて
② 天をふり仰いで
③ 泣くまねをして
④ から元気を出して
⑤ 何気ないふりをして

必要があったから。

〔問8〕　この文章の表現について説明したものとして最も適切なものを、次の①～⑤のうちから一つ選んでマークしなさい。**15**

①　登場人物はみなそれぞれに「ゆき江ちゃん」と関係を持ち、その関係に基づいて「ゆき江ちゃん」の死を受け止めようとしており、「私」だけが悲しんでいるわけではない。「ゆき江ちゃん、どれがほしかったんだろ？」という言葉に対して「母」が返したはずの返事が描写されないことによって、「母」と「私」が「ゆき江ちゃん」の死について違う受け止め方をしていることを示している。

②　「ゆき江ちゃん」が亡くなってもいつも通りの診療を続けたい「祖父」と通夜や告別式があっても仕事をできるだけ休みたくない「父」を、「私」は似たもの同士だと感じながら、「ゆき江ちゃん」のことを思って不満も抱えている。「わからん」という言葉を繰り返す「祖父」とのやり取りは、「私」が感じている不満が「祖父」のかたくなさを一層強めていることを示している。

③　「ゆき江ちゃん」と「私」はふとしたことで得られる同じ本を読んでいたという共感を通して密接な関係を作り上げており、叔母と姪という関係をきっかけにしながら、血縁を越えて互いに理解しあっていた。同じ叔母と姪の話でありながら共通するところがあまりない『違国日記』をたびたび持ち出して比較することによって、「ゆき江ちゃん」と「私」の関係がいかに特別であったかを示している。

④　本を介して行われる「私」と「ゆき江ちゃん」の静かな交流は、「ゆき江ちゃん」の考え方とともに「私」の心の中に深く刻み込まれている。「私たちは、どうしてそうなのだろう。」という問いが「私たちは、どうしてそうだったのだろう。」とかたちを変えたことは、「ゆき江ちゃん」の死をきっかけにして二人の交流をふり返って問い直そうとしていることを示している。

⑤　「私」は「ゆき江ちゃん」の死を悲しんではいるけれども、動揺しすぎないようにしており、楽しかったころの過去のことだけを思い浮かべようとしている。しかし、「私はそれから一年ほど、『違国日記』を読むことができなかった。」と予想とは違う未来の「私」の語りが差し込まれることによって、「私」自身が思っている以上に、深い悲しみにとらわれていることを示している。

〔問9〕　二重傍線部ⓐ～ⓕの「に」のうち、文法的に同じものの組み合わせとして適切なものを、次の①～⑤のうちから一つ選んでマークしなさい。**16**

ⓐ　祖父は、ずっと自分の傍にいた叔母にだけは甘かったように思う。

ⓑ　ある種の礼儀として作品とともに流通している

ⓒ　私がそれをほとんど完璧に身につけた後だった。

ⓓ　そう言いたげに黙っている。

ⓔ　姪っ子に日記書いたらとか言うのは同じだ。

ⓕ　新刊が出るたびにこの家へ持って来て、

①　ⓐⓑ　　②　ⓐⓒ

③　ⓒⓓ　　④　ⓓⓔ

⑤　ⓓⓕ

③ 死ぬ間際になって急に借りたものを返すことに気を遣っており、作品の感想を言わないという不作法を平気で実践していた叔母らしくない発言だと感じ、確かめずにはいられなかった。

④ 叔母が末期ガンであると告げられて強く死を意識し、普段は言うはずがない感想を祖父に漏らしたのかもしれず、聞くことができなくなった感想について、確かめずにはいられなかった。

⑤ 本やマンガの貸し借りの際には一切の感想を言わない叔母が、祖父にはずっと何かしらの発言をしていたということがわかり、叔母の新たな一面を初めて知り、確かめずにはいられなかった。

〔問6〕傍線部D「だらだら思い浮かべたやり取りは、私しか喋ってないし、リアリティがなくてちょっと笑えた。」とあるが、なぜ「リアリティがな」かったのか。理由の説明として最も適切なものを、次の①〜⑤のうちから一つ選んでマークしなさい。 13

① あり得たはずの「良き日」のやり取りを想像してしまったけれど、叔母が亡くなった今、このマンガの内容はもはや語り合えるはずはないから。

② とりとめのない自分の思考をそのまま叔母とのやり取りとして想像してしまったが、それは「良き日」にさえするはずがないやり取りだったから。

③ マンガについての感想をお互いに言い合う様子を想像してしまったが、叔母と自分が交わす「良き日」のやり取りには言葉はないはずだったから。

④ 叔母が「良き日」に喋らないはずはないのに沈黙している様子を想像してしまったが、そもそも叔母がどのような感想を持ったかわからなかったから。

⑤ 叔母と自分が「良き日」を迎えることを近い将来のこととして想像してしまったが、それは何冊も新刊が出るような遠い未来に起こることだったから。

〔問7〕傍線部E「こそ泥みたいに階段を下りていった」とあるが、それはなぜか。理由の説明として最も適切なものを、後の①〜⑤のうちから一つ選んでマークしなさい。 14

① とっつきにくいところのあった叔母とは、読書を通しての「良き日」にだけうまくつながることができた。それ以外の時には言葉を使わない関係で、本を貸してほしいと言い出しづらかったから。

② 「私」と叔母はお互いの読書体験が重なってくる「良き日」を迎えることができる特別な関係たった。それでも叔母が大切にしている本を勝手に持ち出していくことに罪の意識を覚えていたから。

③ お互いが何を読んでいるかわからないからこそ、ふとした会話から相手と同じものを読んでいる「良き日」を迎えることができる。そのために本を持っていったことを知られないようにしたかったから。

④ 叔母と「私」とは読書に関しての感想を言いあったりしない関係を築いてきた。しかし、「良き日」の素晴らしさがわかっていても、一人きりで読み、一人きりで考えることへの疑念と後ろめたさを感じていたから。

⑤ 愛書気質を持っている叔母と「良き日」を迎えて誇らしい気分に浸るためには、「私」のほうがたくさんの本を読まなければならない。「私」は叔母にあきれられないためにも、焦って本を読み続ける

③ 〔ⅰ ばたばた　ⅱ こつこつ　ⅲ とぼとぼ〕

④ 〔ⅰ きびきび　ⅱ てきぱき　ⅲ おずおず〕

⑤ 〔ⅰ てきぱき　ⅱ せっせ　ⅲ さっさ　〕

〔問3〕 傍線部A「免震構造のようにゆっくり揺らぐ気分をやり過ごしつつ」とあるが、どういうことか。その説明として最も適切なものを、次の①～⑤のうちから一つ選んでマークしなさい。 10

① ふとしたことに叔母のことが思い出され悲しみが押し寄せてくるが、悲しみが激しくならないようなんとかしのいでいるということ。

② この家での日常を思い出し改めて叔母の死という事実を実感しているが、亡くなった直後に受けた衝撃は弱くなってきたということ。

③ もしも叔母が生きていたら自分の失敗を笑ったかもしれないと思い、皮肉屋だった叔母の性格を懐かしく思い出しているということ。

④ 仲良くしていた叔母がシールを集めて何を安く買おうとしていたのか予想できず、申しわけない気持ちにとらわれているということ。

⑤ 叔母が亡くなったことに悲しみを示さず、葬式の準備についてだけ考えている母親へのいらだちをおさえようとしているということ。

〔問4〕 傍線部B「まともな答えを期待していたわけではない。」とあるが、それはなぜか。その理由として最も適切なものを、次の①～⑤のうちから一つ選んでマークしなさい。 11

① 「私」は祖父に気に入られているつもりでいたけれどもそうではなく、叔母を甘やかす延長線上に「私」との関係があったことは否定できない事実だったから。

② 叔母と似て読書好きな「私」は弟よりは祖父に気に入られていたけれども、関係をつなげてくれるはずの叔母が亡くなり祖父の気持ちがわからなくなっていたから。

③ 近寄りがたいところのある祖父と「私」との関係は叔母を間に置くことでつながりがある気がしていたが、祖父がやはり素っ気ない態度を取ることが予想されたから。

④ 本を通して「私」とつながっていた叔母とは違って「私」と祖父が本の話をすることはなく、祖父に本の話を訊いたとしても何も把握はしていないだろうと思っていたから。

⑤ 祖父は病院での自分の仕事にだけ強いこだわりを示す人物であり、叔母がどんな本を読んでいたかや「私」との読書を軸にした関係について理解しようとしていなかったから。

〔問5〕 傍線部C「返さなきゃとか言ってたの？　おじいちゃんに？」とあるが、この時の「私」の心情の説明として最も適切なものを、後の①～⑤のうちから一つ選んでマークしなさい。 12

① 叔母が本の貸し借りについて何か言っていたとしたら非常に珍しいことであり、そのことに死ぬことを自覚した叔母の特別な思いを感じて、確かめずにはいられなかった。

② 叔母と無言で本のやりとりをすることについて完全に納得してはいなかったため、叔母が自らルールを破って本についての発言をした意図がわからず、確かめずにはいられなかった。

て無責任なんだよね。

Dだらだら思い浮かべたやり取りは、私しか喋《しゃべ》ってないし、リアリティがなくてちょっと笑えた。叔母が生きていたら、私は今も『違国日記』の新刊が出るたびⓕにこの家へ持って来て、良き日を迎えるまで、互いに何にも話さなかったに決まっている。

私たちは、どうしてそうだったのだろう。

一人きりで読み、一人きりで考える、それだけのためなのか。もちろん私は、その良き日がどんなに素晴らしくて誇らしいものかを知っている。たくさんの良き日を夢見て何度もこの部屋を訪れては、リュックいっぱいに本を詰め、Eこそ泥みたいに階段を下りていったのだから。そして良き日は、叔母との日々のうちに、神経衰弱のカードがめくられるように次々と訪れたのだから。

その到来を、私はもう信じることができない。閉じたマンガを虚空に振って、なんとなく上の方を見た。

「返してもらったからね」

にしても、返さなきゃって思ってるもんをなんでこんなとこに置くの。連載してるマンガは続きが出るから早めに返してって、大昔に言ったことあるよね。『違国日記』もさ、2巻が五月に出るんだよ。読んだら貸してあげようか。でもゆき江ちゃん、死んじゃったからもう読めないね。

頭にせり出したおふざけとはイ裏腹に、私はそれから一年ほど、『違国日記』を読むことができなかった。露《あら》わになった『身近な人が亡くなった後の手続のすべて』の表紙を再び目に入れながら、私は書庫を出た。

（乗代雄介《のりしろゆうすけ》「フィリフヨンカのべっぴんさん」による）

（注）＊ターミナルケア＝余命わずかとなった患者に対し平穏に過ごせるように行われる医療のこと。終末期医療。

＊いなげや＝食品スーパーマーケット。

＊ヤマシタトモコの『違国日記』の1巻＝祥伝社、二〇一七年十一月。

＊朝＝『違国日記』の登場人物。

＊叔母＝『違国日記』の登場人物。槙生。

＊『ひばりの朝』＝ヤマシタトモコ、祥伝社、二〇一二年～二〇一三年。

〔問1〕波線部ア「通りがよい」・イ「裏腹」の文中での意味として最も適切なものを、次の①～⑤からそれぞれ一つずつ選んでマークしなさい。ア 7 ・イ 8

ア「通りがよい」

① 正確である　② なじみがある
③ おもむき深い　④ 了解されやすい
⑤ 内実と合っている

イ「裏腹」

① 深く考えていないこと
② 心に秘めたものがあること
③ 本来のあり方と逆であること
④ 感情を押さえこんでいること
⑤ ものごと同士に関係が無いこと

〔問2〕空欄 i ～ iii に当てはまる語の組み合わせとして最も適切なものを、後の①～⑤のうちから一つ選んでマークしなさい。 9

① ［i せっせ　ii さくさく　iii のびのび］
② ［i こつこつ　ii ぼんやり　iii てきぱき］

ているという気もしていた。それだって、気がするという程度のものなのだけれど。

「ゆき江ちゃん、あのマンガ読んでた？」

「わからん」

だから、そんなことも念のために訊《き》いてみただけで、Bまともな答えを期待していたわけではない。 iii と書庫へと向かおうとしたけれど、一つ、どうしても気になることがあった。

「C返さなきゃとか言ってたの？　おじいちゃんに？」

「ああ」と祖父は頷《うなず》いた。

＊

叔母と私は、本やマンガの貸し借りをしながら、いつしか一切の感想を言い合わなくなった。時間をおいた会話の弾みで、登場人物の名前が出たり台詞《せりふ》が差し挟まれたりして、きっちり読んだことが知れるだけ。そういう日のことを、叔母は良き日と言ったことがある。まだこの秘匿の作法に納得のいっていなかった私に向かって「良き日が来るから」と、はぐらかすように。

なんであれ作品の感想を口にしないというのは、それがある種の礼儀として作品ともⓑに流通しているこの世間を生きる上では不作法にあたるのだと知ったのは、私がそれをほとんど完璧ⓒに身につけた後だった。おかげで、叔母のいない世界で余計な口を利いて失望するという愚かな真似《まね》をせずに済んでいるのだけれど。

貸し借りの手順は単純明快だ。叔母の方では貸すという意識もなく、私が書庫から勝手に借りて勝手に戻す。私は叔母が持っていない最近のマンガや何かを一言もなく貸し、一言もなく返される。いつしか、催促さえしなくなった。

だから、「返さなきゃ」の一言が祖父に洩《も》らされただけでも、なんだか貴重なことのように思われた。もちろんそれは貸した後に発覚した病のせいで、あと数ヶ月の命と言われなければ、叔母からそういう台詞は出てこないのだった。

いつも寝静まっているような書庫に入ってすぐ、一番手近に置きましたといった感じで、探していたものはあっさり見つかった。高さが微妙に違う単行本が並んだ上に『身近な人が亡くなった後の手続《てつづき》のすべて』という本と一緒に横にされて重なっている、＊ヤマシタトモコの『違国日記』の1巻。

手に取ってぱらぱら開く。両親を交通事故で亡くした中学三年生の＊朝《あさ》は、同居することになった＊叔母に悲しいか訊かれてもわからない。そのうつろな目の泳ぐ訳が、今なら少しわかる気がした。わかるならやっぱり感想なんていらないじゃないと、ゆき江ちゃんなら言うだろうか。いや、言いさえしない。そう言いたげⓓに黙っている。

私たちは、どうしてそうなのだろう。

叔母と姪《めい》っ子の話なんだよ。前に貸した＊『ひばりの朝』と同じ雑誌で連載始まって、今月に単行本が出たばっか。槙生《まきお》ちゃんとゆき江ちゃんって、ちょっと似てない？　でも身長がぜんぜん違うね。そんで、ちゃんと友達がいるね。あと、槙生ちゃんは小説家だけど、ゆき江ちゃんは絶対書かないでしょ。でも姪っ子ⓔに日記書いたらとか言うのは同じだ。訳わかんないこと言って考えさせるのも一緒。だいたい、叔母っ私に向かわせ、自分は戻って行きながら声を張り上げる。
「なんか、集めてたみたい」
冷蔵庫の扉には、誰かのオーストラリア土産だろう、カモノハシのマグネットでとめられたキャンペーンのシール台紙があった。ムーミンの仲間たちのシールが、二十枚のうちの五枚まできれいに貼り進められている。十枚以上ためれば、その数に応じて、ムーミンたちの大小のタオルとかエプロンとかが、もらえるわけではなく安く買えるらしい。十一月から始まった三ヶ月ほどの期間は、あと二週間ほどでおしまいだった。
二千円ちょっとの弁当やサラダを買ってシールを二枚もらい、帰って貼った。慎重にやったつもりのスナフキンが斜めになって、叔母の小さな笑い声が耳の後ろを走った気がする。A免震構造のようにゆっくり揺らぐ気分をやり過ごしつつ冷蔵庫に台紙を戻して、フェイスタオルやバスタオル、エプロンの見本が色とりどり並んでいるのを眺める。
三階から降りてくる母の足音が聞こえて、そこに向けて発した声は、そのまま慌ただしく一階へ降りていった母の耳には届かなかったから、独り言となって私の中に長く残った。
「ゆき江ちゃん、どれがほしかったんだろ?」

＊

七十を過ぎても現役の祖父はどうしても診療を休みたくないらしく、通夜と告別式は午後の休診と休診日が続く水曜と木曜になった。ゆき江ちゃんが冷やされておく期間は少しだけ延びたけれど、それがいいことなのか悪いことなのか私にはよくわからなかった。
その間、父は仕事で遅いから、母と私とたまに塾のない日は弟が、祖父の家で夜を過ごすことが多くなった。血筋なのか一日しか忌引き休暇を取らなかった父が不満で、私はなるべく母を助けようと勇ましい気分でいた。母にとっては義父にあたる祖父はとっつきにくいタイプだったから、こんな娘でもいるだけでありがたかっただろう。
私はお使いを買って出て、弟がいる時は無理やり連れ出して要らない物を買い足したりしながら、［ii］とシールを集めていった。
通夜の前日、夕食を終えた祖父が私をじっと見つめてきた。祖父は家族の誰かに話しかける時はいつもそうする。柔《やわらか》く開けた目鼻を向けて促すと、初めて口を開く。
「ゆき江に、マンガ返してもらったか?」
「ううん」
まだ――と言いそうになって止める。もう、まだもへったくれもないのだから。「ゆき江ちゃんの部屋にはなかったけど、本の部屋かな?」
「わからん」
三階にある十五畳の書庫は、家族の間では「本の部屋」と言った方がア通りがよい。その部屋は、祖父が、叔母つまり娘のために、部屋の間の壁をぶち抜いて造ったものだ。一方はもともと父の部屋だった。
「さがしてみろ」
祖父は、ずっと自分の傍にいた叔母にだけは甘かったようⓐに思う。
そのため、誰がどう見ても叔母に懐《なつ》いていた私との繋《つな》がりは、祖父と孫というより、ゆき江ちゃんを信頼する同志のような妙な感じがある。叔母の愛書気質を受け継いだのも私だけだったから、弟より目をかけられるものがある以上、自由を享受することはかなわないという皮肉な状況が生まれているということ。

〔問8〕　傍線部E「自らが二足歩行する生き物であることを、あらためて考え直しても良いのかもしれない。」とあるが、なぜか。その理由として最も適切なものを、次の①～⑤のうちから一つ選んでマークしなさい。　**6**

①　機械文明は一たび不備が発生すれば容易に人間の生命や自由を脅かすものへと変貌するが、わたしたちはその危うさに気づかず生活を送っている。現代の生活を見直すためにも、人間として命や自由を守ることの大切さを改めて考えていく必要があるから。

②　機械文明は人間の生活を効率化したが、大規模な地域を統一的に管理するシステムである以上、一度不具合に見舞われれば全生活が影響を受ける危険性がある。危機を回避するためにも、人間にはもともと自律的に行動する力があることを再認識する必要があるから。

③　機械文明は生活の利便性向上に貢献したものの、急なシステム停止に見舞われた場合に甚大な被害をもたらすことから、交通媒体に対する信用を低下させた。原始的な交通手段に今一度立ち返ることで、無限の可能性をもつ人間本来の力を取り戻していく必要があるから。

④　機械文明は人間の生活経験をさまざまな点で刷新したものの、その代償としてわたしたちの自由に対する認識を大きく変質させてしまった。化石燃料が登場する近代以前の生活に戻ることによって、人間がかつて持っていたはずの自由を取り戻すきっかけとしていく必要があるから。

⑤　機械文明け確かに脆弱な側面も持ち合わせているが、実のところ、機械に頼らない生活と比較したとき、安全性の面ではどちらもさほど変わらない。これから近代化の意義を問い直していくにあたって、人間がより安定して交通できるシステムは何なのか模索していく必要があるから。

二　**次の文章を読んで、後の問いに答えなさい。**

「ゆき江ちゃん」

私がそう呼んでいた叔母の末期ガンがわかり、＊ターミナルケアの末にそう呼ばれながら息を引き取った次の日、私は祖父の家にいた。一階はその祖父が営む眼科医院で、二階と三階に、叔母は祖父と二人で住んでいた。

喪主である祖父の裏で細々した準備に奔走する母に代わって、夕飯は私が買いに行くことになった。この頃の私はけっこう動けて頭も回って、大学が春休みだったこともあり、 i と雑事を手伝っていたのだった。

「＊いなげやでいいの？」

テーブルに置かれた三千円を取りながら訊《き》くと、階段を上がろうとしていた母はスリッパを鳴らしながらリビングダイニングに戻ってきて、キッチンを指さした。

「いなげやなら、あれ、持ってって」

「あれって？」

「冷蔵庫の」

④　前近代において移動は身体的苦痛を伴うものであったが、近代化とともに、猛スピードで全国を快適に移動するという新たな身体感覚が誕生したということ。

⑤　かつて移動は、身体が大地から切り離された状態で行うものであったが、蒸気機関の発明によって、地面と密接に関係しながら行う「観光」に変わったということ。

〔問5〕　傍線部B「そのような近代固有の認識力」とは、どのようなものか。その説明として最も適切なものを、次の①～⑤のうちから一つ選んでマークしなさい。 3

①　圧縮された風景を瞬時に閲覧し地域の特色を探求する力。

②　見知らぬ他人と一定時間密着しながら人間関係を作る力。

③　地域間の景観の違いを巨視的に分析することのできる力。

④　遠距離を高速で移動し広範囲の風景を一挙にとらえる力。

⑤　身体を大地から切り離し移り変わる近景に没入させる力。

〔問6〕　傍線部C「日本の列車運行は、時間の均質化を推し進める一因となった」とは、どういうことか。その説明として最も適切なものを、次の①～⑤のうちから一つ選んでマークしなさい。 4

①　鉄道が近代化したことで、人々は見知らぬ他人とともに時間を共有する苦痛を味わうようになり、時間というものが持っていた質が変容してしまったということ。

②　近代以降、共通の運行時間を守って列車が動くようになったことで、地域や生活様式の違いに関わらず、日本全国で同じ時間感覚が共有されるようになったということ。

③　鉄道が衝突などの事故を避けるために、正確なダイヤに基づき運行するようになったことで、近代の巨大な交通システムが出来上がり、時間に追われる都市的な感覚が誕生したということ。

④　近代以前は各々の交通形態に応じて輸送を行えばよかったが、近代化に伴い鉄道が一つに結ばれたことで、可能な限り所用時間を短縮した正確な運行が目指されるようになったということ。

⑤　鉄道が全国を繋ぐネットワークと化したことで、地方と都市部では求められる役割が異なることが明らかになったにも関わらず、各々の地域で独立した時間感覚が失われていったということ。

〔問7〕　傍線部D「『近代』に飼育され、飼いならされている」とは、どういうことか。その説明として最も適切なものを、後の①～⑤のうちから一つ選んでマークしなさい。 5

①　近代という時代は私たちが作ろうとしてきたものだが、自然に存在するべき中間領域が排除されており、非人間的な状況が生まれているということ。

②　快適さを追求するためのものであったはずの近代化が結果として余裕のない人々を生み出してしまうという、矛盾した状況が生まれているということ。

③　本来人間が作り出したものである近代の制度や構造に縛られてしまい、それ以外の生き方が不可能になるという、逆説的な状況が生まれているということ。

④　海外からの圧力に抵抗するために日本は近代化したはずだが、それにより近代化の意義が希薄化してしまうという本末転倒な状況が生まれているということ。

⑤　自由に行動しているように見えても、近代以前から持ち越してい

て、かえってその巨大なシステムに強く拘束されてもいる。そしてそのシステムは、自然災害等の要因により、唐突に大規模に停止しかねないⓓ代物なのだ。そのことは、東日本大震災で証明されたばかりである。

ここで、「*エスキモーになった日本人」と称される大島《おおしま》育雄《いくお》（一九四七〜）の移動術を紹介してみたい（『エスキモーになった日本人』）。探検家だった大島は、グリーンランドに暮らす狩猟採集民イヌイット（エスキモー）に感銘を受け、犬ぞりを操ってアザラシを獲《と》るようになる。*スノーモービルなどの現代的な移動手段もあるが、彼はそれを信頼しない。極寒の極地で一たびⓔコショウすると、生命の危機に直結するからだ。翻《ひるがえ》って犬ぞりは、適切なペースで休息を取り、漁の獲物を食べさせている限り、無限に走行可能な、きわめて安定した移動手段となる。極限の自然環境のなかでは、人と犬が一体となった犬ぞりのほうが圧倒的に安全なのだ。

便利だが脆弱《ぜいじゃく》な巨大交通システムを手に入れた私たちは、E自らが二足歩行する生き物であることを、あらためて考え直しても良いのかもしれない。

（菊池《きくち》暁《あきら》『民俗学入門』による）

（注）*テーゼ＝ある問題について提出された命題。
*民俗学＝民間の習俗を、庶民の生活感情や伝承を通して研究する学問。
*柳田國男＝日本民俗学の樹立者。一八七五年〜一九六二年。
*疎開学童＝第二次世界大戦末期の日本で、戦火を逃れるため都市から農村に移住させられた児童たちのこと。
*跋渉＝山をこえ川をわたること。
*エスキモー＝主としてグリーンランドからアラスカの極寒地方に居住し、狩猟・漁業生活を営む民族。この呼称は民族差別を反映しているとして、カナダでは「イヌイット」を公称として使用している。
*スノーモービル＝小型の雪上車。

〔問1〕二重傍線部ⓐ〜ⓔのカタカナは漢字に書き改め、漢字は読みをひらがなで記しなさい。（一点一画を正確に書くこと。）**記述**

〔問2〕空欄 X に入る語として最も適切なものを、次の①〜⑤のうちから一つ選んでマークしなさい。 1

① 行雲流水　② 我田引水　③ 明鏡止水　④ 北馬南船
⑤ 呉越同舟

〔問3〕空欄 Y に当てはまる語を考えてカタカナ三字で書きなさい。**記述**

〔問4〕傍線部A「自然に制約された『はこぶ』に飛躍的な革新をもたらした。」とは、どういうことか。その説明として最も適切なものを、後の①〜⑤のうちから一つ選んでマークしなさい。 2

① 近代以前は人の身体的限界が交通の限界に直結していたが、近代以降は動力機構の開発により、人の力に依存しない運送が可能になったということ。

② もともと食料を得るために行われていた旅が、労苦を伴うものではなく、食事の充実を実現するために行われる「観光」へと変わっていったということ。

③ 高速で多くの人を輸送することが可能な蒸気機関が登場し、観光業が世界中に広まったことで、旅の本質が人間の快楽を追求するものに変化したということ。

巨大なシステムであり、安全運行にとって時間の共有は必須なのだ。こうして、ときに「時計より正確」とも称されるC日本の列車運行は、時間の均質化を推し進める一因となった（三戸《みと》祐子《ゆうこ》『定刻発車――日本の鉄道はなぜ世界で最も正確なのか？』）。

　空間の変容も重要である。当初、蒸気機関車が出す煙や火の粉の危険性から、鉄道は都市部への乗り入れを忌避されたが、やがて、その輸送力が都市を支えるインフラとなるに従い、駅は都市の玄関口として都市の中心に位置付けられる。また、列車という運動体の性質から可能なかぎり直線的に敷設されることを良しとする鉄道は、都会と田舎とを問わず、その景観に直線的な構造物を出現させることとなった。

　そして、鉄路で結ばれた地域のネットワークは、国土の一体性をよりⓑキョウコに実体化させることとなった。個人的な体験で恐縮だが、思い起こすのは、一九八八年、青函《せいかん》トンネルが開業した時のこと。このとき初めて、札幌《さっぽろ》駅に「上野」や「大阪」といった駅名が表示されるようになった。じっさいに列車に乗れたわけではないにもかかわらず、この地がそれらの地と確かに結ばれているのだと感慨ひとしおだった。鉄路はそのような国土の想像を可能にするものでもある（原武史《はらたけし》『「民都」大阪対「帝都」東京――思想としての関西私鉄』）。

　ミクロな身体から［Y］な国土まで、鉄道は私たちの生活経験を様々なⓒジゲンで刷新した、きわめてパワフルなメディアだったのだ。

　化石燃料が切り拓《ひら》いた「はこぶ」の革新は、その後も続く自動車、飛行機の発明改良とともにますます高速大量化し、交通ネットワークの網の目は地球全体を覆うこととなった。その気になれば一日程度で地球の反対側にまで到達可能な手段を、私たちは手に入れたのだ。グローバリゼーションの一面である。

　ただ、それが何と引き換えに達成されたのかを、あらためて確認しておくべきだろう。

　民俗学者・高取正男《たかとりまさお》は「中間をカットした交通形態」を指摘した（『民俗のこころ』）。交通機関が高速化するのと反比例して、「途中」に対する私たちの認識はいよいよ希薄化したのだ。特急の止まらない駅、新幹線の止まらない地域に対する認識のあやふやさを思うと、私たちの頭の中は確実に「中間をカット」されてしまっている。

　それ以上に悩ましいのは、現代の巨大交通システムが、実のところどこまで私たちを自由にしたのか、という点だ。高取はいう。

> 　現代のドライバーは、いくら一匹オオカミを自認して旅に出ても、馬に乗って山野を＊跋渉《ばっしょう》するようなわけには行かない。通れる道は限られているし、高速道路に入れば、一定の速度で道路標識の指示するまま、次のインターチェンジまで、ひたすら走らなければならない。自動車に乗るということは、一見して自由な選択のようでありながら、結果的には近代の機械文明の一環に、より強く繋《つな》がれることをも意味している。おなじように、私たちは明治以来、外圧に抗して自ら近代をつくりだし、あるいはつくりだそうとつねに努力してきたと自負している。だが、私たちのなかには近代以前から持《も》ち越してきたものがいっぱいあるうえ、自身でつくりだしたつもりのD「近代」に飼育され、飼いならされていることも、率直に認めねばならない。

　高速、大量、安全、快適な移動を実現した現代の交通システムは、確かに便利なものだ。にもかかわらず、私たちは獲得した利便性によっ

【国　語】（五〇分）〈満点：一〇〇点〉

一　次の文章を読んで、後の問いに答えなさい。

石炭を燃料とした動力機構、すなわち蒸気機関の発明は、A自然に制約された「はこぶ」に飛躍的な革新をもたらした。一九世紀初頭、イギリスのスティーブンソンにより蒸気機関車が実用化されると、高速大量輸送を可能にする鉄道は世界中に広がり、日本では一八七二年、新橋－横浜間に最初の鉄道が開業した。

化石燃料がもたらした交通の革新は「travelからtourへ」という＊テーゼに要約できる。「たび（旅）」の語源が「たべ（給べ）」すなわち食べ物を乞うことに由来し、「travel（旅）」が「trouble（厄介）」と同根とされることからも推察されるように、前近代、交通運輸はヒトが自らの身体的労苦をもって行う「厄介ごと」にほかならなかった。これを蒸気機関は、ヒトの労苦を必要としない快適な移動＝「tour（旅行）」に変えたのだ（「turn（回転）」と語源を同じくすると考えられるtourには「労苦」の意味は含まれない）。そうした中から現在の意味での「観光tourism」も成立するわけで、世界的に有名な観光ガイドブックのミシュランが、自動車タイヤメーカーであることも、その端的な現れといって良いだろう。

ここで、鉄道がもたらすものをあらためて整理してみたい。

鉄道という近代交通システムは、輸送力の大量化・高速化をもたらしたのみならず、移動する身体を大地から切断し、その近くのめまぐるしく移り変わる風景に投入したことで、「パノラマ的」と称すべき新たな身体感覚を発生させた（W・シベルブシュ『鉄道旅行の歴史――一九世紀における空間と時間の工業化』加藤《かとう》二郎《じろう》訳）。馬の走りや河の流れでは体験しえない猛スピードを、人類は初めて経験したのだ。

この新知覚を、旅行者と大地の間の決定的な乖離《かいり》として捉えることも可能だが、反面、圧縮された風景を瞬時に閲覧する体験は、大地や風景に対する新たな認識を可能にした。地域間のⓐイドウを発見し、その要因を探求する＊民俗学も、Bそのような近代固有の認識力をドライブに飛躍したといってよい。＊柳田《やなぎた》國男《くにお》は＊疎開学童に向けて書いた『村と学童』において、「汽車の窓から見ていれば、誰にでもすぐわかるように、屋根の三角の角度は行く先々でかわっているが、それはたいていは屋根を葺《ふ》く材料のちがいに伴《とも》なうもの……」と、学童が見聞するであろう車窓の変化を手がかりに郷土研究のポイントを説いている。車窓は、民俗学のファースト・レッスンとなるのだ。

一方、高速移動する密閉空間で乗客たちが一定時間密着する、という新たな対人関係も鉄道がもたらしたものだった。たとえば前近代の船旅なら、「 X 」の故事のように、船客は運命共同体であり、見知らぬ相手と相応の時間をかけて親交を結んでいくことが可能だった。ところが、鉄道の乗客は、そのような時間もないままに目的地に到着し、にもかかわらず、その間は密着を余儀なくされるという厄介な距離感にさいなまれることとなる。（中略）

それだけではない。時間感覚も大きく更新された。前近代、旅する人や牛馬は、各々のペースで進めば良かった。ところが、鉄道はそうはいかない。開業当時は単線だった新橋－横浜間で、新橋を出る下り列車と、横浜を出る上り列車が同じ時間を共有しないことには、衝突などの事故を避けられない。鉄道は、すべての列車とレールが一つに結ばれた

MEMO

大切なことはメモしておこうネ！

2023年度

解　答　と　解　説

《2023年度の配点は解答欄に掲載してあります。》

＜数学解答＞

1　〔1〕　$-\sqrt{2}+9\sqrt{3}$　〔2〕　$(x=)\dfrac{-3\pm\sqrt{17}}{4}$　〔3〕　$(\angle \mathrm{CED}=)37°$
〔4〕　$\dfrac{13}{18}$

2　〔1〕　$2\mathrm{cm}^2$　〔2〕　$\sqrt{5}\ \mathrm{cm}$　〔3〕　$\sqrt{3}\ \mathrm{cm}$　〔4〕　$\dfrac{\sqrt{11}}{4}\mathrm{cm}^2$

3　〔1〕　$\dfrac{3}{10}$　〔2〕　$\dfrac{6}{13}$　〔3〕　$\dfrac{4}{13}$, $\dfrac{8}{13}$

4　〔1〕　$\sqrt{10}$　〔2〕　$1+\sqrt{5}$　〔3〕 (i)　32　(ii)　イ

5　〔1〕　{3, 45}　〔2〕 (i)　16個　(ii)　$(a=)523$

○配点○

1　各5点×4　2　〔1〕・〔4〕　各4点×2　他　各6点×2

3　〔3〕　8点　他　各6点×2　4　各5点×4　5　〔2〕(ii)　8点　他　各6点×2

計100点

＜数学解説＞

1　(小問群－平方根の計算，式の展開，2次方程式，円の性質，角度，資料の整理，中央値，確率)

〔1〕　$\dfrac{\sqrt{(-2)^2}(\sqrt{2}+\sqrt{3})^2}{\sqrt{2}}+\dfrac{(3-\sqrt{6})^2}{\sqrt{3}}=\dfrac{2(5+2\sqrt{6})}{\sqrt{2}}+\dfrac{(15-6\sqrt{6})}{\sqrt{3}}=\dfrac{2\sqrt{2}(5+2\sqrt{6})}{2}+\dfrac{\sqrt{3}(15-6\sqrt{6})}{3}=\dfrac{30\sqrt{2}+24\sqrt{3}+30\sqrt{3}-36\sqrt{2}}{6}=-\sqrt{2}+9\sqrt{3}$

基本　〔2〕　$(x-3)^2-(3x+2)(x-2)=12+x$　$(x^2-6x+9)-(3x^2-4x-4)-12-x=0$　$-2x^2-3x+1=0$　両辺を－1で割って，$2x^2+3x-1=0$　2次方程式の解の公式を用いて，$x=\dfrac{-3\pm\sqrt{3^2-4\times2\times(-1)}}{4}=\dfrac{-3\pm\sqrt{17}}{4}$

基本　〔3〕　円の中心をOとすると，$\overset{\frown}{\mathrm{BCD}}$は円周の$\dfrac{1}{3}$だから，$\overset{\frown}{\mathrm{BCD}}$に対する中心角$\angle \mathrm{BOD}=120°$　同じ弧に対して円周角は中心角の$\dfrac{1}{2}$だから，$\angle \mathrm{BAD}=60°$　よって，$\angle \mathrm{CAD}=60°-23°=37°$　同じ弧に対する円周角は等しいから，$\angle \mathrm{CED}=\angle \mathrm{CAD}=37°$

〔4〕　箱Aから6通りの取り出し方があり，そのそれぞれに対して箱Bから6通りずつの取り出し方があるから，$(a,\ b)$の組は全部で$6\times6=36$(通り)　$a=1,\ 2,\ 3,\ 4,\ 5$のいずれかのときには，$b=6,\ 7,\ 8,\ 9$であれば中央値は6となる。$(a,\ b)$の組は$5\times4=20$(通り)ある。$a=6$のときには，$b=4,\ 5,\ 6,\ 7,\ 8,\ 9$のいずれの場合も中央値は6となる。よって，6(通り)ある。したがって，中央値が6となるカードの取り出し方は$20+6=26$(通り)あるから，その確率は，$\dfrac{26}{36}=\dfrac{13}{18}$

2　(空間図形－正八面体，三平方の定理，切断，長さ，面積)

基本　〔1〕　正八面体の4つの頂点を通る対称の面は正方形である。四角形ABFDは1辺の長さが2cmの正方形であり，△ABFはその$\dfrac{1}{2}$だから，面積は$2\times2\times\dfrac{1}{2}=2(\mathrm{cm}^2)$

基本　〔2〕　四角形ABFDは正方形であり，△ABMは直角三角形である。よって，三平方の定理を用いて，$\mathrm{AM}=\sqrt{\mathrm{AB}^2+\mathrm{BM}^2}=\sqrt{5}\ (\mathrm{cm})$

重要 〔3〕 CMは1辺の長さが2の正三角形CBFの高さなので，$CM=\sqrt{3}$

〔2〕より$AM=\sqrt{5}$　点MからACに垂線MHを引いて，$CH=x$とすると，$AH=2-x$　△AMHと△CMHで三平方の定理を用いてMH^2を2通りに表すことで，$(\sqrt{5})^2-(2-x)^2=(\sqrt{3})^2-x^2$　$5-(4-4x+x^2)=3-x^2$　$4x=2$　$x=CH=\frac{1}{2}$　$CN=1$なので，$CH=NH=\frac{1}{2}$　NHはCNの垂直二等分線である。よって，△MCNは二等辺三角形であり，$MN=MC=\sqrt{3}$ (cm)

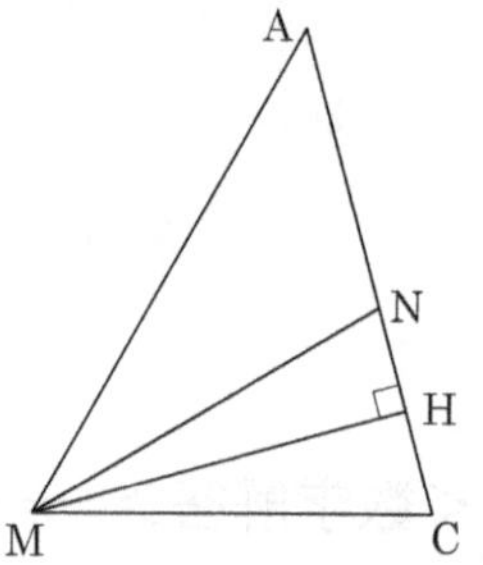

〔4〕 △AMNの面積は，ANを底辺，MHを高さとして求めることができる。△MHCで三平方の定理を用いると，$MH=\sqrt{MC^2-CH^2}=\sqrt{3-\frac{1}{4}}=\frac{\sqrt{11}}{2}$　よって，$\frac{1}{2}\times1\times\frac{\sqrt{11}}{2}=\frac{\sqrt{11}}{4}$ (cm^2)

3 (平面図形－一次関数，点の移動，傾き，面積，二次方程式)

基本 〔1〕 $t=\frac{1}{2}$のとき，点Qの座標は$\left(2,\ \frac{1}{2}\right)$　点Rのy座標は$\frac{1}{2}-\frac{3}{10}=\frac{1}{5}$だから，$R\left(1,\ \frac{1}{5}\right)$　よって，直線QRの傾きは$\left(\frac{1}{2}-\frac{1}{5}\right)\div(2-1)=\frac{3}{10}$

〔2〕 3点P，Q，Rが1つの直線上にあるとき，直線PQの傾きは直線QRの傾きに等しい。3点P，Q，Rの座標をtを用いて表すと，$P(t,\ 0)$，$Q(2,\ t)$，$R\left(1,\ t-\frac{3}{10}\right)$　直線PQの傾きは$\frac{t}{2-t}$，直線QRの傾きは，$\left\{t-\left(t-\frac{3}{10}\right)\right\}\div(2-1)=\frac{3}{10}$

$\frac{t}{2-t}=\frac{3}{10}$　両辺に$10(2-t)$を掛けると，$10t=3(2-t)$

$13t=6$　$t=\frac{6}{13}$

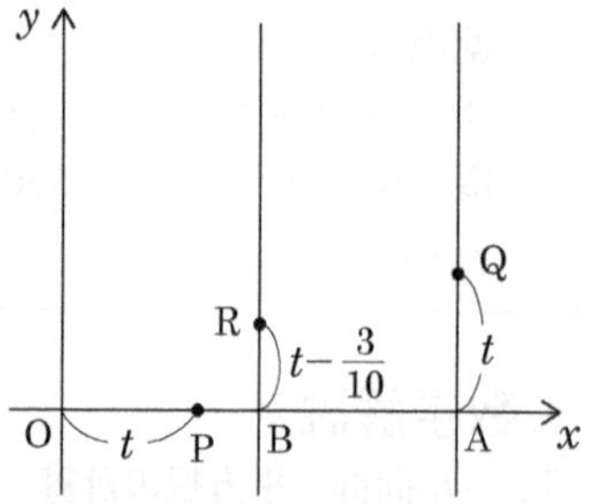

重要 〔3〕 $\frac{3}{10}<t<\frac{6}{13}$のときの△PQRの面積は，△PAQ－{△PBR＋(台形RBAQ)}で求められる。

$\frac{1}{2}t(2-t)-\left\{\frac{1}{2}(1-t)\left(t-\frac{3}{10}\right)+\frac{1}{2}\left(t-\frac{3}{10}+t\right)\right\}=\frac{1}{10}$　$2t-t^2-\left(-t^2+\frac{13}{10}t-\frac{3}{10}+2t-\frac{3}{10}\right)=\frac{2}{10}$　$-\frac{13}{10}t=-\frac{4}{10}$　$t=\frac{4}{13}$　$\frac{6}{13}<t<13$のときの△PQRの面積は，△PBR＋(台形RBAQ)－△PAQで求められる。$\frac{1}{2}(1-t)\left(t-\frac{3}{10}\right)+\frac{1}{2}\left(t-\frac{3}{10}+t\right)\times1-\frac{1}{2}t(2-t)=\frac{1}{10}-t^2+\frac{13}{10}t-\frac{3}{10}+2t-\frac{3}{10}-2t+t^2=\frac{2}{10}$　$\frac{13}{10}t=\frac{8}{10}$　$t=\frac{8}{13}$

＋α 4 (平面図形－折り返し，証明，三平方の定理，2次方程式，大小関係，平方根)

〔1〕 ADとFGの交点をJとすると，$AJ=JE$，$AE=ED$なので，$DJ=\frac{3}{4}AD$　△DABは直角二等辺三角形だから，$AD=BD=4$　よって，$DJ=3$　$AF:AB=AG:AC=1:4$だから，$FG=\frac{1}{4}BC=2$　$FJ=GJ=1$　△DFJで三平方の定理を用いると，$DF=\sqrt{DJ^2+FJ^2}=\sqrt{10}$ (cm)　よって，$x=\sqrt{10}$

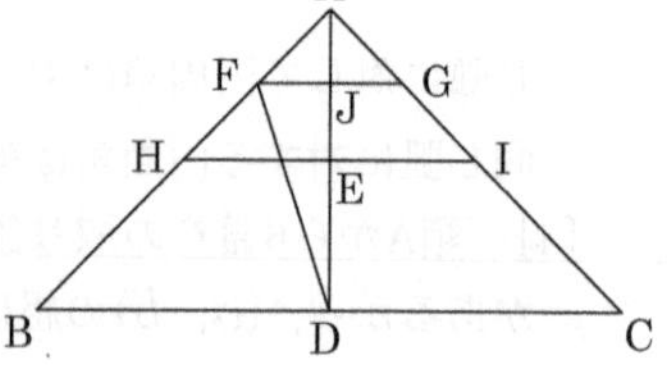

重要 〔2〕 △PQRは二等辺三角形なので底角は等しいから，$\angle PQR=\angle PRQ=(180^\circ-36^\circ)\div2=72^\circ$　QSは∠PQRの二等分線なので，$\angle SQR=\angle SQP=36^\circ$　$\angle PRQ=\angle QRS$，$\angle QPR=\angle SQR$となるので，△PQRと△QSRは相似であり，$PQ:QS=QR:SR$　また，△SPQ，△QSRは2角が等しいので二等辺三角形であり，$PS=QS=QR=2$

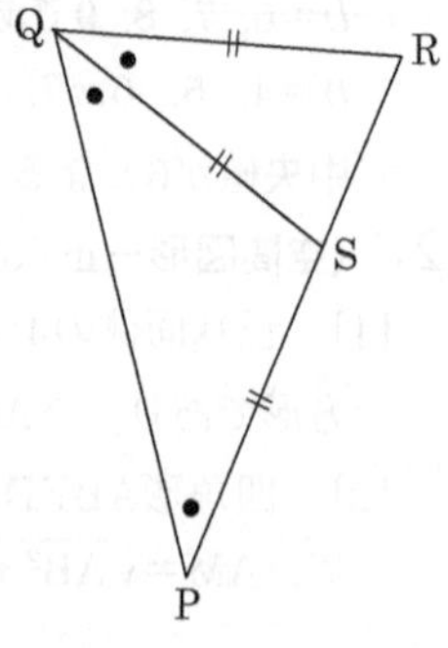

PQ＝PR＝yとするとSR＝$y-2$　以上のことから，$y:2=2:(y-2)$　$y(y-2)=4$　$y^2-2y=4$　$y^2-2y+1=5$　$(y-1)^2=5$　$y-1=\pm\sqrt{5}$　$y>0$だから，$y=1+\sqrt{5}$

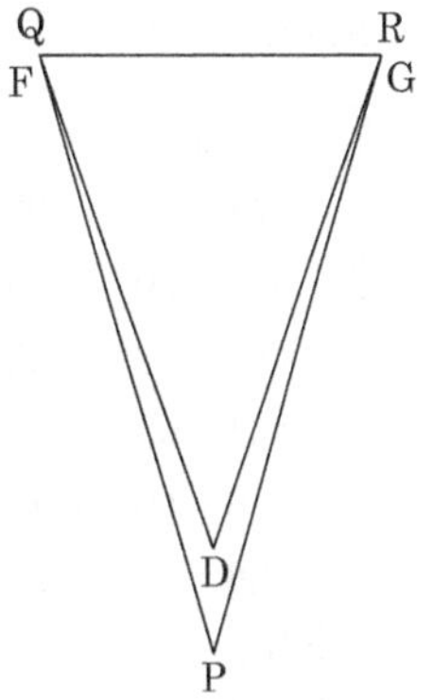

やや難　〔3〕（i）$(3.1)^2=9.61$　$(3.2)^2=10.24$　よって，$3.1<\sqrt{10}<3.2$　$(2.2)^2=4.84$　$(2.3)^2=5.29$　よって，$2.2<\sqrt{5}<2.3$　$3.2<1+\sqrt{5}<3.3$　したがって，$x<3.2<y$　つまり，$x<0.1\times32<y$　えには，32が入る。

（ii）うには，x，おには，yが入る。△DFGと△PQRはともに底辺の長さが2cmの二等辺三角形である。右図のようにFGとQRを重ね頂点を底辺に関して同じ側にとると，DF＜PQなので，∠QPR＜∠FDGであることがわかる。また，∠QPR＝36°なので，∠FDGは36°より大きい。∠BDH＝∠FDH＝∠CDI＝∠GDI＝zとすると，$4z+$∠FDG＝180°　∠FDG＝36°のときには，$4z=144°$，$z=36°$となるが，∠FDG＞∠QPR，∠FDG＞36°なので，$z<36°$となる。よって，∠BDH＜∠QPR　したがって，かは∠BDH，きは∠QPR，くは∠FDGとなり，正しいのはイである。

5 （規則性－数の並び，新しい記号）

重要　〔1〕（1），（1，2，3，4），（1から9），（1から16），…というように，正方形を作りながら数が並べられている。その結果，一番左の列には，下から$1^2=1$，$2^2=4$，$3^2=9$，$4^2=16$，…が来るようになっている。2023が入る行が下から何行目にくるかを適当な自然数を2乗して探していくと，$45^2=2025$　同じ行の数が2列目，3列目，…と1ずつ小さくなるので，2023は45行目の左から3列目にある。よって，$\{x,\ y\}=\{3,\ 45\}$

⋮	⋮	⋮	⋮	⋮	⋮	⋰
36	35	34	33	32	31	…
25	24	23	22	21	30	…
16	15	14	⑬	20	29	…
9	8	⑦	12	19	28	…
4	③	6	11	18	27	…
①	2	5	10	17	26	…

〔2〕（i）表からE＝50となるのは，$a=21$，$b=30$，$c=20$，$d=29$のときである。左から6列目と下から5行目までの長方形の中では，$a+d$，$b+c$は50以下なので，四角で囲んでできる4つの自然数の組は，$(6-1)\times(5-1)=20$(個)　その中でE＝$a+d=b+c$とならない場合は，$c=1$，3，7，13のときの4個　よって，Eの値が50以下となるものは16個ある。

やや難　（ii）E＝$a+d=b+c=1000$のとき，$a>d$なので，$a>500$，$d<500$　2乗して500を超える数を探してみると，$23^2=529$　このときdのある行の一番左の数は$22^2=484$　$a+d=1000$のときのaを$529-x$とすると，dは$484-x-1$　$(529-x)+(484-x-1)=1000$　$2x=12$　$x=6$　よって，$a=529-6=523$

23^2	528	527	523	522
22^2	483	482	478	477
21^2	440	439	455	454

★ワンポイントアドバイス★

2は，正八面体は面対称な図形であり，4つの頂点を通る対称の面は正方形であることを利用する。3の〔3〕は，点RがPQの上側にあるときと下側にあるときに分けて式を立てる。4の〔3〕は，△PQRが何のために使われているのかを考える。5はともかく計算して数を探してみること。

＋αは弊社HP商品詳細ページ(トビラのQRコードからアクセス可)参照。

＜英語解答＞

1　1 ③　2 ①　3 ④　4 ①　5 ②

2　問1 ②　問2 ③　問3 ③　問4 ④　問5 ③　問6 ②　問7 ①，③，⑦

3　問1 ③　問2 ②　問3 （い） as　（う） little　問4 ③　問5 ①
問6 ①　問7 ④，③，②　問8 ①，⑦

4　問1 ②　問2 ①，⑧，⑨　問3 ④，①，③，②　問4 ③，④，②　問5 ②
問6 instead of a closet filled with sweaters he didn't use　問7 ③
問8 ①　問9 ④

○配点○

1　各3点×5　2　問1・問6・問7　各3点×5　他　各2点×4
3　問1・問4・問7　各2点×5　問3　4点　他　各3点×5
4　問1・問5・問7・問8　各3点×4　問6　5点　他　各4点×4(問2～問4各完答)
計100点

＜英語解説＞

1　リスニング問題解説省略。

2　（長文読解問題・物語文：語句選択補充，指示語，内容吟味）

（全訳）　ジョンとロージーは子猫を飼っていた。それは生後3か月で黒く，キュウリと同じくらい緑色の目をしていた。それは想像しうる限り最も幸せで，最も愛情に満ち，心の温かい子猫で，2人の子供たちは心の底からそれを愛していた。

それはフラッフィーと呼ばれ，彼女は自分の名前を聞くといつもやって来た。彼女はいたずらをして楽しみ，ベッドの下やいすの下に隠れるのが大好きで，人のつま先に飛びついたりした。フラッフィーは誰でも愛し，誰もがフラッフィーを愛した。

それからある日，彼女は姿を消してしまった。それは最も不思議なことだった。彼女は台所で2人の子供たちと遊んでいて次の瞬間にいなくなったのだ！

母親は忙しかった。月曜日の朝で，彼女にはすることがたくさんあった。彼女は洗濯をして，汚れたシーツとタオルを大きなかごに入れた。後で彼女はそれを洗濯業者の男性に渡すつもりだった。彼女は寝床を整え，夕食のためにジャガイモをいくつか切った。そしてフラッフィーはずっと子供たちと遊び，ときどき母親に飛びつき，彼女があちらこちらへと移動するときに彼女のエプロンを捕まえようとした。

それから彼女はいなくなってしまったのだ！

「お母さん，フラッフィーはどこ？」とロージーは言ってあたりを見回した。

「どこかに隠れているんだと思うわ」と母親は言った。彼女は，台所の窓から洗濯業者の男性が見えたので急いで洗濯かごを閉めた。彼は通りをやって来ていた。

「フラッフィー，フラッフィー！」とジョンが呼ぶと，彼らにはどこからかニャーと答える声が聞こえたが，それはとても小さかった。

「ニャオウ！」

「彼女はどこかにいるぞ！」とジョンが言い，子供たちは戸棚の下やストーブの下を見始めた。洗濯業者の男性がベルを鳴らし，母親は彼に洗濯かごを渡した。あ彼女はしなくてはならない別の仕事に移りたかったので，ドアを閉めた。ジョンが再び声をかけた。

「フラッフィー，フラッフィー！」

しかし，注意深く聞いてももう鳴き声は聞こえなかった。いや，フラッフィーはまったく返事をしなかったのだ。ロージーは新聞がたまっている一番下の棚の下を探した。しかし，フラッフィーはどこにもいなかった！

「ああ，お母さん，フラッフィーは本当に，本当にいなくなっちゃたわ！」とロージーは言って，泣き出しそうになった。

「い ばかなことを言わないで」と母親は言った。「どこかその辺にいるわよ。彼女は隠れているんだわ。階段を上ってベッドの1つの下に行ってしまったんでしょう」

「でもお母さん，台所のドアはずっと閉まっていたんだよ」とジョンが言った。「彼女はどこかにいるとすれば絶対に う 台所にいるはずだよ」

「まあ，無事に出てくるわよ」と母親は言った。「心配しないで。今はあなたたちが探すのを手伝う時間がないけれど，晩ご飯のこのプッディングを作り終えたら見て回るわ。でも，それまでにはフラッフィーはどこからか踊りに出てくると思うわ」

しかし，彼女は出て来なかった！　そこで，プッディングを作り終えてそれを料理用にオーブンに入れると，母親もフラッフィーを探して見て回った。彼女は猫用のミルクと魚を入れた皿を置いて彼女を呼んだ。

「フラッフィー，フラッフィー，フラッフィー！　ご飯よ，ご飯よ，ご飯よ！」

しかし，それでもフラッフィーは出て来なかった！　ロージーはひどく泣いた。

「お母さん，魔法だわ！　妖精がフラッフィーを連れ去っちゃったんだわ！」

「そんなはずないわ！」と母親は言った。彼女は笑って，「妖精は決してそんな不親切なことをしないわ。フラッフィーは庭にいるかもしれないわよ」と言った。

そこで，彼らはコートを着て庭じゅうを探した。フラッフィーはいなかった。彼らは隣の家に行ったが，ブラウン夫人は彼らの猫をまったく見ていなかった。彼らはホワイト夫人の家にも行ったが，彼女は前の日からフラッフィーを見ていなかった。

さて，子供たちは午前中ずっと探したり呼んだりしたが，フラッフィーは見つからなかった。彼らは夕食を食べてそれから再び探した。

「え 気にしなくていいわ」と母親が言った。「フラッフィーはおなかが空いたら入ってくるわ」

「お母さん，彼女は外には出ていないと思うよ」とジョンが言った。「本当にそう思うよ。彼女はぼくたちとかくれんぼをしていて，台所のドアは閉まっていたんだ。彼女は次の瞬間に消えてしまったんだよ」

母親は台所と同様に庭にも魚とミルクの皿を置いたが，フラッフィーはそれを食べに来ず，母親も心配し始めた。彼女はその黒い子猫を愛しており，どこにいるのか考えつかなかった。しかしようやく彼女にはわかった！

台所のドアのベルが鳴った。母親がそれを開けると洗濯業者の男性がそこに立っていて，赤い陽気な顔じゅうに笑顔を浮かべていた。彼は手に箱を持っていた。

「こんにちは，ジョーンズさん」と彼は言った。「あなたがこれを洗濯に出されたことを伝えたかっただけですが，まったくきれいのようです。本当にこれを洗ってほしいのですか」

彼は運んできた小さな箱を開けた。全員驚いた！　そこにはフラッフィーがいて，穏やかに眠っていたのだ。子供たちは大声をあげて喜んで踊った！　母親は驚いてフラッフィーを見た。

男性は，「ねえ，奥さん，洗濯場でお宅の洗濯かごを開けたら，中でこの黒い子猫が眠っていたんですよ！」と言った。

「まあ，やだ！」と母親は言った。「子供たちとかくれんぼをしていたときにたぶん中に飛び込んで，私は彼女に気づいてふたを閉じたんだわ。それからあなたがかごを持って行ってフラッフィーは中にいたんだわ！　私たちはどこからか小さな鳴き声が聞こえたんです。彼女はかごの中にいたんだと思うわ！」

「ああ，お母さん！　私たちは猫を洗濯屋さんに送ったのね！」とロージーが言った。「彼女が洗われてアイロンをかけられたらと思うと，彼女はどう思ったかしら！」

洗濯業者がフラッフィーを洗ってアイロンをかけずによかったではないか！

問1　空所を含む文の直前で，子供たちがフラッフィーの鳴き声を聞いて戸棚の下やストーブの下を捜している様子が述べられている。フラッフィーが家のどこかに隠れているかもしれないという状況から，母親はフラッフィーが開いたドアから逃げるのを防ぎたかったためにドアを閉めたとするとこの場面の状況に合う。したがって，②「彼女はフラッフィーがどこかに隠れているのなら彼女に走って出て来てほしくなかった」が適切。①「彼女はしなくてはならない別の仕事に移りたかった」，③「彼女はドアを開けておくのは危険だと思った」，④「彼女はフラッフィーがいなくなったことを他の人に知られたくなかった」は，いずれも母親がそのように考える根拠となる事実が述べられていないので不適切。

基本　問2　空所の直前で，ロージーがフラッフィーが本当にいなくなったと言って泣き出しそうになっている。母親が空所の言葉の直後で「どこかその辺にいるわよ。彼女は隠れているんだわ。階段を上ってベッドの1つの下に行ってしまったんでしょう」と言ってフラッフィーがいなくなったことを強く否定していることから，母親はロージーの発言をまったく信じていないと考えられる。したがって，相手の発言内容を否定する③「ばかなことを言わないで」が適切。①は「ねえ，いいですか」，「ねえ，聞いて」などと相手に話題に関心を向けさせるときに使う表現。②は「私はそれが大好きです」，④は「これまでのところはとてもいいです」という意味で，いずれも空所の前後のロージーと母親の様子をつなぐ発言として不適切。

問3　空所を含む文の直前で，ジョンは自分たちがフラッフィーと遊んでいた台所のドアはずっと閉められていたと言っていることから，ジョンはフラッフィーがまだ台所にいると考えていることがわかる。

問4　下線部は，妖精が決してしないことを述べている。such an unkind thing「そのような不親切なこと」とこの前に出た発言内容を受ける言い方をしているので，この直前でロージーが妖精がしたこととして言った「フラッフィーを連れ去ること」を指す。したがって，④「フラッフィーを連れ去る」が適切。①は「飛び去る」，②は「かくれんぼをする」，③は「ミルクの皿を置く」という意味で，いずれも妖精がすることとしてロージーと母親の会話には出てこない。

問5　夕食の後で再びフラッフィーを探している場面。空所の発言の後で，母親は「フラッフィーはおなかが空いたら入ってくるわ」と子供たちを安心させるようなことを言っていることから，③「気にしなくていいわ」が適切。①は「さあ，彼女が来たわ」，②は「私はそう思わないわ」，④は「どういたしまして」という意味。

問6　フラッフィーがいなくなったとき，子供たちも母親もフラッフィーがどこにいるのかわからなかったのだから，フラッフィーがかくれんぼをしているときに洗濯かごの中に飛び込み，それに気づいたという(イ)が誤り。

問7　①「ジョンとロージーは，洗濯業者の男性が朝彼らの家を出る前にフラッフィーを見つけることができなかった」(○)　ジョンとロージーがフラッフィーがいなくなったことに気づいたのは洗濯業者が訪ねて来る前のことで，洗濯業者が出て行った後もフラッフィーを見つけていないので一致する。　②「ジョンは，フラッフィーは階段を上れないのでフラッフィーは1階にいるかもしれないと思った」(×)　フラッフィーが階段を上れないという記述はない。また，ロージーがフラッフィーがいなくなったと言って泣き出しそうになったとき，母親はフラッフィーが階段を上って行ったのかもしれないと言っているので一致しない。　③「母親は夕食を料理していたので，最初は家を見て回る時間がなかった」(○)　ジョンが台所のドアは閉まっていたのでフラッフィーは台所にいるにちがいないと言った後で，母親は「今はあなたたちが探すのを手伝う時間がないけれど，晩ご飯のこのプッディングを作り終えたら見て回るわ」と言っているので一致する。　④「ブラウン夫人とホワイト夫人はフラッフィーの声を聞いたが彼女を見かけなかった」(×)　母親と子供たちがブラウン夫人とホワイト夫人にフラッフィーについて尋ねに行った場面で，ブラウン夫人はフラッフィーをまったく見ていなかったと言い，ホワイト夫人は前の日からフラッフィーを見ていないと言っているので一致しない。　⑤「母親は，フラッフィーが食べる物を探しに家を出たのだと思ったので，フラッフィーのために外に食べ物を置いた」(×)　母親が，フラッフィーがいなくなった理由として外に食べ物を探しに行ったと考えていたという記述はない。母親が家の外にもフラッフィーの食事を置いたのは，空腹になってどこからか出て来るだろうと思ったからである。　⑥「洗濯業者の男性は家に大事なものを置き忘れたので家に戻って来た」(×)　洗濯業者が再び訪ねて来たのは洗濯かごに入って眠っていたフラッフィーを届けに来るためだったので，一致しない。　⑦「フラッフィーはようやく帰宅したときよく眠っていた」(○)　洗濯業者がフラッフィーを箱に入れて再びやって来て箱を開けたとき，フラッフィーはよく眠っていたので一致する。　⑧「ロージーはフラッフィーが他の人たちからひどい扱いを受けたのでフラッフィーをとてもかわいそうに思った」(×)　フラッフィーがひどい扱いを受けたという記述はないので一致しない。

3 **(長文読解問題・説明文：語句選択補充，内容吟味，語句補充)**

(全訳)　グランド・ツアーはイギリスの紳士たちが自分の教育を仕上げるために行った長期の海外旅行である。それは17世紀中ごろから18世紀の終わりまで広く行われていた。当時，複数の戦争が起こって海外旅行ができなくなった。

19世紀初期にヨーロッパでの戦争の後に平和が確立されて，グランド・ツアーは再び人気となった。しかし，旅行が安く簡単になるにつれ，そして特に鉄道が発展するにつれて，ヨーロッパ大陸を訪れることはエリートの人々だけに限られたものではなくなった。グランド・ツアーの日々は(あ)終わったのだ。

グランド・ツアーは特別なもので，とても裕福な男性，主に貴族の子息たちによってしか行われなかった。これは，旅行が困難でもあり高価でもあったからだ。緊急時に備えて，旅行者はお金をほとんど持って行かなかった。代わりに，彼らは主要な都市で示すロンドンの銀行が出した特別な書簡を持って行った。

若い紳士たちを海外に送り出すことのもう1つの利点は，彼らが他の場所で「悪い」ことをすることができるということだった。だから，彼らが家族に対して起こした問題は(い)・(う)可能な限りわずかで済んだ。実際，若い旅行者たちは大陸で大きな自由を経験し，飲酒や遊びや恋愛を初めて味わった。

紳士たちはしばしば家庭教師の世話の下で海外旅行をした。ジョージェット・ヘイヤーは家庭教師を「クマのリーダー」と呼んだ。彼女の小説『悪魔公爵の子』で，ヴィダル侯爵がフランスを旅行中のイギリス人の牧師を見つける。

「最近パリを通ってきた案内人がいて，彼は紳士たちの団体を引率していた。彼らはイタリアへ向かっている」

続けて牧師は彼を「とても貧しい案内人で…運よくグランド・ツアーをしている若者たちを任されている」と記述する。

もともと，グランド・ツアーは3年半ほど，旅に6か月，海外での生活に3年続くものと思われていた。グランド・ツアーに参加する紳士たちは訪問中の文化を楽しみ，語学力を高めるものと思われていた。海外で過ごされる期間は次第に(え)短くなり，ついにはほとんどが2年間しか旅をしないようになった。

フランス語は最も一般的に話される第2言語だったので，彼らが訪れる最も人気の場所はフランスだった。そこはまた，最も楽に行ける場所であった。渡航するのに最も速いのはドーバーからカレーまでで，パリまでの道はとてもよい状態だった。

パリからは，旅行者たちはたいていアルプス山脈へと移動し，それから船で地中海を渡ってイタリアへ行った。彼らは普通ローマとヴェニスを訪ねたが，彼らの旅にはスペイン，ポルトガル，ドイツ，東ヨーロッパ，そしてバルト海も含まれることがあった。

サミュエル・ジョンソンはこう言っている。

イタリアへ行ったことのない者は，誰もが見なくてはならないものを見ていないので，常に少し悲しい気持ちでいる。

グランド・ツアーに参加する多くの人々は古代文明の遺跡のあるルネサンス期の都市を訪れた。彼らはしばしばヘルクラネウムとナポリを訪れた。

川の神の彫像―ナイルやテベレなどの古代の彫像はとても人気があり，それらは16世紀にローマで発見されて教皇のコレクションの一部となった。それらは1770年代からバチカン美術館に展示された。

グランド・ツアーに参加する人々は普通，フランスとイタリアの王室と，ウィリアム・ハミルトン卿のようなイギリスの特使を訪問した。彼は1764年から1800年までの間イギリス大使だった。

グランド・ツアーの目的の1つは紳士たちに(お)芸術教育を与えることだった。フランスやイタリアの(お)芸術に興味を持つのはよいことだった。実際，旅行者たちは通常，絵画や彫刻や美しい衣類など，自分たちが集めた土産でいっぱいの箱を持って帰国した。カナレット，ヴェルネ，パンニーニは皆，18世紀の旅行者市場のために絵を描いた。

たいていはツアーの最後に，職業画家に自画像を描くよう求めることも一般的だった。ポンペオ・バトーニ(1708-1787)はローマで175点を超える旅行者たちの絵を描いた。

グランド・ツアーはほとんどは紳士たちによって行われたが，多くの女性も海外旅行をした。作家のヘスター・ピオッツィは1770年代と1780年代の旅行で特によく知られている。

夫と離別した女性は，大陸で歓迎されたためしばしば海外旅行をした。有名な貴族であるジョージアナ・キャヴェンディッシュは1790年代初期に子供を産んだ後に故郷を出たが，プリンセス・オブ・ウェールズのキャロラインは1814年から1820年まで海外旅行をした。

1780年代には，ジェーン・パーミンターとそのいとこのメアリーのような女性の団体がグランド・ツアーを行った。1795年に彼女たちが帰国すると，彼女たちは自分たちの旅行を思い出し，バルトロッツィの何点かの版画と貝がらに描いた絵を含む収集物を展示するために，16面の家，ア・ラ・ロンドを建てた。

基本 問1　第1段落第1文から，グランド・ツアーはイギリスの上流階級の男性たちによって行われていたものであることがわかるが，第2段落の空所の前では，旅行が安く簡単になり，鉄道が発展するにつれて，ヨーロッパ大陸を訪れることはエリートの人々だけに限られたものではなくなったことが述べられていることから，③を入れて本来の姿のグランド・ツアーは終わったという内容の文にすると文脈に合う。

問2　下線部を含む文の直前で，グランド・ツアーで旅行する者はお金をほとんど持って行かなかったことが述べられており，Instead「代わりに」でつながれていることから，旅行者が主要な都市で示すロンドンの銀行が出した特別な書簡によってお金を手に入れることができたと考えられる。したがって，②「必要なときにお金をもらう」が適切。①「家族のために土産を買う」，③「ツアーを支える人々にお金をあげる」，④「都市に入るためにお金を支払う」。

問3　第4段落第1文で，若い紳士たちが海外で悪いことをすることができるということをグランド・ツアーの1つの利点であると述べていることから，若い紳士たちの海外でのよくない行動によって家族にかかる迷惑は少なかったと考えられ，この内容を as possible と合わせて英語で表す。as ~ as possible で「可能な限り～」という意味を表し，the trouble they caused to their families「彼らが家族に対して起こした問題」が主語であることから，as little と入れて「可能な限り少なかった」という内容にすると文脈に合う。

問4　第8段落では，本来のグランド・ツアーの期間について述べられている。第1文から，当初は3年半ほどかけて行われていたことが述べられているが，最終文ではそれが2年間だけになったことが述べられていること，空所の前に gradually got「徐々に～になった」とあることから，③を入れて，グランド・ツアーの期間がだんだん短くなったという内容にする。

問5　下線部は「イタリアへ行ったことのない者は，誰もが見なくてはならないものを見ていないので，常に少し悲しい気持ちでいる」という意味。イタリアへ行ったことのない者が悲しい気持ちでいることの理由が「誰もが見なくてはならないものを見ていない」ということで，「誰もが見なくてはならないもの」とは見る価値のある重要なものを指すと考えると文意が明確になる。したがって，①「イタリアには見るべき重要なものがたくさんあるので，すべての人はイタリアを訪れるべきだ」が適切。②は「イタリアを訪れるのは費用がかかるので，ヨーロッパの人々はイタリアを訪れる必要はない」，③は「イタリアの人々はヨーロッパ中を旅することによって自分自身の国について知るべきだ」，④は「グランド・ツアーに参加する人々は何度もイタリアを訪ねたことがあるので，彼らはすでにそこについて多くのことを知り過ぎている」という意味。

問6　空所を含む文の直後で，グランド・ツアーに参加した人々が，絵画や彫刻や美しい衣類を土産に国に持ち帰ったことが述べられているので，「絵画，彫刻，美しい衣類」を1語でまとめて表す①「芸術」が適切。②「食べ物」，③「自然」，④「哲学」は「絵画，彫刻，美しい衣類」という具体例に合わない。

問7　⑳は「1764年から1800年までのイギリス大使」という意味で，第14段落から④「ウィリアム・ハミルトン卿」。㉑は「旅行者を描いた有名な画家」という意味で，第16段落最終文から③「ポンペオ・バトーニ」。㉒は「1770年代と1780年代に海外旅行をした女性の旅行者であり作家」という意味で，第17段落最終文から②「ヘスター・ピオッツィ」。

問8　①「18世紀の終わりに，人々は戦争のために海外旅行をすることができなかった」(○)　第1段落最終文および第2段落第1文から，グランド・ツアーという海外旅行が18世紀の終わりまで行われていたが，その後戦争によって19世紀初期までグランド・ツアーができなかったことが述べられているので，一致する。　②「グランド・ツアーに参加する人々は，両親が自分たちの若い子供のことを心配したので自由を楽しむことを許されていなかった」(×)　第4段落で，グランド・ツアーに参加した若い紳士たちが飲酒や恋愛など，好きなように振舞っていたことが述べられているので一致しない。　③「『悪魔公爵の子』という小説の中で，あるイギリスの牧師と彼に従う人々がイタリアから旅を始めた」(×)　第5，6段落を参照。小説に出てくるヴィダル侯爵がフランスを旅行中のイギリス人の牧師を見つけ，彼について「最近パリを通ってきた案内人がいて，彼は紳士たちの団体を引率していた。彼らはイタリアへ向かっている」と述べていることと一致しない。　④「フランスは英語を話すことができる人々がたくさんいたので，グランド・ツアーに人気の場所だった」(×)　第9段落第1文に，イギリス人にとってフランス語は最も一般的に話される第2言語だったために，彼らが訪れる最も人気の場所はフランスだったことが述べられ，イギリス人がフランス語に慣れていたことが，フランスが旅行に人気のある場所だったことの理由であったことがわかるので一致しない。⑤「グランド・ツアーに参加している人々はアジア諸国を含めて多くの国を訪れた」(×)　第10段落にグランド・ツアーに参加した人々が旅行した国が具体的に述べられているが，アジアの国は例に挙げられていない。
⑥「グランド・ツアーに参加した若い紳士たちは母国に旅の土産を持ち帰ることができなかった」(×)　第15段落第3文に，グランド・ツアーに参加した人々が，絵画，彫刻，美しい衣類などを土産として帰国したことが述べられているので一致しない。　⑦「ア・ラ・ロンドは，ジェーン・パーミンターとメアリーが自分たちのグランド・ツアーから手に入れた土産がある特殊な形の家である」(○)　最終段落最終文の内容に一致する。

4 **(長文読解問題・説明文：語句選択補充，語句整序，文選択補充，条件英作文，内容吟味)**

(全訳)　ライアン・ニコデマスは20代で大成功していた。彼は何でも持っていた。お金になる重要な仕事に高価なものでいっぱいの広い家。しかし彼はいつも欲求不満でみじめな気分だった。元気を出そうと，彼はどんどん多くのものを買い続けた。大きな車，新しい電子機器，おしゃれな服，そして一度も使わなかった美しい品物。言い換えれば，あ彼はお金で幸せを買おうとしていたのだった。しかし，これらのものは状況をよくすることはなく，代わりに状況を悪くした。ライアンは何でもクレジットカードで支払い，借金をかかえ，これが何年も続いた。彼は物質的なもののために生きていて，心はうつろだった。彼には自分の健康，人間関係，あるいは情熱について考える時間がなかった。(1)結局，ライアンはとてもみじめになったので，ついにやはり裕福な親友のジョシュア・ミルバーンと話をすることにした。彼は本当に幸せそうだった。

ジョシュアはライアンにミニマリズムという新しい動きについて話した。「私が所有しているすべてのものが私を幸せにしてくれているわけではなく，実を言うと，かつては私に幸せをもたらせてくれたものが嫌いになりだしたんだ」とジョシュアは言った。この物質主義を超えようと，彼は真のミニマリストになるためにいくつかの明確で単純な目標を立てて意味のある新しい生活を作り出そうと決意したのだ。

これは最初は難しかった。い所有するものから自分自身を切り離すことは特に難しかった。う彼は1か月間，1日に1つのものを捨て，すぐに幸せを感じるには多くのものは必要ないことに気づいた。少しずつ，彼にとってどの品物が必要でどの品物が必要ではないかを決めることが簡単になった。え結局，彼は所有していたうちの90パーセントを超えるものに別れを告げることができた。お彼は今，残ったものをよりありがたく思うようになった。

ミニマリズムの最も重要な考え方は「少ないほどよい」である。ものが減れば，所有するすべてのものをきれいにしたり整理したりする時間も労力も減り，それらのことでもう欲求不満になることもない。自分にとって大切なものの空間を作るとさらに多くのものが手に入る。時間が増え，意味のある人間関係が増え，経験が増え，個人の成長が増え，自分の情熱に従う機会が増える。

ライアンは変わりたいと思っていたので，彼は所有していたものをすべて大きな箱に詰めてそれらすべてを確認して心を決めるために3週間をかけた。毎日，その箱から，靴やナイフとフォークやタオルやお気に入りの服やいくつかの家具のような本当に使うものを取り出した。何かを捨てるときに，彼は3つのことを自問した。なぜそれを取っておくのか。それは本当に自分にとって価値があるのか。かそれは自分の人生に喜びをもたらすか。彼は使っていないセーターでいっぱいの衣装棚の代わりに，とても気に入っているセーターを3着持っている方がよいと決めた。3週間後，ライアンの持ち物の80パーセントがまだ箱の中にあった。そこで彼はいくつかは売り，いくつかは他の人に譲り，残りは捨てた。彼の家は空いた場所がたくさんある温かみのある家に変わった。

初めて，ライアンは本当に豊かだと感じた。

ジョシュアとライアンはミニマリストとして有名になった。ミニマリストになる正しい方法はない。ミニマリズムはものを持つことに反対するということでもないし，所有するものをすべて捨てるということでもない。それは適切なものを所有し，生活を簡素にするということだ。私たちはたいてい，大きな家，おしゃれな服，そして購入する他のすべてのもの き の手入れをするのに必要な量の時間，活力，お金を現実に持つことはない。ミニマリズムは，おそらく自分たちの両親と違うことを望むために，あるいはおそらく社会の他の人々と意見が一致しないために20代，30代の人々の間でとても人気がある。しかし，ミニマリズムは高齢の世代の間でも人気がある一彼らは旅行をしたり他のわくわくするようなことをするために自分たちの「もの」を捨てる。

ミニマリズムはあなたの心と生活をすっきりさせてくれるかもしれない！　必要のないものに別れを告げた後は，あなたの生活には新しいことを受け入れる空間ができる。あなたの生活はより満たされ，これが「 く 少ないほどよい」ことの本当の意味なのだ。

問1　空所を含む文の冒頭の in other words は「言い換えれば」という意味なので，空所にはこの前で述べられているライアンの生活の様子を表す表現が入る。空所を含む文の前では，ライアンが欲求不満を満たすために次々とお金をかけて多くのものを買っていたことが述べられているので，②「お金で幸せを買おうとしていた」が適切。①「他人のためにものを買い続けた」，③「以前よりも成功した」，④「決して自分の家を夢で満たさなかった」。

重要　問2　(In the end,) Ryan became so miserable that he finally decided to speak (to his also wealthy best friend, Joshua Millburn.)「結局，ライアンはとてもみじめになったので，ついにやはり裕福な親友のジョシュア・ミルバーンと話をすることにした。」so ～ that …「とても～なので…」の構文。decide は目的語に不定詞をとる動詞であることから，後に to speak を続ける。speak to ～「～と話す」。

問3　全訳を参照。[い]の直前に「これ(＝真のミニマリストになるためにいくつかの明確で単純な目標を立てて意味のある新しい生活を作り出すこと)は最初は難しかった」とあることから，「～は特に難しかった」と直前の内容を補足している④を[い]に入れる。[う]の直後に「少しずつ，彼にとってどの品物が必要でどの品物が必要ではないかを決めることが簡単になった」と続くことから，[う]には少しずつものを捨てていくにつれて，それがよい結果につながっていったという内容の①を入れる。次の流れとして，さらに不要なものを捨て，その後どのような状況になったかを述べるのが適切なので，[え]に③，[お]に②を入れる。

重要　問4　(Every day, from the boxes,) he removed those items he really used like his shoes, (…)「毎日，その箱から，靴(…)のような本当に使うものを取り出した」removed を動詞，those items をその目的語にして，those items を後ろから修飾する形にする。並べかえる部分の後に some knives and forks, towels, his favorite clothes, and some furniture「ナイフとフォークやタオルやお気に入りの服やいくつかの家具」と，his shoes と並列されるものが列挙されているので，like his shoes, として最後に置く。

問5　空所には，ライアンが所有しているものを捨てるときに自問した3つのことのうちの1つが入る。「なぜそれを取っておくのか」「それは本当に自分にとって価値があるのか」という最初の2つの問いと同様に，そのものを捨ててよいかどうかを判断する内容の問いなので，②「それは自分の人生に喜びをもたらすか」が適切。①は「他の人たちは彼をまねしたいだろうか」，③は「それは彼を裕福にしてくれるだろうか」，④は「彼の家族は彼に同意するだろうか」という意味。

やや難　問6　下線部を含む文の前半は，「彼はとても気に入っているセーターを3着持っている方がよいと決めた」という意味で，これと後半を instead「代わりに」を使ってつなぐ。前半の内容と与えられている語句から，「使っていないセーターでいっぱいの衣装棚の代わりに」といった内容を考える。instead of ～「～の代わりに」，filled with ～「～でいっぱいの」を使い，sweaters he didn't use「彼が使っていないセーター」とまとめると，「使っていないセーターでいっぱいの衣装棚の代わりに」という内容になり，全体の文意が成り立つ。

問7 「～するのに必要な量の時間，活力，お金」と「大きな家，おしゃれな服，そして購入する他のすべてのものを～する」をつなぐのに適する意味の熟語を入れる。時間や活力，お金が必要になることなので，「～を手入れする」の意味の③が適する。①は「～を利用する」，②は「～を思いつく」，④は「～を持ち逃げする」という意味。

問8 空所を含む最終段落では，ミニマリズムの効果が述べられているので，「これが『～』の本当の意味なのだ」という文の空所にはミニマリズムの本質を端的に表す①「少ないほどよい」が適切。②「健康，人間関係，情熱」，③「私たちはミニマリストだ」，④「簡素で裕福な生活」。

問9 ①「ミニマリストにとって，持っているすべてのものを与えたり，売ったり，捨てたりすることが重要だ」(×) 第6段落第3文で，「ミニマリズムはものを持つことに反対するということでもないし，所有するものをすべて捨てるということでもない」と述べているので一致しない。②「家に多くのものがあるほど，普通はそれらを整理するのに費やす時間は少なくなる」(×) 第4段落第2文「ものが減れば，所有するすべてのものをきれいにしたり整理したりする時間も労力も減り，…」から，ものが多いほどその整理にかかる時間は増えると言えるので一致しない。③「ミニマリストになる唯一の方法は，簡素な生活様式を送るのに十分なものだけを持つことだ」(×) 第6段落第2文に「ミニマリストになる正しい方法はない」とあるので，一致しない。④「古いものに別れを告げることは生活を簡素に，幸せに，そして豊かにしてくれる」(○) 「(ものが減れば，)自分にとって大切なものの空間を作るとさらに多くのものが手に入る。時間が増え，意味のある人間関係が増え，経験が増え，個人の成長が増え，自分の情熱に従う機会が増える」(第4段落最終文)，「(不要なものを処分した後，)ライアンは本当に豊かだと感じた」(第5段落最終文)，「必要のないものに別れを告げた後は，あなたの生活には新しいことを受け入れる空間ができる。あなたの生活はより満たされ」(最終段落第2，3文)などの記述と一致する。⑤「10代の人々は高齢の世代の人々と同様にミニマリストになることを楽しんでいる」(×) 第6段落第6文に，「ミニマリズムは…20代，30代の人々の間でとても人気がある」とある。

★ワンポイントアドバイス★

4問2の語句整序問題では，与えられている語句にsoとthatがあることに着目しよう。soとthatがある場合はso ～ that …「とても～なので…」の構文である場合が非常に多いので，まずはこの構文を使うことを考えよう。

<理科解答>

1 (1) 1 ② (2) 2 ③ 3 ① (3) 4 ② 5 ① (4) 6 ①
(5) 7 ① (6) 8 ① 9 ① 10 ② 11 ①

2 (1) 12 ② (2) (i) 13 ③ 14 ② (ii) 15 ② (3) (i) 16 ②
(ii) 17 ③

3　(1)　18　②　(2)　19　⑨　(3)　20　③　(4)　21　②　(5)　22　④
(6)　23　③

4　(1)　24　⑨　(2)　25　③　(3)　26　④　(4)　27　①　(5)　28　⑦
(6)　29　③　(7)　30　④

5　(1)　31　④　(2)　32　③　33　⓪　34　④　(3)　35, 36　①, ⑤
(4)　37　③　(5)　38　①

6　(1)　39　④　40　⑧　41　⑦　(2)　42　①　(3)　43　①　(4)　44　④
45　⑤

7　(1)　46　⑤　(2)　47　③　(3)　48　⑤　49　⑥　(4)　50　④　51　②

8　(1)　52　③　(2)　53　④　(3)　54　①　(4)　55　②　(5)　56　⑤
(6)　57　④　(7)　58　②

○配点○

1　(1)・(6)　各1点×5　他　各2点×4((2)・(3)各完答)
2　(2)15　3点　他　各2点×5　3　各2点×6　4　各2点×6((6)・(7)完答)
5　各2点×6((2)完答)　6　(3)　2点　(4)　各3点×2　他　各1点×4
7　(2)　3点　他　各2点×5　8　(1)　1点　他　各2点×6　計100点

＜理科解説＞

1　(地学総合－火星の地震と火山，惑星の見え方)

(1)　図で，②の小さな揺れが初期微動，その後に続く④以降の大きな揺れが主要動である。

(2)　東日本では，太平洋プレートが北アメリカプレートの下に日本海溝などから沈み込んでいる。一方，西日本では，フィリピン海プレートがユーラシアプレートの下に南海トラフなどから沈み込んでいる。

(3)　玄武岩質のマグマは，温度が高く粘性が小さい。そのため，流動性に富む大量の溶岩をおだやかに流し出す噴火を起こし，傾斜が緩やかな山体を形成する。火星のオリンポス山の標高27kmは太陽系で最高であり，なだらかな裾野は600kmにも広がる。

(4)　図1は，公転の向きから見て北極の真上から描いたものと確認できる。よって，図1の地球の左側が夕方，右側が朝方を示す。V_1やV_3は，日の出ごろの東の低い空に見える。

(5)　V_2は，地球から見て金星(ボール)の右側に太陽(電球)の光が当たっており，①が該当する。なお，V_1は③が，V_3は②が該当する。

重要　(6)　i　正しい。どちらも地球に近いときは大きく見え，地球から遠いときは小さく見える。
ii　正しい。金星は大きく満ち欠けするが，火星は図2のように少し欠ける程度である。
iii　誤り。図1で，地球の自転は反時計回りであり，ちょうど左が18時の地点，ちょうど下が0時の地点である。M_1は18時よりも前に南中するが，M_3は18時よりも後に南中する。　iv　正しい。M_4は0時少し過ぎに南中するので，真夜中に観察することができる。

2　(酸化－エタノールの燃焼，金属の酸化)

やや難　(1)　発生した二酸化炭素44gのうち，炭素原子と酸素原子の質量比は3：8だから，炭素原子が12gで酸素原子が32gである。同様に，発生した水27gのうち，水素原子と酸素原子の質量比は1：8だから，水素原子が3gで酸素原子が24gである。よって，最初のエタノール23gに含まれていた炭素原子は12g，水素原子は3gとわかり，酸素原子は23－(12＋3)＝8(g)となる。なお，二酸化炭素と水に含まれていた酸素原子の合計32＋24＝56(g)には，燃焼時に空気中から取り入れた酸素も含まれ，最初のエタノール中のものばかりではない。

やや難 (2) (i) 酸化マグネシウムMgOは白色，酸化銅CuOは黒色の固体である。 (ii) 表1から，マグネシウムが酸化マグネシウムになるときには，質量が1.65倍になっている。また表2から，銅が酸化銅になるときには，質量が1.25倍になっている。そこで，混合物のうちマグネシウムの質量をx〔g〕，銅の質量をy〔g〕とすると，初めの混合物の質量について，$x+y=3.00$であり，加熱後の質量について$1.65x+1.25y=4.47$である。これら2式を連立方程式とみて解くと，$x=1.80$(g)，$y=1.20$(g)となる。

(3) (i) それぞれの化学反応式は，ウが$Mg+2HCl \rightarrow MgCl_2+H_2$で，エが$MgO+2HCl \rightarrow MgCl_2+H_2O$である。 やや難 (ii) 塩化マグネシウム$MgCl_2$は，水溶液中では$MgCl_2 \rightarrow Mg^{2+}+2Cl^-$のように電離する。この水溶液を電気分解すると，陽極では塩素Cl_2が発生し，陰極では水素H_2が発生する。このうち，塩素Cl_2は黄緑色の気体で刺激臭があり，空気より重く水に溶ける。水素H_2は無色無臭の気体で，空気より軽く水に溶けにくい。

3 (生物総合－イカのからだ，遺伝と進化，生態系)

(1) Aは墨袋(墨汁嚢)，Bは胃，Cはえら，Dは外とう膜である。

(2) 図1は大半が胴体の部分であり，その上に少し頭部が見えている。さらに上に腕がある。
ア 誤り。外とう膜はさまざまな器官をおおうが，目などのある頭部はおおっていない。 イ 正しい。ろうとの先から水を噴射して泳ぐほか，墨や排出物なども出す。 ウ 誤り。セキツイ動物と軟体動物は進化の過程が異なる。イカの外とう膜にある細長い透明な部分は，外とう膜の一部が硬くなったもので，同じ軟体動物の貝殻と同じものである。 エ 正しい。口は腕の付け根の部分にある。

(3) 双眼実態顕微鏡は，倍率が数倍～数十倍であり，一般の顕微鏡の倍率の数百倍よりも低いものの，プレパラートをつくらず観察できる。試料によっては生きたままで拡大し，立体的に見ることができる利点がある。そのため，双眼実態顕微鏡は試料の表面を観察しており，一般の顕微鏡が資料を透過した光を観察するのとは異なる。

(4) a ヒトの染色体数は46本である。 c 体細胞分裂でできた細胞の染色体数は元の細胞と同じである。 e 遺伝子の本体はDNAという核酸で，塩基と糖とリン酸からできている。

(5) アとイは1つの個体の一生で起こることで，アは学習，イは変態である。ウは人為的に遺伝子を組み替えたものであり，進化ではない。

(6) ア 誤り。菌類は葉緑体を持たず光合成をおこなわないので，生産者ではない。菌類は他から栄養分を取り入れる消費者であり，さらに，有機物を無機物に分解する分解者でもある。
イ 誤り。すべての生物は呼吸をしており，生産者は呼吸とともに光合成もおこなう。 ウ 正しい。食物連鎖は，植物プランクトン→小エビ→イワシ→カモメの順である。

4 (電流回路－手回し発電機と回路)

(1) 図1，図2の測定結果から，$\frac{2.0(\mathrm{V})}{0.10(\mathrm{A})}=20(\Omega)$となる。

(2) 図1，図2の測定結果から，$2.0(\mathrm{V})\times 0.10(\mathrm{A})=0.20(\mathrm{W})$となる。

(3)・(4) 電流計自体の抵抗は0に近く，電流計の両端にかかる電圧も0に近い。一方，電圧計自体の抵抗はたいへん大きく，電圧計に流れる電流は0に近い。このことから，アとイはどちらも正しいつなぎ方で，図1と図2をまとめたものである。電流の値はどちらも約100mAである。ウは電圧計の抵抗がたいへん大きいため，回路を流れる電流は0に近い。エは抵抗が0に近い電流計に電流が流れるため，流れる電流が最も多い。そのため，エの消費電力が大きく，手ごたえが大きく感じる。

(5) 手回し発電機は一定の速度で回しているので，その電圧はどれも等しく，ア～エの電圧計はともに手回し発電機の電圧に近い約2.0Vを示す。中でもウでは，電流計の抵抗が0に近いため，電圧計を手回し発電機に直接つなぐのと近い約2.0Vになる。また，模範解答はア・イ・ウだが，エでも抵抗Rに流れる電流が0に近いので，Rの両端にかかる電圧もほぼ0であり，電圧計は手回し発電機の電圧に近い約2.0Vを示す。

(6)　手回し発電機は一定の速度で回しているので，図4と図5でLEDにかかる電圧は等しい。

(7)　LEDはダイオードの一種で，逆向きに電圧をかけても電流は流れない。

5　**(気象－山の気象)**

(1)　標高が上がると気圧が低くなる。未開封のポテトチップスの袋の内部の気体の量は変わらないので，袋は膨らむ。また，山頂で密封したペットボトルの内部の空気の量は，ふもとの場合よりも少ないため，ふくろの中の気圧が小さくなり，ペットボトルはへこむ。

(2)　A地点とD地点の標高差は3400－2400＝1000(m)である。また，この2地点の気温差は。16－10＝6(℃)である。標高差1000mにつき温度差が6℃なので，標高差2400mならば温度差が6×2.4＝14.4(℃)である。以上より，海面での気温はA地点での気温よりも14.4℃高く，16＋14.4＝30.4(℃)となる。

重要　(3)　①　正しい。気圧は，その地点よりも上にある大気の重さによる圧力である。　②　誤り。場所によらず1013hPa＝1(気圧)である。だから640hPa≒0.63(気圧)である。　③　誤り。高気圧のときは晴れが多い。低気圧のときは雲が多く雨が降ることもある。　④　誤り。高気圧は周囲よりも気圧が高い場所を指し，気圧の数値は決まっていない。　⑤　正しい。海面上に換算した気圧の等しい点を結んだ曲線が等圧線である。　⑥　誤り。空気は，気圧の高い方から低い方に向かって力を受ける。

(4)　ア　誤り。降水がある場合の天気は，くもりとはよばず，降水の方を表現する。　イ　誤り。雲の面積を示す0～10の雲量のうち，快晴は0と1の場合を指す。　ウ　正しい。雲の面積を示す0～10の雲量のうち，くもりは9と10の場合を指す。　エ　誤り。太陽が出ているか隠れているかに関係なく，降水のない雲量5は晴れである。

(5)　気温が露点まで下がると，空気中の水蒸気が凝結をはじめて水滴ができる。②で水と空気の密度差はいつでもある。③では実験にならない。④は，湿度をほぼ100％にしたからである。

6　**(気体・水溶液－石灰石をめぐる反応)**

(1)　実験1で，炭酸カルシウムを加熱すると，酸化カルシウム(生石灰)と二酸化炭素に分解する。実験2は，酸化カルシウムに水を入れると水酸化カルシウム(消石灰)ができる。実験3で，水酸化カルシウムは水に少し溶けて，できた水溶液が石灰水である。二酸化炭素を通じると，炭酸カルシウムの白い沈殿ができるために白濁する。実験4では，炭酸カルシウムに二酸化炭素を過剰に通じると，水に溶ける炭酸水素カルシウムとなるため，濁りが消える。実験5は実験4の逆反応である。

(2)　気体Xは二酸化炭素であり，水に溶けると$CO_2+H_2O \rightarrow H^{+}+HCO_3^{-}$により酸性の炭酸水となる。

(3)　炭酸カルシウム2.00gから酸化カルシウムが1.12gできたので，発生した二酸化炭素の質量は2.00－1.12＝0.88(g)である。よって，質量比は2.00：1.88＝25：11となる。

重要　(4)　鍾乳洞の鍾乳石は，石灰岩がいったん溶けて，その液から固体が再び析出することによってできる。石灰岩の炭酸カルシウムが，二酸化炭素を含む水に溶ける過程は実験4であり，その液から再び炭酸カルシウムが析出する過程は実験5である。

7　**(生物総合－蒸散量の測定，エンドウの遺伝)**

(1)　ア　正しい。30分間の移動距離は，何も塗らないものが約160mmで，両面にワセリンを塗ったものが約80mmだから，2倍である。　イ　誤り。30分間の移動距離は，おもて側にワセリンを塗ると約110mmであり，何も塗らない場合よりも少ない。　ウ　正しい。おもて側にワセリンを塗るよりも，裏側にワセリンを塗った方が移動距離が小さいことから，裏側からの蒸散が多いといえる。

(2)　何も塗らない葉では，30分間の移動距離は約160mmである。直径が1mmで高さが160mmの円柱の体積をcm^3の単位で求めると，0.052×3.14×16＝0.1256(cm^3)である。水の密度が1g/cm^3だから，水の質量は0.1256gで，四捨五入により0.13gである。

基本 (3)　受粉と受精を経て，めしべの子房は果実になり，子房の中にある胚珠が種子になる。

(4)　(i)　種子の形が丸の遺伝子をA，しわの遺伝子をaとすると，親の遺伝子はAAとaaであり，下線部aの子の遺伝子はすべてAaである。この自家受粉によってできた下線部bの孫の遺伝子は，AA：Aa：aa＝1：2：1となり，丸：しわ＝3：1である。ただし，この値は確率であり，孫が多数であればこの比に近づくが，少数の場合には必ずしも3：1になるとは限らない。　(ii)　下線部aの子の遺伝子はAaであり，子がつくる生殖細胞の遺伝子はAとaがある。そのうちaの卵細胞とaの精細胞が受精することで，下線部bの孫のうち，しわの個体aaが生じる

8 (物体の運動－ブロックの運動)

(1)　図1では，0.2秒ごとの位置が示されている。図を読み取ると，次の表のようになる。測定開始点(0秒)の位置から0.8秒後の位置までに，ブロックAは0cm→32cmの距離32cm，ブロックBは2cm→32cmの距離30cm，ブロックCは5cm→35cmの距離30cmを動いている。よって，距離の大小関係はC＝B＜Aである。

時間〔秒〕	0	0.2	0.4	0.6	0.8	1.0	1.2
ブロックAの距離〔cm〕	0	8	16	24	32	40	48
ブロックBの距離〔cm〕	2	8	15	23	32	42	
ブロックCの距離〔cm〕	5	14	22	29	35	40	44

(2)　ブロックAは等速直線運動をおこなっており，速さは一定である。1.0秒間で40cmの距離を動いているので，速さは40cm/秒である。

基本 (3)　ブロックAは等速直線運動をおこなっている。等速直線運動をしている物体には，力がはたらいていないか，はたらいていてもつりあっていて，合力は0である。

(4)　上表でブロックBの動きについて，0.2秒間ごとに動く距離が，6cm，7cm，8cm，…と一定の割合で増えている。よって，速さが一定の割合で増えている②があてはまる。0秒のときの速さは0ではないので，①はあてはまらない。

重要 (5)　ブロックAは0.2秒間ごとに距離8cmずつ動いている。一方，ブロックBで0.2秒間あたり距離8cm動くのは，0.4秒から0.6秒までの区間である。つまり，0.4秒から0.6秒までの平均の速さがブロックAと等しい。0.4秒の瞬間の速さはそれより遅く，0.6秒の瞬間の速さはそれより速い。

(6)　上表でブロックCの動きについて，0.2秒間ごとに動く距離が，9cm，8cm，7cm，…と一定の割合で減っている。これは，動く向きと逆向きに一定の大きさの力がはたらいているためである。

(7)　ブロックCは速さが徐々に落ちていくため，距離の進み方が鈍くなっていく。①は等速の場合，②は減速していく場合，③は加速していく場合，④は等速で逆向きに進む場合であり，ブロックCには②があてはまる。

★ワンポイントアドバイス★

問題文や選択肢の細かな文言が重要な箇所がある。てきぱき解きつつも要点は見逃さないように，ていねいに解き上げよう。

＜社会解答＞

1 問1 ④ 問2 ③ 問3 ② 問4 フランス人権宣言 問5 ④ 問6 ⑥

2 問1 ① 問2 ⑤ 問3 ③ 問4 (1) ③ (2) ② 問5 水

3 問1 ③ 問2 ① 問3 ④ 問4 ④ 問5 唐人屋敷 問6 ③
問7 (1) ④ (2) ④ 問8 ②

4 問1 ④ 問2 ④ 問3 ① 問4 ② 問5 銅 問6 議会 問7 ①
問8 ⑥

5 問1 ③ 問2 ② 問3 27 ① 28 ③ 29 ① 30 ⓪ 問4 ⑥
問5 ① 問6 ④

6 問1 ④ 問2 ① 問3 カルデラ 問4 ① 問5 ⑥ 問6 ③ 問7 ⑤
問8 ②

○配点○

1 問4～問6 各3点×3 他 各2点×3

2 問2・問4(2)・問5 各3点×3 他 各2点×3 3 問5 3点 他 各2点×8

4 各2点×8 5 問3～問5 各3点×3(問3完答) 他 各2点×3

6 問1～問3・問6 各2点×4 他 各3点×4 計100点

＜社会解説＞

1 (公民－基本的人権，政治のしくみなど)

問1 最高裁判所の裁判官は，任命後，初めて行われる衆議院議員の総選挙のとき国民審査を受け，その10年経過後，初めて行われる衆議院議員の総選挙のときも国民審査を受け，以後も同様となっている。この国民審査で，投票の過半数が不適任と判断すると，その裁判官は罷免される(日本国憲法第79条第2項・第3項)。 ① 現在の制度で，国民投票の対象になるのは憲法改正のみ。 ② 選挙に立候補するだけでは，国民の代表者の意思を示したことにはならない。
③ 国務大臣に対する解職請求の制度は存在しない。解職請求の制度があるのは地方(都道府県や市町村)の政治だけで，対象となるのは首長(都道府県知事，市町村長)や地方議会の議員など。

問2 日本国憲法第35条第1項は，「何人も，その住居，書類及び所持品について，侵入，捜索及び押収を受けることのない権利は，第33条の場合を除いては，正当な理由に基いて発せられ，且つ捜索する場所及び押収する物を明示する令状がなければ，侵されない。」と明記している。
① 令状は裁判官が発行する。裁判員が発行することはない。 ② 日本国憲法第33条は，現行犯については，令状なしで逮捕できることを明記してる。 ④ 「押収する物を明示する令状」が必要。白紙で請求することはできない。

問3 1998年6月に中央省庁等改革基本法，1999年にはその改革関連法が成立し，従来の1府21省庁は2001年から再編され，1府12省庁に移行した。

重要　問4　フランス人権宣言は，1789年8月26日，国民議会によって採択された，フランス革命の理念をあらわす宣言。前文と17条からなり，自由・平等・抵抗権などの自然権を確認し，その維持は政府の義務とされた。

やや難　問5　あ　世界人権宣言は，1948年の第3回国連総会で採択された，国連加盟国が達成すべき共通の人権基準の宣言。法的拘束力はないが，国際人権規約をはじめとする国際的人権条約の基礎となった。　い　国際人権規約は条約として締約国に対して人権保障を義務付けているが，違反した場合の罰則は規定していない。　う　人権侵害が確認された場合，国連人権理事会は，国内外の人権機関やNGO等と協力しながら，対象国が人権侵害の防止や是正などの義務を果たせるよう支援する。国際司法裁判所への提訴は行わない。

やや難　問6　あ　フェアトレードは，発展途上国の農産物や手工芸品などを，適正な価格で継続的に輸入・消費する取り組み。発展途上国で公正な雇用を創出し，貧困解消や経済的自立を促す。
い　インクルージョンは，障害者などを社会から隔離，排除するのではなく，社会の中で共に助け合って生きていこうという考え方。社会的包容力，社会的包摂などと訳される。　う　ダイバーシティとは，組織や社会において，性別・民族・文化・価値観・ライフスタイルなどの違いを積極的に肯定・尊重し，受け入れること。個人の多様性を尊重し，マイノリティ(少数派)を排除しないという考え方が根底にある。

2　(公民－エネルギー問題，環境問題，企業の活動など)

重要　問1　Aはブラジルで最も高い割合を占めていることから水力。Bは日本で最も高い割合を占めていることから火力。Cはフランスで最も高い割合を占めていることから原子力。残ったDが風力・太陽光・地熱等で，環境問題の対策が進んでいるドイツの割合が高いのが特色である。

問2　C(1973年)→A(1974年)→B(1975年)。

問3　大規模開発を行う前に，開発による環境への影響を調査・予測・評価することによって，環境破壊を未然に防止しようとする取り組みを，環境アセスメントという。1977年に川崎市が条例を施行し，1997年には環境アセスメント法が成立した。

基本　問4　(1)　2019年現在，世界における国別の二酸化炭素排出量は，中国が最も多く，全体の約3割を占め，これにアメリカ合衆国，インドが次いでいる。　(2)　あ　京都議定書で，温室効果ガス排出量の削減義務が定められたのは先進国のみ。発展途上国には義務付けられなかった。
い　パリ協定では，先進国だけでなく，発展途上国も含め，すべての締約国に温室効果ガス排出量の削減が義務付けられた。　う　アメリカ合衆国は，途中，京都議定書やパリ協定から離脱した。

問5　「持続可能な開発目標」(SDGs)の17の目標のうち，6は「安全な水とトイレを世界中に」である。

3　(日本の歴史－日本と中国の関係を題材にした日本の通史)

問1　日中共同声明は，1972年9月，北京で田中角栄首相・大平正芳外相と周恩来首相・姫鵬飛外相とが調印した声明。戦争状態の終結と日中の国交回復を表明したほか，日本は中華人民共和国を唯一の正統政府と承認した。

問2　『漢書』は班固(32～92年)が書いた前漢の歴史書。そのうちの「地理志」に，紀元前1世紀頃に倭国(日本)が百余国に分かれているという記述がある。

基本　問3　空海は，804～806年に入唐し，青竜寺の恵果に密教を学び，帰国後の816年，高野山に金剛峯寺を開き，真言宗を布教した。死後，弘法大師の号を贈られた。

基本　問4　④は広島県廿日市市の厳島神社。平清盛は，海の守り神として厳島神社を崇敬。『平家納経』

のほか，平氏寄進の宝物類が多数存在する。①は平等院鳳凰堂，②は東大寺南大門金剛力士像，③は中尊寺金色堂。

問5　唐人屋敷は，江戸時代，長崎に設けられた中国人居留地。1689年密貿易・風紀取締りを理由に設置し，来航の中国人を住まわせた。役人・商人以外の立ち入りを禁じ，取り引きも館内で行われた。

問6　い(1840～42年)→あ(1853年)→う(1877年)。

問7　(1)「この点において，我が日本は深く中国人に恐れられ，排斥を受け，さらにアメリカには危険視され，同盟国のイギリス人にすら大いに疑われている。」という記述に注目する。

(2)　青島は，中国東部，山東半島南部に位置する港湾都市。ドイツ東洋艦隊の基地となったが，1914年，第一次世界大戦で日本が占領した。

問8　盧溝橋事件が起こったのは1937年。二・二六事件が起こったのは1936年。①・④は1940年，③は1941年。

4　(日本と世界の歴史－「帝国」を題材にした歴史)

問1　新羅は，4世紀の半ばに，朝鮮半島南東部の辰韓が統一されてうまれた国。676年には朝鮮半島を統一した。都は金城(現在の慶州)。

問2　ユカㇻは，アイヌに口承されてきた民族叙事詩の総称。神々や英雄に関する物語で，これに簡単な旋律をつけて歌う。

やや難　問3　按司は，琉球の古代共同体の首長の呼称。村落共同体の首長から数カ村を支配する地域的豪族となり，城(グスク)を構えて対立，抗争を繰り返した。のちに琉球王国が成立すると，王府所在地の首里に居住させられ，家格の呼称となった。　②　名護ではなく，首里。　③　こんぶは日本から輸入した。　④　首里城は，1945年の沖縄戦で焼失している。

問4　オランダはプロテスタントの信者が多く，ポルトガルはカトリックの信者が多い。また，「あ」はカカオ，「い」は胡椒，「う」は綿花。

問5　田沼意次は江戸時代中期の側用人・老中。鎖国政策を緩めて銅・俵物を輸出し，金銀を輸入して，それを財源に金銀通貨の一本化を企図した。

重要　問6「次の文章(部分要約)」は「権利の章典」。名誉革命の際，新国王ウィリアム3世，女王メアリ2世が承認した権利の宣言に，1689年議会が若干の補足を加えて制定した法律。法律の改廃，課税，徴兵などは議会の承認を要することなどを規定している。

問7　エーヤワディー川の流域はミャンマー(ビルマ)に属する。同国は，かつてイギリスの植民地支配を受け，エーヤワディー川のデルタ開発には，同じイギリスの植民地であったインド出身の人々が従事した。

問8　2011年現在，州別の国際連合加盟国が最も多いのはアフリカで，これにアジア，ヨーロッパが次いでいる。

5　(地理－日本・世界の自然，貿易，時差など)

基本　問1　Cにはグレートディヴァイディング山脈が南北に連なっている。この山脈は古期造山帯に属し，火山活動や地震はごく少ない。一方，A，B，Dはいずれも新期造山帯の環太平洋造山帯に属し，火山活動や地震が活発におきている。

問2　6月には，日本付近では南東の季節風，インド付近では南西の季節風が卓越している。

重要　問3　東京を2月13日22時に飛び立った航空機が，所要時間7時間で図1中のEに到着したとすると，この時，日本の時刻は2月14日5時。日本とEの間には19時間の時差があり，日本の方が時刻が進んでいる。よって，日本が2月14日5時のとき，Eは2月13日10時である。

問4　まず，「う」は，「あ」，「い」に比べて輸入額がかなり多いことからアメリカ合衆国。次に

「あ」は，液化天然ガス，石炭，原油などのエネルギー資源が上位を占めていることからロシア。「い」は，電気機器が最大の輸入品であることからマレーシア。

問5 「か」はブラジルが最大の輸入相手国で，これにコロンビア，ベトナムが次いでいることからコーヒー豆。ブラジルは世界最大のコーヒー豆の生産国である。「き」はアメリカ合衆国，カナダ，ロシアに次いで，北ヨーロッパのフィンランド，スウェーデンが上位に入っていることから木材。これらの国々には針葉樹の純林(タイガ)がみられる。「く」はオーストラリアが最大の輸入相手国で，これにブラジル，カナダが次いでいることから鉄鉱石。

やや難 問6 ベトナムに進出する日本企業はごく少なかった。しかし，その後，急激に経済発展が進み，2020年では，イギリス，韓国，オーストラリアよりも進出企業の数が多くなっている。なお，①はイギリス，②は韓国，③はオーストラリアである。

6 (日本の地理－九州地方の自然，交通，産業など)

重要 問1 「あ」は，7月の降水量が極端に多いことから，梅雨の影響を強く受けるBの宮崎市。「い」は年中温暖で，降水量が多いことから，亜熱帯の気候であるCの那覇市。残った「う」がAの福岡市である。

基本 問2 Xは，対馬海流。対馬海流は，黒潮(日本海流)の支流で，琉球列島の近海で分岐し，九州の西を過ぎて日本海に入り，本州および北海道の西岸を経て樺太の西岸に達する暖流である。

問3 カルデラは，火山の中心部または周辺にある円形の著しく広い凹地。スペイン語で大釜の意。Dの阿蘇山は，世界最大級のカルデラといわれる。

やや難 問4 まず，「く」は，どの空港に対しても，便数が多いことから那覇空港。残った「か」，「き」は，福岡空港行の便数に注目して，これが多い「か」が宮崎空港，これが少ない「き」が鹿児島空港。福岡県と鹿児島県の間には九州新幹線が開通しており，新幹線の利便性が高いため，航空機の利用客が少ない。一方，福岡県と宮崎県の間には在来線しかないため，鉄道での移動には時間がかかる。このため，航空機の利用者が多い。

問5 「さ」は熊本県，佐賀県，長崎県の収穫量が多いことからみかん。「し」は宮崎県の収穫量が圧倒的に多いことからきゅうり。残った「す」が米で，九州北部の福岡県，佐賀県，熊本県の収穫量が多い。

問6 Eは熊本県水俣市。近くに産する石灰石を原料として化学肥料工場が発達したが，工場廃液に含まれた有機水銀により公害が発生し，大きな社会問題となった。①は四日市ぜんそく，②は足尾銅山鉱毒事件，④はイタイイタイ病の説明。

やや難 問7 沖縄県は，出生率が高く，また他の都道府県からの移住者も多い。そのため，1955年～2020年の人口増加率が九州各県の中で最も高い。よって，「た」である。残った福岡県，熊本県では，福岡県の方が人口増加率が高いので，「ち」が福岡県，「つ」が熊本県である。

問8 島の中央付近は標高5m前後であるが，島の周辺には標高40m前後の場所がみられる。

★ワンポイントアドバイス★

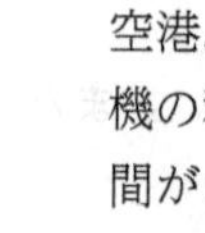

インクルージョン，ダイバーシティのような時事的な用語の意味が問われている。よって，新聞やテレビを意識して読んだり，見たりすることが必要である。

＜国語解答＞

一　問1　ⓐ　異同　ⓑ　強固　ⓒ　次元　ⓓ　しろもの　ⓔ　故障　問2　⑤
問3　マクロ　問4　①　問5　④　問6　②　問7　③　問8　②

二　問1　ア　④　イ　③　問2　⑤　問3　①　問4　③　問5　①　問6　②
問7　③　問8　④　問9　③

三　問1　ア　①　イ　⑤　問2　⑤　問3　③　問4　①　問5　④　問6　C　①
D　②　問7　⑤

○配点○

一　問1　各1点×5　問2　2点　問3　3点　問5　4点　他　各5点×4
二　問1・問2　各2点×3　問3・問6・問7　各4点×3　問9　3点　他　各5点×3
三　問3～問5・問7　各5点×4　他　各2点×5　計100点

＜国語解説＞

一　(論説文－大意・要旨，内容吟味，文脈把握，指示語，脱語補充，漢字の読み書き，四字熟語)

基本　問1　二重傍線部ⓐは異なっている点。同音異義語の「異動」「移動」と区別する。ⓑはしっかりとゆるがないさま。ⓒは物事を考えたり行ったりするときの立場や水準。ⓓは話題や問題となっている物事を指す語。ⓔは正常に働かなくなること。

問2　空欄Xには，仲の悪い者同士，また，敵味方が同じ場所にいるという意味の⑤が適切。①は自然の成り行きに任せること。②は物事を自分の都合のいいようにすること。③は清らかで静かな澄みきった心境。④は全国を忙しく旅行することで「南船北馬」ともいう。

問3　空欄Yには，非常に小さいものという意味の「ミクロ」の対義語で，巨大であることという意味の「マクロ」が当てはまる。

重要　問4　傍線部Aは「蒸気機関の発明」のことで，A直後の段落で「前近代，交通運輸はヒトが自らの身体的労苦をもって行う『厄介ごと』にほかならなかった」が「蒸気機関は，ヒトの労苦を必要としない快適な移動……に変えた」と述べているので①が適切。「ヒトの労苦」をふまえていない他の選択肢は不適切。

問5　傍線部Bは「高速大量輸送を可能にする鉄道」によるもので，「圧縮された風景を瞬時に体験」することによって可能にした「新たな認識」のことなので④が適切。「高速大量輸送を可能にする鉄道」によるものであることと，B前の説明をふまえていない他の選択肢は不適切。

問6　傍線部C前で「前近代，旅する人や牛馬は，各々のペースで進めば良かった」が，「鉄道は，すべての列車とレールが一つに結ばれた巨大システムであり，安全運行にとって時間の共有は必須」であることを述べているので，このことをふまえた②が適切。「時間の共有は必須」であることに触れていない他の選択肢は不適切。

重要　問7　傍線部D前後で「悩ましいのは，現代の巨大交通システムが……どこまで私たちを自由にしたのか」と問題を投げかけ，「現代の交通システムは，確かに便利なものだ」が「私たちは獲得した利便性によって，かえってその巨大システムに強く拘束されてもいる」と述べているので，このことをふまえた③が適切。「近代」に作り出したものである「巨大交通システム」について述べている筆者の考えをふまえていない他の選択肢は不適切。

やや難　問8　傍線部Eは「便利だが脆弱な巨大交通システムを手に入れた私たち」のことで，E直前の2段落で，「そのシステムは，自然災害等の要因により，唐突に大規模に停止しかねない代物」であるのに対し，現代的な移動手段であるが，生命の危機に直結するスノーモービルは信頼せず，きわめて安定した移動手段であり，人と犬が一体となった犬ぞりを操るイヌイットについて述べていることから，②が適切。①の「人間として命や自由を守ることの大切さ」，③の「原始的な……取り戻していく必要がある」，「自由」について説明している④，⑤の「さほど変わらない」「より安定して……模索していく」はいずれも不適切。

二 （小説ー情景・心情，内容吟味，脱語補充，語句の意味，品詞・用法）

基本 問1　波線部アは了解や理解されやすい，という意味。イは逆である，相反するという意味。

問2　空欄ⅰは手際よく行うさまを表す「てきぱき」，ⅱは熱心に物事をするさまを表す「せっせ」，ⅲはすばやく動作をするさまを表す「さっさ」がそれぞれ当てはまる。

問3　傍線部Aは，日常のちょっとしたことで叔母のことが思い出され，その叔母が亡くなった悲しみをなんとかしのいでいることを，地震の影響をやわらげる構造である「免震構造」にたとえているので①が適切。「免震構造」にたとえて，叔母の死の悲しみをしのごうとしていることを説明していない他の選択肢は不適切。

問4　傍線部B前の場面で，「祖父はとっつきにくいタイプ」で，祖父と「私との繋がりは……ゆき江ちゃんを信頼する同志のような妙な感じがある」が，それは「気がする程度のもの」だという「私」の心情が描かれ，叔母に貸したマンガのことを「念のために訊いてみただけ」なのは，そのような祖父から「まともな答え」が返ってこないのは予想できたからなので③が適切。祖父の性格と，叔母を信頼する同志のような関係であることを説明していない他の選択肢は不適切。

重要 問5　傍線部Cについて「貸し借りの……」から続く2段落で，叔母とは言葉を交わすことなく本の貸し借りをしていたので，数ヶ月の命と言われた叔母の「返さなきゃ」の一言は「なんだか貴重なことのように思われた」という「私」の心情が描かれているので①が適切。「返さなきゃ」に叔母の特別な思いを感じていることを説明していない他の選択肢は不適切。

問6　傍線部Dは，『遠国日記』の登場人物を叔母に重ねて，叔母とのやり取りを想像したが，「良き日を迎えるまで，互いに何にも話さなかったに決まっている」ため，「リアリティがなくてちょっと笑えた」ので②が適切。D直後の「私」の心情をふまえていない①・④・⑤は不適切。「なんであれ……」で始まる段落内容から，「感想をお互いに言い合う」とある③も不適切。

重要 問7　「叔母と私は……」で始まる段落で描かれているように，「良き日」とは，叔母と「私」の，時間をおいた会話の弾みで本やマンガをきっちり読んだことが知れる日のことで，その「良き日」のために，何を読んでいるか知られないように，傍線部Eのように「私」はしているので③が適切。「叔母と私は……」で始まる段落で描かれている「良き日」のことをふまえていない他の選択肢は不適切。

やや難 問8　本文は，叔母のゆき江ちゃんと本やマンガの貸し借りをしながら，良き日を迎えるまで一切の感想を言い合わなくなり，感想を口にしないという秘匿の作法を叔母のおかげで身につけた「私」は，「私たちは，どうしてそうなのだろう」から「私たちは，どうしてそうだったのだろう」という，叔母の死による時間の経過をふり返りながら，叔母との交流もあらためて問い直していることが描かれているので④が適切。「私」が叔母との交流をふり返っていることを説明していない①・②は不適切。③の「密接」「血縁を越えて」「共通するところがあまりない『遠国日記』」，⑤の「楽しかったころの過去のことだけを思い浮かべようとしている」「予想とは違う」はいずれも不適切。

問9　二重傍線部ⓒとⓓは形容動詞の活用語尾。ⓐは助動詞「ようだ」の連用形，ⓑは副詞の一部，ⓔは動作の相手を表す格助詞，ⓕは時期を表す格助詞。

三 **（古文－大意・要旨，内容吟味，文脈把握，脱語補充，口語訳）**

〈口語訳〉 白河のあたりに住んでいた僧で，名高い軽口上手な人がいたが，一休が軽口(名人)と聞き及んで，「いつかは行って難句を詠み聞かせて，一休の知恵を試してみよう」と，常々心がけておられたが，ふと思いついた趣向があったので，「それでは一休(のもと)へ参って，お知り合いにもなり，それから一句しかけてみよう」と，はるばると白河の片田舎から紫野へと，お急ぎになった。

ちょうど一休も庵にいらっしゃって，お知り合いになり，なにかと時が経つうちに，(僧は)こっそりたくらんでおいた一句の用意もできたので，その僧が申したことには，「聞き及んでおります(あなたの)軽口を，何でもけっこうですから一句お詠みください。(私はそれに)何か脇句を付けてみましょう」と申したので，一休がおっしゃるには，「客が発句，亭主が脇句と申します。まずあなたからお詠みなさい」と言われたので，こっそりたくらんでおいたことなので，「それなら申してみましょう」と，難句をお出しになったが，(僧から一休に)「ここは何と申す(所か)」(と問いかけると，一休が)「紫野」とおっしゃると，

(僧は)紫野丹波に近し

と(発句を)詠まれると，(一休は)まだ(僧が)言い終わらないうちに，早くも(脇句を)お付けになったが，「あなたはどこの人か」(と一休が問いかけ，僧が)「白河の者です」と申すと，

(一休は)白河黒谷の隣

と(脇句を)お付けになったので，例の僧は肝をつぶし，「あれほど難しい章句だった。一句の中に二つの色の名，二つの地名(を詠み込んだのに)，どんなに瓢箪が川を流れるような軽口の上手であっても，少しは渋りなさるであろうと思ったのに，貝を採る海女でもないのに，息つぎもせずお付けになる。このようなすばらしい付け句がある以上，蜂だ，怖いよ(私はとてもかなわない)」と，何気ないふりをして，尻をからげてお逃げになったということだ。

問1 波線部アの「すまゐ」は「住まい」のことなので①が適切。イは「空とぼける」と同意で，何気ないふうをよそおうことなので⑤が適切。

基本 問2 「尻をからげる」は，着物の後ろのすそをまくり上げて，その端を帯などにはさむことで，走りやすい姿になることから，早々に逃げ出すという意味。

問3 傍線部Aの「心みん(む)」は「試してみよう」という意味なので③が適切。

問4 傍線部Bの「しゆかう」は，「『さしも……』」で始まる言葉で僧が話しているように「一句の内に二つの色字，二つの所の名」を詠みこむ，ということなので①が適切。

問5 空欄Ⅰの場面は，僧が「内々たくみ」すなわち，こっそりたくらんできた難句を出したところなので④が当てはまる。

重要 問6 傍線部Cは「僧」が，一休に「ここは何と申す(所か)」と問いかけて，一休が答えた「むらさき野」を入れた発句を詠んでいる。Dは「一休」が，僧に「あなたはどこの人か」と問いかけて，僧が答えた「白河」を入れた脇句を詠んでいる。

やや難 問7 僧はこっそりたくらんで一休に「紫」と「丹」の二つの色と「紫野」と「丹波」の二つの地名を詠み込んだ難句を試したが，一休は渋ることなく「白」と「黒」，「白河」と「黒谷」を詠み込んだ脇句を息つぎもせず付けたことで，僧は傍線部Eのようになったので⑤が適切。僧が知恵を試したことに，一休が見事に応えたことを説明していない他の選択肢は不適切。

★ワンポイントアドバイス★

小説では，登場人物の心情のささいな変化も丁寧に読み取っていこう。

MEMO

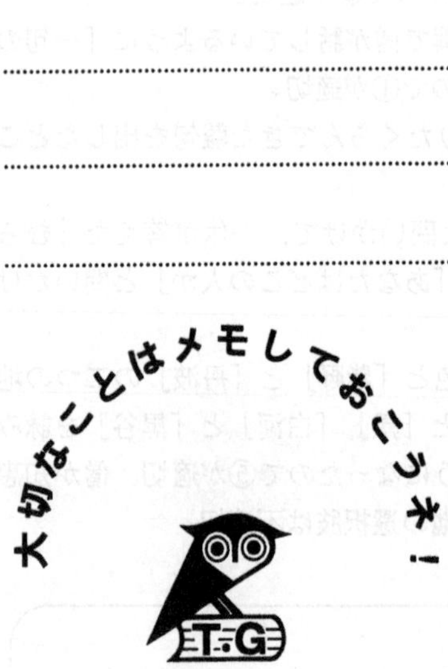

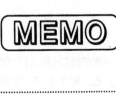

2022年度

入試問題

2022年度

東京学芸大学附属高等学校入試問題

【数　学】（50分）〈満点：100点〉
【注意】 円周率はπを用いなさい。

1 次の各問いに答えなさい。

〔1〕 $\left\{3\left(\dfrac{\sqrt{5}+\sqrt{3}}{4}\right)+\dfrac{\sqrt{5}-\sqrt{3}}{4}\right\}^2-\left\{\dfrac{\sqrt{5}+\sqrt{3}}{4}+3\left(\dfrac{\sqrt{5}-\sqrt{3}}{4}\right)\right\}^2$

を計算しなさい。

〔2〕 次の連立方程式を解きなさい。

$$\begin{cases} 6x+5y=12 \\ 4x-3y=-11 \end{cases}$$

〔3〕 AB＝BC＝CA＝6 cm，OA＝OB＝OC＝$6\sqrt{3}$ cmの三角錐《すい》OABCがある。△ABCを底面としたとき，この三角錐の高さは$4\sqrt{6}$ cmである。△OABを底面としたとき，この三角錐の高さを求めなさい。

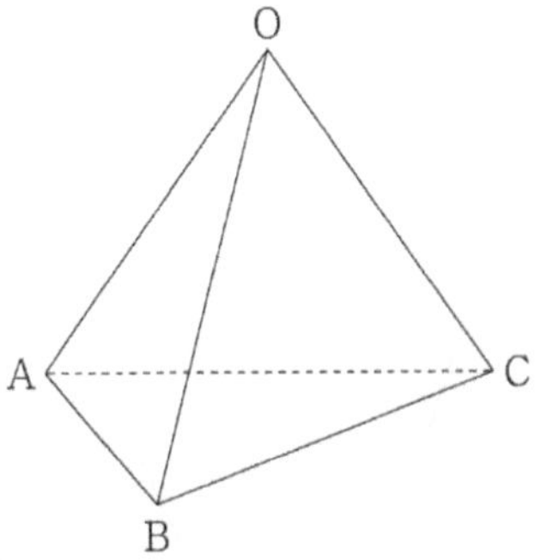

〔4〕 大小2つのさいころを同時に1回投げるとき，大きいさいころの出た目の数をa，小さいさいころの出た目の数をbとする。原点をOとする座標平面があり，座標が$(a,\ b)$である点をP，$y=\dfrac{a}{2}x-\dfrac{10}{3}$で表される直線を$\ell$とする。このとき，直線$\ell$と線分OPが交わる確率を求めなさい。

ただし，2つのさいころはともに1から6までのどの目が出ることも同様に確からしいとする。

2 図のように，7点O(0, 0)，A(−2, 8)，B(0, 2)，C(2, 6)，D(4, 6)，E(−2, 2)，F(4, 2)がある。点Pは線分AB，BC，CDからなる折れ線上にあり，点Qは線分EF上にあり，点Pと点Qはx座標が等しい。点Pと点Qのx座標をtとする。ここで，tのとりうる値の範囲は，$-2 \leqq t \leqq 4$である。△OPQの面積をSとする。ただし，$t=0$のとき$S=0$とする。

このとき，次の各問いに答えなさい。

〔1〕 tとSの関係を表したグラフとして最も適切なものを，次のページの（ア）～（ク）から1つ選び記号で答えなさい。

〔2〕 $S=5$となるtの値をすべて求めなさい。

〔3〕 tの値がkから$k+1$まで増加するときのSの増加量が$\frac{5}{2}$となるkの値をすべて求めなさい。

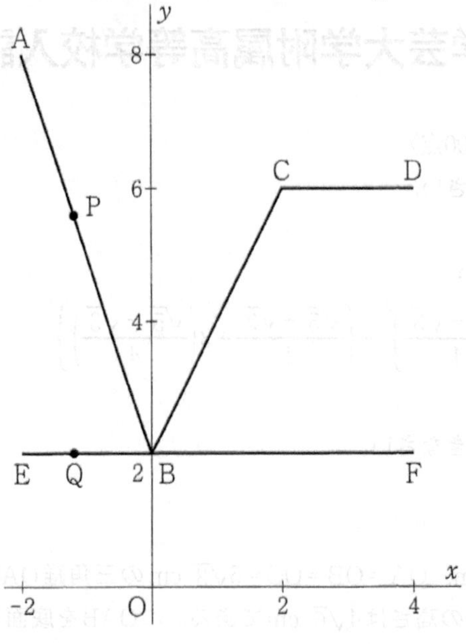

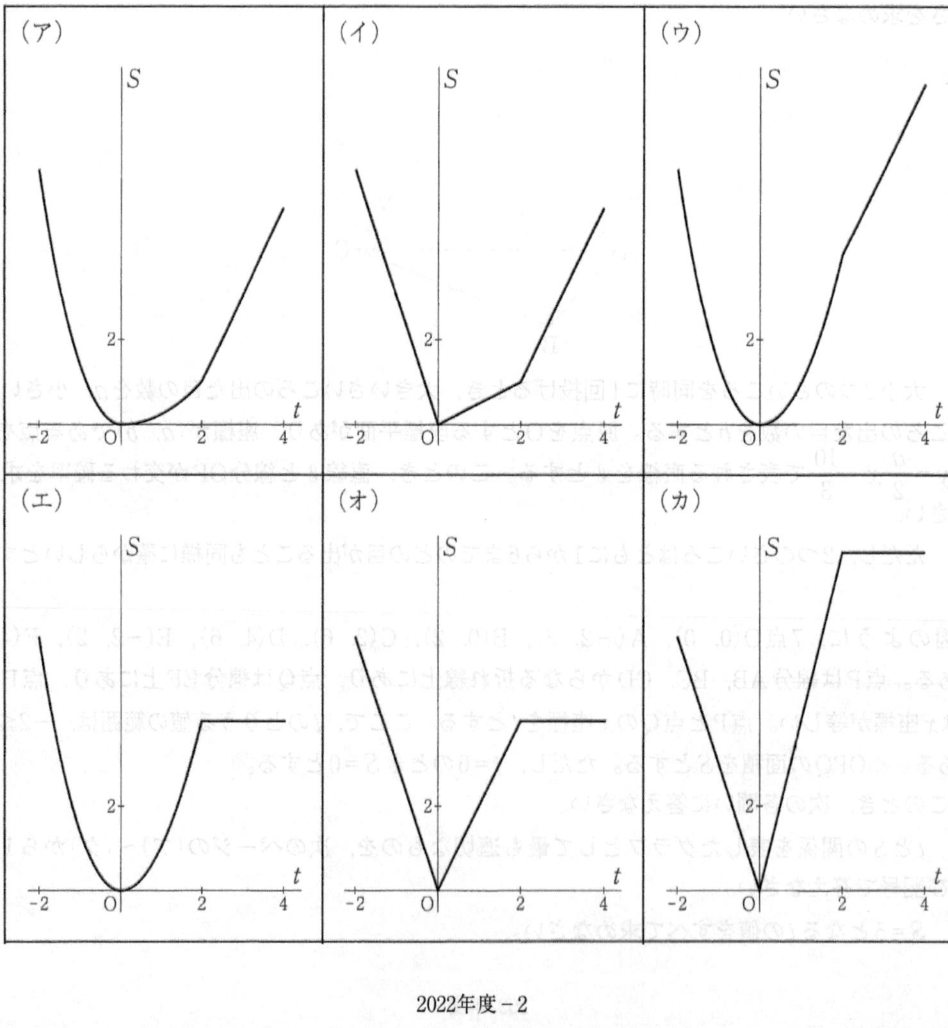

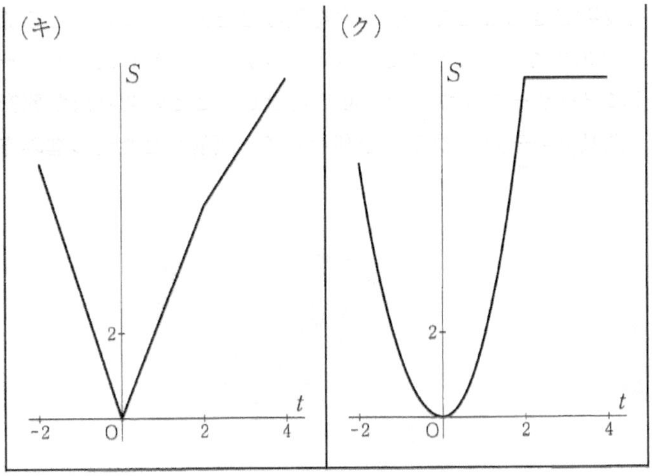

3 図のように中心がO，線分ABを直径とする半径3 cmの円がある。直径ABに垂直な直径をCDとする。線分AEの長さが2 cmとなるように円周上に点Eをとる。直線EOと円の交点のうちEでない方をF，線分BEと線分CDの交点をGとする。また，直線AGと線分EFの交点をH，直線AGと円の交点のうちAでない方をIとする。線分AFと線分CDの交点をJ，線分IJと線分BEの交点をKとする。

このとき，次の各問いに答えなさい。

〔1〕 線分OGの長さを求めなさい。

〔2〕 線分GKの長さを求めなさい。

〔3〕 △OGHの面積を求めなさい。

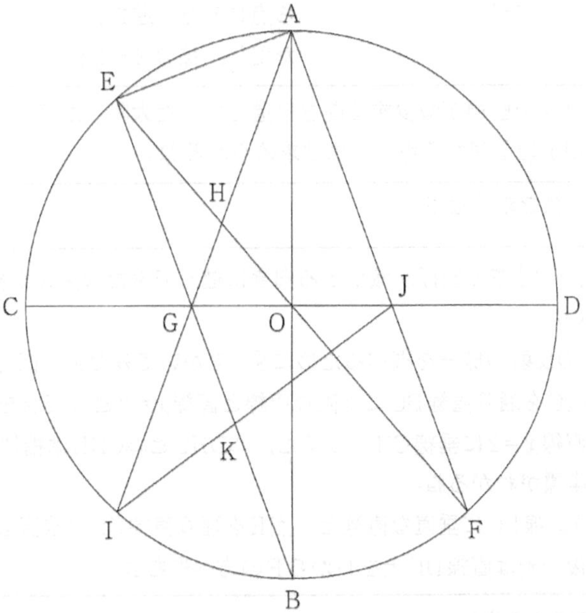

4 ソーラークッカーは，太陽光を反射させることで，燃料や電気などを使わずに鍋などを加熱することができる調理器具である。タエコさんとリョウさんは図1のような形をしたソーラークッカーに興味を持った。図2のようにソーラークッカーを平面で切断したときの切り口が放物線に似ていることに気がついたので，関数$y=\frac{1}{2}x^2$のグラフを利用して，反射させた光の進み方について調べようと思った。

図1

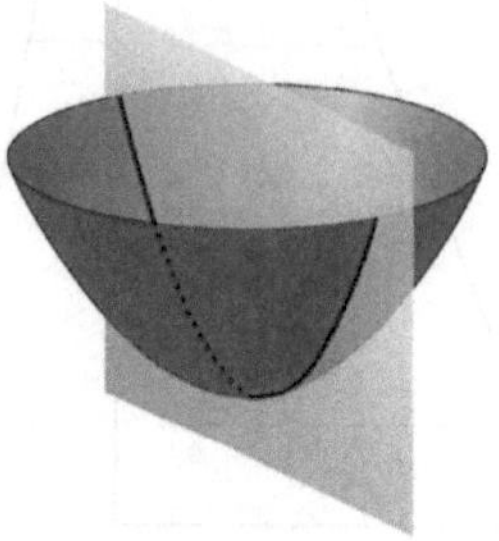

図2

次のページの図3のように関数$y=\frac{1}{2}x^2$のグラフ上にx座標が$\frac{1}{2}$，$\frac{3}{2}$，$\frac{5}{2}$である3点A，B，Cをとり，線分OA，AB，BCをひく。以下の**会話1**を読んで〔1〕に，**会話2**を読んで〔2〕，〔3〕にそれぞれ答えなさい。

会話1

タエコ：線分OA，AB，BCをソーラークッカーの反射面と思って，y軸に平行に進んできた太陽光が反射する様子を考えよう。

リョウ：光が反射するときの性質について，次のように書いてあったよ。

光の反射の性質

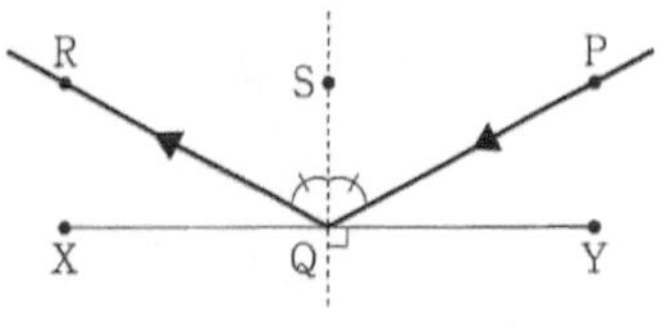

直線PQ上を点Pから点Qへ進んできた光が線分XY上の点Qで反射するとき，反射後の光は，∠PQS＝∠RQSとなる直線QR上を点Qから点Rの方へ進む。
ただし，線分XYと線分SQは垂直である。

タエコ：直線$x=1$上をy座標が減少する向きに進んできた太陽光が線分ABで反射したとき，反射後の光がy軸と交わる点の座標は求められるね。

〔1〕 下線部の点の座標を求めなさい。

会話2

リョウ：次は直線$x=2$上をy座標が減少する向きに進んできた太陽光が線分BCで反射する様子を考えたいな。

タエコ：線分BCでの反射の様子を調べるために図4をかいてみたよ。直線$x=2$と線分BCとの交点をD，点Cを通り直線BCに垂直な直線と直線$x=2$との交点をEとおいたよ。

リョウ：点Cから直線$x=2$に垂線CHをひくと，△DHCと△CHEは相似だね。このことを使うと点Eの座標がわかるね。

タエコ：点Bを通り直線BCに垂直な直線と，点Eを通り直線CEに垂直な直線の交点をFとすると，反射後の光は直線DF上をDからFの方へ進むよ。

〔2〕 直線DFの式を求めなさい。

〔3〕 定数aの値の範囲を$\frac{3}{2}<a<\frac{5}{2}$とする。直線$x=a$上を$y$座標が減少する向きに進んできた太陽光が図3の線分BCで反射するとき，反射後の光がy軸と交わる点の座標を(0, b)とおく。このとき，bをaの式で表しなさい。

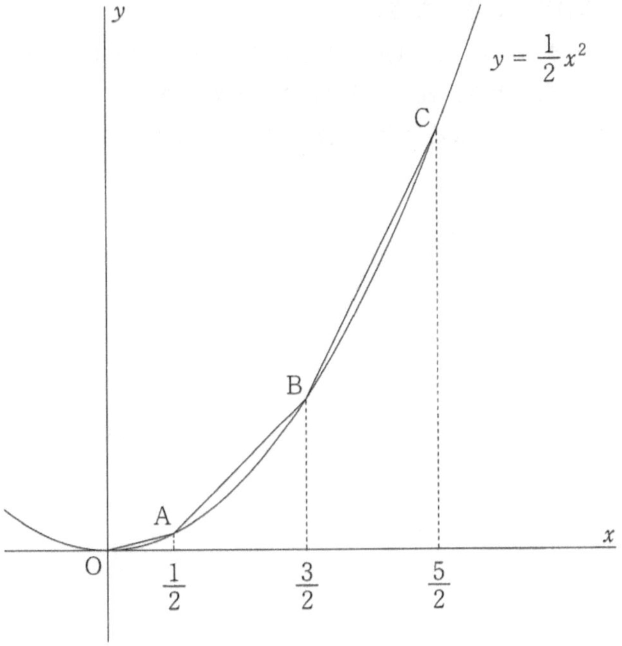

図3

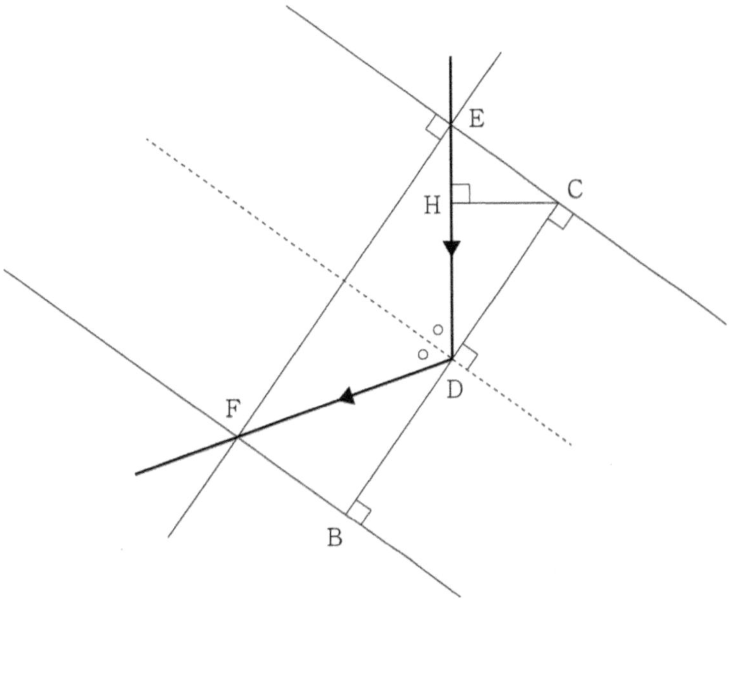

図4

5 図のように，円周上に3点A，B，Cがあり，AB = 24 cm，BC = 7 cm，CA = 25 cm，∠ABC = 90° である。点Pは，点Cを含む弧AB上を動く。ただし，点Pは点A，点Bとは一致しないものとする。直線AP上に，PQ = PBとなる点Qを，点Pに関して点Aと反対側にとる。

このとき，次の各問いに答えなさい。

〔1〕 ∠ACB = a° とするとき，∠AQBの大きさをaを用いて表しなさい。

〔2〕 ∠ABQ = 90° となるとき，線分AQの長さを求めなさい。

〔3〕 △ABQの面積が最大となるとき，線分APの長さを求めなさい。

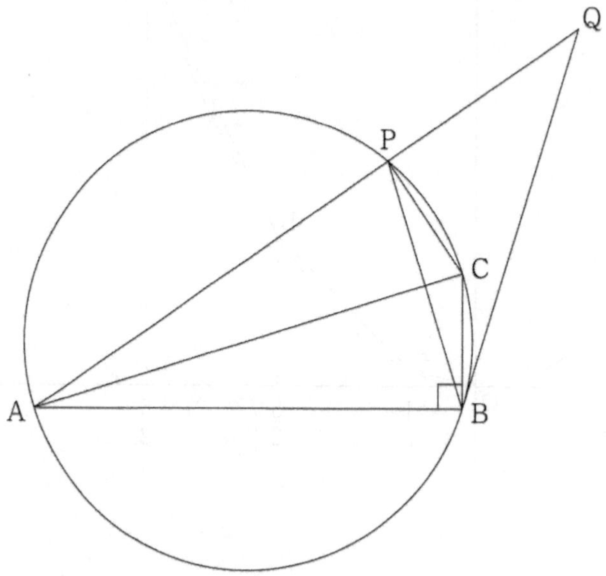

【英　語】（50分）〈満点：100点〉

1 リスニングテスト

放送を聞いて，質問に答えなさい。

＊　英文と質問は，それぞれ2回放送されます。

＊　1～5の質問の答えとして最も適切なものを次の①～④からそれぞれ1つ選び，その番号を答えなさい。

1 [1]

① It was close to their homes.
② They wanted to use the computers.
③ They had rooms at the exhibition.
④ They wanted to go to an exhibition.

2 [2]

① Bedrooms and kitchens.
② Bathrooms and a swimming pool.
③ A swimming pool and a living room.
④ A living room and bedrooms.

3 [3]

① The elevators were broken.
② They wanted to do some exercise.
③ It seemed more interesting to them.
④ It was one of the hotel rules.

4 [4]

① He began singing.
② He finished telling jokes.
③ He listened to Scott's stories.
④ He listened to Bill's jokes.

5 [5]

① They went up to the top floor.
② Scott began crying because he was scared.
③ One or more of them went back down.
④ They went to the computer exhibition.

〈リスニング放送英文〉

Bill, Jim and Scott drove to New York for a computer exhibition. They were friends and often helped each other. For this trip, they reserved a fantastic room on the top floor of the best hotel in town. Each of them didn't only have a bedroom but was also able to enjoy a large shared balcony and a living room.

They looked forward to staying at the hotel because it sounded like a very comfortable place. The bed clothes were made of fine cotton. The bath was like a swimming pool. And the view from their room was beautiful. New York can be noisy, so they thought it was a good idea to see it from the top floor.

They thought it was a good idea until they learned the elevators weren't working. After a long day of meetings, the three friends were shocked to hear that they were going to have to climb 75 floors of stairs to get to their room.

At first, they all complained and told each other how tired they were. Then Bill said to Jim and Scott, we can make this long walk more interesting. I'll tell jokes for 25 floors, Jim can sing songs for 25 floors, and after that Scott can tell sad stories the rest of the way. At the 26th floor Bill stopped telling jokes and Jim began to sing. At the 51st floor Jim stopped singing and Scott began to tell sad stories. "I will tell my saddest story first," he said. "I've left the room key in the car."

1. Why did the three friends stay in a New York hotel?
2. What are available for the three men at the hotel?
3. Why did the three men have to climb the stairs?
4. On the 25th floor, what did Jim do?
5. What probably happened right after the story?

2 次の英文を読んで，あとの問いに答えなさい。

Have you ever seen a wave in a sports stadium? Or perhaps have you participated in one? It is called a Mexican wave or simply a wave.

Do you know when waves originally started? Many people believe they started during the 1986 World Cup in Mexico. The waves occurred in every game and were broadcast all over the world. Other people, however, believe that waves started much earlier than that.

A wave takes place in the following way. People in the stadium stand up, (あ) their arms, and then (い) them as they sit down and then their neighbors stand up to do the same. This looks like a moving wave to people who are watching it.

In scientific words, the Mexican wave is an example of a transverse wave: the people move only vertically (standing up and then sitting down again) but the wave travels horizontally around the stadium.

Scientists from the University of Budapest studied videos of this crowd phenomenon that was popular during the 1986 World Cup and built a mathematical model to describe how it works.

The scientists found three points:

1. It takes only about 30 people to start a Mexican wave in a football stadium.
2. Three out of four waves move towards the right around the stadium. This is because most people prefer to use their right hands.
3. A wave moves at a speed of about 12 meters (20 seats) per second. It is also about 6 to 12 meters wide on average (or 15 seats).

The scientists also discovered that waves occur more often when people in the stadium are not very excited – such as during a (う) in the game. They believe (1)similar studies on crowd behavior could help the managers of the stadium know when people watching the game are about to lose control.

How many people do you need to (う) the official Guinness record for the world's longest Mexican wave? Surprisingly, until November 2002, the official record for a single line wave was only 3,276 people. However, in that month, Guinness said that 5,805 people of South Wales set a new wave record on April 14, 2002. They made a line on Aberavon Beach. The latest Guinness record for the wave that continued for the longest time was made in Hyogo by a famous Japanese rock band and their fans. This was on September 23, 2015 and just 2,115 people were able to keep moving for 17 minutes and 14 seconds.

Of course, the longest wave that keeps moving is certainly not the largest wave in the number of people. Even back in 1986, there were waves with more people (around 50,000) during the 1986 World Cup many times. Also, people say that more than 250,000 people made a wave that was 40 kilometers long along the streets of Mexico City. This was in July 2002. At that time, Pope John Paul II visited the city and traveled along the route. This was maybe the largest and longest wave (in distance) in history. It is interesting to see that (2)Mexicans keep full control of the records related to that Mexican wave. Their record is going to stand for many years.

However, it is possible to say that the wave in their records was not made "in a stadium," as the dictionary defines. Which is more exciting, to see a Mexican wave which moves several times around an excited football stadium, or to see a wave which travels slowly along a road or an empty beach? Certainly you can enjoy better Mexican waves in a stadium!

When you go to a soccer stadium next time, why don't you start a Mexican wave? If you make one, it will be very cool!

(注)

transverse wave：横波　vertically：垂直に　horizontally：水平に
Budapest：ブダペスト(地名)　phenomenon：現象　mathematical：数学の
Guinness：ギネス社　South Wales：サウス・ウェールズ(地名)
Aberavon Beach：アベラボン・ビーチ(地名)
Pope John Paul II：教皇ヨハネ・パウロ2世

問1　空所(あ), (い)に入る語の組み合わせとして最も適切なものは次のうちどれか。次の①～④から1つ選び，その番号を答えなさい。 6

(あ) － (い)

① lower － shake
② raise － lower
③ raise － shake
④ wave － lower

問2　空所(う)に共通して入る1語を答えなさい。 記述

問3　下線部(1)とは具体的にどのような研究と考えられるか，当てはまらないものを次の①～④から1つ選び，その番号を答えなさい。 7

① Studies on when a group of people starts to work and move.
② Studies on systems of how people move their bodies together.

③ Studies on how people feel when they are in the stadium.

④ Studies on the relationship between people's minds and actions.

問4　下線部(2)が表す最も適切な意味を次の①～④から１つ選び，その番号を答えなさい。[8]

① Mexican waves are often seen in South American areas and the Mexican people start waves both in the stadium and outside of the stadium.

② It is impossible for the Mexicans to create longer Mexican waves again because they need large areas and many people.

③ The Mexicans control how many people should move in the Mexican waves to create new records and they are proud of those records.

④ The Mexicans have held on to the details of what happened when they established a new record for Mexican waves.

問5　本文で言及されているMexican waveに関する事実として正しいものは次のうちどれか。次の①～④から１つ選び，その番号を答えなさい。[9]

① The world's longest single wave observed in a stadium had more than 250,000 people.

② According to the Mexicans, the longest Mexican wave was also one of the largest waves in history and was seen when Pope John Paul II visited Mexico City.

③ The longest Mexican wave which lasted more than 15 minutes had the largest number of people.

④ The official record of the longest single line wave until November 2002 was 3,276 people and the new record was established in the next month with 5,805 people.

問6　本文の内容と一致するものを次の①～⑤から２つ選び，その番号を答えなさい。

[10] [11]

① Everyone agrees that the first Mexican wave started in the 1986 World Cup in Mexico.

② A transverse wave observed in a Mexican wave is a wave which is created by an individual's simple body movements.

③ The Mexican Wave which you can see on a road or a beach travels faster than one in a football stadium.

④ It will be more interesting to see a Mexican wave at a stadium than at a road or an empty beach.

⑤ Starting a Mexican wave in a football stadium is difficult for us and we should not do this because it is dangerous.

3　次の英文を読んで，あとの問いに答えなさい。

It was a warm spring morning. I picked up my（　あ　）and walked down the street. It was Wednesday, market day in our neighborhood. I moved quickly because I wanted to take some interesting pictures. There was a young man wearing a woman's dress over his pants. He was standing on a table and saying: "Ladies and gentlemen... Wear a new dress every day..." Some women were laughing.

When I was about to take his picture, he hid his painted face with his hands. "Don't take my picture," he said. "I don't want to be in the (い) ... My dad back in the village may see the photo. I don't want him to say, 'My son went to the city... and now look at him!' "

It was very crowded. A woman wanted to exchange the dress that she bought there last week. It was too big for her. She wanted me to help her because her voice was too soft. The young man said, "If you really want to take a photo, you can take it from (う). Just don't show my face."

At that point, someone spoke to me from (う). I turned around; I caught the eye of a dark, tall boy who was standing (う) a table selling old things. "Are you a (え)?" he asked. "My brother has gone to eat something. (1)I'm taking his place. If you have to ask any questions, ask me." Everyone in his family was selling used things. They collected used materials from the trash, workplaces, and factories.

"My brother and I are responsible for collecting old things from three streets in this neighborhood. No one else will touch our old things." "How can you make money from things which people have thrown out?" I asked. "Some of these things are broken!" He looked surprised. "(2)[① have / ② out / ③ what / ④ no / ⑤ people / ⑥ you / ⑦ idea / ⑧ throw]! Hair driers, CD players, radios, mobile phones, lights, sofas... Everything you can think of... My father got 2,000 lira the other day. A woman's bag was stolen by bad men. They took some money from her bag and then threw it away. My dad found the bag and called the woman. She had some really important papers in her bag. She gave my dad the 2,000 lira to say (お)."

A girl wearing a dark blue hat was listening to us. She looked hot and her eyes were blue. She was selling onions, and parsley... When I turned to face her with my (あ), she suddenly became very shy. "Please," she said. "I've been working under the sun and have spots all over my face. Please, don't take my picture."

She hid her hard red hands in her pockets. "Cutting onions has destroyed my hands. We've lost a lot of money over the last two years on onions but this year's onion harvest is great. I'm not going to stay here and do this though. When school opens again, I'm going back to the city. Then I can forget all this."

Someone handed a cup of tea to me. It was the young man. He had a painted face and was wearing a woman's dress. "No need to pay. (3)The tea's on me," he said. He bent down to speak into my ear so softly that only the two of us could hear: "Sorry for my words just now... I've had a difficult life... I dropped out of school when I was in the fifth grade... My dad said I had to work with sheep during the summer holidays. I had to take care of them in the mountains alone and sleep outside at night... The worst part came later though... My dad came to the hill I was on one night and handed me a gun... He wanted me to kill someone... I ran away from home and came to this city... I found jobs at different marketplaces... This isn't my stand. I just work here... I put on this show to make some money. I wear these clothes and paint my face and dance. All the time I'm scared that my dad is following me with his gun... You understand why I'm scared, right?" He kept on talking.

I nodded my head while I was listening... The tea was (か). The girl selling the onions waved at the boy wearing a dress and made a sign with her hands. The young man went red and quietly moved away and was too embarrassed to look at me. A huge man wearing a black jacket smiled at the boy wearing the dress. The man made the boy look nice and helped him up on to the table. He started dancing again. "That's his father," said the boy who sold used things. "They walk around together every Sunday... Father and son... They do good business like this..."

I smiled. (4)I couldn't drink my tea. I just left everything there and walked toward the park to take photos of the cats around the pool side.

(注)

lira：リラ(トルコの通貨単位)

問１　本文中の２カ所ある空所(　あ　)に共通して入る語を次の①～⑤から１つ選び，その番号を答えなさい。 12

① bag　② stick　③ book　④ camera　⑤ coffee

問２　空所(　い　)に入る最も適切な語を次の①～⑤から１つ選び，その番号を答えなさい。 13

① pool　② village　③ market　④ city　⑤ newspapers

問３　空所(　う　)に共通して入る最も適切な１語を答えなさい。 記述

問４　空所(　え　)に入る最も適切な語を次の①～⑤から１つ選び，その番号を答えなさい。 14

① comedian　② journalist　③ carpenter　④ singer　⑤ painter

問５　下線部(1)はどのようなことか。以下がその答えになるよう１語を入れ，文を完成させなさい。 記述

I'm here to sell the old things (　　　　) of my brother.

問６　下線部(2)が意味の通る英文になるように[　　　]内の語を並べかえ，以下の 15 ～ 17 に入るものの番号をそれぞれ答えなさい。ただし，文頭の語も小文字で示してある。

[____ 15 ____ 16 ____ 17 ____ ____] !

① have　② out　③ what　④ no
⑤ people　⑥ you　⑦ idea　⑧ throw

問７　空所(　お　)に入る最も適切なものを次の①～④から１つ選び，その番号を答えなさい。 18

① sorry　② hello　③ goodbye　④ thank you

問８　下線部(3)はどのようなことか。最も意味の近いものを次の①～④から１つ選び，その番号を答えなさい。 19

① I'll pay for the tea.
② I'll bring you the tea.
③ I'm good at making tea.
④ I have another cup of tea.

問９　空所(　か　)に入る最も適切な表現を次の①～④から１つ選び，その番号を答えなさい。 20

① already gone　② really hot　③ getting cold　④ very tasty

問10　下線部(4)に関して，次の質問に対する答えとして最も適切なものを次の①～④から１つ選び，その番号を答えなさい。 21

質問

Why couldn't the writer drink his tea?

① Because it was not his tea.

② Because he wanted to drink coffee.

③ Because he didn't feel like drinking it any more.

④ Because he was so excited that he forgot about the tea.

問11　本文の内容と一致するものを次の①～⑧から２つ選び，その番号を答えなさい。

22 23

① The market opened every Wednesday and Sunday.

② A young man in a dress was standing on the stage.

③ A woman wanted to exchange a dress, because it didn't fit her.

④ A family selling old things collected them from the market.

⑤ A boy wearing a dark blue hat was selling old things at the market.

⑥ A young woman had spots on her face and she loved them.

⑦ A big man wearing a black jacket helped his daughter who was an onion seller.

⑧ The writer wasn't able to take interesting pictures of the people in the market.

4　次の英文を読んで，あとの問いに答えなさい。

Antonio Canova was a little boy who lived in Italy. His parents were dead, and he lived with his poor grandparents. His grandmother took care of her husband and the boy, and his grandfather cut stone to make statues to sell to rich people.

Antonio was not very strong. He didn't like to play with other boys of the town, but he often went out with his grandfather to look for big pieces of stone which were strong and beautiful enough for statues. Antonio enjoyed working with his grandfather so much that he soon learned how to make a statue like his grandfather. "The boy will be a great stone artist some day," said his grandfather.

Every evening after work, Antonio's grandmother sang to him, and told him stories that filled his mind with pictures of wonderful and beautiful things. And the next day, when he went back to look for stones, Antonio tried to make some of those pictures in stone.

There was a rich man in the same town, and he was called the Count. He often had dinner parties, and his rich friends from other cities came to visit him. At these times Antonio's grandfather often helped in the kitchen because he was also a great cook.

One day Antonio went with his grandfather to the Count's great house because there was going to be another big party. The boy could not cook, and he was not old enough to serve food to the guests, but he could wash the pots and frying pans, and as he was smart and quick, he could help in many other ways.

Just before the dinner started, there was a big sound in the dining room, and a man rushed into the kitchen. He looked (あ).

"What should I do? What should I do?" he cried. "I have broken a statue that should stand at the center of the table. The table will not be pretty without the statue. What will the Count say?"

And now all the other people around Antonio were troubled. Was the dinner going to be a failure? The table had to look very nice. The Count would be very angry without the nice (い). "Oh, no! What are we going to do?" they all said to each other.

Then little Antonio Canova went up to the man who broke the statue.

"I can make a statue. May I make one for you?"

"Little boy," said the man, "The new statue must be exactly the same size as the one that I broke."

"All right. That is no problem," said Antonio. "Perhaps I can make one that will be as beautiful as the broken one."

(1)The man laughed. "Who are you, young boy? Why can you say you can make a statue in one hour?"

"I am Antonio Canova," said the boy.

All the other people knew that the boy was good at making statues, so they all said, " う "

On the kitchen table, there was a huge square piece of yellow butter. It weighed almost 100 kilograms. With a kitchen knife, Antonio began to cut and carve this butter. In a few minutes, he made it into the shape of a sitting lion.

"How beautiful!" they cried. "It is much prettier than the statue that was broken."

When it was finished, the man carried it to (2)its place.

When the Count and his friends came in to dinner, the first thing they saw was the yellow lion.

"What a beautiful work of art!" they cried. "Only a very great artist can carve such a figure, but isn't it interesting to make it of butter!" And then they asked the Count to tell them the name of the artist.

"Well, to tell the truth, え . Who made this wonderful statue? Does anyone know?"

One of the kitchen boys said, "It was carved only an hour ago by a little boy in the kitchen."

This was a much more of a surprise to the guests, and the Count called the boy into the room.

"My dear boy, you have created such a wonderful piece of art," said the Count. "What is your name, and who is your teacher?"

"My name is Antonio Canova," said the boy, "and (3)I have no teacher but I [① my grandfather / ② carve / ③ from / ④ to / ⑤ sculptures / ⑥ how / ⑦ learned / ⑧ of / ⑨ out] stone."

All the guests were delighted, and were also proud because they could meet a future fine artist at this party. They wanted the boy to have dinner with them, and Antonio was very happy to sit down at the table.

The next day, the Count asked Antonio's grandfather to send Antonio to his house, and his grandfather was very pleased because Antonio was asked to live with the Count. The best artists in the country started to live with the Count to teach Antonio the skill of carving art. He carved stone, not (お), and in a few years, Antonio Canova became one of the greatest stone carving artists in the world.

(注)

Count：伯爵

問1　空所(あ)に入る最も適切な語を次の①～④から1つ選び，その番号を答えなさい。

24

① pale　② pleased　③ smart　④ angry

問2　空所(い)に入る最も適切な語を次の①～④から1つ選び，その番号を答えなさい。

25

① stone　② table　③ dinner　④ statue

問3　下線部(1)に関して，次の質問に対する答えとして最も適切なものを次の①～④から1つ選び，その番号を答えなさい。26

質問

Why did the man laugh?

① Because the man thought it was a great idea for the boy to make a statue.

② Because the man couldn't believe that the boy would make a statue in one hour.

③ Because the man thought the boy was as beautiful as the statue.

④ Because the man was just amazed to know that the boy was so brave.

問4　空所 う に入る最も適切な表現を次の①～④から1つ選び，その番号を答えなさい。

27

① He can do it! He can do it!

② Yes, we will! Yes, we will!

③ He did it! He did it!

④ Attention, please! Attention, please!

問5　下線部(2)が表す具体的な場所を，本文中から5語で抜き出しなさい。記述

問6　空所 え に入る最も適切な表現を次の①～④から1つ選び，その番号を答えなさい。

28

① the broken statue has made me sad

② I am as surprised as you all

③ I know why there is butter here

④ I am shocked to see the new statue

問7　下線部(3)が意味の通る英文になるように[　　　]内の語(句)を並べかえ，以下の 29 ～ 30 に入るものの番号をそれぞれ答えなさい。

I have no teacher but I [______ 29 ______ 30 ______ ______ ______ 31 ______] stone.

① my grandfather　② carve　③ from

④ to　⑤ sculptures　⑥ how

⑦ learned　⑧ of　⑨ out

問8　空所（　お　）に入る最も適切な１語を答えなさい。 記述

問9　本文の内容と一致するものを次の①～⑦から２つ選び，その番号を答えなさい。

32　33

① Antonio enjoyed playing outdoors with other boys, but he was not a very strong boy.

② Antonio's grandmother told stories every night, and Antonio drew their pictures on the stones.

③ Antonio and his grandparents often went to the Count's house to help in the kitchen.

④ When the statue was broken in the kitchen, the staff workers thought that the Count would be angry.

⑤ The man who broke the statue went up to Antonio and asked him to make a butter statue.

⑥ It took Antonio only a few minutes to carve a large piece of butter into the shape of a lion.

⑦ The guests at the Count's party wanted to know who made the wonderful statue of a lion.

問題の作成上，原文の一部を改変したところがある

【理　科】（50分）〈満点：100点〉

1　次の〔Ⅰ〕，〔Ⅱ〕の文章を読んで，後の(1)～(7)の問いに答えなさい。

〔Ⅰ〕　真理さんは，インターネットを利用して理科の調べものをしていた時に，図1のような実験装置を用いた実験の動画を見て興味を持った。

この実験では，亜鉛板と銅板を折り曲げて，うすい塩酸に浸《ひた》したキッチンペーパーを金属板の間にはさんで輪ゴムで止めたものをつくり，それをプロペラつきモーターに接続するとモーターが回転した。つまりこれは電池だというのである。

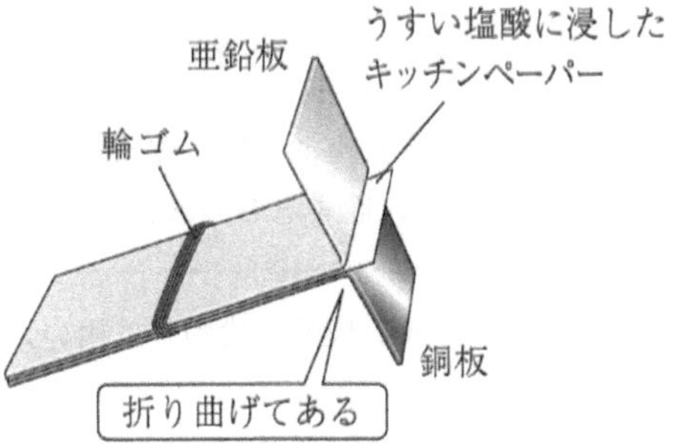

図1

早速，学校の理科の先生に同じような実験をさせてほしいとお願いした。真理さんが実験しようとしていると，知郎さんがやってきたので，3人で実験が始まった。

3人は，図2の実験装置をつくって，モーターが回転するかどうか実験した。モーターは，回転した。

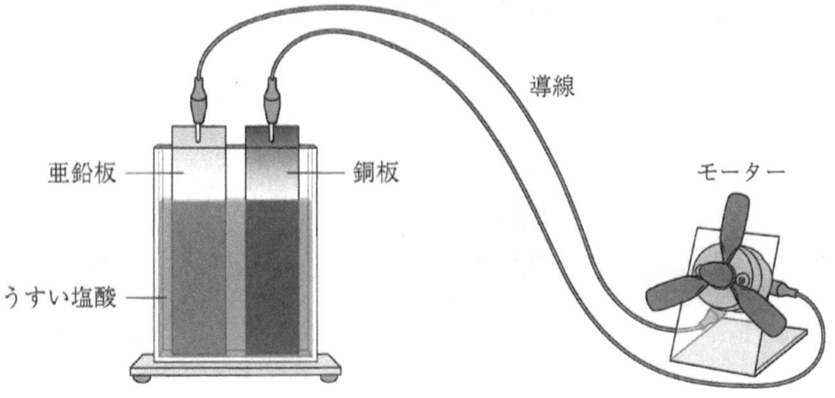

図2

真理「モーターが回ってよかった。」

先生「どんな反応が起こっているのかな？」

知郎「えーと。たしか，亜鉛と銅では亜鉛のほうがイオンになりやすいから，亜鉛が亜鉛イオンになる反応が起きるはずだ。」

真理「さすが知郎さん！銅板側では，どんな反応が起きているの？」

先生「銅板側では，（　ア　）が（　イ　）に変化しているんだよ。」

真理「でも，こんなに簡単に電池ができるんですね。何だかうれしい！」

真理さんはとても喜んで，実験室を出ていった。

(1) 文中の（　ア　），（　イ　）に適するものの組合せとして正しいものはどれか。 [1]

	①	②	③	④
（　ア　）	銅	銅イオン	水素	水素イオン
（　イ　）	銅イオン	銅	水素イオン	水素

(2) ここでできた電池では，亜鉛板は（　ウ　）極としてはたらいている。
（　ウ　）に適するものはどれか。 [2]

①　＋　　　②　－

(3) 図２のうすい塩酸の代わりに用いたとき，実験装置が電池としてはたらくものはどれか。 [3]

①　砂糖水　　②　エタノール　　③食塩水　④　水

〔Ⅱ〕 実験室に残った知郎さんは，さらに知りたくなって先生にお願いした。

知郎「先生，これが電池ということですが，ほかにも，今ここで実験で確かめることができる電池はありますか。」

先生「それではこれをやってごらん。これはイギリスの（　エ　）という人が発明した電池です。」

先生は，図３の実験装置を運んできた。

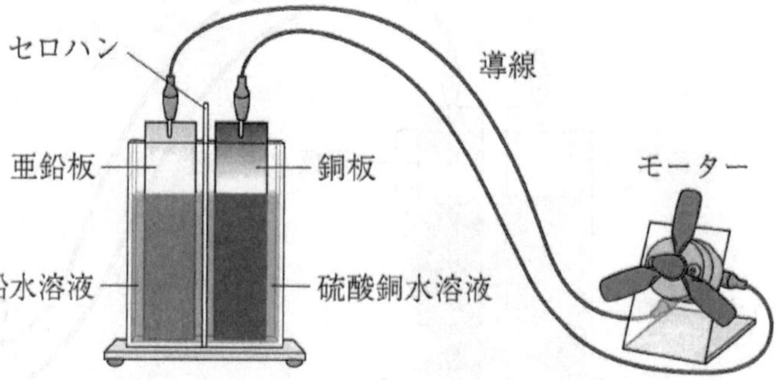

図３

知郎 「先生，モーターがよく回りますね。どんなしくみか知りたいです。」

先生 「はい。説明します。亜鉛板は反応して（　オ　）というイオンになり，ここで生じた電子が導線を通ってモーターを回転させ，さらに電子は導線中を銅板に移動して，水溶液中の（　カ　）と反応します。」

知郎 「先生，よく分かりました。ところで，ここにセロハンがありますが，これはどうしてあるのですか。」

先生 「ここにセロハンを入れたことが，（　エ　）の考えのすばらしい所です。このセロハンの主なはたらきとしては，（　キ　）ということがあります。」

知郎 「そうですか。私もいつかすばらしい発明ができればいいと思います。」

先生 「はい。そのためには，知ろうという探究心を高校に入っても持ち続けていってくださいね。」

知郎 「わかりました。がんばります。」

(4) （　エ　）に適する人名はどれか。 **4**

① メンデル　② ダニエル　③ ボルタ　④ ダーウィン

⑤ ニュートン　⑥ アルキメデス

(5) （　オ　）に適するイオンの式を書け。 **記述**

(6) （　カ　）に適するものはどれか。 **5**

① 銅イオン　② 水素イオン　③ 硫酸イオン　④ 水

(7) （　キ　）に適するものはどれか。 **6**

① 反応させる溶液を保温する

② イオンの反応をより速くする

③ 溶液がすぐに混合するのを防ぐ

④ 長期保存する

2 次の〔Ⅰ〕,〔Ⅱ〕の文章を読み，後の(1)～(4)に答えなさい。

〔Ⅰ〕 図1～図2のように，4.5 V の電池と 10 Ωの抵抗，および，電流計と電圧計を導線で配線した電気回路について考える。

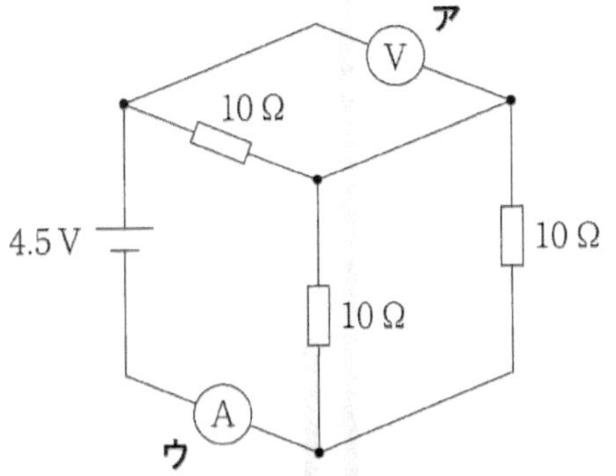

図1

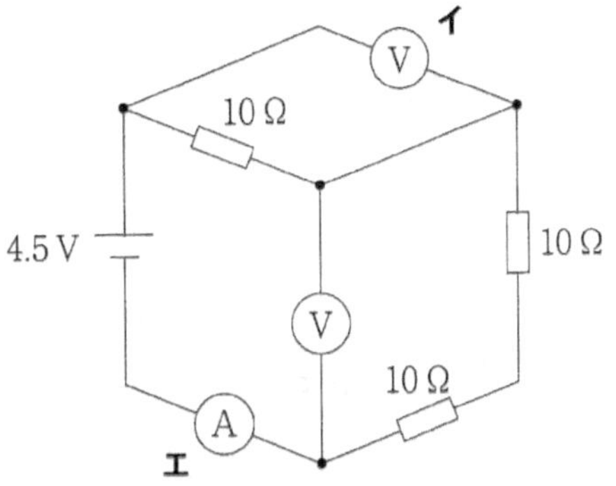

図2

(1) 電圧計ア，イの値はそれぞれ何Vか。　電圧計　ア **7** V　イ **8** V

① 0.5　② 1.0　③ 1.5　④ 2.0　⑤ 2.5

⑥ 3.0　⑦ 3.5　⑧ 4.0　⑨ 4.5

(2) 電流計ウ，エの値はそれぞれ何Aか。　電流計　ウ **9** A　エ **10** A

① 0.10　② 0.15　③ 0.20　④ 0.25　⑤ 0.30

⑥ 0.45　⑦ 0.50　⑧ 0.60　⑨ 0.75　⓪ 0.90

(3) 図1と図2の抵抗の中で，消費する電力がもっとも大きい抵抗について考える。その抵抗が消費する電力の値はいくらか。 **11** W

① 0.075　② 0.15　③ 0.20　④ 0.225　⑤ 0.30

⑥ 0.45　⑦ 0.60　⑧ 0.675　⑨ 0.90　⓪ 1.35

〔Ⅱ〕 図3～図5のように，正方形の板の辺に沿わせてエナメル線を巻き，辺Aに電池とスイッチを配線し，辺Bと辺Cの間に方位磁石を置いた。スイッチが切れているとき，方位磁石の磁針は，それぞれ真北を指し，方位磁石を上から見ると図6のように見えた。

(4) スイッチを入れると，方位磁石の磁針が東にもっとも大きく振れるものはどれか。 12

① 図3　② 図4　③ 図5

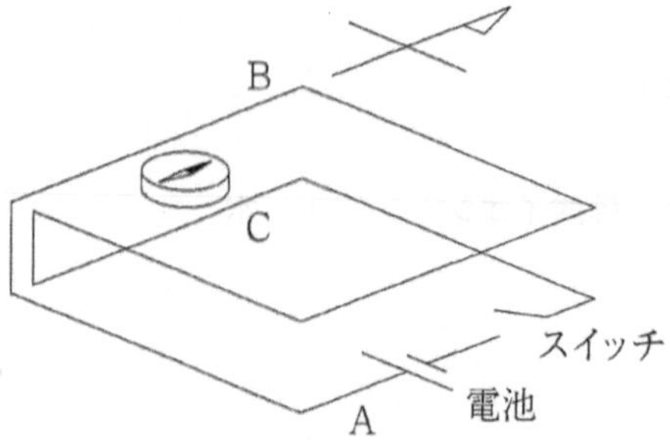

図3

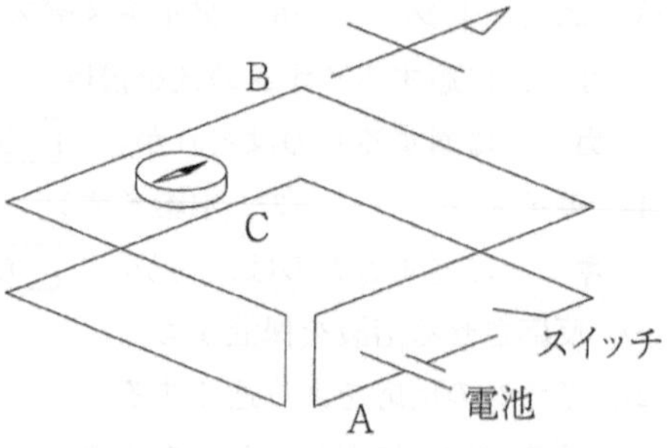

図4

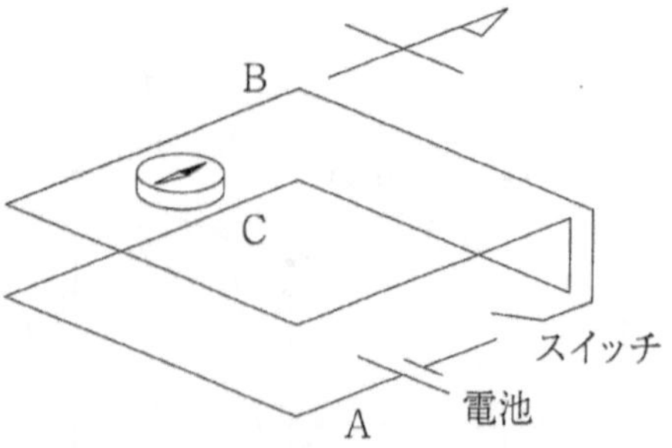

図5

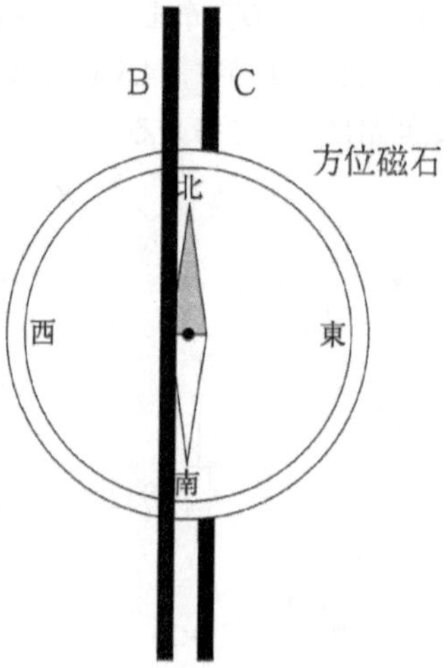

図6

3 次の〔Ⅰ〕,〔Ⅱ〕に答えなさい。

〔Ⅰ〕 次の(1)～(3)の問いに答えなさい。

(1) 図1はタンポポの花のスケッチである。

花粉ができる部分はどれか。 13

① ア　② イ　③ ウ

④ エ　⑤ オ

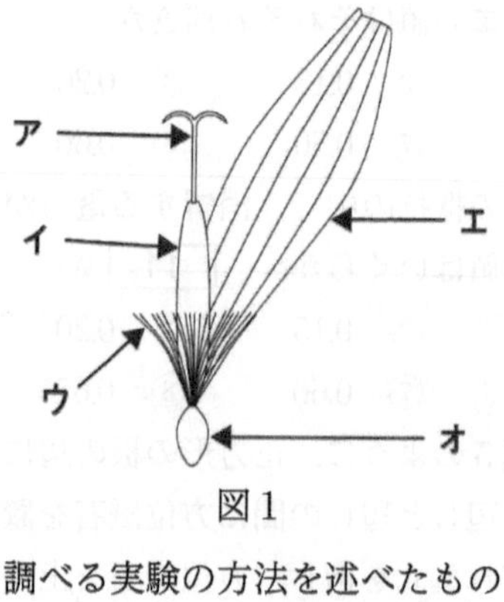

図1

(2) 次の文は，植物が受粉した後の花粉の変化を調べる実験の方法を述べたものである。

（ カ ）～（ ケ ）にあてはまる語の組合せとして，正しいものはどれか。 14

スライドガラスもしくはホールスライドガラスに10%に調整した（　カ　）を１～２滴落とす。これは花粉が受粉する（　キ　）に似た条件をつくるためである。ホウセンカの花粉を筆先につけて，柄つき針でゆすり，密集しないようにスライドガラス上の（　カ　）にまく。試料が乾かないようにし，10分後，伸びた花粉管内の（　ク　）を観察するために酢酸カーミン溶液で染色し，（　ケ　）で観察する。

	カ	キ	ク	ケ
①	食塩水	胚珠	受精卵	双眼実体顕微鏡
②	ショ糖水溶液	胚珠	精細胞	ルーペ
③	酢酸	胚珠	精子	顕微鏡
④	食塩水	卵細胞	受精卵	ルーペ
⑤	ショ糖水溶液	卵細胞	精細胞	双眼実体顕微鏡
⑥	酢酸	卵細胞	精子	顕微鏡
⑦	食塩水	柱頭	受精卵	双眼実体顕微鏡
⑧	ショ糖水溶液	柱頭	精細胞	顕微鏡
⑨	酢酸	柱頭	精子	ルーペ

(3)　もやしの袋には上手な保存方法として「買って帰ったらすぐに清潔なつまようじで袋の真ん中あたりに１ヶ所穴を開けて，冷蔵庫に入れてください」と表示されているものがある。この理由として，次のように説明するとき，［　　　　］にあてはまるものはどれか。　［15］

〈説明〉もやしは生きているので鮮度を保つためには，［　　　　］が必要だから。

①　光合成のために二酸化炭素　　②　光合成のために酸素

③　呼吸のために酸素　　④　呼吸のために二酸化炭素

〔Ⅱ〕　植物を分類する際には，観点や基準が必要になる。図２は植物の分類と観点・基準を示したものである。A～Gには植物のなかまが入る。次の問いに答えなさい。

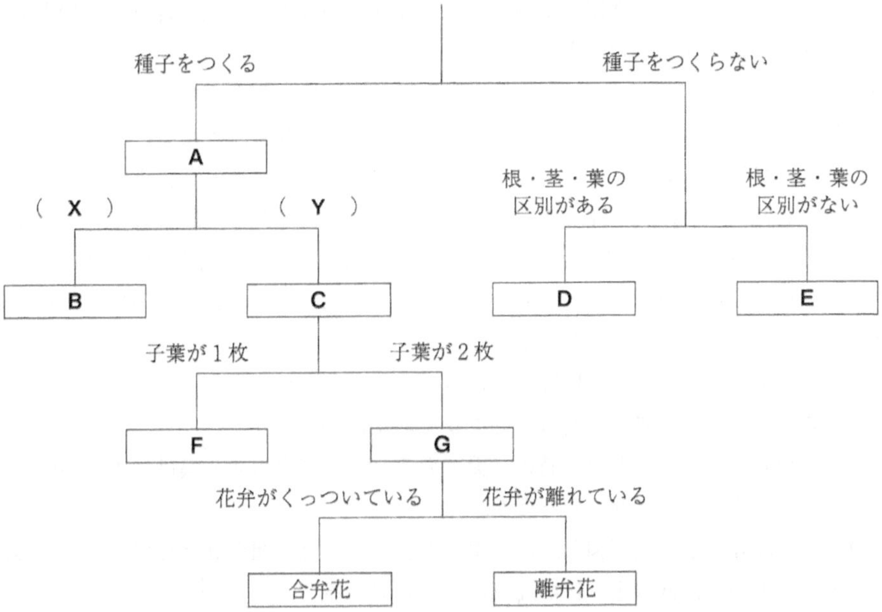

図２

(4)　AをBとCにわけるときには，胚珠に着目する必要がある。（　Y　）にあてはまるものとして，正しいものはどれか。 16

①　胚珠が子房に包まれている　　②　胚珠が子房を包んでいる
③　胚珠がむき出しである　　④　胚珠がない

(5)　DとEに属する植物がそれぞれもつ特徴として**誤っているもの**はどれか。 17

①　Dの植物には数メートルにおよぶ大型のものもある。
②　Dの植物は，りん片がある。
③　Dの植物も，Eの植物も胞子でふえる。
④　Eの植物は，体の表面全体で水を吸収している。

(6)　Dの植物のなかまを何というか。 記述

4　次の文章を読み，後の(1)〜(5)の問いに答えなさい。

「花鳥風月」という言葉がある。自然界の美しい景色のことや，詩歌を詠《よ》むなどして，自然界の風雅な趣を楽しむことを表す四字熟語である。ここでは「風月」，つまり自然の風景について考えてみよう。

〔い〕　五月雨《さみだれ》を　集めて早し　最上川《もがみがわ》

これは，『奥の細道』に載っている松尾芭蕉《まつおばしょう》の俳句である。「降り続く五月雨を集めたようにすさまじく速く流れることだ，最上川よ。」という意味である。この句の五月雨とは，$_{\mathrm{a}}$梅雨の季節に降る雨のことである。

〔ろ〕　荒海や　佐渡に横とう　天の川

これも，『奥の細道』に載っている松尾芭蕉の俳句である。「暗く荒れ狂う日本海のむこうには佐渡島が見える。空を仰ぎ見ると，美しい天の川が佐渡の方へと大きく横たわっている。」という意味である。しかし，資料から再現してみると，この句を詠んだ日時には，佐渡の方向には$_{\mathrm{b}}$天の川が見えず，しかも，夜には雨が降りそうで，天の川すら見えなかった可能性が高いという。

〔は〕　菜の花や　月は東に　日は西に

これは，与謝蕪村《よさぶそん》の俳句である。「一面，菜の花が咲いているよ。ちょうど月が東から登ってきて，太陽は西に沈んでいくところだ。」という意味である。普通に考えると，一面の菜の花畑の中で，東に見える月は（　c　）か，その前，数日間の月だと考えられる。ところが，この句は蕪村が安永3年（1774年）3月23日に詠んだといわれている。当時は旧暦なので，日付が月の形を示すため，この日，夕日が西に見えた時に，月は東には見えない。実際には，蕪村が10日ほど前に見た光景を思い出しながら詠んだといわれている。天体については過去の現象を再現・検証することできるため，このようなことがわかるのである。

〔に〕　おうい雲よ　ゆうゆうと　馬鹿にのんきそうじゃないか
　　　どこまでゆくんだ　ずっと磐城平《いわきだいら》の方までゆくんか

これは，山村暮鳥《やまむらぼちょう》の『雲』という詩の一節である。ここで登場する雲は，青空の中で，白い雲が流れていく感じがするのではないだろうか。

(1)　文中の下線部aを示す天気図と，この現象を説明した文の組合せとして正しいものはどれか。なお，天気図中のLは低気圧，Hは高気圧を示している。 18

〔天気図〕

ア

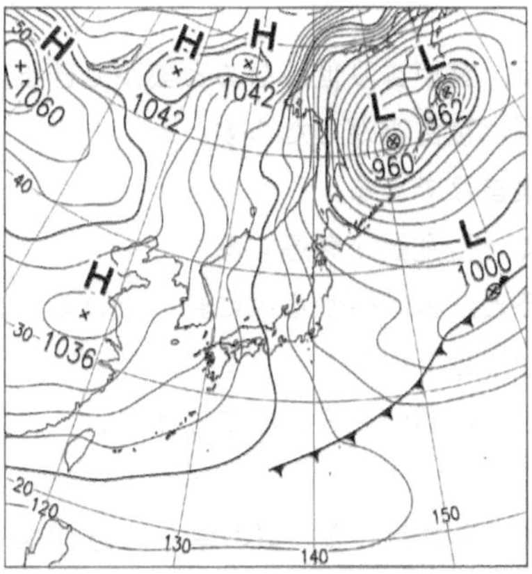

イ

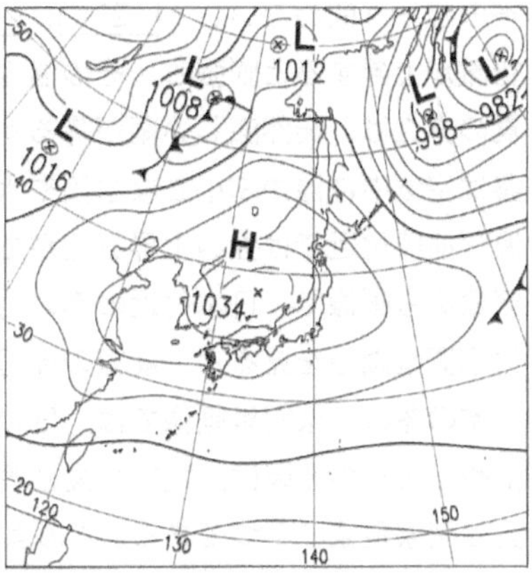

ウ

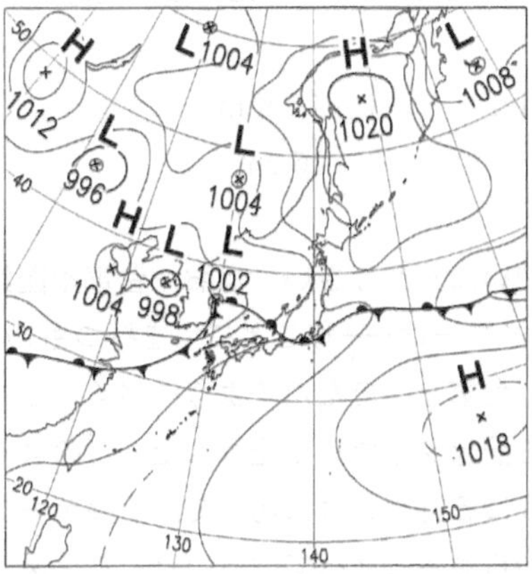

エ

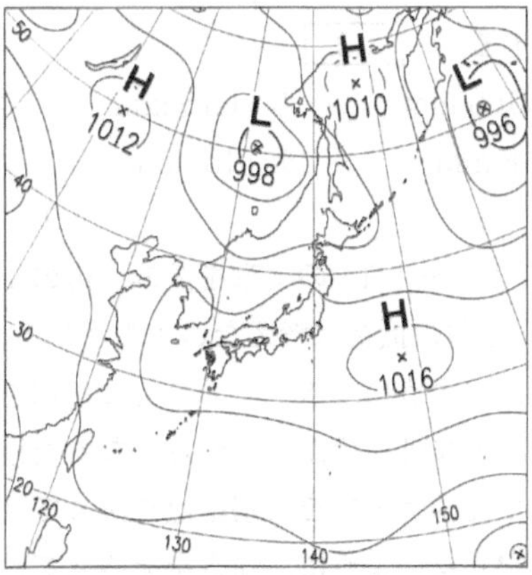

〔現象〕

W　移動性高気圧と低気圧とが日本付近を交互に通過し，天気が変わりやすい。

X　日本はあたたかく湿潤《しつじゅん》な太平洋高気圧と冷たく湿潤なオホーツク海高気圧の影響を受ける。

Y　日本はあたたかく湿潤な太平洋高気圧におおわれ，蒸し暑い日が続く。

Z　西高東低の気圧配置で，シベリア高気圧から北西の季節風が吹く。

	①	②	③	④	⑤	⑥	⑦	⑧
天気図	ア	ア	イ	イ	ウ	ウ	エ	エ
現象	Y	Z	W	Y	W	X	X	Z

(2)　文中の下線部bについて書いた次の文で**誤っているもの**はどれか。　19

①　天の川は，太陽系より遠いところにある恒星の集団を見たものである。

②　天の川は，冬より夏の方が濃く見える。

③　天の川は，われわれの銀河系に似た銀河の姿を見たものである。

④　天の川は，南半球でも見ることができる。

(3)　文中の（　c　）にあてはまるものはどれか。　20

①　新月　　②　三日月　　③　上弦の月　　④　満月　　⑤　下弦の月

(4) 〔に〕の詩には雲が登場するが，雲について書いた次の文で**誤っているもの**を２つ選べ。ただし，解答の順序は問わない。 21 ， 22

① 空気が上昇すると膨張し，その温度が下がり，露点より低くなると雲ができる。
② 夏の夕立は，突然激しい雨が降るが，この雨は積乱雲がもたらす。
③ 雲は空気中に浮かぶ小さな水滴や氷の粒の集まりである。
④ 温暖前線付近では強い上昇気流ができやすく，積乱雲が発達する。
⑤ 気象衛星画像で，日本付近の雲の動きを見ると，雲は西から東に動いている。
⑥ 気象衛星画像を見ると，前線の周辺には雲ができている。
⑦ 日本の冬の気象衛星画像では，日本海にすじ状の雲が見られることが多い。
⑧ 雷やひょうの原因は，積雲や高積雲である。

(5) 雨や雲は気象現象の１つである。このような気象現象が起こる大気の厚さは約 10 km 程度である。半径 50 cm の地球儀では，大気の厚さはどのくらいになるか。ただし，地球の半径を 6400 km とする。 23

① 0.08 mm　② 0.16 mm　③ 0.8 mm　④ 1.6 mm
⑤ 8 mm　⑥ 16 mm　⑦ 8 cm　⑧ 16 cm

5 次の〔Ⅰ〕～〔Ⅲ〕の文章を読み，後の(1)～(6)の問いに答えなさい。なお，台車や記録テープのまさつ，空気の抵抗は考えないものとする。記録タイマーは$\frac{1}{50}$秒ごとに点を打つものとする。

〔Ⅰ〕 図１のように，水平な面の上に台車を乗せて，台車を手でたたくように軽く押して図１の左向きに進ませ，手が台車からはなれた後の運動を記録タイマーで記録した。このようにして得られた記録テープを，基準点を決めて図２のように５打点ごとに切って，記録テープの上下が逆にならないように，向きをそろえて台紙に左から順番に並べて貼ったところ，図３が得られた。なお，図３で記録テープの打点は省略している。

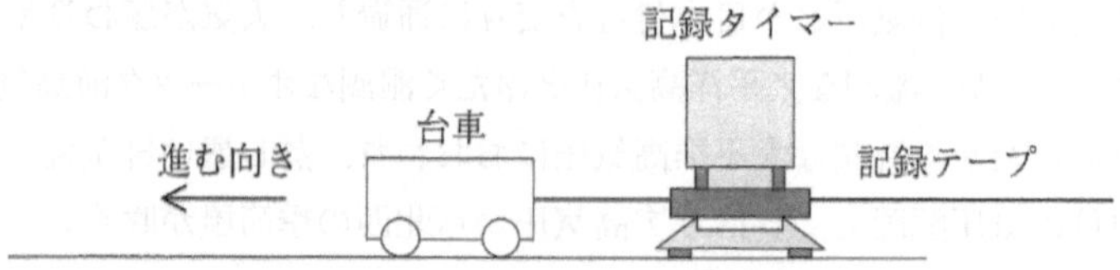

図１

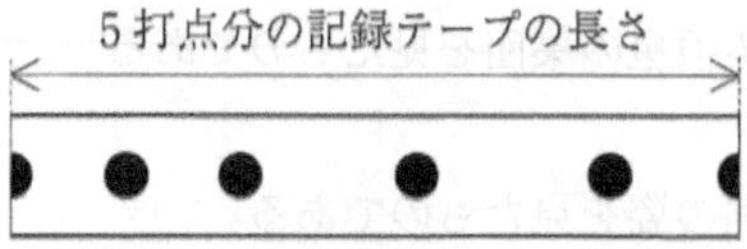

図２

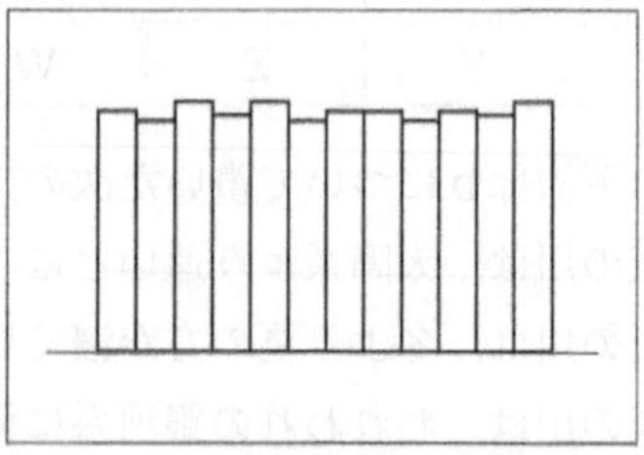
図３

(1) ５打点分の記録テープの長さは，何秒間での台車の移動距離を表しているか。 24

① 0.01 秒　② 0.02 秒　③ 0.05 秒　④ 0.1 秒　⑤ 0.2 秒
⑥ 0.5 秒　⑦ 1 秒　⑧ 2 秒　⑨ 5 秒　⓪ 10 秒

(2) 図3より，台車の運動について述べた文として正しいものはどれか。 25

① 台車は止まっている。

② 台車はほぼ一定の速さで動いている。

③ 台車はだんだん速くなっている。

④ 台車はだんだん遅くなっている。

〔Ⅱ〕 図4のように，斜面を作って台車を乗せて，台車から静かに手をはなして走らせ，記録タイマーで運動を記録した。

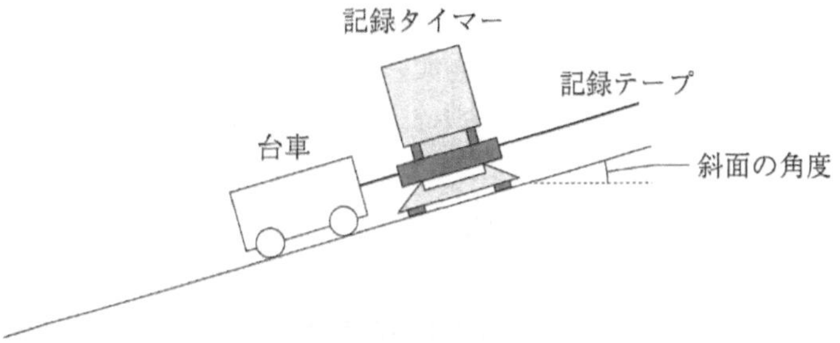

図4

(3) 図3と同様の方法で，記録テープを台紙に左から順番に並べて貼ったとき，得られる図として正しいものはどれか。 26

①

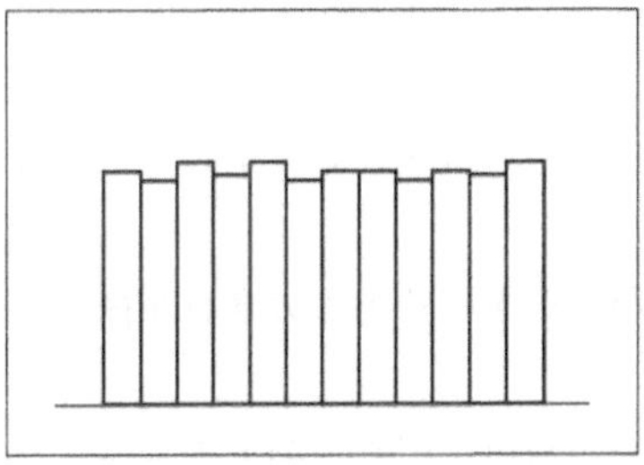

②

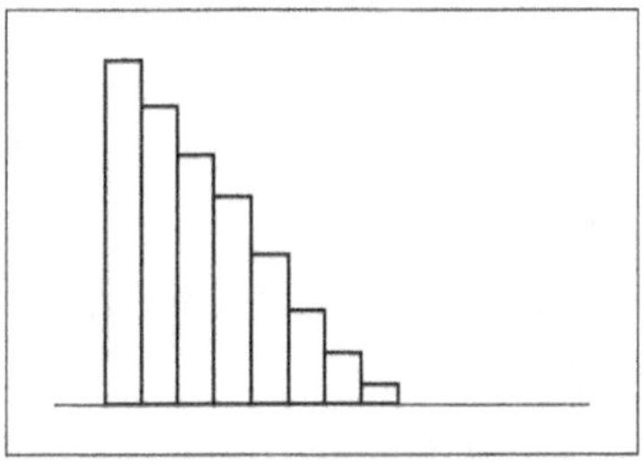

③

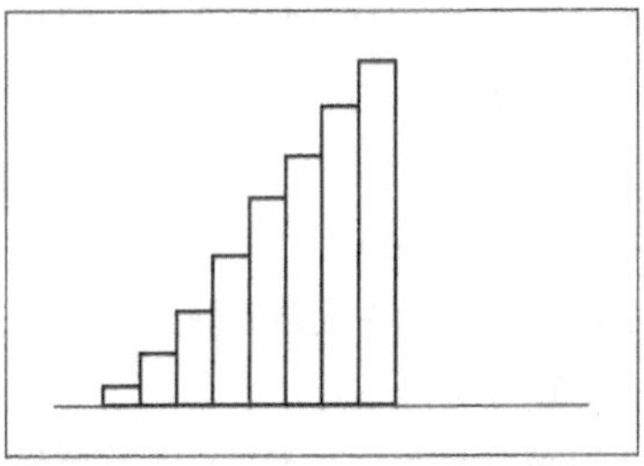

④

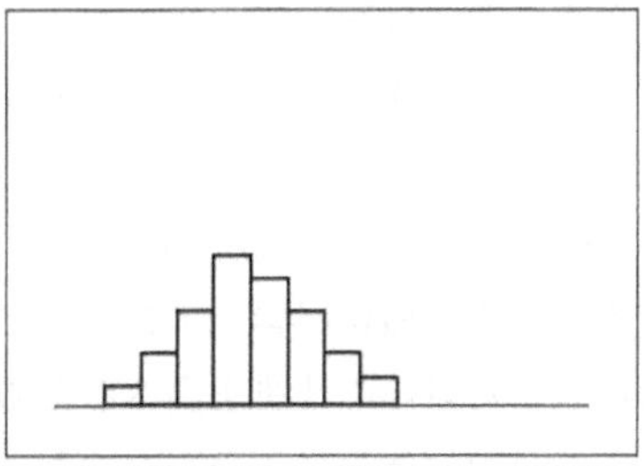

(4) 斜面の角度をさらに大きくしたときの台車の運動の様子と，そのとき台車にはたらく力の大きさについて述べた文として正しいものはどれか。 27

① 重力の斜面に平行な分力は大きくなるが，速さが変化する割合は変わらない。

② 重力の斜面に平行な分力は大きくなるので，速さが変化する割合も大きくなる。

③ 重力の斜面に平行な分力は変わらないので，速さが変化する割合も変わらない。

④ 重力の斜面に平行な分力は変わらないが，速さが変化する割合は大きくなる。

〔Ⅲ〕 台車に記録テープと糸をつけ，図5のように，糸の先におもりをつり下げる。台車を静止させ，記録タイマーのスイッチを入れたのち，台車を支えていた手を静かにはなすと，台車は糸に引かれてまっすぐ進んだ。

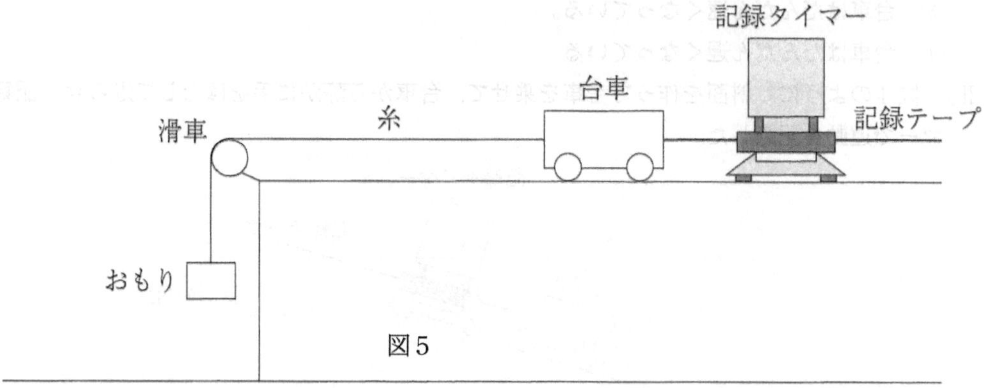

図5

⑸ 台車が静止しているときと，台車が動き始めたときの，糸が台車を引く力の大きさを，次のように（X），（Y）と呼ぶことにする。

（X） 手で支えて，台車が静止しているときに糸が台車を引く力の大きさ

（Y） 台車を支えていた手をはなした直後で，台車が動き始めたときに糸が台車を引く力の大きさ

（X）と（Y）の大小関係として，正しいものはどれか。 28

① （X）＞（Y）　② （X）＝（Y）　③ （X）＜（Y）

⑹ 手をはなしたあとの台車の運動と，台車にはたらく力の説明として正しいものはどれか。 29

① 台車の速さは徐々に大きくなる。それは糸が台車を引く力の大きさが徐々に大きくなっていくためである。

② 台車の速さは一定の大きさである。それは糸が台車を引く力の大きさが徐々に大きくなっていくためである。

③ 台車の速さは徐々に大きくなる。それは糸が台車を引く力の大きさが一定のためである。

④ 台車の速さは一定の大きさである。それは糸が台車を引く力の大きさが一定のためである。

6 次の〔Ⅰ〕，〔Ⅱ〕の文を読んで，後の⑴～⑷の問いに答えなさい。

〔Ⅰ〕 酸素，塩素二酸化炭素，アンモニアのうちいずれかの気体を入れた試験管A～Dがある。試験管に入った気体の性質を調べるため，実験1～実験3を行った。

実験1 A～Dの気体のにおいをかぐと，AとBには刺激臭があったが，CとDは無臭だった。

実験2 A～Dの気体に水でぬらした赤色リトマス紙を近づけたところ，Aは青色に変色した。Bはリトマス紙の色が脱色された。CとDには変化はなかった。

実験3 A～Dの試験管の中に火のついた線香を入れたところ，AとBとDでは線香の火が消えた。Cでは線香が激しく燃えた。

(1) 試験管Aに入った気体はどの方法で集められたか。 [30]

① 上方置換法　　② 下方置換法
③ 水上置換法　　④ どの方法でもかまわない

(2) 試験管Cに入った気体の発生方法はどれか。 [31]

① うすい塩酸を電気分解し，陽極に発生する気体を集める。
② オキシドール（うすい過酸化水素水）に二酸化マンガンを加える。
③ マグネシウムにうすい塩酸を加える。
④ 塩化アンモニウムと水酸化カルシウムを混ぜ合わせて加熱する。

(3) 実験3で線香が激しく燃えた後の試験管に石灰水を加えてよく振ると白くにごった。試験管の気体に石灰水を加えたとき，同様の変化が起こる気体はどれか。 [32]

① 試験管Aの気体　　② 試験管Bの気体
③ 試験管Cの気体　　④ 試験管Dの気体

〔Ⅱ〕 食塩，砂糖，石灰石，ガラス，プラスチックのうち，いずれか2種類の混じった白色の混合物E～Gがある。この混合物に含まれる物質を見分けるために，次の実験4～7を行った。なお，この実験に関係する物質の密度は，表1に示してある。

実験4　混合物に水を加えてよく振ると，Eはすべて溶けた。Fは水面と水の底に固体が残り，Gは水の底だけに固体が残った。

表1

物質	密度〔g/cm^3〕
水	1.0
食塩	2.2
砂糖	1.6
石灰石	2.7
ガラス	2.5
プラスチック	0.9

実験5　混合物に塩酸を加えるとGからは気体が発生したが，EとFからは気体の発生はなかった。
実験6　混合物を燃焼皿で加熱すると，EとFはけむりをあげてこげたが，Gは変化しなかった。
実験7　混合物に硝酸銀水溶液を加えると，E，Gは白色の沈殿を生じたが，Fは変化しなかった。

(4) E～Gに含まれる2種類の白色の粉末の組合せはそれぞれどれか。

E：[33]　　F：[34]　　G：[35]

① 食塩，砂糖　　② 食塩，石灰石　　③ 食塩，ガラス
④ 食塩，プラスチック　　⑤ 砂糖，石灰石　　⑥ 砂糖，ガラス
⑦ 砂糖，プラスチック　　⑧ 石灰石，ガラス　　⑨ 石灰石，プラスチック
⓪ ガラス，プラスチック

7 大地さんとリカさんは，ある火山に興味を持ち，ふもとの博物館で火山について調べた。次の〔Ⅰ〕，〔Ⅱ〕を読み，後の(1)～(6)の問いに答えなさい。

〔Ⅰ〕 大地さんとリカさんは，博物館の実験室で研究員と共に，火山を構成する岩石の特徴を調べた。図１は大地さん，図２はリカさんが調べたもので，両方ともデイサイトという火成岩であった。デイサイトとは流紋岩と安山岩の間くらいの色みの火山岩である。次の会話は２つの火成岩について話したものである。図１・２の定規の単位は mm である。

図１

図２

リカさん：$_{A}$<u>岩石の表面</u>を観察したら，両方ともデイサイトというものみたいだね。

大地さん：でも，僕の調べたものは$_{B}$<u>密度</u>が 2.68 g/cm^3 なのに，リカさんのものは 2.00 g/cm^3 で，大きく違うね。

リカさん：表面に注目すると，私のものは細かな穴やくぼみがたくさんあるのに，大地さんのものはあまり穴が空いていないね。

研 究 員：そうだね。２つの岩石は（　C　）が違ったから，密度の値も違ったんだね。

(1) 下線部Aについて，この岩石の表面の様子を示した図として正しいものはどれか。 **36**

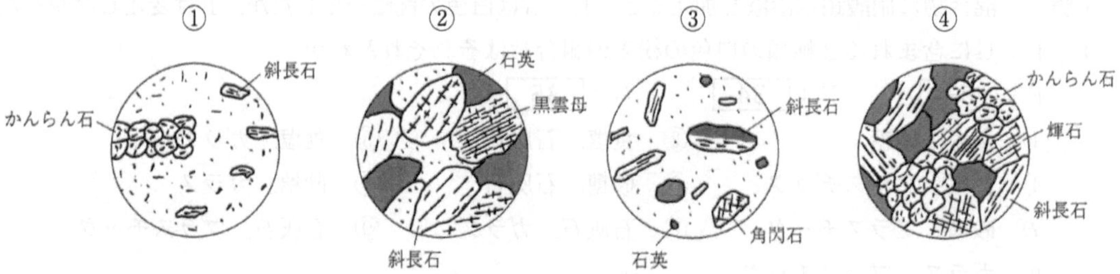

(2) 下線部Bに関連して，リカさんが調べた岩石の体積は大地さんのものの 1.10 倍であった。大地さんが調べた岩石の質量はリカさんのものの何倍か。小数第３位を四捨五入して，小数第２位まで答えよ。 **記述**

(3) （　C　）に入る語句として，最も適切なものはどれか。 **37**

① 固まった地下の深さ　　② 含まれる鉱物の種類

③ 火山ガスの抜け方　　④ 侵食の程度

〔Ⅱ〕 大地さんとリカさんは，ふもとの博物館で火山やこの地域のことについて調べた。図3中の矢印で示した火山が，2人が調べている火山である。

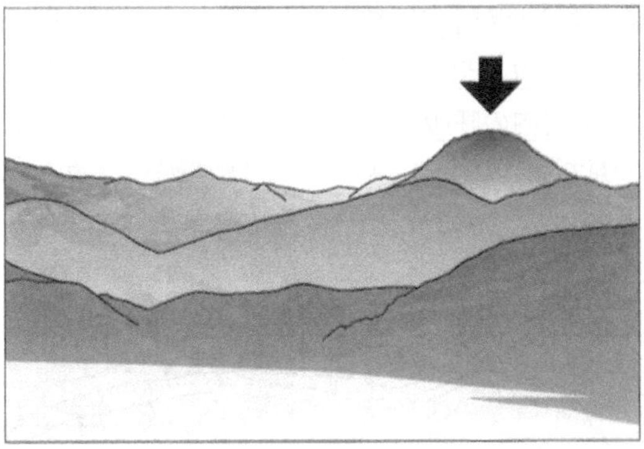

図3

(4) 博物館には，火山灰が堆積してできた岩石も展示されていた。この岩石の名称として，正しいものはどれか。 [38]

① チャート　② 石灰岩　③ はんれい岩　④ 凝灰岩

(5) この地域のことを調べると，「逆断層」が多くあることが分かった。逆断層とは，地層の上側の大地がずれ上がる形の断層である。大地にはたらく力の向きと大地の動きの組合せとして正しいものはどれか。 [39]

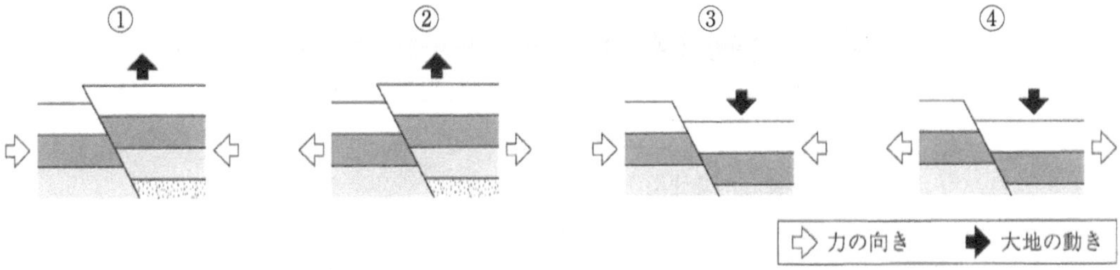

(6) 火山を構成する火成岩の特徴や図3の火山の形状から，この火山が起こす火山災害として，最も可能性が低いと考えられるのはどれか。 [40]

① 溶岩流　② 火砕流　③ 噴石による被害　④ 火山灰による被害

8 次の文章を読み，後の(1)～(5)の問いに答えなさい。

$_{a}$アカミミガメと$_{b}$アメリカザリガニは2021年現在，日本では特定外来生物には指定されていないものの，生態系に大きな影響を与えていることが明らかになっている。アカミミガメは，輸入されペットとして飼育されていたものが野外に放されて，全国に分布するようになった。アメリカザリガニは，もともとは$_{c}$ウシガエルの餌として日本に持ち込まれたが，雑食性で繁殖力が強いため分布が拡大した。そのため，身近な生き物として，小川やため池で$_{d}$スルメイカを餌にザリガニ釣りができるほどになっている。

小・中学校では，アメリカザリガニは行動の観察や，からだの外部のつくりの観察によく用いられる。同じ甲殻類のエビは，食用で手に入りやすく，解剖に用いられる。図1のエビの側面から見た解剖図では，腸が背側にあること，動脈が背側と腹側にあることがわかる。ヒトと異なる点として，消化管が背側にあること，動脈が枝分かれして，からだの各部に分布する [A] はないことが挙げられる。解剖時に赤い血が出ることはなく，ヒトの赤血球に含まれる赤い色素[B]がないことも異なる点である。図２の腹側から見た解剖図では神経が腹側にあることがわかる。脳と脳から胸や腹にのびた神経の集まりが$_{e}$中枢神経にあたる。さらに，図３の側面から見た解剖図は筋肉の様子を示している。$_{f}$ザリガニやエビは素早く泳ぐことができる。これは，脊椎動物とからだのつくりは異なっても，$_{g}$細胞内の呼吸（内呼吸）は効率よく行われているためである。

（注）アカミミガメはハチュウ類でカメのなかま，スルメイカは軟体動物でイカのなかま，ウシガエルは両生類でカエルのなかまである。

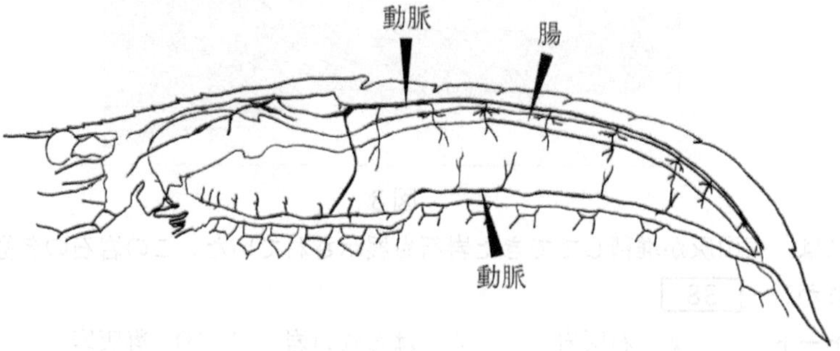

図１

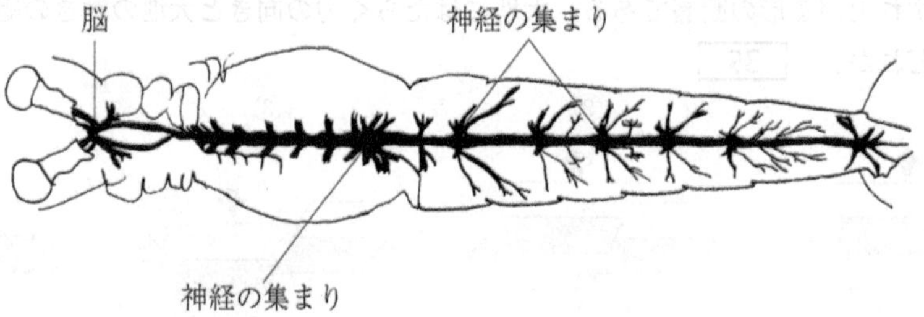

図２

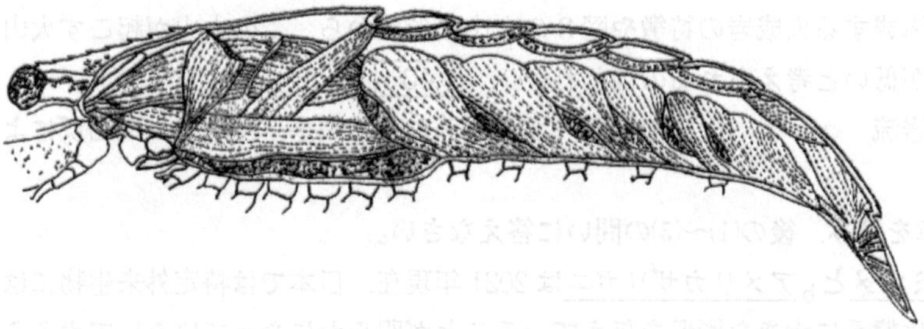

図３

(1)　空欄[A]，[B]にあてはまる語の組合せとして正しいものはどれか。[41]

	A	B
①	静脈	オルセイン
②	静脈	ヘモグロビン
③	毛細血管	オルセイン
④	毛細血管	ヘモグロビン

(2)　下線部 a ～ d に関連して，**誤っているもの**はどれか。　42

①　アカミミガメは，内骨格をもつ脊椎動物である。

②　アメリカザリガニは，からだとあしに節があり，脱皮を繰り返して成長する。

③　スルメイカは外とう膜をもつが，アサリは外とう膜をもたない。

④　ウシガエルの幼生はえらや皮ふで呼吸し，成体は肺や皮ふで呼吸する。

(3)　下線部 e に関連して，ヒトの中枢神経について述べた文のうち，**誤っているもの**はどれか。　43

①　中枢神経は多くの神経が集まっていて，判断や命令などを行う。

②　中枢神経は意識せずに起こるからだのはたらきには関わっていない。

③　中枢神経はヒトの場合は脳と脊髄《せきずい》からなる。

④　中枢神経が枝分かれして全身に広がったものが末しょう神経である。

(4)　下線部 f のような動物のからだの動きには筋肉が関わっている。筋肉について述べた次の文が正しい場合は①を，誤っている場合は⓪をマークせよ。

(a)　ザリガニやエビは，筋肉が外骨格の内側についており，関節では外骨格を引っ張るようにしてはたらく。　44

(b)　ヒトは，筋肉の両端がけんによって骨格とつながっている。例えば，腕をのばすときには，関節をのばすための筋肉がゆるんで，曲げるための筋肉が縮んでいる。　45

(5)　下線部 g の内呼吸について述べた文として正しいものはどれか。　46

①　アメリカザリガニは，えら呼吸を行う。

②　横隔膜の上下によって気体の出入りが行われている。

③　酸素を用いて，養分からエネルギーを取り出している。

④　呼吸では，二酸化炭素だけができる。

【社　会】（50分）〈満点：100点〉

1 探検や冒険について，後の問いに答えなさい。**図1**は正距方位図法の略地図であり，1304年にモロッコのタンジャ（現タンジール）に生まれたイブン・バットゥータの旅を記録したとされる『三大陸周遊記』による主な行程を示したものである。

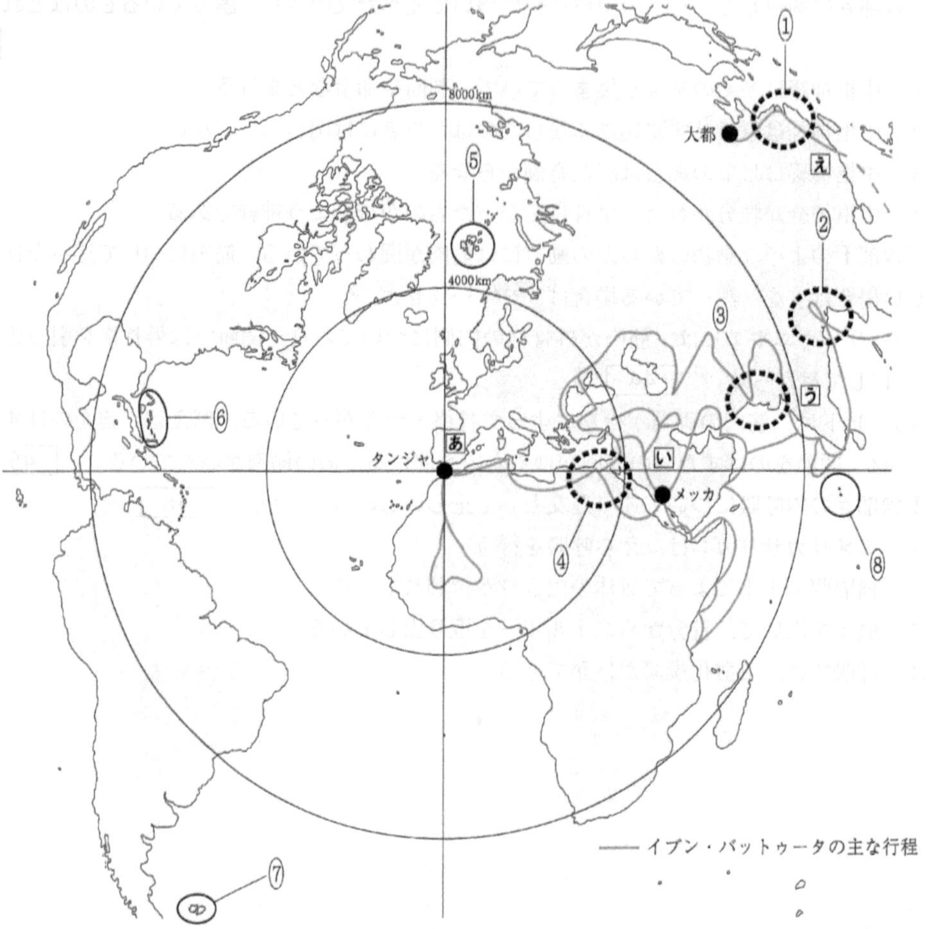

図1　タンジャ中心の正距方位図法の略地図に示したイブン・バットゥータの主な行程

> バンガーラ（ベンガル）は広大で，［　A　］の産地である。世界中で，この地方ほど物価のやすいところを，わたしくは見たことがない。しかし湿気が多く，ペルシャの人々は「財宝に満ちた地獄」と呼んでいる。
>
> 最初に訪れたのは（ベンガル地方の）スドゥカーワーンという大海に臨んだ大きな港町で，ガンジスの河口に近いところにあった。
>
> 『三大陸周遊記』（前嶋信次訳，角川書店，一部改変）

問1　**図1**から読み取れることとして最も適切なものを，次の①～④のうちから1つ選びなさい。
1

① タンジャから見て，メッカはおよそ東に位置し，大都は北東に位置している。
② タンジャからメッカはおよそ5千キロ，大都はおよそ2万キロ離れている。
③ メッカから見て，タンジャはおよそ西に位置し，大都は真北に位置している。
④ メッカからタンジャはおよそ5千キロ，大都はおよそ2万キロ離れている。

問2　次のグラフは，2019年の小麦・米・トウモロコシ・大豆のいずれかの世界における生産量の割合を示したものである。文中の［　A　］に該当する作物のものを，次の①～④のうちから1つ選びなさい。 **2**

①

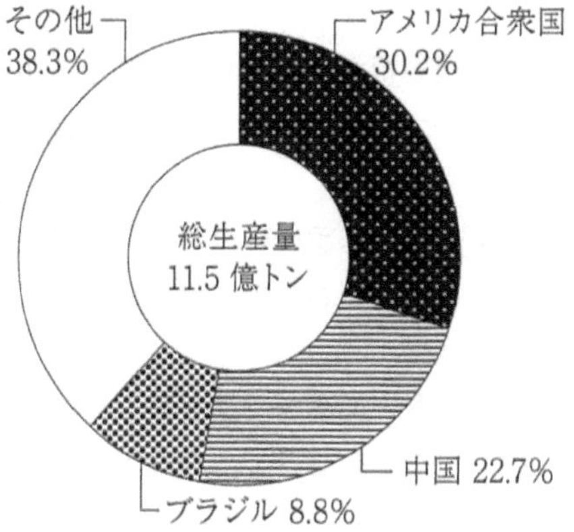

②

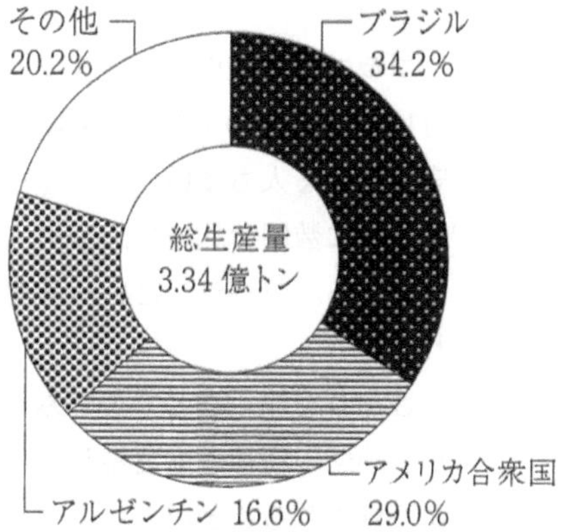

③

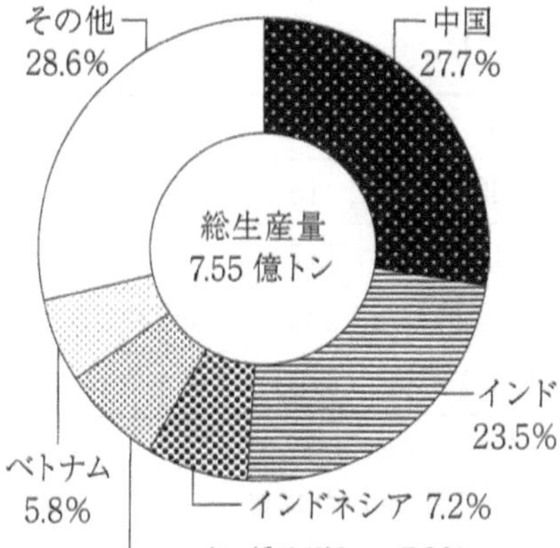

④

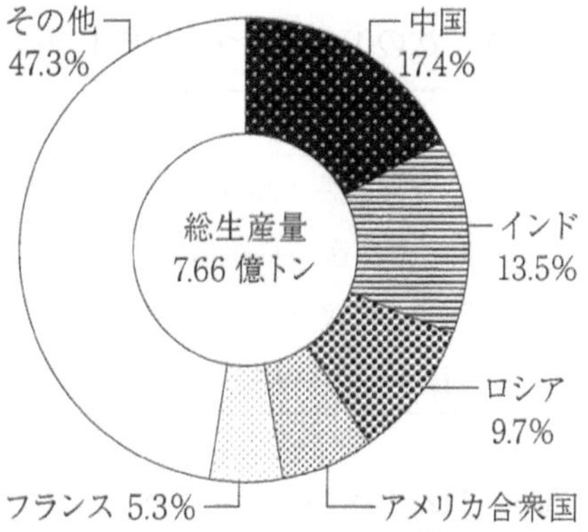

『世界国勢図会 2021/22』による

問3　文中の「スドゥカーワーン」という港町の位置として最も適切なものを，**図1**の◌の①～④のうちから1つ選びなさい。 **3**

問4　イブン・バットゥータがメッカを訪れた際のようすは，次のように記録されている。この土地には，ある宗教の信者のみが訪れることができた。その宗教の特徴について説明した文として最も適切なものを，下の①～④のうちから1つ選びなさい。 **4**

アル・マスジドル・ハラームは町のほぼ中央にあって，東西は約二百メートル，南北もほぼ同じくらいである。その中央にカーバが立っている。方形の建物で，その美しさは筆にも言葉にも尽くし得ぬのである。褐色で堅牢《けんろう》な石材を巧みに積み上げて作ったもので，多くの年月を経ても少しも変ったところが見えぬ。カーバの入口は，北東面の壁にあり，この入口と黒石との間の壁をアル・ムルタザムという。巡礼の人々は，ここに胸をあてて熱烈な祈りをささげるのである。

『三大陸周遊記』（前嶋信次訳，角川書店，一部改変）

① 復活祭（イースター）や降誕祭（クリスマス）などが主な宗教行事となっている。イエスの教えが新約聖書にまとめられ，以降，ヨーロッパ各地へ拡大し，その後，他地域にも広がった。

② ブラフマー，ヴィシュヌ，シヴァの３つの神が重要視され，信者は「聖なる川」で沐浴《もくよく》を行い，身を清めて祈りを捧《ささ》げる。牛は神聖な動物として扱われ，肉を食べない菜食主義を守っている人も多い。

③ １日に数回の礼拝や，寄付（喜捨）やラマダン（ヒジュラ暦の９月）の断食が義務付けられている。コーランという聖典に信仰に関することが記載されており，豚肉や飲酒は避けられる。

④ さとりを開くことで苦しみから解放されるという考えに基づき，さまざまな教えが派生した。慈悲の精神を重要視し，殺生を好まず，肉，魚などを避けて，精進料理といわれる食膳が準備されることがある。

問５　次の表は，図１のあ～えに示した地域にある，現在の国々について，項目ごとにまとめたものである（統計年次は2018年／2020年）。いの地域にある国のものとして最も適切なものを，次の①～④のうちから１つ選びなさい。 **5**

	①	②	③	④
人口密度（人/km^2）（2020年）	420	16	150	92
第三次産業従事者の割合（%）（2018年）	31.7	72.7	45.7	75.5
観光客数（万人）（2018年）	1,742	1,533	6,290	8,277
観光収入（億ドル）（2018年）	291	170	404	813

『データブックオブ・ザ・ワールド2021年版』による

問６　1492年８月３日にスペインのパロス港付近の河口を出発したコロンブス一行の探検の成果に関する次の文章を読んで，後の(1)および(2)に答えなさい。

10月11日，木曜日

夜中の２時に陸地が見えたが，陸地からは２レグア（約12キロメートル）ほど離れていたのであろう。そこで，全部の帆を巻きあげ，ボンネットのない大四角帆《トレオ》だけを残して綱にくくりつけ，翌日を待った。そして翌金曜日，インディオの言葉でグアナハニと呼ばれる，ルカヨ諸島の一小島に到着した。

『コロンブス航海誌』（林屋永吉訳，岩波書店，一部改変）

(1) 文中の下線部は，1492年10月12日金曜日にコロンブスが到達した島のことである。この島を含む諸島は現在何と呼ばれているか。解答欄に最も適切な地名を**カタカナ3字**で書きなさい。
記述

(2) コロンブスが到達した下線部の島を含むものとして最も適切なものを，**図1**の◯の⑤～⑧のうちから1つ選びなさい。 6

2 近畿地方について，後の問いに答えなさい。

問1 **図1**は近畿地方とその周辺地域を示したものである。**X**と**Y**の地域に見られる海岸地形を何とよぶか。地形の名称を答えなさい。 記述

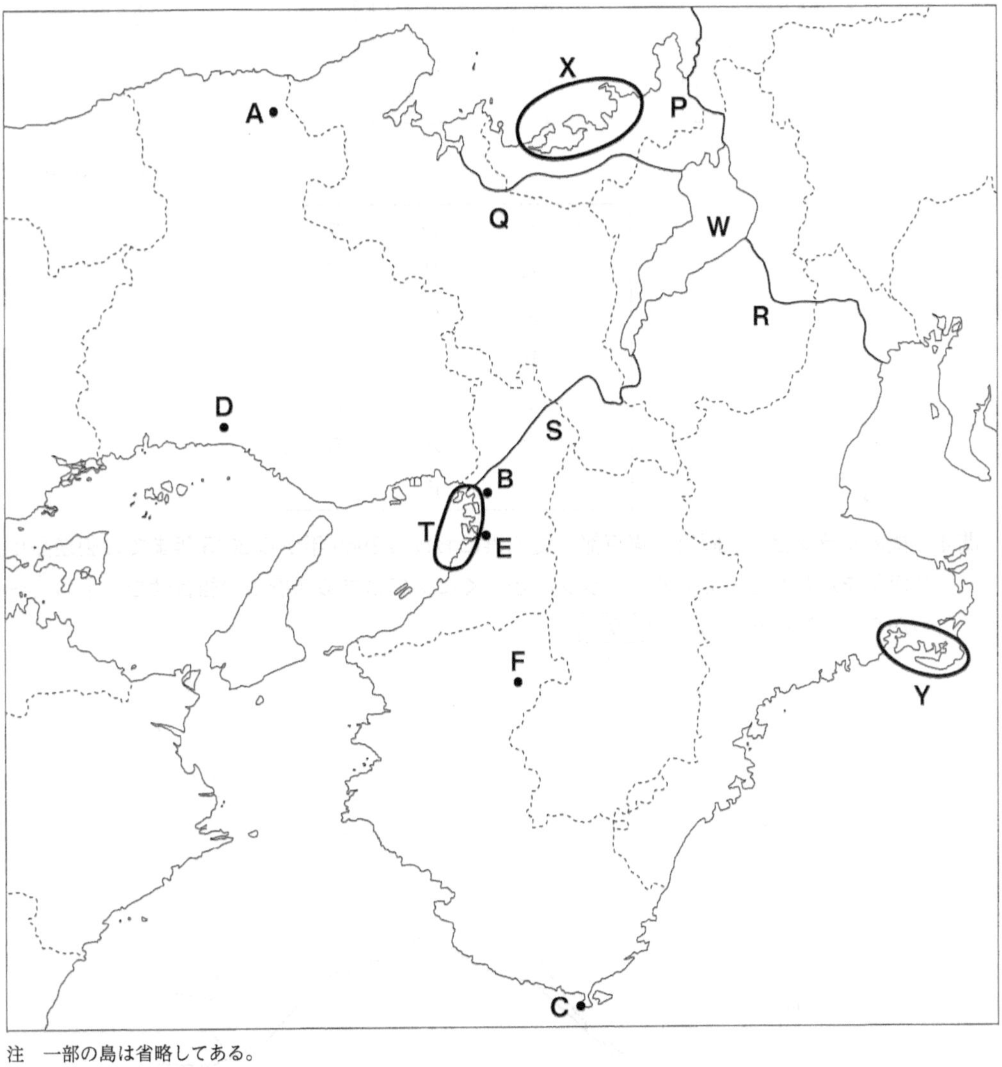

注 一部の島は省略してある。

図1

問2 **図1**の**W**の湖から海に流出する河川は1つである。その河川は**図1**の**P**～**S**のどれか。正しいものを，次の①～④のうちから1つ選びなさい。 7

① **P**　② **Q**　③ **R**　④ **S**

問３　次の図は，図１のＡ～Ｃのいずれかの地点の雨温図である。それぞれの図にあてはまる地点の組合せを，下の①～⑥のうちから１つ選びなさい。 **8**

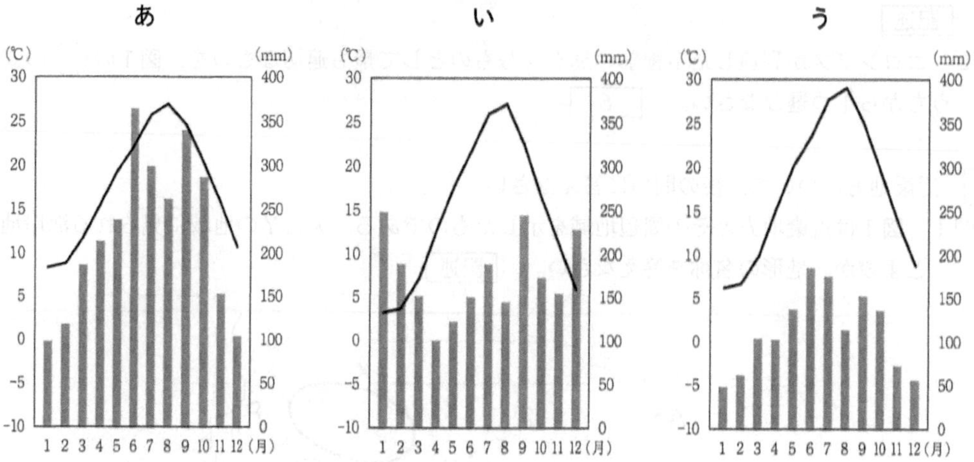

気象庁 Web ページより作成

	あ	い	う
①	A	B	C
②	A	C	B
③	B	A	C
④	B	C	A
⑤	C	A	B
⑥	C	B	A

問４　次のグラフは，大阪府，東京都，愛知県における1960年から2015年までの製造品出荷額等の変化を示したものである。グラフのか～くにあてはまる都府県の組合せを，下の①～⑥のうちから１つ選びなさい。 **9**

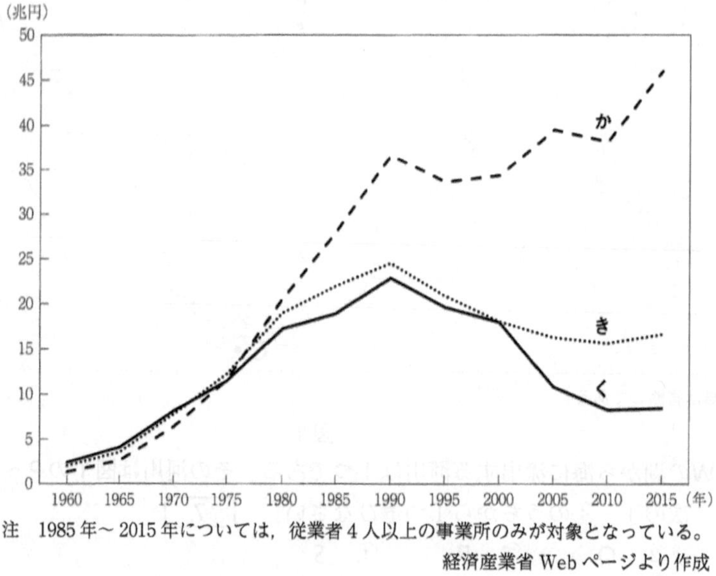

注　1985年～2015年については，従業者４人以上の事業所のみが対象となっている。

経済産業省 Web ページより作成

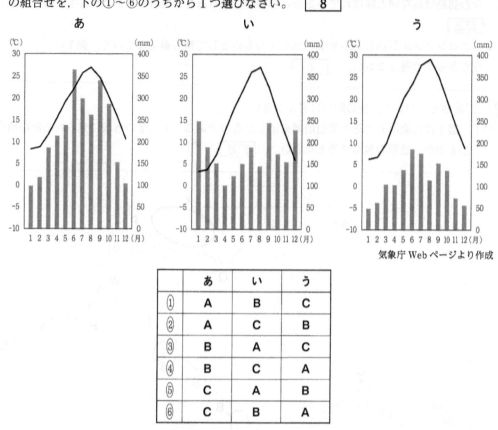

	か	き	く
①	大阪府	東京都	愛知県
②	大阪府	愛知県	東京都
③	東京都	大阪府	愛知県
④	東京都	愛知県	大阪府
⑤	愛知県	大阪府	東京都
⑥	愛知県	東京都	大阪府

問5　図1のTの地域で現在みられる発電所のうち，最も発電量の多いものを，次の①～④のうちから1つ選びなさい。 10

①　水力発電所　　②　火力発電所　　③　原子力発電所　　④　地熱発電所

問6　次の表は，2015年における京都府，兵庫県，奈良県，和歌山県の4府県から大阪府への流入人口（常住地から通勤・通学のために流入してくる人口）と，同じ4府県の昼夜間人口比率（昼間人口を常住人口（夜間人口）で割って100をかけたもの）を示したものである。表の①～④のうち，奈良県にあてはまるものを1つ選びなさい。 11

	大阪府への流入人口（万人）	昼夜間人口比率
①	9.7	101.8
②	15.5	90.0
③	2.9	98.2
④	33.3	95.7

『データでみる県勢2021年版』より作成

問7　図1のD～Fは，世界文化遺産に登録されている文化財の位置を示している。次のさ～すはD～Fのいずれかにある文化財について説明したものである。さ～すとD～Fの組合せとして適切なものを，下の①～⑥のうちから1つ選びなさい。 12

さ　平安時代初期に密教を学び，中国から帰国した空海が開いたとされる寺院がある。この寺院は現在も真言宗の総本山となっている。

し　1609年に建築された5層7階の大天守をはじめとする城郭が残されている。白壁で統一された優美な外観から白鷺《しらさぎ》城ともよばれている。

す　5世紀の中頃に築造されたとされる日本最大の前方後円墳がある。周辺には全周約2.8 kmの周遊路が整備されている。

	さ	し	す
①	D	E	F
②	D	F	E
③	E	D	F
④	E	F	D
⑤	F	D	E
⑥	F	E	D

問8　次のグラフは，和歌山県における1960年から2015年までの林業就業者の年齢階層別構成比のうち，20～29歳，40～49歳，60歳以上について示したものである。グラフのた～つにあてはまる年齢階層の組合せを，下の①～⑥のうちから1つ選びなさい。　13

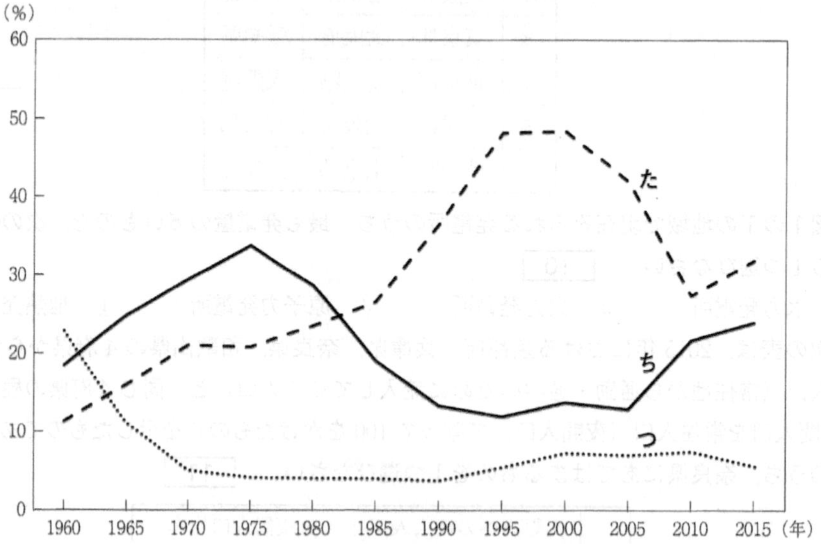

和歌山県農林水産部森林・林業局『令和３年度　森林・林業及び山村の概況』より作成

	た	ち	つ
①	20～29歳	40～49歳	60歳以上
②	20～29歳	60歳以上	40～49歳
③	40～49歳	20～29歳	60歳以上
④	40～49歳	60歳以上	20～29歳
⑤	60歳以上	20～29歳	40～49歳
⑥	60歳以上	40～49歳	20～29歳

3　次の文章を読んで，後の問いに答えなさい。

日本の歴史を振り返ると，政治の中枢に女性が深く関わっていた時代もある。たとえば，蘇我氏によって対立する大王《おおきみ》が殺害され，女性の大王が擁立されると，以後約200年の間，しばしば(ア)女性の大王や天皇が即位した。

平安時代には女性の天皇が即位することはなくなったが，『源氏物語』や(イ)『枕草子』など，女性によって書かれたかな文字を使った文学作品が多く残された。鎌倉時代には，(ウ)幕府のような公的な場でも女性が重要な役割を果たしていた。しかし，鎌倉時代の後半以降，御家人の窮乏を背景に相続のあり方などが変わり，女性の社会的地位は徐々に低下していった。

(エ)江戸時代には男性を一家の中心とする考え方が広く定着した。こうした考え方は，明治時代にも引き継がれていった。(オ)大正時代には第一次世界大戦の勃発にともなう大戦景気を背景に，女性の社会進出や生活様式の変化が進んだが，女性の政治参加への制約は大きかった。太平洋戦争の敗戦後，(カ)連合国軍による占領下でさまざまな改革が進められ，女性の政治的・社会的地位も大きく変化した。

問１　下線部(ア)のもとでのできごとについての説明として最も適切なものを，次の①～④のうちから１つ選びなさい。 14

①　朝鮮半島から朝廷に仏像や経典がもたらされ，初めて仏教が伝えられた。

②　律令制度を実施する準備が進められ，藤原京がつくられた。

③　都に東大寺を建て，国ごとに国分寺と国分尼寺をつくることが命じられた。

④　大陸からの攻撃が心配されるなか，大津宮に都が移された。

問２　下線部(イ)の作者名を**漢字**で答えなさい。 記述

問３　下線部(ウ)に関する次の資料について，下の(1)および(2)に答えなさい。

> (あ)二品《にほん》は，御家人たちを簾《すだれ》の下に招き，秋田城介《あきたじょうのすけ》景盛[注]によくよく意思をいい含めて言わせた。「みな心をひとつにしてよく聞け。これは最後の言葉である。今は亡き右大将軍が朝敵を征伐し，鎌倉幕府を開いて以降，官位といい俸禄《ほうろく》といい，その恩は既に山岳より高く大海よりも深い。この御恩に感謝して報いようという志がどうして浅いことがあろうか。……名を惜しむ者たちは……三代の将軍が残したものを守るべきである。ただし，(い)院に味方したいと思う者は，ただ今申し出よ。」
>
> 注　有力御家人の安達景盛

(1)　下線部(あ)の人物は誰か，現在一般的によばれている名前を**漢字**で答えなさい。 記述

(2)　下線部(い)の生きた時代に関する説明として**不適切なもの**を，次の①～④のうちから１つ選びなさい。 15

①　武士出身の西行の和歌が，『新古今和歌集』に多数おさめられた。

②　戦乱で焼かれた東大寺が再建され，運慶らが金剛力士像などをつくった。

③　法然が，一心に念仏を唱えれば，死後誰でも極楽往生できると説いた。

④　中国にわたって絵画技法を学んだ雪舟が，日本の水墨画を完成させた。

問４　下線部(エ)に関する説明として最も適切なものを，次の①～④のうちから１つ選びなさい。

16

①　江戸幕府の成立から約30年後に，大阪を拠点に大名として存続していた豊臣氏が滅ぼされた。

②　江戸幕府の成立から約100年間は，平和の実現とともに商工業が発展する一方，耕地の開発は停滞した。

③　ペリー来航の約60年前にロシアの使節が来航し，通商を求めると，ロシアを警戒した幕府は蝦夷地や樺太の調査を行わせた。

④　ペリー来航の約10年前，アヘン戦争における清国の敗北の情報が伝わると，幕府は海防強化のために異国船打払令を出した。

問５　下線部(エ)には特徴的な文化が展開したいくつかの時期が知られている。右の作品が描かれたのと同じ頃の政治や文化に関する説明として最も適切なものを，次の①～④のうちから１つ選びなさい。 17

①　徳川家光が参勤交代を制度化し，大名の妻子の多くは江戸に滞在することになった。

②　徳川綱吉が生類憐《あわれ》みの令を定め，極端な動物愛護の政策をとった。

③　伊能忠敬が全国の海岸線を測量し，正確な日本地図を作成した。

④　小林一茶が農民の素朴な感情を俳句によみ，川柳や狂歌が流行した。

問６　次の〈人物 〉Ⅰ・Ⅱと〈作品 〉A～Cについて，下線部(オ)のような時代を背景に活躍した画家とその作品の組合せとして最も適切なものを，下の①～⑥のうちから１つ選びなさい。

18

〈人物 〉　Ⅰ　黒田清輝　　Ⅱ　竹久夢二

〈作品 〉

A

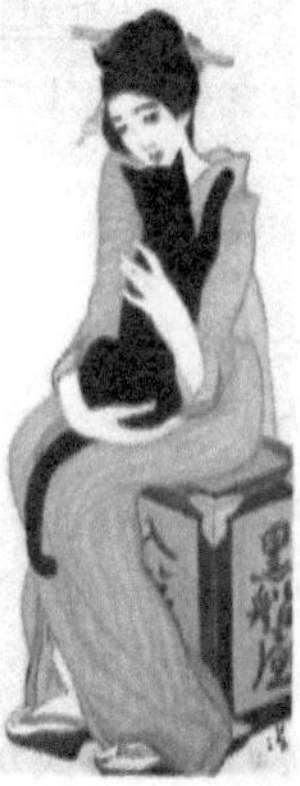

B

C

	①	②	③	④	⑤	⑥
〈人物〉	Ⅰ	Ⅰ	Ⅰ	Ⅱ	Ⅱ	Ⅱ
〈作品〉	A	B	C	A	B	C

問７　下線部(オ)に関する説明として最も適切なものを，次の①～④のうちから１つ選びなさい。

19

①　工業の発達により，従来ほとんど男性だった工場労働者にも女性が採用されるようになった。

②　男子より低かった女子の小学校就学率が高まり，第一次世界大戦後には80％をこえた。

③　バスの車掌や電話交換手などの働く女性が増加し，ほとんどの女性が日常的に洋服を着るようになった。

④　都市部の文化住宅にはガス・水道・電気などが設置され，ライスカレーやコロッケなどの洋食が広まった。

問８　下線部(カ)に関する説明として最も適切なものを，次の①～④のうちから１つ選びなさい。

20

① 新たに制定された教育基本法に，教育の機会均等，男女共学などが定められ，これに合わせて義務教育は９年間となった。

② 労働組合が数多く組織されるようになったことを背景に，働く人々の生活をありのままに描く樋口一葉などの女性の作家が登場した。

③ 満20歳以上の男女に選挙権が認められ，戦後初の衆議院議員選挙では約100名の女性が当選した。

④ 労働条件の最低基準を定めた労働基準法が制定され，女性が働きやすいようにするための保育所の整備の基準などが定められた。

4　次の文章を読んで，後の問いに答えなさい。

お金を意味する英語の「money」は，(ア)古代ローマで最初の硬貨がユーノー・モネータ（Juno Moneta）神殿で鋳造されたことに由来する。

(イ)メソポタミアに居住していたシュメール人は，紀元前3000年頃には独自の通貨単位を使用していた。古代ローマでは金貨が兵士への給料として使用され，英語の「soldier」という語はこの金貨の名称ソリドゥスに由来する。しかしローマ帝国の衰退と共に貨幣経済は一時廃れ，中世のヨーロッパ世界では，税は硬貨ではなく生産物や労役で支払われるようになった。一方アジアでは新たな通貨システムが生み出され，13世紀には(ウ)当時の中国の王朝を訪問し，その王朝に仕えたヨーロッパの探検家の著作によって，その新種の通貨がヨーロッパに紹介された。オランダに対抗して，(エ)アジアとの貿易に進出していったイギリスは17世紀末，国内の財政安定のためイングランド銀行を設立した。この銀行はのちに国内の手形発行を独占し，国内の(オ)金融制度の要となり，中央銀行のモデルとなっていった。

前述のユーノー・モネータ神殿の名は所持金を守るとされる女神に由来し，「忠告する者」という意味があるとされている。(カ)人間の歴史を支えてきた通貨システムは時に破綻し，経済混乱や戦争をもたらすこともあり，歴史にもさまざまな影響をもたらしてきた。

問１　下線部(ア)に関する説明として**不適切なもの**を，次の①～④のうちから１つ選びなさい。

21

① 神に捧《ささ》げる宗教的な祭典として，古代オリンピックを始めた。

② 一神教であるキリスト教を国教に定めた。

③ 共和制から，皇帝を中心とする帝政になった。

④ 東西に分裂し，東側の国は現在のトルコを中心とした。

問２　下線部(イ)に関連して，この地に興った各王朝は現代にもつながるさまざまな制度を残しており，刑法もその一つである。**資料１**は紀元前1800年頃にメソポタミアを統一した古バビロニア王国で制定された法典の一部（一部改変）である。古代メソポタミア文明とこの資料の内容についての説明として最も適切なものを，下の①～④のうちから１つ選びなさい。　22

資料 1

第 196 条　もし自由人もしくは貴族階級の者が，別の自由人もしくは貴族階級の目を失明させたならば，判事たちはその者の目を失明させるべし。

第 198 条　もし自由人もしくは貴族階級の者が，半自由人もしくは平民階級の者の目を失明させたならば，彼は銀を賠償金として支払うべし。

① この文明では甲骨文字が使用され，**資料 1** では犯した罪によって刑罰には差がなかったことがうかがえる。

② この文明では太陽神の化身とされた王による統治がなされ，**資料 1** では王が独占的に法も管理していたことがうかがえる。

③ この文明では成人男性による民主主義が確立し，**資料 1** でも法の下の平等が明記されている。

④ この文明では粘土板に文字が記録され，**資料 1** では身分によって刑罰に差があったことがうかがえる。

問 3　下線部(ウ)について，**資料 2** はその記述の一部（一部改変）である。この王朝の名称と**資料 2** で述べられた通貨の図の組合せとして適切なものを，次の①～⑥のうちから 1 つ選びなさい。

| 23 |

資料 2

その一枚いちまいの紙が全て，純金や純銀であるかのごとく厳かに権威を持って発行される。……誰もがそれをすぐに受け入れる。そのため大ハーンの領土内ではどこに行ってもこの紙の通貨に出会う。そして純金の硬貨と全く同じように，これであらゆる品物の売買ができる。

X

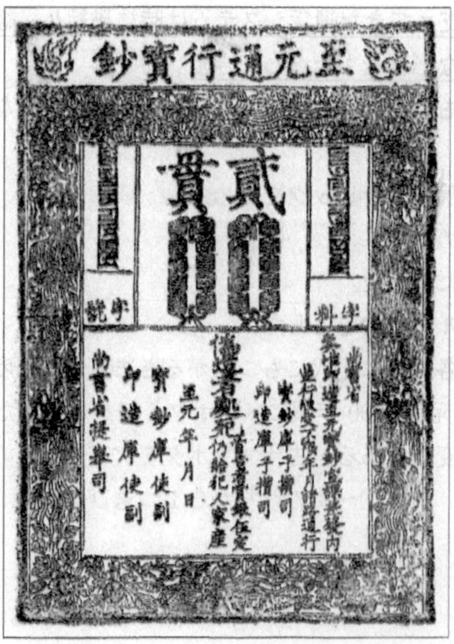

Y

	①	②	③	④	⑤	⑥
王朝の名称	唐	唐	元	元	明	明
通貨の図	X	Y	X	Y	X	Y

問４　下線部(エ)に関連して，アジアとの交易を目的にヨーロッパ各国で設立されたのが東インド会社である。この会社に関する説明として最も適切なものを，次の①～④のうちから１つ選びなさい。 24

①　スペインの東インド会社は，インド航路開拓の中心となった。
②　イギリスの東インド会社は，インドの植民地化を進めた。
③　ドイツの東インド会社は，アジアへのキリスト教布教を行った。
④　ロシアの東インド会社は，南下政策を進めた。

問５　下線部(オ)に関連して，**資料３**はイギリスが19世紀に始め，その後ヨーロッパに広がった通貨制度についての説明である。この制度の名称を，解答欄にあうよう**漢字**で答えなさい。 記述

資料３

オーストリア・クローネ[注]は，純金貨で流通し，それによってその不動なことを保証していた。……万事がその規範を持ち，自己の一定の度量衡を持っていた。

注　当時のオーストリアの通貨

シュテファン・ツヴァイク『昨日の世界』（原田義人訳，みすず書房，一部改変）

問６　下線部(カ)に関連して，**資料４**はある国の1913年の卸売物価を１とした卸売物価指数を表している。その国とこのような状況になった背景についての説明として最も適切なものを，下の①～④のうちから１つ選びなさい。 25

資料４

時期	卸売物価指数
1913年	1
1922年1月	37
1923年1月	2,785
1923年7月	74,787
1923年12月	1,261,600,000,000

①　この国は中国であり，日清戦争の敗北によって外国勢力の進出が進んだ。
②　この国はアメリカであり，株価の大暴落により企業の倒産が相次いだ。
③　この国はドイツであり，第一次世界大戦の敗北により多額の賠償金を課せられた。
④　この国は日本であり，日露戦争後の不景気により経済混乱が発生した。

5　次のⅠ・Ⅱの文章を読んで，後の問いに答えなさい。

Ⅰ　経済において，様々なモノやサービスが生産され，それが貨幣と交換されながら消費されていくことを繰り返すことで社会は発展していく。人々の暮らしを支えるために必要なものをすべて自国で生産できることが望ましいが，現実には難しい。それを克服するために，(ア)貿易が重要な意味を持つ。国際分業において，自国で不足するものを輸入するだけでなく，(イ)自国がより効率

的に生産することができる得意な商品を生産して輸出することで結果的に世界全体を豊かにしていく可能性が高まる。

一方で貿易は異なる国の企業が同種の製品を生産することによって国際競争となることも多く，健全な競争は経済の発展を促すが，場合によっては(ウ)競争の激化によって自国に不利益をもたらすこともある。

いずれにせよ貿易は相互に利益をもたらす関係であることが望ましく，貿易を行う国同士も対等かつ良好な関係を維持することが大事である。

問１　下線部(ア)に関連して，自由貿易ではそれぞれの国が得意とする商品の生産に集中したうえで，自国では生産していなかったり，効率的に生産できない製品を他国と互いに輸出入することが前提となっている。この自由貿易をよりいっそう進めるために必要な手立てとして最も適切なものを，次の①～④のうちから１つ選びなさい。 26

① 自国の苦手な製品を生産する産業を育成するために，積極的に補助金を出す。

② 複数の国と協議しながら様々な製品に対する関税を下げ，最終的に撤廃を目指す。

③ 相手国との協力関係を構築するために，国交を結び軍事同盟を締結する。

④ 輸入品の安全性を確保するなどの理由で，国際標準より厳格な規準や検査を課す。

問２　下線部(イ)に関連して，次の２つの表はＡ国とＢ国の２か国が野菜と自動車を１単位生産するために必要な労働力の量および生産している労働者数を表している。なお，これ以外の産業に従事している労働者はいないものとする。ここでは，必要な労働力が少ないほうが効率的に生産できるということを意味している。

現在，Ａ国とＢ国の両国はそれぞれ自国で野菜と自動車の両方の生産しているので，その生産量は両国合わせて野菜４単位，自動車４単位となる。これを，Ａ国とＢ国それぞれが効率的に生産できる産業に自国の労働者すべてを投入した場合，どのような生産状況となるか。下の①～④のうちから最も適切なものを選びなさい。 27

	Ａ国		
	１単位生産するのに必要な労働者数	生産している労働者数	生産される量
野菜	100人	200人	2単位
自動車	140人	280人	2単位
全労働者数		480人	

	Ｂ国		
	１単位生産するのに必要な労働者数	生産している労働者数	生産される量
野菜	90人	180人	2単位
自動車	60人	120人	2単位
全労働者数		300人	

① A国は自動車生産に当てていた280人の労働力が加わり480人の労働力で野菜を生産することになり，4.8単位の野菜が生産される。

② A国はB国で野菜を作っていた180人の労働力を出稼ぎ労働者として受け入れて，380人の労働力で野菜を生産することになり，両国分の生産量の合計である4単位の野菜がA国で生産される。

③ B国は自動車生産に当てていた120人の労働力が加わり300人の労働力で野菜を生産することになり，約3.3単位の野菜が生産される。

④ B国は自動車生産に当てていた120人の労働力がA国へ出稼ぎ労働へ行くので180人の労働力のままで野菜を生産することになり，2単位の野菜が生産される。

問3 下線部(ウ)に関連して，競争の激化によって生じる産業の空洞化とはどのような問題か。最も適切なものを，次の①～④のうちから1つ選びなさい。 28

① 人件費を抑えるために企業がリストラを進めたり採用を極端に減らした結果，その企業から特定の世代が欠けたいびつな組織構成になってしまう。

② 企業が安い人件費を求めて，工場などを海外に移転させることで，国内の雇用が減少してしまう。

③ 安い輸入品が大量に入ってくると，同種のものを生産していた国内の産業が破壊され，それを生産する企業が消滅してしまう。

④ 製品価格を抑えるために内容量を減らしたり製品のサイズを小さくすることで，パッケージの中身がすき間だらけになってしまう。

Ⅱ 2019年6月，金融庁の金融審議会「市場ワーキンググループ」報告書が出された。そこではある一つのケースとして95歳まで生きる場合，夫婦二人で老後資金として金融資産が2,000万円必要となるとの試算が示されていた。これは衝撃的な数字であったために，この部分のみが大きく報じられることとなった。その後報告書は撤回されたが，以前より(エ)老齢年金のみで豊かな老後をおくることは難しいと認識されており，また政府においても2001年に「貯蓄から投資へ」のスローガンを掲げ，国民に対して(オ)投資によって長期的に資産形成を支援するような政策が実施されている。

問4 下線部(エ)に関連して，老齢年金は日本の社会保障制度における4つの柱のどれに分類されるか。次の①～④のうちから1つ選びなさい。 29

① 社会保険　② 公的扶助　③ 社会福祉　④ 公衆衛生

問5 下線部(オ)に関連し，この政策の背景には少子高齢社会の存在が指摘される。日本における少子高齢社会の原因についての説明として**不適切なもの**を，次の①～④のうちから1つ選びなさい。 30

① 共働き世帯が増加し，働くことと子育ての両立が難しいから。

② 高年齢者雇用安定法が改正され，希望すれば60歳をこえて働くことができるようになったから。

③ 結婚年齢の高まりから，特殊合計出生率が下がってきているから。

④ 平均寿命が伸び，人口全体に占める高齢者の割合が増えたから。

問6 「お金の融通」である金融において，間接金融につながっていく家計の行為として最も適切なものを，次の①～④のうちから１つ選びなさい。 31

① 家計が，利子を期待して国が発行する国債を購入する。
② 家計が，利子を期待して銀行に預金する。
③ 家計が，利子を期待して地方公共団体が発行する地方債を購入する。
④ 家計が，配当金を期待して企業が発行する株式を購入する。

6 次の文章を読んで，後の問いに答えなさい。

コロナ禍の中で緊急事態宣言が発令され，多くの事業所が営業の自粛を求められた。要請に従わない店舗には罰則を課すことができるようになり，国民の(ア)経済活動の自由は大きく制限されることになった。感染症対策の背後で日々の生活が脅かされている人々がいるが，その補償は必ずしも充分とはいえない。一方で財政の問題は深刻であり，(イ)財政赤字は５年連続で過去最大を更新した。

感染症対策の一環として国民の権利を制限することについて，賛否の声があがっている。その背景には国家が緊急時に権力を濫用し，(ウ)国民の自由や権利を制限した歴史がある。多くの諸外国が都市封鎖（ロックダウン）を行う中で，日本政府は要請という形で対応している。

感染症対策が進められる中で，行政の【 Ａ 】化の遅れが指摘されるようになった。保健所等では未だに紙ベースでの申請のやり取りが多い。こうした中で，2021年９月に設置された【 Ａ 】庁が果たす役割について，注目しておく必要がある。

また国と(エ)地方公共団体の権限や役割分担が分かりにくく，調整に時間を要する事例があった。地域によって感染状況は違う。コロナ禍の中で，(オ)地方自治の重要性があらためて見直されている。

問１ 文章中の【 Ａ 】にあてはまる語を答えなさい。 記述

問２ 下線部(ア)に関連して，人権は本来法律によってもおかされない権利であるが，時として「公共の福祉」に照らして，人権を制限する場合がある。さらにその程度は人権の種類によっても異なる。これに関する説明を読んだ上で，(1)および(2)に答えなさい。

> 経済活動の自由は放置すると格差を生み出すことになるなどの理由から，「公共の福祉」による制限をより強く受けると考えられる。一方で（ ア ）の原理と直結する精神の自由が制限されると社会的な影響が大きいため，その権利を制限することについて，国家は抑制的であるべきという考え方がある。たとえば（ イ ）に基づくデモ活動などは精神の自由のひとつであり，「公共の福祉」による制限は慎重に行うべきであると考えられる。

(1) （ ア ）および（ イ ）に入る言葉として最も適切なものを，次の①～⑥のうちから１つ選びなさい。 32

	ア	イ
①	民主主義	表現の自由
②	資本主義	表現の自由
③	民主主義	身体の自由
④	資本主義	身体の自由
⑤	民主主義	参政権
⑥	資本主義	参政権

(2) 「公共の福祉」による経済活動の自由の制限の例として**不適切なもの**を，次の①～④のうちから１つ選びなさい。 33

① 公衆浴場の営業には，公衆浴場法に基づいて距離制限が設けられている。

② 企業の価格協定は独占禁止法で禁止されている。

③ 医師免許を持つ者でなければ，医師になることはできない。

④ 公務員はストライキを行うなどの団体行動権が制限されている。

問３ 下線部(イ)に関連して，次のグラフは，日本の国債の保有者の内訳の推移をあらわしている。また下の**説明**は，国債に関する説明である。次のグラフ中の（ **ウ** ）および**説明**の中の（ **エ** ）に入る言葉の組合せとして最も適当なものを，下の①～⑥のうちから１つ選びなさい。 34

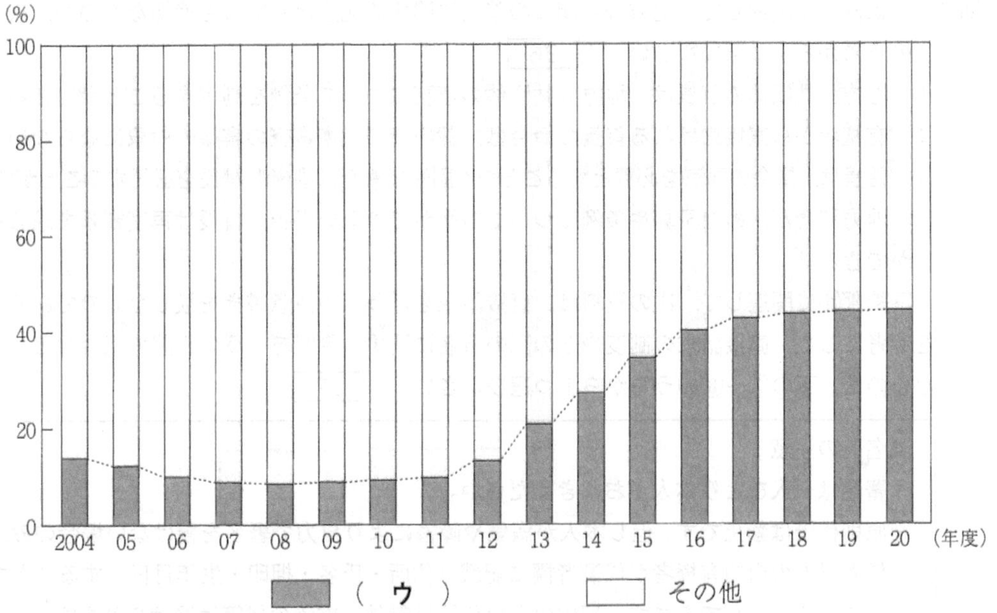

説明

財政赤字の不足分を補う国債は，（ **エ** ）をきっかけにはじめて発行された。

	ウ	エ
①	日本銀行	バブル崩壊後の不景気
②	日本銀行	1964年の東京オリンピック後の不景気
③	証券会社	バブル崩壊後の不景気
④	証券会社	1964年の東京オリンピック後の不景気
⑤	海外の投資家	バブル崩壊後の不景気
⑥	海外の投資家	1964年の東京オリンピック後の不景気

問４　下線部(ウ)に関連する記述として**不適切なもの**を，次の①～④のうちから１つ選びなさい。
35

①　国家総動員法が制定されると，政府は議会の議決を経ずに戦争遂行のために必要な人や物資を動員できるようになった。

②　生活に必要な物資が不足すると，政府は米や砂糖，衣料品などを配給制にして，人々はこれらを自由に購入することができなくなった。

③　本や新聞に政府にとって都合の悪いことが書かれると，政府は伏せ字にさせたり，発禁処分にした。

④　大日本帝国憲法下において，陸海軍に対しては議会による文民統制が敷かれていたが，その統制は次第に効かなくなった。

問５　下線部(エ)に関連して，地方公共団体の首長に関する記述として最も適切なものを，次の①～④のうちから１つ選びなさい。　36

①　地方公共団体の首長は，地方公共団体の事務について条例を制定することができる。

②　有権者から直接選ばれる首長の命令は，裁判所の違憲審査の審議の対象にならない。

③　首長は，議会の同意を必要とすることなく副知事または副市町村長を選任することができる。

④　地方議会が決めた予算や条例について納得ができない場合，首長は再度審議を求めることができる。

問６　下線部(オ)に関連して，次の資料は，直接請求を行う際の注意書きを模したものである。これを参考にして，直接請求の制度やその際の署名に関する説明**あ**～**う**の正誤の組合せとして適切なものを，下の①～⑧のうちから１つ選びなさい。　37

> 署名時の注意
> ・署名は一人ひとり本人がお書きください。
> ・原則代筆は禁止です。但し本人が病気や障害により自力で署名を書けない場合のみ，受任者以外の市内有権者が代筆者欄に記載（住所・氏名・押印・生年月日）することで代筆をすることができます。理由のない代筆は無効・虚偽の代筆は罰せられます。
> ・署名は署名年月日，住民票に記載された住所，氏名，生年月日と押印をしてください。
> ・誤りは二重線で訂正してください。

あ　その市内の有権者の３分の１以上の署名を集め選挙管理委員会に提出すれば，議会の解散を請求することができる。

い　選挙人名簿に記載のない路上生活者が住所を書かずに署名簿に記入した場合は，その地域に住んでいたとしても，その署名は無効となる。

う　本人に同意する意思があれば，遠方に単身赴任しているという理由で他者が署名簿に代筆しても有効となる。

	①	②	③	④	⑤	⑥	⑦	⑧
あ	正	正	正	正	誤	誤	誤	誤
い	正	正	誤	誤	正	正	誤	誤
う	正	誤	正	誤	正	誤	正	誤

イ　知己のひと

① 自分のことを世話してくれる人
② 自分のことを知ろうと努力する人
③ 自分のことを深く理解している人
④ 自分のことを常に敬ってくれる人
⑤ 自分のことを向上させようとする人

〔問2〕 傍線部A「このふたり、おなじ徳、おなじ心なりしにもあらじかし。」の解釈として最も適切なものを、次の①～⑤のうちから一つ選んでマークしなさい。 **19**

① この二人が同じ道徳心や考え方であったことも意外だったよ。
② この二人が同じ道徳心や考え方であったこともすばらしいよ。
③ この二人が同じ道徳心や考え方であったことも有名なことよ。
④ この二人が同じ道徳心や考え方であったことも時々あったよ。
⑤ この二人が同じ道徳心や考え方であったこともないだろうよ。

〔問3〕 傍線部B「いとくるし。」とあるが、「くるし」とは「不快だ」という意味である。何が「いとくるし」なのか。十五字以内で説明しなさい。（句読点も字数に含む。） **記述**

〔問4〕 傍線部C「みな中道には背けりといはん。」とあるが、「中道」とは「かたよらない、ちょうどよい立場」という意味である。この文章における「中道」とは具体的にどのようなことか。その内容として最も適切なものを、次の①～⑤のうちから一つ選んでマークしなさい。 **20**

① 深い関係の友人を助けるのは当然だが、たとえ浅い関係の友であっても分け隔てなく意見すること。
② 友人から助けてもらうことを期待するだけではなく、相手を常に助けようと気にかけ行動すること。
③ 自分から友人に意見することはよくないが、友人から意見を求められたら必ず自分の考えを言うこと。
④ 普段は友人を無理に変えようとせず、友人が求めてきたときや大事なときには自分の意見を伝えること。
⑤ 日ごろは友人が望むことを行うべきだが、友人が困っているときは求められなくても自分の判断で助けること。

〔問5〕 空欄 X にあてはまる語として最も適切なものを、次の①～⑤のうちから一つ選んでマークしなさい。 **21**

① 短　② 長　③ 徳　④ 信　⑤ 交

〔問6〕 この文章における筆者の考えに合致するものとして最も適切なものを、次の①～⑤のうちから一つ選んでマークしなさい。 **22**

① 友と交わるときは、その人の長所と自分の長所で、互いの短所を補い合って高めていくべきだ。
② 友と交わるときは、その人の短所と関わりあうのではなく、長所を認めてつきあっていくべきだ。
③ 友と交わるときは、その人の人柄をよく見て、馴《な》れ合わないように必要なときだけ助けあうべきだ。
④ 友と交わるときは、その人の長所だけではなく、短所も積極的に受け入れて末長くつきあうべきだ。
⑤ 友と交わるときは、その人の中で自分の利益になりそうなところをよく見極めてからつきあうべきだ。

問題の作成上、原文の一部を改変したところがある。

体的空間」は解体されたが、個性的な主張を抑えるような結果の平等が重視されるようになった。そのため、競争という観点から離れて平等を考えなければならなくなり、社会全体の大きな不平等はかえって見えにくくなってしまっているということ。

二 次の文章を読んで、後の問いに答えなさい。

（池澤夏樹《いけざわなつき》『スティル・ライフ』による）

三 次の文章は「交友」について述べたものである。これを読んで、後の問いに答えなさい。

古《いにしへ》にいふ*管鮑《くわんぱう》の交《まじはり》といへども、A このふたり、おなじ徳、おなじ心なりしにもあらじかし。よの中に、同じこころの人といふものは、いとまれなる事なるべし。ただわが好める方に引きいれんとするもうるさし。このひと、*このところは長じぬれど、ここはいとみじかし。そのみじかきところを引き延ばへんとするは、B いとくるし。さ思ふわれもまた、そのみじかきところあるものを、ことに思ふこと、みな*いさめものせんとするを、*かの信と思ふはア たがへりけり。交《まじは》るがうちにも、イ 知己のひとはいとまれなるものなり。*それらよくことばを求めなば、*もとよりいふべし。されど、しばしばすべきにはあらずかし。浅き契《ちぎ》りの友なりとても、友といふうちならば、そのひとの*うへの存亡にかかはる*斗《とが》のことならばいふべし。すべて*しゐてかくせん、かく救ひてんと、まげてもと思ふは、C みな中道には背けりといはん。ただその*所長を友とすれば、まじはりがたき人もなく、われに益なき友もあらじ。かの友に*よてわが方のみだれんとするは、皆その X を友とする故也《ゆゑなり》。

（『花月草紙《くわげつさうし》』による）

（注） *管鮑の交＝昔、中国で管仲《かんちゅう》と鮑叔牙《ほうしゅくが》が生涯にわたる親交を結んだことから、友人同士の親密な交際を指す。
*このところは長じぬれど、ここはいとみじかし＝このところは長所だが、ここは大変な短所だ。
*いさめものせん＝意見しよう。　*かの信＝友人に対する誠実なあり方。
*それら＝友人たちが。　*もとより＝もちろん。
*うへ＝身の上。　*斗＝あやまち。
*しゐてかくせん＝むやみにこうしよう。
*所長＝長所。　*よて＝よって。

〔問1〕 波線部ア「たがへりけり」・イ「知己のひと」の意味として最も適切なものを、次の①～⑤のうちから一つ選んでマークしなさい。ア 17 ・イ 18

ア たがへりけり
① 自分勝手だなあ
② 違っているなあ
③ 奇妙なことだなあ
④ かたよっているなあ
⑤ 思い上がっているなあ

〔問6〕空欄 X に当てはまる語として最も適切なものを、次の①~⑤のうちから一つ選んでマークしなさい。 4

① 多面性　② 画一性　③ 能動性
④ 主体性　⑤ 両極性

〔問7〕傍線部D「トクヴィルが描いた不平等社会の姿に似ている」とあるが、どういうことか。その説明として最も適切なものを、次の①~⑤のうちから一つ選んでマークしなさい。 5

① 近代的な組織が身分制団体として機能していることに気づかず、周囲の身近な人との関係が希薄になっている点が同じであるということ。
② 身分制社会の問題点を解決するために、近代社会の機能的な組織を閉ざされた競争空間として機能させている点が同じであるということ。
③ 共同体的空間の外にいる人間も自分たちの同類であると見なし、大きな不平等の存在に関心を向けようとしている点が同じであるということ。
④ 自分が所属する集団の内部の差異にばかり目を向けて、社会全体の大きな不平等については想像力を働かせていない点が同じであるということ。
⑤ 学校・会社・業界という閉じた空間の外には関心を払わず、同じ身分に属する人間との違いについてだけ考えている点が同じであるということ。

〔問8〕傍線部E「不平等意識やその不満が、うまくその行き場を見つけられずにいる」とあるが、どういうことか。その説明として最も適切なものを、次の①~⑤のうちから一つ選んでマークしなさい。 6

① 現代日本社会ではこれまで見えにくかった「閉じた共同体的空間」が認識されるようになり、その身分制団体としてのあり方が問題になっている。そのため、いかにしてそのような組織を解体するのかが課題になっているが、問題を正しく捉えることができていないということ。
② 現代日本社会では想像力を拘束する「閉じた共同体的空間」の解体が進んでいるが、過去の集団内部での感覚でしか平等というものを考えていない。そのため、解体によって不平等が見えるようになっているにもかかわらず、その不平等は解決の糸口すら見いだせずにいるということ。
③ 現代日本社会では「閉じた共同体的空間」の外部にあるより大きな不平等が見えるようになり、学校、会社、業界といった近代的な組織が解体されつつある。そのため、これまでとは異なる社会構造をつくりあげなければならないが、どのような社会にすべきか問題を認識できないということ。
④ 現代日本社会ではそれなりに機能してきた「閉じた共同体的空間」が解体されることで、共同体内での適切な競争が行われなくなってきている。そのため、内部における横並び意識に関して従来の社会のほうが平等であったと感じる人が多く、教育における平等・不平等の議論は迷走しているということ。
⑤ 現代日本社会では不平等意識の爆発によって「閉じた共同

〔問1〕二重傍線部ⓐ～ⓔのカタカナは漢字に書き改め、漢字は読みをひらがなで記しなさい。（一点一画を正確に書くこと。）
記述

〔問2〕空欄 Ⅰ ～ Ⅲ に当てはまる語句の組み合わせとして最も適切なものを、次の①～⑤のうちから一つ選んでマークしなさい。 **1**

①［Ⅰ　一方で　　Ⅱ　けれども　　Ⅲ　おそらく］
②［Ⅰ　ですから　　Ⅱ　むしろ　　Ⅲ　たとえば］
③［Ⅰ　すなわち　　Ⅱ　それによって　　Ⅲ　いいかえれば］
④［Ⅰ　これに対し　　Ⅱ　ところが　　Ⅲ　もちろん］
⑤［Ⅰ　したがって　　Ⅱ　しかしながら　　Ⅲ　たしかに］

〔問3〕傍線部A「古い貴族制の社会」とあるが、この社会の特徴の説明として最も適切なものを、次の①～⑤のうちから一つ選んでマークしなさい。 **2**

① 平等・不平等の問題に無関心なのではなく、個人という概念が存在せず人間を集団で捉えている社会。
② 平等・不平等の問題に敏感であり、異なる身分間で生じる差別を認めながらも隠そうとしてきた社会。
③ 平等・不平等の問題に関心はあるものの、異なる身分の人間と自分を比べてみることはなかった社会。
④ 平等・不平等の問題についての想像力を働かせることができず、自分たちは平等だと信じている社会。
⑤ 平等・不平等の問題について注意をはらう一方で、同じ身分の人間は平等であると認識している社会。

〔問4〕傍線部B「ひとたび平等化が進みだすと」とあるが、「平等化」によってどのようなことが生じてくるのか。その説明として最も適切なものを、次の①～⑤のうちから一つ選んでマークしなさい。 **3**

① 狭い集団の壁を越えて想像力を働かせ、目の前にはいない多くの人間と自分を比べることで不平等があらわになり、それを気にするようになる。
② 身分という狭い枠組みで人間関係を捉えるのをやめることで、これまで認識をしていなかった壁が壊され、人々はみな平等であると考えるようになる。
③ これまで自明であった身分の間の壁を認識し、異なる集団ごとの実態を明らかにすることで社会全体が平等を期待し、それに向けて行動するようになる。
④ 想像力を閉じ込めていた集団の壁が消えるなか、急激に可視化するそれぞれの集団の実態を捉えることで、身分制社会に残る不平等への意識が鋭敏になる。
⑤ これまで現実味のなかった人々の存在を意識するなか、身分制が空洞化していくことで、自分が所属している集団の外部にいる人間との関係が希薄になる。

〔問5〕傍線部C「苅谷の問題意識」とあるが、どのような問題意識か。それを説明した次の文の空欄［　　］に当てはまる箇所を本文中から十二字以内で抜き出して答えなさい。 **記述**

日本では、教育の平等に関する議論はさかんに行われているが、［　　］がなかったのはなぜだろうか、という問題意識。

いわせれば、そこに一貫して欠如していたのは、教育において階層に基づく不平等が厳然として存在するという事実への問題意識でした。いいかえれば、日本の平等論においては、奇妙なほどにグループ間の比較の視点が欠如していたというのです。

その理由について、苅谷は興味深い指摘をしています。

その理由の一端は、同じ会社や学校、同じ業界内といった閉じた空間のなかで主たる競争が行われてきたことにある。閉じた共同体的空間のなかでの競争がメインであったことが、その共同体内部での処遇の差異への関心をⓑ育んできたといえるのである。たとえば、自分とかけ離れた人々との違いではなく、同じ集団に属する身近な人との微妙な差異が気になるのは、社会全体の不平等の実態よりも、不平等感がベースにあったからである。同じ会社内、同じ学校内、同じ業界内といった、閉じた共同体的空間のなかで競争がくり広げられたことにより、処遇の［X］に目が向けられるようになった。その結果、個々の会社や学校や業界を越えたところにある、より大きな不平等の実態を問題にするのではなく、閉ざされた競争空間のなかでの処遇の微小な差異が問題にされてきたのである。（『階層化日本と教育危機――不平等再生産から意欲格差社会（インセンティブ・ディバイド）へ』、一七五頁《ページ》）

個々の会社や学校や業界を越えたところにある、より大きな不平等の実態よりも、D閉ざされた競争空間のなかでの処遇の微妙な差異が気になる……。なんとトクヴィルが描いた不平等社会の姿に似ていることでしょうか。繰り返しになりますが、戦後日本社会において、トクヴィルがⓒネントウに置いていたような身分制団体が存在したというわけではありません。ここで論じられているのは、会社、学校、業界といった、あくまで近代社会における機能的な組織です。しかしながら、苅谷の問題意識は、このような組織が、ある意味で、人々の平等の想像力を拘束する「閉じた共同体的空間」として機能したということに向けられています。人々の想像力は、この空間を隔てる壁を越えることがなく、その内部における微妙な差異こそ気になるものの、その外については奇妙な無関心さが支配したというのです。

このような苅谷の議論を踏まえるならば、現代日本における不平等意識の爆発をどのように捉えることができるでしょうか。ある意味でいえば、現代日本で進行しているのは、いい意味でも悪い意味でも、これまでそれなりに機能してきた「閉じた共同体的空間」が解体するというⓓゲンショウなのかもしれません。結果として見えるようになってきたのは、これまで見えにくかった、「閉じた共同体的空間」の外部にあるより大きな不平等でした。にもかかわらず、議論は、かつての「閉じた共同体的空間」内部における横並び意識の批判とⓔコンドウされ、教育における平等・不平等の議論をさらに迷走させているというのが現状だと苅谷は指摘します。

現代日本社会は、突如可視化した不平等に驚きつつも、いまだそれをどう理解すべきか、迷っているように思われます。E不平等意識やその不満が、うまくその行き場を見つけられずにいるのは、その結果といえるかもしれません。

（宇野重規《うのしげき》『〈私〉時代のデモクラシー』による）

（注）　＊トクヴィル＝フランスの政治思想家。一八〇五年～一八五九年。
＊苅谷剛彦＝日本の社会学者。一九五五年～。

【国　語】〈五〇分〉〈満点：一〇〇点〉

［一］次の文章を読んで、後の問いに答えなさい。

*トクヴィルは、A古い貴族制の社会において、異なる身分に属する諸個人は、互いを自分と同じ人間とみなすことがなかったといいます。［Ⅰ］、それぞれの生活や境遇がどれだけ違うとしても、そもそも自分と比較してみようとさえ思いません。もちろん、貴族制社会の人間が、平等・不平等の問題にまったく無関心であったわけではありません。ただ、人々の関心はむしろ、同じ身分に属する人間に対して向けられます。同じ身分の内部における違いについては、人々は敏感です。しかしながら、その想像力は身分の壁を越えることがありません。

これに対し、Bひとたび平等化が進みだすと、人々の想像力はかつて自分を閉じ込めていた狭い集団の壁を越えるようになります。そうなると、これまでリアリティのなかった、壁の外にいる人間が急に自分の同類として浮かび上がってきます。当然、自分との違いも気になるようになります。ある意味でいえば、貴族制社会においては、自らの属する集団内部の関係はリアルであるものの、その外はぼんやりとしていました。これに対し、平等化が進むと、自分のすぐ隣にいる人との関係が希薄になるとしても、むしろ目の前にはいない大勢の人々の様子がひどく気になるようになるのです。

貴族制の社会において、身分間の壁はあまりに自明なので、その存在すら気になりません。これに対し平等社会において、身分制は空洞化するとしても、急激に可視化した残された不平等に対し、人々の意識は鋭敏になっていきます。

なぜ、このような話をするのかといえば、ここで指摘したようなメカニズムが、現在の日本にも働いているように思われるからです。もちろん、日本において、これまで身分制が存在していたといいたいわけではありません。［Ⅱ］、これまで仕切られていた人々の平等の想像力が、そのような仕切りを越えて展開するようになっているということは指摘できるのではないでしょうか。

このことを考えるために、教育社会学者の*苅谷《かりや》剛彦《たけひこ》の議論を参照してみたいと思います。C苅谷の問題意識は、教育における不平等です。といっても、いわゆる偏差値による序列化や、受験競争それ自体を問題にするわけではありません。苅谷が問題にするのはむしろ、社会・経済的な階層に基づく不平等です。さらにいえば、このような社会・経済的な階層に基づく不平等が、なぜこれまであまり注目されてこなかったのか、ということに彼の問題意識は向けられます。というのも、SSM調査（社会階層と社会移動全国調査）の結果が示すように、親の職業や学歴といった階層ⓐヨウインは、戦後一貫して子どもの教育達成に影響を及ぼし続けてきたにもかかわらず、なぜかそのことが問題とされてこなかったからです。

［Ⅲ］子どもの学力差や、学力をもとにした序列化についての議論はさかんでした。したがって学校における成績づけや受験競争についての批判が高まり、やがて「誰でもがんばればできる」という「努力の平等主義」が強調されるようになります。逆に今日では、このような趨勢《すうせい》への反動が生じ、むしろ「結果の平等が行き過ぎ、出る杭《くい》は打たれるで、個の主張が抑えられている」といった、日本的な「結果の平等」批判が噴出するようになっています。しかしながら、苅谷に

2022年度

解　答　と　解　説

《2022年度の配点は解答欄に掲載してあります。》

＜数学解答＞

1　〔1〕 $2\sqrt{15}$　〔2〕 $x=-\dfrac{1}{2}$, $y=3$　〔3〕 $\dfrac{12\sqrt{22}}{11}$cm　〔4〕 $\dfrac{17}{36}$

2　〔1〕 ウ　〔2〕 $-\dfrac{\sqrt{30}}{3}$, $\dfrac{5}{2}$　〔3〕 $\dfrac{3}{4}$, $\dfrac{2+\sqrt{2}}{2}$

3　〔1〕 $\dfrac{3\sqrt{2}}{4}$cm　〔2〕 $\dfrac{63\sqrt{2}}{64}$cm　〔3〕 $\dfrac{63\sqrt{2}}{184}$cm^2

4　〔1〕 $\left(0,\ \dfrac{5}{8}\right)$　〔2〕 $y=\dfrac{3}{4}x+\dfrac{5}{8}$　〔3〕 $b=\dfrac{5}{4}a-\dfrac{15}{8}$

5　〔1〕 $\dfrac{a^\circ}{2}$　〔2〕 40cm　〔3〕 $\dfrac{9\sqrt{10}}{2}$cm

○配点○

1　各6点×4((2)完答)　2　〔1〕 5点　他　各7点×2

3　〔3〕 7点　他　各6点×2　4　〔3〕 7点　他　各6点×2

5　〔3〕 7点　他　各6点×2　計100点

＜数学解説＞

1　(小問群－平方根の計算，連立方程式，三角錐の体積，さいころの目と直線・座標，確率)

〔1〕 $\dfrac{\sqrt{5}+\sqrt{3}}{4}=\mathrm{A}$, $\dfrac{\sqrt{5}-\sqrt{3}}{4}=\mathrm{B}$とおくと，$\left\{3\left(\dfrac{\sqrt{5}+\sqrt{3}}{4}\right)+\dfrac{\sqrt{5}-\sqrt{3}}{4}\right\}^2-\left\{\dfrac{\sqrt{5}+\sqrt{3}}{4}+3\left(\dfrac{\sqrt{5}-\sqrt{3}}{4}\right)\right\}^2$ $=(3\mathrm{A}+\mathrm{B})^2-(\mathrm{A}+3\mathrm{B})^2=9\mathrm{A}^2+6\mathrm{AB}+\mathrm{B}^2-(\mathrm{A}^2+6\mathrm{AB}+9\mathrm{B}^2)=8\mathrm{A}^2-8\mathrm{B}^2=8(\mathrm{A}^2-\mathrm{B}^2)=8(\mathrm{A}+\mathrm{B})(\mathrm{A}-\mathrm{B})$　ところで，$\mathrm{A}+\mathrm{B}=\dfrac{\sqrt{5}+\sqrt{3}}{4}+\dfrac{\sqrt{5}-\sqrt{3}}{4}=\dfrac{\sqrt{5}}{2}$　$\mathrm{A}-\mathrm{B}=\dfrac{\sqrt{5}+\sqrt{3}}{4}-\dfrac{\sqrt{5}-\sqrt{3}}{4}=\dfrac{\sqrt{3}}{2}$ よって，$8\times\dfrac{\sqrt{5}}{2}\times\dfrac{\sqrt{3}}{2}=2\sqrt{15}$

基本　〔2〕 $6x+5y=12$…①　$4x-3y=-11$…②　①×3＋②×5から，$38x=-19$　$x=-\dfrac{1}{2}$ ①×2－②×3から，$19y=57$　$y=3$

〔3〕 △ABCは正三角形だから，その面積は$\dfrac{\sqrt{3}}{4}\times(1辺)^2=9\sqrt{3}$　よって，三角錐OABCの体積は，$\dfrac{1}{3}\times9\sqrt{3}\times4\sqrt{6}=36\sqrt{2}$　ABの中点をMとすると，△OABは二等辺三角形なので，OA⊥AB　△OAMで三平方の定理を用いると，$\mathrm{OM}=\sqrt{\mathrm{OA}^2-\mathrm{AM}^2}=\sqrt{108-9}=3\sqrt{11}$　よって，△OABの面積は$\dfrac{1}{2}\times6\times3\sqrt{11}=9\sqrt{11}$　△OABを底面としたときの高さをhとすると，$\dfrac{1}{3}\times9\sqrt{11}h=36\sqrt{2}$　$h=\dfrac{12\sqrt{2}}{\sqrt{11}}=\dfrac{12\sqrt{22}}{11}$(cm)

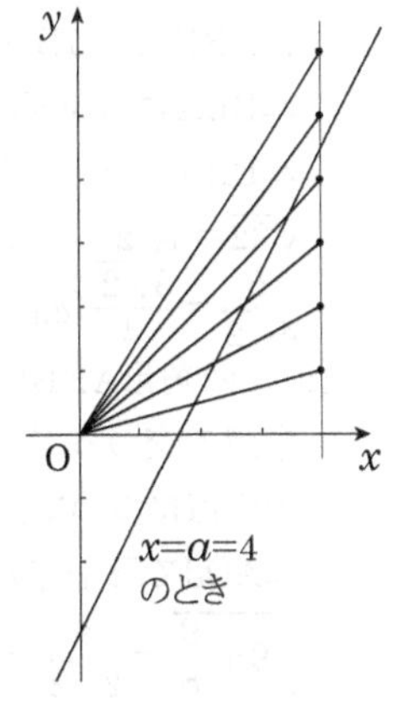

〔4〕 $y=\dfrac{a}{2}x-\dfrac{10}{3}=\dfrac{3ax-20}{6}$　$x=a=1$のとき，$y=-\dfrac{17}{6}$　直線ℓと交わる線分OPはない。$x=a=2$のとき，$y=-\dfrac{4}{3}$　直線ℓと交わる線分OPはない。$x=a=3$のとき，$y=\dfrac{7}{6}$　P(3, 1)のとき線分OPは直線ℓ

と交わる。$x=a=4$のとき，$y=\frac{14}{3}$　P(4，1)，(4，2)，(4，3)，(4，4)のとき線分OPは直線ℓと交わる。$x=a=5$のとき，$y=\frac{55}{6}$　P(5，1)～(5，6)のとき線分OPは直線ℓと交わる。$x=a=6$のとき，$y=\frac{44}{3}$　P(6，1)～(6，6)のとき線分OPは直線ℓと交わる。よって，$1+4+6+6=17$(通り)ある。2つのさいころの目の出方は$6^2=36$(通り)なので，$\frac{17}{36}$

2 (関数・グラフと図形－点の移動，三角形の面積，グラフの概形，変化の割合，座標)

〔1〕 直線ABの式は$y=-3x+2$だから，$PQ=(-3t+2)-2=-3t$，$QB=0-t=-t$　よって，$\triangle OPQ=S=\frac{1}{2}\times(-3t)\times(-t)=\frac{3}{2}t^2$　$0\leqq t<2$のとき，直線BCの式は$y=2x+2$だから，$PQ=(2t+2)-2=2t$　よって，$S=\frac{1}{2}\times 2t\times t=t^2$　$2\leqq t\leqq 4$のとき，$PQ=4$　点Oから直線PQまでの距離はt　よって，$S=\frac{1}{2}\times 4\times t=2t$　したがって，(ウ)のグラフになる。

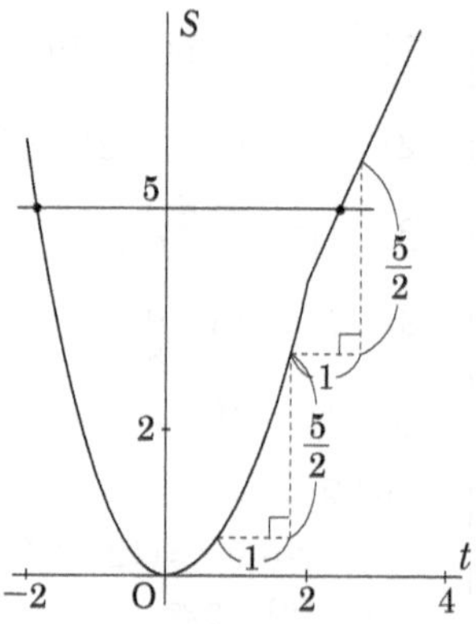

〔2〕 $S=5$になるのは，$-2\leqq t<0$のとき，$\frac{3}{2}t^2=5$　$t^2=\frac{10}{3}$　$t=\pm\sqrt{\frac{10}{3}}=\pm\frac{\sqrt{30}}{3}$　$-2\leqq t<0$なので，$t=-\frac{\sqrt{30}}{3}$　$0\leqq t<2$のとき，$t^2=5$　$t=\pm\sqrt{5}$　$\pm\sqrt{5}$の絶対値は2より大きいので$S=5$となることはない。$2\leqq t\leqq 4$のとき，$2t=5$　$t=\frac{5}{2}$

やや難 〔3〕 $-2\leqq t<0$のとき，tの値が増加するときSの値は減少するので，k，$k+1$が共に$2\leqq t<0$にあるとき，増加量が$\frac{5}{2}$となることはない。kが$-2\leqq t<0$の範囲にあって，$k+1$が$0\leqq t<2$の範囲にある場合には，$k=t=1$のとき$S=1$なので，やはり増加量が$\frac{5}{2}$となることはない。k，$k+1$が共に$0\leqq t<2$の範囲にあるときは，$(k+1)^2-k^2=2k+1=\frac{5}{2}$　$k=\frac{3}{4}$　kが$0\leqq t<2$の範囲にあって，$k+1$が$2\leqq t\leqq 4$の範囲にあるとき，$2(k+1)-k^2=\frac{5}{2}$　$k^2-2k+\frac{1}{2}=0$　$2k^2-4k+1=0$　$k=\frac{4\pm2\sqrt{2}}{4}=\frac{2\pm\sqrt{2}}{2}$　$k+1>2$なので，$k>1$　よって，$k=\frac{2+\sqrt{2}}{2}$　$2\leqq t$のとき，増加の割合は一定で2なので$\frac{5}{2}$に増えることはない。したがって，Sの増加量が$\frac{5}{2}$となるkの値は，$\frac{3}{4}$，$\frac{2+\sqrt{2}}{2}$

3 (平面図形－相似，三平方の定理，合同，平行線と線分の比，円の性質，長さ，面積)

〔1〕 △BEAと△BOGにおいて，直径に対する円周角は直角なので，∠AEB＝90°＝∠GOB　∠ABEと∠GBOは共通だから2角がそれぞれ等しいので△BEA∽△BOG　よって，EA：OG＝EB：OB　△EBAで三平方の定理を用いると，$EB=\sqrt{AB^2-AE^2}=\sqrt{32}=4\sqrt{2}$　したがって，$2:OG=4\sqrt{2}:3$　$OG=\frac{6}{4\sqrt{2}}=\frac{3\sqrt{2}}{4}$(cm)

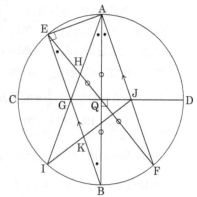

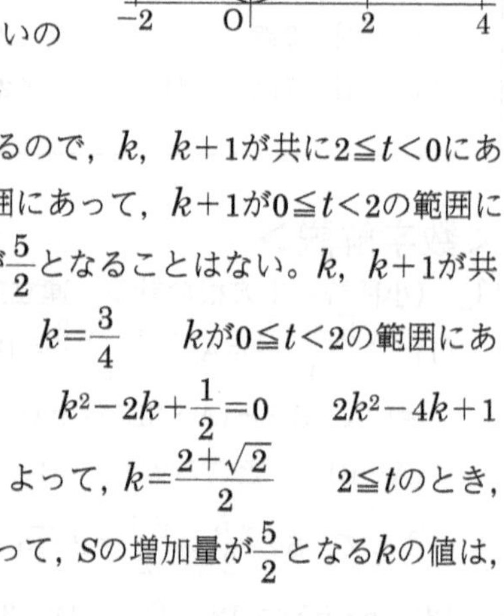

やや難 〔2〕 四角形AEBFは対角線の長さが等しく，それぞれの中点で交わっているので長方形である。長方形は対角線の交点について点対称な図形だから，OG＝OJ　△AOJで三平方の定理を用いると，$AJ=\sqrt{AO^2+OJ^2}=\sqrt{9+\frac{9}{8}}=\frac{9}{2\sqrt{2}}=\frac{9\sqrt{2}}{4}$　△AGO≡△AJOであり，∠GAO

$=\angle$JAOだから，AIとAFはABについて対称である。よって，IA=FA=BE=$4\sqrt{2}$　AG=AJ $=\frac{9\sqrt{2}}{4}$だから，IG=$4\sqrt{2}-\frac{9\sqrt{2}}{4}=\frac{7\sqrt{2}}{4}$　EB//AFなので，GK：AJ=IG：IA　GK：$\frac{9\sqrt{2}}{4}$ $=\frac{7\sqrt{2}}{4}:4\sqrt{2}$　GK=$\frac{9\sqrt{2}}{4}\times\frac{7\sqrt{2}}{4}\div4\sqrt{2}=\frac{63\sqrt{2}}{64}$(cm)

やや難　〔3〕△GAB，△OEBはどちらも二等辺三角形なので，∠GAO=∠GBA=∠OEG　点A，Eは直線GOについて同じ側にあるので，4点A，E，G，Oは同一円周上にある。よって，△HAE∽△HOG，△HEG∽△HAO　HG=x，HA=y，HE=zとすると，HE：HG=AE：OGから，$z:x=2:\frac{3\sqrt{2}}{4}$　$x=\frac{3\sqrt{2}}{8}z$　HE：HA=EG：AOから，$z:y=\frac{7\sqrt{2}}{4}:3$　$y=\frac{12}{7\sqrt{2}}z=\frac{6\sqrt{2}}{7}z$
よって，$x:y=\frac{3\sqrt{2}}{8}:\frac{6\sqrt{2}}{7}=21:48=7:16$　GH：GA=7：23　△OGHと△OGAはGH，GAをそれぞれの底辺とみたときの高さが共通だから，△OGH=$\frac{7}{23}\times$△OGA=$\frac{7}{23}\times\left(\frac{1}{2}\times\frac{3\sqrt{2}}{4}\times3\right)=\frac{63\sqrt{2}}{184}$(cm^2)

4　**(関数・グラフと図形ー光線と反射光線，座標，直線の式，相似・合同，平行線)**

重要　〔1〕点A，Bは$y=\frac{1}{2}x^2$上の点なので，A$\left(\frac{1}{2},\ \frac{1}{8}\right)$，B$\left(\frac{3}{2},\ \frac{9}{8}\right)$
直線ABの傾きは，$\left(\frac{9}{8}-\frac{1}{8}\right)\div\left(\frac{3}{2}-\frac{1}{2}\right)=1$　$y=x+b$とおいて$\left(\frac{1}{2},\ \frac{1}{8}\right)$を代入すると，$b=-\frac{3}{8}$　ABの式は$y=x-\frac{3}{8}$
$x=1$のとき，$y=\frac{5}{8}$　傾き1の直線はx軸，y軸と45°の角度で交わるので，図1で示すように，反射後の光はx軸に平行に進む。よって，y軸との交点は$\left(0,\ \frac{5}{8}\right)$

図1

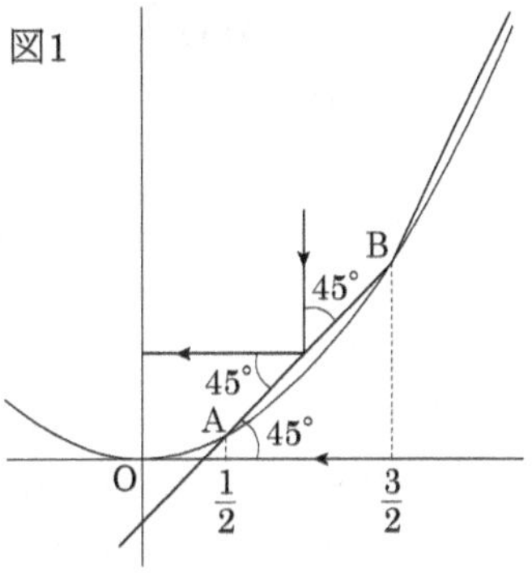

やや難　〔2〕B$\left(\frac{3}{2},\ \frac{9}{8}\right)$，C$\left(\frac{5}{2},\ \frac{25}{8}\right)$なので，直線BCの式は$y=2x-\frac{15}{8}$
$x=2$を代入して，D$\left(2,\ \frac{17}{8}\right)$　よって，DH=$\frac{25}{8}-\frac{17}{8}=1$　CH=$\frac{5}{2}-2=\frac{1}{2}$　△DHC∽△CHEなので，DH：CH=CH：EH　よって，EH=$\frac{1}{4}$　図2のように点Bを通るx軸に平行な直線と点Fを通るy軸に垂直な直線との交点をIとすると，△BIE≡△CHE　BI=CH=$\frac{1}{2}$，FI=EH=$\frac{1}{4}$　よって，F$\left(\frac{3}{2}-\frac{1}{2},\ \frac{9}{8}+\frac{1}{4}\right)$=F$\left(1,\ \frac{11}{8}\right)$　直線DFの傾きは$\left(\frac{17}{8}-\frac{11}{8}\right)\div(2-1)$ $=\frac{3}{4}$　$y=\frac{3}{4}x+b$とおいて$\left(1,\ \frac{11}{8}\right)$を代入して，$b=\frac{5}{8}$　よって，直線DFの式は$y=\frac{3}{4}x+\frac{5}{8}$

図2

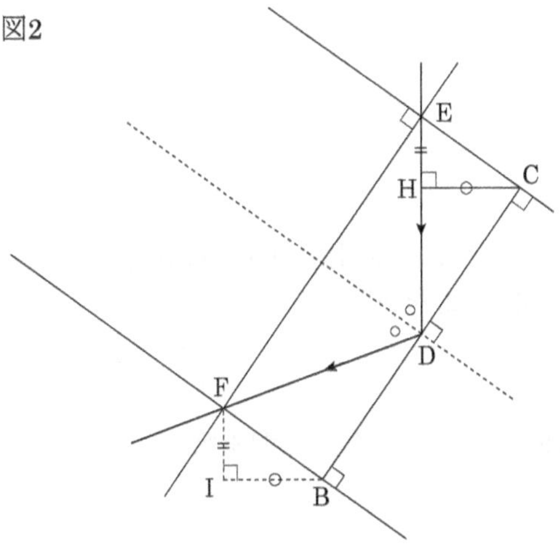

図3

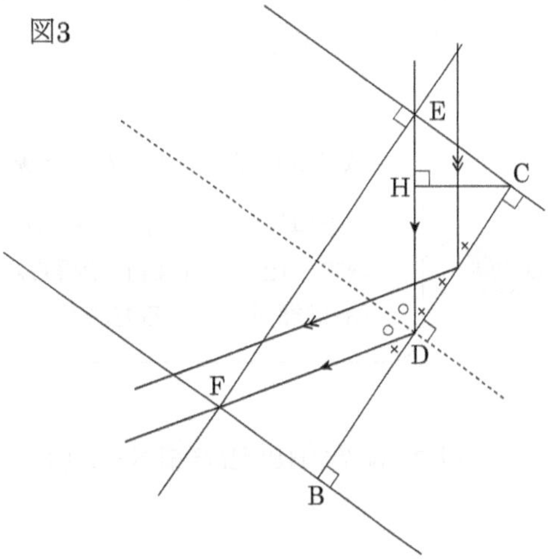

となる。

やや難 〔3〕 前ページの図3で示すように，直線$x=a$上を進んできた太陽光は直線$x=2$上を進んできた光に平行であり，反射後も同様に，直線$x=2$上を進んできた光が反射して進む方向に進む。直線BCの式は$y=2x-\frac{15}{8}$だから，直線$y=a$上を進んできた光が直線BCと交わる点をJとすると，$J\left(a,\ 2a-\frac{15}{8}\right)$　Jで反射した光線の傾きは直線DFの傾きと等しく$\frac{3}{4}$だから，反射後の光線の式を$y=\frac{3}{4}x+b$とおいて$\left(a,\ 2a-\frac{15}{8}\right)$を代入すると，$2a-\frac{15}{8}=\frac{3}{4}a+b$　よって，$b=\frac{5}{4}a-\frac{15}{8}$

+α 5 （平面図形－円の性質，二等辺三角形，三角形の外角，三平方の定理，相似，角度，長さ）

〔1〕 ∠AQB$=x$とすると，△PBQは二等辺三角形なので底角は等しく，∠PBQ＝∠PQB＝＝x　同じ弧に対する円周角は等しいから，∠APB＝∠ACB$=a°$　∠APBは△BPCの外角なので，∠APB＝∠PBQ＋∠PQB　$2x=a°$から，∠AQB$=x=\frac{a°}{2}$

重要 〔2〕 ∠ABQ＝90°のとき，QBは点Cを通る。また，∠ACBは△ACQの外角なので，∠CAQ＝∠ACB－∠AQC$=a°-\frac{a°}{2}=\frac{a°}{2}$　よって，△CAQは2角が等しいので二等辺三角形であり，QC＝AC＝25　△ABQで三平方の定理を用いると，$AQ=\sqrt{AB^2+BQ^2}=\sqrt{24^2+(25+7)^2}=8\times\sqrt{3^2+4^2}=40$(cm)

やや難 〔3〕 点Pの位置に関わらず∠AQB$=\frac{a°}{2}$となるのだから，点QはABを弦とする円の円周上を動く。△ABQの底辺をABとみると，点QからABまでの距離が最大となるときに△ABQの面積が最大になる。それは点Qが弧ABの中点にくるときであり，そのときに点QはABの垂直二等分線上にある。∠ABQ＝90°のときの点QをQ_2とすると，AQ_2は直径であり，AQ_2の中点をP_2とすれば，P_2が弦ABを見込む円周角が$\frac{a°}{2}$の円の中心となる。よって，$\triangle P_2BQ_2$は底角が$\frac{a°}{2}$の二等辺三角形となり，△PBQと相似である。よって，$P_2Q_2：PQ=Q_2B：QB$…①　ABの中点をMとすると，弦の垂直二等分線は円の中心を通るから，P_2はQM上にある。

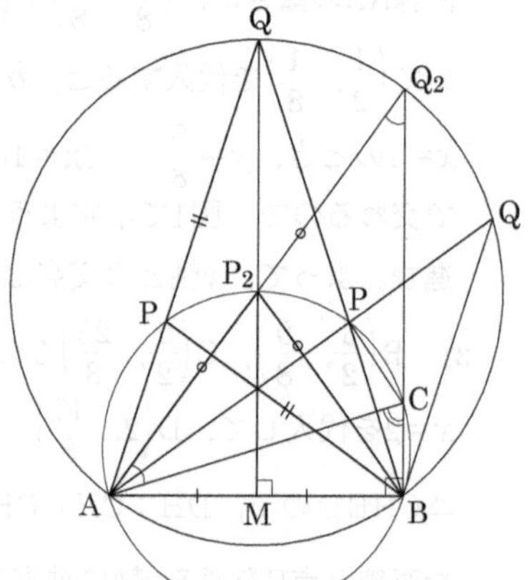

$\triangle P_2MB$で三平方の定理を用いると，$P_2M=\sqrt{P_2B^2-BM^2}=\sqrt{20^2-12^2}=16$　よって，QM＝36
△QBMで三平方の定理を使うと，$QB=\sqrt{36^2+12^2}=12\sqrt{3^2+1^2}=12\sqrt{10}$…②　①，②から，$20：PQ=32：12\sqrt{10}=8：3\sqrt{10}$　$8PQ=60\sqrt{10}$　$PQ=\frac{15\sqrt{10}}{2}$　したがって，$AP=12\sqrt{10}-\frac{15\sqrt{10}}{2}=\frac{9\sqrt{10}}{2}$(cm)

★ワンポイントアドバイス★

1の〔4〕は$x=a=1$から$x=a=6$までていねいにやってみる。2はSとtの関係を式に表す。〔2〕，〔3〕は〔1〕で得られた関係で考える。3の〔3〕はGH：GAを求める。4の〔3〕は簡単にできる方法がある。5の〔3〕は〔2〕を利用する。

+α は弊社HP商品詳細ページ（トビラのQRコードからアクセス可）参照。

＜英語解答＞

[1]　1 ④　2 ④　3 ①　4 ④　5 ③

[2]　問1 ②　問2 break　問3 ③　問4 ④　問5 ②　問6 ②, ④

[3]　問1 ④　問2 ⑤　問3 behind　問4 ②　問5 instead　問6 15 ①
16 ⑦　17 ⑤　問7 ④　問8 ①　問9 ③　問10 ③　問11 ③, ⑧

[4]　問1 ①　問2 ④　問3 ②　問4 ①　問5 the center of the table
問6 ②　問7 29 ③　30 ⑥　31 ⑨　問8 butter　問9 ⑥, ⑦

○配点○

[2]問1, [3]問1・問2・問4・問7～問9, [4]問1・問2・問4　各2点×10

[2]問3～問6, [4]問7・問9　各4点×8([4]問7完答)　他　各3点×16([3]問6, [4]問5各完答)

計100点

＜英語解説＞

[1]　リスニング問題解説省略。

[2]　**(長文読解問題・説明文：語句選択補充, 語句補充, 内容吟味)**

(全訳)　スポーツの競技場でウエーブを見たことはあるだろうか。あるいは, ひょっとしてそれに加わったことはあるだろうか。それはメキシカン・ウエーブまたは単にウエーブと呼ばれている。

もともといつウエーブが始まったかご存知だろうか。多くの人々は, それらは1986年メキシコ・ワールド・カップの間に始まったと信じている。どの試合でもウエーブが起こり, 世界中に放送された。しかし, ウエーブはそれよりもはるかに早く始まったと信じている人々もいる。

ウエーブは次のように起こる。競技場の人々が立ち上がり, 腕を(あ)上げ, それから座るときに腕を(い)下げ, それから隣の人々が立ち上がって同じことをする。これが見ている人々には動いている波のように見える。

科学の言葉では, メキシカン・ウエーブは横波の一例である。人々は垂直にだけ動く(立ち上がってまた座る)が, 波は競技場を回って水平に進む。

ブダペスト大学の科学者たちが1986年ワールド・カップの間に広まったこの群衆の現象の映像を研究して, その動き方を説明するための数学のモデルを打ち立てた。

その科学者たちは3つの要点を見つけた。

1.　サッカーの競技場ではメキシカン・ウエーブを始めるのに30人ほどの人々しか必要ではない。

2.　4つのウエーブのうちの3つは競技場を右方向に回る。これは, ほとんどの人々が右手を使うことを好むからだ。

3.　ウエーブは秒速およそ12メートル(20席分)の速度で動く。それはまた, 幅が平均でおよそ6～12メートル(つまり15席分)である。

その科学者たちは, ウエーブは, 試合の(う)休憩中のような, 競技場にいる人々があまり興奮していないときの方が頻繁に起こることも発見した。彼らは群衆の行動についての同じ研究が, 競技場の運営者たちが試合を見ている人々がいつ自制を失うかを知るのに役立つだろうと信じている。

世界最長のメキシカン・ウエーブの公式ギネス記録を(う)破るのに何人の人が必要だろうか。驚くべきことに, 2002年11月まで, 1列のウエーブの公式記録はほんの3,276人だった。しかしその月に, ギネスは南ウェールズの5,805人が2002年4月14日に新しいウエーブの記録を打ち立てたと言った。彼らはアベラボン・ビーチで列を作った。最も長時間続いたウエーブの最新のギネス記録は，ある有名な日本のロック・バンドとそのファンたちによって兵庫県で作られた。これは2015年9月23日のことで，たった2,115人の人々が17分14秒間動き続けることができたのだ。

もちろん，動き続ける最長のウエーブが人々の数で最大のウエーブということではない。1986年に遡っても，1986年ワールド・カップ期間中に何度ももっと多くの人々(5万人ほど)で作られたウエーブがあった。また，25万を超える人々がメキシコ・シティーの通りに沿って40キロの長さのウエーブを作ったと言われている。これは2002年6月のことだった。そのときは，教皇ヨハネ・パウロ2世がその市を訪れ，その道沿いに進んだのだ。これがおそらく歴史上最大で(距離が)最長のウエーブだろう。メキシコ人がメキシカン・ウエーブに関係する記録を完全に制していることを知るのは興味深い。彼らの記録は何年もの間破られないだろう。

しかし，彼らの記録は，辞書が定義しているような「競技場で」作られたのではなかったと言うことはできる。興奮状態のサッカー場を何度か回るメキシカン・ウエーブを見るのと，道路やだれもいない浜辺に沿ってゆっくりと進むウエーブを見るのとではどちらの方が刺激的だろうか。きっと競技場のメキシカン・ウエーブの方がより楽しめるだろう！

次にサッカー場に行くときには，メキシカン・ウエーブを始めてはいかがだろうか。1つ作ったらとてもかっこいいだろう！

問1　空所を含む段落では，メキシカン・ウエーブの動きを説明している。空所を含む文でメキシカン・ウエーブの具体的な動きを述べたあと，それを見ている人には動いている波のように見えると述べていることから，人々が順に立ち上がりながら腕を上げれば波の最も高い部分になり，すぐに座りながら腕を下げれば波の最も低い部分になって，波が伝わっていく動きに見えることになる。したがって，(あ)には raise「上げる」，(い)には lower「下げる」を入れる。shake は「振る」，動詞の wave は「(手・旗などを)振る」という意味。

問2　最初の空所は試合の中で競技場が興奮状態になっていない時間帯を説明している部分なので，「休憩」の意味の break を入れると文意が成り立つ。あとの空所を含む文に続いて，メキシカン・ウエーブの長さに関するギネス記録の例が述べられているので，動詞の break「破る」を入れて，「世界最長のメキシカン・ウエーブの公式ギネス記録を破るのに何人の人が必要だろうか」という意味の文にすると文脈に合う。

問3　下線部にある studies「研究」とは，競技場で見られるメキシカン・ウエーブに関する研究である。その研究によって，ウエーブができるのに必要な最少人数，ウエーブが動く方向，ウエーブの速度と幅に加え，観衆がどのような精神状況にあるときにウエーブが起こりやすいかということがわかったと述べられている。こうしたウエーブに関するものと同じような，群衆の行動(crowd behavior)についての研究ということなので，具体的な動きと精神状況の両方に関する研究であると言うことができる。したがって，動きとは関連のない③「競技場にいるとき，人々はどのように感じるかに関する研究」が当てはまらない。①は「人々の一団がいつ働いたり動いたりするかについての研究」，②は「人々がどのように一緒に体を動かすかの仕組みについての研究」，④は「人々の精神と行動の関係についての研究」という意味。

やや難　問4　下線部は，メキシコ人がメキシカン・ウエーブの最大最長のギネス記録を制していることを表している。この内容に最も近いのは④「メキシコ人はメキシカン・ウエーブの新記録を打ち立てたときに起こったことの詳細を手放さずにいる」。新記録を作ったときに起こったことの詳細とは，具体的にはウエーブの長さと続いた時間を表している。hold on to は「～を手放さない，ずっと持ち続けている」という意味。①は「メキシカン・ウエーブはしばしば南アメリカの地域で見られ，メキシコの人々が競技場の中でも競技場の外でもウエーブを始めた」，②は「メキシコ人には広い地域と多くの人が必要なので，さらに長いメキシカン・ウエーブを再び作ることは不可能だ」，③は「メキシコ人は，新記録を作るには何人の人々がメキシカン・ウエーブで動けばよいかを制御し，それらの記録を誇りに思っている」という意味で，いすれも「メキシコ人がメキシカン・ウエーブの長さと続いた時間の記録を持っている」という内容に合わない。

問5　①「競技場で見られた世界で最も長い1列のウエーブには25万人の人々がいた」(×)　1つのウエーブに25万人が参加したのはメキシコ・シティーに教皇ヨハネ・パウロ2世が来たときのこと。　②「メキシコ人によれば，最長のメキシカン・ウエーブはまた，歴史上最大のウエーブの1つでもあり，それは教皇ヨハネ・パウロ2世がメキシコ・シティーを訪れたときに見られた」(○)　第8段落第3文以下で述べられている，メキシコ・シティーで起こったこれまでで最大最長のウエーブの記述と一致する。　③「15分を超えて続いた最長のメキシカン・ウエーブには最大数の人々がいた」(×)　第7段落第5，6文に兵庫県で17分14秒間続いたウエーブについて述べられているが，このときの参加人数は2,115人なので不適切。　④「2002年11月までの最長の1列のウエーブの公式記録は3,276人の人々で，翌月には5,805人の人々で新記録が打ち立てられた」(×)　第7段落第2，3文を参照。当初の公式記録は3,276人だったが，同じ月に，ギネスが南ウェールズの5,805人がウエーブの新記録を打ち立てたと言ったことが述べられている。5,805人が新記録を打ち立てたのは3,276人が記録を作った翌月ではなく，同じ年の4月のことだったので不適切。

問6　①「だれもが最初のメキシカン・ウエーブは1986年のメキシコでのワールド・カップで始まったことに同意している」(×)　第2段落最終文で，ウエーブは1986年のワールド・カップ「よりもはるかに早く始まったと信じている人々もいる」ことが述べられているので，一致しない。　②「メキシカン・ウエーブで見られる横波は，個人の単純な体の動きによって作り出される波である」(○)　第4段落第1文でメキシカン・ウエーブが横波の一例であることが述べられ，続いてその動きについて，「人々は垂直にだけ動く(立ち上がってまた座る)」と単純なものであることが述べられている。また，第3段落第2文では，ある人の動きに続いて隣の人々が立ち上がって同じことをすることが述べられているので，ウエーブの始まりは「個人の単純な体の動き」であることがわかるので一致する。　③「道路や浜辺で見られるメキシカン・ウエーブはサッカー場のものよりも速く進む」(×)　最後から2番目の段落の第2文「興奮状態のサッカー場を何度か回るメキシカン・ウエーブを見るのと，道路やだれもいない浜辺に沿ってゆっくりと進むウエーブを見るのとではどちらの方が刺激的だろうか」から，サッカー場で起こるウエーブの方が進み方が速いことがわかるので，一致しない。　④「競技場でのメキシカン・ウエーブを見る方が道路やだれもいない浜辺で見るよりもおもしろいだろう」(○)　最後から2番目の段落の最後の2文で，筆者は競技場で見るウエーブと道路や浜辺で見るウエーブを比べて，「きっと競技場のメキシカン・ウエーブの方がより楽しめるだろう！」と述べているので一致する。　⑤「サッカー場でメキシカン・ウエーブを始めることは私たちには難しく，危険なので私たちはこれをするべきではない」(×)　筆者は最終段落で，「次にサッカー場に行くときには，メキシカン・ウエーブを始めてはいかがだろうか。1つ作ったらとてもかっこいいだろう！」と，むしろメキシカン・ウエーブをすることを推奨しているので一致しない。

3 **(長文読解問題・物語文：語句選択補充，語句補充，語句整序，内容吟味，英問英答)**

(全訳)　暖かい春の朝であった。私は(あ)カメラを取り上げて通りを歩いていった。水曜日で近所の市場の日だった。私はおもしろい写真を撮りたかったのですばやく進んだ。ズボンの上に女性のドレスを着ている若い男性がいた。彼はテーブルの上に立って，「皆さん…毎日新しいドレスを着ましょう……」と言っていた。笑っている女性たちもいた。

私がまさに彼の写真を撮ろうとしていたとき，彼は両手でペイントした顔を隠した。「私の写真を撮らないでください」と彼は言った。「私は(い)新聞に載りたくないんです……村の父さんが写真を見るかもしれません。彼に『息子は都会に行った……それでまあ，彼を見てみろ！』と言われたくないんです」

そこはとても混雑していた。ある女性が先週そこで買ったドレスを取り換えてもらいたがっていた。それは彼女には大きすぎたのだ。彼女は，自分の声が優しすぎるので私に手伝ってほしがっていた。その若者は，「本当に写真を撮りたいのなら，(う)後ろから撮ってもいいですよ。私の顔を見せないでください」と言った。

そのとき，だれかが(う)後ろから私に話しかけた。私は振り返った。テーブルの(う)後ろに立って古い物を売っている，肌が黒くて背の高い少年の目を捕らえた。「あなたは(え)新聞記者ですか」と彼は尋ねた。「兄が何かを食べに行ってしまいました。ぼくが彼の代わりにいるんです。何か聞かなければならないのなら，ぼくに聞いてください」彼の家族のみんなが中古品を売っていた。彼らはごみや仕事場や工場から出た使用済みの物を集めていた。

「兄とぼくはこの近所の3つの通りから古い物を集める責任があるんです。他のだれもぼくたちの古い物に触ろうとしません」「人が捨てた物でどうやってお金を稼ぐことができるんだい？」と私は尋ねた。「これらの物のいくつかは壊れているよ！」彼は驚いたようだった。「(2)あなたは人々が何を捨てるのか知らないのです！　ヘアードライヤー，CDプレーヤー，ラジオ，携帯電話，電灯，ソファ…思いつくものは何でも……父は先日2,000リラを手に入れました。女性用のバッグが悪い人たちに盗まれました。彼らは彼女のバッグからお金を取ってそれを捨てたんです。父はそのバッグを見つけてその女性に電話しました。彼女のバッグには本当に大事な書類がいくつか入っていました。彼女は(お)お礼を言うために2,000リラ父さんにくれたんです」

濃い青の帽子をかぶった少女が私たちの話を聞いていた。彼女は暑そうにしていて，その目は青かった。彼女はタマネギとパセリを売っていた……私のカメラを持って彼女に向かい合おうと振り返ると，彼女は恥ずかしそうにした。「お願いです，私は太陽の下でずっと働いていて，顔中にしみがあるんです。どうか私の写真を撮らないで」と彼女は言った。

彼女はひどく赤い両手をポケットに隠した。「タマネギを切っていて手が荒れてしまったんです。私たちはこの2年間，タマネギでたくさんのお金をなくしてしまったんですが，今年のタマネギの収穫はとても多いんです。私はここにいるつもりはないんですが，こうしています。学校が再開されたら町に戻るつもりです。そうしたらこのことは一切忘れるでしょう」

だれかが私に1杯のお茶を渡してくれた。その若い男性だった。彼はペイントをした顔をして女性のドレスを着ていた。「お代は結構です。お茶代は私が払います」と彼は言った。彼はかがんで私の耳元にとても静かに話したので，私たち2人にしか聞こえなかった。「すみませんが今ちょっとお話します……私は困難な暮らしをしていまして……5学年のときに学校を辞めました。私の父さんは，私は夏休みの間ヒツジと働かなくてはならないと言いました。私は山で1人でそれらの世話をして，夜は外で眠らなくてはなりませんでした……でもあとになって最悪のことになりました……ある夜，父さんが私がいる丘にやってきて私に銃を渡しました……彼は私にだれかを殺してほしかったのです……私は家から逃げ出してこの町に来ました……私はいろいろな市場で仕事を見つけました……ここは私の売り場ではありません。ここで働いているだけなんです……私はお金を稼ぐためにこのショーをやっているんです。これらの服を着て顔にペイントをして踊っているんです。私はいつも父さんが銃を持って追いかけてくることを恐れています……私がなぜ怖がっているかおわかりでしょう？」彼は話し続けた。

私は聞きながらうなずいた……お茶は(か)冷たくなっていった。タマネギを売っている少女がドレスを着ている少年に手を振り，両手で合図をした。その若者は赤くなって静かに去っていき，あまりにばつが悪そうで私を見ることができなかった。黒い上着を着た大柄な男性がドレスを着ている少年にほほえみかけた。その男性は少年がきれいに見えるようにして，彼がテーブルに上がるのを手伝った。彼は再び踊り始めた。「あの人が彼の父親ですよ」と中古品を売っている少年が言った。「彼らは毎週日曜日に一緒に歩き回っているんです……父親と息子……彼らはこんなふうにうまい商売をしているんです……」

私はほほえんだ。私はお茶を飲むことができなかった。私はただそこにすべてを置いたままにして，プールサイドの周りにいるネコたちの写真を撮るために公園の方へ歩いた。

基本 問1　最初の空所を含む文から2文あとに「私はおもしろい写真を撮りたかったのですばやく進んだ」とあり，あとの空所を含む文のあとの少女の発言に「どうか私の写真を撮らないで」とある。これらの状況に合うのは④の「カメラ」である。①「バッグ」，②「棒，ステッキ」，③「本」，⑤「コーヒー」。

問2　空所を含む文の直後の文に，「村の父さんが写真を見るかもしれません」とあることから，空所には写真が載っているものが入ることがわかる。したがって，⑤の「新聞」が適切。①「プール」，②「村」，③「市場」，④「都市」。

問3　最初の空所を含む文で，写真に撮られたくないと言っていた女性のドレスを着た若者が「本当に写真を撮りたいのなら，～から撮ってもいいですよ。私の顔を見せないでください」と言っている。2番目の空所を含む文で筆者はだれかに話しかけられ，その直後で振り向いている。3番目の空所を含む文では，色が黒くて背の高い少年が中古品を売っている場所を説明している。これらの状況に合うのは behind「～の後ろに[で]」。from behind ～ で「～の後ろから」という意味になる。

問4　中古品を売っている少年が筆者に「あなたは～ですか」と尋ねている場面。筆者がカメラを持って市場に来ていること，ドレスを着ている若者が新聞に自分の写真が載るのを恐れていることなどから，②の「新聞記者」が適切。①「コメディアン」，③「大工」，④「歌手」，⑤「画家」。

問5　下線部の直前の「兄が何かを食べに行ってしまいました」から，少年の兄は今その場にいないことがわかるので，「私は兄の代わりに古い物を売るためにここにいます」という文意にするとこの場の状況に合う。instead of ～ で「～の代わりに」という意味を表す。

重要 問6　You have no idea what people throw out!　have no idea で「わからない」という意味を表すことから，you を主語にして「あなたは～を知らない」という文にする。疑問詞 what があるので間接疑問を考え，また，この場面で「物を捨てる(throw out)」ことが話題になっていることから同じ throw out を使い，what people throw out「人々が何を捨てるか」として have no idea のあとに続ける。

問7　空所を含む文は「彼女は～を言うために2,000リラ父さんにくれた」という文で，古い物を売っている少年はその直前で父親が2,000リラを手に入れたいきさつを説明している。ある女性がバッグを盗まれ，少年の父親がそのバッグの中に大切な書類を見つけて女性に返したといういきさつなので，女性が言うこととして適切なのは感謝の言葉である。したがって，④の thank you が適切。say thank you で「お礼を言う」という意味を表す。① say sorry「お詫びを言う」，② say hello「よろしくと伝える」，③ say goodbye「別れを告げる」。

問8　下線部の直前で，筆者にお茶を差し出した若者が「お代は結構です」と言っていることから，①「私がお茶の代金を支払います」が適切。②は「あなたにお茶を持ってきます」，③は「私はお茶を入れるのが得意です」，④は「私はもう1杯お茶を飲みます」という意味。

問9　最終段落第2文に「私はお茶を飲むことができなかった」とあるので，①「すでになくなっていた」，④「とてもおいしかった」は不適切。筆者がお茶を受け取ってから，女性のドレスを着た若者がずっと話続けていたという状況から，③「冷たくなって」が状況に合う。②は「本当に熱い」という意味。

重要 問10　質問は，「筆者はなぜお茶を飲めなかったのですか」という意味。この前の部分では，筆者にお茶を出した若者が，学校を辞めた話や父親が銃で人を殺させようとした話などを続けていたが，大柄の男性に呼ばれて再びテーブルの上で踊り始めたこと，その男性は実は若者の父親であること，2人はそのような作り話をしながらうまい具合に商売をしていることが述べられている。このあと，ずっと若者の話を聞いていた筆者の反応は，最終段落第1文の「私はほほえんだ」，第3文の「ただそこにすべてを置いたままにして，プールサイドの周りにいるネコたちの写真を撮るために公園の方へ歩いた」というものである。これらのことから，筆者は市場の人々への関心が薄れてその場を離れていったと考えられる。この筆者の心情に最も適するのは，③「彼はもはやそれを飲みたい気がしなかったから」。①は「それは自分のお茶ではなかったから」，②は「彼はコーヒーが飲みたかったから」，④は「彼はとても興奮していてお茶のことを忘れたから」という意味。

問11　①「市場は毎週水曜日と日曜日に開いた」(×)　第1段落第3文から水曜日に市場が開かれることがわかるが，日曜日に開かれるという記述はない。　②「ドレスを着たある若者が舞台に立っていた」(×)　第1段落第5，6文から，ドレスを着ている若者は，舞台ではなくテーブルの上に立っていたことがわかる。　③「ある女性がドレスが合わなかったので交換したがっていた」(○)　第3段落第2，3文の内容に合う。　④「古い物を売るある家族は市場からそれらを集めていた」(×)　第4段落最終文から，古い物を売る家族は市場ではなく，ごみや仕事場や工場から出た使用済みの物を集めていたことがわかる。　⑤「濃い青の帽子をかぶったある少年が市場で古い物を売っていた」(×)　古い物を売っている少年については，第4段落第2文に「肌が黒くて背の高い」と述べられている。また，「濃い青の帽子」をかぶっているのは第6段落第1文から，他の少女であることがわかる。　⑥「ある若い女性は顔にしみがあり，彼女はそれらがとても気に入っていた」(×)　第6段落最後の2文にある少女の発言を参照。少女は顔にしみがあるため，写真に撮られたくないと言っているので，顔のしみを嫌がっていることがわかる。
⑦「黒い上着を着たある大柄な男性はタマネギを売る自分の娘を手伝った」(×)　第9段落第5，6文から，黒い上着を着た大柄な男性が手伝っていたのはタマネギを売る少女ではなく，自分の息子であるドレスを着た若者であることがわかる。　⑧「筆者は市場で人々のおもしろい写真を撮ることができなかった」(○)　筆者が市場でだれかの写真を撮ったという記述はない。また，最終段落最終文から，他の写真を撮るために市場を離れたことがわかる。

4　**(長文読解問題・物語文：語句選択補充，英問英答，文選択補充，指示語，語句整序，語句補充，内容吟味)**

(全訳)　アントニオ・カノーヴァはイタリアに住む幼い少年だった。彼の両親は亡くなっていて，彼は祖父母と暮らしていた。彼の祖母は夫と少年の世話をしていて，祖父は裕福な人々に売る像を作るために石を切っていた。

アントニオはあまり丈夫ではなかった。彼は町の他の少年たちと遊ぶのが好きではなかったが，祖父と一緒によく像にできるくらい強くて美しい石を探しに出かけた。アントニオは祖父と一緒に働くことがとても好きだったので，祖父のように像を作る方法をすぐに覚えた。「その子はいつか優れた石の芸術家になるだろう」と彼の祖父は言った。

毎晩仕事のあと，アントニオの祖母は彼に歌ってやり，彼の心をすばらしいものや美しいものの画像で一杯にする物語をしてやったりした。そして翌日，石を探しに戻ると，アントニオは石でそれらの画像を作ろうとした。

同じ町にある裕福な男性がいて，彼は伯爵と呼ばれていた。彼はよく晩餐会を開き，他の町の彼の裕福な友人たちが訪ねにきた。このとき，アントニオの祖父は優れた料理人でもあったのでよく台所で手伝った。

ある日，また大きなパーティーが開かれる予定だったので，アントニオは祖父と一緒に伯爵の大邸宅に行った。少年は料理はできず，客に食べ物を出せる年齢ではなかったが，鍋やフライパンを洗うことはできたし，賢くて動きが速かったのでいろいろな面で手伝うことができた。

晩餐会が始まる直前に，食堂で大きな音がして1人の男性が急いで台所に入ってきた。彼は(あ)青ざめているように見えた。

「どうしたらいいんだ？　どうしたらいいんだ？」と彼は叫んだ。「私はテーブルの中央に立つはずの像を壊してしまった。その像がなければテーブルは美しくないだろう。伯爵は何と言うだろうか」

そして今やアントニオの周りのすべての人々が困っていた。晩餐会は失敗するのだろうか。テーブルはとてもすてきに見えなくてはならない。伯爵はそのすてきな(い)像がなければとても怒るだろう。「ああ，だめだ！　私たちはどうしようか」と彼らは互いに言い合った。

そのとき，幼いアントニオ・カノーヴァが像を壊した男性のところへ近寄った。

「ぼくは像を作ることができます。あなたのために1つ作ってもいいですか」

「坊や，新しい像は私が壊したものとまったく同じ大きさでないといけないよ」とその男性は言った。

「わかりました。問題ありません」とアントニオは言った。「たぶん，壊れたものと同じくらい美しいものを作れますよ」

その男性は笑った。「君はだれなんだい，坊や？　どうして1時間で像を作れるなんて言えるんだい？」

「ぼくはアントニオ・カノーヴァです」と少年は言った。

他のすべての人々はその少年が像を作るのが得意であることを知っていたので，彼らはみな「う彼ならできるぞ！　彼ならできるぞ！」と言った。

台所のテーブルの上には大きな黄色いバターの四角いかたまりがあった。それはほぼ100キロの重さがあった。包丁を使って，アントニオはこのバターを切ったり彫ったりし始めた。数分で，彼はそれを座っているライオンの形にした。

「何て美しいんだ！」と彼らは叫んだ。「壊れた像よりもずっときれいだ」

それが仕上がると，その男性がそれをその場所へ運んだ。

伯爵と彼の友人たちが晩餐会にやって来たとき，彼らが見た最初のものがその黄色いライオンだった。

「何て美しい芸術作品だろう！」と彼らは叫んだ。「とても優れた芸術家にしかこんな形に彫ることはできないけれど，それをバターで作るとは面白くないかね！」それから彼らは伯爵にその芸術家の名前を教えてくれるように頼んだ。

「うーん，実はえ私もあなたたちと同じくらい驚いています。だれがこのすばらしい像を作ったのですか？　だれか知っていますか？」

台所の少年たちの1人が，「それはほんの1時間前に台所の幼い少年によって彫られたんです」と言った。

これは客たちにとってさらに驚くべきことで，伯爵はその少年を部屋に呼んだ。

「ねえぼく，すばらしい芸術作品を作ったね。きみの名前は何，だれがきみの先生なの？」と伯爵は言った。

「ぼくの名前はアントニオ・カノーヴァで，(3)先生はいませんが，石から彫刻を掘る方法を祖父から学びました」と少年は言った。

すべての客が喜び，また，このパーティーで将来のすばらしい芸術家に会えたので誇らしくも思った。彼らは少年に一緒に夕食を食べてほしいと思い，アントニオはテーブルの席に腰を下ろしてとってもうれしかった。

翌日，伯爵はアントニオの祖父にアントニオを自分の家によこすように頼み，祖父はアントニオが伯爵と一緒に暮らすよう求められたのでとてもうれしかった。国の最高の芸術家がアントニオに彫刻芸術の技術を教えるために伯爵の家で暮らすようになった。彼は(お)バターではなく石を彫り，数年後，アントニオ・カノーヴァは世界で最も優れた石の彫刻家の1人になった。

問1　空所を含む文の次の段落を参照。最初の3文から，台所に入ってきた男性は飾り用の像を壊してしまい，あわてた様子であることがわかる。このときの男性の様子を表すのに適切なのは pale「(顔が)青ざめている」。

基本　問2　第7段落に，ある男性が晩餐会のテーブルに置かれる像を壊してしまったことが述べられ，第4文「その像がなければテーブルは美しくないだろう」から，その像が飾りとして大切なものであることがわかる。空所を含む文では，「伯爵はそのすてきな～がなければとても怒るだろう」と述べているので，空所には本来テーブルにあるべきである statue「像」が入る。

重要　問3　下線部の発言のあと，男性は「どうして1時間で像を作れるなんて言えるんだい？」と言っている。また，下線部を含む段落の直後で少年が自分の名前を告げたところ，他のすべての人々は彼が彫刻が得意であることを知っていたことがわかる。逆に，下線部の前までの段階では，その少年が彫刻が得意なアントニオであることは知られていなかったことになるので，アントニオが壊れた像と同じくらい美しいものを作れると言ったとき，その男性は彼の言葉を信じられなかったと考えられる。したがって，男性が笑った理由として適切なのは，②「その男性はその少年が1時間で像を作ることを信じることができなかったから」。①は「その男性はその少年が像を作ることはすばらしい考えだと思ったから」，③は「その男性はその少年が像と同じくらい美しいと思ったから」，④は「その男性はその少年がとても勇ましいことを知ってとても驚いたから」という意味。

問4　空所の前までは，その場にいた人々は少年が壊れた像と同じくらい美しい像を作れるとは思っていなかったが，アントニオが名乗ったところ，他のすべての人々が彼が彫刻が得意であることを知っていたことが述べられている。彫刻が得意だという事実を受けての発言として適切なのは，①「彼ならできるぞ！　彼ならできるぞ！」。②は「うん，私たちがやろう！　うん，私たちがやろう！」，③は「彼がそれをやったんだ！　彼がそれをやったんだ！」，④は「聞いてください！　聞いてください！」という意味。いずれもこの場の状況と，このあとでアントニオが像を作っていることが述べられる流れに合わない。

問5　下線部の its は「像」を指す。its place は「その像の場所」，つまり，男性が壊した像が本来置かれるはずだった場所を表している。男性は第7段落第3文で，「私はテーブルの中央に立つはずの像を壊してしまった」と言っているので，像があるべき場所は the center of the table「テーブルの中央」である。

問6　空所の直後の伯爵の発言から，伯爵自身もライオンの像を彫った人物がだれなのか知らなかったことがわかる。また，パーティーに来た客たちも伯爵もアントニオが作った作品に驚き，賞賛していることから，②「私もあなたたちと同じくらい驚いています」を入れると場面の流れに合う。①は「壊れた像は私を悲しませました」，③は「私はなぜバターがここにあるのか知っています」，④は「私はその新しい像を見て衝撃を受けています」という意味。

重要 問7 (… I) learned from my grandfather how to carve sculptures out of (stone.)
learned を動詞として，how to carve sculptures「彫刻を彫る方法」を目的語にする。from my grandfather は文末に置くことも可能だが，ここでは out of stone「石から」が文末にあるので learned と how to の間に置く。

問8 アントニオが伯爵の家で暮らすきっかけとなったのは，バターで見事な像を作ったこと。空所の前に「彼は石を彫った」とあり，それを説明する形で「～ではなく」と続くので，アントニオが石以外で彫った butter「バター」を空所に入れる。

問9 ①「アントニオは他の少年たちと外で遊んで楽しんだが，あまり丈夫な少年ではなかった」(×) 第2段落第2文に「彼は町の他の少年たちと遊ぶのが好きではなかった」とあるので，一致しない。 ②「アントニオも祖母は毎晩物語を話してくれて，アントニオは石にそれらの絵を描いた」(×) 第3段落第1文に祖母がアントニオに物語を話したことが述べられているが，第2文で，アントニオはその物語から想像した画像を，絵に描くのではなく石で作ろうとしたことが述べられているので一致しない。 ③「アントニオと彼の祖父母は台所で手伝うためによく伯爵の家に行った」(×) 第4段落第3文から，アントニオの祖父がしばしば台所で手伝うために伯爵の家に行っていたことが述べられているが，アントニオと祖母について「しばしば台所で手伝うために伯爵の家に行った」ということは述べられていない。 ④「台所で像が壊れたとき，働いている人たちは伯爵が怒るだろうと思った」(×) 第6段落第1文から，像が壊れたのは台所ではなく，食堂であることがわかるので一致しない。 ⑤「像を壊した男性はアントニオに近寄って彼にバターの像を作るように頼んだ」(×) 壊れた像の代わりに新たに像を作ろうと言ったのはアントニオ自身で，男性に頼まれて作ったのではない。バターで作ることにしたのもアントニオである。 ⑥「アントニオが大きなバターのかたまりを彫ってライオンの形にするのに数分しかかからなかった」(○) アントニオが包丁でバターを切ったり彫ったりして像を作り始めたことが述べられている段落の最終文に「数分で，彼はそれを座っているライオンの形にした」とあるので一致する。 ⑦「伯爵のパーティーの客たちはだれがすばらしいライオンの像を作ったのか知りたがった」(○) 伯爵とその客たちがパーティーの席に来た場面で，客たちはライオンの像に驚き，伯爵にだれが作ったのか教えるよう頼んでいるので一致する。

★ワンポイントアドバイス★

[2]問5では数字がポイントとなる選択肢が多い。判断に迷ったら，本文で選択肢と同じ数字が出てくる箇所を探し，その前後を検討しよう。それによって，正解する可能性が高まる。

<理科解答>

[1] (1) 1 ④ (2) 2 ② (3) 3 ③ (4) 4 ② (5) Zn^{2+} (6) 5 ①
(7) 6 ③

[2] (1) 7 ⑥ 8 ③ (2) 9 ⑤ 10 ② (3) 11 ⑨ (4) 12 ②

[3] (1) 13 ② (2) 14 ⑧ (3) 15 ③ (4) 16 ① (5) 17 ②
(6) シダ植物

[4] (1) 18 ⑥ (2) 19 ③ (3) 20 ④ (4) 21，22 ④，⑧ (5) 23 ③

5　(1)　24　④　(2)　25　②　(3)　26　③　(4)　27　②　(5)　28　①
(6)　29　③
6　(1)　30　①　(2)　31　②　(3)　32　④　(4)　33　①　34　⓪　35　②
7　(1)　36　③　(2)　1.22倍　(3)　37　③　(4)　38　④　(5)　39　①
(6)　40　①
8　(1)　41　④　(2)　42　③　(3)　43　②　(4)　44　①　45　⓪
(5)　46　③

○配点○

1　(2)　1点　他　各2点×6　2　(4)　3点　他　各2点×5
3　(6)　3点　他　各2点×5　4　各2点×6　5　各2点×6　6　各2点×6
7　(6)　3点　他　各2点×5　8　各2点×6　計100点

＜理科解説＞

1　(電池－電池のしくみ)

(1)　亜鉛板では，亜鉛Znが電子を放出して亜鉛イオンZn^{2+}になる。その電子は回路を通ってモーターを回転させ，銅板に達する。銅板では，水溶液中の水素イオンH^{+}が電子を受け取り，水素原子Hになり，さらに2つ結びついて水素分子H_2になる。

(亜鉛板)$Zn \rightarrow Zn^{2+} + 2e^{-}$ (e^{-}は電子)。　(銅板)$2H^{+} + 2e^{-} \rightarrow H_2$

(2)　亜鉛板から回路へ電子が放出されるので，回路を流れる電子の向きは亜鉛板→銅板である。よって，電池としての機能は，亜鉛板が－極，銅板が＋極である。

(3)　電池に使うことができる水溶液は，イオンを含む水溶液，つまり，電解質の水溶液である。選択肢のうち④は水溶液ではなく，①と②は非電解質の水溶液で，溶媒の分子はイオンに分かれていない。これらは，電子を運ぶ役割の粒子がないので，電池には使えない。

(4)　図3のように，陽極と陰極の間をセロハンなどで区切り，水溶液も工夫した電池は，発明者の名を取ってダニエル電池とよばれる。なお，図2はボルタ電池であり，水素が発生するために短時間で電圧が低下してしまう欠点があった。これを改良したものがダニエル電池である。

(5)　図3での亜鉛板の変化は，(1)と同じく，$Zn \rightarrow Zn^{2+} + 2e^{-}$によって亜鉛イオンができる。

(6)　図3での銅板では，硫酸銅水溶液中の銅イオンCu^{2+}が電子を受け取って，$Cu^{2+} + 2e^{-} \rightarrow Cu$により銅原子ができる。銅板の質量は増え，水溶液中の銅イオンは減って，青色がうすくなる。

(7)　セロハンは，イオンは通過するものの，水溶液そのものは混合しない。

2　(電流回路，磁界－抵抗のつなぎ方，導線のまわりの磁界)

(1)・(2)　図1，図2の接続のしかたを変えずに，見やすく描き直すと，次ページの図のようになる。図1では，並列部分の合成抵抗が，10Ωの半分で5Ωである。これらと，左側の10Ωの抵抗が直列につながっているので，回路の全抵抗は，10＋5＝15(Ω)である。よって，回路に流れる電流は$\frac{4.5(\mathrm{V})}{15(\Omega)}=0.30(\mathrm{A})$であり，電流計ウにも0.30Aの電流が流れる。電圧計アは，左側の10Ωの抵抗にかかる電圧だから，0.30(A)×10(Ω)＝3.0(V)となる。

図2で，2か所の電圧計には電流は流れないと考える。すると，3本の抵抗の直列接続の回路となっている。よって，回路に流れる電流は$\frac{4.5(\mathrm{V})}{30(\Omega)}=0.15(\mathrm{A})$であり，電流計エにも0.15Aの電流が流れる。電圧計イは，左側の10Ωの抵抗にかかる電圧だから，0.15(A)×10(Ω)＝1.5(V)となる。

重要　(3)　(1)，(2)で求めた電圧と電流をもとに計算する。次ページの図1の左側の抵抗で消費する電力は，3.0(V)×0.30(A)=0.90(W)である。一方，図1の並列部分にかかる電圧は，4.5(V)−3.0(V)=1.5(V)であり，抵抗1つに流れる電流は0.30÷2=0.15(A)である。よって，抵抗1つで消費する電力は，1.5(V)×0.15(A)=0.225(W)である。さらに，図2の抵抗1つで消費する電力は，1.5(V)×0.15(A)=0.225(W)である。以上より，最も大きいのは，図1の左側で0.90Wである。

図1

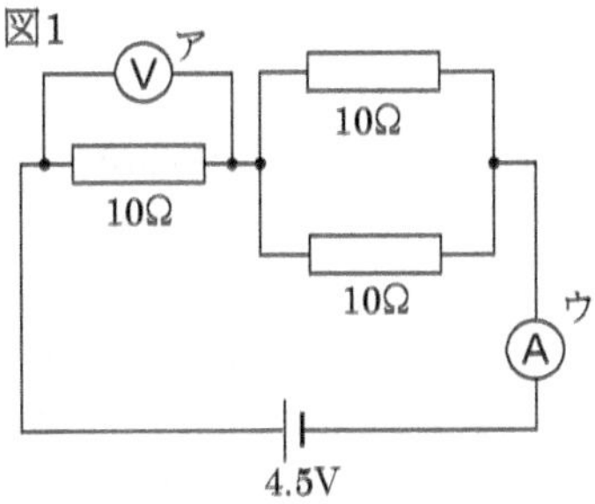

図2

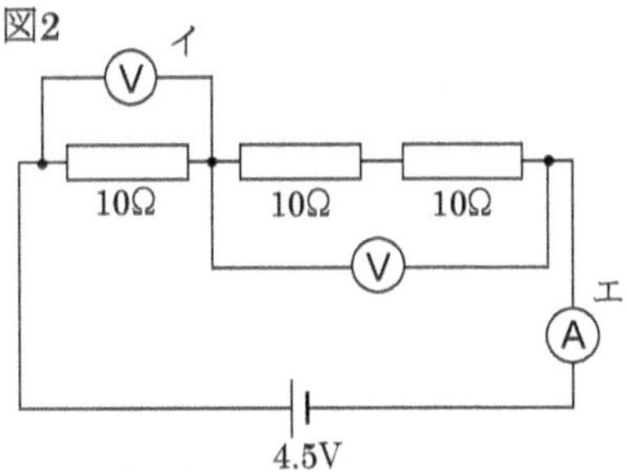

(4)　電流が流れる向きに対して時計回りの磁界ができる。図3では，B，Cともに南から北への電流が流れるため，方位磁針の位置にできる磁界は，Bによって西向き，Cによって東向きとなり，結局打ち消し合って，方位磁針は北を向いたままである。図4では，Bでは北から南へ，Cでは南から北へ電流が流れるため，方位磁針の位置にできる磁界は，Bによって東向き，Cによって東向きとなり，方位磁針は東を向く。図5では，B，Cともに南から北への電流が流れるため，方位磁針の位置にできる磁界は，Bによって西向き，Cによって東向きとなり，結局打ち消し合って，方位磁針は北を向いたままである。

3　(植物の種類，からだ－植物の生活と分類)

(1)　タンポポをはじめキク科の植物では，図1のような小さな花が多数集まって，まるで大きな一つの花があるように見える。アは柱頭，イはおしべ(やく)，ウはがく(冠毛)，エは花弁，オは子房である。花粉ができるのはイのおしべである。

(2)　花粉管を伸ばす実験では，柱頭の環境に似せ，細胞の周囲の濃度を適当に保ち，エネルギーも供給できるよう，ショ糖水溶液を使う。花粉管が伸びると，精細胞の核が移動していく。花粉の大きさは数十μmなので，倍率が数倍～数十倍のルーペや双眼実態顕微鏡では観察は難しい。100倍以上の倍率にもできる通常の顕微鏡で観察するのがよい。

(3)　生きている植物では，呼吸をするために酸素を消費する。冷蔵庫の中は暗く，また，もやしは葉緑体が少ないので，光合成はほとんどできない。

(4)　Aは種子植物である。Y側は，最終的に合弁花と離弁花に分かれているから，Cは被子植物である。よって，Yには①，Xには③があてはまる。また，Bは裸子植物，Fは単子葉類，Gは双子葉類である。

(5)・(6)　Dはシダ植物であり，Eはコケ植物，ソウ類などがあてはまる。　①　正しい。シダ植物は，現在は小型のものが多いが，生息環境によっては10mを超える種も存在する。また，古生代の後半には，10m超のシダ植物の大森林が広がっていた。　②　誤り。鱗片は，植物の表面にあるうろこ状の構造を指す語で，植物によってさまざまな意味がある。シダ植物には葉に鱗片がある種が多いが，すべての種にあるとは限らない。　③　正しい。有性生殖による種子がつくられず，無性生殖による胞子がつくられる。　④　正しい。根，茎，葉の区別がない植物では，体内に水を運ぶ維管束がないので，水の吸収は体の表面全体で行っている。

4　(気象、宇宙－詩歌に読まれた地学現象)

(1)　梅雨の時期の天気図は，日本列島に梅雨前線が横たわっているウである。梅雨前線は，南側の太平洋高気圧と，北側のオホーツク海高気圧の間にできる(X)。なお，アは西高東低の気圧配置で，冬に多い形である(Z)。イは移動性高気圧が日本列島を通過しており，春や秋に多い形である(W)。エは太平洋高気圧が広く日本列島に影響しており，夏に多い形である(Y)。

(2)　太陽系は，銀河系の円盤部の中にあるため，地球から空を見上げれば，円盤部は帯のように見える。これが天の川である。夏に見える方に銀河の中心があるので，夏の方が濃く見える。選択肢のうち誤りは③で，われわれの銀河系そのものの姿である。

(3)　太陽が西に沈む18時ごろに、東からのぼってくる月の形は満月に近い。

重要 (4)　①　正しい。空気が上昇すると，上空は気圧が低いために空気が膨張して温度が下がる。　②　正しい。夏は，地面付近で温められた空気が上昇して，積乱雲ができやすい。　③　正しい。雲は，直径0.01mm程度の水滴や氷晶が上空に浮かんだものである。　④　誤り。温暖前線の前線面は傾きが緩いため，横方向に乱層雲が発達する。　⑤　正しい。日本のような中緯度の上空では，偏西風が西から東へ吹いている。　⑥　正しい。前線は寒気と暖気がぶつかり，暖気が上昇するので雲ができやすい。　⑦　正しい。北西からの季節風が日本海から水分を供給され，積雲の列ができる。　⑧　誤り。雷や雹は，強い上昇気流によって縦方向に発達した積乱雲で発生する。

(5)　地球の半径と，気象現象が起こる大気の厚さの比を考えて，6400：10＝50：x　により，x＝0.078…で，およそ0.08cm＝0.8mmとなる。気象現象が起こる大気はたいへん薄い。

5　(物体の運動－力と加速度)

(1)　1打点が$\frac{1}{50}$秒の記録タイマーを使っているので，5打点は$\frac{1}{50}\times5=\frac{1}{10}$(秒)間を示す。

(2)　図3では，各テープの長さがほとんど同じなので，0.1秒間あたりに進む長さがほぼ同じであり，台車の運動は等速運動に近い。

(3)　摩擦や空気の抵抗は考えないので，図4では台車は徐々に速くなる運動を行う。そのため，0.1秒間あたりに進む長さが徐々に長くなる。

(4)　図4の斜面の傾きが大きくなると，台車の重力の斜面に平行な分力も大きくなる。そのため，速さが変化する割合(加速度)が大きくなる。

やや難 (5)　台車が静止しているとき，糸がおもりを引く力と，おもりにはたらく重力はつりあっており，糸が台車を引く力の大きさ(X)はこれらに等しい。摩擦や空気の抵抗は考えないので，台車が動き始めたとき，台車，おもりともに，加速運動をしており，力はつりあっていない。このとき，糸がおもりを引く力は，おもりにはたらく重力よりも小さい。そのため，糸が台車を引く力の大きさ(Y)も，おもりにはたらく重力よりも小さい。

(6)　摩擦や空気の抵抗は考えないので，台車は加速運動する。おもりにはたらく重力は一定であり，それより小さいものの，糸が台車を引く力も一定である。よって，おもりや台車の加速度は一定であり，速度は一定の割合で増加していく。

6　(気体・水溶液－気体や水溶液の性質と区別)

(1)　気体Aは，実験1から刺激臭があり，実験2から水に溶けてアルカリ性を示すので，アンモニアである。水に溶けやすく，空気よりも軽いので，上方置換で集める。

(2)　気体Cは，実験3の結果から酸素とわかる。酸素の発生法は②である。①は塩素，③は水素，④はアンモニアが発生する。

(3)　気体Bは，実験1から刺激臭があり，実験2から脱色作用を持つので，塩素である。気体Aはアンモニア，気体Cは酸素だから，残る気体Dは二酸化炭素である。二酸化炭素は石灰水と反応して白色沈殿ができる。

(4)　実験4で，水に溶けるのは食塩と砂糖だけなので，Eはこれら2つの混合物である。Fでは，水面に残ったものが表1からプラスチックとわかる。Gは溶けた分があるかどうか不明なので，まだ決められない。実験5で，塩酸に溶けて気体が発生するのは石灰石だけである。Gに石灰石が含まれている。Fに石灰石が含まれないので，水に溶けずに沈んだものがガラスとわかる。実験6で，EとFには有機物が含まれることがわかり，Eの砂糖，Fのプラスチックが確認できる。実験7で，硝酸銀水溶液を加えて白色沈殿が生じるのは，塩化物イオンを含む物質なので，選択肢では食塩のみである。つまり，EとGに食塩が含まれる。以上より，Eは食塩と砂糖，Fはガラスとプラスチック，Gは食塩と石灰石の混合物である。

7 （火山と火成岩－火山岩と火山活動）

（1） 問題文から，デイサイトは流紋岩と安山岩の中間的な火山岩である。火山岩はマグマが急に冷えて固まったので，斑状組織をなしている。選択肢では①と③だが，このうち①はかんらん石を含む玄武岩である。よって，デイサイトは③である。

（2） 大地さんの岩石の体積をV〔cm^3〕とすると，質量は$2.68V$〔g〕である。一方，リカさんの岩石の体積は$1.10V$〔cm^3〕だから，質量は$1.10V \times 2.00 = 2.20V$〔g〕である。よって，求める値は，$2.68V \div 2.20V = 1.218\cdots$で，四捨五入により1.22倍である。

（3） 二人の岩石は同じデイサイトで，同じような鉱物からできているにもかかわらず，密度がかなり異なる。リカさんの岩石は，通常の火成岩に比べても密度がずっと小さいので，ガスが抜けた穴が多数あいていると考えられる。図2の写真からもガスが抜けた穴がみられる。①・②・④では密度は大きく変わらない。

（4） 火山灰が堆積してできるのは凝灰岩である。①・②は，海水中の物質が沈殿したり，生物の遺骸が沈積したりしてできる。③はマグマが地下深部で冷え固まってできる

（5） 各選択肢の図で，断層に対し右側のブロックが上側にあたる。その右側のブロックが断層面をずり上がるのは，両側から圧縮の力がかかっているときである。

（6） デイサイトは流紋岩と安山岩の中間的な火山岩だから，デイサイト質の溶岩は玄武岩質の溶岩に比べて，粘り気が大きく，流動しにくい。火山の形状はドーム状に近い。図3の矢印の火山から図3を描いた場所までの間には，いくつかの地形の高まりがあるため，それらを乗り越えて①溶岩流が到達する可能性は低い。なお，②はガスの流れなので少しくらいの地形の高まりは乗り越える可能性がある。また，③④は上空を通って飛来するので，地形の高まりは関係がない。

8 （動物の種類－さまざまな動物のからだ）

（1） （A） 動脈から枝分かれし，からだの各部に分布するのは，毛細血管である。 （B） ヒトの赤血球に含まれる赤色の色素はヘモグロビンであり，酸素と結びつく性質がある。

（2） ① 正しい。ハ虫類はセキツイ動物の一種だから，背骨を中心とする内骨格系を持つ。
② 正しい。節足動物の甲殻類であり，からだやあしがいくつかの節に分かれている。 ③ 誤り。イカもアサリも軟体動物であり，からだは外とう膜でおおわれている。 ④ 正しい。両生類であり，幼生はえら呼吸，成体は肺呼吸をおこなう。

（3） ① 正しい。中枢神経は，全身からの神経が集まってくる脳と脊髄のことである。 ② 誤り。反射のときは，中枢神経のうち脊髄や延髄が大脳に代わって命令を出す。 ③ 正しい。ヒトの中枢神経は，脳(大脳，間脳，中脳，小脳，延髄)と脊髄である。 ④ 正しい。からだの各部に，運動神経や感覚神経などの末梢神経が伸びている。

（4） （a） 正しい。節足動物のからだは，外骨格でおおわれており，筋肉はその内側にある。
（b） 誤り。腕を伸ばすときは，伸ばすための下側の筋肉が収縮し，曲げるための上側の筋肉が緩んでいる。

（5） 内呼吸(細胞の呼吸)は，酸素を使って栄養分を分解し，生活活動のエネルギーを取り出すことである。これに対し，えらや肺によって外界から体内に酸素を取り込むことは，外呼吸とよばれる。①・②の文は内容は正しいものの，外呼吸の説明であり，内呼吸の説明ではない。

① 誤り。節足動物のうち甲殻類の多くは水中生活をしており，えら呼吸を行う。 ② 誤り。肺には筋肉がないために自ら動けず，横隔膜の上下で気体が出入りしている。 ③ 正しい。細胞では，酸素を用いて栄養分を分解し，エネルギーを取り出している。 ④ 誤り。酸素を使って栄養分を分解すると，二酸化炭素と水が生成する。

★ワンポイントアドバイス★

それぞれの項目に関わる基本事項をしっかりと思い出しながら，問題文の条件をよく見て選択肢を判断しよう。

＜社会解答＞

1 問1 ① 問2 ③ 問3 ② 問4 ③ 問5 ②
問6 (1) (西)インド(諸島) (2) ⑥

2 問1 リアス海岸 問2 ④ 問3 ⑤ 問4 ⑤ 問5 ② 問6 ② 問7 ⑤
問8 ⑥

3 問1 ② 問2 清少納言 問3 (1) 北条政子 (2) ④ 問4 ③
問5 ② 問6 ④ 問7 ④ 問8 ①

4 問1 ① 問2 ④ 問3 ③ 問4 ② 問5 金本位(制) 問6 ③

5 問1 ② 問2 ① 問3 ② 問4 ① 問5 ② 問6 ②

6 問1 デジタル 問2 (1) ① (2) ④ 問3 ② 問4 ④ 問5 ④
問6 ②

○配点○

1 問6(1) 3点 他 各2点×6
2 問3・問4・問6・問8 各3点×4 他 各2点×4
3 問2・問3(1) 各3点×2 他 各2点×7
4 問2・問3・問5 各3点×3 他 各2点×3
5 問1・問2 各3点×2 他 各2点×4
6 問1・問6 各3点×2 他 各2点×5 計100点

＜社会解説＞

1 (地理－世界地図を題材にした世界の地理)

重要 問1 正距方位図法の世界地図は，中心からの距離と方位が正しい。よって，中心に描かれているタンジャから見て，右に位置するメッカはおよそ東，右上に位置する大都はおよそ北東に位置する。②－タンジャからメッカはおよそ5千キロであるが，大都はおよそ9千キロである。
③・④－正距方位図法の世界地図は，中心からの距離と方位のみが正しい。中心以外の地点(例えば，メッカ)からの距離と方位はいずれも正確ではない。

やや難 問2 バンガーラ(ベンガル)は，インド半島北東部の地域名で，現在は東部はバングラデシュ，西部はインドに属している。ガンジス川とブラマプトラ川の下流域にあたり，稲作が盛んである。

よって，Aには米があてはまる。米は基本的にアジアの農作物で，世界生産の約90%がアジアで生産されている。よって，アジア諸国が上位を占める③が米と判定できる。なお，①はトウモロコシ，②は大豆，④は小麦である。

問3 「ベンガル地方」，「ガンジスの河口に近いところ」などに注目する。

基本 問4 メッカは，サウジアラビア西部に位置するイスラム教最大の聖地。イスラム教徒は一生に一度はこの地を巡礼する宗教上の義務を負う。預言者ムハンマドの出生地で，カーバ神殿がある。なお，①はキリスト教，②はヒンドゥー教，④は仏教。

問5 い の地域にある国はサウジアラビア。降水量が極端に少ない砂漠気候が卓越し，人口密度は20人／km^2に満たない。よって，②を選択する。なお，①はインド，③は中国，④はスペインである。

問6 西インド諸島は，中央アメリカ，大西洋とカリブ海との間に位置する群島の総称で，大アンティル諸島，小アンティル諸島，バハマ諸島からなる。コロンブスが到達した際，インドと誤認して生じた名称である。独立国に，キューバ，ドミニカ，ハイチ，ジャマイカなどがある。

2 (日本の地理ー近畿地方の自然，産業，人口など)

基本 問1 Xは若狭湾，Yは志摩半島で，いずれもリアス海岸が典型的に発達している。リアス海岸は，起伏の大きな山地が海面下に沈んでできた海岸で，半島と湾が交互に連続する鋸歯状の複雑な海岸線を形成する。スペイン北西部の海岸にみられ，この地の湾の呼び名リアに由来する。

問2 Wは琵琶湖で，ここから流出する河川は淀川のみである。淀川は，琵琶湖の南端から流出し，京都盆地に出て，大阪平野を北東から南西に流れて大阪湾に注ぐ。全長約75km。

基本 問3 Aは兵庫県の豊岡市。冬季の降水量が多い日本海側の気候が卓越する。よって，「い」。Bは大阪市。年中降水量が少ない瀬戸内の気候が卓越する。よって，「う」。Cは和歌山県の潮岬。夏季の降水量が多い太平洋側の気候が卓越する。よって，「あ」。

問4 愛知県は豊田市を中心に自動車工業が発達し，都道府県別の製造品出荷額では日本一である。よって，「か」。東京都は，新たに工業用地を確保することが困難で，製造品出荷額は伸び悩んでいる。よって，「く」。残った「き」が大阪府である。

問5 Tの大阪湾沿岸は，阪神工業地帯の中心で，製鉄所や石油化学コンビナートが立地している。そのため，大量の電力が必要で，その大半は沿岸に立地する火力発電所から供給されている。

問6 奈良県は，大阪府に隣接し，県の北部と大阪市はそれほど距離が離れていない。このため，大阪方面に通勤，通学する人が多い。この結果，昼夜間人口比率は90%とかなり低くなっている。よって，②を選択する。なお，①は京都府，③は和歌山県，④は兵庫県。

問7 「さ」は高野山金剛峯寺。高野山金剛峯寺は和歌山県北東部に位置する。「し」は姫路城。姫路城は兵庫県南西部の姫路市に位置している。「す」は大仙古墳。大仙古墳は大阪府中西部の堺市に位置している。

やや難 問8 林業従業者は高齢化の進行が著しく，60歳以上の占める割合が30%以上に達する。よって，60歳以上が「た」である。一方，若者の就業が少なく，20～29歳の占める割合は5%前後とかなり低い。よって，20～29歳は「つ」である。残った「ち」が40～49歳である。

3 (日本の歴史ー女性をテーマにした通史)

やや難 問1 律令制度を実施する準備が進められ，藤原京がつくられたのは持統天皇の時代。持統天皇は，天智天皇の皇女で，天武天皇の皇后。天武天皇の死後，朝政をとった。①は欽明天皇，③は聖武天皇，④は天智天皇で，いずれも男性の天皇である。

基本 問2 清少納言は，平安時代中期の女房。和漢の学に通じた才女で，紫式部と並び称され，一条天皇の皇后定子に仕えて寵遇を得た。随筆『枕草子』の作者として広く知られる。

問3　(1)　資料は，1221年に起こった承久の乱に際し，北条政子が御家人の団結を訴えた演説。北条政子は，北条時政の娘，源頼朝の妻。さらに，頼家，実朝の母。夫の幕府創建を助け，頼朝の死後は剃髪して尼になったが，実家である北条氏と結んで幕政を左右した。(2)　雪舟が日本の水墨画を大成したのは室町時代。後鳥羽上皇が生きた鎌倉時代とは時代が異なる。

問4　ペリーの来航は1853年。この約60年前の1792年にロシアの使節であるラクスマンが根室に来航し，幕府に通商交易を要求した。幕府はこれを拒絶し，間宮林蔵や近藤重蔵に北方の調査を命じた。①－江戸幕府の成立は1603年，豊臣氏が大阪夏の陣で滅ぼされたのは1615年。②－江戸幕府の成立からの約100年間で，日本の耕地面積は約2倍に増加した。④－アヘン戦争における清国の敗北の情報が伝わると，幕府は異国船打払令を取り消し，外国船に薪水を与えて日本近海から退去させることにした。

問5　作品は菱川師宣の『見返り美人図』で，元禄文化を代表するもの。元禄文化は江戸幕府5代将軍徳川綱吉(1680～1709年在職)の治世下，上方(京都や大阪)で栄えた文化である。①－参勤交代の制度化は1635年。③－伊能忠敬が全国の測量を開始したのは1800年。④－小林一茶(1763～1827年)は化政文化を代表する俳人。

やや難　問6　Aは竹久夢二の『黒船屋』(1919年)，Bは黒田清輝の『湖畔』(1897年)，Cは喜多川歌麿の『ポッペンを吹く女』(1793年ごろ)。

問7　文化住宅は，大正時代後期から昭和時代前期にかけて大都市郊外に多く建てられた，生活上，簡易・便利な設備の整った新形式の住宅の俗称。ガラス戸，赤瓦の屋根，洋風の応接間を持つなどの特徴がある。①－明治時代以降，繊維産業では多くの女性が労働に従事していた。②－日露戦争後の1907年には義務教育6年制が成立し，就学率は97%を超えた。③－太平洋戦争前まで，多くの女性は和装であった。

問8　教育基本法は，1947年公布された第二次世界大戦後の民主主義教育の基本法。1946年アメリカ教育使節団の報告書に基づき，安倍能成を中心とした教育刷新委員会が作成。これに基づき，学校教育法，教育委員会法が制定された。②－樋口一葉は明治期に活躍した小説家。③－「約100名」ではなく「39名」。④－労働基準法には保育所の整備の基準は定められていない。

4　(世界の歴史－お金をテーマにした通史)

基本　問1　古代オリンピックを始めたのは，古代ローマではなく，古代ギリシャのアテネ。

問2　資料1はハンムラビ法典。古いシュメール法を集大成してハンムラビ王が発布し，後世の法典の規範となった。1901～1902年，フランスの調査隊がスサで，楔形文字による原文が刻まれた石盤を発見した。貴族・平民・奴隷を厳密に区別し，また「目には目を」の復讐法を成文化している。

やや難　問3　資料2中の「大ハーン」はモンゴル帝国の最高君主の称号(漢字では大汗)。モンゴル帝国第5代の世祖フビライが，1271年，中国に建てた王朝が元である。Xは「交鈔《こうしょう》」とよばれる元の紙幣。なお，Yは明銭の代表とされる永楽通宝である。

問4　イギリス東インド会社は，1600年，エリザベス一世の特許状により設立された会社。当初はモルッカ諸島で香辛料貿易に従事していたが，1623年のアンボイナ事件でオランダに敗れて以降，綿布をあつかうインド貿易に専念。その後，ムガル帝国内部に進出し，しだいに貿易の利益よりも植民地統治の政治的権力を行使する機関に変貌した。なお，東インド会社を設立したのは，イギリスのほか，オランダ，フランス，デンマーク，スウェーデンなどで，スペイン，ドイツ，ロシアは設立していない。

重要　問5　金本位制は，中央銀行が発行する基礎貨幣と一定量の金とが等価関係にあって，相互の交換が自由に行われることを保証する通貨制度。外国為替相場を安定させ，また自国収支を自動的に調整する機能をもつ。1816年，イギリスが1ポンド金貨の鋳造を始め，世界最初の金本位制をとる国となった。日本は1897年に採用。

問6　1919年に結ばれたヴェルサイユ条約において，ドイツは巨額の賠償金の支払いを課せられた。その額は1320億マルクに達し，支払い能力を大きく超えるものであった。この結果，ドイツでは激しいインフレーションが進んだ。

5　(公民－経済，社会保障制度，金融など)

問1　自由貿易は，国際間の商品・サービスの取引に際して，政府が関税や数量制限，輸出補助金などの手段により，貿易を制限したり促進したりすることなく，自由に輸出入を行わせること。保護貿易の対義語。

問2　A国とB国それぞれが効率的に生産できる産業に自国の労働力すべてを投入した場合，A国は野菜の生産に480人の労働力を投入し，4.8単位の野菜を生産，B国は自動車の生産に300人の労働力を投入し，5.0単位の自動車を生産することになる。

基本　問3　産業の空洞化は，生産拠点の海外進出や製品の輸入依存が高まり，基幹産業としての製造業が衰退する現象。1970年代のアメリカ合衆国で取り沙汰されていたが，日本でも1980年代以降，円高が進行し，自動車や半導体などの輸出産業の現地生産に拍車がかかってきたため，産業の空洞化が問題となった。

問4　社会保険は，生活困難をもたらすいろいろな事故に対して給付を行い，被保険者とその家族の生活安定をはかることを目的とした，強制加入の保険制度。疾病，老齢，障害，失業などの困難に備える。

やや難　問5　高年齢者雇用安定法の改正により，65歳から70歳までの就業機会を確保することが事業主に義務(努力義務)付けられることになった。なお，同法改正以前から，65歳までの雇用確保は義務付けられている。

やや難　問6　経済主体のうち経常的な余裕資金をもつもの(たとえば多くの家計)から，経常的な資金不足をもつもの(企業や中央・地方政府の多く)に，貸借や証券市場を通じて直接に資金が供与されることを直接金融といい，金融仲介機関を経て資金が供与されることを間接金融という。

6　(公民－時事問題，基本的人権，政治のしくみなど)

問1　デジタル庁は，2021年9月1日に設置された行政機関で，デジタル社会の形成に関する内閣の事務を内閣官房とともに助け，その行政事務の迅速かつ重点的な遂行を図ることを目的として内閣に設置された。国・地方行政のIT化やDX(デジタルトランスフォーメーション)の推進を目的としてIT分野を担当する。発足時の職員約600人のうち約200人は，IT企業など民間から起用している。

問2　(1)　表現の自由は，情報(思想・意見・感情などを含む)の流通にかかわる国民の活動の一切が公権力によって妨げられない自由をいう。表現の自由は，他の基本的人権の保障を不断に監視し，かつ民主主義の過程を維持する上で最も基本的な権利であるとして，しばしばその優越的地位が説かれる。　(2)　団体行動権は，労働基本権の一つで，社会権に分類される。自由権(経済活動の自由)ではない。

問3　1965年の補正予算で赤字国債(経常収支の不足分を補うために発行される国債)の発行を1年限りで認める特例国債法が制定され，赤字国債が戦後初めて発行された。1975年以降は，ほぼ毎年度特例法の制定と赤字国債の発行が恒常的に繰り返されてきた，また，2012年度以降は，日本銀行の引き受けが増加し，2020年度では国債保有の約4割を日本銀行が占めている。

問4　大日本帝国憲法第11条は，「天皇ハ陸海軍ヲ統帥ス」と明記し，これを一般国務から独立した天皇の大権とした。そして，陸軍は参謀本部，海軍は軍令部が天皇に直属し，軍政(陸軍省，海軍省)からも分離していた。議会による文民統制は敷かれていない。

やや難 問5　地方自治法第176条①は,「普通地方公共団体の議会における条例の制定若しくは改廃又は予算の議決について異議があるときは，当該普通地方公共団体の長は，この法律に特別の定があるものを除く外，その送付を受けた日から10日以内に理由を示してこれを再議に付することができる。…。」と明記している。①－条例を制定できるのは地方議会のみ。②－首長の命令も，裁判所の違憲審査の対象となりうる。③－副知事，副市町村長の選任には地方議会の同意が必要である。

問6　あ：有権者の3分の1以上の署名を集めて選挙管理委員会に提出することにより，地方議会の解散を請求することができる(地方自治法第76条①)。請求が有効であれば，請求から60日以内に住民投票を行い，投票において有効得票数の過半数が賛成すれば，地方議会は解散となる(地方自治法第78条)。い：署名簿について有効な署名と認められるには，署名及び印，署名年月日，署名者の住所，生年月日が記載されている必要がある。う：身体の故障により署名することができない者については，代筆による署名を求めることができる。しかし，遠方に住んでいるという理由で他者が署名簿に代筆しても，これは無効となる。

★ワンポイントアドバイス★

マークシート方式の記号選択問題と用語記述の問題が混在しているので，解答欄を間違ったり，ずらしたりしないことが大切である。十分に注意すること。

＜国語解答＞

一　問1　ⓐ　要因　ⓑ　はぐく(んで)　ⓒ　念頭　ⓓ　現象　ⓔ　混同
問2　⑤　問3　③　問4　①　問5　グループ間の比較の視点　問6　②
問7　④　問8　②

二　問1　ア　③　イ　④　問2　②　問3　③　問4　⑤　問5　①　問6　②
問7　④　問8　⑤　問9　④

三　問1　ア　②　イ　③　問2　⑤　問3　他人の短所を直そうとすること。
問4　④　問5　①　問6　②

○配点○
一　問1　各1点×5　問2・問6　各3点×2　問5　4点　問8　6点　他　各5点×3
二　問1　各2点×2　問2・問9　各3点×2　問4　4点　他　各5点×5
三　問1　各2点×2　問2・問5　各3点×2　他　各5点×3　計100点

＜国語解説＞

一　(論説文―大意・要旨，内容吟味，文脈把握，接続語，言い換え，脱文・脱語補充，漢字の読み書き)

問1　ⓐ　物事がそうなった主な原因。「要」の訓読みは「かなめ」「い(る)」。　ⓑ　「育む」は，大切に守り育てること。　ⓒ　心の中の思い。「念」を使った熟語には，他に「観念」「丹念」などがある。　ⓓ　人が観察できる物事。「象」の他の音読みは「ゾウ」。　ⓔ　区別すべきものを同じものとして扱うこと。「混」の訓読みは「ま(じる)」「こ(む)」。

問2　Ⅰ　「異なる身分に属する諸個人は，互いを自分と同じ人間とみなすことがなかった」という前から当然予想される内容が，後に「それぞれの生活や境遇がどれだけ違うとしても，そもそも自分と比較してみようとさえ思いません」と続いているので，順接の意味を表す語句が当てはまる。　Ⅱ　「日本において，これまで身分制度が存在していたといいたいわけではありません」という前に対して，後で，身分制度ではないが「仕切られていた人々の平等の想像力が，そのような仕切りを越えて展開するようになっているということは指摘できる」と相反する内容を述べているので，逆接の意味を表す語句が当てはまる。　Ⅲ　親の職業や学歴といった階層ヨウインは……子どもの教育達成に影響を及ぼし続けてきたにもかかわらず，なぜかそのことが問題とされてこなかった」という前に対して，後で「子どもの学力差や，学力をもとにした序列化についての議論はさかんでした」と当然予想される反論を想定して述べているので，いったん間違いないと肯定する意味を表す語句が当てはまる。

基本　問3　「古い貴族政の社会」について，直後の文で「それぞれの生活や境遇がどれだけ違うとしても，そもそも自分と比較してみようとさえ思いません」，一つ後の文で「もちろん，貴族制社会の人間が，平等・不平等の問題にまったく無関心であったわけではありません」と説明している。この内容を述べている③が最も適切。①の「個人という概念」については述べていない。②の「異なる身分間で生じる差別を認めながらも隠そうとしてきた」わけではない。冒頭の段落の「同じ身分の内部における違いについては，人々は敏感です」に，④の「自分たちは平等だと信じている」や⑤の「同じ身分の人間は平等であると認識している」はそぐわない。

問4　同じ段落の後半に，傍線部Bと同様の表現「平等化が進むと」とあり，この後の内容に着目する。「平等化が進むと，自分のすぐ隣にいる人との関係が希薄になるとしても，むしろ目の前にはいない大勢の人々の様子がひどく気になるようになる」とあり，この内容を「目の前にはいない多くの人間と自分を比べることで不平等があらわになり，それを気にするようになる」と言い換えて説明している①が最も適切。「ひどく気になる」というのであるから，「人々はみな平等であると考える」とある②は適切ではない。③の「平等を期待し，それに向けて行動する」とは述べていない。「自分のすぐ隣にいる人との関係が希薄になるとしても」に，⑤も合わない。④の「身分制社会に残る不平等への意識が鋭敏になる」は，「貴族制の」で始まる段落の「身分制は空洞化するとしても，急激に可視化した残された不平等に対し，人々の意識は鋭敏になっていきます」に合わない。

問5　「苅谷の問題意識」を直後で「教育における不平等」とし，一つ後の文で「社会・経済的な階層に基づく不平等」と付け加えている。この「社会・経済的な階層に基づく不平等」について，直後の段落の「苅谷にいわせれば」の後で説明している。「そこに一貫して欠如していたのは，教育において階層に基づく不平等が厳然として存在するという事実への問題意識」や「日本の平等論においては，奇妙なほどにグループ間の比較の視点が欠如していた」から，日本の教育の平等に関する議論において，なかったものを指定字数をヒントに抜き出す。

やや難　問6　［X］を含む文「同じ会社内，同じ学校内，同じ業界内といった，閉じた共同体的空間のなかで競争がくり広げられたことにより，処遇の［X］に目が向けられるようになった」について，同じ段落で「同じ会社や学校，同じ業界内といった閉じた空間のなかで主たる競争が行われてきた……その共同体内部での処遇の差異への関心を育んできた」と同様の内容を述べている。この「処遇の差異への関心を育んできた」が，「処遇の［X］に目が向けられるようになった」に重なる。「処遇の差異」が気になるというのであるから，みんな同じであるかどうかに「目が向けられる」と考えて，すべてが同じであるという意味を表す語が当てはまる。

問7　直前の文「個々の会社や学校や業界を越えたところにある，より大きな不平等の実態よりも，閉ざされた競争空間のなかでの処遇の微妙な差異が気になる」点が，現代日本の姿と「トクヴィルが描いた不平等社会の姿」に似ていると述べている。社会全体の大きな不平等より閉ざされた競争空間のなかでの差異が気になると説明している④が，最も適切。傍線部Dの直前の文の内容に，①・②・③は合わない。「個々の会社や学校や業界」の人間は，⑤の「同じ身分に属する人間」ではない。

重要　問8　傍線部E「不平等意識やその不満が，うまくその行き場を見つけられずにいる」を，直前の段落で「現代日本における不平等意識の爆発」と喩えている。その後の「『閉じた共同的空間』が解体する」うちに，『閉じた共同体的空間』の外部にあるより大きな不平等と『閉じた共同体的空間』内部における横並び意識の批判とが混同されることによって，教育における平等・不平等の議論をさらに迷走させているという説明に，②が適切。

二　(小説―主題・表題，情景・心情，脱文・脱語補充，語句の意味，品詞・用法，表現技法)

問1　ア「むきになる」は，つまらないことに本気になるという意味。　イ　人の意志とは関係なく自然にめぐってくる運命という意味。「廻(まわ)り合わせ」とも言う。

問2　Ⅰ　同じ文「一人で行くことが多い」が，「六人で［Ⅰ］行った」というのであるから，にぎやかな様子を表す②「わいわい」③「がやがや」⑤「どやどや」があてはまる可能性がある。Ⅱ　後の「靴もめりこまない」から，①「かちかち」②「さらさら」④「ぼこぼこ」が考えられる。　Ⅲ　筆者が感じる「世界は昇っていった」様子には，②「ひたひた」と⑤の「だんだん」がふさわしい。いずれにもあてはまる②を選ぶ。

問3　傍線部A「この電車に乗る」は，雨崎へ行くことを意味している。雨崎へ行く習慣について，「それから」で始まる段落に「そうと決めたわけではないのだが，毎年そこへ行くことが習慣のようになった。三月ごろになって，さて明日は何をしようかと考えると，雨崎のことが思い出された」と述べており，ここから理由を読み取る。「さて明日は何をしようかと考えると，雨崎のことが思い出された」を「おのずと思い出され，気が付くと足を運んでしまう」と言い換えている③が適切。①の「いつかは雨が降るに違いない」，⑤の「車窓から変わらぬ景色を眺めたい」と考えたわけではない。筆者の雨崎での体験に，②の「心の慰め」や，④の「雨崎というのどかな場所」はそぐわない。

問4　直前の「雨崎はきれいに晴れていた。地面はすっかり乾いていた」ことに，ガールフレンドは「がっかりした」様子なのである。直前の段落で，ガールフレンドは「雨崎という地名を地図で見つけて」，「ここはいつも雨が降っているんじゃないのかしら。決して乾かない土地なのよ，きっと」と言っている。この会話や「長い傘まで持ってきた」という描写から，ガールフレンドは雨崎はいつも雨が降っていると期待していたが，実際に行って見るとそのイメージがくつがえされたからだとわかる。この内容を述べているのは⑤。③の傘が「むだになってしまった」ことや，④の「男友達と砂浜」を歩けなかったことにたいして，「がっかり」したのではない。ガールフレンドは「雨崎」という地名から雨を期待しており，①の「東京が曇っていた」ためではない。また，②の「『ぼく』の主張」を否定できなかったためでもない。

問5　直前の「大気は，暗鬱な重たい雲と暗鬱な色の海に挟まれて圧縮され」や，直後の「風が全然なかった。船も通らない。息苦しかった」と合わせて，「ぼく」の心情を想像する。「圧縮」や「濃い冷たい空気」「息苦しかった」から想像されるのは，①の「押しつぶされそうな閉塞感」。「閉塞感」は閉じ込められているような感じを意味する。②の「開放感」や③の「高揚感」は，この描写にそぐわない。「圧縮」や「濃い冷たい空気」「息苦しさ」という表現に，④の「痛いほどの孤独」や⑤の「漠然とした不安」はつながらない。

やや難 問6　傍線部Dの「一日は一秒のように感じられ，一年が一時間のように思われる」は人間の時間軸ではなく，自然の悠久な時間の中に取り込まれることを意味している。同じ段落の「岩は冷たかった。まわりの全部が冷たかった……自分の体内だけが温度において周囲から突出していることが感じとれた。ぼくはこの場では異物だった。それでも，衣類を透して皮膚が次第にゆっくりと雪の温度に近づいていった」から，②の「ぼく」が「まわりの全部」に同化しようとする様子が読み取れる。「一日は一秒のように感じられ，一年が一時間のように思われる」とあるが，①「一瞬にして時が過ぎていく」わけではない。③「人間としての記憶が，走馬灯のように脳裏に浮かぶ」や，④の「時間の流れも止まってしまう」とは読み取れない。⑤の「異物であるこの状態を維持することができたなら」の部分が適切ではない。

問7　直前の文の「雪片が次々に海に吸い込まれて行く」と，傍線部Eを含む「見えないガラスの糸が空の上から海の底まで……伸びていて，雪は一片ずつその糸を伝って降りて行く」という情景を想像する。「雪片」が「ガラスの糸を」伝って降りて行くというのであるから，「まっすぐに落下し海に吸い込まれていく様子」とある④が最も適切。①の「埋め尽くして」，②の「海の底まで消えずに」，⑤の「雲間から放射状にさす光」は，この情景に合わない。繊細な「ガラスの糸」という表現に，③の「大きく重みのある雪片」はそぐわない。

重要 問8　傍線部F「ぼくははっとした」のは，直後の「雪が降るのではない。雪片に満たされた宇宙を，ぼくを乗せたこの世界の方が上へ上へと昇っているのだ」という「知覚」を得たからである。自分が現実だと思っていた「雪が降る」世界ではない「世界」に気づいたと述べている⑤を選ぶ。⑤の「目を見開かされた」は，傍線部Fの「何かが輝いたように」という表現もふまえている。この「何かが輝いたように」という表現から，④の「恐怖」は読み取れない。①の「雪の一片」が「世界を……引き上げる」わけではない。②の「錯覚である」の部分が間違っている。「ぼく」の「知覚」は，③の「地球は動いているのだという当たり前の事実」をいっているのではない。

問9　ⓐ・ⓑ・ⓕは形容詞。ⓒ・ⓓ・ⓔは打消しの意味を表す助動詞。ⓒは「いける」という動詞に打消しの意味を表す助動詞が付いたものと考える。

三　（古文―大意・要旨，内容吟味，文脈把握，脱文・脱語補充，語句の意味，口語訳）

〈口語訳〉　昔から言われる管鮑の交といっても，この二人は，同じ道徳心で，同じ考え方であったこともないだろうよ。世の中に，同じ考え方の人というものは，そうめったにない事であろう。ただ(相手の考え方が違うからといって)自分の思う方向に引き入れようとするのもわずらわしい。この人は，このところは長所だが，ここは大変な短所だ。その短所を(長所へ)引きのばそうとするのは，たいそう不快だ。そう思う自分もまた，そのような短所があるものを，(他の人の)異なっていると思う事に対して，すべて意見しようとするのは，友人に対する誠実なあり方とは違っているなあ。交際していても，自分のことを深く理解している人はめったにいないものだ。友人たちが助言を求めるなら，もちろん言うだろう。けれど，しょっちゅうすべきでもないだろうよ。つきあいの浅い友であっても，友というのならば，その人の身の上にかかわるあやまちならば言わなくてはならない。(けれども)すべてむやみにこうしよう，このように救ってやろうと，無理を承知で思うのは，みな(友人として)ちょうどよい立場に反すると言わないだろうか。ただその人の長所を友とすれば，つきあいにくい人もなく，自分の役に立たない友もないだろう。その友によって自分の方(の心)が乱れるというのは，みなその人の短所を友とするからなのだ。

問1　ア　漢字で書くと「違へりけり」となる。前の，友人の「ことに思ふこと，みないさめものせんとする」のを，友人に対する誠実なあり方だと思うのは，違っているなあと言っている。

イ　「知己」は「ちき」と読み，自分のことを深く理解してくれている人，知り合いという二つの意味がある。直後に「いとまれなるものなり」とあることから，前者の意味だと判断する。

問2　傍線部Aの「あらじ」は「あり」という動詞に打消しの意味を表す「じ」がついたもので，文末の「かし」は強調や念押しの意味を表す。「あらじかし」の意味がわからなくとも，直後の文「よの中に，同じこころの人といふものは，いとまれなる事なるべし」がヒントになる。

やや難　問3　直前の「そのみじかきところを引き延ばへんとする」ことが，「いとくるし」と言っている。「みじかきところ」を「短所」と置き換えて，「その」が指し示すものを明らかにしてまとめる。ここでは，「友」とのつきあい方について述べている。

やや難　問4　友とのつきあい方における「中道」について述べている部分に着目する。直前で「浅き契りの友なりとても，友といふうちならば，そのひとのうへの存亡にかかはる斗のことならばいふべし。すべてしゐてかくせん，かく救ひてんと，まげてもと思ふ」ことは「中道」に背いたと言うのではないだろうか，と筆者の考えを述べている。「中道」とは，「そのひとのうへの存亡にかかはる斗のことならばいふ」が，そうでなければ友人を無理に変えようとしないことだとわかる。この内容を述べている④が最も適切。①の深い関係の友人と浅い関係の友人とを比べているわけではない。②の「友人から助けてもらうことを期待する」や，⑤の「友人が望むことを行うべき」という叙述はない。「そのひとのうへの存亡にかかはる斗のことならばいふべし。」に，③はそぐわない。

問5　直前の「かの友によてわが方のみだれんとする」のは，何を「友」としているためなのかを考える。直前の文「その所長を友とすれば，まじはりがたき人もなく，われに益なき友もあらじ。」は，長所を友とすれば，つきあいにくい人もなく，自分の役に立たない友もないというのであるから，自分の心が乱れるのはその短所を友とするためだという文脈になる。短所を意味する語があてはまる。

重要　問6　本文の最終部分「ただその所長を友とすれば，まじはりがたき人もなく，われに益なき友もあらじ。かの友によてわが方のみだれんとするは，皆その［X］を友とする故也。」の［X］には，「所長」つまり「長所」に対する「短(所)」があてはまることを確認する。この内容に合致する筆者の考えは②。①の「互いの短所を補い合って高めていくべき」，③の「馴れ合わないように」，④の「短所も積極的に受け入れて」とは述べていない。「ただその所長を友とすれば……われに益なき友もあらじ」とはあるが，⑤の「自分の利益になりそうなところをよく見極めてから」と言っているわけではない。

★ワンポイントアドバイス★

論説文の読解問題では，言い換えの表現に注目しよう。言い換えの表現の前後をよく読むことで正答に近づける。

2021年度

★★★★★★★★★★★★★★★★★★★★★★★★

入　試　問　題

2021年度

東京学芸大学附属高等学校入試問題

【数　学】（50分）〈満点：100点〉

【注意】 円周率はπを用いなさい。

1 次の各問いに答えなさい。

〔1〕 $\left(\sqrt{2^2}+\sqrt{3}-\sqrt{2}+\sqrt{1^2}\right)\left\{\sqrt{(-2)^2}+\sqrt{3}+\sqrt{2}+\sqrt{(-1)^2}\right\}$ を計算しなさい。

〔2〕 x，yについての連立方程式

$$\begin{cases} 2ax-7y=236 \\ x+2y=\dfrac{a}{7} \end{cases}$$

の解が$x=3$，$y=b$である。このとき，定数a，bの値を求めなさい。

〔3〕 大小2つのさいころを同時に1回投げるとき，2つのさいころの出た目の数の積が4の倍数となる確率を求めなさい。

ただし，2つのさいころはともに1から6までのどの目が出ることも同様に確からしいとする。

〔4〕 50点満点のテストを8人の生徒が受験した。その結果は次のようであった。

42，25，9，37，11，23，50，31(点)

テストを欠席したAさんとBさんの2人がこのテストを後日受験した。Aさんの得点は26点であった。また，AさんとBさんの得点の平均値が，AさんとBさんを含めた10人の得点の中央値と一致した。

このとき，Bさんの得点として考えられる値は何通りあるか答えなさい。ただし，得点は整数である。

2 次のページの図のように，4点O(0，0)，A(6，0)，B(2，3)，C(0，3) がある。点Oから点(1，0) までの距離，および点Oから点 (0，1) までの距離をそれぞれ1 cmとする。線分ABの長さは5 cmである。

点Pは点Oを出発し，x軸上を正の方向に毎秒2 cmの速さで動く。点Qは点Oを出発し，x軸上を正の方向に毎秒2 cmの速さで点Aまで動き，点Aについたら線分AB上を毎秒2 cmの速さで点Aから点Bに向かって動く。

点Rは点Oを出発し，y軸上を正の方向に毎秒1 cmの速さで点Cまで動き，点Cについたら向きをかえ，点Oに向かって毎秒1 cmの速さでy軸上を動く。

3点P，Q，Rが同時に点Oを出発してからt秒後について，次の各問いに答えなさい。

〔1〕 $0<t<3$において，四角形ABRPの面積が$\dfrac{21}{4}$ cm^{2}になるときのtの値を求めなさい。

〔2〕 $3<t<\dfrac{11}{2}$において，△PQAの面積が$\dfrac{15}{8}$ cm^{2}になるときのtの値を求めなさい。

〔3〕 $3<t<\dfrac{11}{2}$において，3点P，Q，Rが1つの直線上にあるときのtの値を求めなさい。

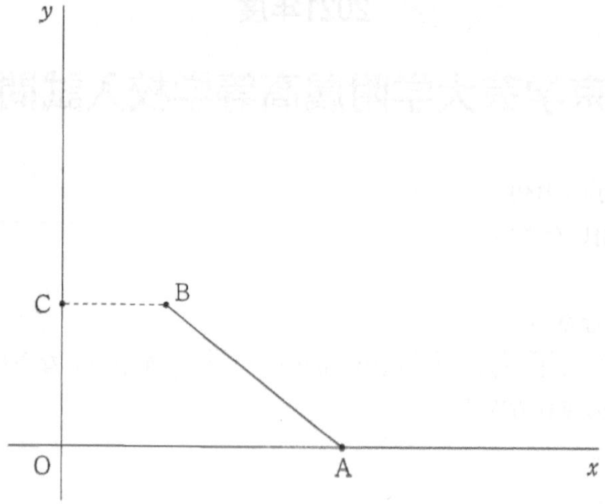

3 次のページの図のように，直線 ℓ 上に2点A，Bがあり，点Bを通り直線 ℓ に垂直な線分BCがある。ここで，AB＝BC＝1，AC＝$\sqrt{2}$ である。

直線 ℓ 上を動く点Pに対し，線分CP上にCP×CQ＝1となるような点Qをとる。

このとき，次の各問いに答えなさい。

〔1〕 点Pが点Aの位置にあるとき，∠QBCの大きさを求めなさい。

〔2〕 点Pが点Bとは異なる位置にあるとき，△PCBと△BCQが相似であることを次の［　　］の中のように証明した。

［(a)］にあてはまる数を答えなさい。

また，［(i)］，［(ii)］にあてはまる最も適切なものを，下の(ア)～(カ)からそれぞれ1つ選び記号で答えなさい。

［証明］

△PCBと△BCQにおいて

∠Cは共通 …… ①

PC：BC＝［(a)］：$\dfrac{1}{\boxed{(i)}}$＝CB：［(ii)］ …… ②

①，②より2組の辺の比とその間の角がそれぞれ等しいので

△PCB∽△BCQである。

(ア) BC	(イ) BP	(ウ) BQ
(エ) CP	(オ) CQ	(カ) PQ

〔3〕 点Pが直線ℓ上を点Aから点Bまで動いたとき，それにともなって点Qが動いてできた線と線分AC，線分BCによって囲まれる図形の面積を求めなさい。

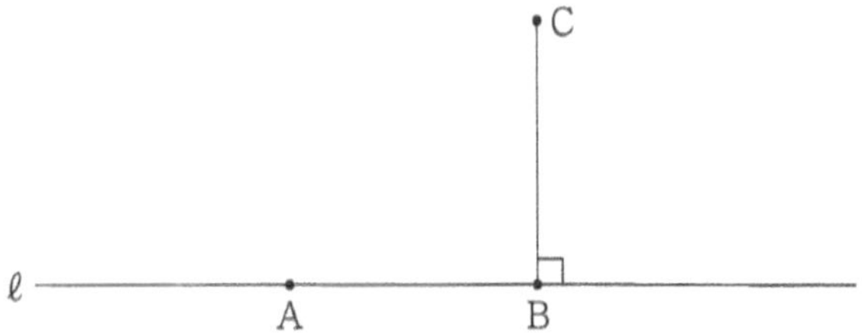

4 図1のように，点A$\left(-\dfrac{2\sqrt{3}}{3},\ -1\right)$，点B$(2\sqrt{3},\ -1)$がある。

関数$y=\dfrac{1}{4}x^2$のグラフ上に2点C，Dがあり，点Aと点Cのx座標は等しく，点Bと点Dのx座標は等しい。また，∠ACDの二等分線と∠BDCの二等分線の交点をEとする。

このとき，次の各問いに答えなさい。

ただし，次のページの図2のような直角三角形PQR，直角三角形STUにおいて，PQ＝1のときQR＝1，RP＝$\sqrt{2}$であり，ST＝1のときTU＝$\sqrt{3}$，US＝2であることを利用してよい。

〔1〕 直線CDの式を求めなさい。

〔2〕 点Eの座標を求めなさい。

〔3〕 点Cを通って直線OEに垂直な直線をひき，直線OEとの交点をHとする。また，点Dを通って直線OEに垂直な直線をひき，直線OEとの交点をIとする。

このとき，線分CHと線分DIの長さの比CH：DIを求めなさい。

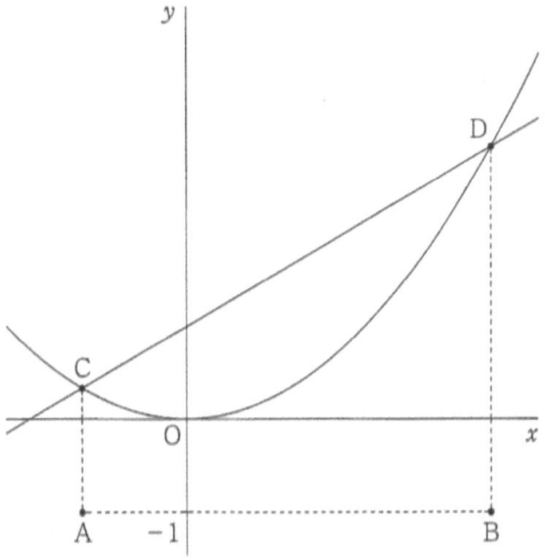

図1

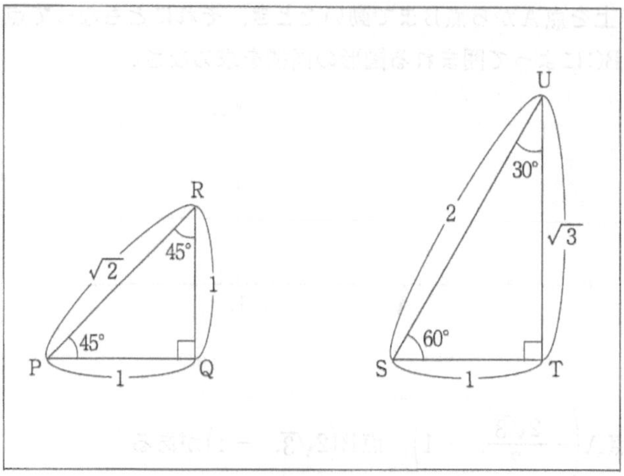

図2

5 下の図のように，一辺の長さが4 cmのひし形ABCDがある。辺ABの延長線上に点Eがあり，BE＝2 cm，DE＝7 cmである。点Cを通り直線DEに平行な直線と直線ABの交点をF，点Eを通り直線ACに平行な直線と直線CDの交点をGとする。また，直線CFと直線EGの交点をH，直線ACと直線DEの交点をI，直線ADと直線HIの交点をJとする。

このとき，次の各問いに答えなさい。

〔1〕 線分FHの長さを求めなさい。

〔2〕 線分AJの長さを求めなさい。

〔3〕 四角形CIEHの面積をS cm^2とし，四角形AFGDの面積をT cm^2とするとき，TをSを用いて表しなさい。

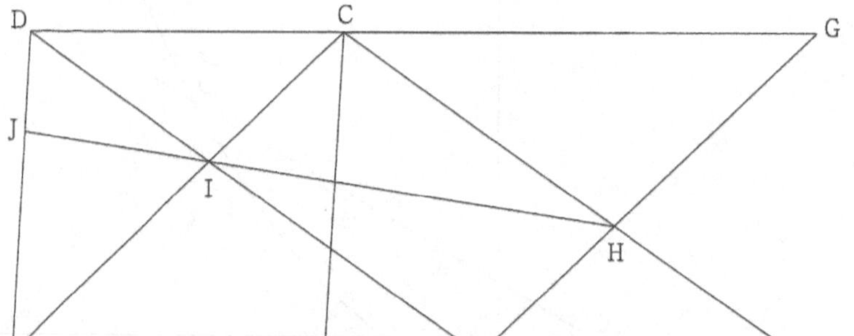

【英　語】（50分）〈満点：100点〉

1　リスニングテスト

放送を聞いて，質問に答えなさい。

＊　英文と質問は，それぞれ2回放送されます。

＊　1～4の質問の答えとして最も適切なものを次の①～④からそれぞれ1つ選び，その番号を答えなさい。

1　［1］

① He sees a cat and it is eating something.
② He sees a cat and it is drinking something.
③ He sees his wife and she is looking at a pretty cat.
④ He sees his wife and she is looking for a plate.

2　［2］

① He tries to buy a cat because his wife likes cats.
② He tries to get a plate because it looks so precious.
③ He tries to sell a cat because his wife doesn't like cats.
④ He tries to sell a plate because it looks too old.

3　［3］

① 100,000 yen.
② 150,000 yen.
③ 1,000,000 yen.
④ 1,500,000 yen.

4　［4］

① He buys the cat, but not the plate.
② He buys the plate, but not the cat.
③ He buys both a plate and a cat.
④ He buys a new plate for the cat.

＜リスニング放送英文＞

Mr. Tanaka is a famous artist. He is walking through the city and sees a small pretty cat in front of a shop. It is drinking milk from a plate. The plate looks very old. He starts to shake a little when he realizes that the plate is extremely old and extremely precious.

So Mr. Tanaka slowly walks into the store and says to the store owner, “Hello, sir. I saw a pretty cat in front of your shop. I love it very much. I will buy the cat for ¥100,000.

The owner replies, “I'm sorry, but the cat isn't for sale.”

The man says, “Please. My wife likes cats very much and she will be really happy if I buy her the cat. I'll pay you ¥150,000.”

And the owner says, “Sold.” And he picks up the cat and gives it to the man.

Mr. Tanaka continues, “Hey, for that ¥150,000, I wonder if I could have that old plate. I see the cat likes it very much, I believe, and I won't have to buy a new plate.

And the owner says, "Sorry, sir, but that's my lucky plate. So far this week, I've sold twenty-eight cats.

1. What does Mr. Tanaka notice when he is walking through the city?
2. What does Mr. Tanaka try to do to the shop owner?
3. How much does Mr. Tanaka pay to the shop owner?
4. What happens at the end?

2 **次の英文を読んで，あとの問いに答えなさい。**

A happy boy will say a cup is half-full of ice cream. An unhappy boy will say it's half-empty. It's all in the mind or perhaps we should say the brain. It can give you happy or unhappy images. You can feel like a loser or a winner. One lady may be so rich that she can buy anything. But she's unhappy even with so many things to do all day long. (1)It's all in the brain!

John Smith used brain power to help himself. He may be like you. When he was thirteen, he made up his mind to hate math because he did not like the teacher. He was very bad at it. He couldn't even (2)do the easiest math problems. Then he said to himself, "This is silly. Although I don't like math, I'm going to study it. I'm going to be good at it." In fact, he studied it so hard he forgot that ［　あ　］. He was suddenly surprised to find that he was top of the class in math. He even came to love it! And now he is a famous math professor at a university. He says, "I told myself that I was going to be good at math. Brain power (3)did the rest!"

Of course, if the brain receives a bad message, it can be very dangerous. An Australian farmer found this out when he met an Aborigine who was dying in the desert. Aborigines are the original natives of Australia and are very superstitious. The farmer drove the native to the nearest hospital. But the doctors could do (い). They were very surprised because he was a healthy young boy with (い) wrong with him. But he was dying. Finally, a native doctor came and listened to the boy's dying words, "I stole a witch doctor's chicken. He said I must die. (い) can save me." Soon the boy was dead ... killed by ［　う　］!

Rocky Aoki's success is also definitely because of brain power. He went to the States many years ago as a member of a university sports team. Everyone was surprised when he decided to stay on instead of going back to Tokyo. He said, "I know I can be a success in this country." His teammates could not believe him. He had no friends, no money, no talent and his English wasn't good.

Life was very difficult. He had to do many hard jobs. He was a dish washer, a room cleaner, and a truck driver. (4)As he lived very simply, [① able / ② much / ③ he / ④ money / ⑤ to start / ⑥ to save / ⑦ was] a small Japanese-style restaurant called 'Benihana.' Now there are 'Benihana' everywhere. (え) brain power has made Rocky rich!

One of the most amazing stories about brain power started 75 years ago. An old doctor entered a drug store. He spoke to the clerk. He made the medicines at the back of the store. The doctor had an old pot and a wooden spoon with him. He told the clerk, "There is a new kind of drink in this pot. It is sweet and delicious. You can know my secret recipe for this drink because it is written on this paper. I will sell you my secret for $500." This was all of the clerk's money, and he gave it to the doctor. The young clerk was Asa Candler. With his brain power, he could sell that drink until it gave him so much money. The drink was Coca-Cola!

(注)

brain：脳　　Aborigine：オーストラリアの先住民

superstitious：迷信の　　witch doctor：まじない師

問1　下線部(1)を次のように言いかえるとき，空所に入る最も適切な1語を答えなさい。 [記述]

The brain influences (　　　　) people feel!

問2　下線部(2)が表す最も適切な意味を次の①～④から1つ選び，その番号を答えなさい。 [5]

①　cause　　②　play　　③　watch　　④　solve

問3　空所 [あ] に入る最も適切なものを次の①～④から1つ選び，その番号を答えなさい。

[6]

①　he thought it was easy

②　he did not like it

③　he made a mistake

④　he complained to the teacher

問4　下線部(3)が表す最も適切な意味を次の①～④から1つ選び，その番号を答えなさい。 [7]

①　worked to be successful in math without feeling difficulties

②　worked to feel relaxed when I studied very hard

③　worked to notice that math was the best subject in the world

④　worked to stop studying math because I have already understood it very well

問5　空所(　い　)に共通して入る1語を答えなさい。ただし，小文字で答えること。 [記述]

問6　空所 [う] に入る最も適切な語句を次の①～④から1つ選び，その番号を答えなさい。

[8]

①　a witch doctor's chicken

②　lack of water in the desert

③　a powerful thought in his brain

④　people from other areas in Australia

問7　下線部(4)が意味の通る英文になるように[　　　]内の語句を並べかえ，以下の [9] ～ [11] に入るものの番号をそれぞれ答えなさい。

As he lived very simply, [＿＿ ＿＿ [9] ＿＿ [10] ＿＿ [11]] a small Japanese-style restaurant called 'Benihana.'

①　able　　②　much　　③　he　　④　money

⑤　to start　　⑥　to save　　⑦　was

問8　空所(　え　)に入る最も適切な語句を次の①～④から1つ選び，その番号を答えなさい。

[12]

①　Selfish　　②　Greedy　　③　Sociable　　④　Positive

問9　本文の内容と一致するものを次の①～⑥から2つ選び，その番号を答えなさい。

| 13 | 14 |

① A happy or an unhappy image in our mind is created by making a lot of money.

② Because John Smith was not good at math, he started to hate his teacher.

③ A young Aborigine was found by a farmer in the desert and taken to the hospital by the farmer.

④ Rocky Aoki's teammates in the university sports team believed his success and supported to open 'Benihana.'

⑤ Rocky Aoki tried many jobs such as a dish washer, a room cleaner, and a truck driver as well as a singer.

⑥ Asa Candler paid all his money to the doctor to buy the secret recipe of a drink.

3　次の英文を読んで，あとの問いに答えなさい。

Peter was a farmer from Rota, a small town in Spain not far from the Bay of Cadiz. He spent all his life on the farm and now he was more than seventy. He spent years working on his plants, perhaps touching them all forty times a day.

One year, Peter had some excellent pumpkins. They were very fat and yellow. There were forty of them. Peter knew each one perfectly and gave them all names. He was very proud of the pumpkins. The next day, he decided he would pick them. The day after that he would take them to the market and sell them. It was almost a pity to sell them. They were so beautiful!

1

Then Peter began to think. He knew that the person who stole the pumpkins wouldn't try to sell them in Rota. It would be too (　あ　). Peter would recognize the pumpkins and other farmers, his friends, would recognize them, too. The thief would take them to Cadiz. Cadiz was a big city, and it would be easier to sell them in the market there. Peter decided to go to Cadiz.

2

By eleven o'clock that same morning, Peter was standing before a vegetable stand in Cardiz. A police officer was with him.

"These are my pumpkins," said Peter, and pointed to the man behind the stand. "Arrest that man!"

"Why?" asked the man with surprise. "Why arrest me? These are my pumpkins. I bought them early this morning."

"Arrest him," said Peter. "He's a thief!"

"I am not!"

3

"I bought them from a man named Lopez. He's from the town of Rota," said the vegetable seller.

"Lopez?" cried Peter. "Lopez, of course! Lopez is the thief. He must be the thief! His garden is poor. When he has no vegetables to sell, he steals from other people."

"All right," said the manager. "How do you know that these pumpkins, and not others, are yours? All pumpkins look (い)."

"I know each one of these pumpkins. They all have names," said Peter. "I know them as well as you know your own children — if you have children. Look: This one is 'Pepita.' This is 'Yellow Beauty.' This is 'Manuela.' It always reminded me of my youngest daughter."

"That's very good," said the manager. "Perhaps you can recognize your own pumpkins. But it isn't enough. By the law, you must show it clearly."

"I can do that," said Peter. "I can show you right here. These pumpkins grew in my garden."

Peter got down on his knees. He began to open a large paper bag which he brought with him. He opened the bag slowly and carefully. Everyone was very interested. What was he going to take out of the bag?

At this moment, another person came along. He saw the group of people and he came to see what was going on.

"Oh, it's you, Mr. Lopez," said the vegetable seller. "I'm glad that you came back. This man says that you stole his pumpkins — the pumpkins which you sold to me this morning."

Mr. Lopez turned as yellow as some of the pumpkins. He tried to leave at once, but the police officer told him to stay.

Peter stood up quickly. He looked into Lopez's face.

"We'll see who's honest," he said.

"Be careful," said Mr. Lopez. "(4)① You can't call me a thief. ② You must show it. ③ You won't go to prison for this. ④ These pumpkins are mine. ⑤ I grew them in my garden, and I brought them here this morning."

"We'll see about that," said Peter. He picked up the paper bag and opened it. He turned it over. A lot of fresh, green pumpkin stems fell onto the ground. Peter picked them that morning. He spoke to the group of people.

"The thief stole the pumpkins from these plants. He didn't need the plants so he left them behind. Look, all of you! This stem must (う) to this pumpkin. No one can say it doesn't. This one is for this fat pumpkin here. This wide one goes there. Exactly! Do you see? This one goes ..."

Peter continued to place each stem on the exact pumpkin. There were no mistakes about it:

He knew the pumpkins perfectly. He knew where each stem should (う). Each one matched perfectly the pumpkin which he placed it on.

"That's right," they said. "The old man is right. Look! That stem goes here. The other goes there."

"It's very (え)," said the manager of the market.

The people were quite excited by this time. They were all laughing and talking. Peter was also excited. He began to laugh, too, but there were tears in his eyes.

Of course, the police officer arrested (お) and took him to prison. He had to give the thirty dollars which he received for the pumpkins back to Peter. Peter went back home to Rota. He was happy. On the way, he said to himself several times:

"How beautiful those pumpkins looked in the market! It was almost a pity to leave them there. Such wonderful pumpkins: 'Manuela,' 'Pepita' ..."

（注）

definite ：very certain and clear
prison ：a building which people who have done something wrong are kept in
pumpkin ：a large round orange vegetable
stem ：the long thin part of a plant that grows up out of the ground
thief ：someone who steals things

（※アルファベット順）

問1　空所 1 ， 2 ， 3 に入る(A)～(C)の英文の組み合わせとして正しいものを次の①～⑥から1つ選び，その番号を答えなさい。 15

(A) Several people heard the loud talking and came to see what was happening. The manager of the market was among them. The police officer explained to him what was happening.

(B) The next morning, the boat for Cadiz left at nine o'clock, and Peter was on it. He was prepared to find his pumpkins.

(C) But the next day, when Peter returned to his garden, the pumpkins were gone. All forty of them were gone! There wasn't one left. Someone came during the night and stole every pumpkin. He couldn't believe his eyes. He walked home slowly, and felt very sad.

	1		2		3
①	(A)	―	(B)	―	(C)
②	(A)	―	(C)	―	(B)
③	(B)	―	(A)	―	(C)
④	(B)	―	(C)	―	(A)
⑤	(C)	―	(A)	―	(B)
⑥	(C)	―	(B)	―	(A)

問2　空所（　あ　），（　い　），（　え　）に入る語を次の①～④からそれぞれ1つ選び，番号で答えなさい。

1　（　あ　）　16

①　difficult　②　interesting　③　late　④　sweet

2　（　い　）　17

①　delicious　②　impressive　③　similar　④　unique

3　（　え　）　18

①　clear　②　difficult　③　easy　④　small

問3　下線部(4)の中に話の流れに合わない英文が1つ含まれている。その英文を①～⑤から1つ選び，番号で答えなさい。　19

問4　空所（　う　）に共通して入る1語を書きなさい。　記述

問5　空所（　お　）に入るものとして適切なものを次の①～⑥から1つ選び，番号で答えなさい。

20

①　Pepita　②　Peter　③　the manager

④　the police officer　⑤　the vegetable seller　⑥　Mr. Lopez

問6　本文の内容と一致するものを下の①～⑧から2つ選び，番号で答えなさい。　21　22

①　Peter is a forty-year-old farmer and lives in a town called Rota in Spain.

②　Peter has known the children of the manager well since he was young.

③　A girl called Manuela is Peter's youngest daughter in his family.

④　Peter thought the man at the vegetable stand was the thief when he arrived at Cadiz.

⑤　The man at the vegetable stand told Lopez to steal Peter's pumpkins.

⑥　When Peter was opening his bag, a man called Lopez came to see.

⑦　Although the thief was arrested, he didn't have to give the money back.

⑧　Peter took his pumpkins back to Rota because he didn't want to leave them in Cadiz.

4　次の英文を読んで，あとの問いに答えなさい。

If the Moon is so heavy, why doesn't it fall?

The Moon actually falls. Although it may seem strange, the Moon is falling all the way around the Earth as it orbits our planet. But to get a better explanation with deeper understanding, we must think much about forces.

A force is a power of pushing or pulling things. One of the most common forces is gravity. We know that gravity acts on an object on the Earth by pulling it straight down toward the center of the Earth.

However, just because there may be a force on an object, this doesn't mean that the object will go in the direction of the force.

あ

This is because the ball already had some forward movement to it before you kicked it, so the force of your kick put together with the original force changes the ball's movement only a little.

Now imagine you drop a baseball from the roof of a tall building. It will fall straight down. (1)[① force / ② on / ③ the only / ④ acting / ⑤ is / ⑥ it] gravity. If you throw the baseball straight out, horizontally, it will move horizontally, but at the same time, it will start to fall a little. Remember, gravity is still pulling it down. The baseball falls at an angle that continues to change as the force of the throwing reduces.

Next time, you throw the baseball harder. It goes farther and falls more slowly at first. The force of gravity is the same, but your throwing gives the baseball greater forward speed, so it falls slower.

If you throw that ball so hard that it travels about 1.6 kilometers before it hits the ground, it will have to fall about 15 centimeters more than before. Why is that? The Earth is round. So as the ball is traveling out 1.6 kilometers, the Earth is curving down under the ball.

Now you throw the baseball much harder so it travels 10 kilometers, the Earth will curve down about 915 centimeters. Throw it 100 kilometers out, and before the baseball reaches the ground, the Earth will curve down about 800 meters away.

Finally, you have so much energy, like Superman, and you throw the baseball so hard that the Earth curves down under the ball so much that the ball [い]. It goes all the way around in a circle and may hit you in the back of the head. You have just put the baseball into orbit around the Earth.

In reality, you can't do this on the Earth, because the air will reduce the speed of the baseball. You will have to get it up quite high, about 160 kilometers, before you throw that baseball straight out. This is the way that we put satellites around the Earth. Our natural satellite, the Moon, stays in orbit for (2)the same reason. The speed of all objects is not reduced by the air and fall at the same speed, so the size or weight of the satellite does not make any difference. For the Earth, the speed you need to throw a baseball or satellite so that it neither goes out into space nor falls to the Earth is eight kilometers a second, or (3)28,800 km/h.

Gravity gets weaker as you go out farther, and so the Earth's gravity is weaker on the Moon than it is on artificial satellites like the International Space Station (ISS). Those satellites are about 320 to 800 kilometers above the surface of the Earth. On the other hand, the Moon is

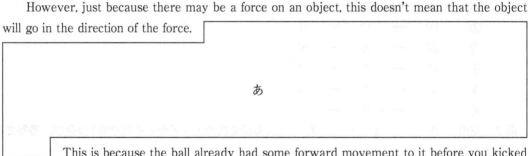

about 384,000 kilometers from the Earth. The Moon orbits the Earth much more slowly than those low-Earth-orbit satellites. The speed of the Moon in its orbit around the Earth is about 3,680 km/h. It takes a full month for the Moon to make an orbit around the Earth. Those artificial satellites go around the Earth at a speed of around 28,000 km/h as they take only ninety minutes to orbit the Earth.

(注)

orbit：～の周りを回る，軌道　　force：(物理的な)力　　gravity：重力

forward：前方への　　horizontally：水平に　　angle：角度

curve：曲がる，湾曲する　　satellite：衛星

問1　空所［　あ　］に，次の①～④を文脈に合うよう並べかえ，その番号を順に答えなさい。注のある語もある。

［23］⇒［24］⇒［25］⇒［26］

① The bowling ball does not go straight into the gutter and does not continue in the middle of the lane orbit.

② Instead, the ball changes the way only a little and it continues rolling at an angle.

③ Imagine a bowling ball is moving straight down the middle of the lane.

④ You run up to the bowling ball and give it a kick toward the gutter.

(注)　bowling：ボウリング　　gutter：溝，ガター　　lane：レーン

問2　下線部(1)が意味の通る英文になるように［　　　］内の語を並べかえ，以下の［27］～［29］に入るものの番号をそれぞれ答えなさい。ただし，文頭の語も小文字で示してある。

［ ＿＿ ［27］ ＿＿ ［28］ ＿＿ ［29］ ］ gravity.

① force　② on　③ the only　④ acting　⑤ is　⑥ it

問3　空所［　い　］に入る適切なものを次の①～④から選び，番号で答えなさい。［30］

① never gets any closer to the ground

② finally hits the ground 2,600 km away

③ goes out into space and comes back again

④ thrown by Superman falls soon on the ground

問4　下線部(2)が指す具体的な内容として適切なものを次の①～④から選び，番号で答えなさい。

［31］

① Because of the air on the Earth

② Because of the gravity of the Earth

③ Because of the speed of the Earth

④ Because of the distance from the Earth

問5　以下は下線部(3)が何の速度か説明する英文である。［　　　］内の4語に3語を補いなさい。ただし，与えられた語句はそのままの形で，与えられた順に全て用いること。［記述］

This is the speed for ＿＿ ＿＿ ＿＿ ＿＿ ＿＿ ＿＿ ＿＿ .

［ objects / fall / the Earth ］

問6　本文の内容と一致するものを次の①～⑦から2つ選び，番号で答えなさい。 32 33

① An object moving on the Earth will go straight down to the center of the Earth because of gravity.

② If you throw a ball straight out horizontally from the roof of a tall building, it will fall straight down.

③ If you throw a ball harder and it travels 100 kilometers, it will fall slower because it has greater forward speed.

④ If you want to put a baseball into the orbit around the Earth, you have to throw the ball and it has to travel 160 kilometers.

⑤ The Moon does not fall on the Earth because it goes around the Earth faster than the artificial satellites such as ISS.

⑥ The artificial satellites such as ISS go around the Earth at about the same speed as the Earth, so they stay at the same spot above the Earth.

⑦ The artificial satellites like ISS go around the Earth much faster than the Moon.

問題の作成上，原文の一部を改変したところがある

【理　科】（50 分）〈満点：100 点〉

1　4つの化合物 a ～ d に関する次の実験 1 ～ 3 の説明文を読み，後の(1)～(6)の問いに答えなさい。ただし，化合物 a ～ d は，塩化ナトリウム，炭酸水素ナトリウム，酸化銀，水酸化ナトリウムのいずれかである。

〔実験 1〕 化合物 a（黒色），化合物 b（白色）について，それぞれ図 1 のようにして別々の試験管に入れたものを加熱した。ともに気体が発生したので，火のついた線香をそれぞれの試験管の中ほどまで入れてみると，一方は線香が激しく燃え，もう一方は線香の火が消えた。

〔実験 2〕 化合物 c について，少量（約 0.1 g）を試験管に入れ，水を加えてよく溶かした。そこに硝酸銀水溶液を加えたところ，白色沈殿が生じた。

〔実験 3〕 化合物 d について，少量（約 0.1 g）を試験管に入れ，水を加えてよく溶かした。そこに緑色の BTB 溶液を加えたところ，青色に変化した。

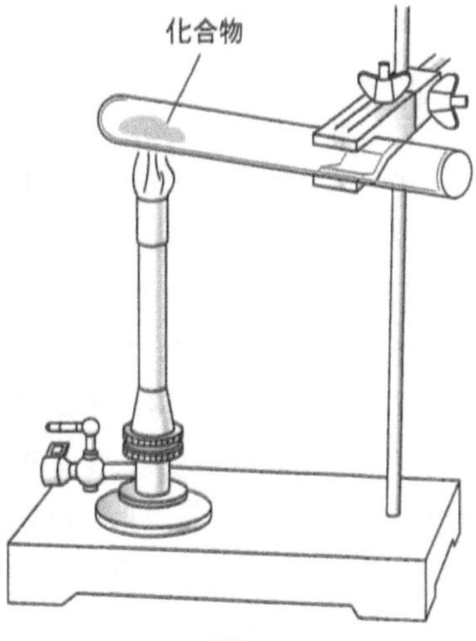

図 1

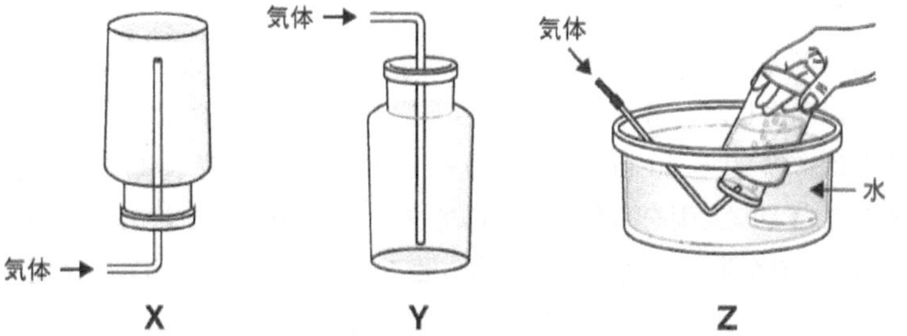

図 2

(1) 〔実験 1〕で，火のついた線香を入れると火が消えた気体を集める方法として，図 2 に示した X，Y，Z の方法のうち最も適切なものはどれか。 1

① X　　② Y　　③ Z

(2) 〔実験 1〕で，十分に試験管を加熱してすべて化合物 a を反応させた後の試験管には，ある物質が残っていた。この物質について述べた次の文のうち，正しいものはどれか。 2

① 赤褐色である。　　② 薬さじでこすると黒色になる。

③ 磁石にくっつく。　　④ 電流が流れる。

(3) 〔実験 1〕で，線香の火が消えた方の化合物について，その化合物の新しいものを別の試験管に少量（約 0.1 g）入れ，水を加えてよく溶かした。そこにフェノールフタレイン溶液を加えると何色になるか。 3

① 無色　　② うすい赤色　　③ 濃い赤色　　④ 青色　　⑤ 黄色

(4) 〔実験２〕で，生じた白色沈殿は何か。 4

① 塩化ナトリウム　② 炭酸水素ナトリウム　③ 酸化銀
④ 水酸化ナトリウム　⑤ 塩化銀　⑥ 銀

(5) 〔実験３〕で用いた化合物ｄについて，その化合物の新しいものを別の試験管に少量（約 0.1 g）入れ，そこに塩化アンモニウムを少量（約 0.1 g）加えて図１のようにして加熱すると，刺激臭のある気体が発生した。この気体の性質として述べた文**ア**～**オ**のうち，正しいものの組合せはどれか。 5

ア 水によく溶ける。
イ 図２の**Y**の方法で捕集するのが最適である。
ウ 地球温暖化の主な原因物質の一つとして取り上げられている。
エ 緑色の BTB 溶液を加えた水にこの気体を吹き込むと，黄色になる。
オ フェノールフタレイン溶液を加えた水にこの気体を吹き込むと，赤色になる。

① **ア**と**イ**　② **ア**と**ウ**　③ **ア**と**エ**　④ **ア**と**オ**　⑤ **イ**と**ウ**
⑥ **イ**と**エ**　⑦ **イ**と**オ**　⑧ **ウ**と**エ**　⑨ **ウ**と**オ**　⓪ **エ**と**オ**

(6) 化合物ｂとして，正しいものはどれか。 6

① 塩化ナトリウム　② 炭酸水素ナトリウム
③ 酸化銀　④ 水酸化ナトリウム

2 次の文章を読み，後の(1)～(5)の問いに答えなさい。

近年の豪雨災害，例えば，A平成 29 年７月九州北部豪雨や平成 30 年７月豪雨（西日本豪雨）では“線状降水帯”が発生したと考えられている。この語は，天気予報でも耳にするようになってきた。線状降水帯とは，幅 20 ～ 50 km，長さ 50 ～ 200 km 程度の降水域が数時間にわたってほぼ同じ場所に停滞することで，大雨をもたらすものである。その成因には諸説あるが，様々なB条件が重なり，同じ場所にC雲が生じ，激しい雨を降らせる。その結果，（　**D**　）のような災害が発生する。このように，E日本の天気は私たちに大きな被害をもたらすことがあるが，季節により様々な表情を見せ，恩恵も与えてくれる。

(1) 下線部**A**に関連して，図１は福岡県のある観測地点における，平成 29 年７月５日の１時間雨量（mm）を示したものである。この図は横軸に時刻を取り，例えば 12 時の１時間雨量は 11 時から 12 時までに降った総雨量を示した。

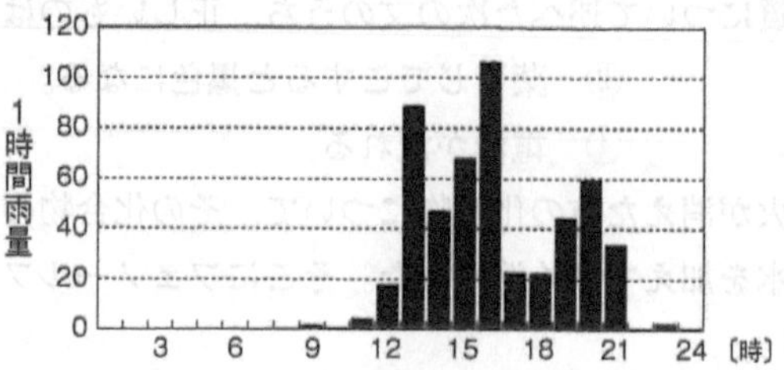

図１

7月5日0時からの積算雨量（mm）の推移（-□-□-□-）として正しいものはどれか。なお，X時における積算雨量とは，基準となる0時からX時までに降った総雨量を示す。 **7**

①
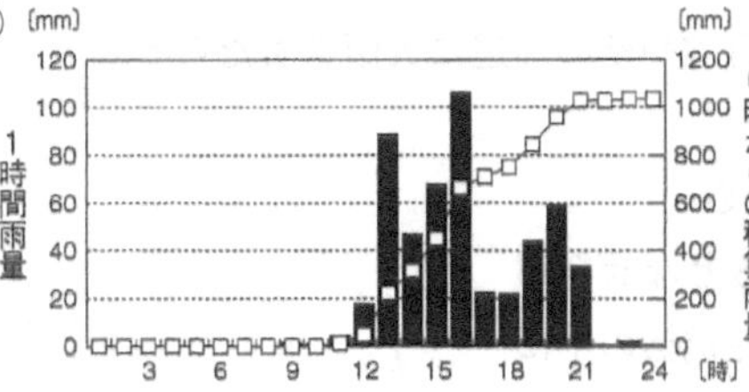

②
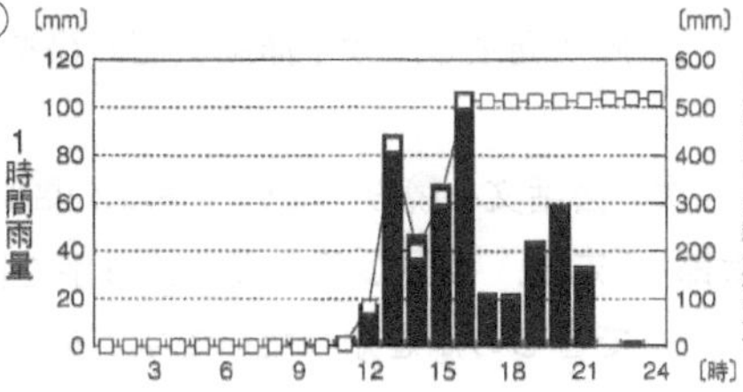

③
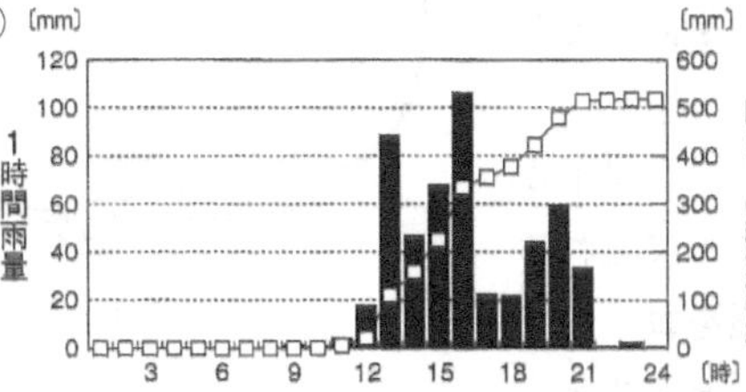

④
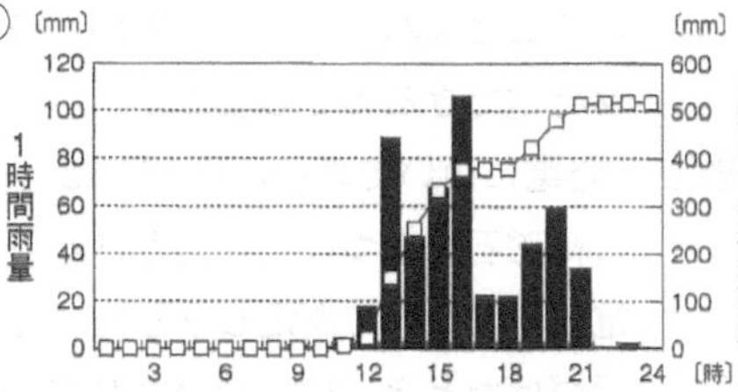

また，この豪雨での積算雨量を次の文のように表現するとき，（　Y　）に入る数値として最も適当なものはどれか。 **8**

この観測地点では，7月5日の1日間に，平年7月1ヶ月間に降る平均降水量354 mmの約（　Y　）倍の雨が降った。

① 0.5　　② 1.0　　③ 1.5　　④ 2.0　　⑤ 2.5　　⑥ 3.0

(2) 下線部Bに関連して，一般的に雲が発生する要因として正しいものを2つ選べ。ただし，解答の順序は問わない。 **9** **10**

① 地形　　② 反射　　③ 前線面　　④ 気団　　⑤ 紫外線

(3) 下線部Cに関連して，大気中のちりなどの微粒子があると，それを核として凝結が進み，雲が生じやすい。大気中のちり，雲粒（雲を構成する水滴），雨粒の大きさを比較したとき，大きい順に正しく並べたものはどれか。 **11**

① 大気中のちり，雲粒，雨粒　　② 大気中のちり，雨粒，雲粒
③ 雲粒，大気中のちり，雨粒　　④ 雲粒，雨粒，大気中のちり
⑤ 雨粒，大気中のちり，雲粒　　⑥ 雨粒，雲粒，大気中のちり

(4) 文中の（　D　）に入る災害として**誤っているもの**はどれか。 **12**

① 河川の流量が増加することによる氾濫《はんらん》
② 雨水を排水できないことによる浸水
③ 土壌に含まれる水分が増加することによる土砂崩れ
④ 雨量が増えることによる津波

(5) 下線部Eに関連して，日本の天気の特徴として**誤っているもの**はどれか。 **13**

① 冬の日本は，大陸に発達したシベリア高気圧から冷たく乾いた風が吹き，日本海で水蒸気を補給し，日本海側では豪雪となる。
② 春の日本は，偏西風によって移動性高気圧と熱帯低気圧が周期的にやって来るため，同じ天気が長く続かない。

③　梅雨の日本は，冷涼なオホーツク海気団と温暖な小笠原気団の間に停滞前線が生じ，雨の日が多い。停滞前線が南北に動くことで，雨になったり，晴れたり，天気が変化する。

④　夏の日本は，太平洋高気圧が発達するため，高温多湿で晴れた日が多い。また，海上で台風が発生し，太平洋高気圧の縁を移動し，日本やその周辺に大雨をもたらす。

3　次の会話文を読み，後の(1)～(5)の問いに答えなさい。

太郎「先生，手回し発電機の持ち手を回転させるとなぜ発電できるのかを知りたいです。図１の手回し発電機の中にはモーターが入っていて，その軸が持ち手とつながっていることはわかったのですが，モーターの軸を回すとなぜ発電できるのでしょうか。」

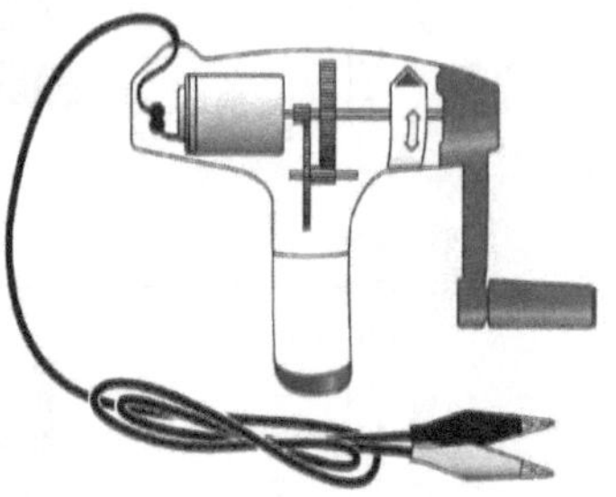
図１

先生「発電について理科の授業では，図２のように，コイルに棒磁石を近づけたり遠ざけたりして，コイルに流れる電流を検流計で測定しました。棒磁石のＮ極をコイルに近づけたとき，検流計の針が右(正)に振れたとすると，Ｎ極を遠ざけると（　ア　），Ｓ極を遠ざけると（　イ　）でしたね。」

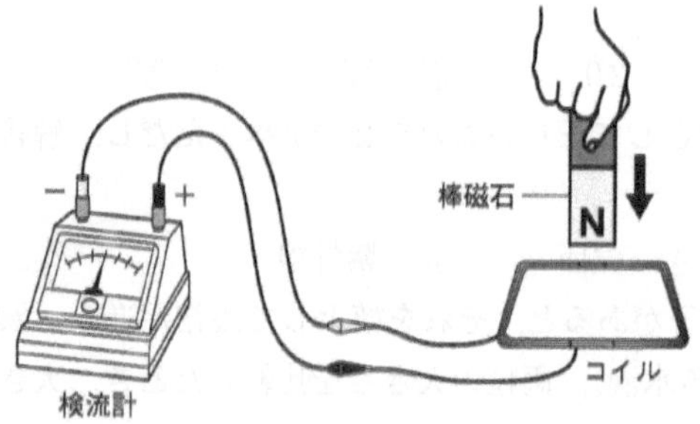

図２

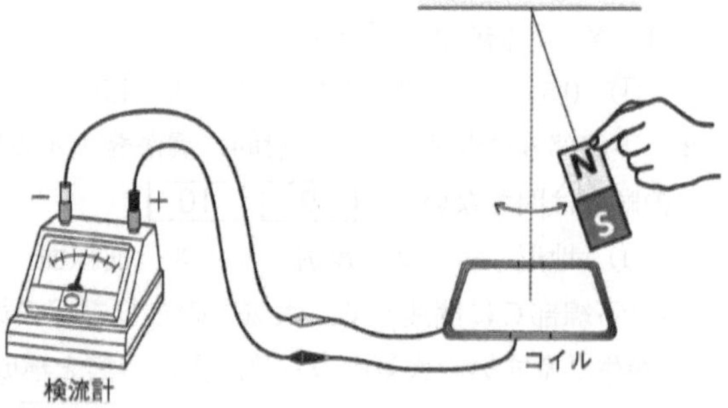

図３

太郎「そういえば実験中，(ウ)図３のように，棒磁石の代わりに小さな磁石に糸をつけて振り子を作り，コイルの上で揺らしたら検流計の針が正負に振れて面白かったです。モーターにはコイルと磁石が入っているのですか？」

先生「そうです。モーターの内部構造は図４のようになっています。軸が真ん中のコイルにつながっていて，磁石の間でコイルを回転させることで発電します。」

太郎「なるほど。図４のＫ点での磁界の向きは（　エ　）で，そこでコイルを回転させると，電流が流れるのですね。ところで，モーターに電流を流すと軸の部分が回転しますが，これはコイルに流れる電流が磁界から力を受けるということでしょうか。」

先生「その通りです。図4のとき，P端に電池の＋極，Q端に－極をつなぐと，電流は（　オ　）の順に流れ，コイルが回転します。図4のP端とQ端とコイルをつなぐ部分は（　カ　）という名称で，半回転ごとにコイルに流れる電流の向きを切りかえ，つねに回転する向きに力がはたらくようにしています。」

太郎「なるほど，よくわかりました。」

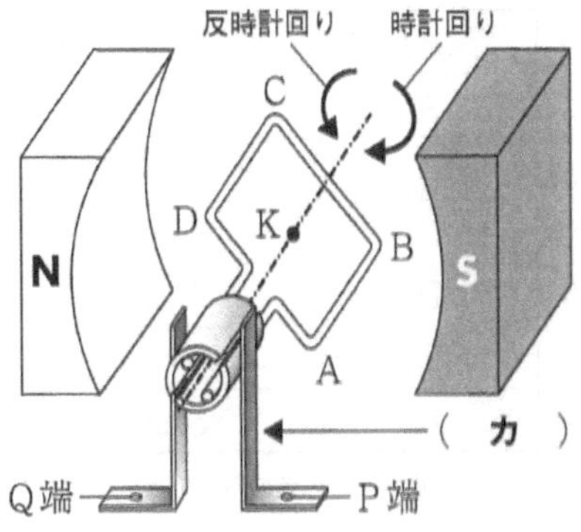

図4

(1)（　ア　）と（　イ　）の検流計の針の振れ方はそれぞれどれか。　ア 14　イ 15

①　右（正）の向き　　②　左（負）の向き　　③　針は振れない

(2) 下線部（　ウ　）について，コイルの端子にオシロスコープを接続し，図3中の手の位置で棒磁石を離し，同時にコイルに発生する電圧の計測を始めた。振り子が1往復する間の波形として正しいものはどれか。　16

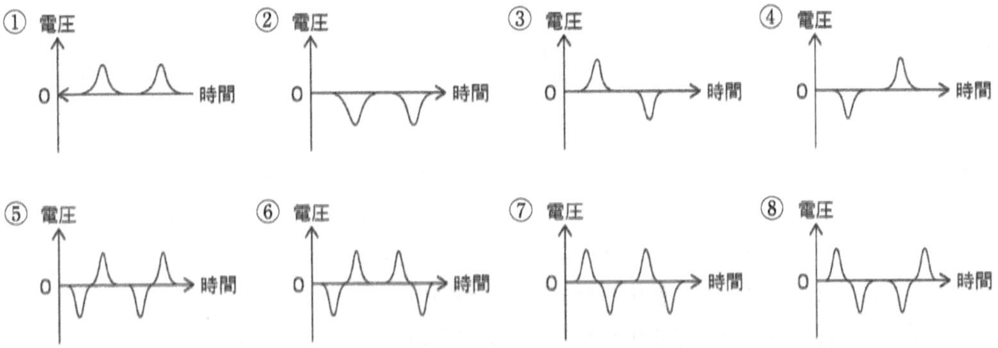

(3)（　エ　）にあてはまるものはどれか。　17

①　上向き　　②　下向き　　③　左向き　　④　右向き

(4)（　オ　）にあてはまるものはどれか。　18

①　A→B→C→D　　②　D→C→B→A

(5)（　カ　）の名称を答えよ。　記述

4　次の文章を読み，後の(1)～(4)の問いに答えなさい。

学くんは，「だ液に含まれるアミラーゼによるデンプンの変化の実験」を学校の授業で行った。その後の授業で，ヒトをはじめとするホニュウ類は恒温動物であることを学習した。そこで，自由研究の課題として「アミラーゼによるデンプンの変化」と「温度の関連性」を明らかにすることにした。アミラーゼがデンプンを分解することは，ヨウ素液の性質を利用して確かめた。学くんは，「体温よりも低い温度ではアミラーゼは，はたらきにくい。」という仮説を立て，実験を行った。

それぞれの試験管にデンプン溶液と水またはだ液を加えてよく振り混ぜ，2℃，10℃，40℃に保った水を入れたビーカーに15分間ひたした（図1）。その後，各試験管にヨウ素液を2～3滴加えて反応を調べた。実験の組合せと結果は，以下の通りである。

試験管	デンプン溶液	試験管に加える液	温度条件	ヨウ素液の反応
A	5 cm^3	水　2 cm^3	2 ℃	濃い青紫色になった
B	5 cm^3	水　2 cm^3	10 ℃	濃い青紫色になった
C	5 cm^3	水　2 cm^3	40 ℃	濃い青紫色になった
D	5 cm^3	だ液　2 cm^3	2 ℃	濃い青紫色になった
E	5 cm^3	だ液　2 cm^3	10 ℃	うすい青紫色になった
F	5 cm^3	だ液　2 cm^3	40 ℃	色が変化しなかった

＊ヨウ素液の反応の色のちがいは，デンプンの量が多いほど，濃い青紫色になるものとする。

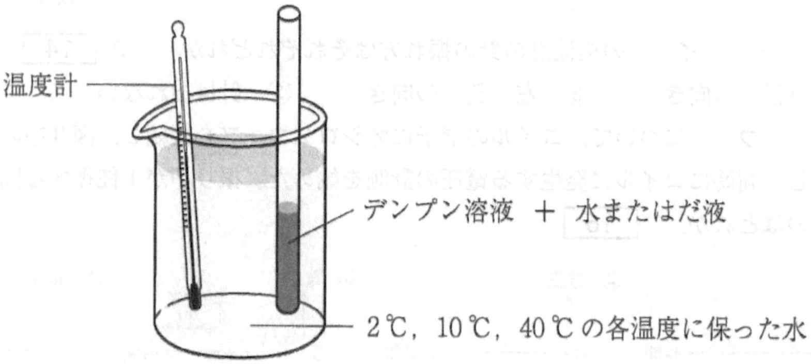

図１

(1)　学くんの自由研究の実験結果からいえることとして，**誤っているもの**はどれか。　[19]

①　A，B，Cの結果から，体温より低い２℃，10℃でも，体温付近の 40℃でも，ヨウ素液とデンプンの反応においては，温度によるちがいはない。

②　Eでは，Fに比べて変化したデンプンが多い。

③　Fでは，Dに比べて変化したデンプンが多い。

④　アミラーゼは，２℃ではほとんどはたらかない。

⑤　アミラーゼは，低温よりも体温付近の 40℃でよくはたらく。

(2)　さらに学くんは，デンプンがどんな物質に変化したのか調べる実験を行った。次の文章の [ア] ～ [ウ] に入るものとして，正しいものはそれぞれどれか。

デンプン溶液５ cm^3 に，だ液２ cm^3 を加え，40℃に 15 分間保った液にベネジクト液を加えて [ア] と，[イ] 。また，デンプン溶液５ cm^3 に，水２ cm^3 を加え，40℃に 15 分間保った液にベネジクト液を加えて [ア] と，[ウ] のまま変化しなかった。

[ア] の選択肢　①　冷却する　②　室温に置く　③　加熱する　[20]

[イ] の選択肢　①　赤褐色の沈殿が生じた　②　白濁した　③　青色の沈殿が生じた　[21]

[ウ] の選択肢　①　黄色　②　青色　③　赤色　[22]

(3) ヒトの消化のしくみについて述べた次の文のうち，正しいものを２つ選べ。ただし，解答の順序は問わない。 23 24

① ペプシンとリパーゼは，消化酵素である。
② デンプンと脂肪は，胃でも分解される。
③ ペプシンは，脂肪を分解する。
④ すい液には，脂肪を分解する消化酵素のみが含まれる。
⑤ 胆汁は，腎臓でつくられ胆のうに運ばれる。
⑥ アミラーゼは，タンパク質を分解しない。

(4) アミラーゼが出される消化器官は何か。 記述

5 次の〔Ⅰ〕と〔Ⅱ〕の文章を読み，後の(1)～(4)の問いに答えなさい。

〔Ⅰ〕 亜鉛（Zn）板と銅（Cu）板と電子オルゴールを導線でつなぎ，うすい硫酸（H_2SO_4）の入ったビーカーに入れて，図１のような実験装置を作製したところ，取り付けた電子オルゴールが鳴った。このことから，電流が導線を流れたことがわかる。このとき，銅板の表面には気体が付着していった。また，亜鉛板と銅板を取り出し質量をはかると亜鉛板の質量は減少していた。したがって，ビーカーの中で化学変化が起きたことがわかる。

この装置は，化学変化による電子の移動を電気エネルギーとして取り出す電池である。

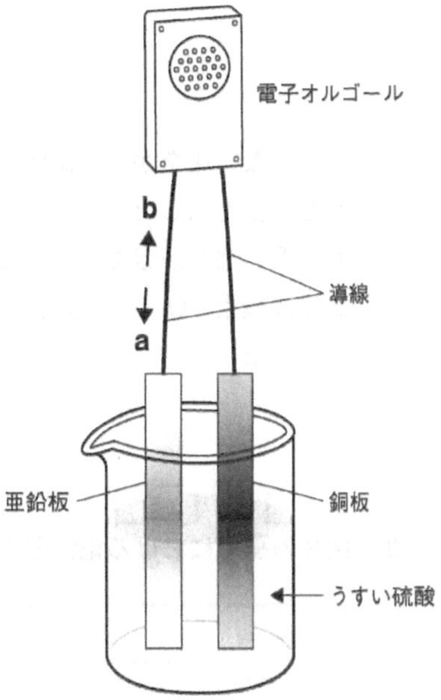

図１

(1) 図１の導線における電流と電子の移動の向きの組合せとして正しいものはどれか。 25

	①	②	③	④
電流	a	a	b	b
電子の移動	a	b	a	b

(2) この反応で電子を得たものと電子を失ったものの組合せとして正しいものはどれか。 26

	①	②	③	④	⑤	⑥	⑦	⑧	⑨
電子を得たもの	Zn^{2+}	Cu^{2+}	H^+	Cu^{2+}	H^+	Zn^{2+}	H^+	Zn^{2+}	Cu^{2+}
電子を失ったもの	Zn	Cu	H_2	Zn	Cu	H_2	Zn	Cu	H_2

〔Ⅱ〕 電池の代わりに直流電源装置を使って実験を行った。中性である硫酸ナトリウム（Na_2SO_4）水溶液とフェノールフタレイン溶液を浸した細長いろ紙を用意した。そのろ紙を導線で直流電源装置とつないだクリップでとめ，水酸化ナトリウム（NaOH）水溶液をしみこませた細い糸をろ紙の中心に置いて，図２のような実験装置を作製した。

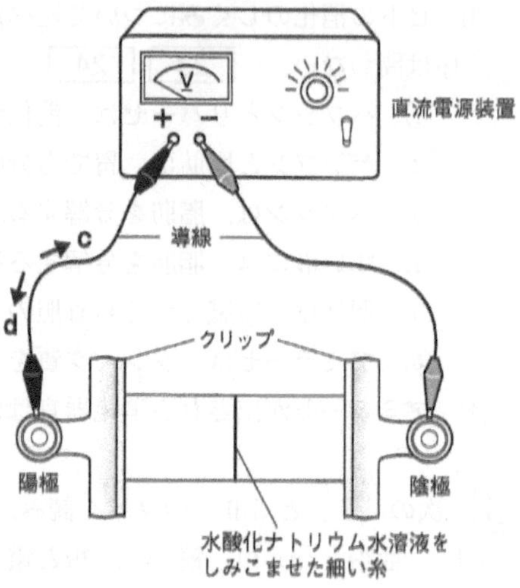

図２

十分な電圧をかけて電流を流した後，取り出したろ紙を示したものが図３である。図３中の e，f の部分が赤く染まっていた。また，陽極側では酸素（O_2）が，陰極側では水素（H_2）が発生した。

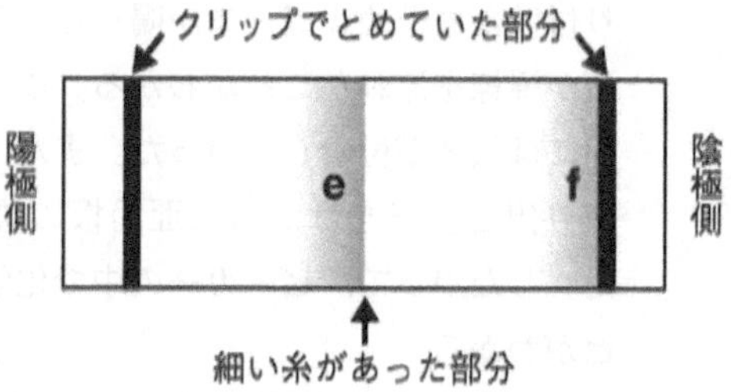

図３

(3) 図２の導線における電流と電子の移動の向きの組合せとして正しいものはどれか。 27

	①	②	③	④
電流	c	c	d	d
電子の移動	c	d	c	d

(4) 図３中の e，f の部分が赤く染まった理由として正しいものはそれぞれどれか。

e 28 f 29

① 水酸化ナトリウム水溶液の OH^- が引き付けられたため。
② 水酸化ナトリウム水溶液の Na^+ が引き付けられたため。
③ 硫酸ナトリウム水溶液の SO_4^{2-} が引き付けられたため。
④ 硫酸ナトリウム水溶液の Na^+ が引き付けられたため。
⑤ 水が電気分解されたため。
⑥ ろ紙が電気分解されたため。

6 わたしたちは身のまわりのことや現象のほとんどを，ふだんは気にもとめず，見過ごしている。でも，よく見てみると，いろいろなことに気づいたり，疑問がわいたりしてくる。

次の〔Ⅰ〕と〔Ⅱ〕の文章を読み，後の(1)～(6)の問いに答えなさい。

〔Ⅰ〕 日本のあるところから遠くをながめたら，ア山が見えた。横に長い山並みの後ろに，ひときわ高い火山の山頂付近が見えた。以下は，この火山を調べてわかったことである。

> ・日本の火山の多くが安山岩質であるのに対して，この火山はイ玄武岩質であった。
> ・この火山はウさまざまな火山噴出物が交互に積み重なって，美しい円すい形になっていた。

(1) 下線部アの山の形として適するものはどれか。 30

①

②

③

④

(2) 下線部イについて書いた文のうち，正しいものはどれか。 31

① マグマが長い時間をかけて地下で冷え固まった岩石である。
② 構成している鉱物ひとつひとつが大きく，同じくらいの大きさである。
③ 無色鉱物が多く，全体的に白っぽく見える。
④ ねばりけが弱いマグマによってつくられている。

(3) 下線部ウについて書いた文のうち，正しいものはどれか。 32

① 火山灰は火山噴出物であるが，溶岩は火山噴出物ではない。
② 日本で見られる火山灰は黒っぽいものに限られている。
③ 火山噴出物は，噴火のときにふき出したマグマの一部である。
④ 日本では，火山から噴出した火山灰は西側に厚く堆積することが多い。

〔Ⅱ〕 ある崖のわきから拾ったこぶし大の岩石Xを観察した。以下は，その岩石Xを観察してわかったことである。

> ・表面に小さな穴が多く存在していた。
> ・火山灰が降り積もって固まっていた。
> ・持ってみると，軽くてやわらかかった。

これらのことから，岩石Xは（ A ）であると考えられる。

エ別の岩石Yを拾ったら，何かの破片が含まれており，これは化石であると考えられる。化石に興味をもったので，博物館に行くと，サンヨウチュウ，アンモナイト，ビカリアなど，さまざまな化石が展示してあった。このうち，古生代に生息していたのは（ B ）で，新生代に生息していたのは（ C ）である。

みなさんも身のまわりのことや現象に興味・関心をもち，生じた疑問を解き明かしていってほしい。

(4) （　A　）にあてはまるものはどれか。 33

① 花こう岩　② 安山岩　③ チャート　④ 砂岩　⑤ 凝灰岩

(5) （　B　）と（　C　）にあてはまるものの組合せはどれか。 34

	①	②	③	④	⑤	⑥
B	サンヨウチュウ	サンヨウチュウ	アンモナイト	アンモナイト	ビカリア	ビカリア
C	アンモナイト	ビカリア	サンヨウチュウ	ビカリア	サンヨウチュウ	アンモナイト

(6) 下線部エについて書いた文のうち，**誤っているもの**はどれか。 35

① 化石によっては，地層が堆積した環境を知ることができる。

② 化石には生物の死がいだけでなく，生物の巣穴やはい跡などが残ったものもある。

③ 化石によっては，地層の堆積した年代を決めるのに役立つものがある。

④ すでに絶滅している生物が化石になるので，現在見られる生物が化石として見られることはない。

7 次の〔Ⅰ〕～〔Ⅲ〕の文章を読み，後の(1)～(4)の問いに答えなさい。

〔Ⅰ〕 図1の**ア**のように，ばねを台につけ，ばねの右側におもりの球を取り付ける。**ア**の台は水平で，ばねの長さは自然の長さで，伸びの長さは0 cmである。**イ**，**ウ**のように台を傾けて**エ**の状態にすると，ばねの伸びの長さは10 cmであった。ただし，図の●は点線の円の中心で，**イ**と**ウ**の図は，ばねと球を省略している。また，台と球の間に摩擦はないものとする。

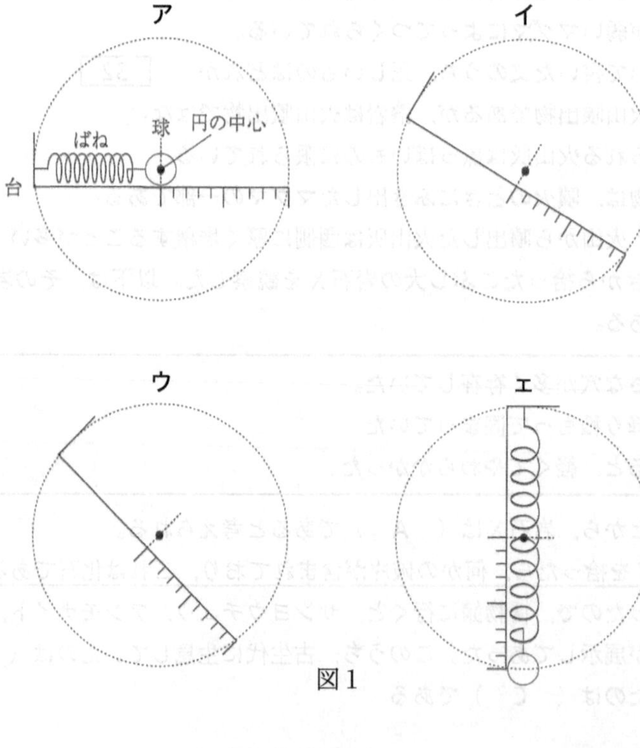

図1

(1) **イ**と**ウ**のばねの伸びの長さはそれぞれ何 cm か。もっとも近い値を答えよ。

イ 36　**ウ** 37

① 1 cm　② 2 cm　③ 3 cm　④ 4 cm　⑤ 5 cm
⑥ 6 cm　⑦ 7 cm　⑧ 8 cm　⑨ 9 cm　⓪ 10 cm

〔Ⅱ〕 図2のように水を入れた水そうがある。ホースを入れて空気を送りこむと，ホースから空気の泡が出る。ホースから出た一つの泡が，水そうの中を上昇していくときの様子を考える。ただし，水そうの中での泡の通過点を，図2のように，**a**，**b**，**c**とする。

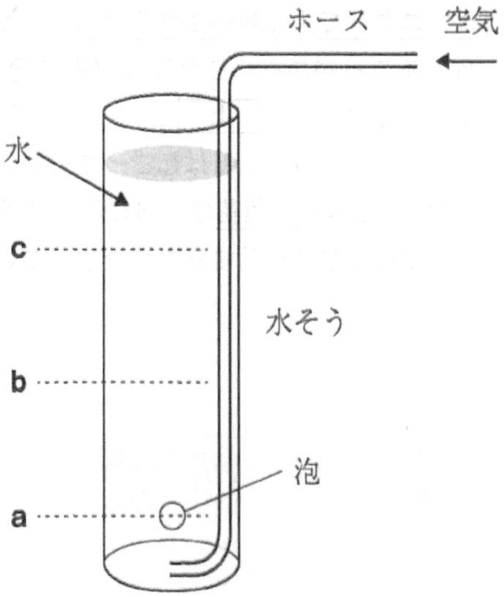

図2

(2) **a**，**b**，**c**における泡の体積を大きい順に並べたものはどれか。

また，**a**，**b**，**c**における泡の中の空気の圧力を大きい順に並べたものはどれか。

体積 38　**圧力** 39

① **a**，**b**，**c**　② **a**，**c**，**b**
③ **b**，**a**，**c**　④ **b**，**c**，**a**
⑤ **c**，**a**，**b**　⑥ **c**，**b**，**a**
⑦ どれも同じ

〔Ⅲ〕 断面が一辺 2 cm の正方形で長さ 20 cm，重力の大きさが0.4 N の棒と，断面が一辺 1 cm の正方形で長さ 4 cm，重力の大きさが 0.36 N のおもりがある。

棒とおもりを糸で連結して水そうに入れると，図3のように棒が浮いた。100 cm^3 の水の重力の大きさを 1 N とし，糸にはたらく重力は考えなくてよい。

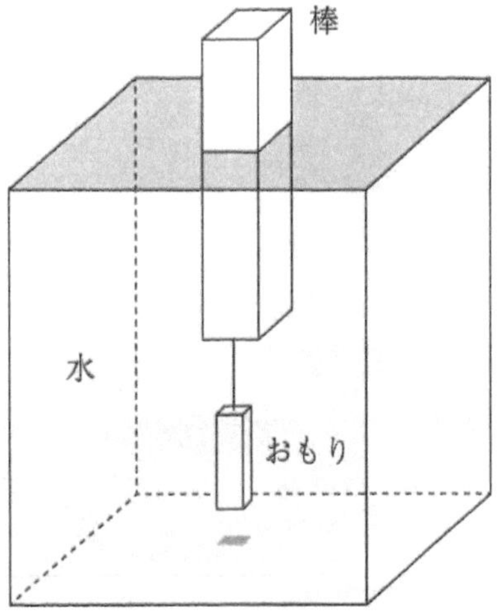

図3

(3) 水面から出ている棒の長さは何 cm か。 記述

(4) 棒が完全に沈むには，最低，何 N の力で棒を真下に押せばよいか。 記述

8 次の文章を読み，後の(1)～(5)の問いに答えなさい。

マツは日本中の多くの場所に見られ，本校敷地内にも10本を超えるクロマツのほか，ダイオウマツも見られる。

マツの葉の表面には，あなが見られ（図１），あなの内部に孔辺細胞がある（図２）。a孔辺細胞はツユクサでよく観察される(図３)。マツの葉のあなには，図１の矢印で示したような黒い点が見られることがある。これは大気中の粉じんであると考えられ，もし，気孔が粉じんによってふさがってしまうと，[b]といった影響が出ると考えられるが，本校のマツで，その影響により木が弱くなるようなことは起こっていない。

マツのc雄花と雌花は，同じ個体に咲く。雄花でつくられる花粉には，[d]がついていて，風の力で遠くまで移動するのに役立っている。

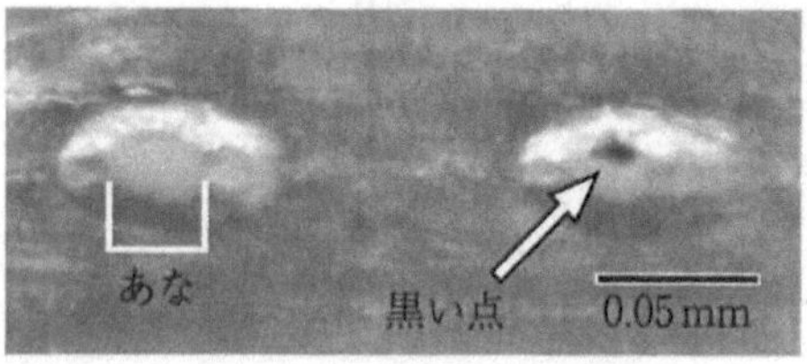

図１　マツの葉の表面

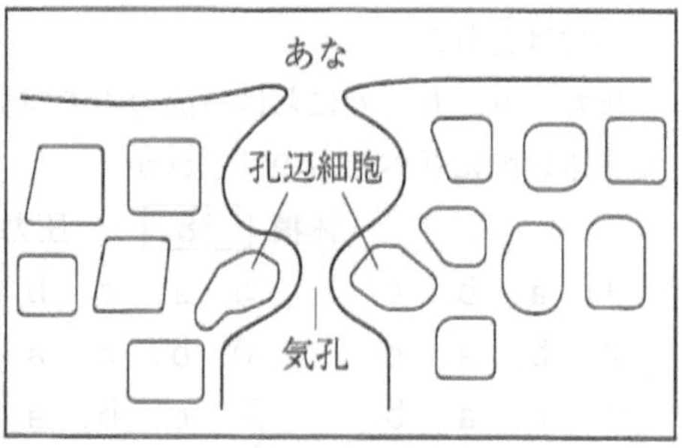

図２　断面図

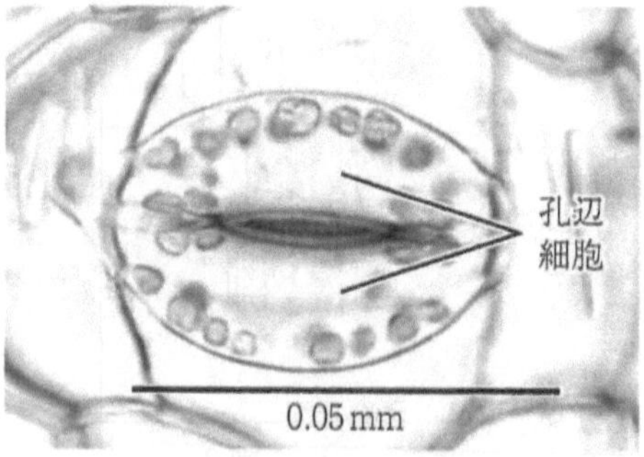

図３　ツユクサの孔辺細胞

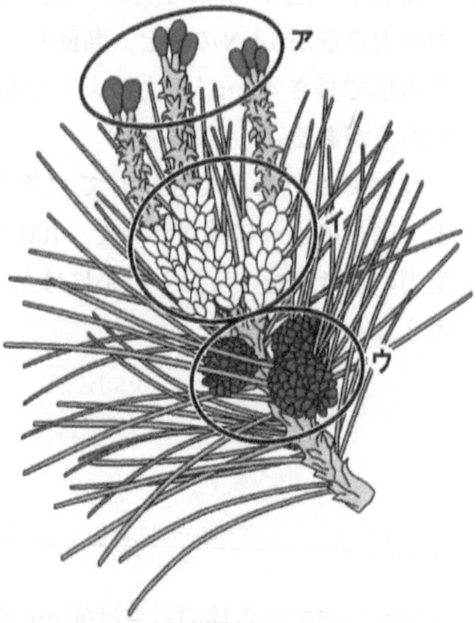

図４　マツの一部

(1) 下線部aの観察方法として最も適するものはどれか。 [40]

① 葉を手に持ってルーペで観察する。

② 葉をカミソリで切り，その断面を光学顕微鏡で観察する。

③ 葉の表側の表皮をうすくはがし，一部を切り取ったものをプレパラートにして光学顕微鏡で観察する。

④　葉の裏側の表皮をうすくはがし，一部を切り取ったものをプレパラートにして光学顕微鏡で観察する。

⑤　葉の表側にマニキュアまたはボンドを薄く塗り，乾かしてからはがし，それをスライドガラスにのせて光学顕微鏡で観察する。

⑥　葉の裏側にマニキュアまたはボンドを薄く塗り，乾かしてからはがし，それをスライドガラスにのせて光学顕微鏡で観察する。

(2)　[b]に最も適するものはどれか。　[41]

①　蒸散がおさえられるので，根から水が吸い上げられにくくなる

②　二酸化炭素の吸収がおさえられるので，デンプンの分解がおさえられる

③　酸素の吸収がおさえられるので，デンプンの合成がおさえられる

④　植物体内の水の移動がおさえられるので，デンプンが運ばれにくくなる

(3)　下線部 c について，マツの雄花と雌花のある部位を図4に示した。**ア**，**イ**，**ウ**にあるものの組合せとして，最も適当なものはそれぞれどれか。　**ア** [42]　**イ** [43]　**ウ** [44]

①　種子　　②　種子，果実　　③　子房，胚珠

④　胚珠，りん片　　⑤　花粉のう，りん片　　⑥　花弁，りん片，胚珠

⑦　がく，りん片，胚珠

(4)　[d]にあてはまる語句はどれか。　[45]

①　胞子のう　　②　空気袋　　③　がく　　④　やく

(5)　次の図5は，イチョウとサクラの受精後の胚を含む部分である。胚珠からつくられるものの組合せはどれか。　[46]

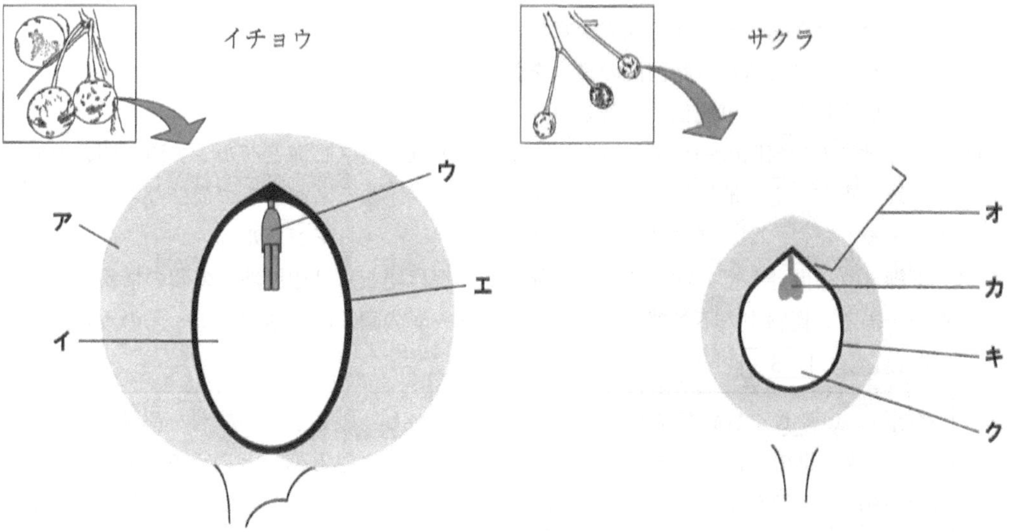

図5

①　**ア，イ，ウ，エ，オ，カ，キ，ク**　　②　**ア，イ，ウ，エ，カ，キ，ク**

③　**イ，ウ，エ，オ，カ，キ，ク**　　④　**イ，ウ，エ，カ，キ，ク**

【社　会】（50分）〈満点：100点〉

1 次の文章を読んで，後の問いに答えなさい。

先史時代より，人類は生活しやすい場所を求めてその活動領域を広げてきた。その人口は21世紀のうちに100億人を超えると予想されている。しかし，人口の増加は，(ア)18世紀なかごろまでは非常に少なく，人口増加率は長期的に0.1%を超えなかったといわれている。

とはいえ，古代より人類は様々な地域で文明をつくりあげ，(イ)文明の間の，また，文明の中心地域と辺境との間の交流を進めた。さらに，(ウ)辺境地域の間での交流もあった。中世・近世には，(エ)古代の遺産を継承して新たな帝国や国家があらわれ，(オ)現代までつながるような宗教・文化の土台がつくられた。

近代になると，イギリスを筆頭に産業革命を進め，国民国家形成を進める国々があらわれた。それらの国々は，その経済・軍事力をもって他の地域を従属させていき，市場経済と(カ)主権国家体制が世界を覆うことになった。産業革命は，農業革命や交通革命を伴うものであった。商業的な農産物の生産の増加と(キ)交通網の発達は，飢饉《きん》がおこった地域への緊急の食糧輸送を可能とした。また，近代は都市計画や医学の発展を含めた公衆衛生の進展がみられた時代でもあった。

19世紀はじめに9億人程度であったとされる(ク)世界人口は，(ケ)20世紀はじめには16億人を，21世紀はじめには61億人を超えていくのである。人口が増加しつづける一方で，さまざまな格差はなくなっていない。2021年のいま，ミレニアム開発目標とそれに続く(コ)持続可能な開発目標達成の努力が進められている。

問1　下線部(ア)の出来事の説明として**不適切なもの**を，次の①～④のうちから1つ選びなさい。 1

①　アメリカ合衆国がイギリスから独立を宣言した。

②　オランダがスペインから独立を宣言した。

③　アダム・スミスが『諸国民の富』を著した。

④　本居宣長が『古事記伝』を著した。

問2　下線部(イ)の交易路の一つであったシルクロードは，カスピ海とペルシア湾の間の地域を通っていた。現在，その地域に存在する国を，次の①～④のうちから1つ選びなさい。 2

①　イラン　　②　スペイン　　③　タイ　　④　モンゴル

問3　下線部(ウ)に関連して，次の資料（一部要約・現代語訳）は辺境地域の間の情報の流通を示すものである。資料中の下線部(X)の国を，次のページの**図1**の略地図の①～④のうちから1つ選びなさい。 3

> 将門は，いやしくも武名を坂東[注1]一帯にとどろかし，戦さ上手の評判を都《と》鄙《ひ》[注2]にひろめてきた。今の世の人は，きまって勝利をおさめた者を主君と仰ぐというふうがある。たといわが国にその例がないとしても，外国にはその例が多い。たとえば去る延長[注3]年間における(X)大契丹《きったん》王のごとき，正月一日に渤海《ぼっかい》国を討ちとり，これを東丹国と改称して領有支配をしたのなど，その一例といえよう。どうして力をもって征服しないでいられようぞ。
>
> 『将門記』
>
> 注1　当時の地域の呼称で，現在の関東地方のこと。
> 注2　国中。
> 注3　元号の一つ。

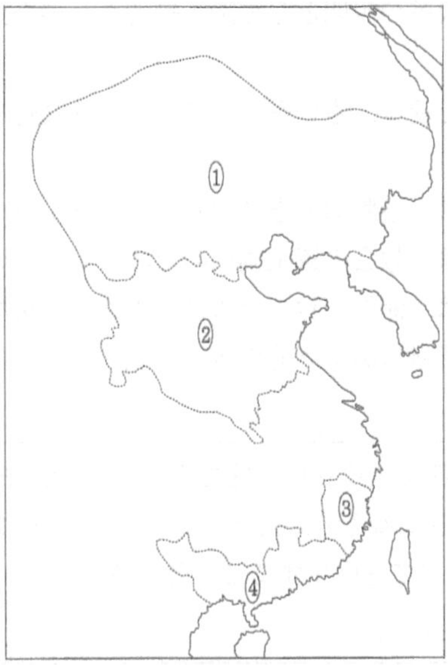

注　島の一部は省略してある。

図1

問4　下線部(エ)に関連して，東ローマ帝国時代に教会として建設された後，オスマン帝国のもとでモスクに転用された建物を，次の①～④のうちから1つ選びなさい。 **4**

①

②

③

④

問５　下線部(オ)に関連して，宗教改革の説明として最も適切なものを，次の①～④のうちから１つ選びなさい。 5

①　ルターのローマ教会批判を受け，古代ギリシア・ローマ文化を模範とするルネサンスがおこった。

②　ルターのローマ教会批判は，活版印刷を利用したパンフレットなどによって広まった。

③　批判を受けたローマ教会は，教会の資金集めのために十字軍の派遣を呼びかけた。

④　批判を受けたローマ教会は，海外布教のためにイエスの言葉を『新約聖書』にまとめた。

問６　下線部(カ)に関連して，次の資料はある条約の抜粋（現代語訳）である。その条約名を漢字で答えなさい。 記述

> 第一条　中国は朝鮮を完全無欠の独立自主国であると認め，およそ朝鮮の独立自主体制を毀損《きそん》するようなあらゆるもの，たとえば朝鮮が中国に対して納めている貢献，典礼[注]などは，今後すべてを廃止することとする。
>
> 注　属国として貢物を献上し儀礼を行うこと。

問７　下線部(キ)の例として，1830年代以降に世界的に敷設が進められた鉄道がある。鉄道で蒸気機関の動力源となった燃料の名称を答えなさい。 記述

問８　下線部(ク)に関連して，次の表は，1950年から2020年にかけての，主要地域別人口の推計値を抜粋したものである(数値は百万人)。この表に関する説明として最も適切なものを，次の①～④のうちから１つ選びなさい。 6

	1950年	1960年	1970年	1980年	1990年	2000年	2010年	2020年
アフリカ	228	283	363	476	630	811	1,039	1,341
アジア	1,405	1,705	2,142	2,650	3,226	3,741	4,210	4,641
ヨーロッパ	549	605	657	694	721	726	736	748
ラテンアメリカ[注1]	169	220	287	361	443	522	591	654
アングロアメリカ[注2]	173	205	231	254	280	312	343	369
オセアニア	13	16	20	23	27	31	37	43

注１　南アメリカにカリブ海地域とメキシコ以南の中央アメリカを加えた地域のこと。
注２　アメリカ合衆国以北の北アメリカのこと。

United Nations, *World Population Prospects.* をもとに作成。

①　1950年～2020年にかけて，最も人口の増加率が高かったのはアジアである。

②　1950年～2020年にかけて，アフリカの人口がヨーロッパを上回ったことはない。

③　1950年～2020年にかけて，すべての地域において，人口が減少したことはない。

④　1950年～2020年にかけて，最も人口の絶対数が増加したのはアングロアメリカである。

問９　下線部(ケ)に関連して，1920年代の出来事の説明として**不適切なものを**，次の①～④のうちから１つ選びなさい。 7

①　日本では，関東大震災の混乱のなか，多くの朝鮮人，中国人や社会主義者などが殺害された。

②　中国では，孫文が南京国民政府を樹立し統一を進めるとともに，共産党を弾圧し内戦を始めた。

③　イギリスの植民地インドでは，民族自決は認められず，ガンディーたちが独立運動を続けた。

④　ソ連では，レーニンの後継者となったスターリンが計画経済を推進し，社会主義建設を進めた。

問10　下線部(コ)の略称を**アルファベット4字**で答えなさい。　記述

2　次のⅠ～Ⅳの諸資料について，後の問いに答えなさい。

Ⅰ　**資料1**は，東大寺に天皇ゆかりの品々を納める際に作成された目録（一部要約・現代語訳）からの引用である。それらの品々は，現在，東大寺の**【　あ　】**に納められている。

資料1

> 今，先帝陛下のために，国家の珍宝・さまざまな遺愛の品々などを東大寺に施入し，大仏をはじめとする諸仏を供養したい。
>
> ……（品目のリスト）……
>
> 右のものは，みな先帝遺愛の宝であり，また宮廷で使っていた品々である。これらを目にすると，ありし日のことを思い出して涙がとまらない。これをつつしんで大仏に奉献する。願わくばこの善因によって仏の加護をこうむり，先帝の霊が無事に三途《さんず》の川をわたり涅槃《ねはん》の岸にたどり着かれることを。

問1　**【　あ　】**にあてはまる最も適切な語句を**漢字3字**で答えなさい。　記述

問2　**【　あ　】**に納められている品として**不適切なもの**を，次の①～④のうちから1つ選びなさい。　8

①

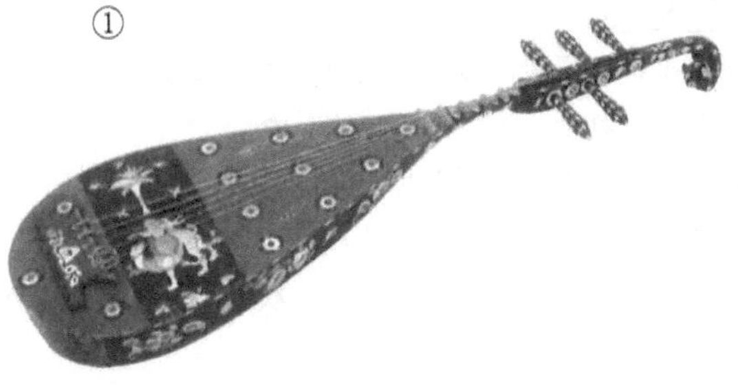

②

③

④

Ⅱ　**資料2**は，ある人物が明の皇帝に送った手紙（一部要約・現代語訳）で，**資料3**は，それに対する返書（一部要約・現代語訳）である。

資料2

日本の准三后《じゅさんごう》[注1]である某《それがし》が，国書を大明皇帝陛下にさしあげます。日本国がはじまって以来中国に対してあいさつの使いを送らなかったことはありません。某は，幸いにして国の政治を行い，国内を平和的に治めることができております。ここにとくに昔からの方式に従って，商人肥富《こいつみ》を祖阿《そあ》[注2]に同行させて，親交を結ぶために，日本の産物として，金千両，馬十匹，上質の鳥の子紙千帖《じょう》，扇百本，屏風《びょうぶ》三双，……を献上します。また，日本に漂着した人々を捜し求め，若干人をお返し致します。某は，心から畏れつつしみ，敬意を表して申し上げます。

注1　皇后などと同等の地位。
注2　人名。

資料3

朕が即位してから多くの周辺諸国の長が朝献してきた。大義にもとるものでなければすべて礼をもって接しようと思う。今ここに日本国の王たる(ア)道義が，明に敬意を表し，君主への忠誠を抱いて海を渡り，使者をつかわした……朕は大変嬉しく思う。……返礼に，明の道《どう》彝《い》・一如《いちじょ》[注3]を使者としてつかわす。明の暦や織物を与えよう。……

注3　明の僧侶。

問3　下線部(ア)は誰のことをさすか，**漢字4字**で答えなさい。　記述

問4　下線部(ア)の人物が活躍した時期の文化や社会に関する説明として最も適切なものを，次の①～④のうちから1つ選びなさい。　9

①　猿楽や田楽などの芸能から能が生まれ，幕府の保護を受けるようになった。
②　禅宗寺院の部屋の様式を住居に取り入れた，書院造が広まった。
③　武士の活躍を描いた『平家物語』などの軍記物語が生まれた。
④　堺や京都では，有力な商工業者を中心に自治組織がつくられた。

問5　**資料2**・**資料3**から読み取れる内容として最も適切なものを，次の①～④のうちから1つ選びなさい。　10

①　**資料2**を送った人物は，自分が国内を平和的に治められているのは，明の皇帝の力によるものだと述べている。
②　**資料2**を送った人物は，自分が明の皇帝に使者を送った理由を，日本に漂着した人々が助言したからだと述べている。
③　明の皇帝は，**資料2**を送った人物を日本国の王と認め，そのもとに返礼の使者を送った。
④　明の皇帝は，**資料2**が送った人物から献上された金千両を，暦や織物の代金に充てた。

Ⅲ　**資料4**は，(イ)ある人物の回想記（一部要約・現代語訳）で，**図1**はその人物が中心になって翻訳した書物の挿絵である。

資料4

帰路は，前野良沢と中川淳庵と私の三人が一緒であった。途中で語りあったことは，「やれやれ，今日の死体解剖は何もかも驚くことばかりだった。しかもこれまで気づかなかったということは恥ずべきことだ」ということだった。……その時，私は，「なんとかこの『ターヘル・アナトミア』の一部を新しく翻訳したら，身体の内外の状態がわかり，今日，治療の上に大きな利益があるだろう。どんなことをしても，通訳などの手をかりないで，翻訳したいものだ」と，語った。……

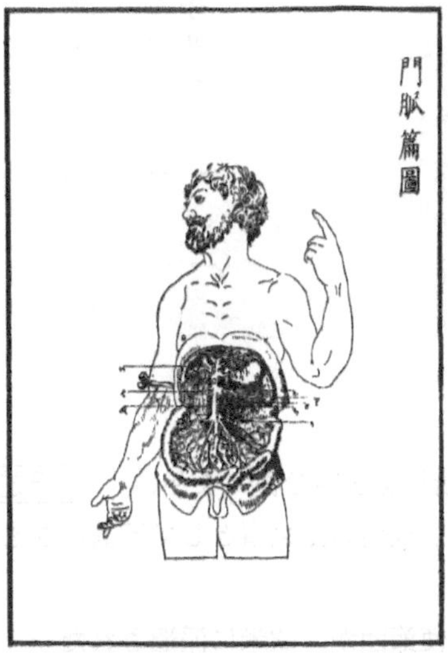

図1

問6　下線部(イ)は誰か，**漢字4字**で答えなさい。 記述

問7　**図1**が翻訳された時代の外国との関わりに関する説明として最も適切なものを，次の①〜④のうちから1つ選びなさい。 11

① 幕府は，ルソン（フィリピン），安南（ベトナム），シャム（タイ）など海外と貿易する日本船に朱印状を与えた。

② 日本沿岸に相次ぎ外国船が接近してきたことを背景に，幕府は接近してくる外国船をためらうことなく打ち払う方針を決めた。

③ オランダ語で西洋の学問を研究する蘭学がさかんになり，その学問を学んだ平賀源内は，摩擦発電機を製作した。

④ 南蛮貿易によって，ヨーロッパの天文学・医学・航海術などがもたらされ，南蛮風の服装が流行した。

Ⅳ　**図2**は，土地の所有者に与えられた書類（一部改変）である。

図2

問8　【　い　】にあてはまる語句を**漢字**で答えなさい。　記述

問9　**図2**中にある「明治十年」以前の出来事として**不適切なもの**を，次の①～④のうちから1つ選びなさい。　12

①　岩倉具視を大使とする使節団が，欧米に派遣された。

②　重要な輸出品である生糸を増産するため，富岡製糸場が設立された。

③　朝鮮に開国を迫るため，西郷隆盛の派遣が決定された。

④　イギリス製の最新式紡績機械を導入した，大阪紡績会社が設立された。

3　次の文章を読んで，後の問いに答えなさい。

学生時代に末弘《すえひろ》巖《いず》太郎《たろう》先生から(ア)民法の講義をきいたとき「[　あ　]」という制度について次のように説明されたのを覚えています。金を借りて催促されないのをいいことにして，ネコババをきめこむ不心得者がトクをして，気の弱い善人の貸し手が結局損をするという結果になるのはずいぶん不人情な話のように思われるけれども，この規定の根拠には，権利の上に長くねむっている者は民法の保護に値しないという趣旨も含まれている，というお話だったのです。この説明に私はなるほどと思うと同時に「権利の上にねむる者」という言葉が妙に強く印象に残りました。いま考えてみると，(イ)請求する行為によって［　あ　］を中断しない限り，たんに自分は(ウ)債権者であるという位置に安住していると，ついには債権を喪失するというロジックのなかには，一民法の法理にとどまらないきわめて重大な意味がひそんでいるように思われます。

たとえば，日本国憲法の第十二条を開いてみましょう。そこには「(エ)この憲法が国民に保障する自由及び権利は，国民の不断の【　A　】によってこれを保持しなければならない。」と記されてあります。この規定は基本的人権が「人類の多年にわたる自由獲得の【　A　】の成果」であるという憲法第九十七条の宣言と対応しておりまして，(オ)自由獲得の歴史的なプロセスを，いわば将来に向かって投射したものだといえるのですが，そこにさきほどの「［　あ　］」について見たものと，いちじるしく共通する精神を読みとることは，それほど無理でも困難でもないでしょう。つまり，この憲法の規定を若干読みかえてみますと，「国民はいまや【　B　】者となった，しかし【　B　】者であることに安住して，その権利の行使を怠っていると，ある朝目ざめてみると，もはや【　B　】者でなくなっているといった事態が起こるぞ。」という警告になっているわけなのです。これは大げさな威嚇でもなければ，教科書ふうの空疎な説教でもありません。それこそナポレオン三世の(カ)クーデターから(キ)ヒットラーの権力掌握に至るまで，最近百年の西欧民主主義の血塗られた道程がさし示している歴史的教訓にほかならないのです。

丸山真男『日本の思想』より一部抜粋改変

問1　［　あ　］にあてはまる適切な語句を，次の①～④のうちから1つ選びなさい。 13

①　免除　　②　時効　　③　破産　　④　賠償

問2　【　A　】【　B　】にあてはまる適切な語句を，**漢字2字**で答えなさい。 記述

問3　下線部(ア)で定められている事項として最も適切なものを，次の①～④のうちから1つ選びなさい。 14

①　すべて国民は個人として尊重される。

②　犯罪を犯した少年は，基本的に家庭裁判所に送られる。

③　未成年者が高額な買い物の契約をする場合は親などの同意を必要とする。

④　満20歳未満の者の飲酒を禁止し，飲酒を知りつつも制止しなかった親権者は科料に処せられる。

問4　下線部(イ)に関連して，地方自治における直接請求権を説明した次の文章の空欄［　X　］と［　Y　］に入る語句の組合せとして適切なものを，次の①～④のうちから1つ選びなさい。

15

［　X　］に対して行われる条例の制定または改廃の請求は，その地方自治体の有権者のうち，［　Y　］の署名を集めることが必要となっている。

	［　X　］	［　Y　］
①	首長	50分の1以上
②	議会	50分の1以上
③	首長	3分の1以上
④	議会	3分の1以上

問５　下線部(ウ)に関連して，次の図はお金を貸し借りする金融市場を需給曲線で表したものである。図のＡおよびＢは債権者，債務者のいずれかを示している。この説明として最も適切なものを，次の①～④のうちから１つ選びなさい。 16

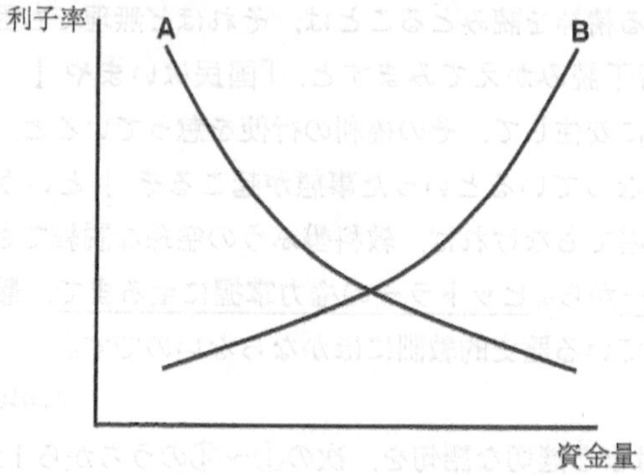

①　利子率が高くなると，お金を借りる人にとって返済負担が大きくなるので，お金を借りる量は減ると考えられる。よってＡが債権者である。

②　利子率が高くなると，お金を貸す人にとって返済される金額は多くなるのでお金を貸す量は増えると考えられる。よってＢが債権者である。

③　利子率が低くなると，お金を借りる人にとって返済負担が小さくなるので，お金を借りる量は増えると考えられる。よってＡが債権者である。

④　利子率が低くなると，お金を貸す人にとって返済される金額は少なくなるのでお金を貸す量は増えると考えられる。よってＢが債権者である。

問６　下線部(エ)について，日本国憲法が保障する基本的人権として最も適切なものを，次の①～④のうちから１つ選びなさい。 17

①　マスメディアが持つ個人情報の公開を求める権利。

②　国会議員や大臣の汚職事件を究明するために，証人を喚問する権利。

③　令状によらなければ，住居の捜索，所持品の押収を受けることのない権利。

④　製品の欠陥によって消費者が被害を受けた場合に，国家賠償を請求する権利。

問７　下線部(オ)に関して，民主主義と人権保障の歴史についての説明として適切なものを，次の①～④のうちから１つ選びなさい。 18

①　イギリスではマグナ・カルタによって，議会制民主主義が確立した。

②　フランスの思想家モンテスキューは『法の精神』の中で専制政治を防ぐためには，権力の分立が必要だと主張した。

③　フランス革命の中で権利の請願が出され，都市の限られた富裕層である市民の自由が保障された。

④　アメリカのリンカン大統領はゲティスバーグ演説の中で，生存権の考えを初めて表明した。

問８　下線部(カ)とは「支配層の一部が，政権を奪うために非合法的な武力を行使すること」を意味する。日本の歴史でこれに該当する出来事として**不適切なもの**を，次の①～④のうちから１つ選びなさい。 19

①　大化の改新　　②　二・二六事件

③　本能寺の変　　④　ポツダム宣言の受諾

問9　下線部(キ)についての説明として最も適切なものを，次の①～④のうちから1つ選びなさい。
20

①　ヒットラーは，第一次世界大戦での敗戦の影響で国内の政治や経済が混乱する中で，ワイマール憲法を改正し政権を掌握した。

②　ヒットラーは，世界恐慌の影響で国内の政治や経済が混乱する中で，ニューディール政策と呼ばれる経済対策を打ち出して選挙に勝利した。

③　ヒットラーは，ラジオやポスターを効果的に用いてヴェルサイユ体制の打破を世論に訴えかけ，選挙に勝利した。

④　ヒットラーは，経済の行き詰まりを打破するため，エチオピア侵略など対外進出によって経済界との結びつきを強め，権力基盤を固めた。

4　南半球の一部を示した次の略地図を見て，後の問いに答えなさい。

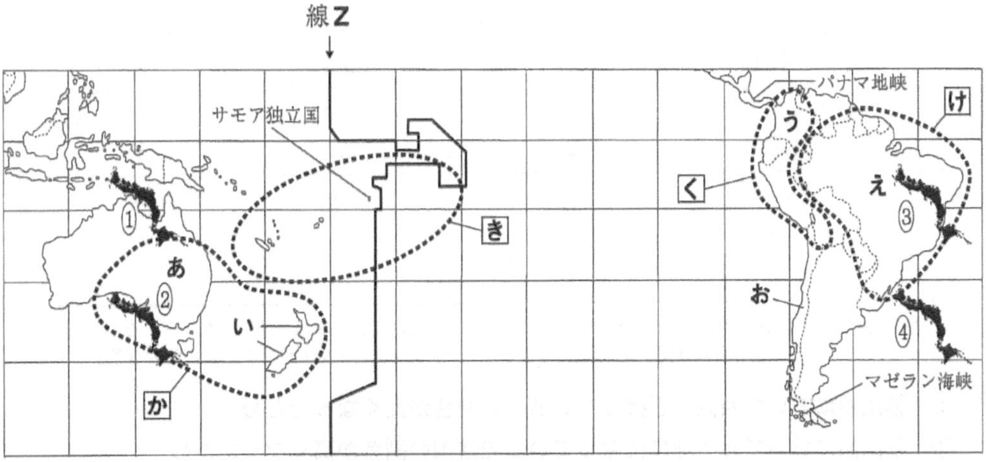

注　地図は経線と緯線が垂直に交わる図法で描かれ，経緯線は15°ずつ引かれている。

問1　地球の正反対に示された日本列島の位置として最も適切なものを，略地図の①～④のうちから1つ選びなさい。　21

問2　次の文章は，略地図の線Zについて説明したものである。これに関連して，下の(1)および次のページの(2)(3)に答えなさい。

> 線Zは国際【　X　】線と呼ばれ，この経線の東側では－1日，西側では＋1日というように，この線を境に原理的には［　A　］時間分の時差を発生させている。経度［　B　］度の経線とほぼ一致しているが，オセアニア州の島国の分布により曲がっている。国際会議によって定められ，周辺諸国の事情によって変更されることもある。最近では，2011年12月30日0時にサモア独立国の西側に定められていた【　X　】線が，同国の東側に変更された。これによって，事実上，サモア独立国の2011年12月30日は消滅し，2011年12月29日の翌日は2011年12月31日となった。

(1) 文中の【 X 】に最も適切な語句を漢字4字で書きなさい。 記述

(2) 文中の［ A ］および［ B ］にあてはまる数字の組合せとして最も適切なものを，次の①～⑥のうちから1つ選びなさい。 22

	①	②	③	④	⑤	⑥
［ A ］	12	12	24	24	36	36
［ B ］	90	180	180	270	270	90

(3) 文中の下線部について，次の表はサモア独立国の輸出の変化についてまとめたものである（統計年次は1983年および2003年）。これを見て，【 X 】線が下線部のように変更された理由のひとつを説明したものとして最も適切なものを，下の①～④のうちから1つ選びなさい。 23

	1983年		2003年	
	輸出品	輸出相手国	輸出品	輸出相手国
1位	ココナッツ油 (41.1)	アメリカ合衆国 (31.7)	電機機械 (69.5)	オーストラリア (71.4)
2位	野菜と果実 (18.6)	ニュージーランド (25.7)	魚介類 (8.2)	アメリカ合衆国 (13.1)
3位	カカオ豆 (15.4)	オーストラリア (12.2)	衣類 (7.1)	イギリス (4.5)
輸出総額	1,862万ドル		1,500万ドル	

注 「サモア独立国」は1997年まで「西サモア」であった。（ ）内は金額に占める割合（単位：%）を示している。
『世界各国要覧1993年版』および「データブック オブ・ザ・ワールド2007年版』による。

① 輸出額において西側に近接している国の割合が高くなったため。
② 輸出額において北半球に位置している先進国の割合が高くなったため。
③ 第一次産業による輸出品の割合が半分以上を占めるようになったため。
④ 熱帯において生産される商品作物の輸出品の割合が高くなったため。

問3 次の表は，日本の主な輸入品の輸入額における上位3か国と，その品目に占める輸入額の割合（統計年次は2018年）をまとめたものである。表中のあ～おの国は，略地図に示した国である。表中の**a**～**e**の輸入品の組合せとして最も適切なものを，下の①～⑥のうちから1つ選びなさい。 24

（単位：%）

	a	b	c	d	e
1位	**あ** (49.2)	**お** (55.3)	**え** (28.0)	**お** (39.1)	**あ** (49.6)
2位	アメリカ (43.1)	ノルウェー (21.0)	**う** (18.3)	インドネシア (16.1)	**え** (31.1)
3位	**い** (2.9)	ロシア (12.0)	ベトナム (16.2)	**あ** (14.0)	カナダ (6.6)

『データブック オブ・ザ・ワールド2020年版』による。

	a	b	c	d	e
①	鉄鉱石	銅鉱	コーヒー豆	さけ・ます	牛肉
②	鉄鉱石	銅鉱	牛肉	さけ・ます	コーヒー豆
③	牛肉	鉄鉱石	銅鉱	コーヒー豆	さけ・ます
④	牛肉	さけ・ます	コーヒー豆	銅鉱	鉄鉱石
⑤	銅鉱	鉄鉱石	牛肉	コーヒー豆	さけ・ます
⑥	銅鉱	さけ・ます	鉄鉱石	コーヒー豆	牛肉

問４　略地図の点線で示した[か]～[け]の地域の特徴についての説明として**最も不適切なもの**を，次の①～④のうちから１つ選びなさい。　[25]

①　[か]の地域に含まれる全ての国の公用語は英語であり，[け]の地域に含まれる全ての国の公用語はスペイン語である。

②　[か]および[く]の地域には亜寒帯（冷帯）が存在せず，比較的温暖で草原や広葉樹林が分布して自然環境が多様である。

③　[き]の地域では伝統的な主食としてイモ類が食べられ，[く]の地域では伝統的な主食としてトウモロコシが食べられる。

④　[き]および[け]の低緯度地域の海岸にはサンゴ礁やマングローブが分布し，近年では生態系の変容が注目されている。

問５　次の文章は，『種の起源』（チャールズ・ダーウィン著，渡辺政隆訳，光文社，一部改変）の一節である。文章を参考にして，下の⑴および次のページの⑵に答えなさい。

南半球内でも，オーストラリアと南【　Y　】，南アメリカ西部の南緯25度と35度にはさまれた広大な地域を比べると，すべての条件がきわめてよく似た土地が見つかる。ところがそれぞれの土地にすむ三種類の動物相と植物相は，ほかでは見られないほど異質である。あるいは南アメリカにおいて，南緯35度以南の生物と南緯25度以北の生物を比べてみよう。両地域の気候はかなり異なっているはずである。しかし両地域にすむ生物は，オーストラリアや【　Y　】のほぼ同じ気候の土地にすむ生物と比べた場合よりも，比較にならないほど近縁であることがわかる。それと似た事実は，海の生物についてもあげることができるだろう。……オーストラリア，【　Y　】，南アメリカの同緯度地帯にすむ生物の種類も大きく異なっている。この三地域は，これ以上ないほど互いに隔絶しているからだ。個々の大陸でも同じ事実が確認できる。高くそびえる山脈や広大な砂漠の反対側，あるいは場合によっては大河の対岸でさえ，異なる種類の生物が見つかる。もっとも，山脈や砂漠は，大陸を隔てる海洋ほどには横断不能ではないし，海洋ほど長く存在してきたとは限らない。そのためそうした障壁の反対側で見られる生物相の違いは，異なる大陸間で見られる違いほど大きくはない。海に目を向けても同じ法則が見つかる。南アメリカ及び中央アメリカの東岸と西岸ほど海生動物相が異なっている海域はない。魚，貝，カニなど，共通した種類がほとんどいないのだ。ところがこの二つの海域を隔てているのは，パナマ地峡という狭いけれど水生動物には通過できない陸地のみである。……マゼラン海峡に近い草原には，ダチョウの仲間にあたるレア属の一種がすみ，北に広がるラ・プラタの草原には同じ属の別の種がすんでいる。しかもそれらは，それぞれ【　Y　】とオーストラリアの同緯度地帯にすむダチョウやエミュとも異なっている。……水辺を見れば，ビーバーやマスクラットはいないが，南アメリカ型の齧歯《げっし》類であるヌートリアやカピバラがいる。

(1)　文中の【　Y　】にあてはまる地域名を**カタカナ4字**で書きなさい。 記述

(2)　文中の下線部の地域の特徴についての説明として最も適切なものを，次の①～④のうちから1つ選びなさい。 26

①　この地域はパンパと呼ばれ，綿花の栽培や乳牛の飼育が盛んである。

②　この地域はパンパと呼ばれ，小麦の栽培や肉牛の飼育が盛んである。

③　この地域はプレーリーと呼ばれ，綿花の栽培や乳牛の飼育が盛んである。

④　この地域はプレーリーと呼ばれ，小麦の栽培や肉牛の飼育が盛んである。

5　後の問いに答えなさい。

問1　**図1**は，北海道と本州，およびその間にある津軽海峡を示したものである。**A**は北海道と本州を結ぶ青函トンネルの位置を示している。青森市と函館市の位置を，**図1**の①～⑧のうちから1つずつ選びなさい。

青森市 → 27　函館市 → 28

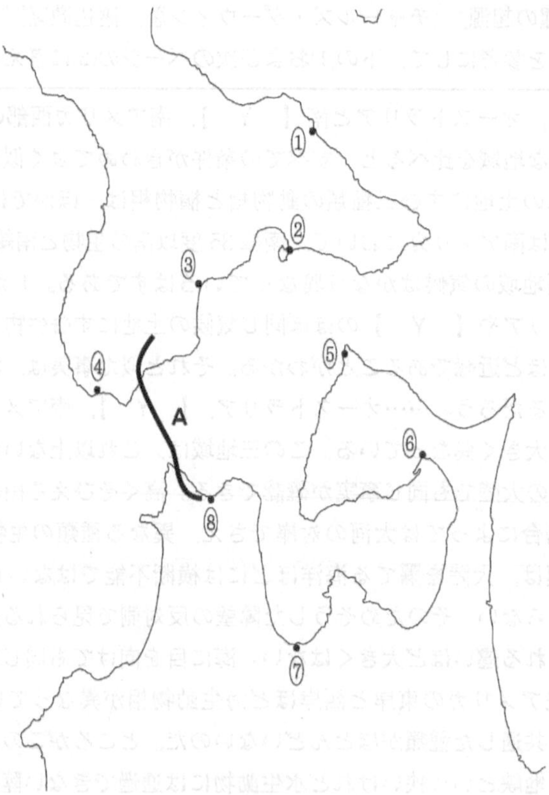

図1

問2　日本の最南端にある沖ノ鳥島の緯度と最も近い緯度に首都がある国を，次の①～④のうちから1つ選びなさい。 29

①　イタリア　　②　インド　　③　ケニア　　④　メキシコ

問3　**図2**は，関東地方の一部を示したものである。**あ**～**え**のうち，東京湾アクアラインの位置を示しているものを1つ選び，該当する番号をマークしなさい。 30

①　**あ**　　②　**い**　　③　**う**　　④　**え**

問4　**図2**の①～⑦のうち，成田国際空港の位置を示しているものを，1つ選びなさい。 31

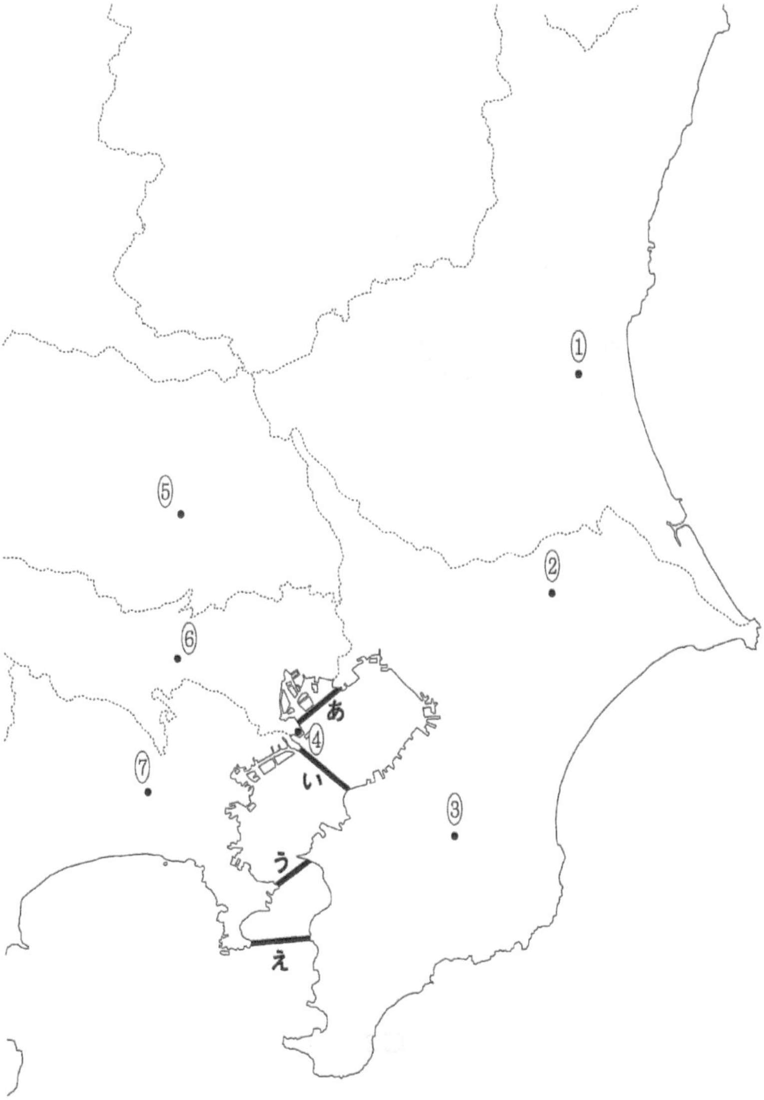

図2

問5　図3は，中部地方の一部を示したものである。図3にはBより上流の信濃川（千曲川）の本流を示している。Bから河口までの信濃川（千曲川）の流路を，次の①～④のうちから1つ選び，該当する番号をマークしなさい。 32

①　か　②　き　③　く　④　け

問6　図3の①～⑦のうち，日本で2番目に高い白根山（北岳）の位置を示しているものを，1つ選びなさい。 33

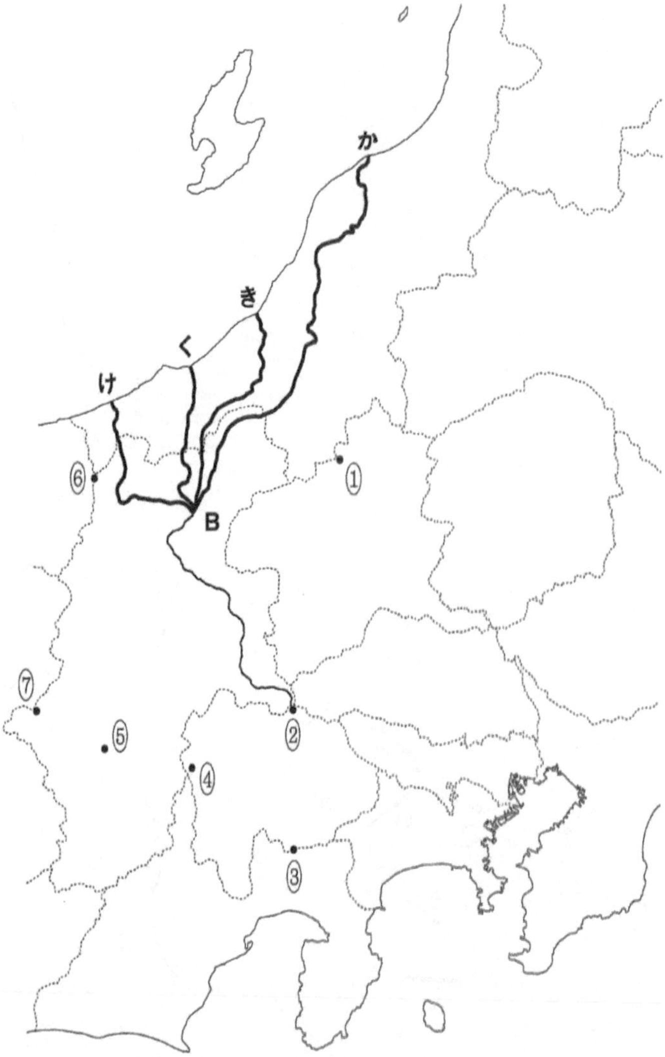

図3

問７　次の①～④は，本州の日本海側に見られる半島である。青森県から日本海に沿って山口県まで向かった時，これらの半島はどのような順で見られるか。見られる順にマークしなさい。

[34] → [35] → [36] → [37]

①　丹後半島　　②　能登半島　　③　島根半島　　④　男鹿半島

問８　**図４**は，南西諸島を示したものである。①～⑦のうち，一部が世界自然遺産に指定されている島を，１つ選びなさい。　[38]

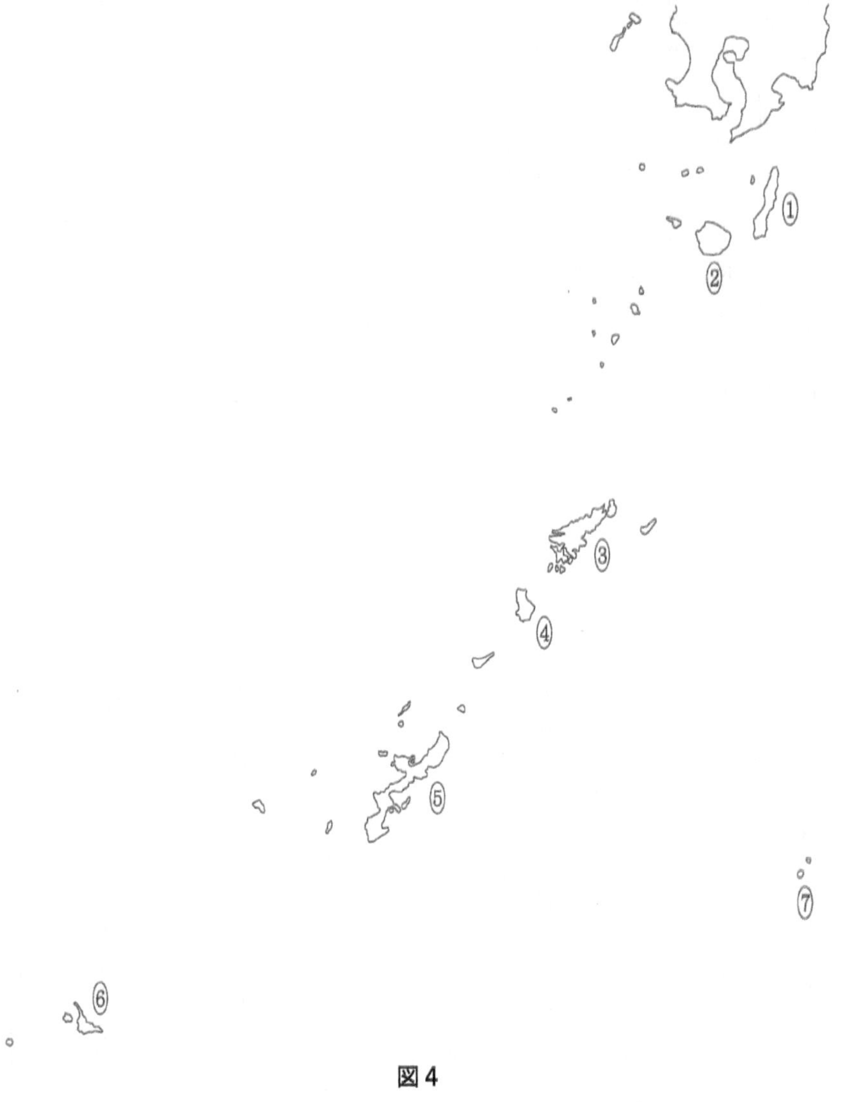

図４

敵討ちをしようとした行為。

⑤　姚牛が罪を犯した父親をかばうために、父親の代わりに犯人として捕らえられた行為。

〔問5〕　傍線部C「遂に他無きを得。」とは、どういうことか。最も適切なものを、次の①～⑤のうちから一つ選んでマークしなさい。 21

①　姚牛は何のおとがめも受けなかったということ。

②　州や郡以外の役所の判決は受けなかったということ。

③　姚牛は手痛い刑罰を受けたが、命だけは救われたということ。

④　審理を延長し恩赦を受ける以外の方策はなかったということ。

⑤　他の部署から姚牛の件に関する長官への指示はなかったということ。

〔問6〕　傍線部D「一公の杖を挙げ馬を撃つを見る。」とあるが、老人が「杖を挙げ馬を撃」った意図と、これを見て長官がどのように感じているかについて、最も適切なものを、次の①～⑤のうちから一つ選んでマークしなさい。 22

①　老人は馬を暴走させてその隙に鹿を助けようとしたが、長官は老人が猟の邪魔をしたことに腹立たしさを感じている。

②　老人は長官が落とし穴に落ちるのを助けようとしたが、長官は追い詰めた鹿を捕り逃がしたことに怒りを感じている。

③　老人は長官を落とし穴に落とそうとしたが、長官はそれに気づかずあくまでも鹿に逃げられたことを悔しく感じている。

④　老人は長官の馬を杖でせかして鹿を捕まえやすくしようとしたが、長官は大切な馬を傷つけられたことに怒りを感じている。

⑤　老人は馬が落とし穴に落ちるのを助けようとしたが、長官は大切な馬が落とし穴に落とされそうになったことに憤りを感じている。

〔問7〕　空欄 X に入る最も適切なものを、次の①～⑤のうちから一つ選んでマークしなさい。 23

①　恩を謝す　②　願いを述ぶ

③　恨みを晴らす　④　憎しみを捨つ

⑤　喜びを分かつ

〔問8〕　傍線部E「令身ら冥事に感じ」とあるが、ここでの「冥事（あの世のこと）」とはどういうことか。最も適切なものを、次の①～⑤のうちから一つ選んでマークしなさい。 24

①　長官を危険にさらしたのは、処刑された郷里の人の怨霊《おんりょう》であったということ。

②　落とし穴に長官を誘いこもうとしたのは、姚牛の父の怨霊であったということ。

③　落とし穴が消えたのは、姚牛の父が身につけた不思議な霊力であったということ。

④　長官を危ないところで救ってくれたのは、姚牛の亡くなった父であったということ。

⑤　長官が生き返ることができたのは、命を助けた姚牛の父のおかげであったということ。

問題の作成上、原文の一部を改変したところがある。

て避け、鹿に及ぶを得ず。令怒り、弓を引きて将にⓒ之を射《い》んとす。公曰《い》はく、「此《こ》の中《うち》に穽有り。君の堕《お》つるを恐るるのみ。」と。令曰はく、「汝何人《なんぢなんぴと》為《た》るか。」と。*翁跪《おきなひざまづ》きて曰はく、「*民は姚牛の父なり。君の牛を活《い》かすに感じ、故《ゆゑ》に来《きた》りて［X］。」と。因《よ》りて滅して見えず。E令身《みづか》ら冥事《めいじ》に感じ、官に在ること数年、多く民に恵《けい》す。

（『幽明録《ゆうめいろく》』による）

（注）*項県＝河南省の県の名。　*牛＝姚牛のこと。
*刀戟＝刀やほこなどの武器。　*報讐＝復讐すること。
*県署＝県の役所。　*吏＝役人。
*官長＝県の長官。　*推遷＝審理を延長すること。
*赦＝恩赦。天子の特別の情けによって罪を許すこと。
*州郡＝県を所管する上位の行政単位。
*論＝判決を下す。　*令＝「官長」と同一人物。
*深穽＝野獣を捕獲するために掘られた深い落とし穴。
*一公＝一人の老人。　*翁＝「一公」と同一人物。
*民＝ここでは「翁」の自称。わたくし。

〔問1〕　波線部「鹿を逐ひて草中に入る。」とあるが、これは「逐鹿入草中。」を書き下し文にしたものである。本文の読み方に従って、解答用紙の□の中に返り点を記しなさい。［記述］

〔問2〕　傍線部A「父郷人の殺す所と為る。」とは、どういうことか。最も適切なものを、次の①～⑤のうちから一つ選んでマークしなさい。［18］

① 父が同郷の人を殺した。
② 父の同郷の人が殺された。
③ 父が同郷の人に殺された。
④ 父が同郷の人に人殺しをさせた。
⑤ 父の同郷の人が姚牛を殺そうとした。

〔問3〕　二重傍線部ⓐ～ⓒの「之」は、それぞれ何を指すか。組み合わせとして正しいものを、次の①～⑤のうちから一つ選んでマークしなさい。［19］

① ［ⓐ 父　ⓑ 深い落とし穴　ⓒ 鹿］
② ［ⓐ 父　ⓑ 鹿がいる草むら　ⓒ 老人］
③ ［ⓐ 役人　ⓑ 深い落とし穴　ⓒ 馬］
④ ［ⓐ 同郷の人　ⓑ 鹿がいる草むら　ⓒ 馬］
⑤ ［ⓐ 同郷の人　ⓑ 深い落とし穴　ⓒ 老人］

〔問4〕　傍線部B「官長深く孝節なるを矜み」とあるが、官長は具体的にどのような行為を「孝節（親孝行）」だとしてあわれんだのか。最も適切なものを、次の①～⑤のうちから一つ選んでマークしなさい。［20］

① 姚牛が無実の父親を助けるために、自ら真犯人を斬りつけ役人に捕らえられた行為。
② 姚牛が父の公平な裁判をしてもらうために、不正をしている役人を斬りつけた行為。
③ 姚牛が同郷の人に申し訳なく思い、罪を犯した父親を正義のために殺そうとした行為。
④ 姚牛が十数歳にもかかわらず、衣服などを売ってまで親の

ようとしている。

④　婆さんの死因を思い出したことによって、自分も本当は病を抱えていたという事実に気づき、身体の不調を改めて実感するとともに、食事にすがることで健康だった頃の自分を取り戻そうとしている。

⑤　婆さんが死ぬまでの過程をはっきり思い出し、一度に年をとってしまったように感じるとともに、死の存在をも身近に感じて言葉にできない不安を感じたため、妙子さんに助けを求めようとしている。

〔問8〕　この小説の表現上の工夫を説明したものとして適切なものを、次の①～⑥のうちから二つ選んでマークしなさい。（解答の順序は問わない。）　15 ・ 16

①　波線部ⅰは、「わし」がふいに「婆さん」の着ている「浴衣」に気がつくという表現によって、「婆さん」の実在そのものに違和感を投げかけている。

②　波線部ⅱは、「笑顔のまま」であることを強調することにより、「婆さん」が本当は怒りや哀《かな》しみを心の奥に押し隠す人物であることを示唆《しさ》している。

③　波線部ⅲは、擬人法が用いられていることにより、桜が地面に舞い落ちるように、命もまたはかなく散ってしまうものであるという無常観を表している。

④　波線部ⅳは、倒置法が用いられていることで、春という季節の特殊性を強調し、春だからこそ様々な出会いや別れがあるのだという真理を提示している。

⑤　小説冒頭の「わしらは」が、波線部ⅴでは「わしは」に変化していることで、「婆さん」の死を受け止められない「わし」の気持ちが表現されている。

⑥　小説冒頭と波線部ⅵではほぼ同じ文が反復されており、食事をきっかけに過去の時間が蘇り、その中をもう一度生き直す「わし」の姿を浮かび上がらせている。

〔問9〕　太線部Ｘ「ごはんを食べるのに」に含まれている「の」と同じ用法のものを、次の①～⑤のうちから一つ選んでマークしなさい。　17

①　サイズの大きいほうをください。

②　仲が良すぎるというのも困ったものだ。

③　彼はいつも姉に対し素直になれないのだ。

④　花の都といえばパリが思い浮かぶだろう。

⑤　ほんの少しだけ前に踏み出す勇気が必要だ。

三　次の文章を読んで、後の問いに答えなさい。

＊項県《こうけん》の民姚牛《えうぎう》、年《とし》十余歳にして、A父郷人《きやうじん》の殺す所と為《な》る。＊牛常《かつ》て衣《い》物《ぶつ》を売りて＊刀戟《たうげき》を市《か》ひ、図りて＊報讐《ほうしう》せんと欲す。後に＊県署の前に在りて相遇《あ》ひ、手づからⓐ之《これ》を衆中に刃《き》る。＊吏《り》は捕へ得《う》るも、B＊官長深く＊孝節なるを矜《あはれ》み、為《ため》に其《そ》の事を＊推遷《すいせん》し、＊赦《しや》に会ひて免《まぬか》るるを得《う》。又《ま》た＊州郡の救ふことを＊論ずる為に、C遂《つひ》に他《た》無きを得。

＊令《れい》後に猟に出《い》づるに、鹿を逐《お》ひて草中に入《い》る。古き＊深穽《しんせい》数処有り、馬将《まさ》にⓑ之に趣《おもむ》かんとす。忽《たちま》ちD＊一公《いつこう》の杖《つゑ》を挙げ馬を撃つを見る。馬驚き

① 春の美しさを理解できない自分に代わって春の情景を愛《め》でる婆さんを見て、婆さんの心の美しさを羨ましく思うようになったから。

② 桜を見るのを楽しみにしていたが、桜よりも足元の雑草に春の美しさを見出《みいだ》す婆さんを見て、その感性の豊かさに思わず感動したから。

③ 雑草に興味を持つ婆さんに苛立《いらだ》ちを感じていたが、暖かな日差しの中で桜を見ているうちに、そんな苛立ちが些細《ささい》なことに感じられたから。

④ ぺんぺん草を愛《いと》おしそうに摘《つ》む婆さんを見て、婆さんは自分の気持ちをいつでも優しく受け止めてくれる存在なのだと改めて気づいたから。

⑤ 土手の桜を見るために散歩を始めたが、童心にかえったようにぺんぺん草を摘んで喜ぶ婆さんを見て、優しくあたたかな気持ちになったから。

〔問6〕 傍線部D「それよりお味、薄すぎませんでした」とあるが、このように言ったのはなぜか。その理由として最も適切なものを、次の①～⑤のうちから一つ選んでマークしなさい。 13

① まだ「婆さん」は死んでいないと頑《かたく》なに信じようとする義父を残念に思うとともに、あえて話題を変えることで「婆さん」のことを忘れさせるため。

② 「妙子さん」の手伝いを受け入れられず一人で家事をこなそうとする義父を可哀想《かわいそう》に思うとともに、食事に気を向かわせることで、義父を元気づけるため。

③ 記憶が混同している義父を心配に思うとともに、健康に気を遣う発言をすることで義父への思いやりを示し、辛い気持ちを乗り越えられるよう励ますため。

④ 「婆さん」がまだ生きていると思い込んでいる義父を気の毒に思うとともに、話題を変えることで義父を気遣い、自分の気持ちを悟られないようにするため。

⑤ あくまで「婆さん」の生前と同じように振舞おうとしている義父を哀れに感じるとともに、食事の話題を振ることで、自分が「婆さん」の代わりとなるため。

〔問7〕 傍線部E「夕飯にも、玉子焼きと手鞠麩のおつゆをつくってくれんかな」とあるが、このときの「わし」の心情として最も適切なものを、次の①～⑤のうちから一つ選んでマークしなさい。 14

① 婆さんの不在を思い出したことで、自身の老いという現実に急激に引き戻され心細くなったため、婆さんの存在を感じることのできる料理を食べることで心の隙間を埋めようとしている。

② 今まで婆さんの代わりに家事をこなす妙子さんの存在を無意識に拒否していたが、初めて婆さんの死に納得することができたため、これからは嫁に頼って生きていこうと思い始めている。

③ 一度は婆さんの不在を納得したものの、その事実を容易には受け止めることができなかったため、婆さんが生きていた頃と同じ食生活を送ることで再び記憶の混濁の中に身を沈め

ア　難儀して
① 混乱して
② 悲観して
③ 動揺して
④ 決意して
⑤ 苦労して

イ　きまりが悪くなる
① 不愉快になる
② 立場がなくなる
③ 素直でなくなる
④ 照れくさくなる
⑤ 我慢できなくなる

〔問2〕 傍線部A「伏せたまつ毛を三十年も四十年もの時間が滑っていくのが見えるのだ。」とあるが、ここで「わし」はどう感じているか。その説明として最も適切なものを、次の①～⑤のうちから一つ選んでマークしなさい。 9

① 息子のことだけでなく孫の思い出も蘇《よみがえ》り、過ぎ去ってしまった様々な出来事を懐かしく感じている。
② 記憶の間違いを正しても少しも気にしない婆さんに対し、自分の思いが伝わらないもどかしさを感じている。
③ 時の流れや人の変化に頓着することなく変わらずそこにいる婆さんを見て、その存在をありありと感じている。
④ 過去の思い出を全く気にしない婆さんを見て、遠くに行ってしまうのではないかとかすかに不安を感じている。
⑤ 昔のことを忘れてしまった婆さんを見ているうちに、自分も記憶の正しさに確証がもてなくなったと感じている。

〔問3〕 空欄 Ⅰ ・ Ⅱ に入る語句の組み合わせとして最も適切なものを、次の①～⑤のうちから一つ選んでマークしなさい。 10

① 〔Ⅰ からから　Ⅱ けたけた〕
② 〔Ⅰ ぽかぽか　Ⅱ わなわな〕
③ 〔Ⅰ ぬくぬく　Ⅱ こそこそ〕
④ 〔Ⅰ うらうら　Ⅱ くつくつ〕
⑤ 〔Ⅰ さんさん　Ⅱ にたにた〕

〔問4〕 傍線部B「少し乱暴にわしは言った。」とあるが、なぜか。その理由として最も適切なものを、次の①～⑤のうちから一つ選んで、マークしなさい。 11

① 婆さんが自分の記憶違いを愉快に感じていたため、わざとおどけてみせることで一層笑わせようとしたから。
② 婆さんに記憶の曖昧さを指摘されて気恥ずかしくなるとともに、その恥ずかしさを何とか紛らせたかったから。
③ 記憶の間違いを指摘してくる婆さんを大きな声を出すことで威嚇《いかく》し、間違いをなかったことにしようとしたから。
④ ちょっとした失敗をあからさまに笑う婆さんを見て腹立たしくなり、話を遮ることで困らせてみたくなったから。
⑤ いつも食後に散歩することばかりを考えていると婆さんに指摘されて、思わず自分で自分が情けなくなったから。

〔問5〕 傍線部C「どうもそうは言えんかった。」とあるが、なぜか。その理由として最も適切なものを、次の①～⑤のうちから一つ選んでマークしなさい。 12

「空気がいい匂いですねえ」

婆さんはうっとりと言う。

iv「いいですねえ、春は」

わしは無言で歩き続けた。昔から、感嘆の言葉は婆さんの方が得手なのだ。婆さんにまかせておけば、わしの気持ちまでちゃんと代弁してくれる。

足音がやんだので横を見ると、婆さんはしゃがみこんでぺんぺん草をつんでいた。

「行くぞ」

桜がこんなに咲いているのだから、雑草など放っておけばいいものを、と思ったが、ぺんぺん草の葉をむいて、嬉《うれ》しそうに揺らしながら歩いている婆さんを見たら、Cどうもそうは言えんかった。背中に、日ざしがあたたかい。

散歩から戻ると、妙子《たえこ》さんが*卓袱台《ちゃぶだい》を拭いていた。

「お帰りなさい。いかがでした、お散歩は」

妙子さんは次男の嫁で、電車で二駅のところに住んでいる。

「いや、すまないね、すっかりかたづけさしちゃって。いいんだよ、今これがやるから」

ひょいと顎で婆さんを促そうとすると、そこには誰もいなかった。

妙子さんはほんの束《つか》の間同情的な顔になり、それからことさらにあかるい声で、

D「それよりお味、薄すぎませんでした」

と訊く。

「ああ、あれは妙子さんが作ってくれたのか。わしはまたてっきり婆さんが作ったのかと思ったよ」

頭が少しぼんやりし、急に疲労を感じて濡れ縁に腰をおろした。

「婆さんはどこかな」

声にだして言いながら、わしはふいにくっきり思いだす。あれはもう死んだのだ。去年の夏、カゼをこじらせて死んだのだ。

「妙子さん」

わしは呼びかけ、その声の弱々しさに自分で驚いた。なんですか、と次男の嫁はやさしくこたえる。

E「夕飯にも、玉子焼きと手鞠麩のおつゆをつくってくれんかな」

いいですよ、と言って、次男の嫁はあかるく笑った。

vわしは最近、ごはんを食べるのに二時間もかかりよる。いれ歯のせいではない。vi食べることと生きることとの、区別がようつかんようになったのだ。

（江國香織《えくにかおり》「晴れた空の下で」による）

（注）＊手毬麩＝色のついた小さな麩で、吸い物などに用いられる。
＊濡れ縁＝雨戸の敷居《しきい》の外側に作り、雨に濡れるにまかせてある縁側。
＊卓袱台＝四本の短い足のついた食事用の台。

〔問1〕二重傍線部ア「難儀して」、イ「きまりが悪くなる」の本文中の意味として最も適切なものを、次の①～⑤のうちからそれぞれ一つずつ選んでマークしなさい。ア 7 ・イ 8

「そうだったかな」

　わしはぽっくりと黄色い玉子焼きをもう一つ口に入れ、そうだったかもしらん、と思う。そして、ふと箸を置いた瞬間に、その二十年間をもう一度生きてしまったりする。

　婆さんは婆さんで、たとえば今も鯵《あじ》をつつきながら、辰夫《たつお》は来年こそ無事大学に入れるといいですね、などと言う。

「ちがうよ。そりゃ辰夫じゃない」

　鯵が好物の辰夫はわしらの息子で、この春試験に失敗したのはわしらの孫、辰夫の息子なのだった。説明すると、婆さんは少しも驚いた顔をせず、そうそう、そうでしたね、と言って微笑する。まるで、そんなのどちらでも同じことだというように。すると、白い御飯をゆっくりゆっくり噛《か》んでいる婆さんの、A伏せたまつ毛を三十年も四十年もの時間が滑っていくのが見えるのだ。

「どうしたんです、ぼんやりして」

　御飯から顔をあげて婆さんが言う。

「おつゆがさめますよ」

　わしはうなずいてお椀《わん》を啜《すす》った。小さな＊手鞠麩《てまりふ》が、唇にやわらかい。

　昔、婆さんも、手鞠麩のようにやわらかい娘だった。手鞠麩のようにやわらかくて、玉子焼きのようにやさしい味がした。

　うふふ、と恥ずかしそうに婆さんが笑うので、わしは心の中を見透かされたようでイできまりが悪くなる。

「なぜ笑う」

　ぶっきらぼうに訊《き》くと、婆さんは首を少し傾けて、お爺さんだって昔こんな風でしたよ、と言いながら、箸で浅漬けのきゅうりをつまむ。婆さんはこの頃、わしが口にださんことまでみんな見抜きよる。

　iふいに、わしは妙なことに気がついた。婆さんが浴衣《ゆかた》を着ているのだ。白地に桔梗《ききょう》を染めぬいた、いかにも涼し気なやつだ。

「お前、いくら何でも浴衣は早くないか」

　わたしが言うと婆さんは穏やかに首をふり、目を細めて＊濡《ぬ》れ縁《えん》づたいに庭を見た。

「こんなにいいお天気ですから大丈夫ですよ」

　たしかに、庭はⅠとあたたかそうだった。

「飯がすんだら散歩にでもいくか」土手の桜がちょうど見頃じゃろう。

　婆さんは、ころころと嬉《うれ》しそうに声をたてて笑う。

「きのうもおとついもそう仰有《おっしゃ》って、きのうもおとついもでかけましたよ」

　ふむ。そう言われればそんな気もして、わしは黙った。そうか、きのうもおといも散歩をしたか。婆さんは、まだⅡ笑っている。

「いいじゃないか」

　B少し乱暴にわしは言った。

「きのうもおといも散歩をして、きょうもまた散歩をしてどこが悪い」

　はいはい、と言いながら、ii婆さんは笑顔のままでお茶をいれる。ほとほとと、快い音をたてて熱い緑茶が湯呑《ゆの》みにおちる。

「そんなに笑うと皺《しわ》がふえるぞ」

　わしは言い、浅漬けのきゅうりをぱりぱりと食った。

　土手は桜が満開で、散歩の人出も多く、ベンチはどれもふさがっていた。子供やら犬やらでにぎやかな道を、わしらはならんでゆっくり歩く。風がふくと、iii花びらがたくさんこぼれおち、風景がこまかく白い模様になった。

② スウェーデン語話者がフィンランド国民の6％弱であるというデータを示すことで、「4割」という事故率の差が社会学的に見て意味を持つ差異であることを示す役割。

③ スウェーデン国内の労働環境がフィンランド国内におけるそれよりも先進的であることが、事故率の低さをもたらしているのではないかという可能性を排除する役割。

④ スウェーデン語話者が言葉を話さない局面では多数派のフィン語話者と区別がつかないことから、両者はそもそも民族的に共通性が高いということを示す役割。

⑤ フィンランドに暮らすスウェーデン語話者は生活習慣を含め独自の文化を持っており、そのために事故率が低くなっているのではないかという可能性を排除する役割。

〔問7〕 傍線部E「異国語の要素は一国の言語文化をより香り高い豊穣なものにするだろう。」と考えられるのはなぜか。その理由にあたる三十五字以内の一文を本文から書き抜いて答えなさい。（句読点や記号も字数に含む。） 記述

〔問8〕 本文の内容と合致しているものを、次の①～⑤のうちから一つ選んでマークしなさい。 6

① ルーシー博士が行なったマヤ語話者と英語話者の比較実験によって、物体をどのように認知するかは民族によって大きく異なり、それが言語構造の違いを生み出すということが科学的に証明された。

② 言語の構造が人間の認知に影響を及ぼすかどうかについて、言語学者の間で長く論争されてきたが、二十世紀初頭には政治の世界にまで波及して民族間の深刻な対立を引き起こした。

③ 西暦2000年にフィンランド職業健康研究所でフィンランドとスウェーデンにおける労災事故の比較研究が行なわれ、スウェーデンの方が4割ほど事故率が低いことが分かった。

④ 高等教育において初等教育で身につけるものとは別の言語体系と言えるほど異なる言語に接することで、新たな認知能力を獲得することができ、そこに高等教育の意義の大部分があると思われる。

⑤ 情報化社会において蓄積された巨大データは、社会の効率化をはかり人々の生活を向上させるために使われるべきであって、個人の自由な行動を規制するために用いられてはならない。

二 次の文章を読んで、後の問いに答えなさい。

わしらは最近、X ごはんを食べるのに二時間もかかりよる。いれ歯のせいではない。食べることと生きることとの、区別がようつかんようになったのだ。

たとえばこうして婆《ばあ》さんが玉子焼きを作る。わしはそれを食べて、昔よく花見に行ったことを思いだす。そういえば今年はうちの桜がまだ咲いとらんな、と思いながら庭を見ると、婆さんはかすかに微笑《ほほえ》んで、あの木はとっくに切ったじゃないですか、と言う。二十年も前に、毛虫がついて ア 難儀して、お爺《じい》さん御自身でお切りになったじゃないですか。

他者と共有することができず、「リンゴ」という言葉なしでリンゴのイメージを周りへ伝えるのは難しいことだと分かるから。

⑤ 知らない言語が話されている異国の街では、リンゴという果物を手に入れたくても「リンゴ」という言葉はまったく役に立たず、周りの人々と言葉が通じないことの不便さが分かるから。

〔問3〕 傍線部B「助数詞のおかげでマヤ語では、ものを指す名詞が『形』の拘束から解放される。」とはどういうことか。その説明として最も適切なものを、次の①～⑤のうちから一つ選んでマークしなさい。 2

① マヤ語では、助数詞がものの種類を区別するため、名詞は一つひとつの形状ではなく素材ごとのカテゴリーを表しているということ。

② マヤ語では、助数詞が形の情報を含んでいるため、名詞はものの形状よりも物質としてのもの自体を指し示す役割を担うということ。

③ マヤ語では、助数詞が形を伝える働きをもっているため、名詞は助数詞を伴うことではじめてものの形状を示すことができるということ。

④ マヤ語では、ものの種類に応じて助数詞が変化するため、名詞は種類ごとの形を示す必要はなく素材としてのあり方を表現するということ。

⑤ マヤ語では、助数詞の概念があるために人々がものの形状へ意識を向ける必要がなく、世界をひとつながりのものとして認識しているということ。

〔問4〕 空欄 X を補う語句として最も適切なものを、次の①～⑤のうちから一つ選んでマークしなさい。 3

① まだ名詞を使いこなせない

② まだ助数詞を正しく使えない

③ まだものを正確に数えられない

④ まだ言語の構造を理解できない

⑤ まだ名詞が形を含意することを認識できない

〔問5〕 傍線部C「言語と認知をめぐる研究は、今や『実用的』な段階に来ている。」とあるが、「言語と認知をめぐる研究」はどのような「実用的」可能性を持つと筆者は考えているか。「～という可能性。」につながるように、傍線部Cより後の本文から三十五字の部分を書き抜いて答えなさい。（句読点や記号も字数に含む。） 記述

〔問6〕 傍線部D「フィンランドにおける労災事故の、フィン語話者とスウェーデン語話者の比較が行なわれた。」とあるが、この研究が述べられる本文において、波線部「この結果は～不可能だという。」の部分はどのような役割を果たしているか。その説明として適切なものを、次の①～⑤のうちから二つ選んでマークしなさい。（解答の順序は問わない。） 4 ・ 5

① スウェーデン語話者とフィン語話者とでは社会的地位や勤務先にそもそも格差があり、それが事故率の違いにつながるのではないかという可能性を排除する役割。

言語習得による新たな認知能力の獲得は、別に外国語に限らない。同一言語であっても、初等教育で身につけるものと高等教育で接するものとは、別の言語体系といえるほど異なっている。高等教育のメリットの大部分は、おそらくはそこに由来しており、個々の学科での新知識の獲得ではないのだろう。言語心理学界の最近の研究の一つの焦点は、異なった社会階層における言語の違いと、認知機能の違いとの関係である。

言語と認知の関係の研究はいまだ発展途上にある。言語を含む人間活動の巨大電子データの蓄積とともに、それはより精密になっていくだろう。そして社会の安全性や利便性の向上に使われ、また知能犯罪や意識の操作に使われるだろう。オーウェルの*「ニュースピーク」風に自由の抑圧に用いられるかもしれない。

存在と意識を直接につなぐ社会的媒体である「言葉」に秘められた力は、いまだ汲み尽くされていない。

いずれにせよ今後、その力のさらなる開示を、われわれが目にするだろうことは間違いない。

（全卓樹《ぜんたくじゅ》『銀河の片隅で科学夜話』による）

（注）*恣意的＝気ままで自分勝手なさま。

*イヌイット＝カナダ北部などの氷雪地帯に住む民族。

*神聖文字＝中米で栄えた古代マヤ文明において、古典マヤ語を表記するのに用いられていた文字。

*「サピア＝ウォーフ仮説」＝サピア（1884－1939）とウォーフ（1897－1941）が提唱した「言語が人間の認識をかたちづくる」とする考え。

*全体主義＝個人の権利や自由な活動を認めず国家全体の利益を優先すべきだとする思想、政治体制。

*ディープラーニング＝機械学習において、コンピューター自らによる正確で効率的な判断を実現する技術や手法。

*メンタル・モデル＝個人が心の中に描き出した外界や自分の行動のイメージ。

*「ニュースピーク」＝小説『一九八四年』に出てくる、全体主義国家が国民の思考を統制するために作った新言語。

〔問1〕二重傍線部ⓐ～ⓔのカタカナを漢字に書き改めなさい。（一点一画を正確に書くこと。）**記述**

〔問2〕傍線部A「それを実感するには飛行機で旅立つのがよい。」のはなぜか。その理由として最も適切なものを、次の①～⑤のうちから一つ選んでマークしなさい。**1**

① 日本語が通用しない海外に行けば、日本語とは異なる言語体系でさまざまな事物を認識している人々には、自分とは違った世界が見えているのだということが分かるから。

② 言語が異なる海外の街では、「リンゴ」という文字や音列は意味のない模様や音声に過ぎず、リンゴというイメージを喚起する力がある日本語のかけがえのなさが分かるから。

③ 言語が異なる場所へ行けば、言葉とそれが指し示す事物とは必然的なつながりがなく、リンゴは日本語の体系においてたまたま「リンゴ」と呼ばれているに過ぎないことが分かるから。

④ 言葉が通じない場所では、リンゴという果物のイメージを

言語の構造が、物体の認知に影響を及ぼしていることが、この実験ではじめて明確に証明された。

面白いことに、この実験を7歳以下の子供で行なうと、アメリカ人にもマヤ人にも差が出ない。どちらでも形を優先して「プラスティックの小箱」が選ばれたのだ。マヤ人の子供が7歳以下では［X］事実と、これはぴったり符合する。

言語の構造が人の認知に直接的影響をもつとの指摘は「サピア＝ウォーフ仮説*」として知られ、言語学界ではこれをめぐる長い論争の歴史があった。20世紀初頭の全体主義*の興隆とも絡んで論争は政治的な色彩を帯び、長らくこの問題は学派間の分断の一因となってきた。しかしその種の原理的論争は今では影を潜め、実証的研究に基づいた「言語学的相対論」、すなわち認知のⓒコンカン構造は生得的で共通だが、異言語による認知の差異はたしかに存在するとの説が、大方の言語学者の認めるところとなっている。脳科学やディープラーニング*など関連分野のⓓシンテンもあって、C言語と認知をめぐる研究は、今や『実用的』な段階に来ている。

世紀の替わり目の西暦2000年、ヘルシンキにあるフィンランド職業健康研究所で、Dフィンランドにおける労災事故の、フィン語話者とスウェーデン語話者の比較が行なわれた。ハイテク世界企業のノキアから家族経営の林業水運業まで、総計5万件の労災データが用いられた。シモ・サルミネン博士とアンテロ・ヨハンソン博士が発見したのは、スウェーデン語話者の事故率が、フィン語話者に比べて4割ほど低いという事実である。この結果は企業の規模や業種にほとんど依《よ》らなかった。ちなみにフィンランドの労働環境は先進的で、フィン語話者の労災事故率自体、欧州平均に比べて低い。

フィンランド国民の6％弱を占める少数派のスウェーデン語話者は、6世紀以上前からの居住者である。彼らは文化的にも経済的にも、そして生活習慣の上でも、多数派フィン語話者と完全に統合されている。言葉を話さない局面で両者の区別を行なうのは、フィンランド人自身にとってもほぼ不可能だという。

他のあらゆる要因が考察の上排除され、サルミネン、ヨハンソン両博士がたどり着いたのは、事故率の違いは言語による認知の違いに帰す以外にない、という結論であった。

フィン語は他の欧州の言葉とは全く別ⓔケイトウで、事象の関係は名詞の格変化によって示される。たくさんの事象があるとき、それらの間の時間順序が曖昧になる傾向がある。対してインド・ヨーロッパ語族のスウェーデン語では、前置詞後置詞を駆使することで、日常会話でも事象の時間関係は常に明確である。危険を伴う複雑な作業を順次行なう場合、フィン語話者に比して、スウェーデン語話者のほうが、より時間順序の明確なメンタル・モデル*を構築できて、労働安全上優位性があると考えられるのである。

異なった言語を知ることは、異なった世界の見え方を会得することである。すべての日本語話者が、最も日本語から遠い言語の一つである英語を、義務教育で教わるのは決して悪いことではない。読者諸氏が学校や受験で英語学習に費やした労苦や悔しさ、そして涙は、たとえ英語の熟達した話者となれなかったとしても、決して無駄ではない。ちょうど異国の料理の導入で食文化が豊かになるように、E異国語の要素は一国の言語文化をより香り高い豊穣《ほうじょう》なものにするだろう。

【国　語】〈五〇分〉〈満点：一〇〇点〉

一　次の文章を読んで、後の問いに答えなさい。

「リンゴ」という言葉なしでリンゴを思い浮かべることができるだろうか。おそらくは無理だろう。あの独特の芳香を放つ甘い果物は、言葉で限定されてはじめて、ミカンでもないカキでもない何かとして、われわれの心の中に存在する。ところが奇妙なことに、この言葉はわれわれの内に最初からあったのではなく、外から心に注入された*恣意的《しいてき》な記号である。リンゴという文字やそれを読み上げた音列と、リンゴの存在自体とを結びつけているのは、社会的な約束事のみである。

A それを実感するには飛行機で旅立つのがよい。異国の見知らぬ街に降り立って、店先でいくらリンゴと叫んでも、望みの果物は決して得られない。

言葉という社会的約束事を通さずには、事物の存在の認知すら覚束《おぼつか》なくなるのである。だとすれば異国語の話者には、世界がわれわれとは違って見えているのではないか。白色に相当する何十もの言葉をもつ*イヌイットたちには、単色の北極圏世界がずっと多彩に感じられるのだろうか。

誰しも一度は思いを馳《は》せただろう言葉と認知をめぐるこのような疑問に、最初の明確な科学的解答を与えたのが、シカゴ大学の言語心理学者のジョーン・ルーシー博士である。ルーシー博士の本来のⓐセンモンはマヤ語であった。*神聖文字に覆《おお》われた謎の古代都市を、メキシコの緑濃いジャングルに残した人々の言葉である。古代マヤ文明の流れを汲《く》む現代のマヤ人は、今もユカタン半島で７００万人ほどがマヤ語を用いて生活している。

マヤ語には「助数詞」の概念があって、ものを数えるとき、ものの種《しゅ》に応じ変化する語句を数字の後に加える。日本語で言えば、動物一匹二匹、電話一台二台と言うときの「匹」や「台」が助数詞である。ところが英語には「助数詞」に相当するものが存在しない。

「ろうそく」のマヤ語は「キブ」であるが、「ろうそく１本」は「ウン・チュト・キブ」となる。「ウン」が「１」、「チュト」が「本」である。

B 助数詞のおかげでマヤ語では、ものを指す名詞が「形」の拘束から解放される。固まって棒状でも溶けて板状でもろうそくは「キブ」であり、助数詞「チュト」を伴ってはじめて棒状とⓑメイジされるわけである。

対して助数詞を欠く英語では、多くの場合、ものを表す名詞自体が形の情報を含んでいる。ろうそく１本は「ア・キャンドル」であるが、「キャンドル」という名詞に棒状の形が含意されているのである。

西暦１９９２年、ルーシー博士は次のような実験を行《おこ》なった。被験者はまず手に乗るほどの大きさの「厚紙の小箱」を見せられる。ついで同じくらいの大きさの「プラスティックの小箱」と、「平たい厚紙」を見せられて、最初のものと似たほうを選べと告げられる。アメリカ人の被験者はほぼ常にプラスティックの箱を選び、マヤ人はかなりの割合で平たい厚紙を選んだ。

これは最初に見たものを、英語話者は形で判断して「小箱」と認識し、マヤ語話者は素材で判断して「厚紙」と認識したからだ、と考えることができる。名詞が形の情報を含む英語、含まないマヤ語という

MEMO

大切なことはメモしておこうネ！

2021年度

解　答　と　解　説

《2021年度の配点は解答欄に掲載してあります。》

＜数学解答＞

1　〔1〕　$10+6\sqrt{3}$　〔2〕　$a=41$　$b=\frac{10}{7}$　〔3〕　$\frac{5}{12}$　〔4〕　7通り

2　〔1〕　$\frac{5}{2}$　〔2〕　$\frac{17}{4}$　〔3〕　$\frac{18}{5}$

3　〔1〕　45°　〔2〕　(a)　1　(i)　エ　(ii)　オ　〔3〕　$\frac{1}{16}\pi+\frac{1}{8}$

4　〔1〕　$y=\frac{\sqrt{3}}{3}x+1$　〔2〕　$E\left(\frac{2\sqrt{3}}{3}, -1\right)$　〔3〕　CH：DI＝1：9

5　〔1〕　$\frac{14}{5}$cm　〔2〕　$\frac{36}{13}$cm　〔3〕　$T=\frac{25}{6}S$

○配点○

1　各6点×4　2　〔3〕　7点　他　各6点×2　3　〔3〕　7点　他　各6点×2(〔2〕完答)

4　〔3〕　7点　他　各6点×2　5　〔3〕　7点　他　各6点×2　計100点

＜数学解説＞

1　(小問群ー平方根の計算，連立方程式，確率，平均値と中央値1)

〔1〕　$(\sqrt{2^2}+\sqrt{3}-\sqrt{2}+\sqrt{1^2})\{\sqrt{(-2)^2}+\sqrt{3}+\sqrt{2}+\sqrt{(-1)^2}\}=(\sqrt{4}+\sqrt{3}-\sqrt{2}+\sqrt{1})(\sqrt{4}+\sqrt{3}+\sqrt{2}+\sqrt{1})=(3+\sqrt{3}-\sqrt{2})(3+\sqrt{3}+\sqrt{2})=(3+\sqrt{3})^2-(\sqrt{2})^2=9+6\sqrt{3}+3-2=10+6\sqrt{3}$

〔2〕　$x=3$，$y=b$を$2ax-7y=236$，$x+2y=\frac{a}{7}$に代入すると，$6a-7b=236$…①　$3+2b=\frac{a}{7}$　$21+14b=a$　$a-14b=21$…②　①×2−②から，$11a=451$　$a=41$　②に代入して，$41-14b=21$　$-14b=-20$　$b=\frac{10}{7}$

基本　〔3〕　大小2個のさいころの目の出方は，大の6通りのそれぞれに対して小に6通りずつの出方があるから，6×6＝36(通り)　出た目の積が4の倍数となるのは，大の目の1，3，5に対して小の目の4で3通り。大の目の2，6に対して小の目の2，4，6の2×3＝6(通り)。大の目の4に対しては小の目は1～6までの6通り。よって，15通りあるから，その確率は，$\frac{15}{36}=\frac{5}{12}$

〔4〕　8人の生徒とAさんの得点を高い順に並べると，50，42，37，31，26，25，23，11，9
生徒が10人なので，中央値は高い方から5番目と6番目の平均点である。AさんとBさんが5番目と6番目になるときに，二人の得点の平均値が10人の得点の中央値と一致する。よって，Bさんの得点として，25，26，27，28，29，30，31の7通り考えられる。

2　(点の移動ー三平方の定理，面積，直線の傾き，平行線と線分の比)

〔1〕　$0<t<3$のとき，点PはOA上にあり，$OP=2t$，点RはOC上にあり，$OR=t$，$CR=2-t$　四角形ABRP＝(台形OABC)−△ROP−△BRC＝$\frac{1}{2}\times(2+6)\times3-\frac{1}{2}\times2t\times t-\frac{1}{2}\times(3-t)\times2=12-t^2-3+t=-t^2+t+9$　これが$\frac{21}{4}$に等しいとき，

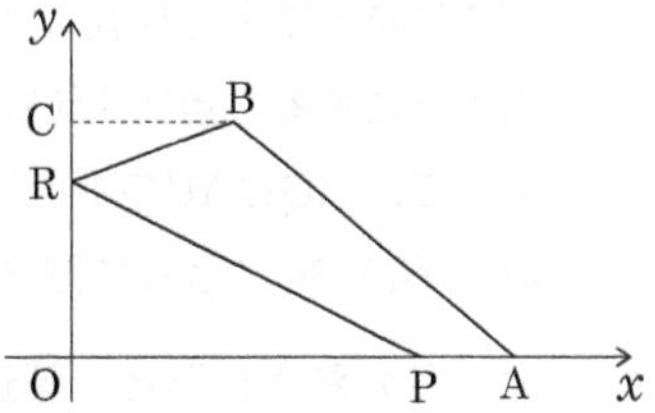

$-t^2+t+9=\frac{21}{4}$　$4t^2-4t-15=0$　$(2t)^2-2\times2t-15=0$　$(2t-5)(2t+3)=0$
$0<t<3$なので，$t=\frac{5}{2}$

重要　〔2〕 $3<t<\frac{11}{2}$のとき，点P，Qは右図で示すような位置にあり，$AP=AQ=2t-6$　点Bからx軸に垂線BHを引いて△ABHで三平方の定理を用いると，$AB=\sqrt{AH^2+BH^2}=\sqrt{(6-2)^2+3^2}=5$　Qからx軸に垂線QIを引くと，QI：BH＝AQ：AB
$QI:3=(2t-6):5$　$QI=\frac{3}{5}(2t-6)$△$PQA=\frac{1}{2}\times AP\times QI=\frac{3}{10}(2t-6)^2$　これが$\frac{15}{8}$になるとき，$\frac{3}{10}(2t-6)^2=\frac{15}{8}$　$(2t-6)^2=\frac{25}{4}$　$2t-6=\pm\frac{5}{2}$
$2t=6-\frac{5}{2}$，$6+\frac{5}{2}=\frac{7}{2}$，$\frac{17}{2}$　$3<t<\frac{11}{2}$なので，$t=\frac{17}{4}$

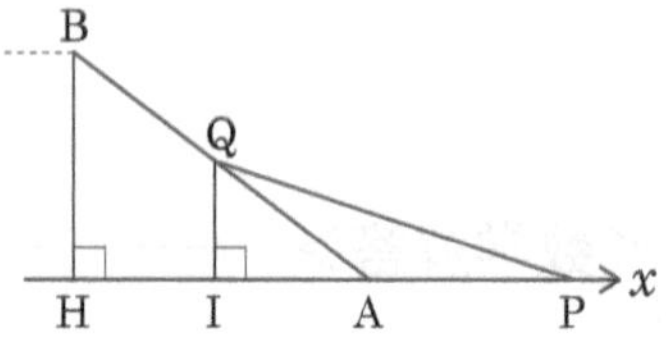

やや難　〔3〕 $3<t<\frac{11}{2}$のとき，点Rは点Cから点Oに向かって動いていて，$RO=3\times2-t=6-t$　3点P，Q，Rが1つの直線上にあるとき，QI：RO＝PI：PO　ところで，QI：BH＝AQ：AB　$QI=\frac{3}{5}(2t-6)$　また，AI：AH＝AQ：AB
$AI:4=(2t-6):5$　$AI=\frac{4}{5}(2t-6)$　よって，$PI=(2t-6)+\frac{4}{5}(2t-6)=\frac{9}{5}(2t-6)$　よって，$\frac{3}{5}(2t-6):(6-t)=\frac{9}{5}(2t-6):2t$　$\frac{3}{5}(2t-6)\times2t=(6-t)\times\frac{9}{5}(2t-6)$　両辺を5倍して$(2t-6)$で割ると，$6t=9(6-t)$　$2t=3(6-t)$
$5t=18$　$t=\frac{18}{5}$

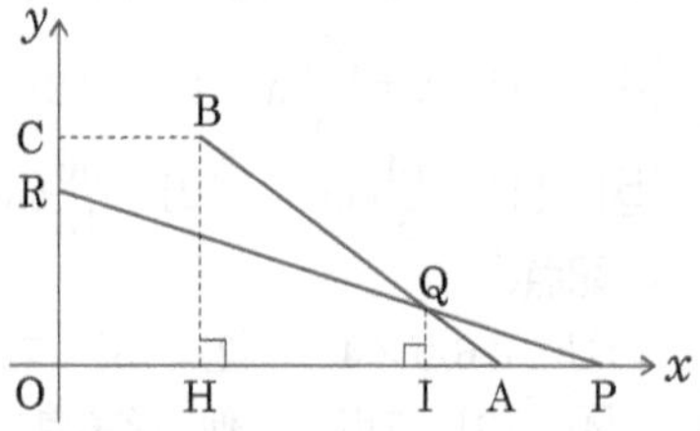

+α 3 （平面図形－相似，角度，証明，円の性質，面積）

重要　〔1〕 点Pが点Aの位置にあるとき，$CP=\sqrt{2}$　よって，$CP\times CQ=1$のとき，$CQ=\frac{1}{CP}=\frac{1}{\sqrt{2}}$　△BPCと△QBCにおいて，PC：BC＝$\sqrt{2}:1$…①　$CB:CQ=1:\frac{1}{\sqrt{2}}=\sqrt{2}:1$…②　∠BCP＝∠QCB…③　①，②，③から，2組の辺の比が等しく，その間の角が等しいから，△BPC∽△QBC　よって，∠BPC＝∠QBCなので，∠QBC＝45°

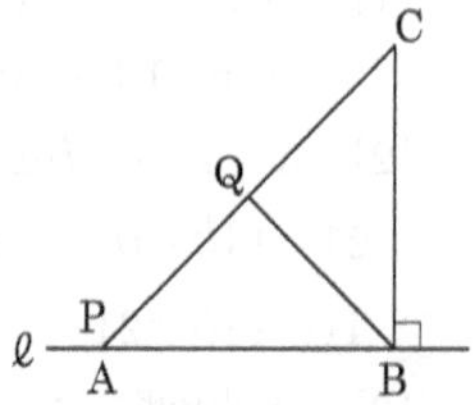

〔2〕 △PCBと△BCQにおいて，∠Cは共通…①　CP×CQ＝1だから，$PC=\frac{1}{CQ}$　よって，$PC:BC=\frac{1}{CQ}:1$　PC：BC＝1：CQ
$CQ=\frac{1}{CP}$を代入すると，$PC:BC=1:\frac{1}{CP}$　CB＝1だから，PC：BC＝CB：CQ…②　①，②から，2組の辺の比とその間の角がそれぞれ等しいので，△PCB∽△BCQ　したがって，(a)…1，(i)…エ，(ii)…オ

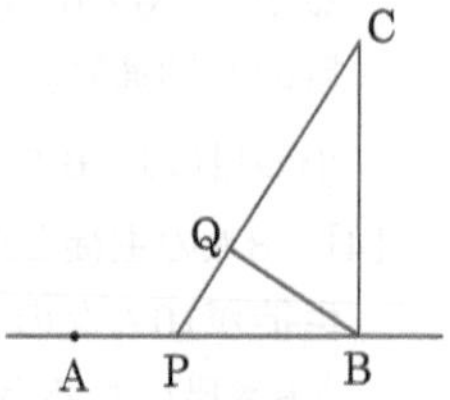

〔3〕 △PCB∽△BCQなので，∠BQC＝∠PBC＝90°　点PがAB上のどこにあっても∠BQCは直角となるので，点QはABを直径とする円の円周上にある。点Pが点Aの位置にあるとき，$CQ=\frac{1}{CP}=\frac{1}{\sqrt{2}}=\frac{\sqrt{2}}{2}$
よって，点QはACの中点にあるから，点Qが動いてできた線と線分AC，線分BCによって囲まれる図形は，右図で示す半径$\frac{1}{2}$の円の$\frac{1}{4}$の大きさのおうぎ形と，等辺が2の直角二等辺三角形を合わせた図形となる。その面積は，$\frac{1}{4}\times$

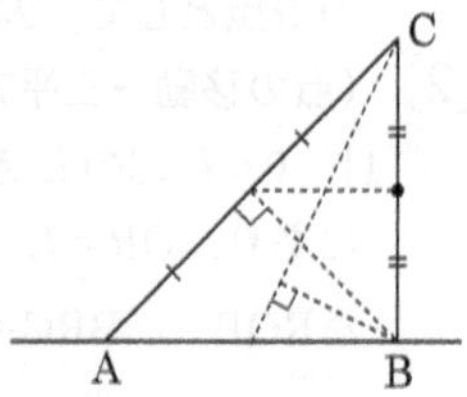

$\left(\frac{1}{2}\times\frac{1}{2}\times\pi\right)+\frac{1}{2}\times\frac{1}{2}\times\frac{1}{2}=\frac{1}{16}\pi+\frac{1}{8}$

4 **(関数・グラフと図形－座標，面積，2次方程式)**

重要 〔1〕 点Cのy座標は，$y=\frac{1}{4}x^2$に$x=-\frac{2\sqrt{3}}{3}$を代入して，$y=\frac{1}{4}\times\left(-\frac{2\sqrt{3}}{3}\right)^2=\frac{1}{3}$　点Dのy座標は，$y=\frac{1}{4}x^2$に$x=2\sqrt{3}$を代入して，$y=\frac{1}{4}\times(2\sqrt{3})^2=3$　(yの増加量)÷(xの増加量)$=\left(3-\frac{1}{3}\right)\div\left\{2\sqrt{3}-\left(-\frac{2\sqrt{3}}{3}\right)\right\}=\frac{8}{3}\div\frac{8\sqrt{3}}{3}=\frac{1}{\sqrt{3}}$　$y=\frac{1}{\sqrt{3}}x+b$とおき，$x=-\frac{2\sqrt{3}}{3}$，$y=\frac{1}{3}$を代入すると，$\frac{1}{3}=\frac{1}{\sqrt{3}}\times\left(-\frac{2\sqrt{3}}{3}\right)+b$　$b=1$　直線CDの式は，$y=\frac{1}{\sqrt{3}}x+1=\frac{\sqrt{3}}{3}x+1$

やや難 〔2〕 点Cを通るx軸に平行な直線を引き，BDとの交点をPとすると，CP：DP$=\frac{8\sqrt{3}}{3}:\frac{8}{3}=\sqrt{3}:1$　直角をはさむ辺の比が$\sqrt{3}:1$なので，△CDPは内角の大きさが30°，60°，90°の直角三角形である。∠ACD＝120°，∠ECD＝60°，∠CDE＝30°となるので，△DCEも内角の大きさが30°，60°，90°の直角三角形である。CDの中点をMとすると，直角三角形の斜辺の中点は3つの頂点から等距離にあるので，CM＝EM　∠CME＝∠MDE＋∠MHD＝60°　よって，△CMEは正三角形となる。また，∠DCP＝∠ECP＝30°だから，CPは二等辺三角形の頂角の二等分線であり，底辺を垂直に二等分するので，CPとBNの交点をNとすると，MN＝EN，CP⊥ME　CDの中点Mのx座標は，$\left(-\frac{2\sqrt{3}}{3}+2\sqrt{3}\right)\div2=\frac{2\sqrt{3}}{3}$　y座標は，$\left(\frac{1}{3}+3\right)\div2=\frac{5}{3}$　よって，MN＝EN$=\frac{5}{3}-\frac{1}{3}=\frac{4}{3}$　よって，点Eのy座標は，$\frac{1}{3}-\frac{4}{3}=-1$　E$\left(\frac{2\sqrt{3}}{3},\ -1\right)$

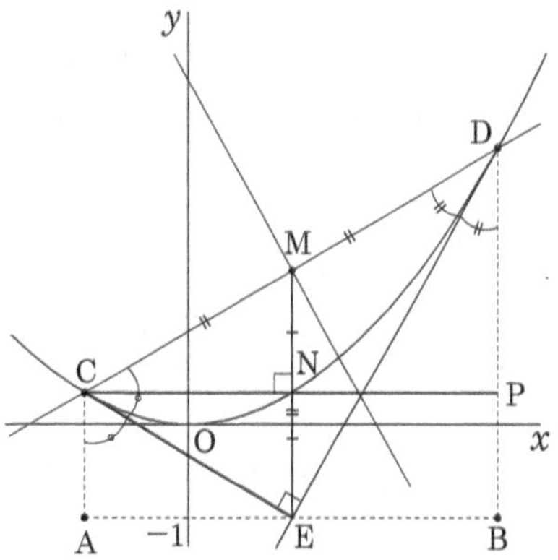

〔3〕 直線OEの傾きは$-1\div\frac{2\sqrt{3}}{3}=-\frac{\sqrt{3}}{2}$　直線OCの傾きは$\frac{1}{3}\div\left(-\frac{2\sqrt{3}}{3}\right)=-\frac{\sqrt{3}}{6}$　よて，x座標が負の範囲ではOEはOCの上になり，CHとDIの関係は右図のようになる。直線OEと直線CDの交点をJとすると，点Jのx座標は方程式$\frac{\sqrt{3}}{3}x+1=-\frac{\sqrt{3}}{2}x$の解であり，$\frac{5\sqrt{3}}{6}x=-1$から，$x=-\frac{2\sqrt{3}}{5}$　また，CH//DIなので，CH：DI＝CJ：DJ　同一直線上の線分の長さの比は，線分の両端のx座標の差の比で求められるから，CJ：DJ$=\left\{-\frac{2\sqrt{3}}{5}-\left(-\frac{2\sqrt{3}}{3}\right)\right\}:\left\{2\sqrt{3}-\left(-\frac{2\sqrt{3}}{5}\right)\right\}=\frac{4}{15}:\frac{12}{5}=1:9$　よって，CH：DI＝1：9

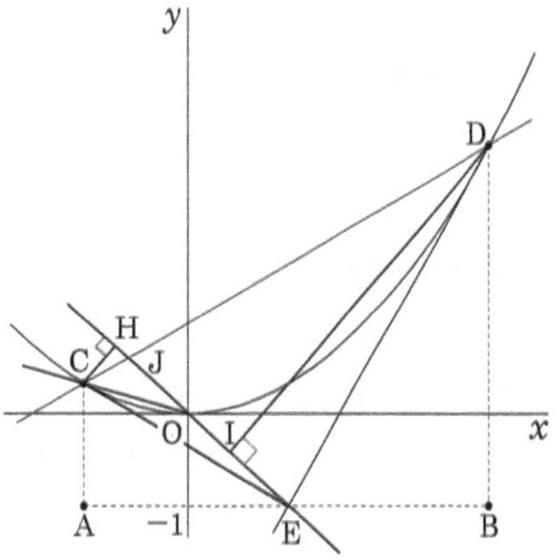

5 **(平面図形－平行四辺形，平行線と線分の比，長さ，面積の比)**

〔1〕 DG//AF，DE//CF，AC//EGなので，四角形DEFC，AEGC，CIEHは平行四辺形であり，平行四辺形では対辺の長さは等しいから，EF＝DC＝4　CG＝AE＝6　CF＝DE＝7　平行線と線分の比の関係から，FH：CH＝EF：GC＝4：6＝2：3　したがって，FH$=\frac{2}{2+3}$CF$=\frac{2}{5}\times7=\frac{14}{5}$(cm)

重要 〔2〕 次ページの図のように，直線IHと直線AF，DG，との交点をそれぞれP，Qとすると，HE＝CI，CI：AI＝CD：AE＝2：3だから，HE：IA＝2：3　HE//IAなので，PE：PA＝HE：IA＝2：3　(PF＋4)：(PF＋10)＝2：3　3PF＋12＝2PF＋20　PF＝8　同様に，QC：QG

=IC：HG=2：3　(QD+4)：(PD+10)=2：3から，QD=8
よって，AJ：DJ=AP：DQ=18：8=9：4　AJ=AD×$\frac{9}{9+4}$=$\frac{36}{13}$(cm)

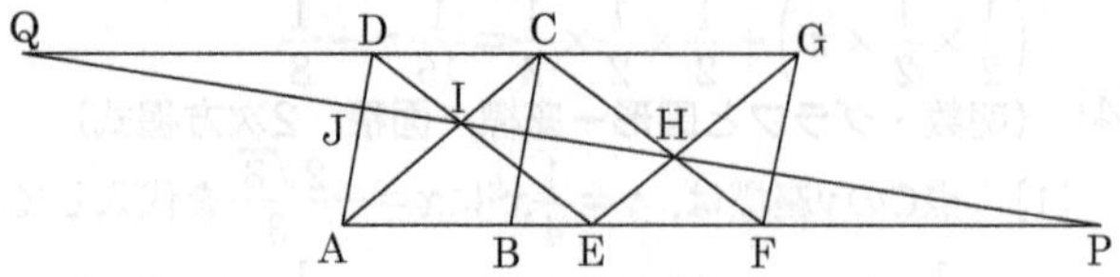

重要　〔3〕　平行四辺形は対角線によって面積が2等分されるから，△CIH=△EHI=sとおくと，S=2s　AC//EGで平行線間の距離は一定だから，△HGC：△EHI=HG：EH=3：2　△HGC=$\frac{3}{2}$△EHI=$\frac{3}{2}$s　△CIH：△IAE=CI：IA=2：3　△IAE=$\frac{3}{2}$△CIH=$\frac{3}{2}$s　CF//DEなので，△IEH：△DIC=IE：DI=3：2　△DIC=$\frac{2}{3}$s　△HCI：△FHE=HC：FH=3：2　△FHE=$\frac{2}{3}$s　△DAIと△DIC，△FGHと△FHEはそれぞれ高さが共通なので，△DAI：△DIC=AI：AC=3：2　△DAI=$\frac{2}{3}$s×$\frac{3}{2}$=s　△FGH：△FHE=GH：HE=3：2　△FGH=$\frac{2}{3}$s×$\frac{3}{2}$=s　したがって，T=s×4+$\frac{3}{2}$s×2+$\frac{2}{3}$s×2=$\frac{25}{3}$s　よって，T：S=$\frac{25}{3}$s：2s=25：6なので，T=$\frac{25}{6}$S

★ワンポイントアドバイス★

1の〔4〕は，10人の得点の中央値が5番目と6番目の得点の平均であることに注意。2の〔3〕は，平行線と線分の比の関係を使うとよい。4の〔2〕は，直線の式を求めてもよいが，図形的に考えると面白い。5は，平行線と線分の比，底辺の比と面積の比の関係を活用しよう。

+α は弊社HP商品詳細ページ(トビラのQRコードからアクセス可)参照。

＜英語解答＞

1　1 ②　2 ②　3 ②　4 ①

2　問1 how　問2 ④　問3 ②　問4 ①　問5 nothing　問6 ③
問7 9 ①　10 ②　11 ⑤　問8 ④　問9 ③，⑥

3　問1 ⑥　問2 (あ) ①　(い) ③　(え) ①　問3 ③　問4 belong
問5 ⑥　問6 ④，⑥

4　問1 23 ③　24 ④　25 ①　26 ②　問2 27 ①　28 ②　29 ⑤
問3 ①　問4 ④　問5 objects not to fall on the Earth　問6 ③，⑦

○配点○

1　各4点×4
2　問1・問5・問7　各4点×3　問2・問3・問8　各2点×3　他　各3点×4
3　問3　4点　問4　5点　問5　2点　他　各3点×6
4　問1・問2　各4点×2　問5　5点　他　各3点×4　計100点

＜英語解説＞

1　リスニング問題解説省略。

2　**（長文読解問題・説明文：語句補充，指示語，語句選択補充，語句解釈，語句整序，内容吟味）**

（全訳）　満ち足りた気分の男の子なら，カップ半分いっぱいにアイスクリームがあると言うだろう。満ち足りた気分でない男の子なら，半分空っぽだと言うだろう。それはすべて心，あるいは脳の中にあると言うべきだ。それは気分のよい印象，またはよくない印象を与える。自分は敗者である，あるいは勝者であると感じることがある。ある女性はとても裕福で何でも買えるかもしれない。しかし彼女は一日中することがとてもたくさんあって不幸な気分でさえある。それはすべて脳の中にあるのだ！

ジョン・スミスは自らを助けるために脳の力を使った。彼はみなさんと同じようであるかもしれない。彼は13歳だったとき，数学の先生が好きではなかったために数学を嫌うことにした。彼はそれがひどく苦手だった。彼は最も簡単な数学の問題さえも手に負えなかった。それから彼は心の中で，「これはばかげている。自分は数学が好きではないけれどそれを勉強しよう。自分はそれが得意になるんだ」と思った。実際に，彼はとても一生懸命にそれを勉強したので，(あ)自分がそれを好きではないことを忘れた。彼は数学でクラスのトップになったことを知ってふと驚いた。彼はそれが大好きにさえなったのだ！　そして今では，彼はある大学の有名な数学の教授である。彼は，「私は自分自身に自分は数学が得意になると言い聞かせました。あとのことは脳の力がしてくれました！」と言っている。

もちろん，脳が悪いメッセージを受け取れば，とても危険なことになる可能性がある。あるオーストラリア人の農夫は，砂漠で死にかけているアボリジニに出会ったときにこのことに気づいた。アボリジニはオーストラリアの原住民でとても迷信深かった。その農夫はその原住民を車で最寄りの病院に連れていった。しかし，医師たちは何もすることができなかった。彼らは，彼がどこも悪いところのない健康な少年だったのでとても驚いた。しかし彼は死にかけていた。最後に，ある原住民の医師が来て少年の死に際の「ぼくはまじない師のニワトリを盗みました。彼は，ぼくは死ななくてはならないと言いました。何もぼくを救うことはできないのです」という言葉を聞いた。間もなくその少年は死んだ…(う)脳の中の強い考えに殺されたのだ！

ロッキー・アオキの成功もまた，明らかに脳の力のおかげである。彼はある大学のスポーツのチームの一員として何年も前に合衆国へ行った。彼が東京へ帰らずに滞在し続けることにしたとき，誰もが驚いた。彼は，「ぼくはこの国で成功できることがわかっています」と言った。彼のチームメイトたちは彼の言うことが信じられなかった。彼には友達もお金も才能もなく，英語も上手ではなかった。

生活はとても困難だった。彼はたくさんのきつい仕事をしなくてはならなかった。彼は皿洗いや部屋掃除やトラック運転手をした。(4)彼はとても質素に暮らしたので，彼は「ベニハナ」という日本風のレストランを始めるためのたくさんのお金を貯めることができた。今ではいたるところに「ベニハナ」がある。脳の(え)正の力がロッキーを裕福にしたのだ！

脳の力に関する最も驚くべき話の1つは75年前に始まった。ある高齢の医者がドラッグストアに入った。彼は店員に話しかけた。彼はその店の後ろにある薬を作ったのだ。その医者は古いつぼと木製のさじを持っていた。彼は店員に，「このつぼには新しい種類の飲み物が入っています。それは甘くておいしいんですよ。この紙に書いてあるから，あなたはこの飲み物の私の秘密のレシピを知ることができます。あなたに500ドルで私の秘密を売ってあげますよ」と言った。これはその店員が持っているお金の全額で，彼はそれを医者に渡した。その若い店員はアサ・キャンドラーだった。自分の脳の力を使って，彼は大金を与えられるまでその飲み物を売ることができた。その飲み物とはコカ・コーラだったのだ！

問1　下線部の前では，満ち足りた気分の男の子ならカップ半分いっぱいにアイスクリームがあると感じるし，満ち足りた気分でない男の子なら半分空っぽだと感じること，とても裕福な女性でもすることがとてもたくさんあって不幸な気分でさえあるといった例を挙げて，そうしたことはすべて脳の中にあると述べている。これは，いろいろな状況に対する人の感じ方は脳の働きによって左右されるということを表していると考えられる。空所に how を入れると「脳は人々の感じ方に影響を与える」という文になり，この内容を表すのに適する文になる。

基本　問2　下線部を含む文の前では，ジョン・スミスが子供の頃に数学がとても苦手だった様子が述べられ，これを受けて，「彼は最も簡単な数学の問題さえも～できなかった」と続く。数学の苦手な子供が「数学の問題さえも～できなかった」に合う動詞は solve「(問題)を解く」。

問3　ジョン・スミスが数学を勉強しようと決心してからのことを述べている箇所。空所を含む文は「彼はとても一生懸命にそれを勉強したので，～ことを忘れた」という文。数学を一生懸命に勉強した結果忘れることとして適切なのは，②「彼はそれ(＝数学)が好きではなかった」。①「彼はそれは簡単だと思う」は，数学が苦手だったという事実に合わない。③「彼は間違える」を入れて「一生懸命に勉強したから間違えることを忘れた」とすると文意がはっきりしないので不適切。また，ジョン・スミスが嫌いだった数学の先生に不平を言っていたという記述はないので，④「彼はその先生に不平を言う」も不適切。

問4　下線部の rest は「残り，残りのこと」という意味。下線部を含む文の直前では，ジョン・スミスが自分は数学が得意になるのだと自分に言い聞かせたことが述べられている。第1段落で挙げられている例と合わせて考えると，脳の力がうまく働けば成功につながるという結果が推測できるので，「脳の力が残りのことをしてくれた」とは，脳の働きのおかげで数学が得意になったことを表していると考えられる。この内容に合うのは，①「(脳の力が)働いて困難を感じることなく数学で成功した」である。②「(脳の力が)働いてとても一生懸命に勉強しているときにリラックスできた」，③「(脳の力が)働いて数学は世界で最良の教科であることに気づいた」，④「(脳の力が)働いて，すでにとてもよく数学を理解しているので数学を勉強するのをやめた」はいずれも「脳の力が成功につながる」という主旨に合わない。

問5　全訳を参照。死にそうな状態の少年に対して医者たちは治療していないこと，医者たちが少年の状態を診て驚いたことから，nothing「何も～ない」を入れると文脈に合う。

問6　アボリジニの少年は，「まじない師のニワトリを盗むと死ぬ」という迷信に悩まされて死んだという流れから，ここではそれまでに紹介した事例とは逆の，脳の強い負の力について述べていると考えられる。したがって，③「彼の脳の強い考え」が適切。①は「まじない師のニワトリ」，②は「砂漠の水不足」，④は「オーストラリアの他の地域の人々」という意味。

重要　問7　(As he lived very simply,)he was able to save much money to start (a small Japanese-style restaurant called "Benihana.")　与えられた語句に able，to があることから，be able to を使う文を考える。to start a small Japanese-style restaurant として much money「たくさんのお金」を修飾する形容詞的用法の不定詞で始まるまとまりにすると，he was able to save much money to start ～「～を始めるためのたくさんのお金を貯めることができた」となり，文脈に合う文になる。

問8　空所には brain power「脳の力」を修飾する語が入る。ここでは人を成功に導いた脳の力について述べているので，④「正の」が適切。この場合の positive は「プラスに働く」ということを表す形容詞。

問9　①「私たちの心の中のうれしい印象とかうれしくない印象はたくさんのお金をかせぐこと

によって作り出される」(×)　本文の主旨は，脳の強い働きによってうまくいったりいかなかったりするということなので，一致しない。第1段落第6，7文では，お金が十分にあっても不幸に感じることがあるという例も紹介されている。　②「ジョン・スミスは数学が得意ではなかったので，彼は彼の先生をひどく嫌い始めた」(×)　第2段落第3文を参照。ジョン・スミスは数学の先生が好きではなかったことが理由で数学の勉強をしなくなったのだから，一致しない。

③「若いアボリジニは砂漠で農夫に見つけられてその農夫によって病院へ連れていかれた」(○)　第3段落第2文，第4文の内容と一致する。　④「ロッキー・アオキの大学のスポーツチームのチームメイトたちは，彼の成功を信じ，『ベニハナ』を開店するのを支援した」(×)　第4段落第3～5文を参照。アオキのチームメイトたちは，アメリカに残って成功すると言うアオキの言葉を信じることができなかったことが述べられているので一致しない。　⑤「ロッキー・アオキは歌手だけでなく，皿洗い，部屋掃除，トラック運転手のようなたくさんの仕事をやってみた」(×)　アオキが歌手として働いたという記述はないので一致しない。　⑥「アサ・キャンドラーはある飲み物の秘密のレシピを買うために，医者に自分のすべてのお金を払った」(○)　最終段落第9，10文から，医者が秘密のレシピを500ドルで売ろうと言い，その500ドルはドラッグストアの店員のお金のすべてだったが，医者にその金額を払ったことが述べられている。さらに，次の文でその店員がアサ・キャンドラーだったことがわかるので一致している。

3 (長文読解問題・物語文：段落整序，語句選択補充，内容吟味，語句補充)

(全訳)　ピーターはカディス湾から遠くない，スペインの小さな町ロタ出身の農夫だった。彼は生涯を農耕に費やし，今や70歳を超えていた。彼は，自分の植物のすべてにおそらく1日に40回も触れながら，それらの世話をして何年も過ごした。

ある年，ピーターは上等なカボチャを栽培した。それらはとても分厚くて黄色かった。それらは40個あった。ピーターはそれぞれを完ぺきに知っていて，それらすべてに名前を与えた。彼はそれらのカボチャをとても誇りに思っていた。翌日，彼はそれらを採ることにした。その次の日に，彼はそれらを市場へ持っていって売るつもりだった。それらを売ることはほとんど悲しいことだった。それらはとても美しかったのだ！

[1]　しかし次の日，ピーターが菜園に戻ると，それらのカボチャがなくなっていた。40個すべてがなくなってしまったのだ！　1つも残っていなかった。誰かが夜中にやって来てすべてのカボチャを盗んだのだ。彼は自分の目を信じることができなかった。彼は歩いてゆっくりと家に帰り，とても悲しく感じた。

それからピーターは考え始めた。彼には，カボチャを盗んだ人物はロタではそれらを売ろうとしないことがわかっていた。それはあまりに(あ)難しかった。ピーターはそれらのカボチャだとわかるだろうし，他の農夫や彼の友人たちもそれらのカボチャであるとわかるだろう。泥棒はそれらをカディスへ持っていくだろう。カディスは大都会で，そこの市場でそれらを売る方が簡単だろう。ピーターはカディスへ行くことにした。

[2]　翌朝，カディス行きの船が9時に出て，ピーターがそれに乗っていた。彼は自分のカボチャを見つける準備ができていた。

同じ日の午前11時までに，ピーターはカディスのある野菜売り場の前に立っていた。警官が彼と一緒にいた。

「これらは私のカボチャです」とピーターは言って売り場の後ろにいる男性を指さした。「あの男を逮捕してくれ！」

その男は「なぜですか」と驚いて尋ねた。「なぜ私を逮捕するんですか。これらは私のカボチャです。私は今朝早くそれらを買ったんです」

「彼を逮捕するんだ」とピーターは言った。「彼は泥棒だ！」

「違います！」

3 数人の人々が大声での話を聞いて，何が起こっているのかを見にきた。彼らの中には市場の責任者がいた。警官は彼に何が起こってるのかを説明した。

「私はそれらをロペスという名前の男性から買ったのです。彼はロタの町から来ました」と野菜売りは言った。

「ロペスだって！」とピーターは叫んだ。「ロペス，そうとも！　ロペスが泥棒だ。彼が泥棒に違いない！　彼の菜園は貧しいんだ。彼は売る野菜がないとき，他の人たちから盗むんだ」

「わかりました」と責任者は言った。「あなたはどうしてこれらのカボチャが他人のものではなくあなたのものだとわかるのですか。すべてのカボチャは(い)同じように見えますよ」

「私はこれらのカボチャの一つ一つがわかります。それらにはすべて名前があります」とピーターは言った。「私はあなたが―もしいるのならば，自分の子供たちを知っているのと同じようにそれらを知っているのです。見てください。これが『ペピータ』です。これは『イエロー・ビューティー』です。これは『マヌエラ』です。それはいつも私に一番年下の娘を思い出させてくれます」

「それはとてもよいことです」と責任者は言った。「たぶんあなたは自分のカボチャを識別することができるのでしょう。でもそれだけでは十分ではありません。法律によって，あなたはそれをはっきりと示さなくてはなりません」

「それならできますよ」とピーターは言った。「今ここであなたに示すことができます。これらのカボチャは私の菜園で育ったのです」

ピーターはひざをついた。彼は持ってきた大きな紙袋を開き始めた。彼はゆっくりと，そして注意深くその袋を開いた。誰もが関心を抱いていた。彼は袋から何を取り出そうとしているのだろうか。

ちょうどこのとき，また別の人物がやって来た。彼は人々の一団を見て何が起こっているのかを見にきたのだ。

「ああ，あなたですか，ロペスさん」と野菜売りが言った。「あなたが戻ってきてくれてうれしいですよ。この人があなたが彼のカボチャを盗んだのだと言っています―あなたが今朝私に売ってくれたカボチャをです」

ロペス氏はカボチャのいくつかと同じように黄色くなった。彼はすぐに立ち去ろうとしたが，警官が彼に残っているように言った。

ピーターはすばやく立ち上がった。彼はロペスの顔をのぞきこんだ。

「誰が正直なのか調べましょう」と彼が言った。

「用心することです」とロペス氏は言った。「①あなたは私を泥棒とは呼べませんよ[②あなたはそれを示さなくてはなりませんよ／④これらのカボチャは私のものです／⑤私がそれらを栽培して，今朝ここに持ったきたのです]。」

「そのことについて調べましょう」とピーターは言った。彼は紙袋を拾い上げてそれを開いた。彼はそれをひっくり返した。たくさんの採りたての緑のカボチャの茎が地面に落ちた。ピーターはその日の朝，それらを採ったのだ。彼は人々の一団に話しかけた。

泥棒はこれらの植物からカボチャを盗みました。彼には植物は必要なかったので置いていったのです。ほら，みなさん！　この茎はこのカボチャ(う)のものに違いありません。誰もそうではないと言うことはできません。この茎はここにあるこの分厚いカボチャのものです。この幅の広いものはそこに合います。ぴったりだ！　見えますか。この茎は…」

ピーターはそれぞれの茎をぴったり合うカボチャに置いた。それには間違いがまったくなかった。彼は完ぺきにカボチャをわかっていたのだ。彼はそれぞれの茎がどこの(う)ものであるはずであるのかわかっていたのだ。それぞれの茎が彼がそれを置いたカボチャと完ぺきに合った。

「その通りだ」と彼らは言った。「その老人が正しいんだ。あの茎はここに合う。もう1つのはあそこに合う」

「とても(え)明確ですね」と市場の責任者が言った。

この頃までに人々はすっかり興奮していた。彼らはみな笑って話していた。ピーターも興奮していた。彼も笑いそうになったが，目には涙が浮かんでいた。

もちろん，警官は(お)ロペス氏を逮捕して彼を刑務所へ連れていった。彼はカボチャの代金として受け取った30ドルをピーターに返さなくてはならなかった。ピーターはロタへ帰った。彼はうれしかった。帰る途中，彼は何度か心の中でこう言った。

「あれらのカボチャは市場でなんときれいに見えたことか！　それらをあそこに置いていくのはほとんど悲しいことだ。あんなにすばらしいカボチャたち。『マヌエラ』，『ペピータ』…」

問1　［1］　直後の段落の第2文からカボチャが盗まれたことがわかるので，カボチャがなくなっていたことが述べられている(C)が適切。　［2］　直前の段落の最終文でピーターがカディスに行くことにしたことが述べられ，直後の段落では午前11時までにはピーターがカディスのある野菜売り場の前に立っていたことが述べられているので，その間の段落にはカディスに向かう途中のことが述べられている(B)が適切。　［3］　直前の段落の最後では，ピーターと野菜売りの男性が言い合っている場面が描かれているので，(A)の1文目にある the loud talking「大声での話」がその言い合いを指すと考えられる。また，［3］の段落から3つ後の段落に市場の責任者が出てくるが，この前の段階でこの人物が出ていないと不自然であることからも，市場の責任者が初めて出てくる(A)が適切。

問2　(あ)　空所を含む文の直前に，ピーターはカボチャを盗んだ人物がロタではカボチャを売ろうとしないことがわかっていたことが述べられている。その理由が，空所の後の「ピーターはそれらのカボチャだとわかるだろうし，他の農夫や彼の友人たちもそれらのカボチャであるとわかるだろう」で，地元のロタで売ろうとすれば，そのカボチャのことを知っている人がいるからそれは売るのは「難しい」とするのが適切。　(い)　空所の前で，市場の責任者は「どうしてこれらのカボチャがあなたのものだとわかるのですか」と疑問を述べている。それに対してピーターは「私はこれらのカボチャの一つ一つがわかります」と答えていることから，責任者から見るとカボチャはどれも「同じ」ように見えるとするとやり取りが成り立つ。　(え)　ピーターがカボチャの茎と合うカボチャをすべて特定してみせたあとの市場の責任者の発言。この後でロペス氏が逮捕されていることからも，ピーターが行ったことは疑うべくもない，つまり「明確」だという内容にすると話の流れに合う。

問3　市場で売られていたカボチャを盗んだ人物を明らかにしようとするピーターに対して，ロペス氏は「用心することです」と言ってけん制していることから，この後に続く発言としては，自分は泥棒ではないことを示す内容や，それを裏付けようとする内容が適切。こうした内容とは関連のない③「あなたはこのことで牢屋に入ることはないでしょう」が流れに合わない。

問4　ピーターは市場で売られていたカボチャが自分のものであることを証明するために，カボチャの茎を使おうとしている。また，最初の空所を含む段落の第6文 This one is for this fat pumpkin here.「この茎はここにあるこの分厚いカボチャのものです」からも，「茎が個々のカボチャのものである」という内容にすると，茎とカボチャの関連が明らかになる。「茎がカボチャのものだ」＝「茎がカボチャに属する」という内容と，後の空所の直後に to があることから，belong「属する」が適する。belong to ～ で「～に属する，～のものである」という意味。

問5　arrested「逮捕した」の目的語になる人物が入る。空所を含む文の直後の「彼はカボチャの代金として受け取った30ドルをピーターに返さなくてはならなかった」から，逮捕された人物はカボチャの代金を受け取った人物ということがわかる。野菜売り場にあったカボチャはまだ売れていなかったので，野菜売りの男性は除外される。それ以外でカボチャを他人に売ったと考えられるのはロペス氏しかいないので，⑥が正解。

問6 ①「ピーターは40歳の農夫でスペインのロタという町に住んでいる」(×) 第1段落第1文から，スペインのロタという町に住んでいることが述べられているが，第2文に more than seventy「70歳を超えている」とあるので一致しない。 ②「ピーターは若いときから責任者の子供たちを知っている」(×) the manager とは市場の責任者のこと。ピーターはロペスが泥棒だと思った後，市場の責任者にどのカボチャも同じように見えると言われて，「私はあなたが一もしいるのならば，自分の子供たちを知っているのと同じようにそれらを知っているのです」と言っているので，ピーターは責任者に子供がいるかどうか知らなかったことになる。

③「マヌエラという少女はピーターの家族で最年少の娘だ」(×) ピーターが市場の責任者たちに自分が栽培したカボチャの名前を言いながら説明している場面で，カボチャの1つについて「これは『マヌエラ』です。それはいつも私に一番年下の娘を思い出させてくれます」と述べているが，「マヌエラ」という名がピーターの娘の名前であることは述べられていない。

④「ピーターはカディスに着いたとき，野菜売り場の男性が泥棒だと思った」(○) 空所 2 の後でピーターがカディスに着いて野菜売り場の前にいる場面で，そこにあったカボチャを見たピーターはその売り場の男性を捕まえるように警官に言っているので一致する。 ⑤「野菜売り場の男性はロペスにピーターのカボチャを盗むように言った」(×) 野菜売り場の男性がロペスにカボチャを盗むように言ったという記述はない。野菜売り場の男性はロペスからカボチャを買った。 ⑥「ピーターが袋を開けているとき，ロペスという男性が見にきた」(○) ピーターが野菜売り場にあったカボチャが自分のものであることを証明しようと持ってきた紙袋を開けているとき，また別の男性がその場に来ている。その男性を見た野菜売り場の男性が Oh, it's you, Mr. Lopez と声をかけているので一致する。 ⑦「泥棒は逮捕されたが，彼はお金を返す必要はなかった」(×) 最後から2番目の段落の第2文に，逮捕された泥棒がカボチャの代金として受け取った30ドルをピーターに返さなくてはならなかったことが述べられている。

⑧「ピーターはカディスに自分のカボチャを置いていきたくなかったので，それらをロタに持って帰った」(×) 最終段落最後から2文目で，ピーターは「それら(＝自分が栽培したカボチャ)をあそこに置いていくのはほとんど悲しいことだ」と言っているので一致しない。

4 (長文読解問題・説明文：文整序，語句整序，語句選択補充，内容吟味，文補充選択，語句補充)

(全訳) 月がとても重たいのなら，なぜそれは落ちないのだろうか。

月は実は落ちる。奇妙に思われるかもしれないが，月は私たちの惑星の軌道を回りながら地球の周りをずっと落ちているのだ。しかし，さらに深く理解してより適切な説明を得るために，私たちは力についてよく考えなくてはならない。

力とは物を押したり引いたりするパワーのことである。最もよく知られている力の1つは重力だ。私たちは，重力が地球の中心に向かって真っすぐに引きつけることによって地球上の物体に作用していることを知っている。

しかし，物体に力がかかっているというだけでは，物体が力の方向に動くということにはならない。③ボウリングのボールがレーンの中央を真っすぐに進んでいるのを想像してみよう。④そのボウリングのボールに駆け寄ってガターの方へと蹴ってみる。①ボウリングのボールは真っすぐにガターに落ちていかないし，レーンの軌道の中央を進み続けもしない。②代わりに，ボールは少しだけ方向を変えてある角度で転がり続ける。これは，ボールが蹴られる前にすでに前方への動きをしていたからで，だから元々の力と一緒になった蹴りの力が少しだけボールの動きを変えるのだ。

今度は高い建物の屋根から野球のボールを落とすことを想像しよう。それは真っすぐに落ちるだろう。それに作用している唯一の力は重力である。もしボールを水平に真っすぐに投げたら，それは水平に進むが同時に少しずつ落ち始める。重力がまだそれを引きつけているということだ。その野球のボールは，投げる力が減るにつれて変わり続ける角度で落ちる。

今度は，もっと強く野球のボールを投げてみよう。それはさらに遠くまで飛んで，最初はもっとゆっくりと落ちる。重力の強さは同じだが，投げ方が野球のボールにもっと強い前への速度を与えるからゆっくりと落ちるのだ。

地面にぶつかるまで1.6キロほど進むくらい強くボールを投げれば，その前よりも15センチほど下へ落ちなくてはならないだろう。なぜそうなるのだろうか。地球は丸い。だから，ボールが1.6キロ進んでいれば，地球はボールの下で曲がって下がる。

今度は，10キロ飛ぶくらい強く野球のボールをさらに強く投げると，地球は下に向かっておよそ915センチ曲がっているだろう。100キロ投げ出せば，その野球のボールが地面に届くまで地球はおよそ800メートル下に向かって曲がっているだろう。

最後に，スーパーマンのように大変なエネルギーを持っているとして，野球のボールをとても強く投げるために，地球はボールの下に向かって大きく曲がるので，野球のボールは(い)地面に少しも近づくことはない。それはずっと円を描いて進んで頭の後ろに当たるかもしれない。ちょうど野球のボールを地球の軌道に置いたのだ。

現実的には，空気が野球のボールの速度を落とすので，地球上でこのようなことをすることはできない。野球のボールを真っすぐに投げ出す前に，それを160キロメートルほどのとても高いところまで上げなくてはならない。私たちは，このようにして地球の周りに人工衛星を置くのだ。天然の衛生である月は同じ理由で軌道上にある。すべての物体の速度は空気によって落とされず，同じ速度で落ちるので，衛星の大きさや重さは問題にはならない。地球に関しては，野球のボールや衛星が宇宙に飛び出たり地球に落下しないように投げるのに必要な速度は1秒に8キロ，つまり時速28,800キロである。

遠く離れるほど重力は弱くなるので，地球の重力は国際宇宙ステーション(ISS)のような人工衛星上よりも月面上の方が弱い。それらの衛星は地表からおよそ320～800キロメートル上にある。一方，月は地球から384,000キロメートルほどのところにある。月はそれら低いところの地球の軌道を回る衛生よりもはるかにゆっくりと地球の軌道を回る。地球の軌道を回る月の速度は，時速およそ3,680キロである。月が地球を一周するのには丸一か月かかる。人工衛星が地球の軌道を回るのにわずか90分しかかからないので，人工衛星は時速およそ28,000キロの速度で地球を回っているのだ。

問1　全訳を参照。空所の直前から，物体にかかる力があると，必ずしもその力のかかる方向に物体が動くとは限らないということを空所に入る文章で説明しようとしていることをつかむ。まず，「～を想像してみよう」と例を挙げている。　③「ボウリングのボールがレーンの中央を真っすぐに進んでいるのを想像してみよう」で始める。ここでは真っすぐの方向に力が加わっている状態のボールを例として挙げているので，そのボールが必しも真っすぐに進むとは限らない状況が必要になる。したがって，ボールの進行方向を変えるために別方向の力を加えると言う。④「そのボウリングのボールに駆け寄ってガターの方へと蹴ってみる」を続け，後にボールを蹴った後の状況を述べる文を続ける。②の冒頭の Instead「代わりに」とのつながりから，①「ボーリングのボールは真っすぐにガターに落ちていかないし，レーンの軌道の中央を進み続けもしない」→②「代わりに，ボールは少しだけ方向を変えてある角度で転がり続ける」と続けると論理的なつながりが成り立つ。

重要 問2 The only force acting on it is (gravity.)「それ(＝建物の屋根から落とされた野球のボール)に作用している唯一の力は重力である」 is acting という進行形の文とすると文末の gravity とつながらないので，acting を the only force「唯一の力」を修飾する現在分詞として使う。文の動詞は is で，全体としては The only force is gravity.「唯一の力は重力である」という文にする。

やや難 問3 空所を含む文では，so ～ that …「とても～なので…」の構文が2回使われている。前半では，野球のボールを大変な力で投げる結果，地球は下に向かって大きく曲がるという関係をつかむ。後半では，地球が下に向かって大きく曲がるためにボールはどうなるかを考える。続く文で，「それ(＝ボール)はずっと円を描いて進んで頭の後ろに当たるかもしれない」と述べていることから，ボールは地面に落ちることなく，地球を一周して投げた人物のところに戻ってくることがわかるので，① 「少しも地面に近づくことはない」が適切。重力を超える力でボールを投げれば，ボールは重力の影響を受けて下に落ちることはないことを説明している。

問4 下線部を含む文の前では，地球から遠く離れた場所では空気がボールの速度を落とすことがないので，それほどの高さのところではボールを投げても真っすぐに飛び，人工衛星も同じ理屈で飛ばされていることが述べられている。地球からの距離がポイントとなるということなので，④ 「地球からの距離のために」が適切。

やや難 問5 (This is the speed for) objects not to fall on the Earth 「これは物体が地球に落ちないための速度である」 下線部を含む文は，「地球に関しては，野球のボールや衛星が宇宙に飛び出たり地球に落下しないほどに投げるのに必要な速度は1秒に8キロ，つまり時速28,800キロである」という意味。最初の空所の直前に for があること，動詞の原形 fall があることから，< for +名詞+ to +動詞の原形>(< for +名詞>は< to +動詞の原形>の主語を表す)の形を考える。「物体が地球に落ちないための速度」と考え，不定詞< to +動詞の原形>を否定形にする。不定詞の否定形は< not to +動詞の原形>となる。

問6 ① 「地球上を動く物体は重力のために地球の中心まで真っすぐに落ちる」(×) 第3段落に重力の説明がある。第3文に「重力は地球の中心に向かって真っすぐに引きつけることによって地球上の物体に作用している」とあるが，これは重力が働く方法を述べているのであり，実際に物体が地球の中心まで落ちるということではない。 ② 「高い建物の屋根からボールを水平に真っすぐ投げると，それは真っすぐに落ちる」(×) 第5段落第1，2文を参照。建物の屋根からボールを落とせばボールは真っすぐ落ちるが，ただ落とすのではなく水平方向に投げれば，水平方向への力が加わるために最初は水平方向に飛んで，少しずつ落下することになる。 ③ 「ボールをより強く投げて100キロ飛んだら，それは前への力がより強いのでよりゆっくりと落下する」(○) 第6段落で述べられている，強くボールを投げればその分ボールは遠くまで飛び，よりゆっくり落ちるという物体と物体に働く重力の関係に一致する。 ④ 「野球のボールを地球を回る軌道に乗せたければ，ボールを投げて，ボールは160キロまで飛ばなくてはならない」(×) 最後から2番目の段落の第2，3文に「野球のボールを真っすぐに投げ出す前に，それを160キロメートルほどのとても高いところまで上げなくてはならない。私たちは，このようにして地球の周りに人工衛星を置くのだ」とある。160キロとは，物体を地球の軌道に乗せるために必要な高さのことなので，一致しない。 ⑤ 「月は，ISS のような人工衛星よりも速く地球を回っているので地球に落下しない」(×) 最終段落第4文に，「月はそれら低いところの地球の軌道を回る衛生よりもはるかにゆっくりと地球の軌道を回る」とある。「それら」とは，ISS などの月よりも低い軌道を回る衛生のことなので，一致しない。 ⑥ 「ISS のような人工衛星は地球と同じくらいの速度で地球を回っているので，それらは地球の上の同じ地点にとどまっている」(×)　最終段落最終文に「人工衛星が地球の軌道を回るのにわずか90分しかかからない」とある。地球と同じ速度で回れば，地球からいつ見ても同じ位置に見えるはずなので，一致しない。　⑦「ISS のような人工衛星は月よりもはるかに速く地球を回っている」(○)　最終段落第4文「月はそれら低いところの地球の軌道を回る衛生よりもはるかにゆっくりと地球の軌道を回る」，最終段落最終文「人工衛星が地球の軌道を回るのにわずか90分しかかからない」などの記述と一致する。

★ワンポイントアドバイス★

3の問3は話の流れ，場面の状況，人物の心情を合わせて理解できているかが問われている。話の内容を正しくつかむことはもちろんだが，与えられている選択肢の中で1つ異質なものを探すのも1つの手である。

＜理科解答＞

1　(1)　1　②[③]　(2)　2　④　(3)　3　②　(4)　4　⑤　(5)　5　④
(6)　6　②

2　(1)　7　③　8　③　(2)　9，10　①，③(順不同)　(3)　11　⑥　(4)　12　④
(5)　13　②

3　(1)　14　②　15　①　(2)　16　⑤　(3)　17　④　(4)　18　①　(5)　整流子

4　(1)　19　②　(2)　20　③　21　①　22　②　(3)　23，24　①，⑥(順不同)
(4)　だ液せん[すい臓]

5　(1)　25　②　(2)　26　⑦　(3)　27　③　(4)　28　①　29　⑤

6　(1)　30　①　(2)　31　④　(3)　32　③　(4)　33　⑤　(5)　34　②
(6)　35　④

7　(1)　36　⑤　37　⑦　(2)　38　⑥　39　①　(3)　2cm　(4)　0.08N

8　(1)　40　④　(2)　41　①　(3)　42　④　43　⑤　44　①　(4)　45　②
(5)　46　②

○配点○

1　(5)　3点　他　各2点×5　2　(1)　各3点×2　(2)　各1点×2　他　各2点×3
3　(5)　3点　他　各2点×5　4　(3)　各1点×2　(4)　3点　他　各2点×4
5　(4)　各3点×2　他　各2点×3　6　(4)　1点　他　各2点×5
7　(3)・(4)　各3点×2　他　各2点×3((2)完答)
8　(2)　3点　(3)　各1点×3　他　各2点×3　計100点

＜理科解説＞

1　(化合・分解－4つの化合物の反応)

(1)　実験1で，加熱して気体が発生するのは，次の2つである。

酸化銀(黒色＝化合物a)　$2Ag_2O \rightarrow 4Ag + O_2$

炭酸水素ナトリウム(白色＝化合物b)　$2NaHCO_3 \rightarrow Na_2CO_3 + H_2O + CO_2$

火のついた線香を入れたとき，火が消えたのは，炭酸水素ナトリウムを加熱したときに発生する二酸化炭素である。二酸化炭素は水に少し溶け，空気よりも重いため，下方置換Yで集めるが，水に溶けるのは少量なので，水上置換Zで集めることもできる。

(2)　黒色の化合物aは酸化銀であり，加熱すると分解して銀が残る。こすると，銀の本来の灰白色の光沢があらわれる。銀は，電気や熱をよく通すが，磁石にはつかない。

(3)　フェノールフタレイン液は，酸性や中性では無色だが，アルカリ性では赤色になる。化合物bの炭酸水素ナトリウムは水に少し溶けて，弱いアルカリ性を示すため，フェノールフタレイン液はうすい赤色になる。

(4)　硝酸銀水溶液には銀イオンAg^+が含まれており，塩化物イオンCl^-があると，塩化銀AgClの白色沈殿ができる。つまり，実験2の化合物cは塩化ナトリウムである。

(5)　化合物dは，水に溶けてアルカリ性を示す水酸化ナトリウムである。水酸化ナトリウムと塩化アンモニウムを混ぜて加熱すると，次の化学反応式のようにアンモニアが発生する。

$NaOH + NH_4Cl \rightarrow NaCl + H_2O + NH_3$

ア　正しい。アンモニアは水にたいへんよく溶ける。　イ　誤り。アンモニアは水に溶けやすく，空気よりも軽いので，上方置換Xで捕集する。　ウ　誤り。アンモニアにも温室効果はあるが，大気中にほとんど存在しないので，地球温暖化の原因物質とはされておらず，むしろ冷媒や燃料として注目されている。　エ　誤り。アンモニアは水に溶けてアルカリ性を示すため，BTB液は青色に変わる。　オ　正しい。アンモニアは水に溶けてアルカリ性を示すため，フェノールフタレイン液は赤色に変わる。

(6)　上記(1)の通り，化合物bは炭酸水素ナトリウムである。

2　**(気象・天気－豪雨と災害)**

(1)　図1は，2017年7月5日の豪雨で，甚大な水害が発生した，福岡県朝倉市のアメダスのデータである。グラフの値は1時間ごとの雨量である。積算雨量は0時からの雨量の合計だから，グラフ②のように途中で減ることはなく，グラフ④の16時～18時のように雨量があるのに積算雨量が増えないのもおかしい。また，図1で24時間の雨量を概算で足し算すると，およそ520mmになるので，積算雨量の目盛りが適切なグラフ③が正しい。また，7月5日の積算雨量約520mmは，平年7月の1か月の平均降水量354mmと比べると，520÷354で，およそ1.5倍となる。

重要　(2)　雲が発生するのは，上昇気流が起こる場所である。それは，山に向かって風が当たる場所①，前線付近③，低気圧の中心付近，地表が局所的に暖まった場所などである。

(3)　海面から巻き上がった塩類や，地表から巻き上がった泥などの，大気中のチリを核にして水が集まり雲粒ができる。雲粒は，1つずつが目に見えるかどうかという0.01mm程度の大きさである。雲粒が多数集まると雨粒になるが，その大きさははっきり見える1mm～2mm程度である。

(4)　豪雨によって，浸水②や河川の氾濫①，斜面災害③などが起こる。津波④は，地震などによって海底が変形することで生じるものであり，豪雨とは関係がない。

(5)　誤りは②である。春や秋には，移動性高気圧や温帯低気圧が交互に訪れ，天気は周期的に変化する。温帯低気圧は暖気と寒気の境界に生まれ，前線を伴う。熱帯低気圧は，水温の高い海上で生まれ，周囲すべてが暖気のため前線を伴わない。

3　**(磁界－モーターの原理)**

(1)　図1で，磁石のN極をコイルに上から近づけると，それに反発するように，コイルの上面にN極ができて，そのとき検流計の針が右(正)に振れる。磁石のN極を遠ざけると，それを引き止めるように，コイルの上面にS極ができて，そのとき検流計の針が左(負)に振れる。また，磁石の

S極を遠ざけると，それを引き止めるように，コイルの上面にN極ができて，そのとき検流計の針が右(正)に振れる。

重要 (2) 振り子が1往復する間に起こることを順に書くと次の通りである

S極がコイルの上面に近づく。　＝上面にS極ができる。＝針が左(負)に振れる。
S極がコイルの上面から離れる。＝上面にN極ができる。＝針が右(正)に振れる。
S極がコイルの上面に近づく。　＝上面にS極ができる。＝針が左(負)に振れる。
S極がコイルの上面から離れる。＝上面にN極ができる。＝針が右(正)に振れる。

よって，検流計の針は，負，正，負，正の順に振れるので，⑤が正しい。

(3) 図4では，コイルの両側にある磁石によって，N極→S極の向きに磁界ができている。よって，K点での磁界の向きは，左から右への向きである。

(4) 図4で，P端に電池の＋極，Q端に－極をつなぐと，電流はP→A→B→C→D→Qの向きに流れる。

(5) 電流がいつも(4)の向きだと，コイルにできる極が変わらないので，モーターは最大でも180°しか回らずに停止してしまう。そのため，半周ごとに電流がP→D→C→B→A→Qの向きに流れるような工夫が必要で，それが整流子である。

4 (ヒトのからだ－消化酵素と温度)

基本 (1) ① 正しい。A，B，Cより，ヨウ素液のはたらきは温度によらず同じである。 ② 誤り。Eではデンプンが少し残っており，変化したデンプンはFよりもやや少ない。 ③ 正しい。Fではデンプンが残っておらず，すべて変化した。 ④ 正しい。Dではデンプンがほとんど残っており，アミラーゼがあまりはたらいていない。 ⑤ 正しい。D，E，Fより，アミラーゼは40℃でよくはたらいている。

(2) ベネジクト液は，糖があるかどうか調べるのに使われる。もともと青色の溶液だが，糖に加えて煮沸すると，赤褐色の沈殿ができる。

(3) ① 正しい。ペプシンはタンパク質を分解する消化酵素であり，リパーゼは脂肪を分解する消化酵素である。 ② 誤り。胃の中は強い酸性であり，タンパク質を分解する酵素のペプシンははたらくが，デンプンを分解するアミラーゼも，脂肪を分解するリパーゼも，酸性でははたらかない。 ③ 誤り。酵素ははたらく相手が決まっている。ペプシンはタンパク質だけに作用し，脂肪には作用しない。 ④ 誤り。すい液には，デンプン，タンパク質，脂肪のそれぞれを分解する消化酵素が全部含まれている。 ⑤ 誤り。胆汁は肝臓でつくられ胆のうに運ばれてたくわえられる。 ⑥ 正しい。アミラーゼはデンプンにだけ作用し，タンパク質には作用しない。

(4) アミラーゼは，デンプンを分解する消化酵素であり，唾液腺から分泌される唾液や，すい臓から分泌されるすい液に含まれる。

5 (電気分解・電池－電子やイオンの動き)

(1) 図1では，亜鉛原子Znが電子e^-を放出して亜鉛イオンZn^{2+}になり($Zn \rightarrow Zn^{2+} + 2e^-$)，硫酸に溶け出していく。電子は，導線をbの向きに移動して電子オルゴールを鳴らし，銅板へ到達する。よって，電子の移動の向きはbであり，電流の向きはその逆でaである。すなわち，図1のビーカーは電池となっており，正極が銅板，負極が亜鉛板となっている。

(2) 銅板まで移動した電子e^-は，硫酸中の水素イオンH^+が受け取る。水素原子は2つ結合して水素分子となり($2H^+ + 2e^- \rightarrow H_2$)，気体の水素が泡となってみられる。

(3) 電流は，直流電源装置の正極から出て，回路を回って負極に戻る。よって，電流の向きはdであり，電子の移動の向きはその逆でcである。

やや難 (4) フェノールフタレイン液は，酸性や中性では無色だが，アルカリ性では赤色になる。水酸化ナトリウムは水溶液中で，$NaOH \rightarrow Na^+ + OH^-$と電離しており，そのうち水酸化物イオン$OH^-$

がアルカリ性の性質を持っている。OH^-は陽極の方へ移動するので，細い糸よりも左側のeで，フェノールフタレイン液が赤く変色する。また，ろ紙に電流が流れているので，水が電気分解される。陰極側では，水の電離$H_2O \rightarrow H^+ + OH^-$によって生じた水素イオン$H^+$が電子を受け取り，気体の水素が発生する。そのため，水酸化物イオンOH^-が取り残され，f付近のフェノールフタレイン液が赤く変色する。

6 **(火山と火成岩，地層と地史－火山活動，堆積岩と化石)**

(1)　問題文にある円すい形という説明から①である。火山灰と溶岩が交互に積み重なった形態の火山は成層火山と呼ばれる。富士山などが例であり，富士山の溶岩も玄武岩質である。

(2)　①　誤り。玄武岩は，火成岩のうち火山岩のなかまで，マグマが地表や地下浅部で急に冷え固まってできた岩石である。　②　誤り。玄武岩は火山岩の一種だから，大きな鉱物である石基と，微小な鉱物やガラスである斑晶からなる斑状組織をしている。　③　誤り。玄武岩は火山岩の中でも有色鉱物が多く，全体に黒っぽい。　④　正しい。玄武岩となるマグマは，粘性が低く流動性に富む。

(3)　①　誤り。火山灰も溶岩も，どちらも火山噴出物である。　②　誤り。日本の火山は安山岩質のものが多いので，火山灰は白っぽいものが多い。　③　正しい。火山灰などは粉砕されたマグマからできており，溶岩はマグマの本体である。　④　誤り。日本には偏西風が吹いているので，火山灰は東側に多く堆積する。そのため，富士火山や箱根火山の過去の火山灰は，東京にも堆積している。

(4)　火山灰などが堆積してできる岩石は凝灰岩であり，ガスが抜けた小さな穴が多数あるため，軽くて壊れやすい。

(5)　サンヨウチュウは，古生代初期に出現し，古生代末期まで生息した海生の節足動物である。アンモナイトは，古生代後期には出現していたが，特に中生代に繁栄した軟体動物である。ビカリアは，新生代の亜熱帯の汽水域に生息した巻貝(軟体動物)で，殻にある突起が特徴的である。

(6)　①　正しい。地層が堆積した環境を知ることができる化石は示相化石とよばれる。　②　正しい。化石とは，地層ができた当時，その生物が生息していた証拠すべてである。　③　正しい。地層が堆積した時代を知ることができる化石は示準化石とよばれる。　④　誤り。シジミの化石やイチョウの化石など，化石として見つかる生物の中には，現在も生息しているものもある。

7 **(力のはたらき－ばねののび，水圧，浮力)**

やや難　(1)　エでは，おもりにはたらく重力Wと，ばねにかかる力は等しく，そのときのばねの伸びが10cmである。イは，アの状態から30°傾いており，図のように，おもりにかかる重力Wのうち，台に平行な分力の大きさは$\frac{1}{2}$Wである。このときの伸びは10×$\frac{1}{2}$=5(cm)である。ウは，アの状態から45°傾いており，図のように，おもりにかかる重力Wのうち，台に平行な分力の大きさは$\frac{1}{\sqrt{2}}$W=$\frac{\sqrt{2}}{2}$Wである。このときの伸びは10×$\frac{\sqrt{2}}{2}$≒10×$\frac{1.4}{2}$=7(cm)である。

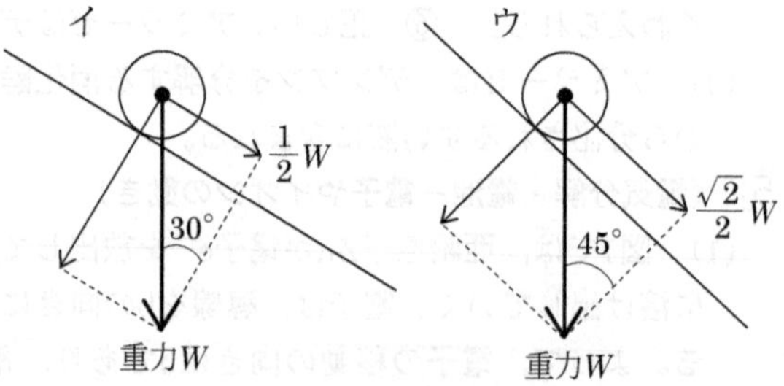

(2)　泡の中の空気の圧力は，泡のまわりの水圧と等しい。水深が深くなるほど水圧は大きい。よって，泡の体積は浅い位置の方が大きく，泡の圧力は深い位置の方が大きい。

(3)　棒とおもりにはたらく重力の合計は，0.4＋0.36＝0.76(N)である。これが水に浮かぶためには，浮力の合計も0.76Nでなければならない。つまり，棒とおもりが押しのけた水の重さの合計が0.76Nであり，その体積は76cm^3である。おもりの体積は$1\times1\times4=4(cm^3)$だから，棒のうち水面下の部分の体積は，$76-4=72(cm^3)$である。水面下の部分の高さxは，$2\times2\times x=72$より，$x=18$cmとなる。よって，水面から出ている棒の長さは$20-18=2$(cm)となる。

(4)　水面から出ている2cmぶんの棒の体積は，$2\times2\times2=8(cm^3)$である。これを水中に沈めると，浮力の大きさが，水8cm^3ぶんの重さである0.08Nだけ増える。よって，棒を真下に押す力は0.08N以上である。

8 （植物のからだーマツの観察）

(1)　ツユクサの気孔の観察は，④のように気孔の多い葉の裏側の表皮をうすくはがしてプレパラートをつくればよい。①では気孔のような小さいものは見えない。②は葉の断面を見る方法であり，葉の表皮にある気孔は見えない。なお，⑥は，ツユクサと異なり，表皮をはがすのが簡単でない植物の気孔を観察する工夫である。

(2)　①　正しい。蒸散には，根からの水の吸い上げを促進する効果もある。　②　誤り。二酸化炭素の吸収が抑えられると，デンプンが合成されにくくなる。　③　誤り。酸素の吸収が抑えられると，光合成ではなく呼吸が抑えられる。　④　誤り。道管で水を吸い上げにくくなる。デンプンは糖に変化して師管を流れるので，直接の影響はない。

(3)　マツは裸子植物であり，花弁やがくのない花を咲かせ，子房がないので果実もできない。よって，②，③，⑥，⑦は存在しない。アは雌花であり，胚珠がむき出しである。イは雄花であり，花粉がつくられる。ウは昨年の雌花(まつかさ)である。マツは，受粉や受精から種子ができるまで1年以上を要するので，昨年と今年の雌花が両方見られる。

(4)　マツの花粉は風に運ばれるため，小さくて数が多い。花粉の本体に2つの空気袋がついていて，軽く飛ばされやすくなっている。

(5)　めしべの子房は果実になり，胚珠は種子になる。イチョウは裸子植物なので，子房がない。そのため，ア～エの全体が胚珠からできた種子である(ぎんなん)。サクラは被子植物なので，子房からできたオの果実と，胚珠からできたカ～クの種子がある(さくらんぼ)。

★ワンポイントアドバイス★

図，表，グラフは，何となく見るのではなく，その単元の要点を思い出し，ポイントを考えながら読み取ろう。

＜社会解答＞

1　問1　②　　問2　①　　問3　①　　問4　①　　問5　②　　問6　下関(条約)
　問7　石炭　　問8　③　　問9　②　　問10　SDGs

2　問1　正倉院　　問2　④　　問3　足利義満　　問4　①　　問5　③　　問6　杉田玄白
　問7　③　　問8　地租　　問9　④

3　問1　②　　問2　A　努力　　B　主権　　問3　③　　問4　①　　問5　②　　問6　③
　問7　②　　問8　④　　問9　③

4　問1　④　　問2　(1)　日付変更　　(2)　③　　(3)　①　　問3　④　　問4　①
　問5　(1)　アフリカ　　(2)　②

5 問1 青森市 ⑦ 函館市 ② 問2 ④ 問3 ② 問4 ② 問5 ①
問6 ④ 問7 ④(→)②(→)①(→)③ 問8 ②

○配点○

1 各2点×10 2 問3・問6 各3点×2 他 各2点×7
3 問1・問5・問8・問9 各3点×4 他 各2点×6 4 各2点×8
5 問2・問7 各3点×2(問7完答) 他 各2点×7 計100点

＜社会解説＞

1 (世界の歴史－人口を題材にした歴史)

やや難 問1 オランダがスペインから独立を宣言したのは1581年。16世紀後半の出来事である。①は1776年，③は1776年，④は1798年で，いずれも18世紀の出来事である。

基本 問2 イランは，北はカスピ海に面し，アルメニア・アゼルバイジャン・トルクメニスタン，西はトルコ・イラクと接し，南はペルシャ湾とインド洋に臨む。東はアフガニスタン・パキスタンと国境を接する。なお，ペルシャはイランの古名である。

やや難 問3 契丹《きったん》は，10世紀の初めに遼を建てたモンゴル系民族。4世紀以来，東モンゴルのシラ・ムレン川の流域で遊牧し，突厥《とっけつ》・ウイグル・高句麗・中国に隷属していたが，10世紀初めに隣接諸部族を征服し，中国北辺を領有して大契丹国を建て，のちに遼と改めて2世紀にわたり君臨した。

やや難 問4 ①はトルコのイスタンブールにあるアヤ・ソフィア(ハギア・ソフィア)。532～537年，東ローマの皇帝ユスチニアヌス1世が建立。東ローマ教会の聖堂であったが，東ローマの滅亡によりイスラムのモスクに改装されてアヤ・ソフィアとよばれ，1935年には美術館となった。②はカンボジアのアンコールワット，③はバチカン市国のサン・ピエトロ大聖堂，④はサウジアラビアのメッカのカーバ神殿。

問5 ルターは，ドイツの宗教改革者。1517年，免罪符濫売に憤り，これを批判する95カ条の論題を発表。宗教改革の端を開いた。また，聖書のドイツ語訳を行い，活版印刷術を用いて出版された新約聖書の普及は，各種パンフレットとともに，ルターの宗教改革を支えた最大の武器となった。①ルネサンスは，イタリアで14世紀に始まり，15世紀に最盛期を迎えた。 ③ 十字軍の派遣は11世紀末～13世紀後半。 ④ 『新約聖書』は1世紀中頃から2世紀中頃まで書かれ，教会がこれを聖典として公認したのは4世紀である。

重要 問6 下関条約は，1895年に結ばれた日清戦争の講和条約。これによって，清は朝鮮の独立を承認したほか，遼東半島・台湾などの日本への割譲，賠償金2億テールの支払いなどを約した。ただし，調印直後に三国干渉が起こり，日本は清に遼東半島を返還した。

問7 1830年代以降，鉄道で活躍したのは蒸気機関車。蒸気機関車は，蒸気機関を原動力として利用する機関車で，ボイラーに発生させた蒸気を回転運動に換え，牽引力を引き出した。ボイラー加熱用には主に石炭が使用された。

問8 1950年～2020年にかけて，すべての地域において，人口は増加している。人口が減少した地域はない。 ① アジアではなく，アフリカ。 ② 2000年以降，アフリカの人口がヨーロッパの人口を上回っている。 ④ アングロアメリカではなく，アジア。

やや難 問9 1920年代，南京国民政府を樹立するとともに，共産党を弾圧し内戦を始めたのは，孫文ではなく，蔣介石である。

重要 問10 SDGsは，持続可能な開発目標(Sustainable Development Goals)の略称。17のゴール，

169のターゲットから構成され，地球上の「誰一人取り残さない」ことを誓っている。

2 （日本の歴史－資料を題材にした歴史）

基本 問1　正倉院は，東大寺大仏殿の北西にある木造，校倉造の大倉庫。聖武天皇の遺愛品，東大寺の寺宝，文書など7～8世紀の東洋文化の粋9,000点余りを収蔵する。

問2　④は，東京の根津美術館所蔵の南宋時代の青磁(青磁筍形瓶)。13世紀の作品である。①～③はいずれも代表的な正倉院宝物で，①が螺鈿紫檀五絃琵琶《らでんしたんごげんびわ》，②が伎楽面《ぎがくめん》，③が碧瑠璃碗《へきるりわん》。

基本 問3　足利義満は，室町幕府3代将軍。山名，大内などの有力大名をおさえて幕府権力を確立し，南北朝を合一。日明間の国交を樹立して，勘合貿易を実現した。また，平清盛以来の太政大臣に就任し，准三后《じゅんさんごう》の地位に就き，権勢を誇った。

問4　14世紀末に，大和観世座に観阿弥・世阿弥の父子が出て，室町幕府3代将軍足利義満の保護を得て能を完成した。能は，もともと猿楽や田楽などの民間の芸能を集成したもので，このころから上級武士の援助を得て発展した。②・④－8代将軍足利義政のころ。③－鎌倉時代。

問5　足利義満は，1401年，明に使者を派遣して国交を開き，1404年には「日本国王」からの朝貢の形で日明貿易が正式に開始された。義満は明への国書に「日本国王臣源」と署名し，明からの返書はこれに対し，「日本国王源道義」に宛てて出された。このときの明からの返礼の使者が，資料2にある道彝《どうい》，一如《いちじょ》である。

問6　杉田玄白は，江戸時代後期の蘭学医。若狭(福井県)小浜藩医。前野良沢らとともに『ターヘル・アナトミア』の翻訳を行い，1774年，『解体新書』として出版した。そのときの苦心・苦労を追懐したのが『蘭学事始』である。

問7　平賀源内は，江戸時代中期の博物学者・科学者・戯作者。医学・本草学などを修め，蘭画にも優れた才能の発揮した。また，1776年，長崎で破損した摩擦起電機を入手し，この修復に成功。エレキテルの名で人々を驚かせた。　①　江戸時代初期。　②　江戸時代後期の1825年に発布された異国船打払令。　④　安土桃山時代。

重要 問8　地租は，土地を課税対象とする税。狭義には，明治初期の地租改正によって定められた税をさす。地租改正によって地租は地価の3％とされ，現金で納めるものとされた。反対一揆が頻発したため，1877年，地租は2.5％に減じられた。

やや難 問9　明治十年は，1877年。大阪紡績会社が設立されたのは1882年である。①は1871～1873年。②は1872年。③は1873年。ただし，西郷隆盛の朝鮮派遣は，その後，無期限延期(実質的には取り消し)された。

3 （公民－政治のしくみ，金融市場，日本国憲法と基本的人権など）

問1　時効は，法律で，一定の事実状態が長年継続した場合，それが真実の事実関係に合致するかどうかを問わず，その継続した状態をそのまま権利として認める制度。

基本 問2　A 「不断の努力」は，絶え間のない努力のこと。　B　主権とは，国家の政治のあり方を最終的に決める権利。国民主権は，この権利が国民にあるということを意味している。

問3　未成年者は，成人に達しない者のこと。制限能力者とされ，法律行為をなすには法定代理人の同意を要し，単独でなした行為は原則として後から取り消すことができると民法は定めている。①は日本国憲法，②は少年法，④は未成年者飲酒禁止法。

やや難 問4　条例の制定，改廃の請求は，有権者の50分の1以上の署名を必要とし，署名は首長(都道府県知事，市町村長)に提出しなければならない。また，署名を受け取った首長は，20日以内に議会に付議しなければならない。

やや難 問5　利子率が高くなると，お金を貸す人(債権者)には有利なので，お金を貸そうとする量は増える。また，お金を借りる人(債務者)には不利なので，お金を借りようとする量は減る。一方，利子率が低くなると，お金を貸す人(債権者)には不利なので，お金を貸そうとする量は減る。また，お金を借りる人(債務者)には有利なので，お金を借りようとする量は増える。

問6　③は日本国憲法第33条に規定されている。一方，①，②，④はいずれも日本国憲法には規定されていない。

問7　モンテスキューは，フランスの政治思想家・法学者。1748年，『法の精神』を発刊。同書で説かれた三権分立の理論は，後年，アメリカ合衆国憲法に影響を与えるなど近代の憲法理論に強く影響を与えた。　①　マグナ・カルタではなく，権利の章典。　③　権利の請願ではなく，人権宣言。　④　生存権を世界で初めて認めた憲法は，1919年制定のドイツのワイマール憲法。リンカン大統領の時代に生存権という考え方は確立していなかった。

問8　ポツダム宣言は，1945年8月14日，日本政府が受諾し，この事実を15日の「玉音放送」によって国民に知らせた。この過程で「非合法的な武力の行使」は行われていない。

問9　ヒットラー政権の宣伝相となったゲッペルスは，悪どい宣伝を行う一方，過酷な言論統制を実施して，ヒットラー政権の政策の浸透に尽力。選挙戦勝利にも貢献した。　①　ヒットラーはワイマール憲法の改正を行っていない。政権把握後の1933年に実質的に廃止された。　②　ニューディール政策は，世界恐慌に対処するため，1933年以降，アメリカ合衆国で行われた経済政策。　④　エチオピア侵略を行ったのは，イタリアのムッソリーニ政権。

[4]　(地理－南半球を題材にした地誌，貿易，産業など)

重要　問1　東京の対蹠点《たいせきてん》(地球上の正反対の地点)は，ブラジル沖の南緯35度，西経40度付近にある。

問2　(1)・(2)　日付変更線は，地球上で人為的に日付を変更する境界線。この線を東から西に越える場合は1日省略し，西から東に越えるときは同じ日を2度重ねる。ほぼ経度180度の経線に沿って設けられているが，1つの国を跨いでこの経線が通過する場合には，生活に不便がないように東西に日付変更線を曲げている。　(3)　1983年では，サモア独立国の東側に位置するアメリカ合衆国が最大の貿易相手国であったが，2003年では，サモア独立国の西側に近接するオーストラリアが最大の貿易相手国となった。　②　北半球に位置するアメリカ合衆国の占める割合は大きく低下している。　③　第二次産業による輸出品である電機機械の割合が半分以上を占めるようになった。　④　熱帯において生産される商品作物(野菜と果実，カカオ豆など)の割合は低下した。

基本　問3「あ」はオーストラリア，「い」はニュージーランド，「う」はコロンビア，「え」はブラジル，「お」はチリ。オーストラリアは世界最大の鉄鉱石生産国(2017年)，ブラジルは世界最大のコーヒー豆の生産国，コロンビアは世界第4位のコーヒー豆の生産国(2018年)。また，チリは世界最大の銅鉱の生産国(2015年)。

問4　[け]の地域に含まれるほとんどの国はスペイン語を公用語としている。しかし，この地域で最大の面積を占める「え」のブラジルはポルトガル語を公用語としている。

問5　(1)「南半球内」で，「南緯25度と35度にはさまれた広大な地域」が存在するのは，オーストラリア，アフリカ，南アメリカの3つの大陸である。　(2)　ラ・プラタ川の河口付近には，パンパとよばれる温帯草原が広がり，世界的な農業地域を形成している。東部は比較的雨が多く，小麦，とうもろこしなどの栽培が，西部は雨が少なく，羊の放牧が盛んである。なお，プレーリーは北アメリカ中央部から南北に広がる草原地帯。

[5]　(地理－日本の自然，交通など)

基本　問1　青森市は，陸奥湾奥，津軽半島南東部に位置する青森県の県庁所在地。函館市は，渡島半島南東部の亀田半島の大半を占め，津軽海峡に臨む都市。市の南西部には，陸繋島の函館山が位置している。

問2　沖ノ鳥島，メキシコの首都であるメキシコシティは，いずれも北緯20度付近に位置している。なお，イタリアの首都ローマは北緯42度付近，インドの首都デリーは北緯29度付近，ケニアの首都ナイロビは南緯1度付近に位置している。

問3　東京湾アクアラインは，神奈川県川崎市と千葉県木更津《きさらづ》市を結ぶ，総延長15.1kmの有料道路。川崎市側は海底トンネル，木更津市側は橋とし，途中に人口島の休憩施設である「海ほたる」を設置している。

基本　問4　成田国際空港は，千葉県成田市三里塚を中心とする地域に建設された国際空港。1978年開港。

問5　信濃川は，新潟県南西部から越後平野を貫流して，新潟市付近で日本海に注ぐ日本最長の河川。長野市の川中島で千曲川《ちくまがわ》と犀川《さいがわ》が合流し，新潟県に入って信濃川とよばれる。

問6　白根山(北岳)は，山梨県西部に位置する日本第2位の高峰。標高3193m。赤石山脈(南アルプス)の北部に聳える白根三山の一つ。

重要　問7　男鹿《おが》半島(秋田県)→能登半島(石川県)→丹後半島(京都府)→島根半島(島根県)。

問8　②の屋久島には，樹齢1000年以上の屋久杉自然林があり，世界自然遺産に登録されている。なお，①は種子島，③は奄美大島，④は徳之島，⑤は沖縄島，⑥は宮古島である。

★ワンポイントアドバイス★

受験生にとっては初見の資料がリード文として取り上げられているので，戸惑うかもしれない。しかし，ヒントは必ずあるので，これを見逃さないようにしよう。

＜国語解答＞

一　問1　a　専門　b　明示　c　根幹　d　進展　e　系統　問2　③　問3　②
問4　②　問5　社会の安全性や利便性の向上に使われ，また知能犯罪や意識の操作に使われる(という可能性。)　問6　①・⑤　問7　異なった言語を知ることは，異なった世界の見え方を会得することである。　問8　④

二　問1　ア　⑤　イ　④　問2　③　問3　④　問4　②　問5　⑤　問6　④
問7　①　問8　①・⑥　問9　②

三　問1　逐レ鹿入二草中一。　問2　③　問3　⑤　問4　④　問5　①
問6　②　問7　①　問8　④

○配点○

一　問1　各1点×5　問2・問7　各4点×2　問5・問8　各5点×2　他　各3点×4
二　問1・問3・問9　各2点×4　問7　5点　問8　各3点×2　他　各4点×4
三　問4・問6　各3点×2　他　各4点×6　計100点

＜国語解説＞

一　(論説文―大意・要旨，内容吟味，文脈把握，指示語，言い換え，脱文・脱語補充，漢字の読み書き)

問1　a　その人が従事している特定の学問や仕事のこと。「専」の訓読みは「もっぱ(ら)」。

b　はっきり示すこと。「示」の他の音読みは「シ」で,「示唆」という熟語がある。　c　おおもとになる最も大切なところ。「幹」の訓読みは「みき」。　d　物事が進行して新しい局面が現れること。　e　まとまりをもったつながり。「統」の訓読みは「す(べる)」。

問2　傍線部Aの「それ」は,直前の文の「リンゴという文字やそれを読み上げた音列と,リンゴの存在自体とを結びつけているのは,社会的な約束事のみである」ことを指し示している。直後の文の,異国に行くと「リンゴと叫んでも,望みの果物は決して得られない」という具体的な状況と合わせて考える。リンゴは日本語の体系においてたまたま「リンゴ」と呼ばれているに過ぎない,とある③が適切。異国に行くのは,①の「違った世界が見えている」ことや,②の「日本語のかけがえのなさ」,⑤の「言葉が通じないことの不便さ」を実感するためではない。また,音列と存在の結びつきが異国では共有できないという内容に,④は適切ではない。

問3　直後で「固まって棒状でも溶けて板状でもろうそくは『キブ』であり,助数詞『チュト』を伴ってはじめて棒状とメイジされる」と説明している。ものの「形」を助数詞が説明するので,名詞はそのもの自体を表すことができるという意味になる。この内容を述べている②が適切。①は「助数詞がものの種類を区別する」,④は「ものの種類に応じて助数詞が変化する」が適切ではない。③は,傍線部Bの「ものを指す名詞が『形』の拘束から解放される」にそぐわない。

問4　直前の段落で,英語話者は形で判断しマヤ語話者は素材で判断するという実験結果を述べている。この実験結果をふまえた上で,「この実験を7歳以下の子供で行うと……どちらでも形を優先して『プラスチックの小箱』が選ばれた」理由を考える。「助数詞のおかげで」で始まる段落にマヤ語話者は助数詞で「形」を表すとあり,マヤ人の子供はまだ助数詞を使えないために,素材ではなく見たままの形で判断したと推察できる。助数詞を正しく使えないとある②を補う。

問5　言語と認知をめぐる実用的な研究について述べている部分を探す。「言語と認知の関係の研究は」で始まる段落に「言語と認知の関係の研究はいまだ発展途上にある。言語を含む人間活動の巨大電子データの蓄積とともに,それはより精密になっていくだろう。そして社会の安全性や利便性の向上に使われ,また知能犯罪や意識の操作に使われるだろう」と,言語と認知をめぐる研究について説明している。ここから「実用的」可能性にあたる三十五字の部分を書き抜く。

やや難　問6　波線部の「この結果は企業の規模や業種にほとんど依らなかった。ちなみにフィンランドの労働環境は先進的で,フィン語話者の労災事故率自体,欧州平均に比べて低い」は,そもそもフィンランドは労働環境が良好で,労災事故率は企業の規模や業種と相関がないことを示唆している。企業の規模や業種によって労災事故率が違うという可能性を排除する役割とある①が適切。また,波線部「スウェーデン語話者は……文化的にも経済的にも,そして生活習慣の上でも,多数派フィン語話者と完全に統合されている。言葉を話さない局面で両者の区別を行なうのは,フィンランド人自身にとってもほぼ不可能」は,スウェーデン語話者とフィン語話者が同じ文化や経済を共有していると述べるものである。したがって,スウェーデン語話者が独自の文化を持ちそれゆえ事故率が低くなっているのではないかという可能性を排除する役割とある⑤が適切。「4割」という事故率の低さは人口比率には関係がないので,②は適切ではない。③の「スウェーデン国内の労働環境」については述べていない。スウェーデン語話者とフィン語話者が「文化的にも経済的にも,そして生活習慣の上でも完全に統合されている」とあるが,④の「民族性に共通性が高い」とは述べていない。

問7　傍線部Eは,異国語によってその国の文化が豊かになると言っている。その理由を探すと,同じ段落の冒頭に「異なった言語を知ることは,異なった世界の見え方を会得することである」とあるのに気づく。三十五字以内とあるので,三十一字以上三十五字以内を目安に抜き出す。

重要　問8　「言語習得による」で始まる段落の「同一言語であっても,初等教育で身につけるものと高等教育で接するものとは，別の言語体系といえるほど異なっている」と④が合致している。「言語構造の違い」が，「物体をどのように認知するか」につながるという本文の内容と，①は逆転している。「言語の構造が」で始まる段落の「政治的な色彩を帯び」を，②では「政治の世界にまで」と誤って述べている。③に「スウェーデンの方が」とあるが，本文ではスウェーデンの国については述べていない。「言語と認知の関係の研究は」で始まる段落に「人間活動の巨大電子データ」とあるが，⑤の「個人の自由な行動を規制する」などとは述べていない。

二 （小説―情景・心情，内容吟味，文脈把握，脱文・脱語補充，語句の意味，品詞・用法）

問1　ア　「なんぎ(して)」と読む。「毛虫がついて」木を切った，に適切な意味を選ぶ。　イ　「きまりが悪い」は，恥ずかしい，ばつが悪いという意味。直前の「心の中を見透かされたよう」に感じたときの心情に適切な意味を選ぶ。

問2　直前の「婆さん」の様子に注目する。息子と孫を取り違えていることを「説明すると，婆さんは少しも驚いた顔をせず，そうそう，そうでしたね，と言って微笑する。まるで，そんなのどちらでも同じことだというように」とあるように，「婆さん」は時の流れや人の取り違えに頓着していない。さらに，その「婆さん」の「伏せたまつ毛」に焦点を当てることで，「わし」は「婆さん」の存在をありありと感じていることが読み取れる。これらの内容を述べている③が適切。①は，孫の思い出は具体的に描写されていない。②の「自分の思いが伝わらないもどかしさ」や，④の「遠くに行ってしまうのではないかというかすか」な不安は読み取れない。⑤の「自分も記憶の正しさに確証が持てなくなった」は，「時間が滑っていくのが見える」という表現とは重ならない。

基本　問3　Ⅰ　直後の「あたたかそう」には，②の「ぽかぽか」③の「ぬくぬく」④の「うらうら」のいずれかが入る可能性がある。後に「桜」とあり，春に③の「ぬくぬく」は不自然なので外れる。　Ⅱ　直後の「笑っている」を修飾するには，④の「くつくつ」がふさわしい。

問4　前の「きのうもおとついもそう仰有って，きのうもおとついもでかけましたよ」という「婆さん」の言葉を聞いて，「わし」は「そう言われればそんな気もし」たが，「婆さん」はまだ笑っているという状況である。「わし」は自分の記憶の曖昧さを指摘されて気恥ずかしく感じて，「少し乱暴に言った」ことが想像される。①の「わざとおどけてみせる」という描写はない。穏やかな二人のやりとりからは，③の「威嚇」や④の「腹立たしく」，⑤の「自分で自分が情けなくなった」という感情は読み取れない。

問5　直前の「桜がこんなに咲いているのだから，雑草など放っておけばいいものを，と思ったが，ぺんぺん草の葉をむいて，嬉しそうに揺らしながら歩いている婆さんを見たら」に着目する。「雑草など放っておけばよい」と言えなかったのは，「ぺんぺん草の葉をむいて，嬉しそうに揺らしながら歩いている婆さん」に対して「わし」がどのような気持ちを持ったためなのかを考える。①の「羨ましく思う」や，②の「感性の豊かさ」，③の「苛立ち」，④の「自分の気持ちを優しく受け止めてくれる」などの心情は読み取れない。

問6　直前の場面の「ひょいと顎で婆さんを促そうとすると，そこには誰もいなかった」や，後の「あれはもう死んだのだ。去年の夏，カゼをこじらせて死んだのだ」から，「婆さん」はすでに死んでいたことがわかる。妙子さんは，「婆さん」がまだ生きていると思い込んでいる「わし」に同情し，「婆さん」から食事に話題を変えようとしており，この内容を述べている④が適切。「婆さん」がいなかったことから，①の「死んでいないと頑なに信じようとする」は適切ではない。②の「一人で家事をこなそうとする」，⑤の「『婆さん』の代わりとなる」は，本文の描写と合わない。③にあるように，妙子さんは「励ま」しているわけではない。

やや難　問7　前の「わしはふいにくっきり思いだす。あれはもう死んだのだ。去年の夏，カゼをこじらせて死んだのだ」から，「わし」は「婆さん」の不在を思い出したことがわかる。さらに，「わしは呼びかけ，その声の弱々しさに自分で驚いた」から「わし」の心細く思う心情が読み取れる。「わし」は，「婆さん」がいない心細さから「婆さん」の存在を感じられる料理を妙子さんに頼んだのである。②の「嫁に頼って生きていこう」や⑤の「妙子さんに助けを求めよう」という心情は読み取れない。③は「わし」が自ら「記憶の混濁の中に身を沈めようとしている」わけではない。④の「健康だった頃の自分を取り戻そう」という前向きな心情が読み取れる描写はない。

重要 問8　①の波線部iは，本当は「婆さん」は死んでいることの伏線となる部分で，表現上の工夫として正しい。冒頭の「食べることと生きることとの，区別がようつかんようになったのだ」が，最後の波線部viで繰り返されている。食事をきっかけに過去の時間を繰り返す「わし」の姿を描いているので，⑥も適切。⑤は，「『婆さん』の死を受け止められない」が適切ではない。

問9　太線部Xの「の」は，とき，などの体言を代用する用法で，同じ用法のものは②。①は主語を表す，③は「だ」に結びついて意味を強める，④は連体修飾の用法。⑤は「ほんの」という連体詞の一部。

三　**(古文ー主題・表題，内容吟味，文脈把握，指示語，脱文・脱語補充，語句の意味，返り点・書き下し文，古文・漢文の口語訳)**

〈口語訳〉　頂県の民(である)姚牛は，年が十歳余りで，父を同郷の人に殺されてしまった。姚牛は次から次へと衣類や物を売って刀やほこなどの武器を買い，画策して復讐したいと思っていた。その後県の役所の前にいるときに(父を殺した同郷の人に)出くわし，自らの手で同郷の人を人ごみの中で切った。役人は(姚牛を)捕えたが，長官は(姚牛が)孝行であることに深く感じ入り，そのため事件の審理を延長し，恩赦があれば罪をまぬがれることとなった。そして州都が(姚牛を)救うよう判決を下したので，ついに(姚牛は)何のおとがめも受けなかった。

長官はその後猟に出て，鹿を追って草むらの中に入った。(草の中には)古くて深い落とし穴が数か所あり，(長官の乗った)馬は今にもその穴に向かっていた。突然一人の老人が杖を掲げて馬を撃とうとしたのが見えた。馬は驚いて逃げ，鹿を得ることができなかった。長官は怒って，弓を引いて老人を射ようとした。老人が言うには，「この中に深い落とし穴があります。あなたが(その穴に)落ちるのを恐れただけでございます。」と。長官が答えて言うには，「お前は何者だ。」と。老人がひざまずいて言うには，「わたくしは姚牛の父です。あなた様が姚牛を救ったのに感謝し，それであなたに恩を返すために来たのです。」と。そして(老人の姿は)消えて見えなくなってしまった。長官は身をもってあの世のことを感じ，長官の職に在る数年の間，多くの民に恩恵を施したのであった。

問1　「鹿」を先に読むので，「逐」の下にレ点を入れる。「草中」を先に読むので，「草中」の下に一点，「入」の下に二点を入れる。

問2　「所と為る」で，受け身を表す。父が郷人に殺されたという口語訳になる。後に，姚牛が「報讐せんと欲す」とあることもヒントになる。

問3　a　父を殺された姚牛が「相遭ひて」「刃」ったのは，父を殺した「郷人」。　b　馬が今にも向かおうとしていたのは，「古き深穽」。　c　鹿を得られず，怒って長官が射ようとしたのは，突然現れた「一公」。

問4　前の「牛常て衣物を売りて刀戟を市ひ，図りて報讐せん……県署の前に在りて相遇ひ，手づから之を衆中に刃る」という姚牛の行為に着目する。姚牛が「年十余歳」であることにも「官長」は感銘を受けている。

問5　直前の「推遷し，赦に会ひて免るるを得。又た州都の救ふことを論ずる為に」に着目する。姚牛の孝行に感じ入った長官は，審理を延長し恩赦を得られるようにした結果，州都が姚牛を救う判決を下したのである。想定される結果を選ぶ。

問6　後の「此の中に穽有り。君の堕つるを恐るるのみ。」という老人の言葉から，老人が「杖を挙げ馬を撃」った意図を読み取る。傍線部Dの直後の「馬驚きて避け，鹿に及ぶを得ず。令怒り」から，長官がどのように感じているかを読み取る。

やや難　問7　直前に「故に来りて」とあるので，この前の「民は姚牛の父なり。君の牛を活かすに感じ」に着目する。老人は，息子の姚牛を救った長官に対して，どうするために来たのかを考える。

重要　問8　直前の「因りて滅して見えず」から，老人は姚牛の亡くなった父でこの世の者ではないことがうかがえる。長官を救ったのは姚牛の亡くなった父であったという内容に，①と②は合わない。③の「落とし穴が消えた」や，⑤の「長官が生き返ることができた」などの叙述も見られないので，適切ではない。

★ワンポイントアドバイス★

古文の読解問題では，それぞれの設問の選択肢の内容がヒントになる。誤っている選択肢であっても目を通すことで，全体のあらすじを読み取ったり，誤解している部分を修正することができる。ふだんから，練習問題を通して選択肢の内容をヒントにする練習もしておこう。

MEMO

大切なことはメモしておこうネ！

2020年度

★★★★★★★★★★★★★★★★★★★★★★★★

入　試　問　題

2020年度

東京学芸大学附属高等学校入試問題

【数　学】（50分）〈満点：100点〉

1　次の各問いに答えなさい。

〔１〕　$\dfrac{(5\sqrt{2}-2\sqrt{3})(2\sqrt{6}+7)}{\sqrt{2}}-\dfrac{(3\sqrt{2}+2\sqrt{3})(5-\sqrt{6})}{\sqrt{3}}$ を計算しなさい。

〔２〕　大小１つずつのさいころを同時に１回投げるとき，２つのさいころの出た目の数の最大公約数が１より大きくなる確率を求めなさい。ただし，大小２つのさいころは１から６までのどの目が出ることも同様に確からしいものとする。

〔３〕　10人の生徒が，１，２，３，４，５，６，７，８，９，10のうち，いずれかの点数が得られるゲームを行った。

10人の生徒の点数はそれぞれ

３，１，８，10，３，９，５，２，８，x

であり，点数の平均値と中央値が等しくなった。このとき，xの値を求めなさい。

〔４〕　図のように，平面上に５点O（０，０），A（10，10），B（７，３），C（０，10），D（７，０）がある。

線分OC上に点P，線分OD上に点Qを∠APC＝∠QPO，∠PQO＝∠BQDとなるようにとる。このとき，点Pの座標を求めなさい。

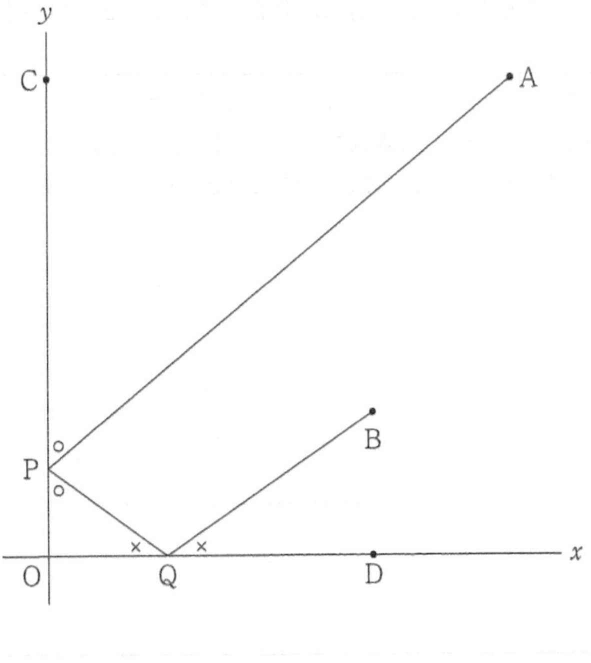

2 下の図のように，点A(－1，0)，点B(3，0)がある。また，関数$y=8x$のグラフ上に点Pがあり，そのx座標をtとする。ただし，$t>0$とする。

このとき，次の各問いに答えなさい。

〔1〕 PA＝PBであるときのtの値を求めなさい。

〔2〕 $\angle APB=90°$であるときのtの値を求めなさい。

〔3〕 $\angle APB=45°$であるときのtの値を求めなさい。

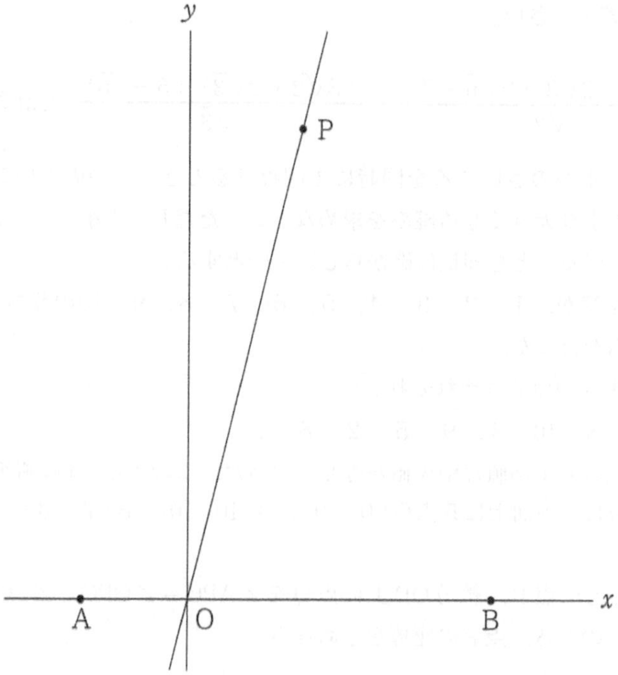

3 リョウさんとタエコさんが次の【問題】に取り組んでいる。2人の会話を読んで，それに続く各問いに答えなさい。

【問題】 下の図の△ABCにおいて，AB＞ACであり，点Dは∠Aの二等分線と辺BCの交点である。点Bを通って直線ADに垂直な直線を引き，直線ADとの交点をEとする。

AB＝9cm，AC＝6cm，AE＝7cmであるとき，線分DEの長さを求めなさい。

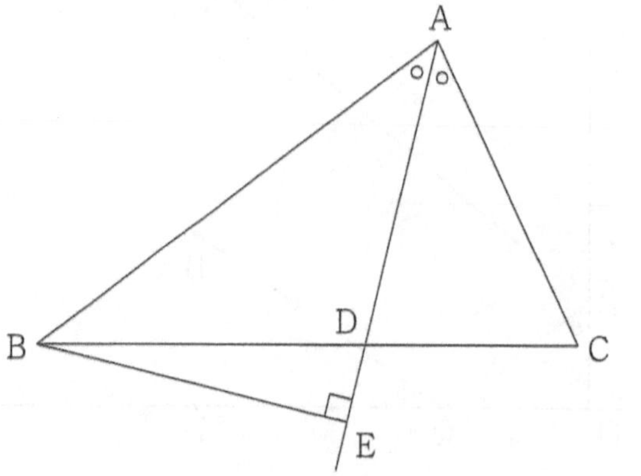

リョウ：この図だけから求めるのは難しそうだから，補助線を引いて考えてみよう。

タエコ：そうだね。直線ACと直線BEの交点をF，線分CFの中点をMとして線分EMを引くと，(i)<u>線分EMと線分BCは平行になるよ。</u>

リョウ：なるほど。EM//BCであることを使うと，DE＝［(a)］cmと求まるね。

タエコ：ところで，DEの長さを求める過程を振り返ると，AB＝9cm，AC＝6cm，AE＝7cmでなくても，線分ABと線分ACの長さが決まっていて，AB＞ACであれば，△ABCの形によらず線分AEの長さから線分DEの長さを求めることが出来そうだよ。

リョウ：そのようだね。さらに言えば，△ABCで線分ABと線分ACの長さの比が与えられていれば，線分AEと線分DEの長さの比が決まるということだね。

タエコ：確かにそうだね。では，tが1より大きいとして，線分ABと線分ACの長さの比をt：1とおくと，線分AEと線分DEの長さの比はどうなるだろう。

リョウ：【問題】を解いた時と同様に考えると，AE：DE＝［(b)］：［(c)］になることがわかるよ。

〔1〕　下線部(ｉ)に関して，EM//BCであることは，次のようなタエコさんの構想をもとに証明できる。次の(ア)～(ウ)にあてはまる最も適切なものを，それぞれ①～⑥から1つずつ選び，その番号を答えなさい。

> **タエコさんの構想**
>
> 仮定よりCM＝MFである。
> また，［(ア)］がそれぞれ等しいから［(イ)］であるので，［(ウ)］が成り立つ。
> これらを用いるとEM//BCが証明できる。

(ア)　① 2組の辺と比とその間の角　② 2組の角
③ 2組の辺とその間の角　④ 1組の辺とその両端の角
⑤ 直角三角形の斜辺と1つの鋭角　⑥ 直角三角形の斜辺と他の1辺

(イ)　① △ABD∽△ACD　② △ABD∽△ECD
③ △ABE∽△ACE　④ △ABD≡△AME
⑤ △ABE≡△ACE　⑥ △ABE≡△AFE

(ウ)　① AB＝AF　② BE＝EF
③ BC＝2EM　④ AB：AC＝BD：DC
⑤ ∠FEM＝∠FBC　⑥ ∠FEM＝∠BCA

〔2〕　［(a)］にあてはまる数を答えなさい。

〔3〕　［(b)］，［(c)］にあてはまるtの式をそれぞれ答えなさい。

4　下の図のように，関数$y = kx^2$（$k > 0$）のグラフ上に４点A，B，C，Dがある。点Aのx座標は$-2\sqrt{3}$であり，線分ABはx軸と平行である。また，$\angle BAC = \angle CAD = 30^\circ$であり，△OABは正三角形である。ただし，点B，C，Dのx座標をそれぞれb，c，dとするとき，$b < c < d$である。

このとき，次の各問いに答えなさい。

〔１〕 kの値を求めなさい。

〔２〕 点Cの座標を求めなさい。

〔３〕 △ACDの面積を求めなさい。

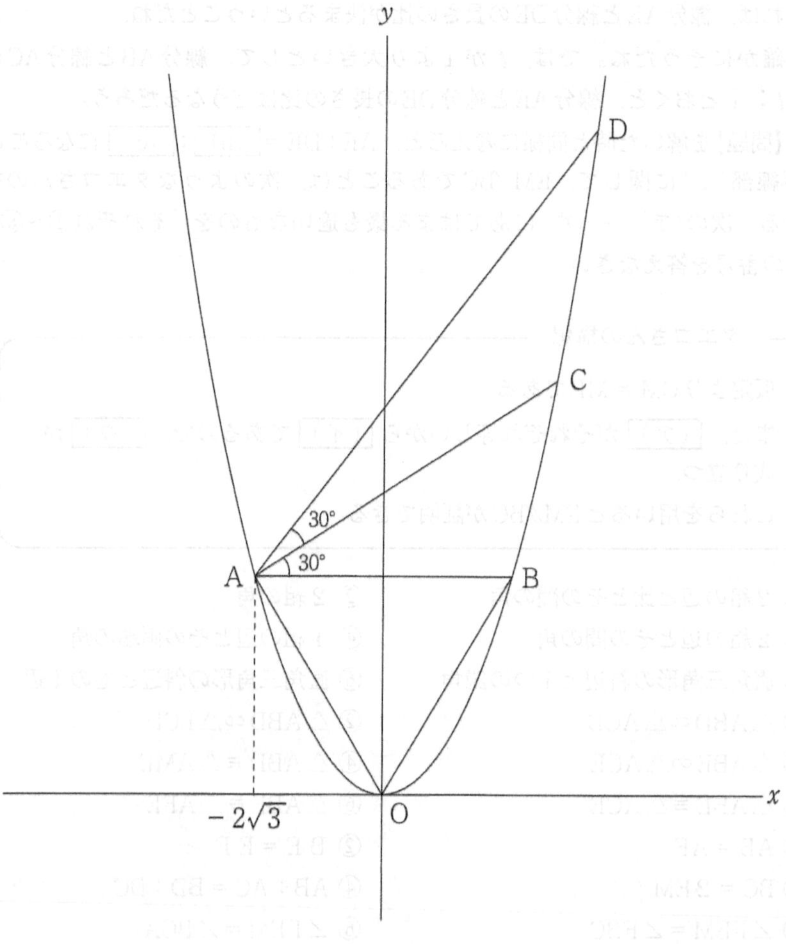

5 $AB = 4$，$BC = 5$，$CA = 3$の直角三角形ABCがある。

下の図は，△ABCを点Aが辺BCの点に重なるように折って，もとにもどした図である。そのとき，点Aが重なった辺BC上の点をPとし，折り目を線分QRとする。ただし，点Qは辺AB上，点Rは辺AC上の点である。

このとき，次の各問いに答えなさい。

〔1〕 $\angle ARP = 90^\circ$であるとき，線分CRの長さを求めなさい。

〔2〕 $CR = 1$であるとき，線分CPの長さを求めなさい。

〔3〕 $CP = 2$であるとき，線分CRの長さを求めなさい。

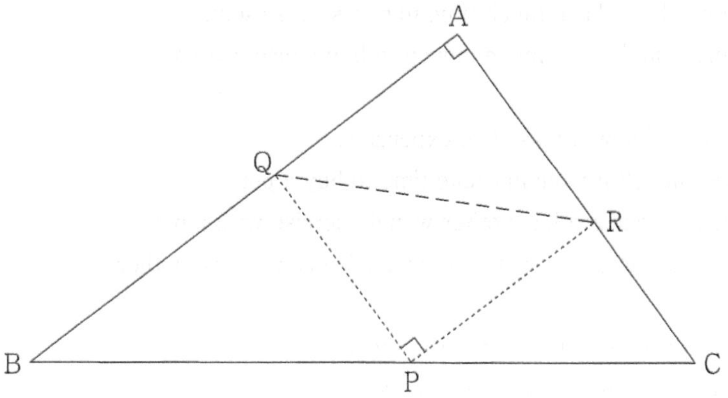

【英　語】（50分）〈満点：100点〉

[1] **リスニングテスト**

放送を聞いて，質問に答えなさい。

＊英文と質問は，それぞれ2回放送されます。

＊1～4の質問の答えとして最も適切なものを次の①～④からそれぞれ1つ選び，その番号を答えなさい。

1 [1]

① The man didn't live with his mother.

② The man didn't know what animal his mother liked.

③ The man didn't have much time to choose a present.

④ The man didn't have much money to buy a nice present.

2 [2]

① Because he knew it wasn't so expensive.

② Because he felt it wouldn't take time to buy a pet.

③ Because he realized his mother would exercise with a pet.

④ Because he thought it would become friends with his mother.

3 [3]

① It flew to another customer in the shop.

② It was able to speak about 5,000 words.

③ It responded when the man began talking to it.

④ It welcomed the man at the front door of the shop.

4 [4]

① "I'm really glad to hear that!"

② "I didn't think you would enjoy the bird in that way!"

③ "I will give you a more expensive bird next time!"

④ "I want to take you to a nicer restaurant someday!"

<リスニング放送英文>

A man wanted to buy his mother a nice birthday present, but he only had one day to find something.

So he went window shopping in town. Soon ~~enough~~, he walked by a pet store window and thought, "Oh, that's a lovely idea for a present! My mother has been quite lonely recently, and she will love a pet."

The man went into the store and saw many wonderful animals. There were sweet dogs, fluffy cats, pretty fish, and cute little hamsters. But the man didn't think any of these were quite right. He asked the manager, "*Do you have a pet that is really special?*"

"Yes, I do. I have a South American bird that knows over 400 words. He can talk about the weather, about sports, and about political things. But he is very expensive, at $5,000." "Well, he sounds just perfect. Why don't you bring him out here?"

The manager went into the back room and brought out a wonderful green bird with bright wings and a dark, golden chest. He set the bird on a small branch and soon left to take care of a customer in another part of the shop.

The man looked at the bird and started talking to it in the usual way, "Pretty bird, pretty bird. Do you want a cracker?"

Because the bird replied in very beautiful English, the man couldn't believe his ears. They talked about the weather, they talked about foreign international problems, and even talked about the latest soccer tournament. The man was amazed.

"I'll take him," he called the manager, and after paying for the bird, he sent it to his mother. The next evening after work, the man called his mother. He asked, "Did you get your birthday present? Do you like it?"

His mother replied, "Thank you very much, my dear. It was delicious."

No. 1　What was the problem at the beginning of the story?

No. 2　Why did the man think giving a pet was a nice idea?

No. 3　Which is correct about the bird?

No. 4　What will the man probably think at the end of the story?

2　次の英文を読んで，あとの問いに答えなさい。

You sometimes can't get a song out of your head. You hear a pop song on the radio, or even just read the song's title, and the song plays for hours over and over in your mind until you're really sick of it. The condition now even has a medical name - 'song-in-head syndrome'.

But why does the mind cause troubles to us like this? No one knows for sure, but it's probably because the brain is better at holding on to information than it is at knowing what is important. Roger Chaffin, a scientist at the University of Connecticut says, "The human brain is designed to work like that, but in this case it can be a problem."

This condition helped our ancestors when they remembered important information in the past. Today students use it to learn new textbooks and musicians depend on it to learn difficult music. But when this useful system goes wrong, we listen to the same music many times in our brain.

The syndrome probably happens in the auditory cortex which is at the front of the brain. The auditory cortex manages both listening and playing music and other sounds in our minds. Robert Zatorre of McGill University explained this some years ago when he asked volunteers to play the theme from the TV show *Dallas* in their heads again. This study showed that the auditory cortex started to work when the people heard the song.

However, we do not remember every piece of music we have heard. The front area of the brain decides which thoughts are kept and which ones are forgotten, but when we are tired or sad, we may get 'song-in-head syndrome.' Susan Ball, a scientist at Indiana University, says that at that moment, people often suffer from song-in-head syndrome and holding other thoughts that they are not interested in at all. And once the song which you don't want to hear starts to play, it's impossible to forget it. "As you try to put a thought away, you get it more," says Ball. "We call this the pink elephant phenomenon. Even if the brain does not want to think about pink elephants, we think more about it," she says.

For people who suffer so much from this, just keeping away from certain kinds of music can help. "I know music that is 'sticky' to me, so I will not play it in the early morning so that it will not run around in my head all day," says Steve Brown, a scientist at the University of Texas now and a classical pianist before. He says he always has a song in his head and (1)his mind never seems to make it all the way through. "It has short melodies between 5 and 15 seconds long. It plays for hours sometimes and bothers me," he says.

Brown experiences music played again and again in his head, and this may show another phenomenon called 'chunking.' When 'chunking' happens, people remember a part of some music as a single unit of memory, says Caroline Palmer, a scientist at Ohio State University. However, most people who listen to music have little choice about what chunks of music they remember. Particular chunks may also be especially 'sticky' if you hear them often or if they have certain clear styles. For example, rock music uses similar types of melody that are heard many times in the songs. Palmer's research shows that if a melody follows such styles, it is easier to remember. So, you have more chances of remembering rock music than classical music that is created by J.S.Bach.

This ability is used for good purposes. Teachers can make students' memory better by setting their lessons to music. For example, some research found that students who heard the text of their history textbook as the lyrics to a popular song remembered the words better than the students who just read them in the textbook, says Sandra Calvert, a professor at Georgetown University.

[①assist / ② explain / ③ may also / ④ memory / ⑤ songs / ⑥ to / ⑦ using] the origin of music. "Before history was written down, people remembered it in songs," says Leon James, a professor at the University of Hawaii. And perhaps music had a much more important role. "All music has a message," he says. "This message works to unite society and people can have similar ways of thinking in society."

(注)

syndrome　シンドローム，症候群　　auditory cortex　聴覚皮質(脳の一部)
phenomenon　現象　　chunking　かたまりをつくること　　unit　単位
chunks　かたまり　　sticky　くっつく，粘着した　　lyrics　歌詞

問1　下線部(1)を次のように言いかえるとき，空所(A)～(C)に入る最も適切な1語をそれぞれ答えなさい。 記述

... and it never (A) from the (B) to the (C) in his mind.

問2　下線部(2)が意味の通る英文になるように[　　]内の語句を並べかえ，以下の 5 ～ 7 に入るものの番号をそれぞれ答えなさい。ただし，文頭の語も小文字で示してある。

[＿＿ ＿＿ 5 ＿＿ 6 ＿＿ 7]the origin of music.

① assist ② explain ③ may also ④ memory

⑤ songs ⑥ to ⑦ using

問3 次の1～3の各文が本文の内容と合うように，下線部に入る最も適切なものを次の①～④からそれぞれ1つ選び，その番号を答えなさい。

1 'Song-in-head syndrome' 8 .

① happens when you hear a popular song on the radio, but it never happens when you read the song's title

② probably happens in the front area of the auditory cortex that chooses information for us to remember

③ especially happens to people today and did not happen to our ancestors

④ causes many troubles such as destroying the useful system of the human brain

2 The pink elephant phenomenon 9 .

① creates clear images of a pink elephant in people's minds

② causes troubles such as thinking and saying the same thing many times

③ is a phenomenon that can happen with 'song-in-head syndrome'

④ happens when you hear classical music more often than rock music

3 'Chunking' 10 .

① happens because the human brain is designed to remember long pieces of music as a single memory unit

② happens when people listen to music such as rock music and they choose to remember interesting sections of it

③ happens only because people make rock music with similar melodies and is sometimes used to teach information

④ is used for good purposes such as learning textbooks and remembering other things with the help of music

問4 本文の内容と一致するものを次の①～④から1つ選び，その番号を答えなさい。 11

① We know the cause of 'song-in-head syndrome' thanks to many studies such as Roger Chaffin's, Robert Zatorre's and Susan Ball's.

② 'Song-in-head syndrome' probably happens because the brain is better at keeping information than at selecting important information.

③ When 'chunking' happens, the brain tries to have a part of some music as a single unit of memory, and such melodies are played for just few minutes each time.

④ 'Chunking' does not happen when we hear 'sticky' chunks of music and we forget it easily.

3 次の英文を読んで，あとの問いに答えなさい。

Mr. and Mrs. Mallard were looking for a place to live. But when Mr. Mallard saw a nice place, Mrs. Mallard always said it was no good. She thought that there were foxes in the forest or turtles in the water, and she was not going to raise a family in such a dangerous place. So they flew on and on.

When they got to Boston, they felt too tired to fly any more. There was a nice pond in the Public Garden, with an island. "That's the best place to spend the night," said Mr. Mallard. So they flew down.

Next morning they fished for their breakfast in the pond. But they didn't find much. Just as they were getting ready to start on their way, (1)<u>a strange large bird</u> came by. It was pushing a boat which was full of people, and a man was sitting on its back. "Good morning," said Mr. Mallard, in a polite way. The big bird was too proud to answer. But the people on the boat threw peanuts into the water, so Mr. and Mrs. Mallard followed them all round the pond and got another breakfast, better than the first. "I like this place," said Mrs. Mallard as they walked out of the pond. "Why don't we build a nest and raise our babies right in this pond? There are no foxes and no turtles, and the people feed us peanuts. What could be better?" "Good," said Mr. Mallard. He was very happy. At last, Mrs. Mallard liked a place to live. But– " A ", Mrs. Mallard panicked. "This is no place for *babies*, with all those terrible things around. B " So they flew over Beacon Hill and round the State House, but there was no place there. They looked in Louisburg Square, but there was no water to swim in.

Then they flew over the Charles River. "This is better," said Mr. Mallard. "That island looks like a nice quiet place, and it's only a little way from the Public Garden." "Yes," said Mrs. Mallard. She remembered the peanuts there. "That looks like just the right place to have babies." So they chose a nice place near the water and began to build their nest. And only just in time, they were beginning to lose their old wing feathers. They would not be able to fly again until the new ones grew in. But of course they could swim, and one day they swam across the river, and there they met a policeman called Michael. He fed them peanuts, and after that Mr. and Mrs. Mallard visited him every day.

After Mrs. Mallard laid eight eggs in the nest she couldn't go to visit Michael anymore, because she (2)[<u>① to / ② them / ③ to keep / ④ sit / ⑤ had / ⑥ the eggs / ⑦ warm / ⑧ on</u>]. She left the nest only to get a drink of water, to have her lunch, or to count the eggs and make sure they were all there.

One day the babies came out of their eggs. First came Jack, then Kack, and then Lack, then Mack and Nack and Ouack and Pack and Quack. Mr. and Mrs. Mallard were so happy. It was a lot of work to take care of so many babies, and it kept them very busy.

One day Mr. Mallard decided he'd like to take a trip (3)[<u>see / the rest / the river / like</u>]. So he spread his wings to leave. "I'll meet you in a week, back in the Public Garden," he said over his shoulder. "Take good care of the babies." "Don't worry," said Mrs. Mallard. "I know all about raising the children." And she did. She taught them how to swim. She taught them to walk in a line, to come when they were called, and to keep a safe distance from bikes and cars and other things with wheels. When at last she felt perfectly happy with them, she said one morning: "Come along, children. Follow me." Jack, Kack, Lack, Mack, Nack, Ouack, Pack, and Quack made a line quickly, just as they were taught. Mrs. Mallard took them into the water and they swam behind her to the opposite side. There they came out of the water and walked till they came to a wide and crowded road.

Mrs. Mallard stepped out to cross the road. "Honk, honk!" said the fast cars. "Qua-a-ack!" went Mrs. Mallard as she went back to the side. "Quack! Quack! Quack! Quack!" said Jack, Kack, Lack, Mack, Nack, Ouack, Pack, and Quack, just as loud as they could. The cars kept going by with many honks, and Mrs. Mallard and the babies kept saying "Quack! Quack! Quack!" They made a noise so loudly that Michael came. He started running, and waved his arms and blew his whistle. He stood [C] of the street, raised one hand to stop the traffic, and then waved with the other, just like policemen do. So Mrs. Mallard could cross the street.

As soon as Mrs. Mallard and the babies were safe on the other side and on their way down Mount Vernon Street, Michael ran back to his police box. He called Clancy at the big police station and said: "A family of ducks are walking down the street!" Clancy said, "Family of *what*?" "Ducks!" shouted Michael. "Send a police car, quick!"

At the same time Mrs. Mallard reached the Corner Book Shop and turned into Charles Street, and Jack, Kack, Lack, Mack, Nack, Ouack, Pack, and Quack were all walking in line behind her. Everyone looked. An old lady from Beacon Hill said, "It is amazing!" And the man who cleaned the streets said, "Well, now, that's nice!" and when Mrs. Mallard heard them she was so proud she put her nose in the air and walked along while she was swinging her tail. When they came to the corner of Beacon Street the police car was there with four policemen that Clancy sent. The policemen stopped the traffic so Mrs. Mallard and the babies could walk across the streets, and into the Public Garden. Inside the gate they all turned round to say thank you to the policemen. The policemen smiled and waved good-by.

When they reached the pond and swam across to the little island, Mr. Mallard was waiting for them, just as he promised. The babies liked the new island so much that the family decided to live there. All day long they followed the boat and ate peanuts. And when night came they swam to their little island and went to sleep.

（注）

peanuts　ピーナッツ
feathers　羽，羽毛
honk　（自動車の）警笛の音
line　列

問1　下線部(1)について正しく描写しているイラストを次の①～④から1つ選び，その番号を答えなさい。 [12]

①

②

③

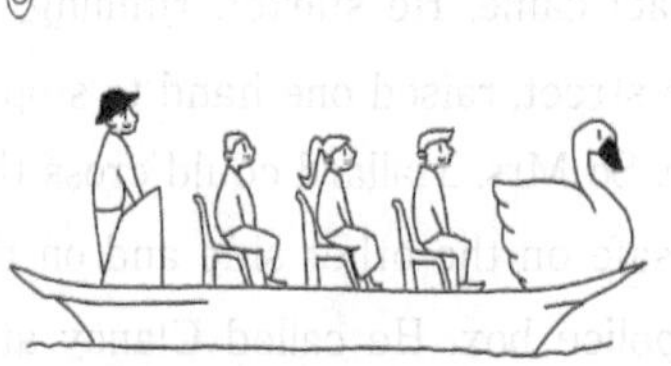

④

問2　空所 [A]，[B] に入る最も適切なものを次の①～④からそれぞれ選び，その番号を答えなさい。

[A]…[13]

[B]…[14]

① Watch out! A bike is coming!

② Oh, no! We have nothing to eat!

③ We'll have to build a nest here.

④ We'll have to look somewhere else.

問3　下線部(2)が意味の通る表現になるように［　］の語（句）を並べかえ，以下の [15] ～ [17] に入るものの番号をそれぞれ答えなさい。

…, because she

［ ___ [15] ___ [16] ___ [17] ___ ___ ］.

① to　　② them　　③ to keep　　④ sit

⑤ had　　⑥ the eggs　　⑦ warm　　⑧ on

問4　下線部(3)が物語の流れに合う表現になるように，［　　］内の6語に4語を補いなさい。ただし，与えられた語句はそのままの形で，与えられた順にすべて用いること。 [記述]

…to take a trip ［ see / the rest / the river / like ］.

問5　空所 [C] に入る最も適切な表現を次の①～④から1つ選び，その番号を答えなさい。 [18]

① on the right side　　② in the center

③ on the left side　　④ in the corner

問6　本文の内容と一致するものを次の①～⑥から2つ選び，その番号を答えなさい。 [19] [20]

① The pond in the Public Garden was not a good place to live in because there was not enough to eat.

② The Mallard family began to visit Michael every day because he saved them when their feathers began to fall off.

③ Mrs. Mallard had to raise her babies with Michael after Mr. Mallard took a trip for a week.

④ Clancy was surprised to hear Michael was asking her to send a police car to save ducks, instead of humans.

⑤ When all of the babies were walking in line behind Mrs. Mallard, she was so proud to hear people's comments.

⑥ The Mallard family finally decided to live in the Beacon Hill because it was comfortable for them.

4 次の英文を読んで，あとの問いに答えなさい。

Where does food come from? Although this may seem like a strange question, the answer may surprise you. Of course, food comes from plants and animals. However, if we think about this question a bit more deeply, we realize that food actually comes from [A]. Every animal must either eat plants or another animal (which eats plants) to live. Animals depend on plants, and plants depend on energy from [A] to grow and to make more plants.

As we all know, every plant has a different size, shape, and taste. In fact, we do not eat most of the plants in the world because they will make us sick, or are too tough, or aren't big enough. Grass is a good example. (1)Although cows and horses [① allow / ② eating / ③ enjoy / ④ have / ⑤ which / ⑥ stomachs / ⑦ grass / ⑧ to / ⑨ them], humans do not.

Some plants, however, are especially good for humans because they produce carbohydrates in a very suitable package. At the top of the list are three super plants; corn, rice and wheat. These three plants have especially large seeds that are full of energy. (2)We have learned [① good / ② how / ③ in / ④ them / ⑤ these seeds / ⑥ order / ⑦ to cook / ⑧ to eat / ⑨ to make].

We also feed huge amounts of these seeds to cows, chickens and other farm animals, so that we can eat them later as [B]. However, when we do this, around 40% of each animal, such as their bones, isn't eaten. It goes to other products instead, or is wasted. So we wonder why we don't just eat the seeds, instead of giving them to animals that we want to eat. Why? Because the human body needs protein to grow and repair itself, and it is difficult to get enough by simply eating plants. This system is good for our bodies, although it uses up a lot of plants and the farm animals may sometimes find it hard.

When we eat a carrot, there is little waste. We use about 90% of it. We can say the same thing about many of the plants we eat. However, if we feed carrots to a chicken and then eat the chicken once it has grown, we only get back about 10% of all the food it has eaten during its life. We can also say the same thing for cows and other animals. In this sense, eating vegetables is much kinder to the Earth as there is less waste.

We can also say the same thing about fish. When one fish eats another there is the same 90%

waste, and since big fish eat smaller fish that eat much smaller fish, there is much more waste. When we eat a big fish like a tuna, we are getting less than 1% of the plants and fish that are eaten on the chain.

It is easy to say that because humans are at the top of the [C] chain, this process is part of nature. However, there are now over six billion people on Earth and many of them are getting a large part of their energy from eating animals and fish. (3)That is the problem. And as we have seen, it creates a lot of waste.

As meat and fish eaters, we are all responsible for continuing this system which [D] troubles for our planet. Some people believe that in the developed world people eat over twice as much food from animals as their bodies need. If everyone eats less meat and fish, it will have a positive impact on the environment.

(注)

carbohydrates　炭水化物	suitable　ふさわしい	corn　トウモロコシ
wheat　小麦	bones　骨	protein　タンパク質

問1　空所[A]に入る最も適切なものを次の①～④から1つ選び，その番号を答えなさい。[21]

①　the moon　②　the sun　③　water　④　the animal

問2　下線部(1)が意味の通る英文になるように[　　]内の語を並べかえ，以下の[22]～[24]に入るものの番号をそれぞれ答えなさい。

Although cows and horses

[___ ___ [22] ___ [23] ___ [24] ___ ___],

humans do not.

①　allow　②　eating　③　enjoy　④　have

⑤　which　⑥　stomachs　⑦　grass　⑧　to

⑨　them

問3　下線部(2)が意味の通る英文になるように[　　]内の語(句)を並べかえ，以下の[25]～[27]に入るものの番号をそれぞれ答えなさい。

We have learned

[___ ___ [25] ___ [26] ___ [27] ___ ___].

①　good　②　how　③　in　④　them

⑤　these seeds　⑥　order　⑦　to cook　⑧　to eat

⑨　to make

問4　空所[B]に入る最も適切なものを次の①～④の中から1つ選び，その番号を答えなさい。

[28]

①　meat　②　lunch　③　a system　④　a custum

問5　空所[C]に入る最も適切なものを次の①～④の中から1つ選び，その番号を答えなさい。

[29]

①　animal　②　key　③　food　④　gold

問6　下線部(3)の内容はどのようなことか，最も適するものを次の①～④の中から1つ選び，その番号を答えなさい。[30]

① 今や地球上における生き物が増え続け，地球における酸素の量が低下している。

② 今や地球上の人間の数が莫《ばく》大な数になり，一人当たりの摂取エネルギーが低下している。

③ 今や地球上における生き物が増え続け，地球におけるエネルギー資源がなくなりつつある。

④ 今や地球上の人間の数が莫大な数になり，その多くが動物や魚からエネルギーを摂取している。

問7 空所［ D ］に入る最も適切なものを次の①～④の中から1つ選び，その番号を答えなさい。

［31］

① is caused　② is causing　③ caused　④ causing

問8 本文で筆者が最も言いたいことを次の①～④の中から1つ選び，その番号を答えなさい。［32］

① People should eat less meat and fish than ever before for the earth.

② Knowing what food humans should best eat for the planet is impossible.

③ Eating animal source food is better than eating plant source food for nature.

④ People in the developed world eat three times as much food from animals as their bodies need.

問9 本文の内容と<u>異なるもの</u>を次の①～④の中から1つ選び，その番号を答えなさい。［33］

① Humans are able to get carbohydrates produced from plants.

② Farm animals do not need as much meat and fish as humans do.

③ Eating any kind of fish is less efficient than eating any kind of meat.

④ Food human beings choose to eat has a great effect on the environment.

［問題の作成上，原文の一部を改変したところがある］

【理　科】（50分）〈満点：100点〉

[1]　図1のように，12Nのおもりに伸び縮みしない糸を取り付け，滑車を通して糸の反対側を壁に取り付けた。滑車から壁までの糸は水平で，その25cm下方には物体がある。物体は床の上に置かれた台はかりの上にのせてあった。この状態で，おもりは床から高さ28cmのところにあった。物体にはフックがついており，糸をひっかけることができる。糸の水平部分を手でゆっくりと押し下げていき，図2のように物体に取り付けたところ，おもりの床からの高さは33cmとなった。

以下の(1)～(4)に答えなさい。

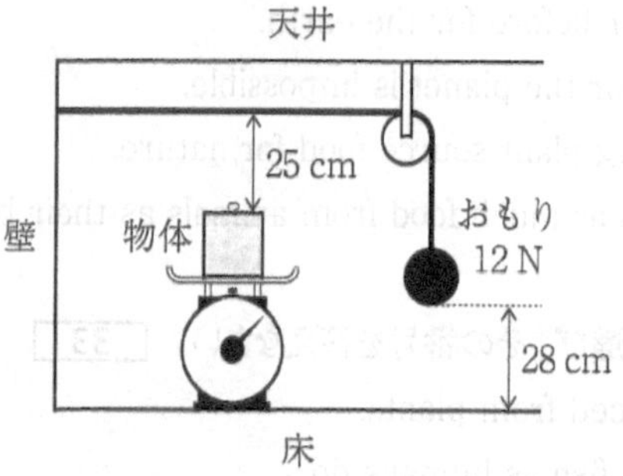

図1

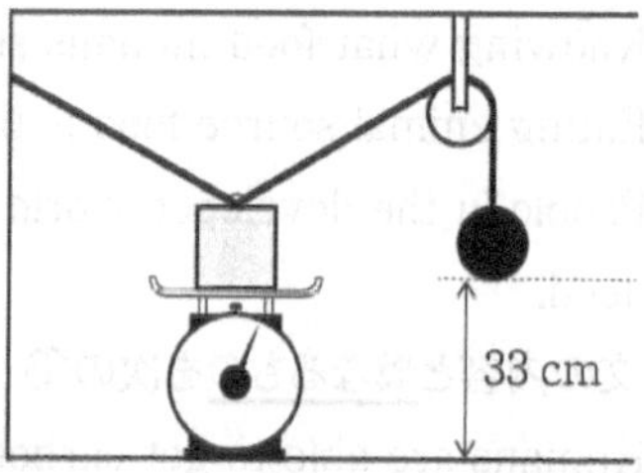

図2

(1)　糸を手で押し下げていったとき，手が感じる力はどうなっていくか。[1]

①　はじめ手ごたえは小さく，だんだんと大きくなる。

②　はじめ手ごたえは大きく，だんだんと小さくなる。

③　ずっと一定の手ごたえを感じる。

(2)　糸を押し下げていったときの仕事は何Jか。[記述]

(3)　図3のように、滑車を台はかりの方に近づけた。
このとき，台はかりの指す値は近づける前と比べてどうなるか。[2]

①　大きくなる　　②　小さくなる　　③　変わらない

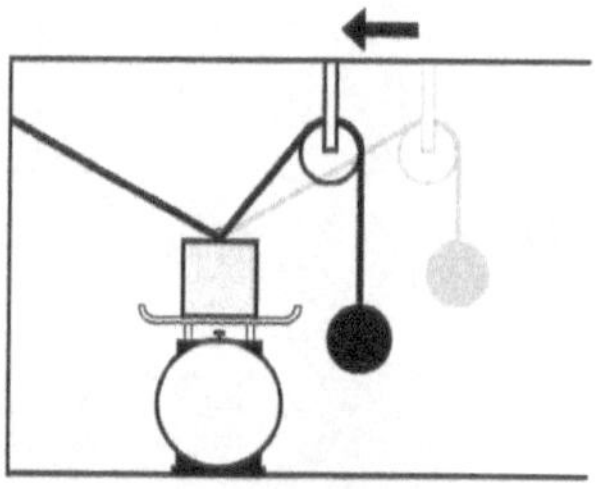

図3

(4)　(3)のようになる理由として適切なものはどれか。[3]

①　おもりが下がることにより，位置エネルギーが小さくなるから。

②　糸が物体を上向きに引く力が小さくなるから。

③　滑車を動かす仕事が加わるから。

④　台はかりが物体を上向きに押す力が小さくなるから。

⑤　おもりの質量も物体の質量も変化せず，物体は静止していて変わらないから。

2 次の文章を読んで，後の(1)〜(4)の問いに答えなさい。

2年生のとき，由美さんは「純粋な水（精製水）は電流を流さないが，水酸化ナトリウムなどをとかすと水を電気分解することができ，水素と酸素ができる」と学んだ。また，3年生になって，電気分解がイオンと関係があることを以下の実験1を通して学んだ。

実験1 図1のような装置をつくり，塩化銅水溶液に約3Vの電圧を加え，電流を流した。電流を流しているときの，陰極や陽極の様子を観察した。

（結果） 陰極の表面に赤色の物質が付着した。陽極の表面からはプールの消毒のような臭いがする気体が発生した。

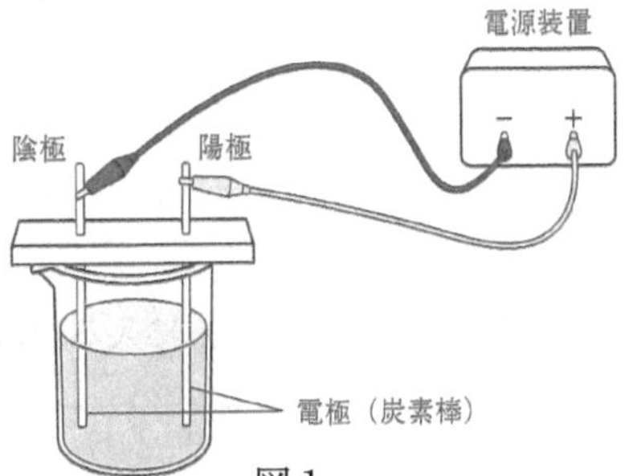

図1

（考察） 陰極には銅が付着し，陽極には塩素が発生したことから，塩化銅水溶液の中に「銅原子のもと」と「塩素原子のもと」になる粒子があると考えられる。＋の電気と－の電気の間には，互いに引き合う力がはたらくことから，塩化銅水溶液の中にある「銅原子のもと」は（　ア　）の電気を帯びていて，「塩素原子のもと」は（　イ　）の電気を帯びていると考えられる。

3年生で学んだことを活用して，2年生で学んだ水の電気分解を探究しようと考えた由美さんは，以下のような4つの実験を行った。

実験2 硫酸ナトリウムを水にとかして，緑色のBTB溶液を加えた。

（結果） 溶液の色は緑色のままであった。

（考察） 硫酸ナトリウム水溶液は（　ウ　）性の溶液である。

実験3 実験2でできた緑色の溶液を，図2のような装置に入れて電流を流した。電流を流しているときの，陰極や陽極の様子を観察した。

（結果） 陰極と陽極から気体が発生した。溶液の色が陰極側では青色に、陽極側では黄色に変化した。

（考察） 電気分解をすると，陰極側は（　エ　）性に、陽極側は（　オ　）性に変化した。

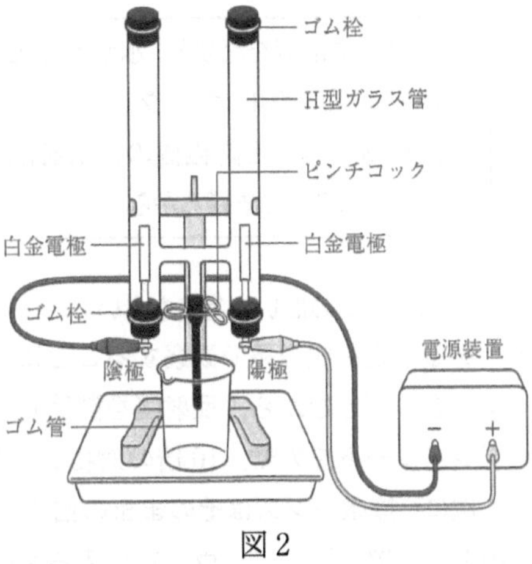

図2

実験4 陰極側の気体には，火のついたマッチを近づけ，陽極側の気体には火のついた線香を入れ，実験3で発生した気体の性質を調べた。

（結果） 陰極から発生した気体は，ポンと音を立てて燃え，陽極から発生した気体の中では，線香が炎を出して激しく燃えた。

（考察） 陰極から発生した気体は水素，陽極から発生した気体は酸素である。

実験5 実験３でできた陰極側の青色の溶液と陽極側の黄色の溶液を混ぜた。
（結果） 溶液の色が緑色になった。

(1) （ ア ），（ イ ）に入る語の組合せとして，正しいものはどれか。 4

	①	②	③	④
ア	＋（正）	＋（正）	－（負）	－（負）
イ	＋（正）	－（負）	＋（正）	－（負）

(2) （ ウ ）～（ オ ）に入る語の組合せとして，正しいものはどれか。 5

	①	②	③	④	⑤	⑥
ウ	酸	酸	アルカリ	アルカリ	中	中
エ	中	アルカリ	中	酸	アルカリ	酸
オ	アルカリ	中	酸	中	酸	アルカリ

(3) 実験３で，陽極に集まった気体の体積は，陰極に集まった気体の体積の何倍か。 6
① 0.25倍　② 0.5倍　③ １倍　④ ２倍　⑤ ４倍

(4) 由美さんは，硫酸ナトリウム水溶液に電流を流す実験を「硫酸ナトリウムの電気分解」とよばず，「水の電気分解」とよぶ理由を，実験の結果から次のように考えた。次の文中の（ カ ）～（ ケ ）に入るイオン式をそれぞれ書け。 記述

水溶液に電流を流すと，水が水素と酸素に分解されるだけでなく，陰極側には（ カ ）と（ キ ）が存在し，陽極側には（ ク ）と（ ケ ）が存在する。
陰極側の溶液と陽極側の溶液を混ぜると，（ カ ）と（ ク ）は反応して水になるが，（ キ ）と（ ケ ）はそのまま残るから。

3 次の(1)，(2)の問いに答えなさい。

(1) ある細胞を顕微鏡で観察することにした。対物レンズを一番低倍率のものにして，10倍の接眼レンズをのぞきながら，反射鏡を調節して，視野全体が均一に明るく見えるようにした。ステージにプレパラートをのせ，10倍の対物レンズで観察したところ，細胞は図１のように見えた。
次に，接眼レンズはそのままの倍率で，対物レンズを40倍にして，その細胞を観察した。下の文中の（ ア ）～（ ウ ）に入るものの組合せとして，正しいものはどれか。 7

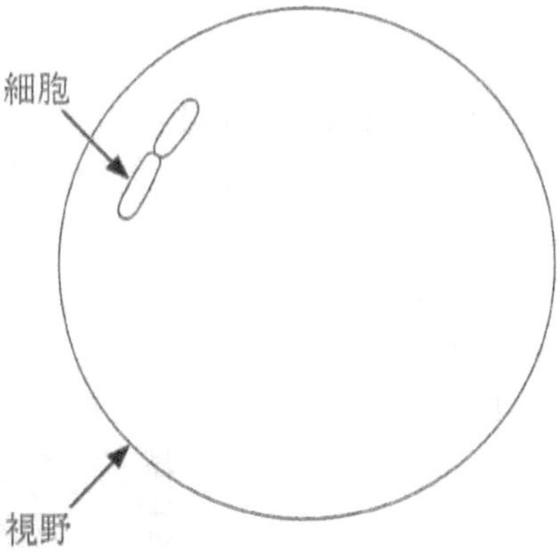

図1

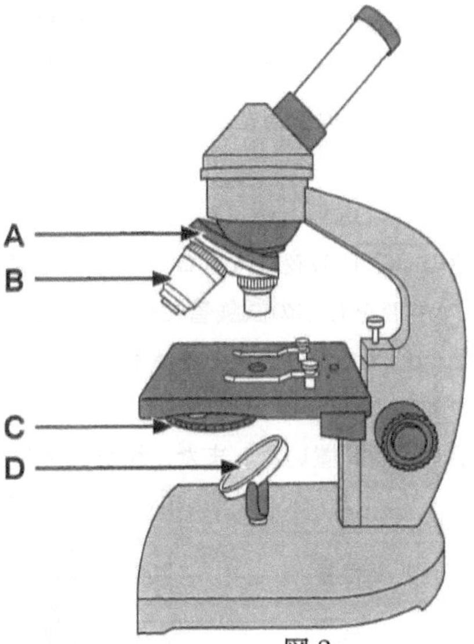

図2

図2の（　ア　）の部分を持って，40倍の対物レンズに替えて，ピントを合わせる。次に，その細胞が視野の中央に来るように，プレパラートを（　イ　）の方向に動かす。最後に（　ウ　）を使って，細胞が最もはっきり見えるように調節する。

	①	②	③	④	⑤	⑥	⑦	⑧
ア	A	A	A	A	B	B	B	B
イ	右斜め下	右斜め下	左斜め上	左斜め上	右斜め下	右斜め下	左斜め上	左斜め上
ウ	C	D	C	D	C	D	C	D

(2)　世界の食糧として重要な作物にコムギ，ダイズ，トウモロコシ，イネ，ジャガイモがあげられる。これらの作物がどのような特徴をもつか，実際に育てて調べた。次の文中の（　エ　）～（　キ　）に入るものの組合せとして，正しいものはどれか。 8

それぞれの茎の断面を調べたところ，維管束がバラバラに存在する植物は（　エ　）種類あった。また，根のつき方を調べたところ，主根と側根をもつ植物は（　オ　）種類あった。ダイズの種子を2つに割って，その断面にヨウ素溶液を数滴たらすと，子葉の部分が青紫色に変化したことから（　カ　）種子であることが分かった。ジャガイモは他の植物と異なり，種子以外の（　キ　）の部分に多くのデンプンを蓄えていた。

	①	②	③	④	⑤	⑥	⑦	⑧
エ	2	2	2	2	3	3	3	3
オ	3	3	3	3	2	2	2	2
カ	無胚乳	無胚乳	有胚乳	有胚乳	無胚乳	無胚乳	有胚乳	有胚乳
キ	根	茎	根	茎	根	茎	根	茎

4 次の文章を読んで，後の(1)～(3)の問いに答えなさい。

学くんは，オオカナダモの光合成と呼吸による二酸化炭素の出入りを比較する実験を，次の方法で行い，以下の結果を得た。

【方法】

1．青色のＢＴＢ溶液にストローをさして息を吹き込み，二酸化炭素で溶液を緑色に変化させた。

2．1．の溶液を6本の試験管に分けた。A，B，Cはオオカナダモを入れてゴム栓で密閉した。D，E，Fはオオカナダモを入れずにゴム栓で密閉した。

3．下の図のようにAとDは光の当たるところに，BとEはうす暗いところに，CとFは暗室に，それぞれ4時間置いた。また，溶液の温度はすべて同じ温度で一定に保った。

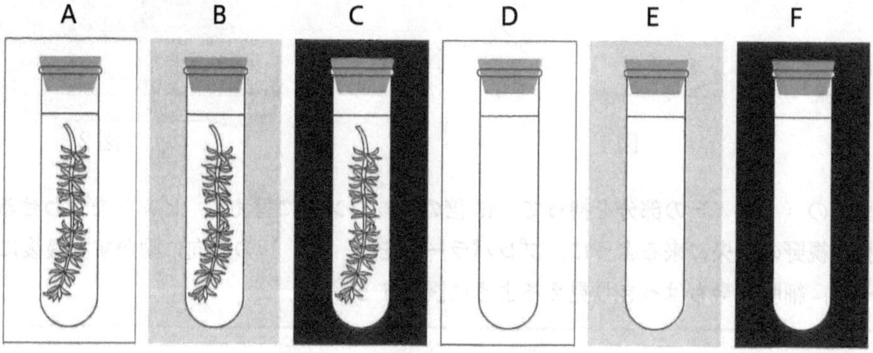

【結果】

試験管	A	B	C	D	E	F
溶液の色	青色	緑色	黄色	緑色	緑色	緑色

(1) オオカナダモの光合成のはたらきによって，試験管中の溶液の色が変化することを確かめた。比較する試験管の組合せとして，正しいものはどれか。 9

① AとD　② AとF　③ BとD　④ BとF　⑤ CとD　⑥ CとF

(2) 試験管Bの溶液の色は変化せず，緑色のままであった。その理由として，正しいものはどれか。 10

① うす暗いところでは，オオカナダモが光合成によって吸収した二酸化炭素の量が，呼吸で放出した二酸化炭素の量と等しかったから。

② うす暗いところでは，オオカナダモが光合成によって吸収した酸素の量が，呼吸で放出した二酸化炭素の量と等しかったから。

③ うす暗いところでは，オオカナダモが光合成によって吸収した二酸化炭素の量が，呼吸で放出した酸素の量と等しかったから。

(3) 青色に変化した試験管Aの溶液にうすい酢を加え，再び緑色にした。この試験管Aをもう一度光の当たるところに4時間置いたが，この実験では青色に変化することはなかった。再びオオカナダモの光合成によって青色に変化させるためには，どのような操作が必要か，簡単に述べよ。ただし，うすい酢はオオカナダモに影響しない。 記述

5 次の〔Ⅰ〕,〔Ⅱ〕の文章を読み，後の(1)～(6)の問いに答えなさい。

〔Ⅰ〕 ある地震に対して，図1中の点（●）で示した4地点で地震波を観測し，その結果を表1に示した。A地点における震源までの距離は50kmであった。なお，地震波の伝わり方は震源を中心に四方八方に同じ速さで理想的に伝わるものとする。また，図1に示した領域は，同じ平面で均一な地質であるものと考える。

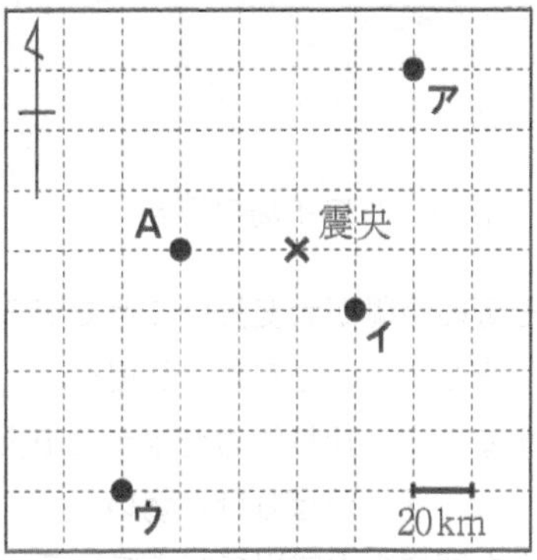

図1 震央と地震波の観測地点

表1 地震波の到着時刻

地点	P波の到着時刻	S波の到着時刻
A	9時20分25秒	9時20分32秒
B	9時20分23秒	9時20分29秒
C	9時20分31秒	9時20分41秒
D	9時20分36秒	9時20分50秒

(1) 表1中の地点Cは，図1中の観測地点ア～ウのうちどれか。［11］

① ア　② イ　③ ウ

(2) 次の図は，表1中の地点A～Dの地震波の波形を示したものである。地点Bのものは次の選択肢のうちどれか。なお，図は地点Aで観測した地震波と同じ縮尺（スケール）で表示されており，初期微動から主要動へ移り変わった部分のみ示している。［12］

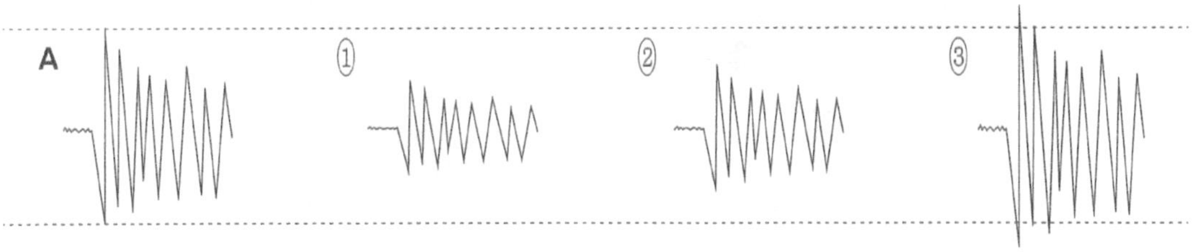

(3) この地震の震源の深さとして，最も近いものはどれか。［13］

① 30 km　② 40 km　③ 46 km　④ 53 km　⑤ 56 km

(4) この地震が発生した時刻として，最も近いものはどれか。［14］

① 9時19分30秒　② 9時19分45秒　③ 9時20分00秒　④ 9時20分15秒

〔Ⅱ〕次の図２・３はハワイ島で撮影した写真である。

図２　マウナ・ケア山の遠景

図３　ハワイ島の溶岩

(5)　図２に示したマウナ・ケア山は，山の標高に対して，すそ野の距離が大変長いことで知られている。この火山や，この火山をつくったマグマの性質として，正しいものをそれぞれ選べ。

火山の噴火の様子　15　①　激しく爆発的に噴火する　②　比較的おだやかに噴火する

マグマのねばりけ　16　①　ねばりけが強い　②　ねばりけが弱い

(6)　図３はハワイ島で観察された溶岩である。マウナ・ケア山も同様の火成岩でできている。この火成岩の名称と，この火成岩と同様のものを顕微鏡で観察した際に見られる組織を示した図の組合せとして正しいものはどれか。ただし，A，Bは同じ倍率で観察している。　17

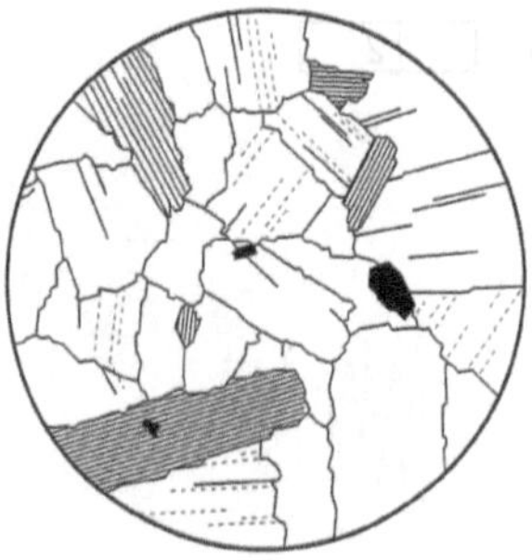

A

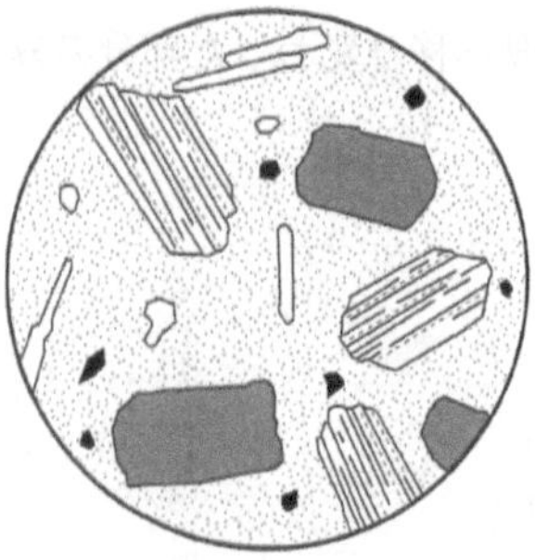

B

	①	②	③	④	⑤	⑥
火成岩の名称	流紋岩《りゅうもんがん》	流紋岩	閃緑岩《せんりょくがん》	閃緑岩	玄武岩《げんぶがん》	玄武岩
火成岩の組織	A	B	A	B	A	B

6 16 Ωの電熱線Pと常温の水を用いて図1の装置を組み，電熱線Pに8Vの電圧を加えて実験すると，水の温度上昇は図2のPのグラフのようになった。

次に，抵抗値不明の電熱線Qを用いて，カップに同量の常温の水を入れ，電熱線Qに8Vの電圧を加えて実験すると，水の温度上昇は図2のQのグラフのようになった。後の(1)～(4)の問いに答えなさい。

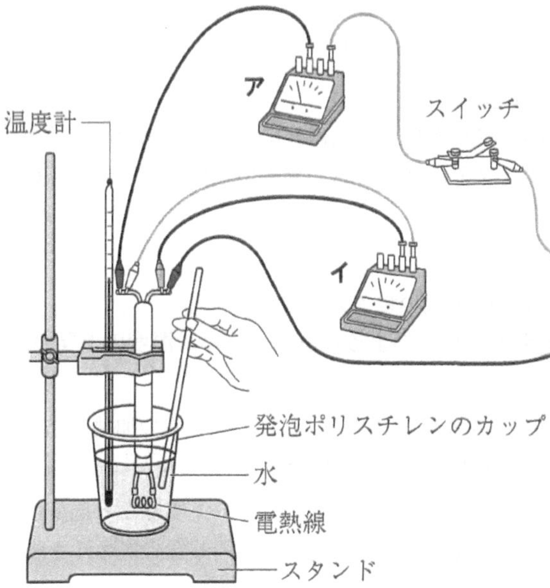

図1

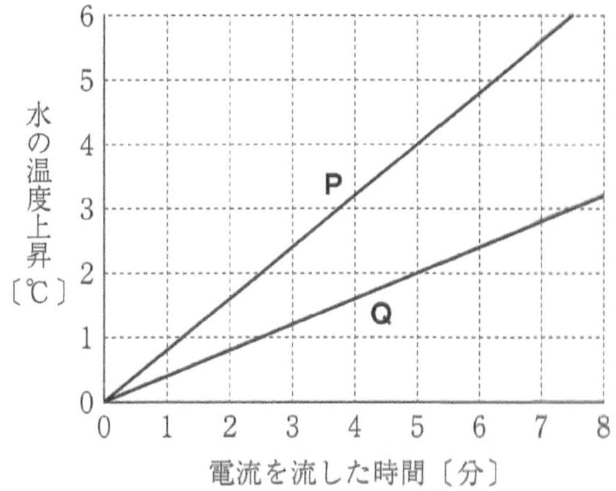

図2

(1) 図1のアとイの測定器はそれぞれ何か。 ア [18] イ [19]

① 電流計 ② 電圧計

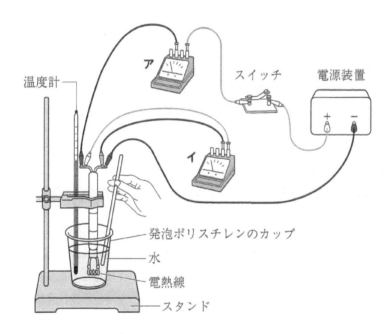

⑵　次の各値を，後の①～⓪から選んでそれぞれ答えよ。

Ｐに流れる電流〔A〕 [20]

Ｐの消費電力〔W〕 [21]

Ｑの消費電力〔W〕 [22]

Ｑに流れる電流〔A〕 [23]

Ｑの電気抵抗〔Ω〕 [24]

①　0.125　②　0.25　③　0.5　④　1　⑤　2

⑥　4　⑦　8　⑧　16　⑨　24　⓪　32

⑶　５分間のＰの電力量は何Ｊか。 [記述]

⑷　図１の装置のカップに同量の常温の水を入れ，電熱線Ｐに４Ｖの電圧を加えて実験すると水の温度上昇はどうなるか。この場合のグラフを描け。なお，解答用紙には図２中のＰのグラフが示してある。 [記述]

[7]　次の〔Ⅰ〕，〔Ⅱ〕を読み，後の⑴～⑸の問いに答えなさい。

〔Ⅰ〕水とエタノールについて，それぞれ以下のような実験を行い，温度の上昇の仕方を調べた。

[実験１]　密度 1.0 g/㎤，10℃の水 10 ㎤ を試験管に取り，ガスバーナーで加熱している湯の中に試験管を入れることで，一定のエネルギーを与え続けた。

[実験２]　密度 0.80 g/㎤，10℃のエタノール 10 ㎤ を試験管に取り，実験１と同様にガスバーナーで加熱している湯の中に試験管を入れることで，実験１と同じ量のエネルギーを与え続けた。

この実験における水とエタノールの温度変化を示したものが図１である。なお，実験において液体が全てなくなることはなかった。

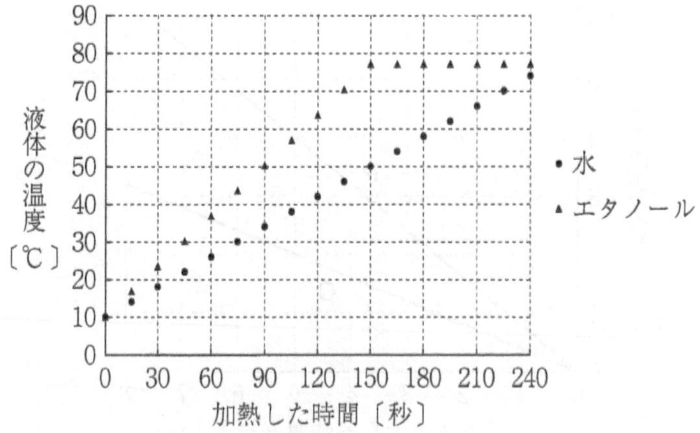

図１

⑴　エタノールが沸騰《ふっとう》し始めると，液体の温度変化は見られなくなった。この理由を述べた以下の文に当てはまる語句を[X]は**漢字一文字**，[Y]は**漢字四文字**でそれぞれ書け。 [記述]

与えられる[X]エネルギーが，[Y]に用いられたため。

(2) エタノールに関する記述として**誤っているもの**はどれか。 25

① エタノールを空気中で燃焼させると二酸化炭素と水になり，熱と光が出る。

② 液体のエタノールは，固体にすると体積は小さくなり，気体にすると体積は大きくなる。

③ 温めたエタノールにアサガオの葉を入れると，アサガオの葉は脱色される。

④ エタノールを石灰岩にかけると，二酸化炭素が発生する。

(3) 液体の水やエタノールの温度が上昇するとき，加熱した時間 x と液体の温度 y との間には，図1のように $y=ax+b$ の関係がみられる。このことから言えることとして適当なものはどれか。

26

① 液体の温度上昇は，与えられたエネルギーの量に比例する。

② 2つのグラフの傾き a の比が，同じ質量あたりの温まりやすさの違いを示す。

③ 液体に与えられるエネルギーの量を大きくすると， a の値は小さくなる。

④ 試験管内の液体の体積を2倍にして同じ実験を行うと， a の値も2倍になる。

〔Ⅱ〕 次に $1.0 g/cm^3$ の水と $0.80\ g/cm^3$ のエタノールをそれぞれ $50 cm^3$ ずつ混ぜて，(a) 水とエタノールの混合物をつくった。この30℃の水とエタノールの混合物を $10 cm^3$ 取り，〔Ⅰ〕と同様な加熱方法で一定のエネルギーを与えて温度変化を調べた。なお，実験において液体が全てなくなることはなかった。

(4) 下線部 **(a)** の水とエタノールの混合物の体積〔cm^3〕を，小数第1位まで求めよ。ただし，この水とエタノールの混合物の密度は $0.92 g/cm^3$ であり，小数第2位の値を四捨五入せよ。

記述

(5) この水とエタノールの混合物の温度変化を表しているグラフとして最も適当なものはどれか。

27

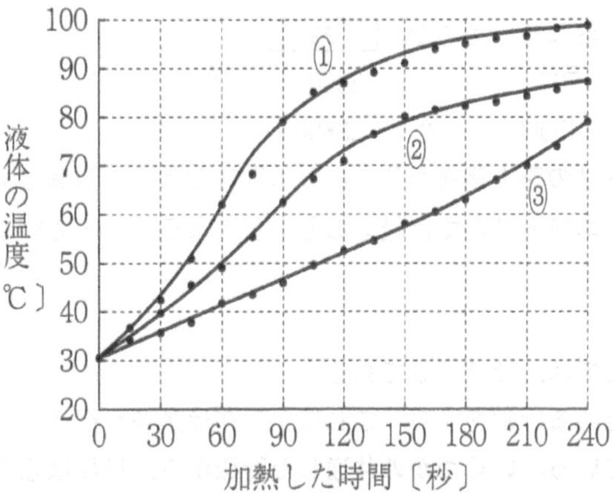

[8] 次の文章を読み，後の(1)～(6)の問いに答えなさい。

図１は，ダチョウとニワトリの卵の大きさを比較したものである。図２は，ダチョウの卵殻の表面の写真である。卵殻には小さなあながあいていて，酸素や二酸化炭素，水蒸気などを通すことができる。ニワトリの卵にも，肉眼では見えないが小さなあながあいていて，気体を通すことができる。

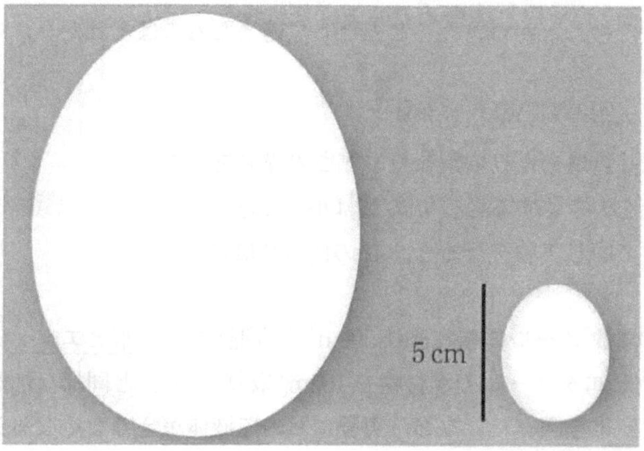

図１

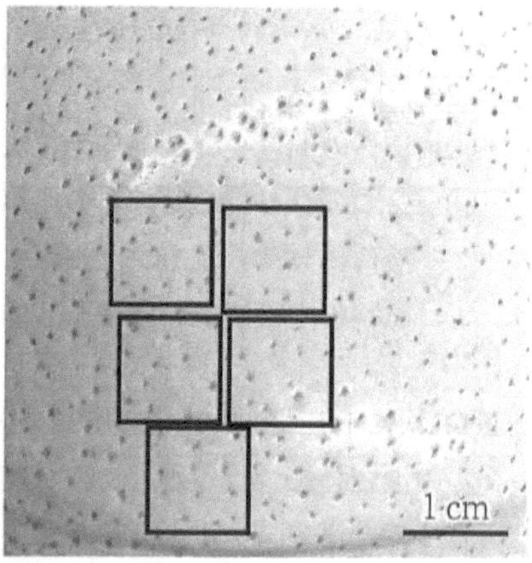

図２

(1) ダチョウの卵を直径16cmの球形とみなし，卵の表面積を求めると，およそいくらか。ただし，円周率は3.14として計算せよ。 [28]

① 25cm^2　② 50cm^2　③ 200cm^2　④ 800 cm^2

⑤ 2000cm^2　⑥ 3200cm^2　⑦ 17000cm^2

(2) 図２の卵殻の写真において，面積１cm^2 の正方形を５ヶ所取り出し，あなの数を数えると，それぞれ 14, 13, 15, 14, 14 個であった。これらの平均の値と，(1) で求めた卵の表面積から，卵１個あたりのあなの数を求めると，およそいくらか。 [29]

① 350　② 700　③ 2800　④ 11000

⑤ 28000　⑥ 45000　⑦ 2380000

(3) ある資料によると，ニワトリの卵１個あたりのあなの数はおよそ１万個であった。単位面積あたりのあなの数を，ダチョウとニワトリとで比較すると，どのようになっているか。 [30]

① ダチョウの方が多い

② ニワトリの方が多い

③ ダチョウとニワトリとでは，ほぼ同じである

(4) 鳥類は産卵後，卵をあたためる行動をする。これは，現在は鳥類が行う行動であるが，一部の恐竜も行っていたと予測されている。いくつかの共通した特徴から，鳥類は恐竜から進化したという説が現在有力になっている。

一方，鳥類の祖先として長い間考えられていたものに始祖鳥がある。始祖鳥に関する次の文を読み，正しい場合は①，誤っている場合は②をそれぞれマークせよ。

ア） 始祖鳥は，１億5000万年ほど前の古生代の地層から化石として発見された。 [31]

イ） 始祖鳥は，翼，羽毛といった鳥類の特徴と，歯，爪といったハチュウ類の特徴という，２つ

のグループの特徴を合わせもつ。[32]

(5) 動物の受精卵が体細胞分裂を始めてから，自分で食物をとりはじめる前までの個体のことを何というか。[記述]

(6) 卵などがつくられる際の減数分裂では，親の細胞で対をなす同じ長さの染色体が，1本ずつ生殖細胞に入る。その後，受精によって対をなす染色体の1本ずつが両親から子に引き継がれる。図3は減数分裂と受精のときの染色体の組合せを模式的に示したものである。

ニワトリの雌親，雄親の染色体のうち4本ずつを，図4のように染色体A～Hとした。ＡＢＥＦ，ＣＤＧＨはそれぞれ同じ長さの染色体である。

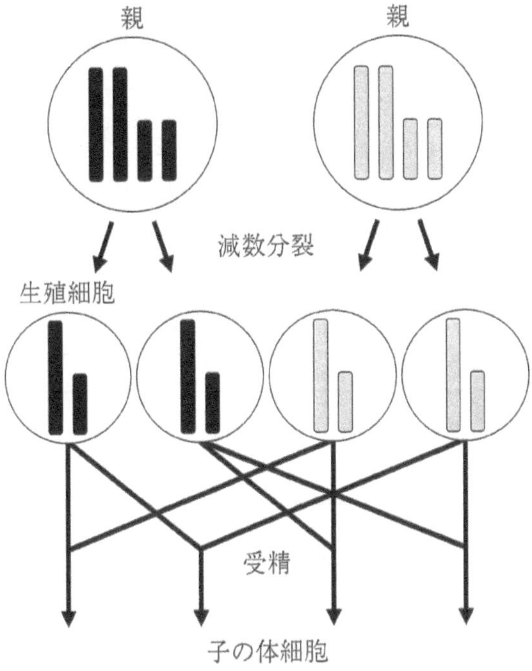

図3

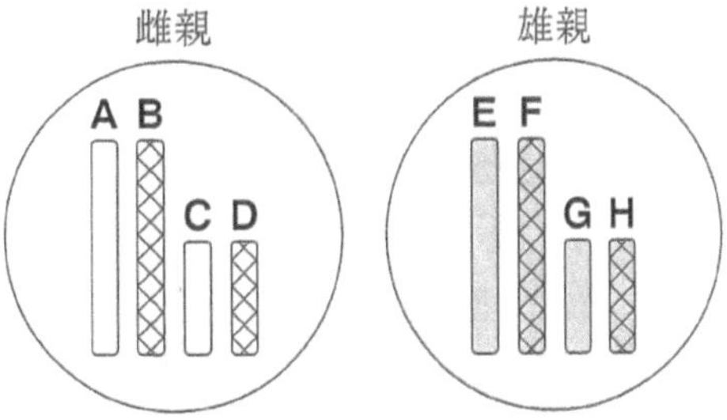

図4

図3を参考に，ニワトリの子に引き継がれる染色体の組合せとして考えられるものを2つ選べ。ただし，解答の順序は問わない。[33] [34]

① ＡＢＥＦ　② ＣＤＧＨ　③ ＡＥＣＧ　④ ＡＥＦＨ
⑤ ＡＣＥＦ　⑥ ＢＣＥＨ　⑦ ＢＤＧＨ　⑧ ＣＤＥＦ

[9] 次の文章を読み，後の(1)～(6)の問いに答えなさい。

東京と秋田とがどれくらい離れているかを考えてみよう。ここで，地球は完全な球で，その全周は4万 km とし，東京と秋田とは同じ経度とみなして考えよう。東京と秋田とで，北極星の見える高度が4°異なっているとすると，東京と秋田とは約（　A　）km 離れていることがわかる。

また，ある日の東京の気象観測の結果は次の通りであった。

風向：東北東の風　風力：1　天気：くもり

その日，秋田で乾湿計を使って，湿度を求めると，乾球25℃，湿球（　B　）℃であったので，表1をもとに求めると，湿度は84％であった。その時の天気図を見ると，秋田を温暖前線が通過していた。秋田に雨を降らした雲は（　C　）だと考えられる。また，東京では，気温が30℃で，露点が22℃であったので，表2をもとに求めると，湿度は（　D　）%であった。その時に東京には停滞前線がかかっていた。

表1　湿度表

		乾球と湿球との温度の読みの差　〔℃〕									
		0	1	2	3	4	5	6	7	8	9
乾球の温度〔℃〕	30	100	92	85	78	72	65	59	53	47	41
	29	100	92	85	78	71	64	58	52	46	40
	28	100	92	85	77	70	64	57	51	45	39
	27	100	92	84	77	70	63	56	50	43	37
	26	100	92	84	76	69	62	55	48	42	36
	25	100	92	84	76	68	61	54	47	41	34
	24	100	91	83	75	68	60	53	46	39	33
	23	100	91	83	75	67	59	52	45	38	31
	22	100	91	82	74	66	58	50	43	36	29
	21	100	91	82	73	65	57	49	42	34	27
	20	100	91	81	73	64	56	48	40	32	25

表2　気温と飽和水蒸気量の関係　〔単位：g/m^3〕

		1℃ 単位における温度　〔℃〕									
		0	1	2	3	4	5	6	7	8	9
10℃単位における温度〔℃〕	40	51.1	53.7	56.4	59.3	62.2	65.3	68.5	71.9	75.4	79.0
	30	30.3	32.0	33.7	35.6	37.6	39.6	41.7	43.9	46.2	48.6
	20	17.2	18.3	19.4	20.6	21.8	23.0	24.4	25.8	27.2	28.7
	10	9.39	10.0	10.7	11.3	12.1	12.8	13.6	14.5	15.4	16.3
	0	4.85	5.19	5.56	5.94	6.36	6.79	7.26	7.75	8.27	8.81

夕方，東京で西の空に惑星が見えた。この惑星は明け方か夕方にしか観測できない。また，満ち欠けをすることがわかった。この惑星を探査機から観測した時に表面に大きなクレーターが見られれば（　E　）で，クレーターがみられなければ（　F　）であると考えられる。

みなさんも，是非，気象や天体の観測を通して，さまざまなことに気づいてほしい。

(1)（　A　）にあてはまる数値を整数で求めよ。ただし，割り切れない場合は，小数第1位を四捨五入せよ。［記述］

(2) 太陽の南中高度や季節の変化について述べた次のア～カの文が正しければ①を，誤っていれば②を選べ。

ア　春分の日の太陽の南中高度は，東京より秋田の方が高い。［35］

イ　夏至の日の昼の時間は，東京より秋田の方が長い。［36］

ウ　昼と夜の長さの季節変化は，東京より秋田の方が小さい。 37

エ　秋分の日の太陽は，東京より秋田の方が，真東よりやや南側でのぼる。 38

オ　冬の降水量は，東京より秋田の方が多い。 39

カ　夏の平均気温は，東京より秋田の方が高い。 40

(3)　下線部の天気図記号を解答欄に描け。 記述

(4)　（　B　）と（　C　）にあてはまるものの組合せはどれか。 41

	①	②	③	④	⑤	⑥	⑦	⑧
B	25	25	24	24	23	23	22	22
C	乱層雲	積乱雲	乱層雲	積乱雲	乱層雲	積乱雲	乱層雲	積乱雲

(5)　（　D　）に最も近いものはどれか。 42

①　85　　②　70　　③　64　　④　57

(6)　（　E　）と（　F　）にあてはまるものの組合せはどれか。 43

	①	②	③	④	⑤	⑥	⑦	⑧	⑨
E	水星	水星	水星	金星	金星	金星	火星	火星	火星
F	金星	火星	木星	水星	火星	木星	水星	金星	木星

10　２台の車が，壁Ａと壁Ｂの間を異なる一定の速さで往復している。車は壁にぶつかると，速さを変えることなく向きだけ反対になり，はね返る。はじめ，図１のように２台の車は壁に接触した状態から同時にスタートした。スタート時の２台の距離はＬであった。次に図２のように壁Ｂの側から 40cm 離れたところで初めてすれ違った。その後，２台の車はそれぞれ壁ではね返り，図３のように壁Ａの側から 15cm 離れたところで二度目のすれ違いが起こった。距離Ｌは何 cm か。 記述

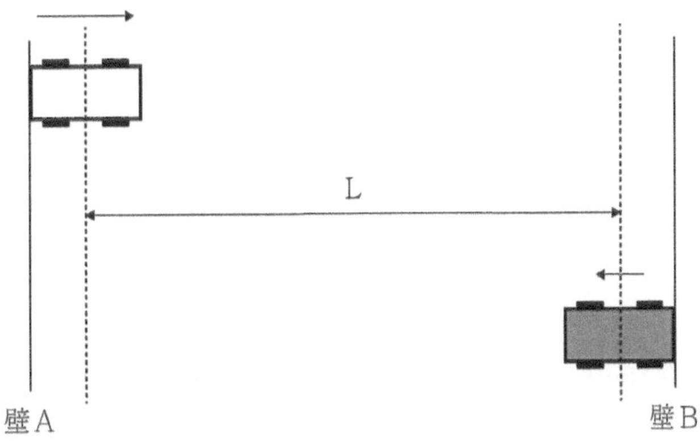

図１

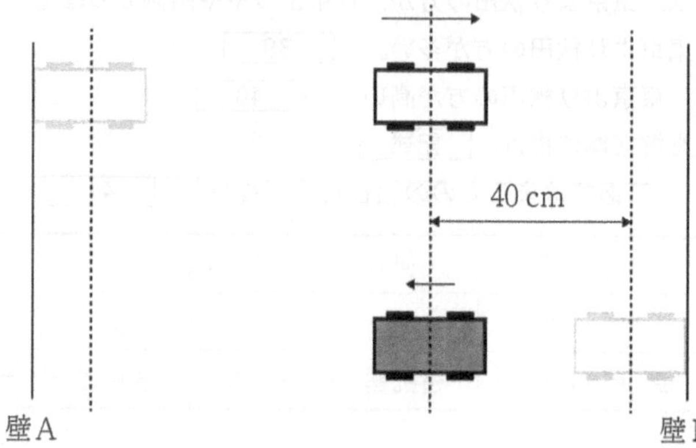

図2

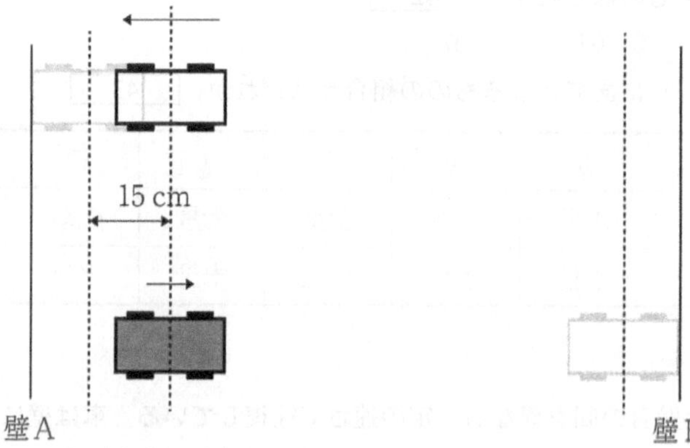

図3

【社　会】（50分）〈満点：100点〉

1　図1は船舶の航路が直線で描かれる図法の略地図である。これを見て，後の問いに答えなさい。

図1

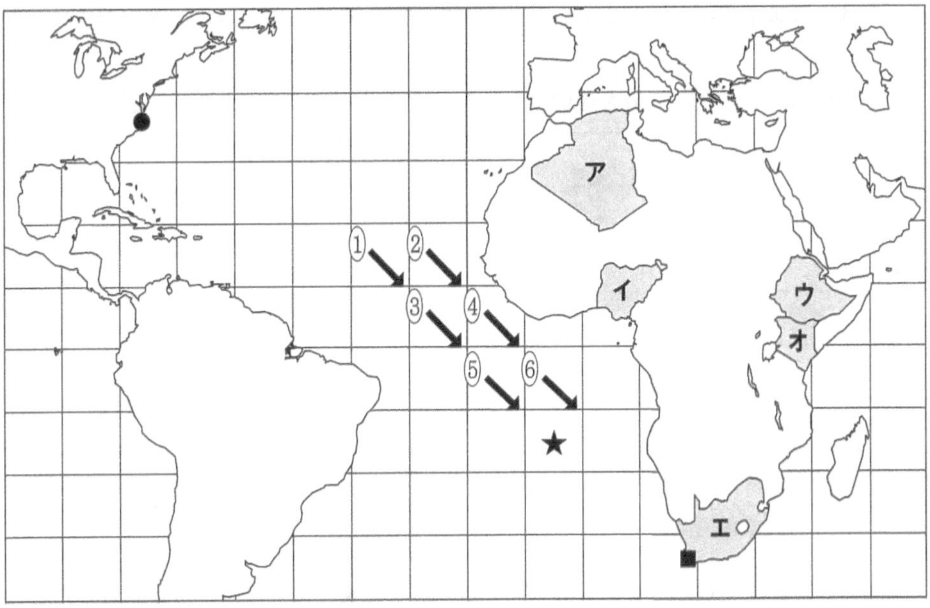

注　経緯線は10度ごとに引かれている。

問1　次の文章は，『ペリー提督日本遠征記』（M・C・ペリー著，F・L・ホークス編纂，宮崎壽子監訳，角川書店，一部改変）の一節である。1852年11月24日にアメリカ合衆国のノーフォークを出発したペリー一行は，燃料と食料の供給の便を考えて大西洋を横断し，日本へ向かった。文章を参考にして，以下の(1)～(4)に答えなさい。

> 北東貿易風は，12月30日まで吹き続けた。船がちょうど北緯6度8分，西経16度34分に達したときに東方からスコールがやってきて，風向きは南に変わり，その後やや-変化はあったが，1853年1月2日に北緯1度44分，西経11度37分に達するまで吹き続けた。そしてこの日，船は南東貿易風に出会ったが，この風は波のうねりをもたらし，船の進行をかなり妨げた。……マデイラ注1を出発したときに提督が目標としたのは，どこにも立ち寄らずに【　あ　】峰まで一気に航行することだった。帆を適切に使用すれば，（　A　）の積載量からいって，これは難なく達成できると思われたが，北東貿易風が，この季節にしては，通常よりはるかに北で止み，したがって南東貿易風が早く起こったことから，提督はセント・ヘレナ島注2に舵を向けるよう命令した。念のために，そこで（　A　）を補充しておくのが望ましいと思われたからである。……1853年1月3日，月曜日に，艦は西経11度1分のところで赤道を横切った。それから7日までは，やや勢いのある風が正面から吹いてきた。……(ア)1月10日の正午，艦はセント・ヘレナ島のジェームズタウンに到着した。ここで艦は，必要からというより，むしろ用心のために（　A　）を補給した。乗組員用に水と新鮮な食料も積み込んだ。
>
> 注1　アフリカ大陸大西洋沖のポルトガル領マデイラ諸島のこと。
> 注2　1502年にポルトガル人に発見され，オランダ領を経て，イギリス領となった。

(1) ペリー一行が1852年12月30日から1853年1月3日までの期間に移動したと思われる海域として最も適切なものを，図１の①～⑥のうちから１つ選びなさい。［1］

(2) 図１の■印で示した【　あ　】に入る最も適切な地名をひらがな３字で答えなさい。［記述］

(3) 次の表は主なエネルギー資源である原油，天然ガス，石炭，ウラン鉱の産出量上位５か国（統計年次は2015年）をまとめたものである。当時，船舶の航行に使用されていた，文中の（　A　）にあてはまる燃料のものとして最も適切なものを，次の①～④のうちから１つ選びなさい。［2］

	①	②	③	④
１位	ロシア	中国	カザフスタン	アメリカ合衆国
２位	サウジアラビア	インド	カナダ	ロシア
３位	アメリカ合衆国	インドネシア	オーストラリア	イラン
４位	中国	オーストラリア	ニジェール	カナダ
５位	カナダ	アメリカ合衆国	ロシア	カタール

注　原油，石炭，ウラン鉱の単位はトン。天然ガスの単位はm^3。原油にはタールサンドからの人造油やシェールオイルなどを含む。

『世界国勢図会2018/19年版』による。

(4) 下線部（ア）に関連して，セント・ヘレナ島（図１の★）にペリー一行が到着した時の，アメリカ合衆国ノーフォーク（図１の●）の日時として最も近いものを，次の①～⑥のうちから１つ選びなさい。ただし，到着時刻は現地時間とし，時差の求め方は現在のものとする。［3］

① 1853年1月9日午前0時　② 1853年1月9日午後7時
③ 1853年1月10日午前0時　④ 1853年1月10日午前5時
⑤ 1853年1月10日午前7時　⑥ 1853年1月10日午後5時

問２　アフリカ大陸に関連して，次の(1)～(3)に答えなさい。

(1) 2019年現在のアフリカの国ぐにについての説明として不適切なものを，次の①～④のうちから１つ選びなさい。［4］

① アフリカには54か国の独立国がある。
② アフリカにはＡＵ（アフリカ連合）とよばれる地域連合がある。
③ アフリカには国際連合に未加盟の国が10か国以上ある。
④ アフリカにはオリンピック・パラリンピック開催国が存在しない。

(2) 次の①～④は，図１のア～エの国ぐにの特徴を説明したものである。アの国のものとして最も適切なものを，次の①～④のうちから１つ選びなさい。［5］

① この国の南部には1982年にユネスコの世界複合遺産に登録された遺跡がある。この遺跡には１万年以上前に描かれたとされる草食動物の壁画があり，かつてこの地域が砂漠ではなくサバンナであったことがうかがえる。

② この国はアフリカ大陸で最も人口が多い国である。この国の主要な輸出品は原油であり，輸出総額の８割以上を原油が占めている（統計年次は2016年）。20世紀には民族間の対立から紛争に発展し，首都を移転した。

③ この国の中央にある高原はコーヒー豆の原産地である。現在でも，輸出総額において最も金

額が大きい輸出品はコーヒー豆である（統計年次は 2016 年)。この国には，アフリカで最も長い河川の水源のひとつがある。

④　この国はアフリカ大陸で最も貿易取引総額が大きい国である。現在は自動車・機械類・白金族など輸出品目は多岐にわたる（統計年次は 2016 年)。歴史的な経緯から人口のおよそ８割をキリスト教徒が占めている。

(3)　次の写真は，**図１のオ**の国の主要な輸出品となっている農作物を栽培するようすである。**オ**の国は，この農作物の輸出量が中国に次いで世界第２位（統計年次は 2016 年）である。この農作物の名称を**漢字１字**で答えなさい。 記述

2　後の問いに答えなさい。

問１　次の表は，北海道，宮城県，新潟県，静岡県，広島県，福岡県における人口と人口密度，道県庁所在都市の人口を示したものである。表の①～⑥のうち，新潟県と福岡県のものを１つずつ選び，新潟県は 6 に，福岡県は 7 にそれぞれマークしなさい。

	道県の人口 （万人） （2018年）	道県の人口密度 （人/km^2） （注）	道県庁所在都市の人口 （万人） （2018年）
①	366	471	70
②	506	1,015	149
③	531	64	194
④	280	330	118
⑤	227	180	79
⑥	229	315	105

注　2018年の人口を2017年の面積で除して算出。

『データブック　オブ・ザ・ワールド』2019年版による。

問２　次の表は，2017年における北海道，広島県，福岡県における人口移動の様子を示したものである。表の**あ**～**う**にあてはまる道県の組合せを，下の①～⑥のうちから１つ選びなさい。 8

	自道県内移動者数（千人）	他都道府県からの転入者数（千人）	他都道府県への転出者数（千人）
あ	193	49	55
い	150	99	93
う	58	46	49

『データでみる県勢』2019年版による。

	あ	**い**	**う**
①	北海道	広島県	福岡県
②	北海道	福岡県	広島県
③	広島県	北海道	福岡県
④	広島県	福岡県	北海道
⑤	福岡県	北海道	広島県
⑥	福岡県	広島県	北海道

問３　次の表は，2016年における北海道，宮城県，新潟県，静岡県，広島県，福岡県における米，野菜，果実，花卉《き》（切り花や球根，観葉植物など），工芸作物（茶や葉たばこ，さとうきびなど），畜産物の産出額の割合を示したものである。表の①～⑥のうち，北海道と静岡県のものを１つずつ選び，北海道は 9 に，静岡県は 10 にそれぞれマークしなさい。

	米	野菜	果実	花卉	工芸作物	その他の農作物	畜産物
①	18.2	36.8	11.0	8.2	1.4	5.2	18.5
②	57.5	14.9	3.1	3.1	0.5	1.6	19.3
③	8.6	30.9	14.6	7.8	8.9	2.9	21.6
④	38.6	14.7	1.2	1.6	0.1	1.8	41.9
⑤	9.6	18.2	0.5	1.0	3.0	10.0	57.7
⑥	20.3	20.1	13.4	2.7	0.1	2.3	41.1

単位は％　　『データでみる県勢』2019年版より作成

問４　次の表は，2016年における宮城県，新潟県，静岡県におけるまぐろ類，かに類，かき類（殻付きの重量）の漁獲量・収穫量を示したものである。表の**か**～**く**にあてはまる県の組合せを，後の①～⑥のうちから１つ選びなさい。 11

	まぐろ類	かに類	かき類
か	3,226	2,643	636
き	19,258	x	19,061
く	26,844	34	487

単位はトン。xは経営体数が少ないことなどにより，データが公表されていないことを示す。

『データでみる県勢』2019年版による。

	か	き	く
①	宮城県	新潟県	静岡県
②	宮城県	静岡県	新潟県
③	新潟県	宮城県	静岡県
④	新潟県	静岡県	宮城県
⑤	静岡県	宮城県	新潟県
⑥	静岡県	新潟県	宮城県

問５　次の図は，北海道，新潟県，静岡県，広島県における2016年の製造品出荷額等の割合を示したものである。図の①～④のうち，新潟県のものを１つ選びなさい。 12

①

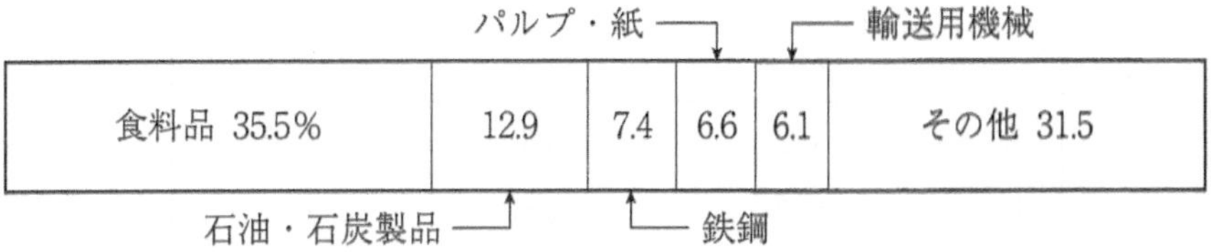

②

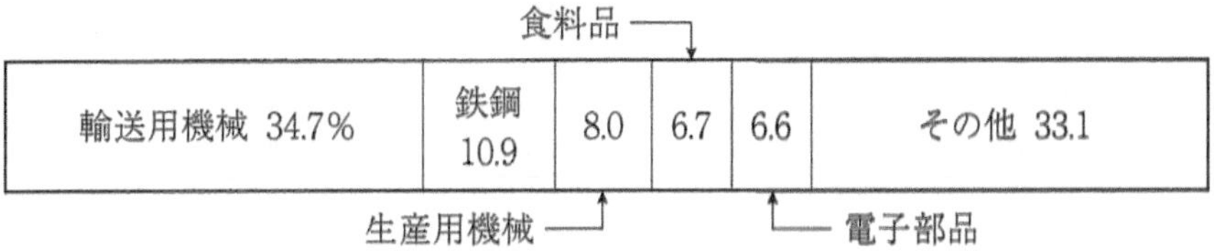

③

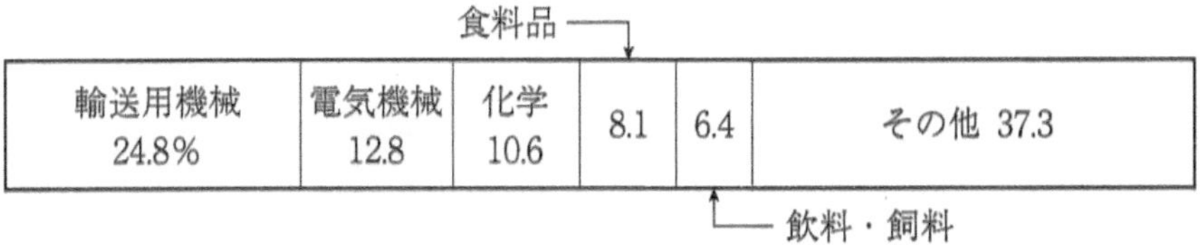

④

食料品	化学	金属製品	生産用機械	電子部品	その他
16.2%	12.1	10.7	7.5	7.0	46.5

『データでみる県勢』2019年版による。

問6　次の表は，北海道，広島県，福岡県における2017年の外国人の延べ宿泊者数の国籍の内訳を示したものである。表のさ～すにあてはまる道県の組合せを，下の①～⑥のうちから1つ選びなさい。

13

	中国	韓国	アメリカ合衆国	オーストラリア
さ	328.5	1,498.0	71.4	12.7
し	72.6	40.5	100.2	74.3
す	1,735.4	1,332.4	152.2	147.9

単位は千人。従業者10人以上の宿泊施設を対象としている。外国人とは日本国内に住所を有しない者。中国には台湾と香港を含めない。

『データでみる県勢』2019年版による。

	さ	し	す
①	北海道	広島県	福岡県
②	北海道	福岡県	広島県
③	広島県	北海道	福岡県
④	広島県	福岡県	北海道
⑤	福岡県	北海道	広島県
⑥	福岡県	広島県	北海道

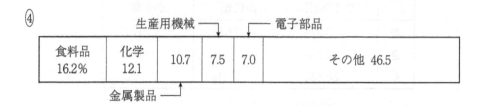

3　次のⅠ～Ⅳの諸資料について，後の問いに答えなさい。

Ⅰ　図１は(ア)ある遺跡の墓地から出土した人骨で，図２はその遺跡に整備された歴史公園の復元建物である。

図１

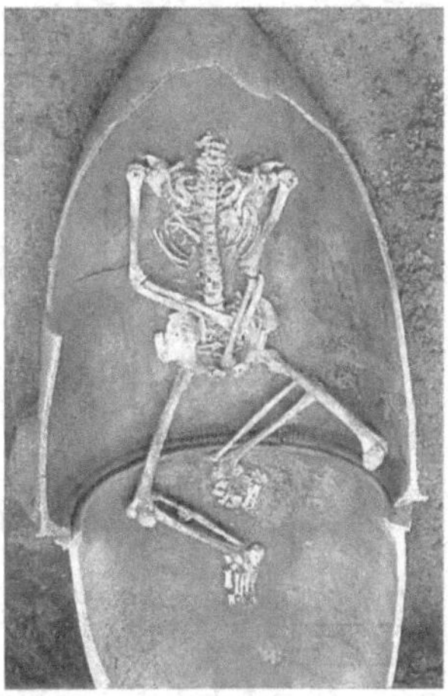

図２

問１　下線部(ア)の名称を答えなさい。 記述

問２　図１・図２とその時代に関する説明として最も適切なものを，次の①～④のうちから１つ選びなさい。 14

① 図１の人骨の首は，死者がこの世に災いをもたらすことをさけるの呪術のため，別の場所に埋葬されたと考えられる。

② その時代には，稲作などの農耕の開始によって食料獲得が容易になったため，集落間の関係は安定していたと考えられる。

③ 図２の二重の柵に囲まれた区画内の最も大きな建物は，政治や祭祀《し》における特別な目的のための施設だったと考えられる。

④ その時代には，小国の王が中国の皇帝に使者を送るようになり，日本列島の人びとも日常的に漢字を使うようになったと考えられる。

Ⅱ　資料１は，(イ)ある法令を制定した人物が京都にいる弟に送った手紙（一部要約・現代語訳）で，資料２はその法令の条文の１つ（一部要約・現代語訳）である。

資料１

この法令はいったい何をよりどころにしたのかと，非難をする人もきっとあろうかと思います。確かに，これといった原典があるわけではありませんが，ただ道理が指し示すところを記したのです。このようにあらかじめ定めておかないと，ある場合には物事が正しいか誤っているかという点を二の次にして，当事者が強いか弱いかによって，あるいは，ある場合には既に決定されていることを忘れたふりをして，ことをおこすでしょう。そのようなことがあるので，あらかじめ【　あ　】の基準を定めて……詳しく記録しておくのです。……この法令は，漢字は読めなくても仮名だけは分かる人が多いことを考えて……そうした武士の役に立つように定めたものなのです。これによって朝廷の決定や律令のきまりが変わるということはまったくありません。……京都の朝廷の人びとの中でこの法令を非難する人がいたら，この趣旨を心得えて問答しなさい。

資料2

女性が養子をとることは，律令では許されないが，源頼朝公の時代から今日まで，子どものない女性が土地を養子に譲り与えることは，武士の慣習で，その事例は数え切れないほどある。

問３　下線部（イ）についての説明として適切なものを，次の①～④のうちから１つ選びなさい。 15

①　諸国の守護の職務は，国内の御家人を京都の警備に当たらせること，謀反《むほん》や殺人などの犯罪者を取り締まることであると定められていた。

②　諸国の守護には，荘園の年貢の半分を取り立てて，職務を行うための経費にあてることを認めると定められていた。

③　御家人が将軍に反抗することがないように，御家人の妻子は鎌倉に居住しなければならないと定められていた。

④　御家人同士がけんかをした場合は，いかなる理由によるものでもすべて処罰すると定められていた。

問４　【　あ　】に当てはまる最も適切な語句を**漢字２字**で答えなさい。 記述

問５　**資料１・資料２**の内容に関する説明として最も適切なものを，次の①～④のうちから１つ選びなさい。 16

①　この法令を制定した人物は，道理に基づいて法令を定めたので，人びとに非難されることはありえないと考えていたことがわかる。

②　この法令は，朝廷の人びとや武士のような支配者ではなく，漢字が読めない庶民の役に立つように定められたものであることがわかる。

③　この法令が定められたことによって，武士の間では朝廷の決定や律令のきまりが無視されるようになったことがわかる。

④　この法令を制定した人物が道理と考えていたことには，源頼朝の時代以来の武士の慣習が含まれていたことがわかる。

Ⅲ　図３は (ウ)江戸時代に刊行されたある作物の栽培方法などを解説した書物である。この書物のもとになった本は，【　い　】とよばれる政治改革を進めた人物に献上され，【　い　】の際には，飢饉《ききん》対策としてこの作物の栽培が奨励された。

図３

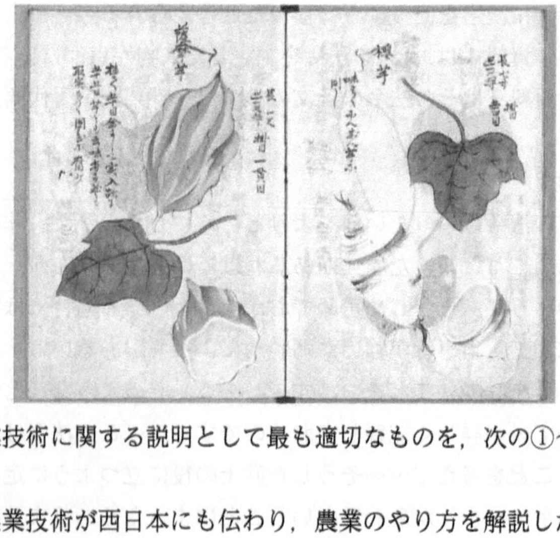

問６　下線部(ウ)に関連して，江戸時代の農業技術に関する説明として最も適切なものを，次の①～④のうちから１つ選びなさい。 17

①　江戸時代には，江戸周辺の進んだ農業技術が西日本にも伝わり，農業のやり方を解説したさ

まざまな書物が刊行された。

② 江戸時代には，深く耕すことができる備中ぐわや，脱穀を効率的にする千歯こきなどが新たに使われるようになり，農業生産力が上がった。

③ 江戸時代には，栽培される作物が多様になったことから，飢饉が発生しても餓死する者はほとんどいなくなった。

④ 江戸時代には，灌漑《かんがい》用の水車や，牛馬のふんや堆肥などの肥料が新たに使われるようになり，農業生産力が上がった。

問7 【 い 】に当てはまる最も適切な語句を答えなさい。 記述

Ⅳ **資料3**は弟子によって書かれた(エ)ある人物の伝記（一部要約・現代語訳）で，**資料4**はある人物自身が書いた論説（一部要約・現代語訳）である。この人物は土佐の出身で，ルソーの思想を紹介するなどして，自由民権運動に大きな影響を与えたことで知られている。

資料3

明治二十二年春，(オ)大日本帝国憲法が発布された。全国の人びとは歓呼にわいた。先生は嘆いて言った。「われわれが与えられた憲法は果たしていかなるものだろうか，玉かそれとも瓦か。未だその内容を見ていないにもかかわらず，その名に酔っているわが国民は，なぜこのように愚にして狂なのだろうか」と。憲法の全文が届いて，先生は一度通読してただ苦笑するだけだった。

資料4

衆議院議員の一大義務とは何か。憲法について意見を述べることである。憲法なるものは国家の根幹であり基礎である。……そして，憲法なるものはかならず君主と人民もしくは人民の代表者がともに参画してこれを定めるべきものである。ゆえに，もし国会[注]が憲法を点検し，意見がある場合，意見を天皇陛下に申し上げる権利がないときは，これは国会といっても基礎のないものである。諸般の法律を審議して定めることはもとより大切なことである。しかし，国の根幹である憲法について一言も言うことができないのであれば，その国会は真の国会ではなく行政の諮問機関にすぎない。

注 大日本帝国憲法の制定により帝国議会が開設されたが，この論説では国会と書かれている。

問8 下線部（エ）は誰か。次の①～④のうちから1つ選びなさい。 18

① 福沢諭吉　② 板垣退助　③ 中江兆民　④ 幸徳秋水

問9 下線部(オ)についての説明として適切なものを，次の①～④のうちから1つ選びなさい。

19

① 天皇は大日本帝国の統治権をすべて握っているが，その統治権は憲法の条規によって行使されると定められていた。

② 国民は天皇の臣民とされたが，公共の福祉に反しない限り，言論・出版・集会・結社・信教の自由などの権利が認められていた。

③ 衆議院の解散は天皇の権限とされていたが，衆議院が内閣不信任決議案を可決した時は，原則として衆議院を解散すると定められていた。

④ 帝国議会は貴族院・衆議院の二院制で，同じ議案に対する両院の議決が一致しない時は，貴族院の議決に優先権が認められていた。

問10 **資料3・資料4**の内容に関する説明として最も適切なものを，次の①～④のうちから1つ選びなさい。 20

① ある人物は，内容を見ていないにもかかわらず憲法の発布で歓呼にわく人びとを批判し，こ

のような人びとが議員を選挙する国会には基礎がないと考えていたことがわかる。

② ある人物は，憲法の全文を読んでその内容に満足せず，衆議院議員がその一大義務として，憲法を点検し，天皇に意見を述べるべきだと考えていたことがわかる。

③ ある人物は，憲法はかならず君主と人民もしくはその代表者がともに参画して定めるべきもので，そのような手続きを経ていない憲法はないほうがよいと考えていたことがわかる。

④ ある人物は，発布された憲法において行政の諮問機関と規定されている国会は，諸般の法律を審議して定めることに専念するべきだと考えていたことがわかる。

4 さまざまな地域・時代の地図について，後の問いに答えなさい。

問1 地図の描き方にも，それぞれの時代や地域の特色・世界観が表れる。図1は中世に活躍したアラブ人地理学者イドリーシーが，1154年に描いた地図である。

図1

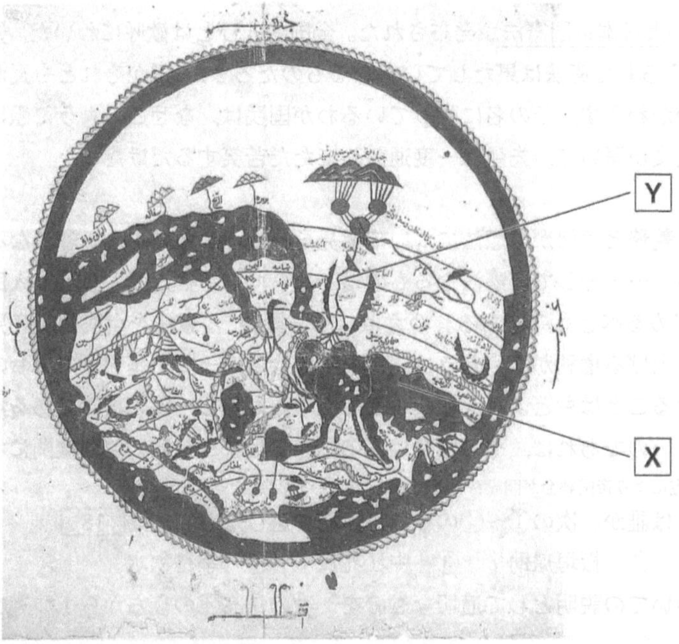

『世界横断を望むものの慰みの書』と題された地理書に掲載されたこの地図では，X の部分は地中海で，イドリーシーがシチリア王に仕えていたため，そこに浮かぶシチリア島は実際より大きく描かれている。Y はナイル川を描いており，その源泉は山脈であり，いくつかの大きな湖を経由するという古代ギリシア人の説を踏襲している。最も際立った特徴は，この地図ではイスラームの伝統にのっとり（ A ）の方位が上にくるよう描かれていることである。ムスリムにとって地図は，巡礼や日々の礼拝のためにも欠かせないものであった。この地図の配置も聖地を含む【 あ 】半島が中心になっている。

(1) （ A ）に入る方位として最も適切なものを，次の①～④のうちから1つ選びなさい。 21

① 東　② 西　③ 南　④ 北

(2) 【　あ　】に入る半島名をカタカナで答えなさい。 記述

問2　**図2**は16世紀にポルトガル人によって描かれた，日本を主題にした地図である。

図2

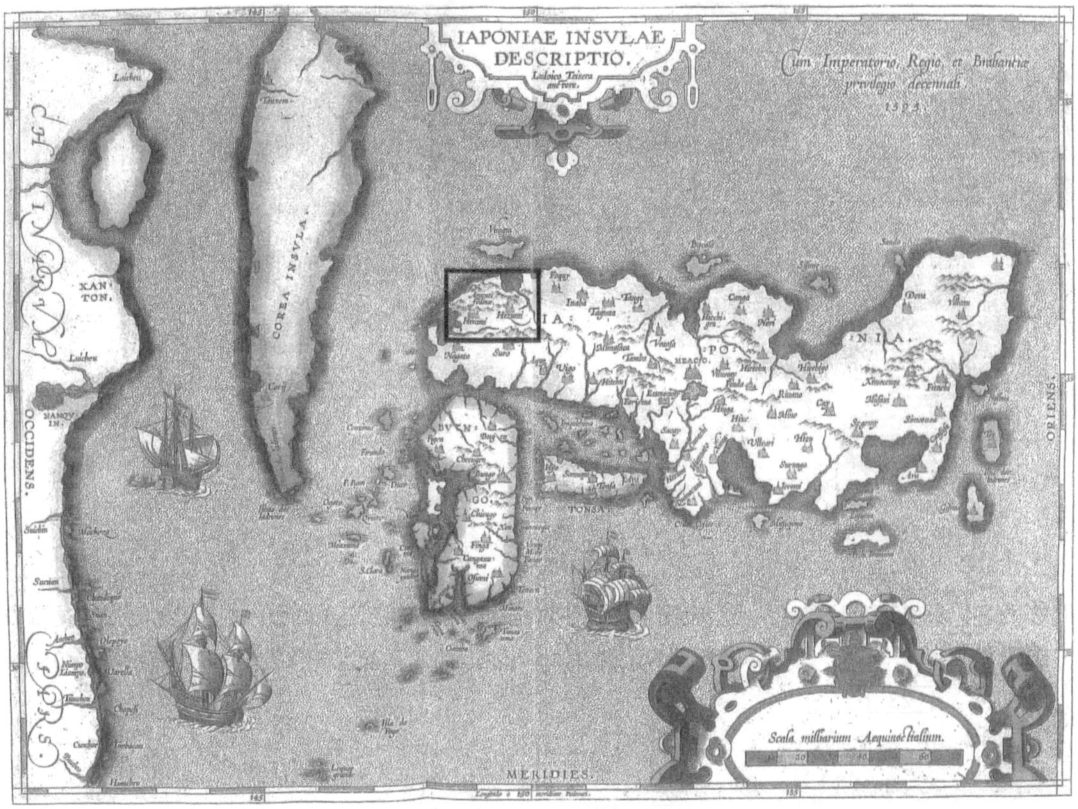

(1) **図2**に描かれている内容について述べた文章として**最も不適切なもの**を，次の①～④のうちから1つ選びなさい。 22

① 京都はＭＥＡＣＯ（都）と表記され，大きな湖らしきものの近くに描かれている。

② 佐渡島らしき島（Ｓａｎｄｏ）はあるが，蝦夷（北海道）は描かれていない。

③ 日本の周辺に朝鮮（ＣＯＲＥＡ）が大きな島らしき姿で描かれている。

④ 土佐(ＴＯＮＳＡ)の地名が書かれた四国は本州と区別されず，その一部として描かれている。

(2) **図3**は，**図2**の四角で囲んだ部分の拡大である。Argenti fodinaというラテン語の説明書きがついたこの地域は，あるものの産出地として当時ヨーロッパでも知られていた。この産出品を**漢字1字**で答えなさい。 記述

図３

問３　図４は1861年にアメリカ合衆国で出版された地図である。図４について説明した次の文章の空欄（　B　）（　C　）に入る語句の組合せとして適切なものを，次の①～⑥のうちから１つ選びなさい。 23

図４

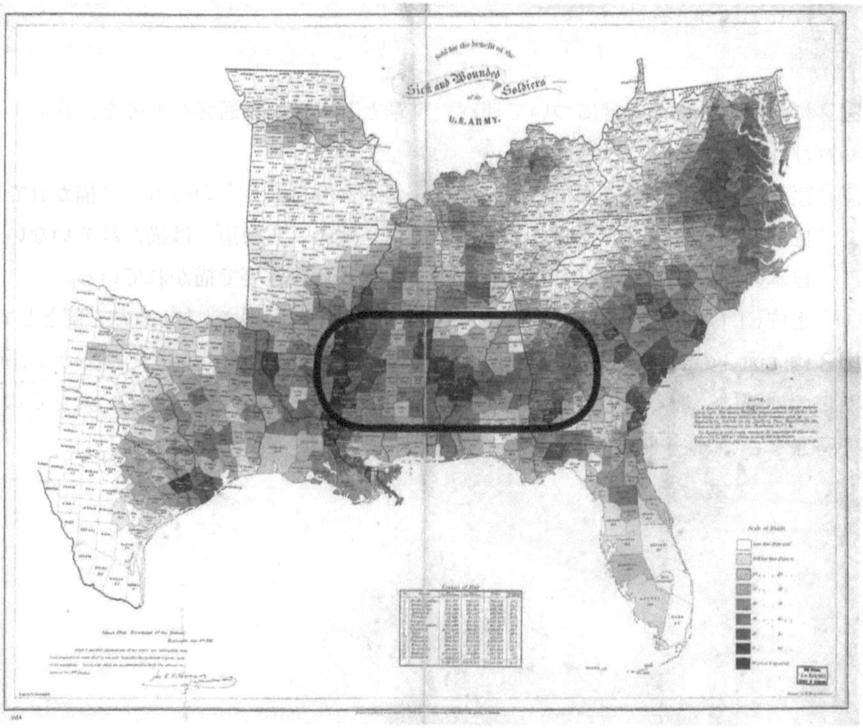

図4は当時のアメリカ合衆国の一部地域における人口に対する（　**B**　）の割合で色分けされており，色が濃いほど割合が高いことを示す。また図中の丸枠の地域は，（　**C**　）の産地として知られていた。

	（　**B**　）	（　**C**　）
①	奴隷	綿花
②	奴隷	サトウキビ
③	アジア系移民	綿花
④	アジア系移民	サトウキビ
⑤	先住民	綿花
⑥	先住民	サトウキビ

問4　**図5**は1886年にある国で出版され，中心部分の地図ではその国の本国と海外領土が色付けされている。周辺の図柄もこの国による海外進出をイメージしたものとなっている。**図6**は19～20世紀初頭の世界の工業生産に占める各国（日本・イギリス・ロシア・アメリカ・ドイツ）の割合を表したものである。**図5**があらわしている国のものを，**図6**の①～④のうちから1つ選びなさい。

24

図5

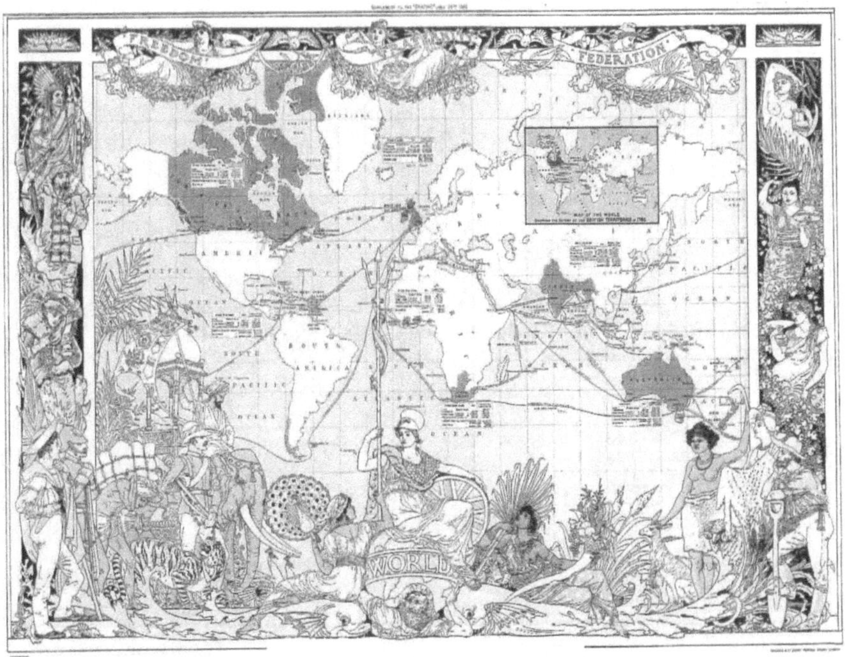

図６

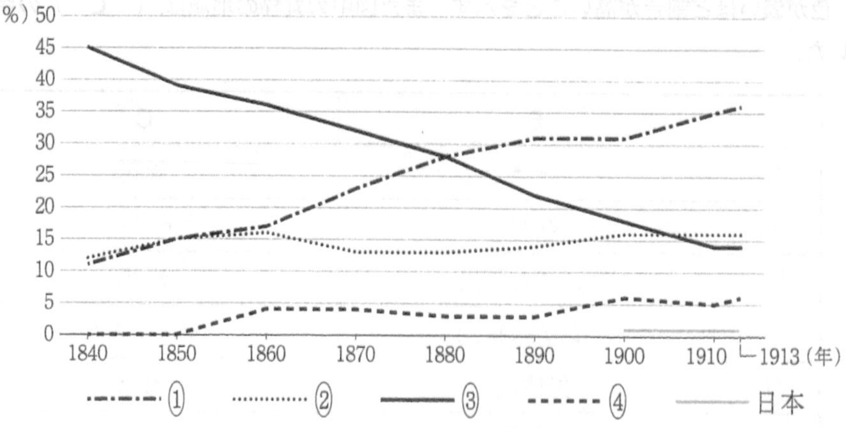

クチンスキー『世界経済の成立と発展』より作成

問５　図７はドイツで出版された，ある戦争の時期のヨーロッパを描いた地図風の風刺画である。この図の丸枠の部分には日本の姿も描かれているが，その歴史的背景を説明した次の文章の空欄【　い　】に入る適切な語句を漢字４字で答えなさい。 記述

日本は【　い　】を根拠としてこの戦争に参加した。

図７

5 次の文章を読んで，後の問いに答えなさい。

(ア)デジタルマネーで，給与を払えるようにするための規制緩和が検討されている。(イ)企業による給与の支払いについて，【 あ 】法は現金を使うことを原則として定めている。現在普及している銀行口座への振り込みも法律上は例外扱いである。政府はこの例外対象にデジタルマネーを加える考えだ。デジタルマネーとは，貨幣を使わずに電子情報のみで代金を支払う仮想貨幣のことである。

政府は2019年度の実現をめざしているが，お金を預かる資金移動業者が(ウ)破綻した場合にすぐに現金を引き出せる仕組み作りが難航している。資金移動業者を所管するのは【 い 】庁で，【 あ 】法を所管するのは【 う 】省と所轄官庁が異なり調整が進んでいない。

デジタルマネーでの給与支払いが可能となれば，(エ)外国人労働者の利便性が上がると言われている。銀行口座の開設に手間のかかる外国人労働者にとってはデジタルマネーの方がスムーズに給与の支払いを受けることができる。また欧米に比べると遅れている日本のキャッシュレス決済の比率を高めることにもなる。

この規制緩和によって，給与振込みを中心に預金を集めてきた銀行のビジネスモデルに変革がもたらされる可能性がある。

問1 【 あ 】～【 う 】に当てはまる適切な語句を**漢字**で答えなさい。 記述

問2 下線部(ア)の具体例として**不適切なもの**を，次の①～④のうちから１つ選びなさい。 25

① ＡＴＭから現金を引き出せるキャッシュカード。

② 後払いで買い物の支払いができるクレジットカード。

③ ＩＣカードに金額分をチャージすることで現金を持たずに買い物することができる電子マネー。

④ 専用の資金決済アプリを用いて個人間の送金もできるスマートフォンの電子マネー。

問3 下線部(イ)のような規定を設けている理由として最も適切なものを，次の①～④のうちから１つ選びなさい。 26

① 企業が自社商品の現物支給で給与を支払うのを防ぐため。

② 給与支払いの際に所得税や社会保険料などを徴収するため。

③ 使用者が労働者の意思に反して労働を強制することを防ぐため。

④ 日本銀行が景気の安定化を図る政策を実施しやすくするため。

問4 下線部(ウ)に関連して，銀行が破綻した場合の説明として適切なものを，次の①～④のうちから１つ選びなさい。 27

① 消費者契約法によって預金してから６ヶ月以内ならば預金全額が保護される。

② ＰＬ法によって銀行経営に欠陥があったことを証明できれば預金全額が保護される。

③ 消費者庁の仲裁によって，銀行の残余財産に応じて預金は返金される。

④ 預金保険制度によって当座預金などの決済用預金は全額保護される。

問5 下線部(エ)の受け入れを拡大するため，新たな在留資格「特定技能」が創設された。次の表は閣議決定で「真に受入れが必要と認められる人手不足の分野」とされ，向こう５年間の受け入れ人数の上限を決めたものである。この表の（ A ）～（ C ）に当てはまる産業分野の組み合わせとして正しいものを，次の①～⑥のうちから１つ選びなさい。 28

（　A　）分野	60,000人
外食業分野	53,000人
建設分野	40,000人
ビルクリーニング分野	37,000人
（　B　）分野	36,500人
飲食料品製造業分野	34,000人
宿泊分野	22,000人
素形材産業分野	21,500人
造船・舶用工業分野	13,000人
漁業分野	9,000人
自動車整備分野	7,000人
産業機械製造業分野	5,250人
電気・電子情報関連産業分野	4,700人
（　C　）分野	2,200人

「特定技能の在留資格に係る制度の運用に関する方針について」

（平成30年12月25日閣議決定）

	（　A　）	（　B　）	（　C　）
①	農業	介護	航空
②	介護	農業	航空
③	航空	介護	農業
④	介護	航空	農業
⑤	航空	農業	介護
⑥	農業	航空	介護

6　次の文章を読んで，後の問いに答えなさい。

国会や地方議会に女性議員を増やすことをめざす「候補者男女均等法」ができた。人口は男女半々なのに(ア)日本の議会は海外の国々と比べても女性が際立って少ない。このアンバランスな状態が改善されるかどうかは，それぞれの(イ)政党の本気度合いにかかっている。

候補者男女均等法は，全ての政党の(ウ)国会議員が賛成し，2018年5月16日に成立した。正式な名前は「政治分野における男女共同参画推進法」。国会や地方議会の(エ)選挙で，候補者の数をできるだけ男女で均等にするよう，政党に努力を求めるものだ。

日本では戦争が終わった1945年，(オ)女性にも参政権が認められた。それから70年あまりたつが，いま女性議員は衆議院で1割，(カ)参議院で2割しかいない。……

「政治は男性の仕事」という考え方や，家事や育児の負担が女性に偏りがちなこと，現役の女性議員が出産のため休むことを批判する声があることなども，女性の立候補を難しくするハードルになっている。こうしたハードルを低くして，女性も議員として能力を発揮しやすい環境を整えることが求められている。

朝日中学生新聞（2018年6月10日付，文章は一部抜粋・改変）

問1　下線部(ア)に関連して，次のグラフは日本と韓国，スウェーデン，ルワンダのいずれかの国における国会の女性議員比率を示しており，下の**あ**～**う**は，表中の**A**～**C**のいずれかの国の説明である。その組合せとして最も適切なものを，次の①～⑥のうちから1つ選びなさい。 **29**

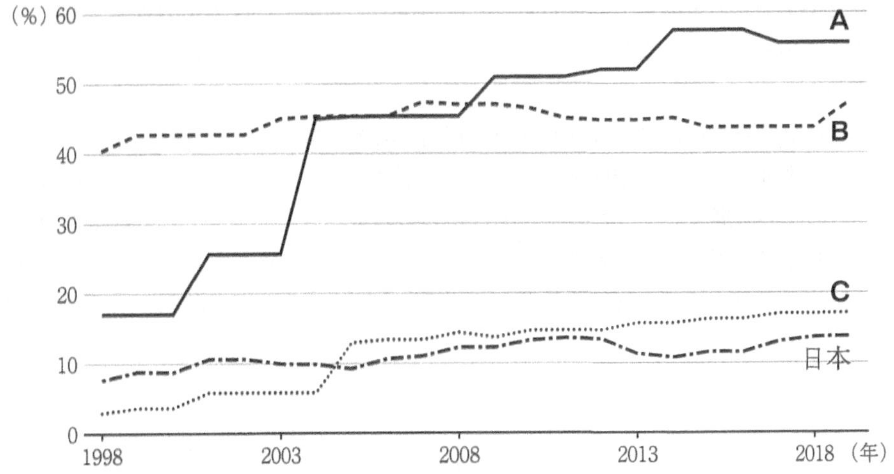

GLOBAL NOTE Webページより作成

あ　この国では民族紛争があり，1994年には虐殺も起こった。紛争後，2003年に新憲法が制定され，国会議員に占める女性の割合が，一定以上になるように定められた。

い　この国は「高福祉・高負担」の代表的な国である。選挙は比例代表制で，各党はできるだけ比例名簿の順位を男女交互になるようにしている。

う　この国では2012年に初めて女性大統領が誕生した。小選挙区では候補者の30%以上を女性に割り当てるように定められているが，罰則規定はない。

	A	B	C
①	あ	い	う
②	あ	う	い
③	い	あ	う
④	い	う	あ
⑤	う	あ	い
⑥	う	い	あ

問２　現代の日本の下線部（イ）に関する説明として最も適切なものを，次の①～④のうちから１つ選びなさい。 30

①　直近の衆議院議員選挙か参議院議員選挙で立候補する者が複数名いれば，政党助成法における政党としての要件を満たす。

②　政党助成法に基づき，各政党は国から得票や議席に応じて政党交付金を受け取ることができる。

③　日本国憲法は，政党を国民の政治的意思決定に不可欠な役割を果たすものと位置づけている。

④　政治的な中立性を担保するため，企業や団体から政党への資金提供はすべて禁止されている。

問３　下線部(ウ)は国民の代表であり，大きな責任を持つためその身分が保障されている。その内容として最も適切なものを，次の①～④のうちから１つ選びなさい。 31

①　法律の定める場合を除いて，国会議員の任にある間は逮捕されない。

②　テレビや街頭など公の場で発言したことについて，刑事上，民事上の責任を問われない。

③　法律の定めるところにより国庫から相当額の歳費を受けとり，交通・通信費などの経費も一定額支給される。

④　議員を除名するためには，弾劾裁判所の裁判が必要になる。

問４　下線部(エ)に関連して，小選挙区制によって議員が選出される議会があり，その定員が３人であるとする。この議会の選挙で３つの政党Ａ～Ｃが３つの選挙区Ⅰ～Ⅲでそれぞれ１人の候補者を立てたとき，各候補者の得票数は次の表の通りであった。この選挙区において，小選挙区制で集計するとＡ党２議席，Ｃ党１議席を獲得するが，３つの選挙区を合併して各政党の候補者が獲得した票を比例代表制（ドント式）で配分するとＡ党２議席，Ｂ党１議席となった。選挙区Ⅲで獲得した票数**あ**～**う**に入る適切な組合せを，次の①～④のうちから１つ選びなさい。 32

選挙区	Ａ党	Ｂ党	Ｃ党	計
Ⅰ	35	25	40	100
Ⅱ	50	40	10	100
Ⅲ	**あ**	**い**	**う**	100

	あ	**い**	**う**
①	20	50	30
②	60	15	25
③	50	40	10
④	40	35	25

問５　下線部（オ）に関連して，かつて『青鞜《とう》』の中で「元始，女性は実に太陽であった。…今，女性は月である」と書き，新婦人協会を設立し婦人参政権運動をすすめた人物は誰か，答えなさい。

記述

問６　下線部（カ）に関する説明として**不適切なもの**を，次の①～④のうちから１つ選びなさい。

33

①　参議院議員は３年ごとに半数が改選され，立候補する場合は満30歳以上であることが必要である。

②　参議院が衆議院の解散中の緊急集会においてとった措置には，事後に，内閣の同意を必要とする。

③　参議院の定数は法律で定められており，国会の審議により定数を変更することができる。

④　参議院議員であったとしても，国務大臣であれば，法律案について衆議院に出席し発言することができる。

〔問6〕 傍線部E「是非すべからず。」の説明として最も適切なものを、次の①～⑤のうちから一つ選んでマークしなさい。 22

① 成否の判断をしてはいけない、ということ。

② どうあってもしてはいけない、ということ。

③ あれこれと迷ってはいけない、ということ。

④ 決して言い訳してはいけない、ということ。

⑤ よしあしを論じてはいけない、ということ。

〔問7〕 Ⅰ・Ⅱの章段に共通することの説明として最も適切なものを、次の①～⑤のうちから一つ選んでマークしなさい。 23

① 充実した人生を送るためには何事も控えめに行うべきだ、ということ。

② 他人と比較することなく自分の得意分野に専念すべきだ、ということ。

③ 愚かな人ほど物事に執着するあまり他者への配慮がない、ということ。

④ 自分が究めていない領域にむやみに関わってはいけない、ということ。

⑤ 不都合な事であっても現実を受け入れなければならない、ということ。

問題作成上、原文の一部を改変したところがある。

のを、次の各群の①～⑤のうちからそれぞれ一つずつ選んでマークしなさい。a 17 ・b 18

a 覚えむ
① 期待するような
② 疑われるような
③ 思われるような
④ 記憶しているような
⑤ 悟ろうとするような

b 拙き人
① 俊敏な人
② 手堅い人
③ 下手な人
④ 悪賢い人
⑤ 愚かな人

〔問2〕 傍線部A「あいなく見ぐるし。」は「うとましく、みっともない。」という意味である。これと対比されている表現を、Ⅰの本文中から十五字以内で抜き出しなさい（句読点を含む）。記述

〔問3〕 傍線部B「その趣を知りなば、おぼつかなからずしてやむべし。」の解釈として最も適切なものを、次の①～⑤のうちから一つ選んでマークしなさい。19

① おおよその趣旨を理解したならば、たとえ身につかなかったとしてもあきらめるのが望ましい。
② だいたいの様子がわかったならば、一通り不審な点がなくなったという程度でやめるのがよい。
③ 風流を感じることができたならば、あいまいなままにしてはっきりさせないことが奥ゆかしい。
④ その意図を理解することができたならば、全く覚えられなかったとしても不都合なことはない。
⑤ 本質を伝え聞くことができたならば、仮に全体像が把握できなくても気にやむことはない。

〔問4〕 傍線部C「さらに当たるべからず。」は「まったく筋道にあわない。」ということだが、それはなぜか。その説明として最も適切なものを、次の①～⑤のうちから一つ選んでマークしなさい。20

① ものの道理にくらいのに、自己だけを基準として他人の能力をおしはかっているから。
② 世間の人と交わらず自分の殻に閉じこもるあまり、客観的な自己評価ができないから。
③ 自分の優秀さは他の分野の者には評価できないという、先入観にとらわれているから。
④ 愚かな人は他人の評価をそのまま受け入れて満足し、自分で判断しようとしないから。
⑤ 分野が異なるのに能力の有無を特定の専門家の判断に任せていて、客観性がないから。

〔問5〕 傍線部D「己にしかず」の意味として最も適切なものを、次の①～⑤のうちから一つ選んでマークしなさい。21

① 自分には足りない
② 自分には及ばない
③ 自分ほど鈍くはない
④ 自分ほど悪くはない
⑤ 自分ほど下手ではない

でマークしなさい。 15

① サリマの下の息子への思いが込められた「私の故郷」は、これから離れて暮らす彼にとって、母親からのかけがえのない贈り物になったということ。

② サリマの書いた作文は、英語教師が意図していた「私の故郷」とは大きく異なり、サリマ自身の経験だけを書き連ねた特異な作品になったということ。

③ サリマが苦労して英語で「私の故郷」を作り上げていく過程を英語教師はずっと見てきたので、その努力に報いるために「サリマ」をタイトルにしたということ。

④ サリマの人柄にひかれて、ハリネズミと英語教師が協力した結果「私の故郷」が完成したので、「サリマ」こそがタイトルとしてふさわしいものになったということ。

⑤ サリマの作ったものは、英語教師の指示とは異なり視覚や聴覚に訴えるプレゼンテーションではなかったため、「私の故郷」とは言えないものになっているということ。

〔問8〕 二重傍線部「ぜひ」と同じはたらきをしている語句として最も適切なものを破線部a～eのうちから一つ選び、その番号をマークしなさい。 16

① a つまり
② b なかなか
③ c さらに
④ d なにより
⑤ e しばし

三 **次のⅠ・Ⅱの文章はともに『徒然草《つれづれぐさ》』中の章段である。これを読んで、後の問いに答えなさい。**

Ⅰ ある人の言はく、年五十になるまで上手に至らざらむ芸をば捨つべきなり。励み習ふべき*行末《ゆくすえ》もなし。老人のことをば、人もえ笑はず。衆に交はりたるも、Aあいなく見ぐるし。大方《おほかた》、万《よろづ》のしわざはやめて、暇《いとま》あるこそ、目やすくあらまほしけれ。世俗の事に携はりて生涯を暮らすは、*下愚《かぐ》の人なり。ゆかしくa覚えむことは、学び聞くとも、Bその趣を知りなば、おぼつかなからずしてやむべし。もとより望むことなく、羨《うらや》まざらむは、第一なり。

〈一五一段〉

Ⅱ くらき人の、人を測りて、その智《ち》を知れりと思はむ、Cさらに当たるべからず。

b拙《つたな》き人の、碁《ご》打つことばかりに聡《さと》く巧みなるが、賢き人の、この芸に愚かなるを見て、己《おのれ》が智に及ばずと定めて、万の道の匠《たくみ》、我が道を人の知らざるを見て、己すぐれたりと思はむこと、大きなる誤りなるべし。*文字《もんじ》の法師、*暗証《あんしょう》の禅師《ぜんじ》、互ひに測りて、D己にしかずと思へる、ともに当たらず。

己が境界《きやうがい》にあらざるものをば、争ふべからず、E是非すべからず。

〈一九三段〉

（注） *行末もなし。＝将来もない。
*下愚の人＝最も愚かな人。
*文字の法師＝仏教の教えを研究するが実践を伴わない僧侶。
*暗証の禅師＝座禅の実践はするが仏教の教えに暗い僧侶。

〔問1〕 波線部a「覚えむ」・b「拙き人」の意味として最も適切なも

なってしまったということ。

〔問5〕 傍線部D「同じ太陽のはずなのに、自分が見たのだけは特別だって、私は信じてた。」とはどういうことか。その説明として最も適切なものを、次の①～⑤のうちから一つ選んでマークしなさい。 13

① ハリネズミにとって、太陽は自分なりの強い思い入れがあるものだったが、それはサリマも同様であったのだと気づいた、ということ。

② ハリネズミにとって、太陽は何の感情も呼び起こさないものだったが、それはサリマにとっても同じだったことに気づいた、ということ。

③ ハリネズミにとって、太陽は誰がどこで見ても同じものだと疑わなかったが、サリマも同じように思っていたことに気づいた、ということ。

④ ハリネズミにとって、自分が見てきた太陽とサリマが見てきた太陽とは似ていると思っていたが、実は同じであったと気づいた、ということ。

⑤ ハリネズミにとって、太陽は他人とは違った見え方をしていたが、自分が描いた太陽の絵はサリマのものと似ていることに気づいた、ということ。

〔問6〕 傍線部E「長年の馴れ合いで脳裏にこびりついてしまった垢をはがされた」とあるが、「脳裏にこびりついてしまった垢をはがされた」とはどういうことか。その説明として最も適切なものを、次の①～⑤のうちから一つ選んでマークしなさい。 14

① サリマの作文を読んで、移民たちが祖国を懐かしがったり美化したりすることはやむを得ないとあきらめていた英語教師は、その考えが単なる偏見であったことに気づき、認識を改めさせられたということ。

② サリマの作文を読んで、感情を表す言葉を用いなくても、人間がどのように生き、何を感じているのかは表現できるのだということに気づいた英語教師は、今までの自分の教え方を反省させられたということ。

③ サリマの作文を読んで、人間は祖国に対してだいたい同じような想いを抱くものだと信じてきた英語教師は、それとは全く異なる移民の存在に気がつき、驚くと同時に自分の考え方を一新させられたということ。

④ サリマの作文を読んで、プレゼンテーションにおいては簡単な言葉で、かつ言葉数も少なくした方がかえって訴える力を生むことに気づかされた英語教師は、発表に対する指導方法の変更を迫られたということ。

⑤ サリマの作文を読んで、人間の生きる営みはどこでも同じなのだということに改めて気づかされた英語教師は、移民たちが祖国を特別視して当然だというこれまでの思い込みを、根底からくつがえされたということ。

〔問7〕 傍線部F「『サリマ』の完成である。」とはどういうことか。その説明として最も適切なものを、次の①～⑤のうちから一つ選ん

した。

④　まだ幼い下の息子は祖国での貧しい生活に到底耐えられないだろうと信じて疑わなかったが、この若い教師と接したことで、やがて彼もその厳しい環境にも適応していける若者に成長すると確信した。

⑤　学校で祖国の文化について勉強しても下の息子はそこで何も学ばないことはわかっていたが、この若い教師と接したことで、やがて彼も自分から進んでそれを学んでいける若者に成長すると確信した。

〔問３〕　傍線部Ｂ「彼女は首を横に振って無言で微笑み返した。」とあるが、この時のハリネズミの心情を説明したものとして最も適切なものを、次の①～⑤のうちから一つ選んでマークしなさい。 11

①　「ゲストスピーカー」の役割を果たせるか不安に感じているサリマに対して、料金を支払うことで主導権を握りたいという思い。

②　自分が大学に戻ることを後押ししてくれるサリマの気持ちに報いるためにも、損得抜きにして時間と労力をささげたいという思い。

③　プロジェクト・ワークにかかる費用のうちのいくらかを支払うことで、自分も「ゲストスピーカー」の一人になりたいという思い。

④　上手なプレゼンテーションを行うために資料を集めてまとめることは、サリマよりも自分の方がたけているから任せてほしいという思い。

⑤　大切な友人として進んでサリマに力を貸したいと思うとともに、自分がやりたくてやったことなので気をつかわないでほしいという思い。

〔問４〕　傍線部Ｃ「さらに霧深い幻の国に思えた。」とはどういうことか。その説明として最も適切なものを、次の①～⑤のうちから一つ選んでマークしなさい。 12

①　異国での生活が長くなるにつれて、言葉が通じないことからくるつらさで祖国に対する懐かしさが徐々に募り、資料に出てくる情報が先の見えない自分にとって勇気を与える存在になったということ。

②　祖国に関してこれまで知らなかった情報を資料から得て、もともとわからないことが多かった上に異国で暮らしていることも重なり、祖国が自分にとってよりいっそう不可解な存在になったということ。

③　祖国についての資料から得られる情報は実感を伴わないものでしかなく、遠く離れて生活するうちに不確かなものになっていた祖国が、ますます自分にとって得体の知れない、遠い存在になったということ。

④　祖国に関するイメージはおぼろげながらもずっと抱いていたが、資料で調べていくうちに独自の文化を持っていることを改めて知り、異国に住む自分にはもはや手の届かない存在になってしまったということ。

⑤　祖国での生活の記憶が薄れかけているところに、資料からそれを取り戻そうとしても、書かれていることが本当であるかを確かめることができず、祖国はすでに自分にとって失われた存在に

りついてしまった垢《あか》をはがされたような気持ちになった。話の締めくくりは、これがまた飾り気がまったくなくいきなり終わるのだが、ぶつりぶつりと、それこそ大きな肉の塊を並べ立てたようなごつごつした文章なのに、響くものがある。こうなると「私の故郷」というタイトルがしっくりしない。

教師は先端の太いフェルトペンでタイトル「私の故郷」を二重線で塗りつぶした。サリマは何が気に入らなかったのだろうと身のすくむ思いでペン先を見つめ、そして女教師に視線を移した。まばたきを幾度かして、彼女は一気に書き添えた。

「サリマ」の完成である。

（岩城《いわき》けい『さようなら、オレンジ』による）

（注）＊プロジェクト・ワーク＝課題に取り組みながらさまざまな技能の習得を目指す学習方法の一つ。
＊英語教師＝職業訓練学校で、サリマとハリネズミに英語を教えている女性教師。
＊スロット＝硬貨の投入口。
＊タイプアップ＝手書きで書かれたものをワープロ等で清書すること。
＊赤毛の英語教師＝12ページの「英語教師」と同じ人物。
＊朴訥＝飾り気がないさま。

〔問1〕波線部ア・イの本文中における意味として最も適切なものを、次の各群の①～⑤のうちからそれぞれ一つずつ選んでマークしなさい。ア 8 ・イ 9

ア　そつなく
① 美しく
② 手際よく
③ すばやく
④ 礼儀正しく
⑤ 気持ちよく

イ　身のすくむ
① 焦る
② 祈る
③ 縮こまる
④ 遠慮する
⑤ 混乱する

〔問2〕傍線部A「あの子だってすぐにこんな若者になる。」とあるが、ここから読み取れるサリマの思いの説明として最も適切なものを、次の①～⑤のうちから一つ選んでマークしなさい。10

① いまだに親離れができないでいる下の息子をまだまだ子どもだと思い込んでいたが、この若い教師と接したことで、やがて彼も父親との生活に慣れて自立した誠実な若者に成長すると確信した。

② 生まれた時のことについて何も知らない下の息子に祖国の話をしても理解できないと思っていたが、この若い教師と接したことで、やがて彼も祖国について他人に話せる若者に成長すると確信した。

③ これまでは下の息子に祖国の実情について教えたところで想像も及ばないものと決めつけていたが、この若い教師と接したことで、やがて彼もまっすぐに現実と向き合う若者に成長すると確信

こんなところなのと、ハリネズミは驚愕《きょうがく》のため息をつきながら青く光るディスプレイを凝視していた。そして、彼女の脇から食い入るように画面を見つめ始めたサリマのために、傍《かたわ》らのクラスメイトはプリンターの*スロットに小銭をあるだけ落とすと、手当たり次第にプリントアウトしていった。サリマが料金を払おうとすると彼女は首を横に振って無言で微笑《ほほえ》み返した。そしてホチキスでセクションごとにパチンパチンと区別し、さらに蛍光ペンでサリマが欲しがっている箇所を囲み始める。丁寧でそつなく、なによりもサリマのためを思ってここまでつきあってくれていることがありがたかった。細い指先が白いコピー用紙を繰ってはそのあいだに見え隠れする、ハチドリみたいにすばやい、いかにも器用そうな十本の指をサリマはある種の感動とともにしばし見つめた。そして、こういう作業が好きで厭《いと》わないハリネズミを、サリマはなんとか大学へ戻してやりたかった。子供が死んだのを自分のせいにしてすっかり自信を、自分自身をなくしたハリネズミ。この自分のために時間と労力を惜しまずさしだしてくれる、この大切な友人にこんどはサリマが力になりたかった。

　夕食後、キッチンテーブルの上に息子たちが宿題を広げるその横でサリマはこの資料と戦った。けれども、哀《かな》しいことに、そこに書いてあることは、サリマがかつて知っていた生活ではなく、単なる知識でしかなかった。息子たちが寝静まってすべて読み終えたあとには、さらに霧深い幻の国に思えた。サリマは次の晩、短い作文を書いた。それは教師の添削だらけになって紙の上で窮屈そうにしていたが、ボールペンの添削にしたがって何回も真新しい紙に書き直した。それをハリネズミが*タイプアップしてくれた。手書き文字が印刷されるとすべてが引き締まってポーズをとっていた。まだ何かが足りない気がした。そして、最後の余白に、少女のころから日々一緒だった地平線を浮き沈みする太陽を、息子のクレヨンで描いた。翌朝、ロッカー・ルームで、それをまっさきにハリネズミに見せた。黙ってページをめくったあと、彼女はとびきりいいのができた、と笑顔になった。そして最後に付け加えられた太陽と砂地の絵をもう一度開き、しばらくそれに見入った。私の国でもこんな太陽が出てた、朝夕、こんなのが。同じ太陽のはずなのに、自分が見たのだけは特別だって、私は信じてた。

　Xデーを翌日に控え、サリマの作文に*赤毛の英語教師とたったひとりのクラスメイトが教室の一角に額を寄せている。教師は作文をみせながらプレゼンテーションをさせるつもりでいたのだったが、それは不必要だった。それは、ほんとうに*朴訥《ぼくとつ》で、幼児並みの言葉数を連ねただけなのだが、それゆえページをめくるたび訴えるものがあった。それまで英語を教えてきてありとあらゆる国籍と言語をバックグラウンドにする生徒たちに出会ったが、自分の祖国を懐《なつ》かしがったり美化したりする移民たちが多いなか、サリマにはそれがまったくなかった。「私の故郷」というテーマにもかかわらず、サリマには故郷とか国の意識がなかった。ただ彼女に起こったことだけを、サリマは書いた。「弟たちを外であそばせて自分もいっしょにあそび」「かけっこも、うたもうたった」。そこにうれしい、かなしい、さびしい、たのしい、といった心の動きを表す言葉は一語たりともなかった。いったい少女は何を考えていたのだろう。親の手伝いをして兄弟と遊び、学校へ通う。文化や宗教の違いこそあれ、人の暮らしは似たり寄ったりだということにいまさらながら気づかされた教師は、長年の馴《な》れ合《あ》いで脳裏にこび

二 **次の文章を読んで、後の問いに答えなさい。**

――「サリマ」はアフリカの祖国での混乱を逃れ、四年前に家族でオーストラリアへやってきた。二年半前に夫と別居し、それ以降は息子二人と暮らしてきたが、夫からの連絡をきっかけに息子たちは夫のもとに引き取られることになった。「ハリネズミ」は、サリマと職場が同じで、職業訓練学校でもいっしょに英語を学んでいるアジア人女性である。――

「お母様にお国のことを子供たちにお話ししていただけたら、と思いまして」

下の息子の担任の教師に声をかけられたのは、息子を学校に迎えに行ったときだった。終業のベルが鳴ると同時に飛び出してくる子供たちのあとから、若い教師は背筋をまっすぐ伸ばしてサリマのまえに立った。

（中略）

息子さんがもうすぐ転校する前に、お話をきかせていただけませんか。いま「多文化のわが国」というテーマで勉強しているものですから、サリマさんからだったら資料から学べないアフリカが伺えるのではないかと期待しております。子供たちはサリマさんのお話をもとに、*プロジェクト・ワークを行います。仕上がったら、ぜひ、息子さんにも送ってあげてください。

断る理由なんか見つからなかった。サリマ自身にとっても祖国なんてあるようでないような幻の存在になってしまって、故郷について息子たちには、とくに幼かった下の息子には多くを語ることはなかった。どんなに言葉を尽くしても彼らに自分たちの故郷を授けることはできないと信じて疑わなかった。しかし、このときなぜだかこれはやらなければいけない、まだ幼さが残る下の息子にはこれだけは聞かせて手放さなければならないという思いが、この若い女性の誠実な灰色の目を見つめているとこみあげてきた。

A あの子だってすぐにこんな若者になる。忘れもしない。あの子はどさくさのなか、汚らしい毛布の上で生まれたんだ、そう教えて何がいけないものか。

「ゲストスピーカー」として呼ばれる日まで二週間近くの時間があった。サリマは職業訓練学校の教室で、打ち明け話でもするみたいにそのことを*英語教師とハリネズミに話し、自分の英語がどこまで子供たちに通用するものか不安であると伝えると、女教師はサリマにもプロジェクト・ワークを提案した。「わたしの故郷」というテーマでシナリオをつくり、写真などの視覚や聴覚に訴えるものも使って短いプレゼンテーションを行うというものだった。a つまり、下準備というわけである。仕事から帰ってきてあたたかいシャワーを浴びながら、サリマは頭の中で自分の知っていることと伝えたいことをチェスのコマのように進めたり滑らせたりして作文を仕上げようとするのだが、b なかなかうまくいかなかった。ハリネズミに相談すると彼女はサリマを町の図書館に連れて行き、オーディオ・ビジュアル・ルームの一角にあるコンピューターでサリマの祖国について調べ始めた。あなたの国って

⑤〔Ｘ　自発的　　　Ｙ　強制的〕

〔問6〕 傍線部Ｄ「人は多かれ少なかれ環境に振り付けられながら行動している」とあるが、「環境に振り付けられ」るとはどういうことか。その説明として最も適切なものを、次の①～⑤のうちから一つ選んでマークしなさい。 5

① 人が、周りの自然や建築物のあり方から、おのずと行動範囲を限定されてしまうこと。

② 人が、周りの価値観に影響され、無意識のうちに社会が期待する行動を取ろうとすること。

③ 人が、周りの事物に欲望を刺激されて、はからずも何らかの行動を取らされてしまうこと。

④ 人が、周りとの関係性のなかを生きているがために、他者と同調して行動せざるを得ないこと。

⑤ 人が、周りの情報を瞬時に把握することで、次に取るべき適切な行動を選択しようと努めること。

〔問7〕 傍線部Ｅ「私たちは日々、軽い記憶喪失に見舞われています。」とはどういうことか。その説明として最も適切なものを、次の①～⑤のうちから一つ選んでマークしなさい。 6

① 私たちは、新しいものを求める社会の風潮に影響されていて、過去の歴史や伝統の大切さがわからなくなっているということ。

② 私たちは、常にインターネットの情報に操られていて、魅力的な商品を目にすると我を忘れてそれを買ってしまうということ。

③ 私たちは、欲望を喚起する振り付け装置に踊らされているので、少し前まで覚えていた役に立つ情報をふと忘れてしまうということ。

④ 私たちは、次々と現れる視覚情報に行動が誘発されていくので、もともと自分がどんな意志を持っていたかを見失いがちだということ。

⑤ 私たちは、めまぐるしく更新されるインターネットの情報に囲まれているので、何が本当に必要な情報なのかを判別できないということ。

〔問8〕 本文の内容と合致するものを、次の①～⑤のうちから一つ選んでマークしなさい。 7

① 見えない人が「見て」いる空間と、見える人が目でとらえている空間とは、たとえ同じ場所で一緒に過ごしていたとしても大きく異なっており、互いに理解し合うことは難しい。

② 私たちは偶然そのルートを通っている「通行人」に過ぎないため、周囲の地形や建物がそのようになっていることの必然性について、普段はほとんど考えない。

③ 都市で生活していると、大型スクリーンや看板などの情報が過剰に私たちの視覚に訴えかけてきて、人間が本来持っているはずの豊かな感受性が希薄になりがちである。

④ そもそも人間の行動は周りの環境に誘発されることが多く、子どもは大人よりも環境に影響されやすいのだから、子どもの「いたずら」は抑制されるべきものではない。

⑤ 資本主義システムはさまざまな視覚刺激で人の欲望をかき立てて商品を買わせようとするものなので、現代社会では情報の影響を受けて行動する度合いが高まっている。

情報が入って来ない木下さんは、自然豊かな「山の斜面」にいるのだという思いもよらない誤解をしていたこと。

② 私にとっての単なる「坂道」を木下さんは「山の斜面」だととらえており、同じ場所でともに行動しているにもかかわらず、二人の抱く空間のイメージが大きく異なっていたこと。

③ 目の見えない木下さんの方が「山の斜面」を降りていることを認識しており、道が傾いていたり曲がっていたりする空間情報は、視覚よりも身体全体でとらえる方が正確だということ。

④ 大学構内の一五メートルほどの坂道に対して「山の斜面」を下っているのだととらえる木下さんの発言が、私にはとても思いつかない、まるでスキーヤーのような独自の表現だったこと。

⑤ 大岡山の南半分は駅を「頂上」とするお椀をふせたような地形をしており、二人はその「ふもと」に向かって歩いているということを、初めてここに来た木下さんが瞬時に把握したこと。

〔問3〕 傍線部B「見える人にとって、そのような俯瞰的で三次元的なイメージを持つことはきわめて難しいことです。」とあるが、これはなぜか。その理由として最も適切なものを、次の①～⑤のうちから一つ選んでマークしなさい。 2

① 見える人は、インターネットが普及した結果、スマートフォンの画面のような二次元的な情報に頼るようになったから。

② 見える人は、多くの人が行き交う都市空間において、知人にあいさつをするなどの周囲への気配りが要求されているから。

③ 見える人は、個人をターゲットとする過剰な情報に踊らされがちであり、社会全体に対する視点を持つことが難しいから。

④ 見える人は、目の前に次々と現れる多くの視覚情報に意識を奪われてしまい、空間の部分的な認識にとどまりがちだから。

⑤ 見える人は、視覚から入ってくる情報のみで判断しがちであり、聴覚や嗅覚をも包含した総合的な世界像を持ちにくいから。

〔問4〕 傍線部C「彼らは『道』から自由だ」とはどういうことか。その説明として最も適切なものを、次の①～⑤のうちから一つ選んでマークしなさい。 3

① 見えない人は、音の反響や白杖の感触を利用して「道」を用心深く歩くからこそ、正確な空間把握が可能になるということ。

② 見えない人は、「道」の持つ方向性のみに縛られることなく、より大局的な立場から空間をとらえることができるということ。

③ 見えない人は、実際に存在する「道」に沿って歩くのではなく、勝手に想像したイメージの中を歩くことができるということ。

④ 見えない人は、視覚的な「道」だけに縛られることなく、音や匂いの入り混じった空間全体を自在にとらえられるということ。

⑤ 見えない人は、「道」だけを特別視する固定観念にとらわれながらも、想像力によって環境を意味づけることができるということ。

〔問5〕 空欄 X ・ Y に当てはまる語の組み合わせとして最も適切なものを、次の①～⑤のうちから一つ選んでマークしなさい。 4

① ［X　物理的　Y　比喩的］

② ［X　一般的　Y　個人的］

③ ［X　空間的　Y　時間的］

④ ［X　視覚的　Y　触覚的］

ら」とはたいていそうしたものです。ボタンがあるから押したくなるし、台があるからよじ登ってしまう。環境に埋め込まれたさまざまなスイッチが*トリガーになって、子どもたちの行動が誘発されていきます。

いわば、D人は多かれ少なかれ環境に振り付けられながら行動している、と言えるのではないでしょうか。

あるトリガーから別のトリガーへとめまぐるしく注意を奪われながら、人は環境の中を動かされていきます。人の進むべき方向を示す「道」とは、「こっちに来なさい、こっちに来てこうしなさい」と、行為を次々と導いていく環境の中に引かれた導線です。

たとえば京都の*桂離宮《かつらりきゅう》に行くと、その場所でどこを見るべきかというまなざしの行方までもが計算されていることに気づきます。人の行動をいざなう「道」が随所に仕掛けられているわけです。実際にⓔオトズれてみて、桂離宮というのはまるで*舞踏譜のようだなとしきりに感心しました。

桂離宮ではひとつの道が明瞭《めいりょう》に引かれていますが、都市においては無数の道が縦横無尽に引かれています。しかもその多くは、人の欲望に強く訴えてくる。真夏のかんかん照りの道にコーラの看板があれば飲みたくなってしまうし、「本日三割引き」ののぼりを見ればついスーパーに入って余計な買い物をしてしまう。その欲望がもともと私の中にあったかどうかは問題ではありません。視覚的な刺激によって人の中に欲望がつくられていき、気がつけば「そのような欲望を抱えた人」になっています。

資本主義システムが過剰な視覚刺激を原動力にして回っていることは言うまでもないでしょう。それを否定するのは簡単ではないしするつもりはありませんが、都市において、私たちがこの振り付け装置に踊らされがちなのは事実です。最近ではむしろ、パソコンのデスクトップやスマートフォンの画面上に、こうしたトリガーは増殖しているかもしれません。仕事をするつもりでパソコンを開いたら買い物をしていた……よくあることです。E私たちは日々、軽い記憶喪失に見舞われています。いったい、私が情報を使っているのか、情報が私を使っているのか分かりません。

（伊藤亜紗《いとうあさ》『目の見えない人は世界をどう見ているのか』による）

（注）
*分節化＝区切ること。
*学食＝学生食堂の略。
*スマホ＝スマートフォンの略。
*ビジョン＝展望。見通し。
*トリガー＝出来事や人の行為を引き起こすきっかけ。
*桂離宮＝広大な日本庭園およびその中にある伝統的建築物からなる施設。巡り歩くに従ってさまざまな風景が眺められるよう作られている。
*舞踏譜＝踊りの動きを紙面に記号で書き表したもの。

〔問1〕 二重傍線部ⓐ～ⓔのカタカナを漢字に書き改めなさい。（一点一画を正確に書くこと。） 記述

〔問2〕 傍線部A「私はそれを聞いて、かなりびっくりしてしまいました。」とあるが、ここで「私」はどのようなことに驚いているのか。その説明として最も適切なものを、次の①～⑤のうちから一つ選んでマークしなさい。 1

① アスファルトで舗装された都会の道路を歩いているのに、視覚

C 彼らは「道」から自由だと言えるのかもしれません。道は、人が進むべき方向を示します。もちろん視覚障害者だって、個人差はあるとしても、音の反響や白杖《はくじょう》の感触を利用して道幅や向きを把握しています。しかし、目が道のずっと先まで一瞬にして見通すことができるのに対し、音や感触で把握できる範囲は限定されている。道から自由であるとは、予測が立ちにくいという意味では特殊なⓑシンチョウさを要しますが、だからこそ、道だけを特別視しない俯瞰的な*ビジョンを持つことができたのでしょう。

全盲の木下さんがそのとき手にしていた「情報」は、私に比べればきわめて少ないものでした。少ないどころか、たぶん二つの情報しかなかったはずです。つまり「大岡山という地名」と「足で感じる傾き」の二つです。しかし情報が少ないからこそ、それを解釈することによって、見える人では持ち得ないような空間が、頭の中に作り出されました。

木下さんはそのことについてこう語っています。「たぶん脳の中にはスペースがありますよね。見える人だと、そこがスーパーや通る人だとかで埋まっているんだけど、ぼくらの場合はそこが空いていて、見える人のようには使っていない。でもそのスペースを何とか使おうとして、情報と情報を結びつけていくので、そういったイメージができてくるんでしょうね。さっきなら、足で感じる『斜面を下っている』という情報しかないので、これはどういうことだ？と考えていくわけです。だから、見えない人はある意味で余裕があるのかもしれないね。見えると、坂だ、ということで気が奪われちゃうんでしょうね。きっと、まわりの風景、空が青いだとか、スカイツリーが見えるとか、そういうので忙しいわけだよね」。

まさに情報の少なさがⓒトクユウの意味を生み出している実例です。都市で生活していると、目がとらえる情報の多くは、人工的なものです。大型スクリーンに映し出されるアイドルの顔、新商品を宣伝する看板、電車の中吊《なかづ》り広告……。見られるために設《しつら》えられたもの、本当は自分にはあまり関係のない＝「意味」を持たないかもしれない、純粋な「情報」もたくさんあふれています。視覚的な注意をさらっていくめまぐるしい情報の洪水。確かに見える人の頭の中には、木下さんの言う「脳の中のスペース」がほとんどありません。

それに比べて見えない人は、こうした洪水とは無縁です。もちろん音や匂《にお》いも都市には氾濫していますが、それでも木下さんに言わせれば「脳の中に余裕がある」。さきほど、見えない人は道から自由なのではないか、と述べました。この「道」は、［X］な道、つまりコンクリートや土を固めて作られた文字通りの道であると同時に、［Y］な道でもあります。つまり「こっちにおいで」と人の進むべき方向を示すもの、という意味です。

人は自分の行動を一〇〇パーセント自発的に、自分の意志で行っているわけではありません。知らず知らずのうちにまわりの環境に影響されながら行動していることがⓓアンガイ多いものです。

「寄りかかって休む」という行為ひとつとっても、たいていは寄りかかろうと思って壁を探すのではなくて、そこに壁があるから寄っかかってしまう。子どもの場合は特にその割合が高くなります。「いたず

【国語】（五〇分）〈満点：一〇〇点〉

一 **次の文章は、筆者が全盲の木下路徳《きのしたみちのり》氏と行動を共にした経験から書かれたものの一節である。これを読んで、後の問いに答えなさい。**

見えない人が「見て」いる空間と、見える人が目でとらえている空間。それがどのように違うのかは、一緒に時間を過ごす中で、ふとした瞬間に明らかになるものです。

たとえば、先ほども登場していただいた木下路徳さんと一緒に歩いているとき。その日、私と木下さんは私の勤務先である東京工業大学大岡山キャンパスの私の研究室でインタビューを行うことになっていました。

私と木下さんはまず大岡山駅のⓐカイサツで待ち合わせて、交差点をわたってすぐの大学正門を抜け、私の研究室がある西9号館に向かって歩きはじめました。その途中、一五メートルほどの緩やかな坂道を下っていたときです。木下さんが言いました。「大岡山はやっぱり山で、いまその斜面をおりているんですね」。

A私はそれを聞いて、かなりびっくりしてしまいました。なぜなら木下さんが、そこを「山の斜面」だと言ったからです。毎日のようにそこを行き来していましたが、私にとってはそれはただの「坂道」でしかありませんでした。

つまり私にとってそれは、大岡山駅という「出発点」と、西9号館という「目的地」をつなぐ道順の一部でしかなく、曲がってしまえばもう忘れてしまうような、空間的にも意味的にも他の空間や道から*分節化された「部分」でしかなかった。それに対して木下さんが口にしたのは、もっと俯瞰《ふかん》的で空間全体をとらえるイメージでした。

確かに言われてみれば、木下さんの言う通り、大岡山の南半分は駅のカイサツを「頂上」とするお椀《わん》をふせたような地形をしており、西9号館はその「ふもと」に位置しています。その頂上からふもとに向かう斜面を、私たちは下っていました。

けれども、B見える人にとって、そのような俯瞰的で三次元的なイメージを持つことはきわめて難しいことです。坂道の両側には、サークル勧誘の立て看板が立ち並んでいます。学校だから、知った顔とすれ違うかもしれません。前方には混雑した*学食の入り口が見えます。目に飛び込んでくるさまざまな情報が、見える人の意識を奪っていくのです。あるいはそれらをすべてシャットアウトして*スマホの画面に視線を落とすか。そこを通る通行人には、自分がどんな地形のどのあたりを歩いているかなんて、想像する余裕はありません。

そう、私たちはまさに「通行人」なのだとそのとき思いました。「通るべき場所」として定められ、方向性を持つ「道」に、いわばベルトコンベアのように運ばれている存在。それに比べて、まるでスキーヤーのように広い平面の上に自分で線を引く木下さんのイメージは、より開放的なものに思えます。

物理的には同じ場所に立っていたのだとしても、その場所に与える意味次第では全く異なる経験をしていることになる。それが、木下さんの一言が私に与えた驚きでした。人は、物理的な空間を歩きながら、実は脳内に作り上げたイメージの中を歩いている。私と木下さんは、同じ坂を並んで下りながら、実は全く違う世界を歩いていたわけです。

MEMO

大切なことはメモしておこうネ！

2020年度

解　答　と　解　説

《2020年度の配点は解答欄に掲載してあります。》

＜数学解答＞

1　〔1〕 19　〔2〕 $\frac{13}{36}$　〔3〕 6　〔4〕 $\mathrm{P}\left(0,\ \frac{40}{17}\right)$

2　〔1〕 1　〔2〕 $\frac{3}{13}$　〔3〕 $\frac{3}{5}$

3　〔1〕 (ア) ④　(イ) ⑥　(ウ) ②　〔2〕 $\frac{7}{5}$　〔3〕 (a) $t+1$　(b) $t-1$

4　〔1〕 $\frac{1}{2}$　〔2〕 $\mathrm{C}\left(\frac{8\sqrt{3}}{3},\ \frac{32}{3}\right)$　〔3〕 $28\sqrt{3}$

5　〔1〕 $\frac{9}{7}$　〔2〕 $\frac{3+2\sqrt{21}}{5}$　〔3〕 $\frac{25}{18}$

○配点○

1　各5点×4　2　〔1〕 6点　他　各7点×2

3　〔1〕 6点(完答)　他　各7点×2(〔3〕完答)

4　〔1〕 6点　他　各7点×2　5　〔1〕 6点　他　各7点×2　計100点

＜数学解説＞

1　(小問群－平方根の計算，最大公約数，確率，資料，平均値と中央値，関数・図形とグラフ)

〔1〕 $\frac{(5\sqrt{2}-2\sqrt{3})(2\sqrt{6}+7)}{\sqrt{2}}-\frac{(3\sqrt{2}+2\sqrt{3})(5-\sqrt{6})}{\sqrt{3}}=\frac{(10-2\sqrt{6})(2\sqrt{6}+7)}{2}-\frac{(3\sqrt{6}+6)(5-\sqrt{6})}{3}=\frac{3(10-2\sqrt{6})(2\sqrt{6}+7)}{6}-\frac{2(3\sqrt{6}+6)(5-\sqrt{6})}{6}=\frac{6(5-\sqrt{6})(2\sqrt{6}+7)}{6}-\frac{6(\sqrt{6}+2)(5-\sqrt{6})}{6}=(5-\sqrt{6})(2\sqrt{6}+7)-(\sqrt{6}+2)(5-\sqrt{6})=(5-\sqrt{6})\{(2\sqrt{6}+7)-(\sqrt{6}+2)\}=(5-\sqrt{6})(\sqrt{6}+5)=5^2-(\sqrt{6})^2=19$

〔2〕 大小2つのさいころの目の出方の総数は$6^2=36$　2つの目の数が共通な素因数を持たないときに最大公約数が1となる。共通な素因数をもつのは，大のさいころの目が1のときにはない。大のさいころの目が2，4，6のときには，それぞれ小のさいころの目が2，4，6であれば共通の素因数2をもつので，$3\times3=9$(通り)　大のさいころの目が3，6のときには，それぞれ小のさいころの目が3，6であれば共通の素因数3をもつので，$2\times2=4$(通り)　6と6のときには2の素因数も3の素因数ももつから，2または3の共通の素因数をもつ場合が，$9+4-1=12$(通り)　これに共通の素因数5をもつ5と5の出方があるので，$12+1=13$(通り)　よって，最大公約数が1より大きくなる確率は，$\frac{13}{36}$

〔3〕 10人の生徒の平均点は，$\frac{1+2+3+3+5+8+8+9+10+x}{10}=\frac{49+x}{10}$　得点を小さい方から並べたときの5番目と6番目の平均点が中央値となるから，中央値は整数か，または，小数第一位の位の数が5の数になる。よって，$x=1$(平均点5点)，または，$x=6$(平均点5.5点)が考えられるが，$x=1$のときは中央値は$\frac{3+5}{2}=4$となり不適当。$x=6$のときには，中央値は，$\frac{5+6}{2}=5.5$となり平均点と一致する。

〔4〕 2組の角がそれぞれ等しいので，△APC∽△QPO∽△QBD　△APC∽△QPOから，AC：QO＝PC：PO　(0, y)，Q(x, 0)とすると，$10:x=(10-y):y$　$10y=10x-xy$　$xy=-10y+10x$…①　△QPO∽△QBDから，QO：QD＝PO：BD　$x:(7-x)=y:3$　$3x=7y-xy$　$xy=-3x+7y$…②　①，②から，$-10y+10x=-3x+7y$　$13x=17y$　$x=\frac{17}{13}y$…③　③を①に代入すると，$\frac{17}{13}y^2=-10y+\frac{170}{13}y$　$17y^2-40y=0$　$y(17y-40)=0$　$y=\frac{40}{17}$　したがって，$\mathrm{P}\left(0,\ \frac{40}{17}\right)$

2 (平面図形－座標，垂直二等分線)

基本 〔1〕 線分の垂直二等分線上の点は線分の両端から等距離にあるから，線分ABの垂直二等分線と直線$y=8x$との交点が点Pである。線分ABの中点のx座標は$\frac{-1+3}{2}=1$　よって，点Pのx座標tは1

〔2〕 直径に対する円周角は90°なので，点PがABを直径とする円の円周上にあれば∠APB＝90°となる。ABを直径とする円の中心の座標は(1, 0)，半径は2だから，P(t, $8t$)と(1, 0)との距離が2となる。よって，$(t-1)^2+(8t)^2=2^2$　$65t^2-2t=3$　$t^2-\frac{2}{65}t=\frac{3}{65}$　$t^2-\frac{2}{65}t+\left(\frac{1}{65}\right)^2=\frac{3}{65}+\left(\frac{1}{65}\right)^2$　$\left(t-\frac{1}{65}\right)^2=\frac{3\times65}{65^2}+\frac{1}{65^2}=\frac{196}{65^2}=\left(\frac{14}{65}\right)^2$　$t-\frac{1}{65}=\frac{14}{65}$　$t=\frac{15}{65}=\frac{3}{13}$
※$65t^2-2t-3=(13t-3)(5t+1)$の因数分解を利用してもよい。

やや難 〔3〕 ∠APB＝45°のとき，∠APBを弧ABの1つの円周角とする円Qを考えると，中心角∠AQB＝90°である。また，点Qは弦ABの垂直二等分線上にあるから，△QABは垂直二等辺三角形である。ABの中点をMとすると，△AMQも直角二等辺三角形である。AB＝4だから，QM＝AM＝2　よって，Q(1, 2)　また，AB＝4なので，QA＝QB＝$2\sqrt{2}$　円Qの半径は$2\sqrt{2}$である。したがって，$\mathrm{QP}^2=(t-1)^2+(8t-2)^2=(2\sqrt{2})^2$　$65t^2-34t-3=0$　2次方程式の解の公式を用いると，$t=\frac{34\pm\sqrt{34^2+4\times65\times3}}{2\times65}=\frac{2\times17\pm\sqrt{2^2\times17^2+2^2\times195}}{2\times65}=\frac{17\pm\sqrt{17^2+195}}{65}=\frac{17\pm\sqrt{484}}{65}=\frac{17\pm22}{65}$　$x>0$なので，$t=\frac{39}{65}=\frac{3}{5}$

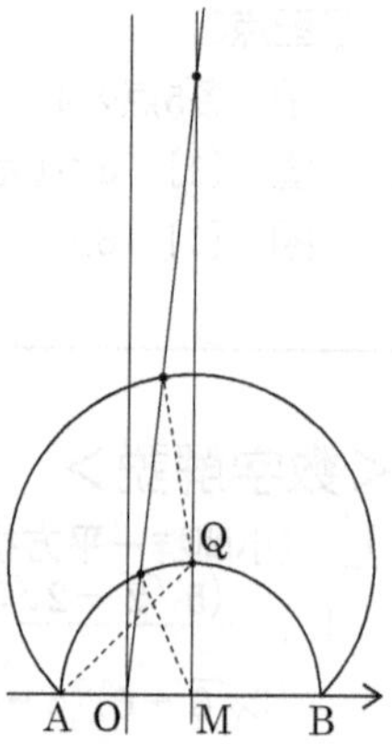

※$65t^2-34t-3=(13t+1)(5t-3)$の因数分解を利用してもよい。

3 (平面図形－接線，角の二等分線，半径)

重要 〔1〕 △ABEと△AFEにおいて，共通なので，AE＝AE，AEは∠BAFの二等分線だから，∠BAE＝∠FAE　BEはAEの垂線だから，∠AEB＝∠AEF　よって，1組の辺とその両端の角がそれぞれ等しいから，△ABE≡△AFE　よって，BE＝FE(EF)　点E，Mはそれぞれ△FBCの辺FB，FCの中点なので，中点連結定理によって，EM//BC

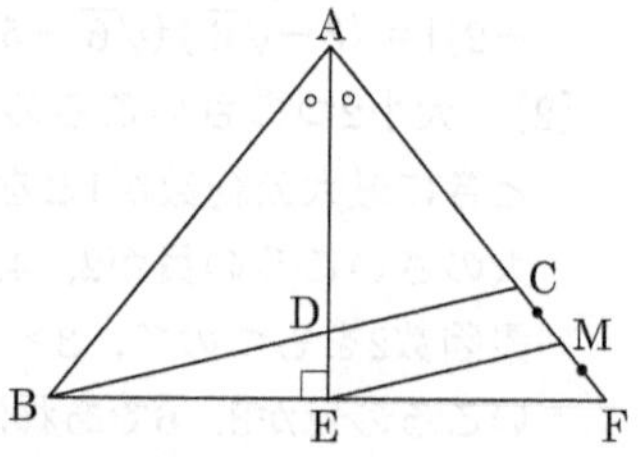

〔2〕 EM//BCだから，平行線と線分の比の関係により，DE：AE＝CM：AM　AF＝AB＝9なので，CF＝3　CM＝1.5　よって，DE：7＝1.5：7.5＝1：5　DE＝$\frac{7}{5}$(cm)

〔3〕 AB：AC＝t：1のとき，ACを1とすると，AF＝AB＝t，CM＝$\frac{t-1}{2}$　AM＝$1+\frac{t-1}{2}=\frac{t+1}{2}$　よって，AE：DE＝AM：CM＝$\frac{t+1}{2}:\frac{t-1}{2}=(t+1):(t-1)$

4 (関数・グラフと図形－座標，面積，2次方程式)

基本 〔1〕 関数$y=kx^2$のグラフはy軸について対称なので，A($-2\sqrt{3}$，$12k$)，B($2\sqrt{3}$，$12k$)　線分ABとy軸との交点をEとすると，△OBEは内角の大きさが30°，60°，90°の直角三角形なので，BE：OE＝1：$\sqrt{3}$　$2\sqrt{3}:12k=1:\sqrt{3}$　$12k=6$　$k=\frac{1}{2}$

〔2〕 直線ACとy軸との交点をFとすると，∠FAE＝30°なので，AE：EF＝$\sqrt{3}$：1　よって，直線ACの傾きは$\frac{1}{\sqrt{3}}$だから，$y=\frac{1}{\sqrt{3}}x+c$とおいて$(-2\sqrt{3},\ 6)$を代入すると，$6=-2+c$　$c=8$　点Cのx座標は方程式$\frac{1}{2}x^2=\frac{1}{\sqrt{3}}x+8$の解として求められるから，$x^2-\frac{2}{\sqrt{3}}x=16$　$x^2-\frac{2}{\sqrt{3}}x+\left(\frac{1}{\sqrt{3}}\right)^2=16+\left(\frac{1}{\sqrt{3}}\right)^2$　$\left(x-\frac{1}{\sqrt{3}}\right)^2=\frac{49}{3}$　$x>$だから，$x=\frac{1}{\sqrt{3}}+\frac{7}{\sqrt{3}}=\frac{8}{\sqrt{3}}=\frac{8\sqrt{3}}{3}$　$y=\frac{1}{2}\times\left(\frac{8}{\sqrt{3}}\right)^2=\frac{32}{3}$　よって，$C\left(\frac{8\sqrt{3}}{3},\ \frac{32}{3}\right)$

やや難 〔3〕 直線ADとy軸との交点をGとすると，AE：EG＝1：$\sqrt{3}$　直線ADの傾きは$\sqrt{3}$だから，$y=\sqrt{3}x+d$とおいて$(-2\sqrt{3},\ 6)$を代入すると，$6=-6+d$　$d=12$　よって，点Dのx座標は，方程式$\frac{1}{2}x^2=\sqrt{3}x+12$の解である。$x^2-2\sqrt{3}x=24$　$x^2-2\sqrt{3}x+(\sqrt{3})^2=24+(\sqrt{3})^2$　$(x-\sqrt{3})^2=27$　$x>0$だから，$x-\sqrt{3}=3\sqrt{3}$　$x=4\sqrt{3}$　点Cを通るy軸に平行な直線を引き，直線ADとの交点をHとする。点Hのx座標は点Cのx座標と等しく$\frac{8\sqrt{3}}{3}$だから，点Hのy座標は，$\sqrt{3}\times\frac{8\sqrt{3}}{3}+12=20$　線分CHの長さは，$20-\frac{32}{3}=\frac{28}{3}$　点Aから直線CHまでの距離は，$\frac{8\sqrt{3}}{3}-(-2\sqrt{3})=\frac{14\sqrt{3}}{3}$　点ADから直線CHまでの距離は，$4\sqrt{2}-\frac{8\sqrt{3}}{3}=\frac{4\sqrt{3}}{3}$　したがって，$\triangle ACD=\triangle ACH+\triangle DCH=\frac{1}{2}\times\frac{28}{3}\times\frac{14\sqrt{3}}{3}+\frac{1}{2}\times\frac{28}{3}\times\frac{4\sqrt{3}}{3}=\frac{1}{2}\times\frac{28}{3}\times\left(\frac{14\sqrt{3}}{3}+\frac{4\sqrt{3}}{3}\right)$
$=\frac{1}{2}\times\frac{28}{3}\times6\sqrt{3}=28\sqrt{3}$

5 (平面図形ー折り返し，直角三角形，平行線と線分の比，相似，三平方の定理，方程式)

基本 〔1〕 ∠ARP＝90°のとき，RP//ABである。よって，CR：CA＝RP：AB　CR＝xとすると，RP＝RA＝$3-x$だから，$x:3=3-x:4$　$4x=9-3x$　$7x=9$　CR＝$x=\frac{9}{7}$

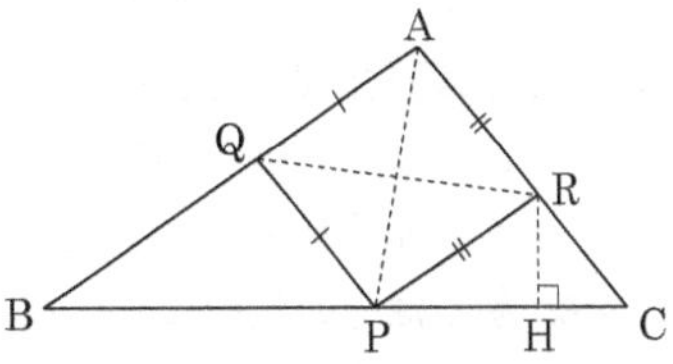

〔2〕 点RからBCに垂線RHを引くと，2組の角がそれぞれ等しいので，△HRC＝△ABC　よって，HR：CR：HC＝AB：CB：AC＝4：5：3　よって，CR＝1のとき，RH＝$\frac{4}{5}$，HC＝$\frac{3}{5}$　また，PR＝AR＝2だから，△PHRで三平方の定理を用いると，PH＝$\sqrt{2^2-\left(\frac{4}{5}\right)^2}=\sqrt{\frac{84}{25}}=\frac{2\sqrt{21}}{5}$　したがって，CP＝$\frac{3}{5}+\frac{2\sqrt{21}}{5}=\frac{3+2\sqrt{21}}{5}$

重要 〔3〕 CP＝2であるとき，CR＝xとすると，RH＝$\frac{4}{5}x$，HC＝$\frac{3}{5}x$　PH＝$2-\frac{3}{5}x$　PR＝AR＝$3-x$　よって，△PHRで三平方の定理を用いると，$(3-x)^2=\left(2-\frac{3}{5}x\right)^2+\left(\frac{4}{5}x\right)^2$
$x^2-6x+9=4-\frac{12}{5}x+\frac{9}{25}5x^2+\frac{16}{25}x^2$　$\frac{18}{5}x=5$　CR＝$x=\frac{25}{18}$

★ワンポイントアドバイス★

1の〔3〕は，平均値が整数であることから確定していく。2は問題文の図は正確ではないことに注意。図を書きながら考えるとよい。3の〔1〕はていねいに証明して，使われているものを選ぶ。4は，傾きが$\frac{1}{\sqrt{3}}$，$\sqrt{3}$の直線が登場するが，普通のやり方で切片を求めていけばよい。

＜英語解答＞

1　1 ③　2 ④　3 ③　4 ②

2　問1　A　plays[goes]　B　beginning[start]　C　end
問2　5 ⑥　6 ④　7 ②　問3　1 ②　2 ③　3 ④
問4　②

3　問1　①　問2　A ①　B ④　問3　15 ①　16 ⑧　17 ③
問4　to see what the rest of the river was[looked] like　問5　②
問6　④, ⑤

4　問1　②　問2　22 ⑤　23 ⑨　24 ③　問3　25 ⑤　26 ⑥　27 ④
問4　①　問5　③　問6　1 ④　問7　②　問8　①　問9　③

○配点○

1　各3点×4　2　問1　7点(完答)　他　各4点×5(問2完答)
3　問1・問2　各3点×3　問4　7点(完答)　問5　2点　他　各4点×3(問3完答)
4　問1・問5・問7　各3点×3　問4　2点　他　各4点×5(問2・問3各完答)　計100点

＜英語解説＞

1　リスニング問題解説省略。

2　**(長文読解問題・説明文：同意文書きかえ，語句整序，内容吟味)**

(全訳)　頭から歌が離れないことがある。ラジオでポピュラー音楽が聞こえたり，あるいはその歌のタイトルを読んだだけで，すっかりうんざりしてしまうまでその歌が心の中で何時間も歌われる。今ではその状態に，「ソング・イン・ヘッド症候群」という医学上の名称さえある。

しかし，なぜ心がこのように私たちに問題を引き起こすのだろうか。確かなことはわからないが，それはおそらく，脳は大事なことを知るよりも情報にしがみついている方が得意だからだろう。コネティカット大学の科学者，ロジャー・チャフィンは「人間の脳はそのように働くように設計されているが，この場合はそれが問題となりうる」と言っている。

この状態は，私たちの祖先が過去に重要な情報を思い出すときに役立った。今日，学生は新しい教科書を覚えるときにそれを使い，音楽家は難しい音楽を覚えるときにそれに頼る。しかし，この便利な仕組みがうまく働かないと，私たちは脳の中で何度も同じ音楽を聞くことになる。

その症候群は，おそらく脳の前部にある聴覚皮質で起こる。聴覚皮質は聞くことと，音楽や他の音を心の中で出すことの両方を司っている。マギル大学のロバート・ザットーレは，ボランティアたちにテレビ番組『ダラス』の主旋律を頭の中で再び奏でるように頼んだ数年前に，このことを説明した。この研究によって，その歌を聞き始めたときに聴覚皮質が働きだすことが明らかになった。

しかし，私たちは聞いたことのある音楽をすべて覚えているわけではない。脳の前部はどの思考が保存され，どの思考が忘れられるのかを決定するが，私たちが疲れていたり悲しんでいたりすると，「ソング・イン・ヘッド症候群」になる可能性がある。インディアナ大学の科学者，スーザン・ボールは，その瞬間に人はしばしばソング・イン・ヘッド症候群にかかり，まったく関心のない他の思考を抱くようになる。そして，一度聞きたくもない歌が奏でられ始めると，それを忘れることができなくなる。「ある思考を取り払おうとすると，それがますますこびりつくのです」とボールは言う。彼女は，「私たちはこれをピンクのゾウ現象と呼んでいます。脳がピンクのゾウのことを考えたくないとしても，私たちはますますそのことを考えてしまうのです」と言う。

この症状がひどい人にとっては，ある種の音楽から遠ざかるだけでも助けとなる。現在はテキサス大学の科学者で，以前はクラシックのピアニストだったスティーブ・ブラウンは，「私は自分にとって『くっつく』音楽を知っているので，それが一日中頭の中を駆け巡らないように早朝にはその音楽をかけません」と言っている。彼は，頭の中に常にある歌があって，頭の中では最初から最後まで歌い続けているようには思われないと言う。彼は，「それは5秒から15秒ほどの短いメロディーです。それは何時間も奏でられることがあり，私を悩ませます」と言う。

ブラウンは，頭の中で何度も何度も奏でられる音楽を実際に聞くが，これが「かたまりをつくること」という別の現象を示すことがある。オハイオ州立大学の科学者，キャロライン・パーマーは，「かたまりをつくること」が起こると，ある音楽の一部を1つのまとまった記憶として覚えてしまうと言う。しかし，音楽を聞くほとんどの人は，自分たちが音楽のどんなかたまりを覚えるのかということについてほとんど選択肢がない。しばしばある特定のかたまりを聞いたり，あるいはそれらにある明確な型があったりすると，それらのかたまりはまた特に「くっつく」可能性がある。例えば，ロックでは歌の中で何度も聞かれる同じ型のメロディーを使う。パーマーの研究によると，あるメロディーにそうした型があれば，覚えやすくなるということだ。だから，J・S・バッハによって創作されたクラシック音楽よりもロックを覚える機会の方が多いのだ。

この能力はよい目的のためにも使われている。教師は授業を音楽に合わせることで生徒たちによりよく記憶させることができる。例えば，ジョージタウン大学教授のサンドラ・カルバートは，ある調査によると，歴史の教科書の文をポピュラーソングの歌詞として聞いた生徒は，教科書で読んだだけの生徒よりもよく語句を覚えたという。

(2)記憶を助けるために音楽を使うことはまた，音楽の原点の説明になるかもしれない。ハワイ大学教授のレオン・ジェームズは，「歴史が書き留められる以前は，人々は歌でそれを覚えていました」と言う。そしておそらく，音楽にはもっと重要な役割があった。彼は，「すべての音楽にメッセージがあります。このメッセージが社会を1つにする働きをして，人々は社会の中で同じ考え方を持つことができるのです」と言っている。

問1　下線部の make it は「やり遂げる」，all the way through は「最初から最後まで」という意味で，ここでは頭の中で奏でられる歌が最後まで歌われるように思われないということを表している。これを言いかえた英文の主語 it を a song と考えると，本文中にある play を動詞として，「心の中でその歌は最初から最後まで奏でられない」というほぼ同じ内容の英文を作ることができる。play には3人称単数現在の s が必要。

重要　問2　Using songs to assist memory may also explain (the origin of music.)
この後に，歴史を書き留める以前には歌で歴史を覚えていたこと，音楽には社会を1つにまとめる役割があったことが書かれていることを参考にする。動名詞 using を使って using songs「歌を使うこと」を主語にする。to は不定詞を作る to として用い，to assist memory「記憶を助けるために」として using songs の後に続け，may also explain を動詞にすると下線部(2)の意味になり，その後の内容を導く文になる。

やや難　問3　1「『ソング・イン・ヘッド症候群』は，②おそらく私たちが覚えるべき情報を選んでいる聴覚皮質で起こる」　第4段落第1文の内容に合う。　①「ラジオでポピュラー音楽が聞こえるときに起こるが，歌のタイトルを読んだときには決して起こらない」第1段落第2文の内容に合わない。　③「特に今日の人々に起こり，私たちの祖先には起こらなかった」最終段落第2文に，歴史を文字で書き留める以前には歌で歴史を覚えていたことが述べられている。音楽を利用することでより記憶しやすくなることは「ソング・イン・ヘッド症候群」が起こる仕組みと同じことなので，この症状が祖先に起こらなかったとは言えない。　④「人間の脳の便利な仕組みを損なうような多くの問題を引き起こす」「ソング・イン・ヘッド症候群」が脳の機能を損なうという記述はない。　2 「ピンクのゾウ現象は，③『ソング・イン・ヘッド症候群』とともに起こりうる現象である」「ピンクのゾウ現象」については，第5段落で述べられている。「ピンクのゾウ現象」はある思考を取り払おうとすればするほど頭にこびりつく現象で，同じ音楽が頭の中で長く奏でられる「ソング・イン・ヘッド症候群」は，その現象が起こる1つの症状である。 ①「人の心の中にはっきりとしたピンクのゾウの映像が作り出される」「ピンクのゾウ」は頭から離れない思考や音楽を例えたもので，実際にピンクのゾウの姿が心の中で描かれるのではない。 ②「同じことを何度も考えたり言ったりするというような問題を引き起こす」同じことを何度も考えることは「ピンクのゾウ現象」として適切だが，同じことを何度も言うという症状については述べられていない。 ④「ロックよりもクラシック音楽をよく聞くときに起こる」第7段落第2文で，「音楽の一部を1つのまとまった記憶として覚えてしまう」現象について述べられており，続けてその音楽にある明確な型があると，それらのかたまりはまた特に「くっつく」可能性があること，クラシック音楽よりもロックにその傾向が強いことが述べられているので，むしろロックを聞いているときの方が「ピンクのゾウ現象」は起こりやすいはずである。　3 「『かたまりをつくること』は，④教科書を覚えたり，音楽の助けによって他のことを覚えたりするというようなよい目的のために使われる」第7段落で「かたまりをつくること」について説明した後，第8段落第1文で「この能力(＝音楽の一部をしっかりと記憶すること)はよい目的のためにも使われている」と述べている。その後に，その具体例として，音楽に合わせると教科書の文章が覚えやすくなることと，歴史を書き留める以前は歌で歴史を覚えていたことが挙げられているので，合っている。 ①「人間の脳は長い音楽を1つの記憶単位として覚える仕組みになっているから起こる」第7段落に，人間の脳は音楽の一部を1つのまとまりとして強く記憶することが述べられているので，「脳は長い音楽を1つの記憶単位として覚える仕組みになっている」はその内容に反する。 ②「人々がロックのような音楽を聞き，その興味深い部分を覚えようと選ぶときに起こる」第7段落第1文に，頭の中で何度も何度も奏でられる音楽を聞くこと，「かたまりをつくること」という別の現象を起こすことが述べられているので合わない。 ③「人々がただ同じメロディーでロックを作るために起こり，情報を教えるために使われることがある」後半の内容は，「かたまりをつくること」を利用して教育現場で役立てていることに合うが，②同様に，「かたまりをつくること」という現象が起こる原因として合わない。

問4 ① 「私たちは，ロジャー・チャフィンや，ロバート・ザットーレや，スーザン・ボールなどの多くの研究のおかげで『ソング・イン・ヘッド症候群』の原因を知っている」(×) 第2段落第1文から，この症状の原因はまだ明らかにされていないことがわかる。第4段落に，ロバート・ザットーレが「ソング・イン・ヘッド症候群」は脳の前部にある聴覚皮質で起こることを明らかにしたことが述べられているが，これは症状が起こる場所が明らかになったということで，症状が出る原因ではない。 ② 「『ソング・イン・ヘッド症候群』はおそらく，脳が重要な情報を選ぶことよりも情報を保存しておくことの方が得意なために起こる」(○) 第2段落第1文に，「脳は大事なことを知るよりも情報にしがみついている方が得意だからだろう」と，ほぼ同じ内容の記述がある。 ③ 「『かたまりをつくること』が起こると，脳は音楽の一部を1つの記憶単位として持とうとして，そのようなメロディーは毎回ほんの数分だけ奏でられる」(×) 1つの記憶単位として覚えられた一部のメロディーがどれだけの時間奏でられるのかについての具体的な記述はない。また，これはある歌が心の中で何時間も歌われる「ソング・イン・ヘッド症候群」の結果生まれる症状なので，覚えたメロディーがほんの数分しか奏でられないというのは不自然である。 ④ 「『かたまりをつくること』は，音楽の『くっつく』かたまりを聞くときに起こり，私たちはそれを簡単に忘れる」(×)「かたまりをつくること」という働きによって，教科書の内容が覚えやすくなったりするのだから，「簡単に忘れる」というのは矛盾する。

3 (長文読解問題・物語文：内容吟味，文補充選択，語句整序，語句補充，語句選択補充)

(全訳) マラード夫妻は住む場所を探していた。しかし，マラード氏がよい場所を見つけると，マラード夫人はいつもよくないと言った。彼女は森の中にはキツネがいて，水の中にはカメがいると思っていて，そのような危険な場所で子供を育てるつもりはなかったのだ。だから彼らは飛び続けた。

彼らがボストンに着いたとき，あまりに疲れていてもう飛ぶことができなかった。公立公園に，島があるすてきな池があった。マラード氏は，「あそこは今晩泊るのに最適な場所だ」と言った。そこで彼らは飛んでいった。

翌朝，彼らは朝食のために池で魚を釣った。しかし，あまり多くは見つからなかった。彼らがちょうど出発する準備をしていたとき，変わった大きな鳥が近づいてきた。それは人でいっぱいのボートを押していて，その背中に男が座っていた。マラード氏は，礼儀正しく「おはようございます」と言った。その大きな鳥は傲慢なことに答えなかった。しかし，ボートに乗っている人々が池にピーナッツを投げたので，マラード夫妻は池じゅうそれらを追って，また，最初のよりもおいしい朝食を手に入れた。彼らが池から歩いて出ると，マラード夫人が「この場所が気に入ったわ」と言った。「この池に巣を作って赤ちゃんたちを育てない？　キツネもカメもいないし，人々がえさにピーナッツをくれるわ。こんなにいい場所があるかしら？」マラード氏は「いいね」と言った。彼はとてもうれしかった。ついに，マラード夫人が住む場所を気に入ったのだ。しかし一「A気をつけて！　自転車が来るわ！」とマラード夫人がうろたえた。「ここは赤ちゃんを育てる場所などではないわ，あんな恐ろしいものが周りにあって。B私たちはどこか他の場所を探さないといけないわ」そこで，彼らはビーコン・ヒルを越え，州議事堂を回って飛んだが，そこには場所がなかった。彼らはルイスバーグ・スクエアで探したが，泳ぐ水場がなかった。

それから彼らはチャールズ川の上を飛んだ。「ここの方がいいな」とマラード氏は言った。「あの島は静かでよい場所のように見えるし，公立公園からほんの少しのところだ」「そうね」とマラード夫人が言った。彼女はそこのピーナッツを思い出した。「あそこは赤ちゃんを生むのにちょうど適した場所のように見えるわ」そこで彼らは川の近くのよい場所を選んで，巣を作り始めた。ちょうど間に合って，彼らは翼の古い羽を失い始めていた。彼らは新しい羽が生えるまで再び飛ぶことはできないだろう。しかしもちろん，彼らは泳ぐことができ，ある日彼らは川を泳いで渡り，マイケルという警官に会った。彼は彼らにえさとしてピーナッツを与え，その後マラード夫妻は毎日彼を訪ねた。

マラード夫人が巣の中で8つの卵を産んだ後，彼女は卵を温めておくためにそれらの上に座っていなくてはならなかったので，もうマイケルを訪ねにいくことができなかった。彼女は水をひと口飲んだり，昼食を食べたり，卵を数えてすべてそこにあるか確かめたりするだけのために巣を離れた。

ある日，赤ちゃんたちが卵から出てきた。最初にジャック，次にキャック，それからラック，そしてマックとナックとウワックとパックとクワックが出てきた。マラード夫妻はとても幸せだった。それほど多くの赤ちゃんたちの世話をするのはたいへんな仕事で，彼らはとても忙しくしていた。

ある日，マラード氏は(3)川の残りの部分がどのようであるかを見るために旅に出たいと思った。そこで彼は出発しようと翼を広げた。「1週間後に公立公園で会おう」と彼は肩越しに言った。「赤ちゃんたちの世話を十分にしてね」「心配しないで」とマラード夫人は言った。「子育てのことは何でも知っているわ」そして彼女はその通りにした。彼女は子供たちに泳ぎ方を教えた。彼女は彼らに1列になって歩くこと，呼ばれたら来ること，そして自転車や自動車や車輪のある他のものから安全な距離をとることを教えた。ついに彼女が彼らに完全に満足感を感じると，彼女はある朝，「いらっしゃい，お前たち。私に着いてきなさい」と言った。ジャック，キャック，ラック，マック，ナック，ウワック，パックそしてクワックは，まったく教えられたとおりにすばやく列になった。マラード夫人は彼らを川の中へ連れていき，彼らは彼女の後ろについて反対岸まで泳いだ。彼らはそこで川からあがって，広い混雑した道路までやって来た。

マラード夫人は道路を渡るために足を踏み出した。「フォン，フォン！」と速度の速い自動車の警笛の音がした。「ガーッ！」とマラード夫人は脇に戻りながら叫んだ。ジャック，キャック，ラック，マック，ナック，ウワック，パックそしてクワックはできる限り大声で「ガー！　ガー！　ガー！　ガー！」と叫んだ。自動車が何度も警笛を鳴らして続けて通り過ぎて行き，マラード夫人と赤ちゃんたちは「ガー！　ガー！　ガー！」と言い続けた。彼らがとても大声で騒いだので，マイケルがやって来た。彼は走り出して両腕を振って笛を吹いた。彼は通りの真ん中に立って，交通を止めるために片手をあげ，それから警官がするようにもう一方の手を振った。それでマラード夫人は通りを渡ることができた。

マラード夫人と赤ちゃんたちが反対側に無事に着いて，マウント・バーノン通りを進んでいくとすぐに，マイケルは走って交番に戻った。彼は大きな警察署のクランシーに電話をして，「カモの一家が通りを渡っています！」と言った。クランシーは，「何の一家ですって？」と言った。「カモですよ！」とマイケルは叫んだ。「パトカーを1台よこしてください，早く！」

同じころ，マラード夫人はコーナー書店にたどり着き，チャールズ通りへと曲がって入り，ジャック，キャック，ラック，マック，ナック，ウワック，パックそしてクワックはみな彼女の後ろを1列になって歩いていた。だれもが見た。ビーコン・ヒルの高齢の女性が，「見事だわ！」と言った。そして，通りを清掃している男性が，「おや，驚いた！　すてきじゃないか！」と言い，マラード夫人はそれらの声が聞こえると，とても誇らしい気持ちになって誇らしげにしっぽを振りながら歩いていった。彼女たちがビーコン通りの角に来ると，クランシーがよこした4人の警官が乗ったパトカーがあった。警官たちはマラード夫人とその赤ちゃんたちが通りを渡って公立公園に入れるように交通を止めた。門の内側で，彼女たちはみな，警官たちにお礼を言うために振り返った。警官たちはほほえんで手を振って別れのあいさつをした。

彼女たちが池に着いて泳いで小さな島へ渡ると，約束のとおり，マラード氏が彼女たちを待っていた。赤ちゃんたちは新しい島がとても気に入ったので，一家はそこに住むことにした。彼らは一日中ボートの後を追ってピーナッツを食べた。そして夜になると，彼らは小さな島まで泳いで眠りについた。

問1　下線部を含む文の直後の文に，その「変わった大きな鳥」の具体的な記述がある。その鳥は，was pushing a boat which was full of people「人でいっぱいのボートを押していた」，a man was sitting on its back「その背中に男が座っていた」という状態を正しく表しているのは①。

基本　問2　A　マラード夫妻が公立公園の池の島に住むことを決めようとしていた直後のできごとが述べられている。空所の後でマラード夫人が「ここは赤ちゃんを育てる場所などではないわ，あんな恐ろしいものが周りにあって」と言っていることから，突然，何か危険な状況に置かれたことがわかる。この状況に合うのは①「気をつけて！　自転車が来るわ！」。　B　公立公園の池で危険な目に遭ったこと，空所の後で夫妻が別の場所へ飛んでいったことから，夫妻はその場所に住むのをやめて他の場所を探しに飛んでいったと考えられる。したがって，④「私たちはどこか他の場所を探さないといけないわ」が適切。②は「ああ，何てことだ！　食べるものが何もない！」，③は「私たちはここに巣を作らなくてはならない」という意味。

重要　問3　（… because she ）had to sit on the eggs to keep them warm「彼女は卵を温めておくためにそれらの上に座っていなくてはならなかった」　マラード夫人が鳥の雌で，卵を産んだばかりの状況であることをおさえ，had to ～「～しなければならなかった」，sit on ～「～の上に座る」，keep ～ warm「～を温めておく」などの意味のまとまりを考える。them は the eggs を指す。

問4 (Mr. Mallard decided he'd like to take a trip) to see what the rest of the river was like.「マラード氏は川の残りの部分がどのようであるかを見るために旅に出たいと思った」 この後，マラード氏がこのとき住んでいた川の中の島から飛び立っていったこと，rest「残り」，like「～のような」などの語から，飛び立っていった理由として，川の残りの部分の様子を見ようとしたと考える。see の前後に to と what を，the rest と the river の間に of を補って，「川の残りの部分がどのようであるかを見る」という間接疑問を作る。

問5 空所の後の内容から，警官のマイケルは，マラード夫人たちが無事に通りを渡れるように交通を止めようとしたことがわかる。通りを走る車をとめるためには道の真ん中に立つのが自然なので，②を入れて「通りの真ん中に立った」とするのが適切。①は「右側に」，③は「左側に」，④は「角に」という意味。

問6 ① 「公立公園の池は，食べるものが十分になかったので住むのに適する場所ではなかった」（×） 第3段落第7文から，ボートに乗った人々がピーナッツを投げてくれ，マラード夫妻がそれに満足していることがわかる。また，段落の最後の部分，空所 B の直前で，マラード夫人が「ここは赤ちゃんを育てる場所などではないわ，あんな恐ろしいものが周りにあって」と言っていることからも，彼らにとって公立公園が住むのに適する場所ではなかったのは，そこが危険であったからだと考えられる。 ② 「マラード一家は，自分たちの羽が抜け始めたときにマイケルが救ってくれたので，毎日彼を訪ねるようになった」(×) 第4段落最終文に，マラード夫妻が毎日マイケルを訪ねたことが述べられているが，同じ文から，その理由はマイケルが彼らにえさとしてピーナッツを与えたからであることがわかる。 ③ 「マラード夫人はマラード氏が1週間旅に出た後，マイケルとともに赤ちゃんたちを育てなくてはならなかった」(×) マラード氏が旅に出ている間の赤ちゃんたちの世話については第7段落で述べられている。この場面にマイケルは登場せず，この間赤ちゃんを育てたのはマラード夫人だけである。 ④ 「クランシーは，マイケルが人間ではなくカモを救うためにパトカーをよこすように頼んでいるのを聞いて驚いた」(○) 第9段落の最後でマイケルとクランシーとのやり取りが描かれている。マイケルがカモの一家が通りを渡るのを助けるためにパトカーをよこすように要請したのを聞いて，クランシーは「何の一家ですって？」と聞き返していることから，クランシーにとって意外な要請だったことがわかる。 ⑤ 「赤ちゃんたちがみなマラード夫人の後ろを1列になって歩いていたとき，彼女は人々の意見を聞いてとても誇りに思った」(○) 第10段落第4文の後半に，「マラード夫人はそれらの声が聞こえると，とても誇らしい気持ちになって誇らしげにしっぽを振りながら歩いていった」とある。「それらの声」とは，その直前の高齢の女性や通りを清掃する男性の言ったことを指し，2人はそれぞれ「見事だわ！」，「すてきじゃないか！」とカモたちを称賛しているので，一致している。 ⑥ 「マラード一家は，ビーコン・ヒルが彼らにとって快適だったので，結局そこに住むことにした」(×) 第3段落の最後に，夫妻が公立公園の池の中にある島に住むのをあきらめた後，ビーコン・ヒルを飛んで越えて別の場所を探したが，よい場所は見つからなかったことが述べられている。

4 **(長文読解問題・説明文：語句選択補充，語句整序，内容吟味，要旨把握)**

(全訳) 食料はどこからもたらされるのだろうか。これは妙な問いのように思えるかもしれないが，その答えには驚かされるだろう。もちろん，食料は植物と動物からもたらされる。しかし，この問いについてもう少し深く考えると，食料は実は A太陽からもたらされることがわかる。すべての動物は植物を食べるか，(植物を食べる)他の動物を食べなくてはならない。動物は植物に依存し，植物は生長して植物を増やすためにA太陽からのエネルギーに依存している。

私たちみなが知っているように，すべての植物は大きさ，形，そして味が異なる。実は，植物は私たちを病気にしたり，あまりに頑丈だったり，十分な大きさがなかったりするために，私たちは世界の植物のほとんどを食べていない。草がよい例だ。(1)ウシやウマは草を食べて楽しませてくれる胃を持っているが，人間はそうではない。

しかし草の中には，とてもふさわしいまとまりの炭水化物を生産するために，人間にとって特によいものもある。その最高のものが特に優れた3つの植物，すなわち，トウモロコシ，米，そして小麦である。これら3つの植物には，エネルギーがいっぱいの特に大きな種がある。(2)私たちは，これらの種を食べるのに適するようにするために，それらの料理の仕方を学んだ。

私たちはまた，これらの種を大量にウシやニワトリや他の家畜にえさとして与え，その結果，後に家畜をB食肉として食べることができる。しかし，私たちがこうするとき，骨など，そのおよそ40パーセントは食べない。それは代わりに他の製品になるか，あるいは無駄になる。だから，私たちは自分たちが食べたいと思う動物に種を与える代わりに，なぜ種だけを食べないのだろうかと思う。なぜなのだろうか。人間の体は，体を成長させたり修復したりするためにタンパク質が必要で，植物を食べるだけでは十分なタンパク質を得ることが難しいからである。この仕組みは，たくさんの植物を疲弊させて家畜には固くなることもあるかもしれないが，私たちの体に適している。

私たちがニンジンを食べるとき，無駄はほとんどない。私たちはそのおよそ90パーセントを使う。私たちが食べる植物の多くについても同じことが言える。しかし，私たちがニワトリにニンジンを与え，それが成長したらそのニワトリを食べるとしたら，私たちはそのニワトリが一生の間に食べたすべての食べ物の10パーセントしか取り戻さないことになる。ウシや他の動物についても同じことが言える。この意味で，野菜を食べることは無駄も少ないので，地球にとってはるかに優しいのだ。

魚についても同じことが言える。1匹の魚が他の魚を食べれば，同じ90パーセントの無駄になり，より小さな魚を食べる小さな魚を大きな魚が食べるのだから，はるかに大きな無駄になる。私たちがマグロのような大きな魚を食べるとき，私たちは連鎖の過程で食べられる植物や魚の1パーセントに満たない量しか吸収しないのだ。

人間は食物連鎖の頂点にいるのだからこの過程は自然の一部だと言うことはできる。しかし，地球上には今や60億を超える人々がいて，その多くは動物や魚を食べることからエネルギーの大部分を得ている。それが問題なのだ。そして，これまで見てきたように，そのことは多くの無駄を生むのだ。

肉や魚を食べる者として，私たちはみな，私たちの惑星に問題を引き起こしているこの仕組みを続けることに対して責任がある。先進国世界では，人々は体が必要とするよりも動物から2倍の食料を食べていると信じている人々もいる。もしだれもが肉と魚を食べる量を減らせば，環境に有益な影響が出るだろう。

問1　後の空所には植物のエネルギー源となるものが入る。植物は光合成によって生長することから，②「太陽」が適切。

重要　問2　(Although cows and horses) have stomachs which allow them to enjoy eating grass (, humans do not.)「ウシやウマは草を食べて楽しませてくれる胃を持っているが，人間はそうではない」　直前で，人間が食べる植物の種類がごくわずかであることを述べていること，組み立てる文の前半が「ウシやウマは～だが」(Although cows and horses) で始まり，「人間は～ではない」(humans do not)で終わることから，植物に関連してウシやウマと人間の違いを表す文になることを予測する。主語 cows and horses の動詞を have として，その後に関係代名詞 which を置いて「ウシやウマには～胃があるが，人間にはない」という文を作る。人間はごく一部の植物しか食べないことから，< allow ＋目的語＋ to ＋動詞の原形>「～に…させる，～が…することを許す」を使い，「草を食べて楽しませる」(allow them to enjoy eating grass)を which の後に続ける。

やや難 問3 (We have learned) how to cook these seeds in order to make them good to eat.「私たちは，これらの種を食べるのに適するようにするために，それらの料理の仕方を学んだ」 炭水化物を豊富に含む穀物について述べている部分。不定詞< to ＋動詞の原形>が3つあることに着目して，不定詞を用いた how to ～「～のし方」, in order to ～「～するために」という表現を中心に考える。how to ～ は目的語として用いるのが基本なので，learned の目的語として使う。them は同じ文にある seeds を指すと考える。make は「～を…にする」の意味として使い，make ～ good「～を適する状態にする」と考えると，good to eat「食べるのに適した」という意味のまとまりが考えられる。ここでは，人間が穀物の種を食用として適するものにするためにその料理法を学んできたことを述べている。

問4 ～, so that … は「～，その結果…」というつながりを表す。穀物の種を家畜に与える結果を表す内容として，「後に家畜を～として食べることができる」ということなので，①「食肉」が適切。

問5 直後の chain とのつながりを考える。前の段落では，大きな魚が小さな魚を食べ，最後に人間が大きな魚を食べるという過程が述べられている。こうしたつながりを food chain「食物連鎖」と言う。

問6 下線部の直前で，地球上の60億を超える人間が肉や魚を食べてエネルギーを得ていることが述べられている。また，下線部の直後では，そのことが多くの無駄を生んでいると述べられている。多くの人々が肉や魚を食べることが無駄を生む原因になるという趣旨なので，「問題」となるのは「多くの人々が肉や魚を食べること」である。この内容を表している④が正解。

問7 create は「(問題など)を引き起こす」という意味の他動詞なので，空所直後の troubles はcreate の目的語になる。直後に目的語があるので受動態は不適切。また，現在も続いて起こっている問題について述べているので，現在進行形 is creating が適切。関係代名詞の後に続く部分で動詞が必要なので，現在分詞だけの creating は不適切。

問8 人間が肉や魚を食べることが無駄を生むことになるという趣旨の説明に続いて，最終段落で「もしだれもが肉と魚を食べる量を減らせば，環境に有益な影響が出るだろう」という結論を述べている。この内容に合うのは①「人々は地球のためにこれまで以上に肉と魚を食べる量を減らすべきだ」。②は「どんな食料が，地球のために人間が食べるのに最も適するのかを知ることは不可能だ」，③は「動物を原料とする食料を食べることは，植物を原料とする食料を食べることよりも自然にとってよい」，④は「先進国世界の人々は，体が必要としているよりも3倍の量の動物からもたらされる食料を食べている」という意味。

問9 ①「人間は植物から作られる炭水化物を摂取することができる」 第3段落に，トウモロコシ，米，小麦に人間にふさわしい炭水化物が含まれていることが述べられているので，本文の内容とは異ならない。 ②「家畜は人間ほど肉や魚が必要ない」 第4段落第1文で，家畜に大量の穀物が与えられていることが述べられているが，肉や魚を与えているという記述はないので，本文の内容とは異ならない。 ③「どんな種類の魚を食べても，どんな種類の肉を食べることよりも効果が少ない」 魚を食べる場合と肉を食べる場合を比較して，どちらの方が効果があるかという記述はないので，本文の内容と異なる。筆者が述べているのは，肉でも魚でも，動物を原料とする食料を食べることによる弊害であり，肉と魚の食料としての質ではない。④「人間が食べることを選ぶ食料は，環境に大きな影響をおよぼす」最終段落最終文に「もしだれもが肉と魚を食べる量を減らせば，環境に有益な影響が出るだろう」とある。人間が何を食べるかが環境に影響するということなので，本文の内容とは異ならない。

★ワンポイントアドバイス★

3の問1は，本文で描かれている光景を正しくつかめているかを問う問題。下線部直後を文字通り解釈して，「ボートを押していた」，「その(＝その鳥の)背中に男性が座っていた」から正解はつかめる。

＜理科解答＞

1 (1) 1 ① (2) 0.60J (3) 2 ② (4) 3 ④

2 (1) 4 ② (2) 5 ⑤ (3) 6 ② (4) カ OH^- キ Na^+ ク H^+ ケ SO_4^{2-}

3 (1) 7 ③ (2) 8 ⑥

4 (1) 9 ① (2) 10 ① (3) 少量の重曹を加えたあと，ストローで息を吹き込む。

5 (1) 11 ① (2) 12 ③ (3) 13 ① (4) 14 ④ (5) 15 ② 16 ② (6) 17 ⑥

6 (1) 18 ① 19 ② (2) 20 ③ 21 ⑥ 22 ⑤ 23 ② 24 ⓪ (3) 1200J (4) 右図

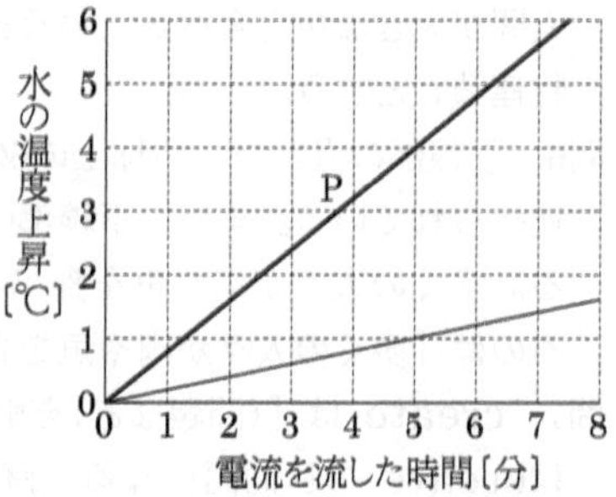

7 (1) X 熱 Y 状態変化 (2) 25 ④ (3) 26 ① (4) 97.8cm^3 (5) 27 ②

8 (1) 28 ④ (2) 29 ④ (3) 30 ② (4) 31 ② 32 ① (5) 胚 (6) 33 ③ 34 ⑥

9 (1) 444 (2) 35 ② 36 ① 37 ② 38 ② 39 ① 40 ② (3) 右図 (4) 41 ⑤ (5) 42 ③ (6) 43 ①

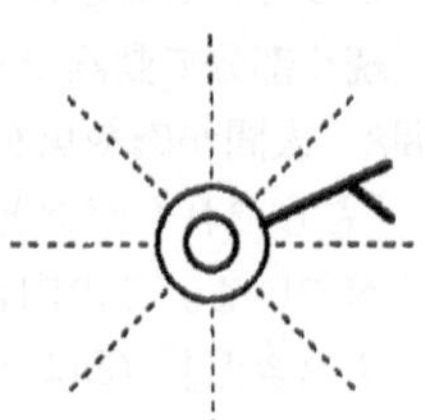

10 105cm

○配点○

1 (2) 3点 (3) 1点 他 各2点×2

2 (1)～(3) 各2点×3 他 各3点×2(カキ，クケ各完答)

3 (1) 3点 (2) 2点 4 (3) 3点 他 各2点×2 5 各2点×6((5)完答)

6 (3)・(4) 各3点×2 他 各1点×6((1)完答)

7 (2)・(3) 各2点×2 他 各3点×3((1)完答)

8 (4) 各1点×2 (6) 3点(完答) 他 各2点×4

9 (1)・(3) 各2点×2 他 各1点×9 10 5点 計100点

＜理科解説＞

1 （力ー力の合成と仕事）

(1)　糸にかかる力はずっと12Nのままだが，右の図のように，手で下に押した部分の角度が小さくなると，両側の12Nずつの糸の合力が大きくなり，手ごたえは大きくなる。

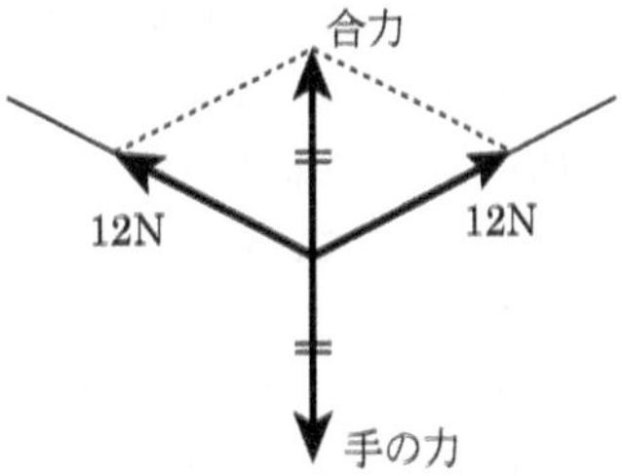

(2)　糸を押す力は一定でなく徐々に大きくなるので仕事の計算はできないが，この仕事でおもりが持ち上がったので，そちらを利用して仕事の計算ができる。12Nのおもりが，28cmから33cmへ5cm(0.05m)持ち上がったので，仕事は12N×0.05m＝0.60Jとなる。

(3)・(4)　滑車を台はかりの方に近づけると，物体の真上の糸の角度が小さくなるので，左右の糸の合力は大きくなる。糸が物体を上向きに引く合力が大きくなるので，台はかりが物体を上向きに押す垂直抗力は小さくなる。

2 （電気分解とイオンー塩化銅や硫酸ナトリウムの電気分解）

(1)　陰極に付着した銅原子のもとは，正の電気を持つ銅イオンCu^{2+}である。また，陽極に発生した塩素分子となる塩素原子のもとは，負の電気を持つ塩化物イオンCl^-である。

(2)　BTB液は，酸性で黄色，中性で緑色，アルカリ性で青色を示す。硫酸ナトリウム水溶液は中性であり，電気分解すると，陰極付近の液はアルカリ性，陽極付近の液は酸性になった。

重要　(3)　実験4の結果から，陰極で水素，陽極で酸素が発生しており，硫酸ナトリウム水溶液の電気分解は，水の電気分解と同じと分かる。水の電気分解は，$2H_2O \rightarrow 2H_2 + O_2$により，発生する陰極の水素と陽極の酸素の体積比は2：1である。

やや難　(4)　硫酸ナトリウムは，水溶液中では$Na_2SO_4 \rightarrow 2Na^+ + SO_4^{2-}$のように電離している。同時に，水も$H_2O \rightarrow H^+ + OH^-$のようにわずかに電離している。陰極側には，$Na^+$と$H^+$が引き寄せられるが，Naは析出できず，$H_2$が発生する。そのため，陰極付近には，$Na^+$と$OH^-$が取り残され，アルカリ性になる。陽極側には，$SO_4^{2-}$と$OH^-$が引き寄せられるが，$SO_4^{2-}$は変化せず，$O_2$が発生する。そのため，陰極付近には，$SO_4^{2-}$と$H^+$が取り残され，酸性になる。このように，$Na_2SO_4$はそのまま残る。

3 （植物の種類のその生活ー食糧となる作物）

(1)　対物レンズBを交換するときは，レボルバーAを回せばよい。顕微鏡では，実物と上下左右が反対の像が見えているので，図1のように左上に見えている細胞は，実際には右下にある。中央に来るように動かすには，左上に動かせばよい。倍率を上げると，視野が狭くなるため，光量が減って暗くなる。反射鏡Dは，観察前に最も明るい位置にしてあるので，しぼりCを開放することで光量を増やすと，細胞がはっきり見えるようになる。

(2)　問題文の5種の植物のうち，維管束がバラバラの単子葉類は，イネ科に属するコムギ，トウモロコシ，イネの3種である。それ以外の2種は，主根と側根を持つ双子葉類である。ダイズの種子は無胚乳なので，栄養分は子葉にたくわえられている。イネ科の3種は有胚乳であり，栄養分は胚乳にたくわえられている。ジャガイモは，地下茎の一部である「いも」が栄養器官となっており，栄養体生殖を行う。

4 （植物のからだのしくみー呼吸と光合成）

(1)　この実験では，もとのBTB液はアルカリ性に調整されており，青色である。これに息を吹き込むことで，二酸化炭素を溶かし，中性の緑色にしている。オオカナダモの光合成によって二酸化炭素を消費すると，液は再びアルカリ性の青色となる。この変化を示しているのがAである。

色の変化がオオカナダモのはたらきによることを証明するため，対照実験としてDが必要である。

(2)　Bの色が変わらなかったのは，オオカナダモの光合成によって消費された二酸化炭素量と，オオカナダモの呼吸によって放出された二酸化炭素量が等しいため，試験管内の二酸化炭素量が変わらなかったからである。酸素の増減では，BTB液の色は変わらない。

(3)　うすい酢で中和させた液には二酸化炭素が含まれないので，オオカナダモは光合成できない。そこで，緑色の水溶液に息を吹き込んで二酸化炭素を加えると，液は黄色になり，オオカナダモは光合成する。しかし，二酸化炭素をすべて消費しても，液は緑色に戻るだけで，青色にはならない。つまり，(1)のようにアルカリ性の青色の溶液に二酸化炭素を吹き込んで緑色にした状態からスタートしなければ，光合成によって青色にならない。そこで，重曹(炭酸水素ナトリウム)など，何かアルカリ性の水溶液となる物質を加え，これに息を吹き込んで二酸化炭素を加えれば，(1)のAと同様の結果になる。

5 (大地の動き－地震と火山)

基本　(1)　表1で，P波の到着時刻の早い地点B，A，C，Dの順が，図1で震央に近いイ，A，ア，ウの順と一致する。

(2)　図1は均一な地質だから，震央に近いほど，主要動の揺れが大きくなる。よって，表1で，P波の到着時刻の早い地点B，A，C，Dの順が，選択肢で主要動の大きい③，A，②，①の順と一致する。

(3)　図1で，A地点と震央の水平距離は2目盛りで40kmである。また，A地点と震源の距離は50kmである。三平方の定理より，震源の深さは$\sqrt{50^2-40^2}=30$(km)である。

やや難　(4)　震源からの距離と初期微動継続時間は比例する。表1より，A地点の初期微動継続時間は7秒間で，震源からの距離は50kmである。D地点の初期微動継続時間は14秒間だから，震源からの距離は50×2＝100(km)である。地点Aと地点Dの震源からの距離の差は50kmであり，P波の到達時刻の差は11秒間である。よって，P波は11秒間で50km伝わる速さである。このことから，地点AにP波が到達した9時20分25秒よりも11秒前の9時20分14秒に地震が発生していたことになる。なお，地点BやCを使っても近い値が求められる。

重要　(5)　ハワイ島は，マウナ・ケア山をはじめ，なだらかな傾斜をもつ大規模な盾状火山が多い。温度が高く，二酸化ケイ素SiO_2の割合が多く，粘り気の弱いマグマを，おだやかで大量に流し出す噴火をする。

(6)　溶岩は，マグマが地表で急に冷やされるので，Bのような斑状組織ができる。また，流紋岩質のマグマは粘り気が強く，玄武岩質のマグマは粘り気が弱いため，ハワイ島のマウナ・ケア山に当てはまるのは，黒い玄武岩である。

6 (電力と熱－電流による発熱)

(1)　回路に直列につながれているアが電流計である。また，電熱線に並列につながれているイが電圧計である。

基本　(2)　電熱線Pに流れる電流は，$\frac{8\text{V}}{16\Omega}=0.5\text{A}$であり，電熱線Pの消費電力は，8V×0.5A＝4Wである。図2を見ると，電熱線Qを使った場合，電熱線Pに比べて水の温度上昇が半分なので，消費電力も半分で2Wである。電熱線Qに流れる電流は，$\frac{2\text{W}}{8\text{V}}=0.25\text{A}$であり，電熱線Qの電気抵抗は，$\frac{8\text{V}}{0.25\text{A}}=32\Omega$となる。

(3)　電熱線Pの消費電力は4Wだから，5分間つまり300秒間の電力量は，4W×300秒＝1200Jである。

(4)　電熱線Pに流れる電流は，$\frac{4\text{V}}{16\Omega}=0.25\text{A}$となり，電熱線Pの消費電力は，4V×0.25A＝1Wと

なる。すなわち，電圧も電流も半分になるので，消費電力も発熱量も4分の1になる。よって，Pの温度上昇の4分の1になるように，例えば5分のとき1℃上昇になるようなグラフを描けばよい。

7 **(物質とその変化－エタノール水溶液の温度変化)**

(1)　熱は，物体の温度を上げるのに使われるほか，物体の状態変化にも使われる。沸騰のときは，液体が気体に変化するのに熱が使われるので，温度が上がらない。

(2)　①　正しい。エタノールC_2H_5OHは，燃焼するとCO_2とH_2Oになる。　②　正しい。エタノールをはじめ多くの液体では，固体になると体積が小さくなり，気体になると体積が大きくなる。水が固体になるとき体積が大きくなるのは例外である。　③　正しい。エタノールは，葉緑体に含まれる色素である葉緑素を溶かしこむ。　④　誤り。エタノールは石灰石とは反応しない。

(3)　①　正しい。$y=ax+b$では，bがもとの温度で，温度上昇がaxである。与えられたエネルギーは時間に比例するので，温度上昇は与えられたエネルギーに比例する。　②　誤り。もとの質量が違えば，aの値もちがう。　③　誤り。エネルギー量が大きいと，1分あたりの温度上昇aも大きくなる。　④　誤り。体積が2倍になれば，温度上昇は半分になり，aも半分になる。

重要　(4)　混ぜた水の質量は$1.0g/cm^3 \times 50cm^3 = 50g$，エタノールの質量は$0.80g/cm^3 \times 50cm^3 = 40g$であり，混合物の質量は$50+40=90(g)$である。混合物の体積が，$0.92g/cm^3$だから，混合物の体積は，$90g \div 0.92g/cm^3 = 97.82 \cdots cm^3$で，四捨五入により$97.8cm^3$である。

(5)　混合物を加熱すると，78℃でエタノールが沸騰をはじめる。そこから水の沸点の100℃まで，ゆるやかに温度が上昇する。

8 **(生殖と遺伝－鳥類の卵と発生)**

(1)　直径16cm，半径8cmの球の表面積は，$4\pi \times 8^2 = 803.84$で，およそ$800cm^2$である。

(2)　表面積$1cm^2$あたりの穴の数の平均は，$(14+13+15+14+14) \div 5 = 14$(個)である。卵の表面積全体では，$14 \times 800 = 11200$で，およそ11000個である。

(3)　ダチョウとニワトリでは，穴の数が11000個と10000個で，さほど変わらない。しかし，表面積はダチョウの方がずっと大きいので，単位面積あたりの穴の数では，ニワトリの方が多い。

(4)　恐竜が繁栄していたのは中生代であり，シソチョウの化石は約1億5000万年前の中生代ジュラ紀の地層から見つかった。鳥類の特徴と爬虫類の特徴をあわせ持つ。

(5)　受精卵が細胞分裂をして個体になる過程の段階を胚という。

(6)　体細胞の染色体は，1種類の染色体が2本ずつある。一方，卵や精子のような生殖細胞の染色体は，1種類の染色体が1本ずつである。本問の場合，子の染色体は，次の(　)の中から1本ずつとなる。　(A，B)(E，F)(C，D)(G，H)

9 **(地球と太陽系，天気の変化－東京と秋田のちがい)**

(1)　地球の全周が40000kmで，東京と秋田がちょうど南北に並んでおり，その緯度差が4°だから，東京と秋田の距離は$40000 \times \frac{4}{360} = 444.4 \cdots$ で444kmである。

(2)　ア　誤り。どの季節も，緯度が高い秋田の方が太陽の南中高度は低い。　イ　正しい。高緯度では夏冬の昼の時間の差が大きい。夏は秋田の方が昼が長い。　ウ　誤り。高緯度では夏冬の昼の時間の差が大きく，逆に赤道はつねに12時間ずつである。　エ　誤り。秋分の日は，東京と秋田のどちらで見ても太陽は真東からのぼる。　オ　正しい。冬は日本海側では雪が多く，太平洋側では乾燥した晴天が多い。　カ　誤り。夏の東京は，太平洋高気圧の張り出しと，ヒートアイランドのため，高温である。

基本　(3)　風向は風が吹いてくる向きをいい，天気記号でも風が吹いてくる向きに羽根を伸ばす。

(4)　B：表1で，乾球温度計の温度が25℃の行を読むと，湿度84％となるのは，乾球と湿球の差が2℃のときである。よって，湿球温度計の読みは，$25-2=23$(℃)である。　C：温暖前線では，前線面の傾きが緩いため，横方向に広がる乱層雲が発達し，長時間にわたって弱い降水がある。積乱雲が発達するのは寒冷前線である。

(5)　表2より，気温30℃のときの飽和水蒸気量は30.3℃，22℃の飽和水蒸気量は19.4℃だから，湿度は$19.4 \div 30.3 \times 100 \fallingdotseq 64$(%)である。

(6)　明け方か夕方にしか見られないのは，地球の軌道よりも内側を公転する水星か金星である。水星には大気や水がないので，隕石などが衝突してできたクレーターは，ずっと表面に残る。一方，金星は厚い雲と大気におおわれており，宇宙空間にある探査機から表面の様子を知ることはできない。

10 (運動とエネルギー－物体の速さ)

図1から図2までの動きから，白い車と黒い車の速さの比は，$(L-40):40$である。また，図2から図3までの動きから，白い車と黒い車の速さの比は，$(40+L-15):(L-40+15)$である。これら2つの比は等しいので，$(L-40):40=(40+L-15):(L-40+15)$である。この式を整理すると，$40(40+L-15)=(L-40)(L-40+15)$より，$L^2-105L=0$　となり，$L=0$，105と求まる。条件から，$L>40$なので，$L=105$である。

★ワンポイントアドバイス★

基本的な問題は，十分に練習を積んで短時間に正確に答えられるようにしておき，考察系の問題にできるだけ時間を残そう。

＜社会解答＞

1　問1 (1) ④　(2) きぼう　(3) ②　(4) ⑤　問2 (1) ③　(2) ①
(3) 茶

2　問1 新潟県 ⑤　福岡県 ②　問2 ②　問3 北海道 ⑤　静岡県 ③
問4 ③　問5 ④　問6 ⑥

3　問1 吉野ヶ里(遺跡)　問2 ③　問3 ①　問4 裁判　問5 ④　問6 ②
問7 享保の改革　問8 ③　問9 ①　問10 ②

4　問1 (1) ③　(2) アラビア(半島)　問2 (1) ④　(2) 銀　問3 ①
問4 ③　問5 日英同盟

5　問1 あ 労働基準(法)　い 金融(庁)　う 厚生労働(省)　問2 ①　問3 ①
問4 ④　問5 ②

6　問1 ①　問2 ②　問3 ③　問4 ③　問5 平塚らいてう(らいちょう)[雷鳥]
問6 ②

○配点○

1　問2(3) 3点　他 各2点×6

2　問2・問4～問6 各3点×4　他 各2点×4　3　各2点×10

4　問5 3点　他 各2点×6　5　問3・問5 各3点×2　他 各2点×5

6　問1・問4 各3点×2　他 各2点×4　計100点

＜社会解説＞

1 （地理－世界地図，世界の国々，産業など）

やや難 問1 (1) スペイン，ポルトガルを含むイベリア半島の付け根付近を通っている縦線が，経度0の経線(本初子午線)。これを基準にして，これより右側(東側)が東経，左側(西側)が西経。また，ブラジルのアマゾン川河口付近を通っている横線が，緯度0度の緯線(赤道)。これを基準にして，これより上側(北側)が北緯，下側(南側)が南緯。図1の「注」に，「経緯線は10度ごとに引かれている」とあるのにも注目する。 (2) きぼう(喜望)峰は，アフリカ南西端の岬。1488年，ポルトガルの航海者バルトロメウ＝ディアスが来航し，「嵐の岬」と命名。のちにポルトガル王ジョアン2世は，インド航路発見の希望が成ったとして「喜望峰」と改名した。 (3) 石炭の産出量は中国が圧倒的に多く，世界生産の56.5％を占め，これにインド(9.6％)，インドネシア(6.4％)などが次いでいる(2015年)。なお，①が原油，③はウラン鉱，④は天然ガスである。

重要 (4) 図1から，セント・ヘレナ島とアメリカ合衆国ノーフォークの経度差は約75度。経度15度の差で1時間の時差が発生するので，両者の間には5時間の時差がある。また，東に位置するセント・ヘレナ島の方が，西に位置するノーフォークよりも時刻が進んでいるので，セント・ヘレナ島の現地時刻1月10日の正午から時計の針を5時間遅らせて，ノーフォークの現地時間は1月10日の午前7時である。

問2 (1) アフリカには，2019年現在，54の独立国があるが，これらの国はすべて国際連合に加

やや難 盟している。 (2) アルジェリアの南東部に位置するタッシリナジェールには，豊富な色彩で描かれた数千に及ぶ先史時代の岩陰壁画があり，世界文化遺産に登録されている。時期により主題となる動物が，野生動物，次いでウシ，最後にラクダになることから，サハラの乾燥化の過程が読み取れる。なお，②はナイジェリア，③はエチオピア，④は南アフリカ共和国である。

(3) オはケニア。ケニアでは，イギリスの植民地時代，ホワイト・ハイランドとよばれる高原地帯を中心に茶のプランテーションが開かれ，現在も同地域を中心に茶の栽培が盛んである。ケニアは，2016年現在，中国，インドに次ぐ世界第3位の茶の生産国，中国に次ぐ世界第2位の茶の輸出国である。

2 （日本の地理－日本の人口，産業，観光など）

やや難 問1 ③は人口密度が極端に低いことから北海道，②は人口密度が突出して高いことから福岡県。残った4県は，県庁所在地の人口に注目して，これが4県中で最も多い④が広島県(県庁所在地は広島市)，これが4県中で最も少ない①が静岡県(県庁所在地は静岡市)。新潟市と仙台市(宮城県の県庁所在地)では，仙台市の方が人口が多いので，⑥が宮城県，⑤は新潟県。

問2 北海道は，面積が47都道府県の中で突出して大きく，人口も比較的多いので，道内での移動者数が多い。よって，「あ」である。福岡県は，九州の政治，経済，文化などの中心で，他県から就職，進学などで移動する人が多い。このため，他の都道府県からの転入者数が，他の都道府県への転出者数よりも多い。よって，「い」である。残った「う」が広島県で，他の都道府県からの転入者数と，他の都道府県への転出者数に大きな差はない。

重要 問3 北海道は畜産業が盛んで，乳用牛，肉用牛の飼育頭数は日本一である。よって，①～⑥の中で最も畜産物の占める割合が高い⑤が北海道と判定できる。静岡県は茶の栽培が盛んで，全国の生産量の41％ (2018年)を占め全国一である。よって，工芸作物の占める割合が突出して高い③が静岡県と判定できる。なお，①は福岡県，②は新潟県，④は宮城県，⑥は広島県である。

基本 問4 宮城県は仙台湾を中心にかき類の養殖が盛ん。2016年現在，広島県に次いで第2位の生産量を誇っている。よって，「き」が宮城県。静岡県の焼津港は日本有数のまぐろ類の水揚げ量を誇っている。よって，「く」が静岡県。残った「か」が新潟県。新潟県では日本海を漁場とした

かに漁が盛んである。

問5　消去法で考える。①は食料品の占める割合が突出して高いことから北海道。北海道は，農業，水産業が盛んで，農産物，水産物を加工する食料品工業が発達している。②，③はいずれも輸送用機械の占める割合が高いので，静岡県(浜松市を中心に自動車工業が発達)，広島県(広島市を中心に自動車工業が発達)のいずれか。広島県は，福山市，呉市に規模の大きな製鉄所が立地している。よって，鉄鋼が輸送用機械に次ぐ割合を占めている②が広島県。広島県のような規模の大きな製鉄所が存在しない静岡県が③である。残った④が新潟県。

問6　「さ」は韓国からの旅行者が多いことから，韓国から距離的に近い福岡県である。「す」はオーストラリアからの旅行者が多いことから北海道である。オーストラリアからはスキーを目的とした旅行者が多い。残った「し」が広島県である。

3　**(日本の歴史－図や資料を題材にした日本の歴史)**

基本　問1　吉野ヶ里遺跡は，佐賀県吉野ヶ里町と神埼市にまたがる環濠《かんごう》集落跡。周囲には約2.5kmに達する外濠がめぐらされ，内濠や城柵にあたる土塁，桜観《ろうかん》(物《もの》見《み》櫓《やぐら》)と推定される掘立柱建物などの跡が確認されている。

問2　吉野ヶ里遺跡で最も大きな建物は，その大きさから特別な役割があったと考えられている。①－首は敵によって持ち去られたと考えられる。②－米，水，土地などをめぐる争いが激しかったと考えられる。③－漢字の使用はまだ一般的ではなかった。

問3　(イ)の「ある法令」は御成敗式目。御成敗式目の第3条は，「諸国の守護が行うべき仕事について，頼朝公のとき定められたのは，大番役(京都の警備の義務)の催促と，謀反人，殺害人の取り締まりである」と定めている。②～④のような規定は，御成敗式目には一切ない。

問4　御成敗式目は，土地争いを裁判によって裁決するための条文が多かった。

問5　道理は，武士団の形成に伴って，武家社会で育ってきた慣習や道徳。「武家のならい」，「民間の法」として御成敗式目の基準とされた。

問6　江戸時代の前期，深く耕すことのできる備中ぐわ，脱穀を効率的にする千歯こきなどが発明され，農業生産力が向上した。①－西日本は，東日本に比べ農業が発達していた。③－享保，天明，天保の飢饉などでは，多くの人々が餓死した。④－江戸時代ではなく，室町時代。

基本　問7　享保の改革は，江戸幕府8代将軍徳川吉宗が主導した幕政の改革。飢饉対策として青木昆陽にさつまいもの栽培方法を研究させた。

問8　中江兆民は明治時代の思想家。土佐藩出身。フランス留学後『東洋自由新聞』などにより急進的民権論を展開し，藩閥政府を攻撃。ルソーの『社会契約論』を翻訳し，解説を加えて『民約訳解』として出版した。

やや難　問9　大日本帝国憲法第4条は，「天皇は国の元首にして統治権を総攬《そうらん》しこの憲法の条規によりこれを行う」と明記していた。②－「公共の福祉に反しない限り」ではなく，「法律の範囲内」で認められたものであった。③－大日本帝国憲法の下での衆議院の解散は，天皇の大権に属していたが，国務大臣の輔弼《ほひつ》に基づき権限を行使することになっているため，解散を実際に決定したのは内閣であった。④－大日本帝国憲法の下では，衆議院，貴族院の権限はほぼ同等であった。

問10　資料4中の「衆議院議員の一大義務とは何か。憲法について意見を述べることである。…。そして，憲法なるものはからなず君主と人民もしくは人民の代表がともに参画してこれを定めるべきものである。」などに注目して考える。

4　**(総合－様々な地域・時代の地図を題材にした世界の地理，歴史)**

問1　(1)　図1は，上が南，下が北，右が西，左が東となっている。　(2)　アラビア半島は，世界最大の半島。半島の中西部にイスラーム最大の聖地であるメッカが位置する。

問2 (1) 四国は本州と区別され，単独の島として描かれている。 (2) 図3は石見銀山を中心とした地域を示している。

問3 アメリカ合衆国の南部(一般に，ヴァージニア以南の太平洋岸諸州と，アパラチア以西のオハイオ川以南の地域)は，1861年同時，奴隷制プランテーションによる綿花生産が中心産業であった。

重要 問4 イギリスは産業革命を世界に先駆けて達成した国で，世界中に植民地をもっていた。そして，1870年代まで世界最大の工業生産を誇っていた。なお，①はアメリカ合衆国，②はドイツ，④はロシアである。

問5 図7の右上に「1914」とあるのに注目。第一次世界大戦(1914～18年)に際し，日本は1902年に締結された日英同盟を理由に，連合国の一員として大戦に参戦した。

5 (公民－デジタルマネーを題材にした経済，時事問題など)

基本 問1 あ 労働基準法は，労働者保護を目的として，労働者が人間らしい生活を営むために必要な労働条件の最低基準を定めた法律。1947年に公布，施行された。 い 金融庁は，中央省庁の一つで，金融政策の企画・立案，金融機関の検査・監督を行う。2000年，金融監督庁と旧大蔵省の金融企画局を統合して発足した。 う 厚生労働省は，社会福祉，社会保障，公衆衛生，労働条件等を所轄する中央行政機関。2001年，厚生省と労働省を統合して設置された。

問2 デジタルマネーは，電子的な形で利用可能な通貨のこと。キャッシュカードは，「現金」を引き出すためのカードであるから，デジタルマネーとはいえない。

問3 労働基準法第24条は，「賃金は，通貨で，直接労働者に，その全額を支払わなければならない。」と規定している。従って，原則，現物支給は認められない。

問4 預金保険制度は，預金の払い戻しが不可能になった時，金融機関に代わって一定限度まで預金者に支払いを行う仕組み。日本では，1971年に設立された預金保険機構が，実務を担当している。

問5 介護は，現在日本で最も人手不足が深刻な仕事の一つ。一方，航空分野は，介護，農業などに比べると，人手不足はそれほど深刻ではない。

6 (公民－候補者男女均等法を題材にした日本の政治)

問1 「あ」はルワンダ。「2003年に新憲法が制定され，国会議員に占める女性の割合が，一定以上になるように定められた。」という記述に注目し，2003年の直後に女性議員比率が劇的に上昇したA。 「い」はスウェーデン。早くから女性の政治進出が進んだ国として知られる。よって，B。 「う」は韓国。日本の同様に女性議員比率はまだ低い。よって，C。

問2 政党助成法は，国が政党に対して政党活動にかかる費用の一部を政党交付金として交付するための法律。政党に対する企業・団体献金を制限するかわりに(禁止ではない)，国費による助成を行う。政党交付金の対象となる政党は，所属国会議員が5人以上の政党と，直近の国政選挙の得票率が2%以上の政党である。なお，日本国憲法には，政党に関する規定はない。

問3 日本国憲法第49条は，「両議院の議員は，法律の定めるところにより，国庫から相当額の歳費を受ける」と明記している。①－「国会議員の任にある間」ではなく，「国会の会期中」。②－[テレビや街頭などの公の場…」ではなく，「議院で行った演説，討論又は表決について，院外で責任を問われない」。④－議員の議席を失わせるには，議員の所属する議院の出席議院の3分の2以上の賛成を必要とする。

やや難 問4 ①，②，④は，いずれもA党1議席，B党1議席，C党1議席となる。A党2議席，B党1議席，C党0議席となるのは，③だけである。

基本 問5 平塚らいてう(らいちょう／雷鳥)は，明治～昭和期の女性運動家。1911年，女性だけの近代文学グループ青鞜《せいとう》社を結成し，機関誌『青鞜』を発刊。1920年，女性解放を目的とした日本最初の女性団体である新婦人協会を設立し，女性参政権を要求するなど女性運動の先駆をなした。

問6　日本国憲法第54条③は，「…緊急集会において採られた措置は，臨時のものであって，次の国会開会の後10日以内に，衆議院の同意がない場合には，その効力を失う。」と明記している。

★ワンポイントアドバイス★

6の問4の「ドント式」に関する問題のように，時間がかかる問題も含まれている。このような問題は最後にまわすなどの工夫が必要である。

＜国語解答＞

一　問1　a　改札　b　慎重　c　特有　d　案外　e　訪(れ)　問2　②　問3　④
問4　②　問5　①　問6　③　問7　④　問8　⑤

二　問1　ア　②　イ　③　問2　③　問3　⑤　問4　③　問5　①　問6　⑤
問7　②　問8　②

三　問1　a　③　b　⑤　問2　目やすくあらまほしけれ。　問3　②　問4　①
問5　②　問6　⑤　問7　④

○配点○

一　問1　各1点×5　問3・問4　各4点×2　問5　2点　他　各5点×4

二　問1　各2点×2　問2・問3　各4点×2　問8　3点　他　各5点×4

三　問1・問2・問5・問6　各3点×5　他　各5点×3　計100点

＜国語解説＞

一　**(論説文―大意・要旨，内容吟味，文脈把握，指示語の問題，脱文・脱語補充，漢字の読み書き)**

問1　a　駅の出入り口で，切符などを確認する場所。「改」の訓読みは「あらた(める)」で，「札」の訓読みは「ふだ」。　b　注意深く軽々しく物事をしない様子。「慎」の訓読みは「つつし(む)」。「重」を「チョウ」と読む熟語は，他に「自重」などがある。　c　そのものだけが特に持っていること。「有」の他の音読みは「ウ」で，「希有」「未曽有」などの熟語がある。　d　予想や期待が外れる様子。　e　他の訓読みに，「たず(ねる)」がある。

問2　直後の文で「なぜなら木下さんが，そこを『山の斜面』だと言ったからです……私にとってはそれはただの『坂道』でしかありませんでした」と理由を述べている。直後の段落で「私にとってそれは……空間的にも意味的にも他の空間や道から文節化された『部分』でしかなかった。それに対して木下さんが口にしたのは，もっと俯瞰的で空間全体をとらえるイメージでした」と説明しており，この内容を述べているものを選ぶ。

問3　直後で「坂道の両側には，サークル勧誘の立て看板が立ち並んでいます……前方には混雑した学食の入り口が見えます」と「見える人」が目にする具体的な事物を挙げ，「目に飛び込んでくるさまざまな情報が，見える人の意識を奪ってい」き，その結果「自分がどんな地形のどのあたりを歩いているかなんて，想像する余裕はありません」と述べている。ここから「見える人」

が「俯瞰的で三次元的なイメージを持つことはきわめて難しい」理由を読み取る。

問4　傍線部Cの「『道』から自由」をキーワードに本文を探すと，同じ段落に「道から自由であるとは」とあり，その後に「予測が立ちにくい……だからこそ，道だけを特別視しない俯瞰的なビジョンを持つことができた」と説明している。高い所から見おろしたようなという意味の「俯瞰的」を，「大局的」と置き換えている②を選ぶ。

やや難　問5　X　直後に，説明の意味を表す「つまり」があるので，その後の「コンクリートや土を固めて作られた文字通りの」を意味する語を考える。空間や時間，重量などに置き換えて考えられるという意味を表す語が当てはまる。　Y　Xと同様に，直後に「つまり」とある。後の「『こっちにおいで』と人の進むべき方向を示すもの」は，「道」を比喩的に表現している。

問6　傍線部Dは，具体的には直前の段落の「壁があるから寄っかかってしまう」「ボタンがあるから押したくなるし，台があるからよじ登ってしまう」ことを説明している。周りの事物に刺激されて，行動を取らされてしまうことを「環境に振り付けられ」と表現している。

問7　直前の文の「仕事をするつもりでパソコンを開いたら買い物をしていた」というようなことを，「軽い記憶喪失」と表現している。直前の段落の「視覚的な刺激によって人の中に欲望がつくられていき，気がつけば『そのような欲望を抱えた人』になっています」という説明に着目する。

重要　問8　最終段落の内容に⑤が合致する。

二　(小説―情景・心情，内容吟味，文脈把握，語句の意味，品詞・用法)

問1　ア　「そつ」は，手抜かりやむだなこと。　イ　「すくむ」は，恐怖や緊張で身体がこわばって動かなくなること。

問2　傍線部Aの直後の内容から，「あの子」は，サリマの息子を指し示している。直前の段落に「故郷について……幼かった下の息子には多くを語ることはなかった。どんなに言葉を尽くしても彼らに自分たちの故郷を授けることはできないと信じて疑わなかった」と「下の息子」について述べている。その気持ちが，下の息子の担任の教師と接したことで，「下の息子にはこれだけは聞かせて手放さなければならない」と変化が訪れた場面である。

やや難　問3　同じ段落に「サリマは職業訓練学校の教室で，打ち明け話でもするみたいにそのことを英語教師とハリネズミに話し」とあるので，ハリネズミとサリマは親しい間柄であると推察できる。そのハリネズミがサリマのプレゼンテーションを手伝う際に，「あなたの国ってこんなところなの，とハリネズミは驚愕のため息をつきながら青く光るディスプレイを凝視していた」とあるのに着目する。サリマの祖国の混乱を知り，サリマのために力になりたいというハリネズミの心情が読み取れる。

問4　傍線部Cは，ハリネズミが集めた資料を読み終えた後の祖国に対するサリマの思いで，「霧深い幻の国」はつかみどころのない本当にあったのかどうかも疑われるような国であることをたとえている。同じ段落に「そこに書いてあることは，サリマがかつて知っていた生活ではなく，単なる知識でしかなかった」とあるように，祖国が実感を伴わない遠い存在になったと述べているものを選ぶ。

問5　ハリネズミは，サリマの描いた太陽を見て「私の国でもこんな太陽が出てた」と言い，「同じ太陽のはずなのに，自分が見たのだけは特別だって，私は信じてた」と続けている。ここからハリネズミは自分の国の太陽は特別だと思っていたが，サリマにとっても自分の国の太陽は特別だったと気づいたことがわかる。

問6　直前の「文化や宗教の違いこそあれ，人の暮らしは似たり寄ったりだということにいまさらながら気づかされた」ことを，傍線部E「脳裏にこびりついてしまった垢をはがされたよう」とたとえている。英語教師はサリマに「私の故郷」というテーマを与えたが，サリマの作文を読んで人間の生きる営みはどこでも同じだということに気づいたのである。

重要 問7 サリマが書いた文章について，「Xデーを」で始まる段落に「『私の故郷』というテーマにもかかわらず，サリマには故郷とか国の意識がなかった。ただ彼女に起こったことだけを，サリマは書いた」「ごつごつした文章なのに，響くものがある。こうなると『私の故郷』というタイトルがしっくりしない」とある。サリマの文章に心を打たれた英語教師が，その内容にふさわしいようにタイトルを変えたことから考える。

基本 問8 「ぜひ」は，自立語で活用がなく「ください」という用言を修飾しているので，副詞。

三 （古文―主題・表題，文脈把握，口語訳）

〈口語訳〉 Ⅰ ある人が言うには，年齢が五十歳になるまで上手にならない芸は捨てるべきである。努力して習ったとしても将来もない。老人のことなので，人は(気遣って)笑うこともできない。多くの人に交わるのも，うとましくみっともない。だいたい，あらゆる仕事をやめて，暇があるのは，見た目にもよくそうありたいものだ。世俗の事に関わって生涯を過ごすのは，最も愚かな人である。知りたいと思われるようなことは，学び聞いたとしても，だいたいの様子がわかったならば，不審な点がなくなったという程度でやめるのがよい。最初から望みを抱かず，(人を)羨んだりしないのが，第一だ。 〈一五一段〉

Ⅱ 知識が十分でない人が，人を見定めて，その(人の)知力を分かったと思うのは，全く筋道に合わない。

愚かな人で，碁を打つことだけに理解が早く上手なのが，賢い人が，この芸が下手なのを見て，自分の知力には及ばないと思い定める，さまざまな道の匠が，自分の道を人が知らないのを見て，自分がすぐれていると思うことは，大きな間違いである。研究するが実践を伴わない僧侶，実践はするが仏教の教えに暗い僧侶など，お互いを見定めて，自分には及ばないと思うのは，どちらも正しくない。

自分の専門領域ではない者と，争ってはならないし，よしあしを論じてもいけない。

〈一九三段〉

問1 a 「覚ゆ」は，思われるという意味。 b 「拙し」は，愚かだ，未熟だ，運が悪いなどの意味がある。同じ文の「賢き人」と対照的に用いられている。

問2 直後の文の「万のしわざはやめて，暇あるこそ」と，望ましいとする様子が書かれている。見た目が感じが良いという意味の「目やすし」と，そうあってほしいものだという希望の意味をあらわす「あらまほし」が用いられている表現を抜き出す。

やや難 問3 「趣」には，心がひかれることという意味の他に，事情や様子という意味がある。「おぼつかなし」は，はっきりしない，よくわからないという意味なので，「おぼつかなからずして」は，よくわかならないことがなくなったら，という解釈になる。直後の「もとより望むことなく」からも，突き詰めて学ぶのではなくだいたいの様子がわかったらやめるのが良いという内容だと推察できる。

問4 直前の「くらき人の，人を測りて，その智を知れりと思はむ」ことを，全く道理に合わないと言っていることから理由を考える。直後の段落の「碁打つことばかりに聡く巧みなる」人が，賢い人が碁が下手なのを見て，自分の方がすぐれているとする例にも着目する。

問5 「しかず」は，漢文から生じた言葉で，～に及ばないという意味。直前の文の「己すぐれたり」と同じ内容を述べている。

問6 「是非」の「是」は良い，「非」は悪い，という意味であることから考える。良いとしたり悪いとしたりしてはいけない，つまり批評してはいけないと言っている。

重要 問7　Ⅰの「年五十になるまで上手に至らざらむ芸をば捨つべきなり」，Ⅱの「己が境界にあらざるものをば，争ふべからず，是非すばからず」には，自分が究めていない分野に関わってはいけないという考えが共通している。

★ワンポイントアドバイス★

小説の読解問題では，比喩表現にこめられた意味を読み解くことがポイントだ。ふだんから印象的な比喩表現に出会ったら，その意味することを自分なりに考えることをこころがけよう。

MEMO

大切なことはメモしておこうネ！

解答用紙集

○月×日　△曜日　天気(合格日和)

◆ご利用のみなさまへ
＊解答用紙の公表を行っていない学校につきましては、弊社の責任において、解答用紙を制作いたしました。
＊編集上の理由により一部縮小掲載した解答用紙がございます。
＊編集上の理由により一部実物と異なる形式の解答用紙がございます。

人間の最も偉大な力とは、その一番の弱点を克服したところから生まれてくるものである。――カール・ヒルティ――

東京学参株式会社

※ 118％に拡大していただくと，解答欄は実物大になります。

1

〔1〕	
〔2〕	$x=$
〔3〕	
〔4〕	

2

〔1〕	$z=$
〔2〕	$\ell=$

3

〔1〕	cm
〔2〕	
〔3〕	

4

〔1〕	
〔2〕	Q（　　，　　）
〔3〕	Q（　　，　　）

5

〔1〕	ア	
	イ	
	ウ	
	エ	
	オ	
〔2〕	（△EFH の面積）：（△FGH の面積） ＝　　　：	
〔3〕	$x=$	

東京学芸大学附属高等学校　　2024年度

◇英語◇

※解答欄は実物大です。

問題番号	解答番号	解答欄									
		1	2	3	4	5	6	7	8	9	0
1	1	①	②	③	④						
	2	①	②	③	④						
	3	①	②	③	④						
	4	①	②	③	④						
	5	①	②	③	④						
2	6	①	②	③	④						
	7	①	②	③	④						
	8	①	②	③	④						
	9	①	②	③	④						
	10	①	②	③	④						
	11	①	②	③	④						
	12	①	②	③	④						
	13	①	②	③	④						
	14	①	②	③	④						
	15	①	②	③	④						
	16	①	②	③	④						
	17	①	②	③	④						
	18	①	②	③	④	⑤	⑥	⑦	⑧		
	19	①	②	③	④	⑤	⑥	⑦	⑧		

問題番号	解答番号	解答欄									
		1	2	3	4	5	6	7	8	9	0
3	20	①	②	③	④						
	21	①	②	③	④						
	22	①	②	③	④						
	23	①	②	③	④						
	24	①	②	③	④						
	25	①	②	③	④	⑤					
	26	①	②	③	④	⑤					
	27	①	②	③	④	⑤					
	28	①	②	③	④						
	29	①	②	③	④	⑤					
	30	①	②	③	④	⑤	⑥	⑦			
	31	①	②	③	④	⑤	⑥	⑦			

問題番号	解答番号	解答欄									
		1	2	3	4	5	6	7	8	9	0
4	32	①	②	③	④						
	33	①	②	③	④						
	34	①	②	③	④						
	35	①	②	③	④						
	36	①	②	③	④						
	37	①	②	③	④	⑤	⑥				
	38	①	②	③	④	⑤	⑥				
	39	①	②	③	④	⑤	⑥	⑦	⑧	⑨	
	40	①	②	③	④	⑤	⑥	⑦	⑧		
	41	①	②	③	④	⑤	⑥	⑦	⑧		
	42	①	②	③	④	⑤	⑥	⑦	⑧		
	43	①	②	③	④	⑤	⑥	⑦	⑧		
	44	①	②	③	④	⑤	⑥	⑦			
	45	①	②	③	④	⑤	⑥	⑦			

3

問2

he ______________ accepted ______________ from Pamela for the work he did

問6 ______________

4

問3 ______________

問5 ______________

東京学芸大学附属高等学校　　2024年度

◇理科◇

※解答欄は実物大です。

問題番号	解答番号	解答欄 1	2	3	4	5	6	7	8	9	0
1	1	①	②								
	2	①	②	③	④						
	3	①	②								
	4	①	②	③	④						
	5	①	②	③	④	⑤	⑥				
	6	①	②	③	④	⑤					
	7	①	②	③							
2	8	①	②	③							
	9	①	②	③	④						
	10	①	②	③	④						
	11	①	②	③	④						
	12	①	②	③	④	⑤					
	13	①	②	③	④	⑤	⑥				
3	14	①	②	③	④						
	15	①	②	③	④	⑤	⑥				
	16	①	②								
	17	①	②	③	④	⑤	⑥	⑦	⑧	⑨	⓪
	18	①	②	③	④	⑤	⑥	⑦			
	19	①	②	③	④	⑤	⑥	⑦	⑧	⑨	⓪
	20	①	②	③	④						
4	21	①	②	③	④	⑤	⑥				
	22	①	②	③	④	⑤	⑥				
	23	①	②	③	④	⑤	⑥	⑦	⑧	⑨	
	24	①	②	③	④						
	25	①	②	③	④						
5	26	①	②	③	④						
	27	①	②	③	④						
	28	①	②	③	④						
	29	①	②	③	④						
	30	①	②	③	④	⑤	⑥	⑦	⑧		
	31	①	②	③	④	⑤	⑥	⑦	⑧		
6	32	①	②	③	④						
	33	①	②	③							
	34	①	②	③	④	⑤	⑥				
	35	①	②	③	④	⑤	⑥				
	36	①	②	③	④	⑤	⑥				
	37	①	②	③	④	⑤	⑥	⑦			
7	38	①	②	③	④	⑤	⑥				
	39	①	②	③	④	⑤	⑥				
	40	①	②	③	④	⑤					
	41	①	②	③	④	⑤					
8	42	①	②								
	43	①	②								
	44	①	②	③	④	⑤					
	45	①	②	③	④	⑤					
	46	①	②	③	④						
	47	①	②	③	④						

1 (2)

4 (1)

7 (2)

8 (1)

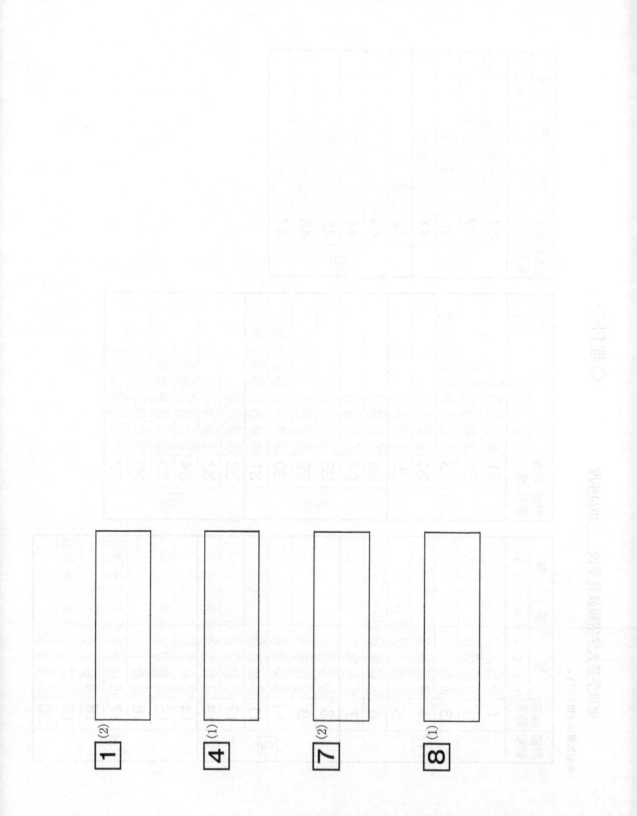

東京学芸大学附属高等学校　2024年度

◇社会◇

※解答欄は実物大です。

問題番号	解答番号	解答欄									
		1	2	3	4	5	6	7	8	9	0
1	1	①	②	③	④						
	2	①	②	③	④						
	3	①	②	③	④	⑤	⑥				
	4	①	②	③	④						
	5	①	②	③	④						
	6	①	②	③	④						
2	7	①	②	③	④						
	8	①	②	③	④	⑤	⑥				
	9	①	②	③	④	⑤	⑥				
	10	①	②	③	④	⑤	⑥				
	11	①	②	③	④						
	12	①	②	③	④						
	13	①	②	③	④						
3	14	①	②	③	④	⑤	⑥	⑦	⑧		
	15	①	②	③	④						
	16	①	②	③	④						
	17	①	②	③	④	⑤	⑥				
	18	①	②	③	④						
	19	①	②	③	④						

問題番号	解答番号	解答欄									
		1	2	3	4	5	6	7	8	9	0
4	20	①	②	③	④						
	21	①	②	③	④						
	22	①	②	③	④	⑤	⑥	⑦	⑧		
	23	①	②	③	④						
	24	①	②	③	④	⑤	⑥	⑦	⑧		
5	25	①	②	③	④						
	26	①	②	③	④						
	27	①	②	③	④						
	28	①	②	③	④						
	29	①	②	③	④						
	30	①	②	③	④						
	31	①	②	③	④	⑤	⑥				
6	32	①	②	③	④						
	33	①	②	③	④						
	34	①	②	③	④						
	35	①	②	③	④						
	36	①	②	③	④						
	37	①	②	③	④	⑤	⑥	⑦	⑧		

1

問3

2

問1

4

問4

5

問6

(1)

問7

6

問6

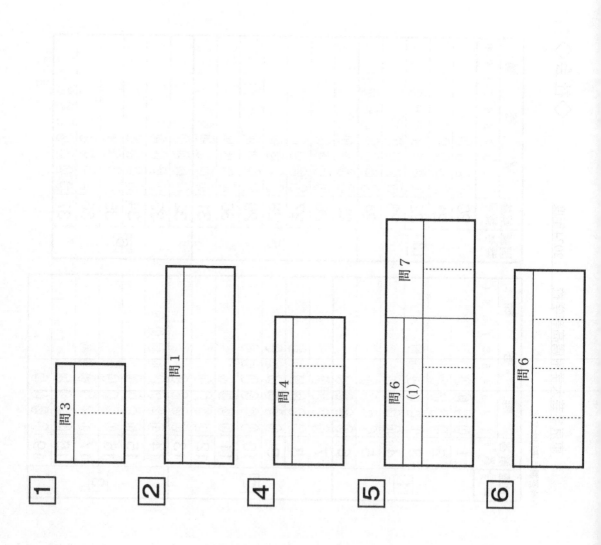

東京学芸大学附属高等学校　2024年度

◇国語◇

※解答欄は実物大です。

問題番号	問	解答番号	解答欄 1	2	3	4	5	6	7	8	9	0
一	問2	1	①	②	③	④	⑤					
		2	①	②	③	④	⑤					
	問3	3	①	②	③	④	⑤					
	問4	4	①	②	③	④	⑤					
	問5	5	①	②	③	④	⑤	⑥				
		6	①	②	③	④	⑤	⑥				
	問6	7	①	②	③	④	⑤					
	問7	8	①	②	③	④	⑤					
	問8	9	①	②	③	④	⑤					
	問9	10	①	②	③	④	⑤	⑥				
		11	①	②	③	④	⑤	⑥				
二	問1	12	①	②	③	④	⑤					
	問2	13	①	②	③	④	⑤					
	問3	14	①	②	③	④	⑤					
	問4	15	①	②	③	④	⑤					
	問5	16	①	②	③	④	⑤					
	問6	17	①	②	③	④	⑤					
	問7	18	①	②	③	④	⑤					
	問8	19	①	②	③	④	⑤					

問題番号	問	解答番号	解答欄 1	2	3	4	5	6	7	8	9	0
三	問1	20	①	②	③	④	⑤					
		21	①	②	③	④	⑤					
	問2	22	①	②	③	④	⑤					
	問3	23	①	②	③	④	⑤					
	問4	24	①	②	③	④	⑤	⑥				
		25	①	②	③	④	⑤	⑥				
	問5	26	①	②	③	④	⑤					
	問7	27	①	②	③	④	⑤					
	問8	28	①	②	③	④	⑤					

一

〔問1〕

ⓐ ヒリョウ	ⓑ 乏	ⓒ スイテイ
	し	

ⓓ ウチュウ	ⓔ テンテキ

三

〔問6〕

東京学芸大学附属高等学校　2023年度

◇数学◇

※ 125%に拡大していただくと，解答欄は実物大になります。

1

〔1〕	
〔2〕	$x =$
〔3〕	$\angle CED =$ 　　°
〔4〕	

2

〔1〕	cm^2
〔2〕	cm
〔3〕	cm
〔4〕	cm^2

3

〔1〕	
〔2〕	
〔3〕	

4

〔1〕		
〔2〕		
〔3〕	(i)	
	(ii)	

5

〔1〕	$\{\quad , \quad\}$	
〔2〕	(i)	個
	(ii)	$a =$

東京学芸大学附属高等学校　　2023年度

◇英語◇

※ 119%に拡大していただくと，解答欄は実物大になります。

問題番号	解答番号	1	2	3	4	5	6	7	8	9	0
1	1	①	②	③	④						
	2	①	②	③	④						
	3	①	②	③	④						
	4	①	②	③	④						
	5	①	②	③	④						
2	6	①	②	③	④						
	7	①	②	③	④						
	8	①	②	③	④						
	9	①	②	③	④						
	10	①	②	③	④						
	11	①	②	③	④						
	12	①	②	③	④	⑤	⑥	⑦	⑧		
	13	①	②	③	④	⑤	⑥	⑦	⑧		
	14	①	②	③	④	⑤	⑥	⑦	⑧		
3	15	①	②	③	④						
	16	①	②	③	④						
	17	①	②	③	④						
	18	①	②	③	④						
	19	①	②	③	④						
	20	①	②	③	④	⑤	⑥				
	21	①	②	③	④	⑤	⑥				
	22	①	②	③	④	⑤	⑥				
	23	①	②	③	④	⑤	⑥	⑦			
	24	①	②	③	④	⑤	⑥	⑦			

問題番号	解答番号	1	2	3	4	5	6	7	8	9	0
4	25	①	②	③	④						
	26	①	②	③	④	⑤	⑥	⑦	⑧	⑨	
	27	①	②	③	④	⑤	⑥	⑦	⑧	⑨	
	28	①	②	③	④	⑤	⑥	⑦	⑧	⑨	
	29	①	②	③	④						
	30	①	②	③	④						
	31	①	②	③	④						
	32	①	②	③	④						
	33	①	②	③	④	⑤	⑥	⑦			
	34	①	②	③	④	⑤	⑥	⑦			
	35	①	②	③	④	⑤	⑥	⑦			
	36	①	②	③	④						
	37	①	②	③	④						
	38	①	②	③	④						
	39	①	②	③	④	⑤					

3　問3（い）＿＿＿＿＿＿＿＿　（う）＿＿＿＿＿＿＿＿

4　問6 ＿＿＿＿＿＿　＿＿＿＿＿＿　＿＿＿＿＿＿　＿＿＿＿＿＿

＿＿＿＿＿＿　＿＿＿＿＿＿　＿＿＿＿＿＿

＿＿＿＿＿＿　＿＿＿＿＿＿　＿＿＿＿＿＿

東京学芸大学附属高等学校　2023年度

◇理科◇

※解答欄は実物大です。

問題番号	解答番号	1	2	3	4	5	6	7	8	9	0
1	1	①	②	③	④						
	2	①	②	③	④						
	3	①	②	③	④						
	4	①	②								
	5	①	②								
	6	①	②	③	④						
	7	①	②	③							
	8	①	②								
	9	①	②								
	10	①	②								
	11	①	②								
2	12	①	②	③	④	⑤					
	13	①	②	③	④	⑤					
	14	①	②	③	④	⑤					
	15	①	②	③	④	⑤					
	16	①	②	③	④	⑤	⑥	⑦	⑧	⑨	
	17	①	②	③	④	⑤	⑥	⑦	⑧		

問題番号	解答番号	1	2	3	4	5	6	7	8	9	0
3	18	①	②	③	④						
	19	①	②	③	④	⑤	⑥	⑦	⑧	⑨	⓪
	20	①	②	③	④	⑤	⑥	⑦			
	21	①	②	③	④	⑤	⑥				
	22	①	②	③	④	⑤	⑥	⑦	⑧	⑨	⓪
	23	①	②	③	④	⑤	⑥	⑦			
4	24	①	②	③	④	⑤	⑥	⑦	⑧	⑨	⓪
	25	①	②	③	④	⑤	⑥	⑦	⑧	⑨	⓪
	26	①	②	③	④						
	27	①	②	③	④	⑤	⑥	⑦	⑧	⑨	⓪
	28	①	②	③	④	⑤	⑥	⑦	⑧	⑨	⓪
	29	①	②	③							
	30	①	②	③	④						
5	31	①	②	③	④	⑤	⑥	⑦	⑧		
	32	①	②	③	④	⑤	⑥	⑦	⑧	⑨	⓪
	33	①	②	③	④	⑤	⑥	⑦	⑧	⑨	⓪
	34	①	②	③	④	⑤	⑥	⑦	⑧	⑨	⓪
	35	①	②	③	④	⑤	⑥				
	36	①	②	③	④	⑤	⑥				
	37	①	②	③	④	⑤	⑥	⑦	⑧	⑨	⓪
	38	①	②	③	④						

問題番号	解答番号	1	2	3	4	5	6	7	8	9	0
6	39	①	②	③	④	⑤	⑥	⑦	⑧	⑨	
	40	①	②	③	④	⑤	⑥	⑦	⑧	⑨	
	41	①	②	③	④	⑤	⑥	⑦	⑧	⑨	
	42	①	②	③							
	43	①	②	③	④	⑤	⑥				
	44	①	②	③	④	⑤					
	45	①	②	③	④	⑤					
7	46	①	②	③	④	⑤	⑥	⑦			
	47	①	②	③	④	⑤	⑥	⑦	⑧	⑨	
	48	①	②	③	④	⑤	⑥				
	49	①	②	③	④	⑤	⑥				
	50	①	②	③	④	⑤					
	51	①	②	③	④						
8	52	①	②	③	④						
	53	①	②	③	④						
	54	①	②	③	④	⑤					
	55	①	②	③	④						
	56	①	②	③	④	⑤					
	57	①	②	③	④	⑤					
	58	①	②	③	④						

東京学芸大学附属高等学校　2023年度

◇社会◇

※ 109%に拡大していただくと，解答欄は実物大になります。

問題番号	解答番号	解答欄 1	2	3	4	5	6	7	8	9	0
1	1	①	②	③	④						
	2	①	②	③	④						
	3	①	②	③	④						
	4	①	②	③	④	⑤	⑥	⑦	⑧		
	5	①	②	③	④	⑤	⑥	⑦	⑧		
2	6	①	②	③	④	⑤	⑥	⑦	⑧		
	7	①	②	③	④	⑤	⑥				
	8	①	②	③	④						
	9	①	②	③	④	⑤	⑥				
	10	①	②	③	④	⑤	⑥	⑦	⑧		
3	11	①	②	③	④						
	12	①	②	③	④						
	13	①	②	③	④						
	14	①	②	③	④						
	15	①	②	③	④	⑤	⑥				
	16	①	②	③	④						
	17	①	②	③	④						
	18	①	②	③	④						

問題番号	解答番号	解答欄 1	2	3	4	5	6	7	8	9	0
4	19	①	②	③	④						
	20	①	②	③	④						
	21	①	②	③	④						
	22	①	②	③	④	⑤	⑥				
	23	①	②	③	④	⑤	⑥				
	24	①	②	③	④	⑤	⑥				
5	25	①	②	③	④						
	26	①	②	③	④						
	27	①	②	③							⓪
	28	①	②	③	④	⑤	⑥	⑦	⑧	⑨	⓪
	29	①	②								⓪
	30	①	②	③	④	⑤	⑥	⑦	⑧	⑨	⓪
	31	①	②	③	④	⑤	⑥				
	32	①	②	③	④	⑤	⑥				
	33	①	②	③	④						
6	34	①	②	③	④	⑤	⑥				
	35	①	②	③	④						
	36	①	②	③	④	⑤	⑥				
	37	①	②	③	④	⑤	⑥				
	38	①	②	③	④						
	39	①	②	③	④	⑤	⑥				
	40	①	②	③	④						

1

問 4

2

問 5

3

問 5

4

問 5

問 6

6

問 3

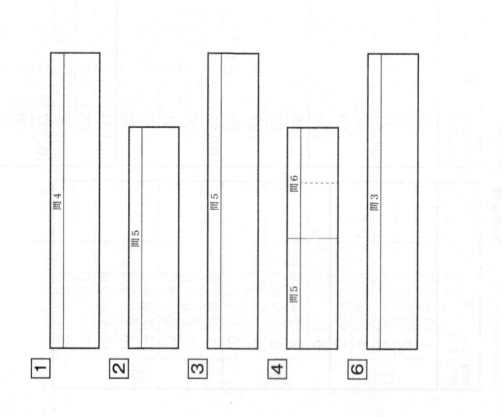

東京学芸大学附属高等学校　2023年度

◇国語◇

※ 119%に拡大していただくと，解答欄は実物大になります。

問題番号	問	解答番号	1	2	3	4	5	6	7	8	9	0
一	問2	1	①	②	③	④	⑤					
	問4	2	①	②	③	④	⑤					
	問5	3	①	②	③	④	⑤					
	問6	4	①	②	③	④	⑤					
	問7	5	①	②	③	④	⑤					
	問8	6	①	②	③	④	⑤					
二	問1	7	①	②	③	④	⑤					
		8	①	②	③	④	⑤					
	問2	9	①	②	③	④	⑤					
	問3	10	①	②	③	④	⑤					
	問4	11	①	②	③	④	⑤					
	問5	12	①	②	③	④	⑤					
	問6	13	①	②	③	④	⑤					
	問7	14	①	②	③	④	⑤					
	問8	15	①	②	③	④	⑤					
	問9	16	①	②	③	④	⑤					
三	問1	17	①	②	③	④	⑤					
		18	①	②	③	④	⑤					
	問2	19	①	②	③	④	⑤					
	問3	20	①	②	③	④	⑤					
	問4	21	①	②	③	④	⑤					
	問5	22	①	②	③	④	⑤					
	問6	23	①	②								
		24	①	②								
	問7	25	①	②	③	④	⑤					

一

〔問1〕

ⓐ イドウ	ⓑ キョウコ	ⓒ ジゲン
ⓓ 代物	ⓔ コショウ	

〔問3〕

◇数学◇

※ 125%に拡大していただくと，解答欄は実物大になります。

1

〔1〕	
〔2〕	$x=$　　　，$y=$
〔3〕	cm
〔4〕	

2

〔1〕	
〔2〕	
〔3〕	

3

〔1〕	cm
〔2〕	cm
〔3〕	cm^2

4

〔1〕	(　　　,　　　)
〔2〕	
〔3〕	$b=$

5

〔1〕	
〔2〕	cm
〔3〕	cm

東京学芸大学附属高等学校　2022年度

◇英語◇

※ 119%に拡大していただくと，解答欄は実物大になります。

問題番号	解答番号	1	2	3	4	5	6	7	8	9	0
1	1	①	②	③	④						
	2	①	②	③	④						
	3	①	②	③	④						
	4	①	②	③	④						
	5	①	②	③	④						
2	6	①	②	③	④						
	7	①	②	③	④						
	8	①	②	③	④						
	9	①	②	③	④						
	10	①	②	③	④	⑤					
	11	①	②	③	④	⑤					
3	12	①	②	③	④	⑤					
	13	①	②	③	④	⑤					
	14	①	②	③	④	⑤					
	15	①	②	③	④	⑤	⑥	⑦	⑧		
	16	①	②	③	④	⑤	⑥	⑦	⑧		
	17	①	②	③	④	⑤	⑥	⑦	⑧		
	18	①	②	③	④						
	19	①	②	③	④						
	20	①	②	③	④						
	21	①	②	③	④						
	22	①	②	③	④	⑤	⑥	⑦	⑧		
	23	①	②	③	④	⑤	⑥	⑦	⑧		

問題番号	解答番号	1	2	3	4	5	6	7	8	9	0
4	24	①	②	③	④						
	25	①	②	③	④						
	26	①	②	③	④						
	27	①	②	③	④						
	28	①	②	③	④						
	29	①	②	③	④	⑤	⑥	⑦	⑧	⑨	
	30	①	②	③	④	⑤	⑥	⑦	⑧	⑨	
	31	①	②	③	④	⑤	⑥	⑦	⑧	⑨	
	32	①	②	③	④	⑤	⑥	⑦			
	33	①	②	③	④	⑤	⑥	⑦			

2 問2

3 問3

問5

4 問5

問8

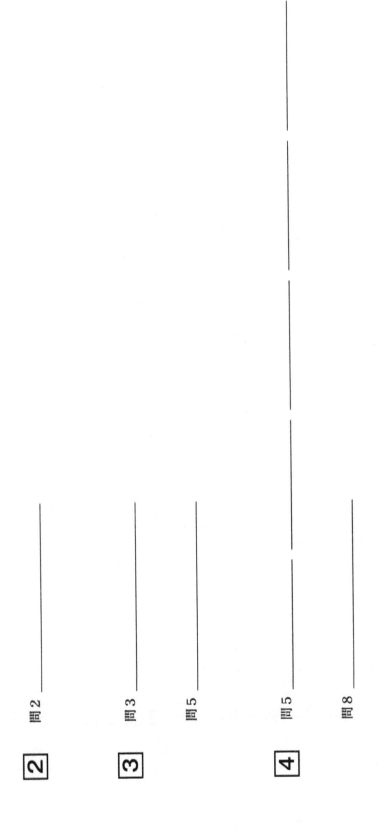

東京学芸大学附属高等学校　2022年度

◇理科◇

※解答欄は実物大です。

問題番号	解答番号	1	2	3	4	5	6	7	8	9	0
1	1	①	②	③	④						
	2	①	②								
	3	①	②	③	④						
	4	①	②	③	④	⑤	⑥				
	5	①	②	③	④						
	6	①	②	③	④						
2	7	①	②	③	④	⑤	⑥	⑦	⑧	⑨	
	8	①	②	③	④	⑤	⑥	⑦	⑧	⑨	
	9	①	②	③	④	⑤	⑥	⑦	⑧	⑨	⓪
	10	①	②	③	④	⑤	⑥	⑦	⑧	⑨	⓪
	11	①	②	③	④	⑤	⑥	⑦	⑧	⑨	⓪
	12	①	②	③							
3	13	①	②	③	④	⑤					
	14	①	②	③	④	⑤	⑥	⑦	⑧	⑨	
	15	①	②	③	④						
	16	①	②	③	④						
	17	①	②	③	④						

問題番号	解答番号	1	2	3	4	5	6	7	8	9	0
4	18	①	②	③	④	⑤	⑥	⑦	⑧		
	19	①	②	③	④						
	20	①	②	③	④	⑤					
	21	①	②	③	④	⑤	⑥	⑦	⑧		
	22	①	②	③	④	⑤	⑥	⑦	⑧		
	23	①	②	③	④	⑤	⑥	⑦	⑧		
5	24	①	②	③	④	⑤	⑥	⑦	⑧	⑨	⓪
	25	①	②	③	④						
	26	①	②	③	④						
	27	①	②	③	④						
	28	①	②	③							
	29	①	②	③	④						
6	30	①	②	③	④						
	31	①	②	③	④						
	32	①	②	③	④						
	33	①	②	③	④	⑤	⑥	⑦	⑧	⑨	⓪
	34	①	②	③	④	⑤	⑥	⑦	⑧	⑨	⓪
	35	①	②	③	④	⑤	⑥	⑦	⑧	⑨	⓪

問題番号	解答番号	1	2	3	4	5	6	7	8	9	0
7	36	①	②	③	④						
	37	①	②	③	④						
	38	①	②	③	④						
	39	①	②	③	④						
	40	①	②	③	④						
8	41	①	②	③	④						
	42	①	②	③	④						
	43	①	②	③	④						
	44	①									⓪
	45	①									⓪
	46	①	②	③	④						

1 (5)

3 (6)

7 (2) 倍

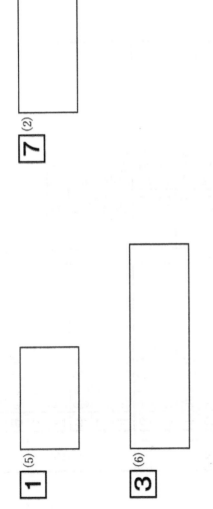

東京学芸大学附属高等学校　　2022年度

◇社会◇

※ 109%に拡大していただくと，解答欄は実物大になります。

問題番号	解答番号	解答欄 1	2	3	4	5	6	7	8	9	0
1	1	①	②	③	④						
	2	①	②	③	④						
	3	①	②	③	④						
	4	①	②	③	④						
	5	①	②	③	④						
	6					⑤	⑥	⑦	⑧		
2	7	①	②	③	④						
	8	①	②	③	④	⑤	⑥				
	9	①	②	③	④	⑤	⑥				
	10	①	②	③	④						
	11	①	②	③	④						
	12	①	②	③	④	⑤	⑥				
	13	①	②	③	④	⑤	⑥				
3	14	①	②	③	④						
	15	①	②	③	④						
	16	①	②	③	④						
	17	①	②	③	④						
	18	①	②	③	④	⑤	⑥				
	19	①	②	③	④						
	20	①	②	③	④						

問題番号	解答番号	解答欄 1	2	3	4	5	6	7	8	9	0
4	21	①	②	③	④						
	22	①	②	③	④						
	23	①	②	③	④	⑤	⑥				
	24	①	②	③	④						
	25	①	②	③	④						
5	26	①	②	③	④						
	27	①	②	③	④						
	28	①	②	③	④						
	29	①	②	③	④						
	30	①	②	③	④						
	31	①	②	③	④						
6	32	①	②	③	④	⑤	⑥				
	33	①	②	③	④						
	34	①	②	③	④	⑤	⑥				
	35	①	②	③	④						
	36	①	②	③	④						
	37	①	②	③	④	⑤	⑥	⑦	⑧		

1

問6			
(1)			
西			諸島

2

問1

3

問2	問3 (1)

4

問5
制

6

問1

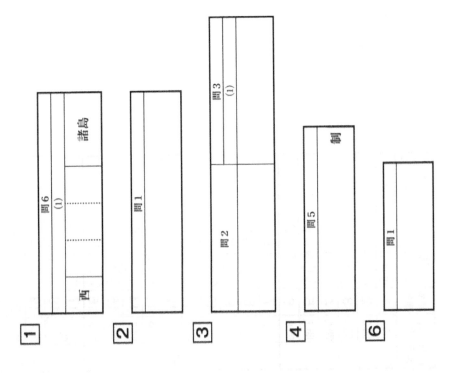

東京学芸大学附属高等学校　2022年度

◇国語◇

※ 119%に拡大していただくと，解答欄は実物大になります。

問題番号	問	解答番号	解答欄 1	2	3	4	5	6	7	8	9	0
一	問2	1	①	②	③	④	⑤					
	問3	2	①	②	③	④	⑤					
	問4	3	①	②	③	④	⑤					
	問6	4	①	②	③	④	⑤					
	問7	5	①	②	③	④	⑤					
	問8	6	①	②	③	④	⑤					
二	問1	7	①	②	③	④	⑤					
		8	①	②	③	④	⑤					
	問2	9	①	②	③	④	⑤					
	問3	10	①	②	③	④	⑤					
	問4	11	①	②	③	④	⑤					
	問5	12	①	②	③	④	⑤					
	問6	13	①	②	③	④	⑤					
	問7	14	①	②	③	④	⑤					
	問8	15	①	②	③	④	⑤					
	問9	16	①	②	③	④	⑤					
三	問1	17	①	②	③	④	⑤					
		18	①	②	③	④	⑤					
	問2	19	①	②	③	④	⑤					
	問4	20	①	②	③	④	⑤					
	問5	21	①	②	③	④	⑤					
	問6	22	①	②	③	④	⑤					

一

〔問1〕

ⓐ ヨウイン	ⓑ 育	ⓒ ネントウ
	んで	
ⓓ ゲンショウ	ⓔ コンドウ	

〔問5〕

三

〔問3〕

※117%に拡大していただくと，解答欄は実物大になります。

1

〔1〕	
〔2〕	$a=$　　　　, $b=$
〔3〕	
〔4〕	通り

2

〔1〕	
〔2〕	
〔3〕	

3

〔1〕	°			
〔2〕	(a)			
	(i)		(ii)	
〔3〕				

4

〔1〕	
〔2〕	E (　　　　,　　　　)
〔3〕	CH : DI ＝　　　:

5

〔1〕	cm
〔2〕	cm
〔3〕	T ＝

東京学芸大学附属高等学校　2021年度

◇英語◇

※111%に拡大していただくと，解答欄は実物大になります。

問題番号	解答番号	解答欄 1	2	3	4	5	6	7	8	9	0
1	1	①	②	③	④						
	2	①	②	③	④						
	3	①	②	③	④						
	4	①	②	③	④						
2	5	①	②	③	④						
	6	①	②	③	④						
	7	①	②	③	④						
	8	①	②	③	④						
	9	①	②	③	④	⑤	⑥	⑦			
	10	①	②	③	④	⑤	⑥	⑦			
	11	①	②	③	④	⑤	⑥	⑦			
	12	①	②	③	④						
	13	①	②	③	④	⑤	⑥				
	14	①	②	③	④	⑤	⑥				
3	15	①	②	③	④	⑤	⑥				
	16	①	②	③	④						
	17	①	②	③	④						
	18	①	②	③	④						
	19	①	②	③	④	⑤					
	20	①	②	③	④	⑤	⑥				
	21	①	②	③	④	⑤	⑥	⑦	⑧		
	22	①	②	③	④	⑤	⑥	⑦	⑧		

問題番号	解答番号	解答欄 1	2	3	4	5	6	7	8	9	0
4	23	①	②	③	④						
	24	①	②	③	④						
	25	①	②	③	④						
	26	①	②	③	④						
	27	①	②	③	④	⑤	⑥				
	28	①	②	③	④	⑤	⑥				
	29	①	②	③	④	⑤	⑥				
	30	①	②	③	④						
	31	①	②	③	④						
	32	①	②	③	④	⑤	⑥	⑦			
	33	①	②	③	④	⑤	⑥	⑦			

2 問1 ____________________

問5 ____________________

3 問4 ____________________

4 問5 This is the speed for

__________ __________ __________ __________ __________ __________ __________ .

東京学芸大学附属高等学校　2021年度

◇理科◇

※解答欄は実物大になります。

問題番号	解答番号	1	2	3	4	5	6	7	8	9	0
1	1	①	②	③							
	2	①	②	③	④						
	3	①	②	③	④	⑤					
	4	①	②	③	④	⑤	⑥				
	5	①	②	③	④	⑤	⑥	⑦	⑧	⑨	⓪
	6	①	②	③	④						
2	7	①	②	③	④						
	8	①	②	③	④	⑤	⑥				
	9	①	②	③	④	⑤					
	10	①	②	③	④	⑤					
	11	①	②	③	④	⑤	⑥				
	12	①	②	③	④						
	13	①	②	③	④						
3	14	①	②	③							
	15	①	②	③							
	16	①	②	③	④	⑤	⑥	⑦	⑧		
	17	①	②	③	④						
	18	①	②								

問題番号	解答番号	1	2	3	4	5	6	7	8	9	0
4	19	①	②	③	④	⑤					
	20	①	②	③							
	21	①	②	③							
	22	①	②	③							
	23	①	②	③	④	⑤	⑥				
	24	①	②	③	④	⑤	⑥				
5	25	①	②	③	④						
	26	①	②	③	④	⑤	⑥	⑦	⑧	⑨	
	27	①	②	③	④						
	28	①	②	③	④	⑤	⑥				
	29	①	②	③	④	⑤	⑥				
6	30	①	②	③	④						
	31	①	②	③	④						
	32	①	②	③	④						
	33	①	②	③	④	⑤					
	34	①	②	③	④	⑤	⑥				
	35	①	②	③	④						

問題番号	解答番号	1	2	3	4	5	6	7	8	9	0
7	36	①	②	③	④	⑤	⑥	⑦	⑧	⑨	⓪
	37	①	②	③	④	⑤	⑥	⑦	⑧	⑨	⓪
	38	①	②	③	④	⑤	⑥	⑦			
	39	①	②	③	④	⑤	⑥	⑦			
8	40	①	②	③	④	⑤	⑥				
	41	①	②	③	④						
	42	①	②	③	④	⑤	⑥	⑦			
	43	①	②	③	④	⑤	⑥	⑦			
	44	①	②	③	④	⑤	⑥	⑦			
	45	①	②	③	④						
	46	①	②	③	④						

3 (5)

4 (4)

7 (3) cm

(4) N

東京学芸大学附属高等学校　2021年度

◇社会◇

※解答欄は実物大になります。

問題番号	解答番号	解答欄 1	2	3	4	5	6	7	8	9	0
1	1	①	②	③	④						
	2	①	②	③	④						
	3	①	②	③	④						
	4	①	②	③	④						
	5	①	②	③	④						
	6	①	②	③	④						
	7	①	②	③	④						
2	8	①	②	③	④						
	9	①	②	③	④						
	10	①	②	③	④						
	11	①	②	③	④						
	12	①	②	③	④						
3	13	①	②	③	④						
	14	①	②	③	④						
	15	①	②	③	④						
	16	①	②	③	④						
	17	①	②	③	④						
	18	①	②	③	④						
	19	①	②	③	④						
	20	①	②	③	④						

問題番号	解答番号	解答欄 1	2	3	4	5	6	7	8	9	0
4	21	①	②	③	④						
	22	①	②	③	④	⑤	⑥				
	23	①	②	③	④						
	24	①	②	③	④	⑤	⑥				
	25	①	②	③	④						
	26	①	②	③	④						
5	27	①	②	③	④	⑤	⑥	⑦	⑧		
	28	①	②	③	④	⑤	⑥	⑦	⑧		
	29	①	②	③	④						
	30	①	②	③	④						
	31	①	②	③	④	⑤	⑥	⑦			
	32	①	②	③	④						
	33	①	②	③	④	⑤	⑥	⑦			
	34	①	②	③	④						
	35	①	②	③	④						
	36	①	②	③	④						
	37	①	②	③	④						
	38	①	②	③	④	⑤	⑥	⑦			

1

問6	問7	問10
条約		

2

問1	問3	問6	問8

3

問2	
【 A 】	【 B 】

4

問2	問5
(1)	(1)

東京学芸大学附属高等学校　2021年度

◇国語◇

※119％に拡大していただくと，解答欄は実物大になります。

問題番号	問	解答番号	解答欄 1	2	3	4	5	6	7	8	9	0
一	問2	1	①	②	③	④	⑤					
	問3	2	①	②	③	④	⑤					
	問4	3	①	②	③	④	⑤					
	問6	4	①	②	③	④	⑤					
		5	①	②	③	④	⑤					
	問8	6	①	②	③	④	⑤					
二	問1	7	①	②	③	④	⑤					
		8	①	②	③	④	⑤					
	問2	9	①	②	③	④	⑤					
	問3	10	①	②	③	④	⑤					
	問4	11	①	②	③	④	⑤					
	問5	12	①	②	③	④	⑤					
	問6	13	①	②	③	④	⑤					
	問7	14	①	②	③	④	⑤					
	問8	15	①	②	③	④	⑤	⑥				
		16	①	②	③	④	⑤	⑥				
	問9	17	①	②	③	④	⑤					
三	問2	18	①	②	③	④	⑤					
	問3	19	①	②	③	④	⑤					
	問4	20	①	②	③	④	⑤					
	問5	21	①	②	③	④	⑤					
	問6	22	①	②	③	④	⑤					
	問7	23	①	②	③	④	⑤					
	問8	24	①	②	③	④	⑤					

一

〔問1〕

ⓐ センモン	
ⓑ メイジ	
ⓒ コンカン	
ⓓ シンテン	
ⓔ ケイトウ	

〔問5〕

という可能性。

〔問7〕

三

〔問1〕

逐□鹿□入□草□中。

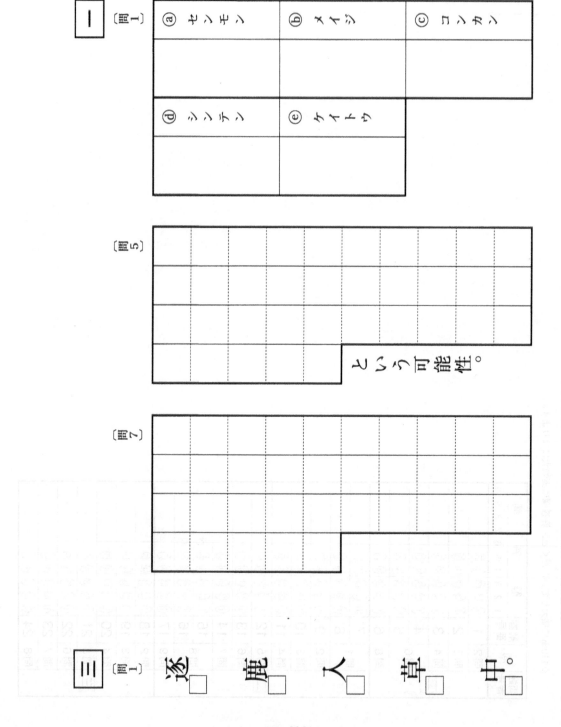

東京学芸大学附属高等学校　2020年度

◇数学◇

※119%に拡大していただくと，解答欄は実物大になります。

1

〔1〕	
〔2〕	
〔3〕	
〔4〕	P（　　　　，　　　　）

2

〔1〕	
〔2〕	
〔3〕	

3

〔1〕	(ア)	(イ)	(ウ)
〔2〕			
〔3〕	(b)		
	(c)		

4

〔1〕	
〔2〕	C（　　　　，　　　　）
〔3〕	

5

〔1〕	
〔2〕	
〔3〕	

東京学芸大学附属高等学校　2020年度

◇英語◇

※102%に拡大していただくと，解答欄は実物大になります。

問題番号	解答番号	解答欄 1	2	3	4	5	6	7	8	9	0
1	1	①	②	③	④						
	2	①	②	③	④						
	3	①	②	③	④						
	4	①	②	③	④						
2	5	①	②	③	④	⑤	⑥	⑦			
	6	①	②	③	④	⑤	⑥	⑦			
	7	①	②	③	④	⑤	⑥	⑦			
	8	①	②	③	④						
	9	①	②	③	④						
	10	①	②	③	④						
	11	①	②	③	④						
3	12	①	②	③	④						
	13	①	②	③	④						
	14	①	②	③	④						
	15	①	②	③	④	⑤	⑥	⑦	⑧		
	16	①	②	③	④	⑤	⑥	⑦	⑧		
	17	①	②	③	④	⑤	⑥	⑦	⑧		
	18	①	②	③	④						
	19	①	②	③	④	⑤	⑥				
	20	①	②	③	④	⑤	⑥				

問題番号	解答番号	解答欄 1	2	3	4	5	6	7	8	9	0
4	21	①	②	③	④						
	22	①	②	③	④	⑤	⑥	⑦	⑧	⑨	
	23	①	②	③	④	⑤	⑥	⑦	⑧	⑨	
	24	①	②	③	④	⑤	⑥	⑦	⑧	⑨	
	25	①	②	③	④	⑤	⑥	⑦	⑧	⑨	
	26	①	②	③	④	⑤	⑥	⑦	⑧	⑨	
	27	①	②	③	④	⑤	⑥	⑦	⑧	⑨	
	28	①	②	③	④						
	29	①	②	③	④						
	30	①	②	③	④						
	31	①	②	③	④						
	32	①	②	③	④						
	33	①	②	③	④						

2

問1 A ____________________

B ____________________

C ____________________

3

問4 ... to take a trip

________ ________ ________ ________ ________ ________

________ ________ ________ ________ .

東京学芸大学附属高等学校　2020年度

◇理科◇

※解答欄は実物大になります。

問題番号	解答番号	解答欄 1	2	3	4	5	6	7	8	9	0
1	1	①	②	③							
	2	①	②	③							
	3	①	②	③	④	⑤					
2	4	①	②	③	④						
	5	①	②	③	④	⑤	⑥				
	6	①	②	③	④	⑤					
3	7	①	②	③	④	⑤	⑥	⑦	⑧		
	8	①	②	③	④	⑤	⑥	⑦	⑧		
4	9	①	②	③	④	⑤	⑥				
	10	①	②	③							
5	11	①	②	③							
	12	①	②	③							
	13	①	②	③	④	⑤					
	14	①	②	③	④						
	15	①	②								
	16	①	②								
	17	①	②	③	④	⑤	⑥				
6	18	①	②								
	19	①	②								
	20	①	②	③	④	⑤	⑥	⑦	⑧	⑨	⓪
	21	①	②	③	④	⑤	⑥	⑦	⑧	⑨	⓪
	22	①	②	③	④	⑤	⑥	⑦	⑧	⑨	⓪
	23	①	②	③	④	⑤	⑥	⑦	⑧	⑨	⓪
	24	①	②	③	④	⑤	⑥	⑦	⑧	⑨	⓪
7	25	①	②	③	④						
	26	①	②	③	④						
	27	①	②	③							
8	28	①	②	③	④	⑤	⑥	⑦			
	29	①	②	③	④	⑤	⑥	⑦			
	30	①	②	③							
	31	①	②								
	32	①	②								
	33	①	②	③	④	⑤	⑥	⑦	⑧		
	34	①	②	③	④	⑤	⑥	⑦	⑧		
9	35	①	②								
	36	①	②								
	37	①	②								
	38	①	②								
	39	①	②								
	40	①	②								
	41	①	②	③	④	⑤	⑥	⑦	⑧		
	42	①	②	③	④						
	43	①	②	③	④	⑤	⑥	⑦	⑧	⑨	

1 (2) J

2 (4)
カ
キ
ク
ケ

4 (3)

6 (3) J

(4)

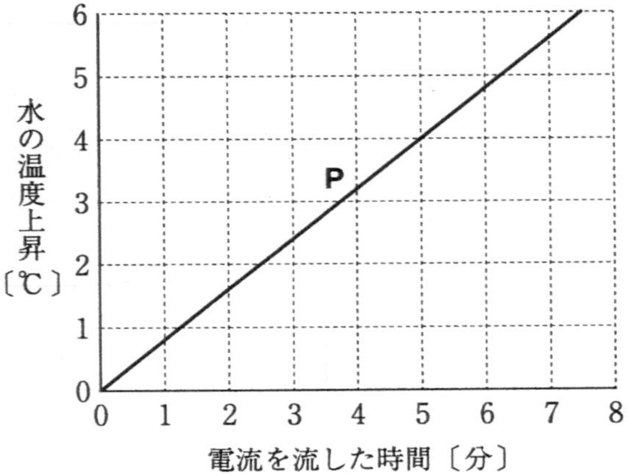

7 (1) X Y

(4) cm^3

8 (5)

9 (1)

(3)

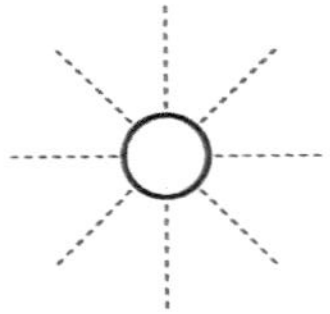

10 cm

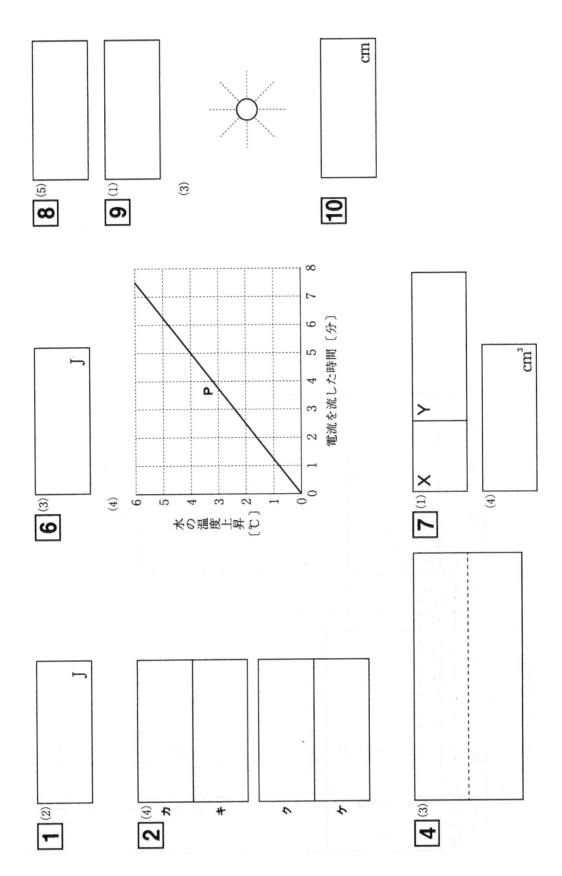

東京学芸大学附属高等学校　2020年度

◇社会◇

※解答欄は実物大になります。

問題番号	解答番号	解答欄 1	2	3	4	5	6	7	8	9	0
1	1	①	②	③	④	⑤	⑥				
	2	①	②	③	④						
	3	①	②	③	④	⑤	⑥				
	4	①	②	③	④						
	5	①	②	③	④						
2	6	①	②	③	④	⑤	⑥				
	7	①	②	③	④	⑤	⑥				
	8	①	②	③	④	⑤	⑥				
	9	①	②	③	④	⑤	⑥				
	10	①	②	③	④	⑤	⑥				
	11	①	②	③	④	⑤	⑥				
	12	①	②	③	④						
	13	①	②	③	④	⑤	⑥				
3	14	①	②	③	④						
	15	①	②	③	④						
	16	①	②	③	④						
	17	①	②	③	④						
	18	①	②	③	④						
	19	①	②	③	④						
	20	①	②	③	④						

問題番号	解答番号	解答欄 1	2	3	4	5	6	7	8	9	0
4	21	①	②	③	④						
	22	①	②	③	④						
	23	①	②	③	④	⑤	⑥				
	24	①	②	③	④						
5	25	①	②	③	④						
	26	①	②	③	④						
	27	①	②	③	④						
	28	①	②	③	④	⑤	⑥				
6	29	①	②	③	④	⑤	⑥				
	30	①	②	③	④						
	31	①	②	③	④						
	32	①	②	③	④						
	33	①	②	③	④						

1

問1				問2
(2)				(3)
			峰	

3

問1	問4		問7
遺跡			

4

問1	問2	問5			
(2)	(2)				
半島					

5

問1		
【 あ 】	【 い 】	【 う 】
法	庁	省

6

問5

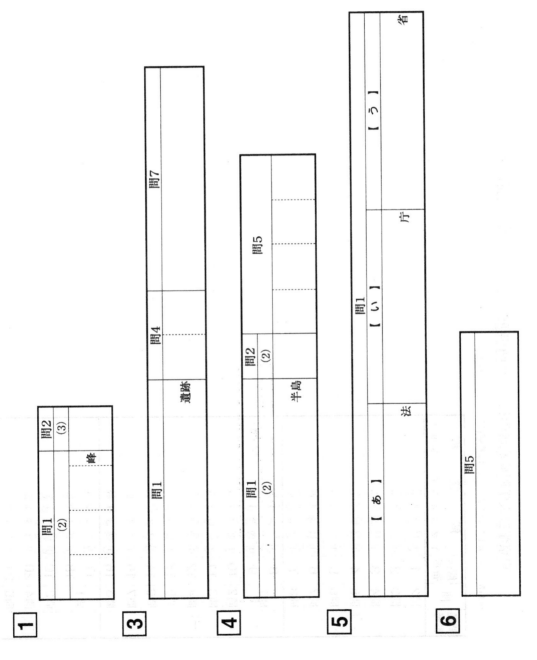

東京学芸大学附属高等学校　　2020年度

◇国語◇

※115％に拡大していただくと，解答欄は実物大になります。

問題番号	問	解答番号	解答欄 1	2	3	4	5	6	7	8	9	0
一	問2	1	①	②	③	④	⑤					
	問3	2	①	②	③	④	⑤					
	問4	3	①	②	③	④	⑤					
	問5	4	①	②	③	④	⑤					
	問6	5	①	②	③	④	⑤					
	問7	6	①	②	③	④	⑤					
	問8	7	①	②	③	④	⑤					
二	問1	8	①	②	③	④	⑤					
		9	①	②	③	④	⑤					
	問2	10	①	②	③	④	⑤					
	問3	11	①	②	③	④	⑤					
	問4	12	①	②	③	④	⑤					
	問5	13	①	②	③	④	⑤					
	問6	14	①	②	③	④	⑤					
	問7	15	①	②	③	④	⑤					
	問8	16	①	②	③	④	⑤					
三	問1	17	①	②	③	④	⑤					
		18	①	②	③	④	⑤					
	問3	19	①	②	③	④	⑤					
	問4	20	①	②	③	④	⑤					
	問5	21	①	②	③	④	⑤					
	問6	22	①	②	③	④	⑤					
	問7	23	①	②	③	④	⑤					

一

〔問1〕

ⓐ カイサツ

ⓑ シンチョウ

ⓒ トクユウ

ⓓ アンガイ

ⓔ オトズ

れ

三

〔問2〕

〈ダウンロードコンテンツについて〉

本問題集のダウンロードコンテンツ、弊社ホームページで配信しております。現在ご利用いただけるのは「2025年度受験用」に対応したもので、**2025年3月末日**までダウンロード可能です。弊社ホームページにアクセスの上、ご利用ください。
※配信期間が終了いたしますと、ご利用いただけませんのでご了承ください。

高校別入試過去問題シリーズ
東京学芸大学附属高等学校　2025年度
ISBN978-4-8141-2900-3

[発行所] 東京学参株式会社
〒153-0043　東京都目黒区東山2-6-4

書籍の内容についてのお問い合わせは右のQRコードから　⇒

※書籍の内容についてのお電話でのお問い合わせ、本書の内容を超えたご質問には対応できませんのでご了承ください。

2024年6月14日　初版